U0901069

上街年鉴

SHANG JIE NIAN JIAN

郑州市上街区人民政府主办
郑州市上街区地方史志办公室承编

中州古籍出版社

上街年鉴编纂委员会

《上街年鉴》（2011）编辑人员

上街区地图

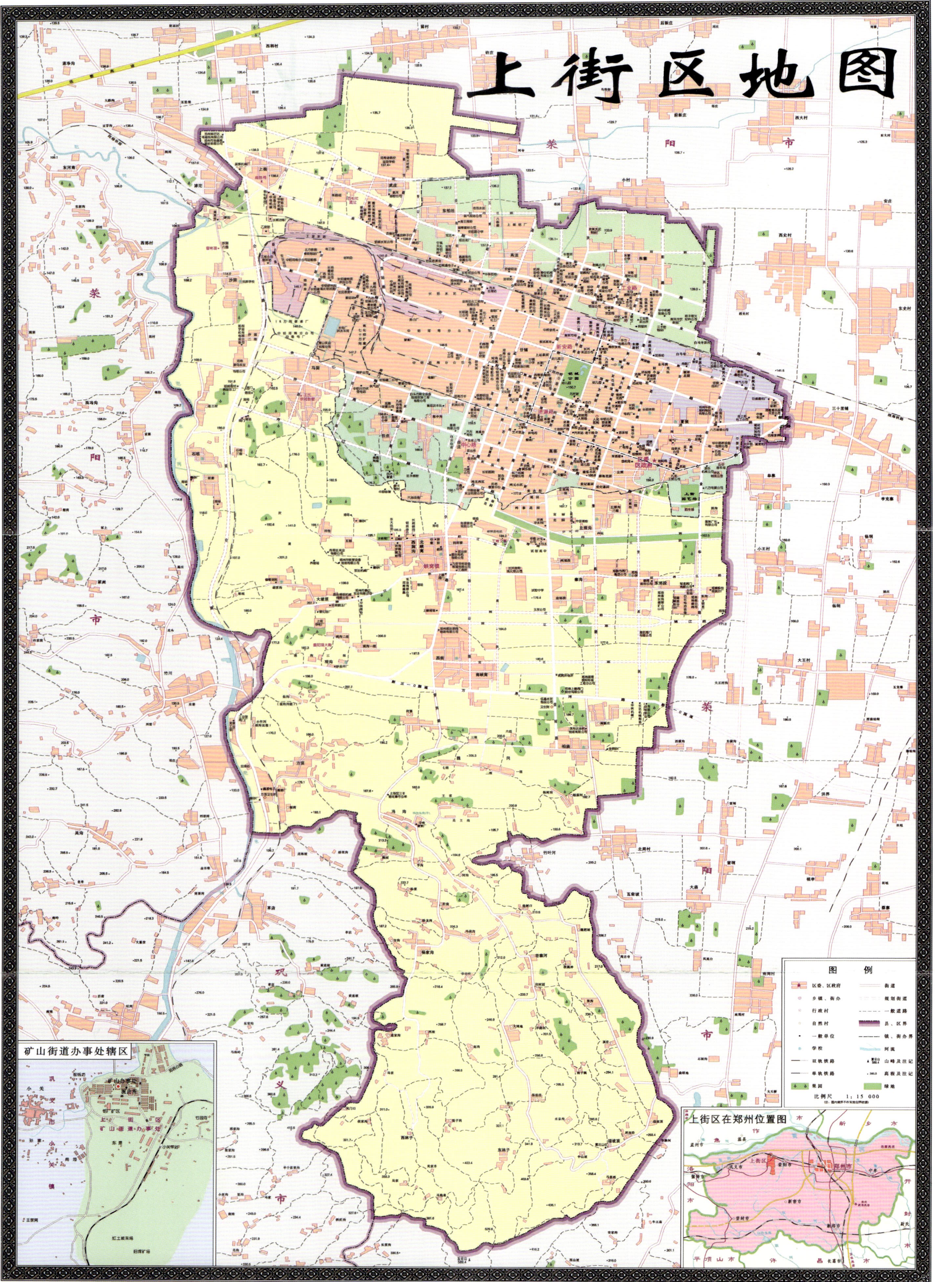

郑州市上街区人民政府　河南七彩数字制图有限公司　编制

二00五年八月

编辑说明

一、《上街年鉴》全面系统地逐年记述上街区政治、经济、文化和社会等方面年度资料性文献。为机关、企事业单位等组织和社会各界人士以及外来投资者了解上街、研究上街、建设上街提供丰富翔实的地情资料。《上街年鉴》每年出版一部，《上街年鉴》（2011）为第二部。

二、《上街年鉴》（2011）记述的是2010年度上街区政治、经济、文化和社会发展进程及重大事件。为保持事件的连续性和完整性，有些事件记述时限适当上溯下延。

三、《上街年鉴》（2011）采用分类编辑法，主要内容划分为篇目、类目、条目三个层次。条目是全书的基本单位，其标题用黑体字外加【】表示。为增加史料性、知识性、可读性，书中插排一定数量的照片和图表。

四、录入资料由各单位搜集提供，经单位领导审阅后编辑入鉴，少数为编者自撰。书中有些数据由于来源和使用角度不同，统计方法和项目的内涵不同，因而不完全一致。在引用书中数据时，应以上街区统计公报资料为准。

五、部分单位和个人提供的稿件因年鉴容量限制未能载入本年鉴，敬请见谅。

六、《上街年鉴》（2011）的编辑出版，得到了全区各级领导、各部门、各单位大力支持及供稿人的艰辛劳动，在此深表谢意。因时间仓促，水平有限，不足之处在所难免，恳请广大读者批评指正。

2010 · 上街数字

总面积：61.73 平方公里
耕地面积：1940 公顷
总人口：13.3 万人
非农业人口：72399 人
人口自然增长率：2.03‰
镇：1 个
街道办事处：5 个
行政村：30 个
社区：24 个
城区内地下水总储量 2564.97 万立方米
森林覆盖率：23.55%
省级文物保护单位：1 处
市级文物保护单位：11 处
区级文物保护单位：1 处
全区生产总值 89.5 亿元
第一产业增加值 0.5 亿元
第二产业增加值 71 亿元
第三产业增加值 18 亿元
人均地区生产总值 70006 元
非公有制经济实现增加值 49 亿元
非公有制经济占全区经济的比重 54.8%
地方财政一般预算收入 5.9 亿元
地方财政一般预算支出 7 亿元
农林牧渔业增加值 0.5 亿元
粮食总产量：15500 吨
油料总产量：268 吨
蔬菜总产量：4549 吨
肉类总产量：841 吨
工业增加值 63.8 亿元
全社会固定资产投额 57.3 亿元
全区直接出口总值 20827 万美元
国外经济合作合同额 1500 万美元

国有及国有控股类型完成投资 11.4 亿元
全社会消费品零售总额 27 亿元
移动电话用户：10.9 万户
全区民用汽车拥有量 14604 辆
全年接待游客：10 万人次
全区旅游收入：1961 万元
投入使用敬老院：1 个
成人高校：2 所
普通中学：5 所
小学：13 所
幼儿园：24 所
文化馆：1 个
公共图书馆：2 个
档案馆：1 个，馆藏档案 16 万卷
新建农家书屋：9 个
广播电台：1 座

电视台：2 座
有线电视用户：2.3 万户
全区医疗卫生机构：96 个，床位 663 张，卫生技术人员 842 人
全区空气质量二级以上天数：310 天
疾病预防控制中心（防疫站）：1 个
城市居民人均可支配收入：22216 元
城市居民人均消费支出：14090 元
农村居民人均纯收入：10157 元
农民人均生活消费支出：5815 元
城镇人均住房建筑面积：29.9 平方米
农村人均住房面积：66.8 平方米
城镇居民家庭恩格尔系数为 21.6%
农村居民家庭恩格尔系数为 23.9%
全区企业在职职工养老保险参保人数：10316 人

上街名片

- 国家卫生城
- 国家园林城
- 国家生态工业示范园区
- 中国铝业郑州研究院
- 国家铝冶炼工程技术研究中心
- 国家轻金属产品质量监督检验中心
- 国家承压阀门产品质量监督检测中心
- 中国通用机械工业协会阀门分会副理事长单位 — 郑州蝶阀股份有限公司
- 中国混凝土与水泥制品协会特种水泥混凝土工程材料分会发起和副会长单位—郑州长城特水有限公司
- 河南省双拥模范城
- 河南省平安建设先进区
- 河南省信访工作先进区
- 河南省计划生育优质服务区
- 河南省重竞技体育运动管理中心
- 河南省生产力发展促进中心上街分中心
- 河南省民营科技园区
- 河南省重点产业集聚区
- 河南省重点产业集群
- 中国铝都
- 中国阀门之乡
- 中国（郑州）绿色新材料基地
- 全球最大烧结焊剂生产基地
- 世界最大氧化铝实验基地
- 郑州市城乡一体化试点区

8月17日，省委书记、省人大常委会主任卢展工视察林肯电器合力焊材公司

1 月 12 日，时任市委书记王文超到上街调研，希望上街区要加快建设一流精品城区，争取在全市率先实现建设“三化两型”城市

3 月 30 日，市长赵建才深入企业查看项目，全面了解区经济社会各项事业发展情况

8 月 17 日，省委书记、省人大常委会主任卢展工视察林肯电器合力焊材公司

5月26日，工业和信息化副部长杨学山在省工信厅长杨盛道、副市长孙金献陪同下，考察中铝河南分公司

9 月 26 日，省委常委、市委书记连维良视察区经济社会发展总体工

1月12日，时任市委书记王文超到上街调研，希望上街区要加快建设一流精品城区，争取在全市率先实现建设“三化两型”城市

3月30日，市长赵建才深入企业查看项目，全面了解区经济社会各项事业发展情况

1 月 28 日，中国铝业总经理熊维平视察中铝河南分公

9 月 15 日，省人民检察院检察长蔡宁和市人民检察院检察长杨祖伟莅临上街区检查指导工作

3月4日，区政府机构改革动员会召开

3月5日，国土资源整合利用动员会召开

3月25日，区首家小额贷款公司铭泰小额贷款有限公司投入运营

4月2日，郑州市裕丰冶金炉料有限公司5万吨冶金辅助料项目开工建设，项目总投资8000万元，分期建设

4月11日～16日，区党政考察团赴津、浙、苏，就城乡一体化、产业集聚区建设进行专题考察

4月26日～30日，国际铝协会铝土矿与氧化铝专业委员会高层研讨会首次在中国铝业河南分公司召开

7月9日，创建省级文明城区动员会召开

8月5日，广西壮族自治区崇左市江州区党政考察团到上街区参观考察

8月12日，原上街电厂部分地面建筑拆除，整合土地171.477亩

8月25日，区长戴春枝做客郑州市人民政府网站和上街区人民政府网站联合举办的在线访谈，围绕“科学发展惠民生，以人为本促和谐”主题，和网友探讨经济发展之路

9月16日，河南黎明西芝重工有限公司投入生产

9月27日，连霍高速引线上街段综合整治完成

11月1日，第六次全国人口普查开始，全区903名普查员和普查指导员开始登记人口基本信息

11月25日，第十八届国际铝土矿、氧化铝和电解铝工业学术年会（ICSOBA）在郑州研究院成功召开

辉煌“十一五”

——上街区经济社会发展回顾

“十一五”时期，是上街经济社会深刻变化的五年，是加快科学发展步伐、构筑区域竞争优势的五年，是综合实力明显增强、城市面貌日新月异、城乡一体化进程加快、人民生活持续改善、社会事业全面进步的五年。五年中，全区上下以邓小平理论和“三个代表”重要思想为指导，深入贯彻落实科学发展观，牢牢把握以人为本、改革创新、加快发展的主基调，树立精品意识，强化项目带动，突出结构调整，推动跨越发展，改善社会民生，万众一心，锐意进取，迎难而上，积极应对国际金融危机带来的不利影响，经济社会发展取得了显著成就。

综合经济实力明显增强

“十一五”末，地区生产总值达到89.5亿元，是“十五”末的1.6倍，年均增长10.0%；地方财政一般预算收入达到5.85亿元，是“十五”末的2倍，年均增长15.4%；规模以上工业增加值达到62.4亿元，是“十五”末的1.8倍，年均增长11.3%；社会消费品零售总额达到27亿元，是“十五”末的2.8倍，年均增长19.3%；全社会固定资产投资五年累计达到185亿元，是“十五”时期的2.1倍，年均增长13.7%。

三次产业比重

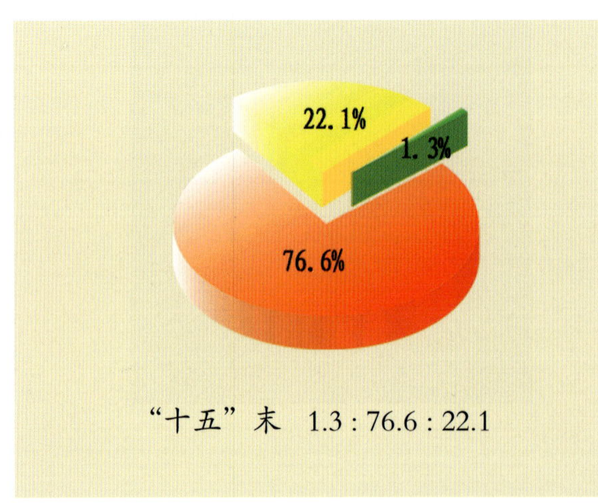

“十五”末 1.3 : 76.6 : 22.1

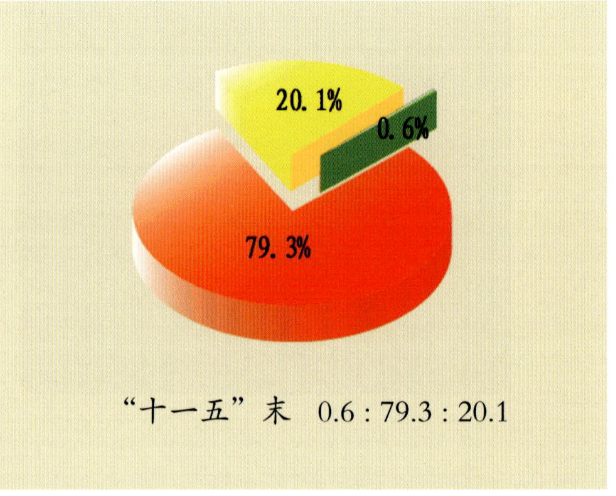

“十一五”末 0.6 : 79.3 : 20.1

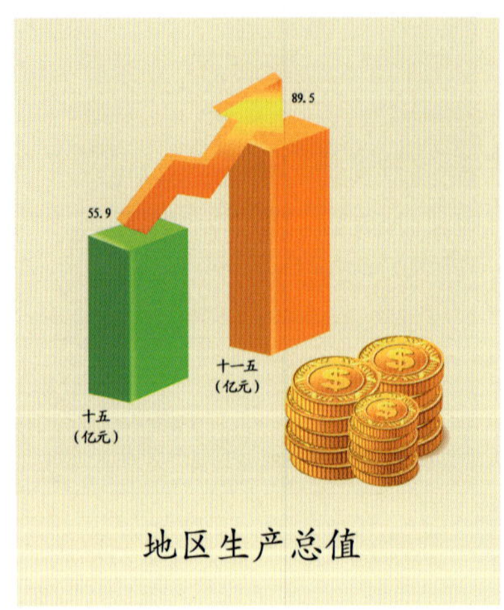

地区生产总值

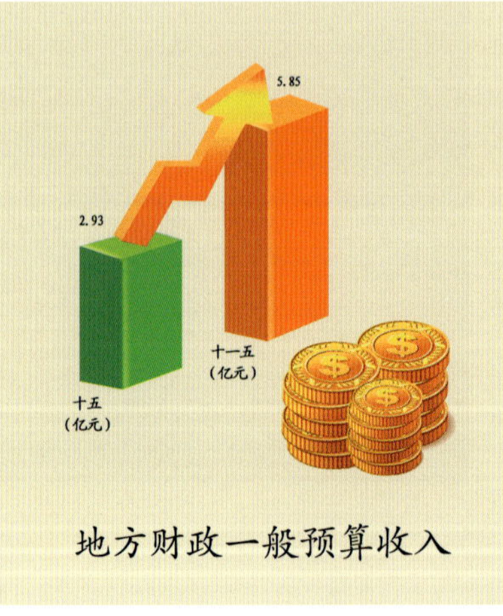

地方财政一般预算收入

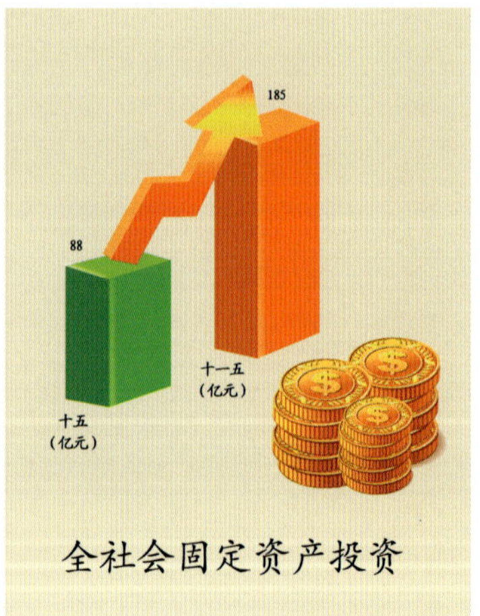

全社会固定资产投资

“十一五”时期，初步形成了郑州上街产业集聚区和装备产业园区、铝工业园区、绿色新材料园区“一区三园”的产业发展格局（其中，装备产业园区被确定为“河南省民营科技园区”和“河南省重点产业集聚区”）。2010 年，三个园区规模以上工业企业销售收入达到 150 亿元，规模以上工业增加值达到 46 亿元。目前入驻企业 150 多家，累计引进新项目 85 个。

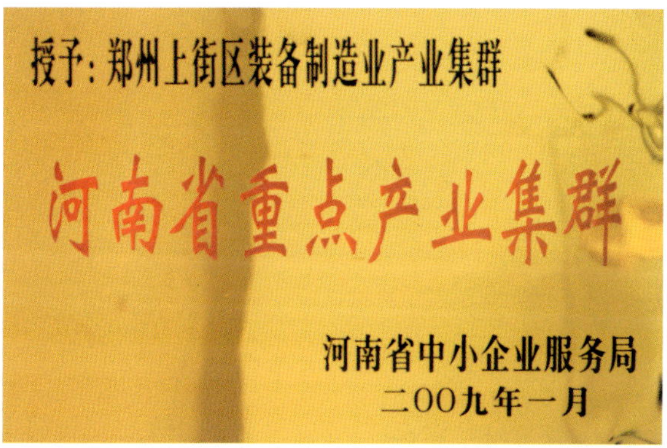

城市面貌日新月异

“十一五”时期，精品城区建设步伐加快，城市品位和人居环境显著提升。“十一五”末，全区建成区面积由“十五”末的17平方公里扩大到26.7平方公里，建成区人口由“十五”末的7万人增长到13.3万人。

城市基础设施建设力度加大，形成了七纵十横的道路主干线，建成左照公园、人民广场、盛世广场、文化馆、图书馆、规划馆、青少年活动中心以及老干部活动中心、上街区敬老院等一批公益性项目。

峡窝镇敬老院

人民广场

三馆一中心
（规划馆、图书馆、文化馆、青少年活动中心）

老干部活动中心

亚星盛世广场

生态城市建设稳步推进，相继完成14个游园（公园）的绿化升级，人均公共绿地由6平方米增加到12平方米，城市绿化、美化、亮化、净化水平明显提高。

铝城公园

新安公园

淮阳路游园

广场亮化

左照公园

“十一五”时期，房屋施工面积累计达到342万平方米，竣工面积累计达到127万平方米，建成亚星·江南小镇、建业·森林半岛、明珠公馆等高档楼盘，进一步满足了人们提高居住品质的需求。

建业·森林半岛

理想名家

明珠公馆

亚星·江南小镇

城乡一体化进程加快

围绕“率先在全市基本实现城乡一体化”的目标，组织修编了城市总体规划、土地利用总体规划、村庄布局规划，相继出台《中共上街区委 上街区人民政府关于印发〈上街区推进城乡一体化实施方案（2010—2015）的通知 〉》（上文〔2010〕57号）、《中共上街区委 上街区人民政府关于积极推进农村土地大流转意见》（上发〔2010〕7号）等文件，城乡一体发展的政策和规划体系更加完善。大力实施农村安全饮水、沼气、村村通等惠民工程，有序推进土地流转规模经营等工作，农村教育、医疗、卫生等公共服务体系不断完善，统筹城乡发展水平不断提高，全区城镇化率由“十五”末的80%提高到92.8%。

相继出台推进城乡一体化文件

相继完成观沟、大坡顶、魏岗等示范村建设

万亩鲜切花基地

聂寨经济合作社挂牌

五云山生态开发建设，实现了经济、社会、生态效益“共赢”

全面启动郊段、寨沟、左照等合村并城及新型社区建设

人民生活持续改善

"十一五"期间，社会保障体系进一步完善，全面推行了新型农村合作医疗和城乡居民养老保险制度；城乡居民最低生活保障制度进一步完善，标准进一步提高，基本养老金的社会化发放率和按时足额发放率均达100%；组建了郑州市上街区长城热力公司，开工建设集中供暖工程；城乡居民消费结构不断升级，住房、汽车、旅游、教育、文化娱乐、康体等消费持续升温。

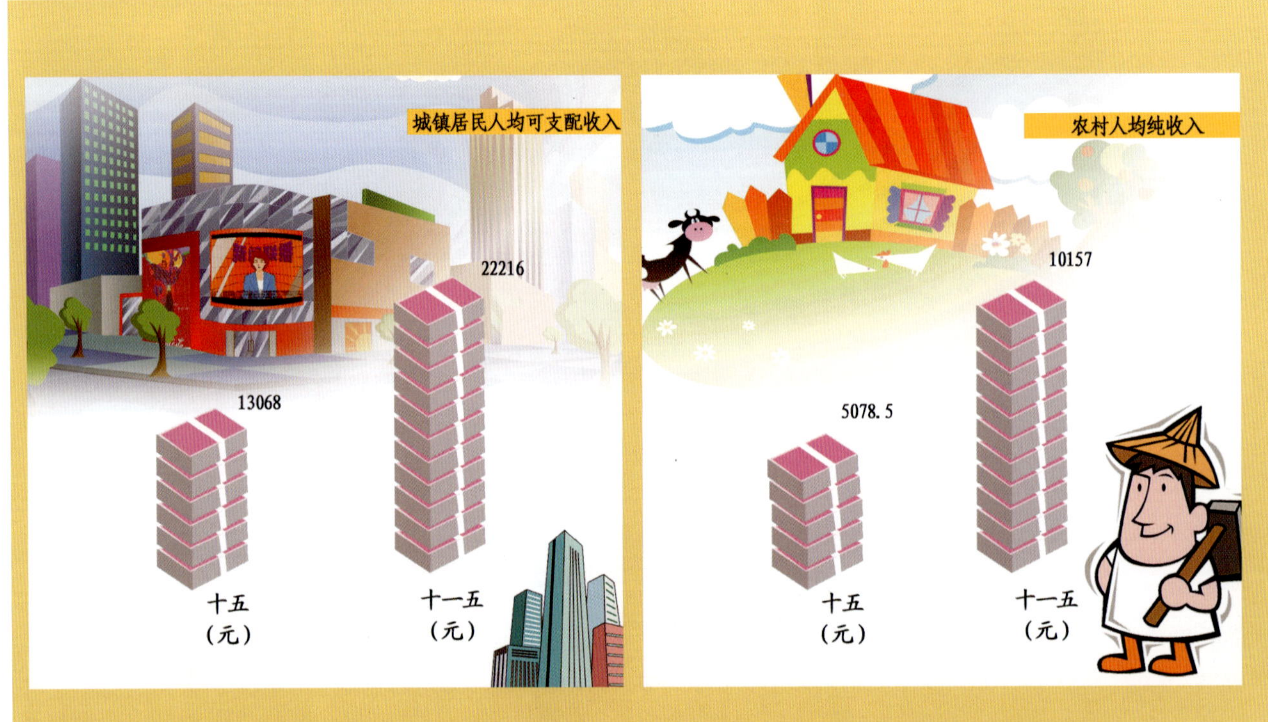

"十一五"末，城镇居民人均可支配收入达到22216元，是"十五"末的1.7倍，年均增长10.7%

“十一五”末，城镇居民和农民人均住房面积分别达到35平方米和65平方米

养老金按时发放

“十一五”期间，累计安置就业和再就业15776人，完成职业技能培训3608人，转移农村劳动力5113人，“零就业家庭”动态始终为

建业星级酒店建成

南部山区寄宿制小学

文化信息资源共享工程

峡窝镇卫生院实施国家基本药物制度，实行药品零差率销售

“千百十文明和谐家庭”评选活动

社会事业全面进步

“十一五”期间，上街区先后获得“全国县级防震减灾先进单位”、“全省平安建设先进区”、“中原平安杯”、“全省信访工作先进区”等多项荣誉，社会大局保持和谐稳定。广电、双拥、人防、侨台、民族、宗教、工青妇等各项社会事业取得新进步。

“十一五”时期，上街区不仅取得了来之不易的成绩，更积累了弥足珍贵的经验，创造了影响深远的精神财富，为上街在“十二五”乃至今后更长远时期的发展奠定了坚实基础。在区委、区政府的正确领导下，全区人民正在科学发展道路上昂首前进，为把上街区打造成为中原经济区科学发展示范区而共同奋斗。

五云山风光

目　　录

特　载

专文 …… (1)
着力承接大郑州辐射和带动作用 …… (1)
区长戴春枝与网民谈“上街区未来发展计划、经济建设、民生问题”（摘要） …… (2)
政府实事工程 …… (5)
重要文献 …… (7)
在中共上街区委八届十二次全体（扩大）会议上的讲话 …… (7)
政府工作报告 …… (15)
郑州市上街区国民经济和社会发展第十二个五年规划纲要 …… (22)
专栏1：上街区“十二五”规划国民经济和社会发展指标 …… (23)
郑州市上街区人大常委会工作报告 …… (32)
中国人民政治协商会议郑州市上街区第七届委员会常务委员会工作报告 …… (36)
关于郑州市上街区2010年国民经济和社会发展计划执行情况与2011年国民经济和社会发展计划（草案）的报告 …… (40)

上街概览

地情概貌 …… (46)
地理位置 …… (46)
地质地貌 …… (46)
山脉 …… (46)
水系 …… (46)
自然资源 …… (46)
土地资源 …… (46)
水资源 …… (47)
生物资源 …… (47)
气候气象 …… (47)
表1：上街区2010年气象要素 …… (48)
表2：上街区2010年气象要素初终日 …… (48)
历史文化 …… (48)
区名由来 …… (48)
建制沿革 …… (48)
表3：上街区行政村 …… (49)
表4：上街区社区 …… (50)
历史古迹 …… (50)
人口 …… (50)
人口总量 …… (50)
表5：2010年年末人口基本情况 …… (50)
民族 …… (51)
概况 …… (51)
宗教 …… (51)
概况 …… (51)
国民经济和社会发展状况 …… (51)
概况 …… (51)
经济总量与结构 …… (51)
农业与农村经济 …… (51)
工业和建筑业 …… (51)
固定资产投资 …… (52)
国内贸易与对外经济 …… (52)
交通、邮电和旅游 …… (52)
财税、金融 …… (52)
教育和科技 …… (52)

文化、卫生和体育 ……………………（53）
城市建设和环境保护 ……………………（53）
劳动就业状况 ……………………（53）
人民生活和社会保障 ……………………（53）
组织机构和领导人员名录 ……………………（54）
中共上街区委委员会 ……………………（54）
中共上街区纪律检查委员会 ……………………（54）
中共上街区委工作部门及直属单位 ………（54）
上街区第十一届人大常务委员会 …………（55）
区人大常委会工作部门 ……………………（55）
政协上街区第七届委员会 ……………………（56）
区政协工作部门 ……………………（56）
区人民政府 ……………………（56）
区人民政府工作部门及直属单位 …………（56）
镇（街道） ……………………（62）
区人民武装部 ……………………（63）
区人民法院 ……………………（63）
区人民检察院 ……………………（64）
园区管委会 ……………………（64）
区群团工作部门 ……………………（64）
郑州市直属部门及主要驻上街区单位 ……（65）

大事记

1 月 ……………………（67）
2 月 ……………………（67）
3 月 ……………………（68）
4 月 ……………………（68）
5 月 ……………………（69）
6 月 ……………………（70）
7 月 ……………………（71）
8 月 ……………………（71）
9 月 ……………………（72）
10 月 ……………………（72）
11 月 ……………………（72）
12 月 ……………………（73）

政　　治

中共郑州市上街区委员会 ………………（75）
区委全局工作 ……………………（75）
概述 ……………………（75）
重要会议 ……………………（75）
总结表彰暨实施“两加快一维护”战略动员
　大会 ……………………（75）
政府机构改革 ……………………（75）
产业集聚区建设动员会 ……………………（76）
推进城乡一体化暨农村工作会议 …………（76）
半年工作会 ……………………（76）
区委八届十二次全体（扩大）会议 ………（76）
重要活动 ……………………（76）
开展创先争优活动 ……………………（76）
开展“四提升三满意”活动 ………………（76）
党政代表团赴天津等地学习考察 …………（76）
区委办公室工作 ……………………（76）
概况 ……………………（76）
督查工作 ……………………（76）
政研工作 ……………………（77）
综合工作 ……………………（77）
公文处理工作 ……………………（77）
信息工作 ……………………（77）
保密工作 ……………………（78）
保密法制宣传 ……………………（78）
保密监督检查 ……………………（78）
保密日常管理 ……………………（78）
保密科学技术 ……………………（78）
组织工作 ……………………（78）
概况 ……………………（78）
深入开展创先争优活动 ……………………（78）
扎实推进区域化党建工作 …………………（79）
领导干部和人才队伍建设 …………………（79）
干部人事制度改革 ……………………（80）
组织部门自身建设 ……………………（80）
宣传工作 ……………………（80）
概况 ……………………（80）

社会宣传工作 ……………………………………（80）
党教理论工作 ……………………………………（81）
新闻外宣工作 ……………………………………（81）
统战工作 ………………………………………（82）
概况 ………………………………………………（82）
推进多党合作事业 ………………………………（82）
党外干部培育工作 ………………………………（82）
海外统战工作 ……………………………………（82）
统战干部队伍建设 ………………………………（82）
促进非公经济发展 ………………………………（82）
加强非公经济人士思想政治工作 ………………（83）
服务非公有制企业 ………………………………（83）
促进非公有制企业科技创新 ……………………（83）
协助非公企业解决用工问题 ……………………（83）
对台事务 ………………………………………（83）
完善工作制度 ……………………………………（83）
台胞联谊活动 ……………………………………（83）
对台交流交往 ……………………………………（83）
台资企业发展 ……………………………………（84）
信访工作 ………………………………………（84）
概况 ………………………………………………（84）
领导接访和下访 …………………………………（84）
矛盾纠纷排查化解 ………………………………（84）
信访风险评估 ……………………………………（85）
信访积案化解 ……………………………………（85）
信访信息工作 ……………………………………（85）
信访队伍建设 ……………………………………（85）
老干部工作 ……………………………………（85）
概况 ………………………………………………（85）
“两个待遇”落实工作 …………………………（86）
老干部活动中心工作 ……………………………（86）
老干部大学工作 …………………………………（86）
党支部建设 ………………………………………（86）
“四就近”工作 …………………………………（87）
开办老年教育讲坛 ………………………………（87）
印制离退休干部通讯录 …………………………（87）
党校工作 ………………………………………（87）
概况 ………………………………………………（87）
主体班次培训 ……………………………………（87）
理论宣讲 …………………………………………（88）
教学科研 …………………………………………（88）
函授教育 …………………………………………（88）
队伍建设 …………………………………………（88）
机构编制工作 …………………………………（88）
概况 ………………………………………………（88）
机构改革工作 ……………………………………（89）
表6：上街区直机关 ……………………………（89）
机构设置 …………………………………………（91）
整合事业单位 ……………………………………（91）
机构编制管理工作 ………………………………（92）
机构编制监督检查工作 …………………………（92）
事业单位登记管理工作 …………………………（92）
认真开展基层调研 ………………………………（92）

上街区人民代表大会及其常务委员会 ………（93）
概述 ………………………………………………（93）
工作监督 …………………………………………（93）
重要会议 ………………………………………（94）
郑州市上街区十一届人民代表大会第四次会议会议 ……（94）
区第十一届人大常委会会议 ……………………（94）
区第十一届人大常委会主任会议 ………………（95）
法律监督 …………………………………………（95）
代表建议办理 ……………………………………（95）
人大代表集中视察活动 …………………………（96）
指导镇、街道人大工作 …………………………（96）

上街区人民政府 ………………………………（96）
重要施政 ………………………………………（96）
概述 ………………………………………………（96）
全面完成政府机构改革 …………………………（96）
成功实现“全省平安建设先进区”三连冠 ……（96）
首获“中原平安杯”殊荣 ………………………（96）
奋力完成“十一五”目标任务 …………………（97）
土地整治取得显著成效 …………………………（97）
完成“十二五”规划编制工作 …………………（97）
完成政府实事工程 ………………………………（97）
多项指标居全省县（区）首位 …………………（97）

重要会议 ……………………………………（98）
区政府第七次全体（扩大）会议 …………（98）
区政府常务会议 ……………………………（98）
区政府办公室工作 ………………………（99）
文秘调研 ……………………………………（99）
政务信息 ……………………………………（99）
文电处理 ……………………………………（99）
综合协调 ……………………………………（99）
政务督查工作 ………………………………（99）
融资工作 ……………………………………（99）
人大代表建议和政协委员提案办理 ………（99）
区长电话 ……………………………………（99）
应急管理工作 ………………………………（99）
电子政务建设 ………………………………（99）
完成市政府在线访谈工作 …………………（100）
政府法制工作 ……………………………（100）
规范性文件清理和审核 ……………………（100）
行政复议和诉讼 ……………………………（100）
依法行政工作责任目标考核 ………………（100）
领导干部任职前依法行政知识测试 ………（101）
领导干部学法 ………………………………（101）
政府合同管理 ………………………………（101）
行政执法队伍管理与建设 …………………（101）
行政执法举报投诉处理 ……………………（101）
行政处罚自由裁量权监督检查 ……………（101）
人事和人力资源管理 ……………………（101）
概况 …………………………………………（101）
公务员管理 …………………………………（101）
专业技术人员管理 …………………………（102）
大中专毕业生就业 …………………………（102）
人才交流服务 ………………………………（102）
职称评定 ……………………………………（102）
工人技术等级考试 …………………………（102）
工资福利制度改革 …………………………（102）
干部离退休服务 ……………………………（102）
机关事务管理 ……………………………（103）
概况 …………………………………………（103）
节能减排 ……………………………………（103）
后勤服务 ……………………………………（103）
安全保卫 ……………………………………（103）
行政服务中心 ……………………………（103）
概况 …………………………………………（103）
编印《郑州市上街区政务公开指南》 ……（103）
重大项目联审联批及代理服务 ……………（103）
镇（街道）便民服务中心 …………………（104）
行政效能电子监察指挥平台建设 …………（104）
争创“优质服务窗口” ……………………（104）
争创“市级文明单位” ……………………（104）
外事　侨务 ………………………………（104）
外事出访 ……………………………………（104）
友好接待 ……………………………………（104）
因公出国（境）管理 ………………………（104）
对外宣传 ……………………………………（104）
生活困难归侨侨眷救助 ……………………（105）
接待工作 …………………………………（105）
规范运作 ……………………………………（105）
注重服务 ……………………………………（105）
传承创新 ……………………………………（105）
接待总量 ……………………………………（105）

政协上街区委员会 ………………………（105）
重要会议 …………………………………（105）
政协郑州市上街区第七届委员会第四次会议 ……（105）
政协常委会议 ……………………………（106）
区政协第七届委员会第十二次常委会会议 ……（106）
区政协第七届委员会第十三次常委会会议 ……（106）
区政协第七届委员会第十四次常委会会议 ……（106）
区政协第七届委员会第十五次常委会会议 ……（107）
区政协第七届委员会第十六次常委会会议 ……（107）
区政协第七届委员会第十七次常委会会议 ……（107）
工作及活动 ………………………………（107）
参政议政 ……………………………………（107）
民主监督 ……………………………………（107）
提案工作 ……………………………………（108）
委员视察 ……………………………………（108）
民主与团结 …………………………………（108）
文史资料工作 ………………………………（108）

中共郑州市上街区纪律检查委员会 …… (109)
概况 …… (109)
重要会议 …… (109)
区第八届纪律委员会第五次全体（扩大）
会议 …… (109)
优化经济发展环境工作大会 …… (109)
检查与监督 …… (110)
落实党风廉政建设责任制 …… (110)
案件查办 …… (110)
执法监察 …… (110)
惩防体系建设 …… (111)
监察综合工作 …… (111)
农村基层党风廉政建设 …… (111)
纠风工作 …… (111)
纠正行业不正之风 …… (111)
优化经济发展环境 …… (111)
作风建设 …… (112)
党风廉政宣传教育工作 …… (112)
自身建设 …… (112)

民主党派·工商联 …… (112)
民主党派 …… (112)
概况 …… (112)
政治协商 …… (112)
参政议政 …… (112)
民革上街支部 …… (112)
民盟上街总支部 …… (113)
农工上街支部 …… (113)
九三学社上街支部 …… (113)
上街区工商业联合会 …… (113)
概况 …… (113)
政治思想工作 …… (113)
参政议政工作 …… (113)
社会公益工作 …… (113)
经济服务工作 …… (114)

社会团体 …… (114)
上街区总工会 …… (114)
概况 …… (114)
工会组织建设 …… (115)
困难职工帮扶活动 …… (115)
职工技术创新活动 …… (115)
职工文体活动 …… (115)
共青团上街区委员会 …… (116)
概况 …… (116)
团的自身建设 …… (116)
服务党政中心工作 …… (116)
服务青少年成长成才 …… (116)
深化品牌活动 …… (117)
青少年活动中心建设 …… (117)
上街区妇女联合会 …… (117)
“巾帼建功”活动 …… (117)
维护妇女儿童合法权益 …… (117)
妇女参政议政 …… (118)
妇女宣传思想工作 …… (118)
关爱儿童系列活动 …… (118)
创先争优工作 …… (118)
上街区归国华侨联合会 …… (118)
侨务工作评先 …… (118)
关爱归侨侨眷 …… (118)
引导归侨侨眷参与社会活动 …… (118)
对外宣传 …… (118)
侨法宣传 …… (118)
上街区关心下一代工作委员会 …… (118)
概述 …… (118)
开展“专家学者校园行”教育报告会 …… (119)
开展庆“六一”活动 …… (119)
暑期教育活动 …… (119)
开展“新三好”青少年评选活动 …… (119)
上街区老区开发促进会 …… (119)
概述 …… (119)
建言献策助“三农” …… (119)
兴办实事惠“三农” …… (120)

法 制

政法综治工作 …… (121)
概况 …… (121)

成立社会稳定工作指挥部 …………………… (121)
平安上街建设 …………………………… (121)
社会矛盾化解工作 ……………………… (122)
打击违法犯罪 …………………………… (122)
防控能力建设 …………………………… (122)
社会管理创新 …………………………… (122)
平安创建和治安重点地区整治 ………… (123)
政法队伍建设 …………………………… (123)
公安工作 …………………………… (123)
概况 ……………………………………… (123)
治安管理 ………………………………… (124)
安全保卫 ………………………………… (124)
刑事侦查 ………………………………… (124)
交通安全管理 …………………………… (124)
消防管理 ………………………………… (125)
基础建设 ………………………………… (125)
典型案例 …………………………… (125)
特大药品诈骗案 ………………………… (125)
“8·25”现行命案 ……………………… (125)
特大系列盗窃中铝企业氧化铝粉案件 …… (126)
“12·22”故意伤害致死案 …………… (126)
检察工作 …………………………… (126)
概况 ……………………………………… (126)
刑事检察 ………………………………… (126)
查办预防职务犯罪 ……………………… (127)
法律监督 ………………………………… (127)
审判工作 …………………………… (127)
概况 ……………………………………… (127)
审判执行工作 …………………………… (127)
综合管理工作 …………………………… (129)
服务中心工作 …………………………… (130)
队伍建设 ………………………………… (130)
自觉接受党委领导及人大监督 ………… (130)
司法行政 …………………………… (130)
概况 ……………………………………… (130)
普法依法治理 …………………………… (131)
法律服务 ………………………………… (131)
基层司法所建设 ………………………… (131)
人民调解 ………………………………… (131)
刑释解教人员安置帮教 ………………… (131)
法律援助 ………………………………… (131)
公证工作 ………………………………… (131)

武　装

人民武装 …………………………… (132)
概况 ……………………………………… (132)
思想政治建设 …………………………… (132)
组织建设 ………………………………… (132)
军事训练 ………………………………… (132)
民兵整组工作 …………………………… (133)
安全管理工作 …………………………… (133)
基层建设 ………………………………… (133)
后勤管理工作 …………………………… (133)
党管武装和双拥工作 …………………… (134)
征兵工作 ………………………………… (134)
国防教育 ………………………………… (134)
人民防空 …………………………… (134)
概况 ……………………………………… (134)
人防工程建设 …………………………… (134)
人防工程利用 …………………………… (134)
人防工程维护管理任务 ………………… (134)
人防宣传教育 …………………………… (134)
人防建设费征收 ………………………… (135)
防空警报试鸣 …………………………… (135)
防汛工作 ………………………………… (135)

指挥部工作

工业集聚区管委会 ………………… (136)
概况 ……………………………………… (136)
经济运行 ………………………………… (136)
重点项目建设 …………………………… (136)
国家承压阀门产品质量监督检验中心投入使用 ………………………………… (137)
示范性标准化厂房建设项目 …………… (137)
规划建设 ………………………………… (137)
招商引资 ………………………………… (137)

平台建设 ……………………………… (137)
科技创新 ……………………………… (137)
优化投资环境 ………………………… (137)
党的建设 ……………………………… (137)
基础设施 ……………………………… (138)
表7：2010郑州上街装备产业聚集区已建基础设施 ……………………………… (138)
表8：入园企业标准化厂房建设 ……… (138)
城乡一体化指挥部 ………………… (138)
概况 …………………………………… (138)
城乡一体化规划 ……………………… (139)
新农村建设 …………………………… (139)
“万亩花海”建设 …………………… (139)
农村集体经济体制改革 ……………… (139)
指挥部重点项目 ……………………… (139)
服务业集聚区管理委员会 ………… (140)
概况 …………………………………… (140)
中心城区服务业核心区 ……………… (140)
五云山中国山地生态公园 …………… (140)
昆仑物流园区 ………………………… (140)
三产服务业 …………………………… (140)
其他新开工在建项目 ………………… (140)
三产服务业调研情况 ………………… (140)
支持企业发展 ………………………… (141)

工业·农林·商贸

工业 ……………………………………… (142)
工业经济 …………………………… (142)
概况 …………………………………… (142)
工业投资 ……………………………… (142)
工业项目 ……………………………… (142)
工业园区建设 ………………………… (142)
非公有制经济 ………………………… (142)
工业节能降耗 ………………………… (143)
煤炭经营管理 ………………………… (143)
信息化发展 …………………………… (143)
工业和信息化融合 …………………… (143)
企业技术中心建设 …………………… (143)
服务中铝郑州企业工作 ……………… (143)
搭建银企合作平台 …………………… (143)
申报企业奖补资金 …………………… (143)
企业家队伍建设 ……………………… (144)
企业改制工作 ………………………… (144)
中国铝业股份有限公司河南分公司 ……… (144)
概况 …………………………………… (144)
生产经营 ……………………………… (144)
转变思想观念 ………………………… (144)
供矿状况 ……………………………… (144)
改革创新 ……………………………… (144)
结构调整 ……………………………… (144)
争先创优 ……………………………… (144)
领导视察 ……………………………… (145)
中国长城铝业公司 ………………… (145)
概况 …………………………………… (145)
生产经营 ……………………………… (145)
改革与管理 …………………………… (145)
节能减排 ……………………………… (145)
基本建设与重点项目 ………………… (145)
党建和思想政治工作 ………………… (146)
电力工业 …………………………… (146)
概况 …………………………………… (146)
表9：上街区用电量统计 ……………… (146)
电网建设 ……………………………… (146)
安全生产 ……………………………… (146)
行风建设与优质服务 ………………… (146)
员工培训 ……………………………… (147)
党建和精神文明建设 ………………… (147)

农业 ……………………………………… (147)
农业 ………………………………… (147)
概况 …………………………………… (147)
粮食生产 ……………………………… (147)
特色农产品的规模化种植 …………… (148)
农业产业化经营 ……………………… (148)
农产品加工企业 ……………………… (148)
积极推动企业申报各类农业项目 …… (148)
农业机械 …………………………… (148)

概况 ……………………………………… （148）
林业 ……………………………………… （148）
概况 ……………………………………… （148）
国家级项目 …………………………………… （149）
省级工程 …………………………………… （149）
市级项目 …………………………………… （149）
区级项目 …………………………………… （149）
森林防火 …………………………………… （149）
病虫害防治 …………………………………… （149）
水利 ……………………………………… （149）
外引水资源 …………………………………… （149）
水资源管理 …………………………………… （150）
畜牧管理 …………………………………… （150）
概况 ……………………………………… （150）
重大动物疫病防治 ………………………………… （150）
兽药市场整治 ………………………………… （150）
动物卫生监督 ………………………………… （150）
食品安全 …………………………………… （150）
加强畜牧业重点项目投资 ……………………… （150）
新农村建设 ………………………………… （151）
概况 ……………………………………… （151）
扶贫开发 …………………………………… （151）
概况 ……………………………………… （151）
贫困村搬迁 …………………………………… （151）
南部山区开发 ………………………………… （151）

商业贸易 ………………………………… （152）
商贸服务业 ………………………………… （152）
概况 ……………………………………… （152）
机构改革 …………………………………… （152）
招商引资 …………………………………… （152）
经贸洽谈 …………………………………… （152）
外贸出口 …………………………………… （153）
对外合作 …………………………………… （153）
商贸流通 …………………………………… （153）
市场运行 …………………………………… （153）
定点屠宰管理 ………………………………… （153）
酒类流通管理 ………………………………… （153）
惠民工程 …………………………………… （154）
成品油市场监管 ………………………………… （154）
再生资源整顿 ………………………………… （154）
专项课题研究 ………………………………… （154）
新增服务业网点简介 …………………………… （154）
粮油购销与加工 ……………………………… （154）
概况 ……………………………………… （154）
粮食购销 …………………………………… （155）
粮库建设与管理 ………………………………… （155）
粮油市场管理 ………………………………… （155）
烟草专卖 …………………………………… （155）
概况 ……………………………………… （155）
卷烟销售 …………………………………… （155）
专卖管理 …………………………………… （155）
石油经营 …………………………………… （155）
概况 ……………………………………… （155）
服务“三夏”、“三秋” ……………………………… （155）
做好抗旱浇麦用油保障 ………………………… （155）
保证油品数、质量 ……………………………… （155）
油库安全保障 ………………………………… （156）
农副产品贸易 ……………………………… （156）
概况 ……………………………………… （156）

金　融

金融监管 …………………………………… （157）
概况 ……………………………………… （157）
融资平台整理 ………………………………… （157）
对公融资及中小企业融资 ……………………… （157）
企业上市 …………………………………… （157）
风险防控 …………………………………… （158）
银行 ……………………………………… （158）
概况 ……………………………………… （158）
搭建政银企沟通平台 …………………………… （158）
开展各类主题教育活动 ………………………… （158）
推进国库信息化建设 …………………………… （158）
个人征信信息查询系统上线运行 ……………… （158）
郑州银行上街支行经营效益持续增长 …… （158）
郑州银行上街支行市场开拓取得明显
　成效 ……………………………………… （158）

交通银行上街支行各项业务稳定增长 …… (158)
工行上街支行各项存款业务平稳增长 …… (159)
工行上街支行信贷业务居同行业第一 …… (159)
工行上街支行荣获省行营业部“先进单位”称号 …… (159)
中国银行郑州上街区支行 …… (159)
首家与110联网银行 …… (159)
农行上街支行负债业务管理 …… (159)
农行上街支行荣获省行营业部“先进单位”称号 …… (159)
建设银行上街支行存贷款业务稳步增长 …… (159)
农信社上街分社各项业务稳步发展 …… (160)
邮储银行上街支行各项业务稳步发展 …… (160)
证券 …… (160)
概况 …… (160)
保险 …… (160)
概况 …… (160)
中国人保财产保险上街支公司 …… (160)
业务发展再创新高 …… (160)
营销工作成绩斐然 …… (160)
风险控制效果显著 …… (160)
理赔质量全面提升 …… (160)
依法合规诚信经营 …… (160)
中国人寿上街支公司 …… (161)
概况 …… (161)
保险理赔 …… (161)
新办公楼建成投入使用 …… (161)
优质服务为客户保驾护航 …… (161)
小额贷款 …… (161)
概况 …… (161)
住房公积金管理 …… (162)
概况 …… (162)
归集住房公积金 …… (162)
支取公积金 …… (162)
个贷管理 …… (162)
内部管理 …… (162)
精神文明建设 …… (162)

经济管理与监督

发展计划管理 …… (163)
规划编制和监测 …… (163)
开展“十二五”规划编制工作 …… (163)
改制工作 …… (163)
项目建设 …… (163)
节能减排 …… (164)
调查工作 …… (164)
概况 …… (164)
农村社会经济调查 …… (164)
城镇居民调查 …… (164)
企业调查 …… (164)
统计管理 …… (164)
概况 …… (164)
创新统计工作方式 …… (164)
开展第六次人口普查 …… (165)
物价管理 …… (165)
概况 …… (165)
价格监督检查 …… (165)
价格调节基金征管 …… (165)
价格鉴定认证 …… (165)
深入价格公共服务活动 …… (165)
财政 …… (165)
概况 …… (165)
机构改革 …… (165)
财政收支 …… (166)
预算管理 …… (166)
税源建设 …… (166)
落实支农惠民政策 …… (166)
国有资产管理 …… (167)
政府采购 …… (167)
投资评审 …… (167)
国家税务 …… (167)
概况 …… (167)
超额完成税收任务 …… (167)
创建学习型组织 …… (167)
改革创新 …… (167)

再创省级文明单位 …………………………（167）
两基建设 ………………………………（167）
服务纳税人 ……………………………（167）
所得税汇算清缴 …………………………（167）
新闻信息、档案工作 ………………………（168）
党风廉政建设 ……………………………（168）
地方税务 ………………………………（168）
概况 ……………………………………（168）
税收收入 ………………………………（168）
税源税种管理 ……………………………（168）
税收征管 ………………………………（168）
税务稽查 ………………………………（168）
税收宣传 ………………………………（168）
再创省级文明单位 …………………………（168）
税收队伍建设 ……………………………（168）
工商行政管理 ……………………………（169）
概况 ……………………………………（169）
基层工商所规范化建设 ……………………（169）
企业注册登记 ……………………………（169）
市场监管 ………………………………（169）
食品安全监管 ……………………………（169）
百亿送贷 ………………………………（169）
商标监管 ………………………………（169）
动产抵押登记 ……………………………（169）
广告监管 ………………………………（169）
兴农富民 ………………………………（170）
消费者权益保护 …………………………（170）
质量技术监督 ……………………………（170）
概况 ……………………………………（170）
特种设备安全监管 …………………………（170）
质量管理 ………………………………（170）
质量监督 ………………………………（170）
计量工作 ………………………………（170）
标准化工作 ……………………………（170）
产品和食品安全专项整治 …………………（170）
队伍建设 ………………………………（170）
审计监督 ………………………………（171）
概况 ……………………………………（171）
审计工作 ………………………………（171）
专项资金审计 ……………………………（171）
经济责任审计 ……………………………（171）
审计干部队伍建设 …………………………（171）
安全生产管理 ……………………………（171）
概况 ……………………………………（171）
安全责任落实 ……………………………（171）
安全环境创优 ……………………………（171）
综合协调监管 ……………………………（172）
宣传教育培训 ……………………………（172）
监管队伍建设 ……………………………（172）
食品药品监督管理 ………………………（172）
概况 ……………………………………（172）
药品、医疗器械质量安全监管 ………………（172）
药械稽查 ………………………………（172）
食品安全专项检查 …………………………（172）
食品质量集中抽验 …………………………（173）
食品安全宣传教育 …………………………（173）
机关建设和执法队伍建设 …………………（173）

城乡建设与管理

规划管理 ………………………………（174）
概况 ……………………………………（174）
规划修编 ………………………………（174）
规划审批 ………………………………（174）
规划宣传 ………………………………（174）
建设行业管理 ……………………………（174）
城区建设 ………………………………（174）
建筑市场管理 ……………………………（174）
建筑业资质管理 …………………………（174）
工程质量监管 ……………………………（175）
安全生产管理 ……………………………（175）
建材业管理 ………………………………（175）
建筑节能管理 ……………………………（175）
城市管理 ………………………………（175）
市政建设 ………………………………（175）
市政设施养护 ……………………………（175）
市政管理 ………………………………（175）
市容环境卫生 ……………………………（175）
环卫基础设施建设 …………………………（175）

环境卫生管理 …………………………………… (175)
垃圾无害化处理 ………………………………… (175)
环卫工人节活动 ………………………………… (175)
园林绿化 ……………………………………… (175)
公共绿地建设 …………………………………… (175)
道路绿化建设 …………………………………… (175)
单位及居民区绿化 ……………………………… (175)
园林绿化管理 …………………………………… (175)
城市综合管理 …………………………………… (176)
概况 ……………………………………………… (176)
供水 ……………………………………………… (176)
概况 ……………………………………………… (176)
燃气供管 ……………………………………… (176)
概况 ……………………………………………… (176)
房地产开发管理 ……………………………… (176)
概况 ……………………………………………… (176)
房地产开发建设投资稳步增长 ………………… (177)
房地产交易活跃 ………………………………… (177)
房屋权属登记管理规范化 ……………………… (177)
物业管理规范化 ………………………………… (177)
维修资金归集和监管使用 ……………………… (177)
整顿规范房地产市场秩序 ……………………… (177)
廉租住房保障工作 ……………………………… (177)
住房制度改革 …………………………………… (177)
国土资源管理 ………………………………… (178)
概况 ……………………………………………… (178)
基本农田保护 …………………………………… (178)
加强地籍管理 …………………………………… (178)
国土资源市场建设 ……………………………… (178)
保障重点项目用地 ……………………………… (178)
盘活存量建设用地 ……………………………… (178)
乡级土地利用规划修编 ………………………… (178)
土地执法监察 …………………………………… (178)
城乡环境保护 ………………………………… (178)
环境监察 ………………………………………… (178)
环境监测 ………………………………………… (178)
工业污染防治 …………………………………… (178)
建设项目环境管理 ……………………………… (179)
秸秆禁烧暨综合利用工作 ……………………… (179)
危险废弃物和辐射环境管理 …………………… (179)
环境综合整治 …………………………………… (179)
绿色创建工作 …………………………………… (179)
环保宣传教育 …………………………………… (179)
污染减排 ………………………………………… (179)
清洁生产审核工作 ……………………………… (179)
政风行风 ………………………………………… (179)

交通・邮政・通信

交通 ……………………………………………… (180)
铁路运输 ……………………………………… (180)
概况 ……………………………………………… (180)
安全运输 ………………………………………… (180)
落实安全生产责任制 …………………………… (180)
完善安全卡控措施 ……………………………… (180)
客运及货装安全管理 …………………………… (180)
抓好人身安全 …………………………………… (180)
安全运输 ………………………………………… (180)
提高客货服务质量 ……………………………… (181)
开展好送清凉活动 ……………………………… (181)
公路运输 ……………………………………… (181)
概况 ……………………………………………… (181)
做好公路养护工作 ……………………………… (181)
加强运输市场监管 ……………………………… (181)
完善城乡客运网络 ……………………………… (181)
维修市场规范化管理 …………………………… (181)
郑上 1 路客运 …………………………………… (181)
加强学习型机关建设 …………………………… (181)

邮政 ……………………………………………… (182)
邮政 ……………………………………………… (182)
概况 ……………………………………………… (182)
基础设施建设取得新突破 ……………………… (182)
服务“三农”工作稳步推进 …………………… (182)
开售上海世界博览会门票 ……………………… (182)
关心关爱职工生活 ……………………………… (182)
通信 ……………………………………………… (183)
联通公司 ……………………………………… (183)

概况 …… （183）
基础设施 …… （183）
技术和网络 …… （183）
移动分公司 …… （183）
概况 …… （183）
业务发展 …… （183）
网络建设 …… （184）
客户服务 …… （184）
信息化应用 …… （184）
新农村建设 …… （184）
社会责任 …… （184）
中国电信 …… （184）
概况 …… （184）
基础设施建设 …… （185）
优化内部组织架构 …… （185）
内部管理 …… （185）
内部培训 …… （185）
电信队伍文化建设 …… （185）

社会事业

科技工作 …… （186）
概况 …… （186）
科技活动 …… （186）
科技成果 …… （186）
表10：科技成果鉴定及成果证书 …… （186）
科技宣传与培训 …… （187）
科技下乡 …… （187）
科技计划管理 …… （187）
农村信息化建设 …… （187）
科技服务体系建设 …… （187）
科学普及 …… （187）
概况 …… （187）
社区科普大学建设 …… （187）
青少年科技教育 …… （188）
农村科普工作 …… （188）
大型科普活动 …… （188）
科普基础设施建设 …… （188）
反邪教工作 …… （188）
送科技下乡 …… （188）
举办技术培训班 …… （188）
中国铝业股份有限公司郑州研究院 …… （189）
概况 …… （189）
科技创新 …… （189）
生产经营 …… （189）
管理改革 …… （189）
建设与发展 …… （189）
党的建设 …… （189）
防震减灾 …… （189）
概况 …… （189）
震情跟踪 …… （189）
加强抗震设防监管工程 …… （189）
对宏观测报站监管 …… （190）
建设上街地震台 …… （190）
宣传防震减灾科普知识 …… （190）
举办“理想名城杯”防震减灾科普知识竞赛活动 …… （190）
防震减灾科普知识进农村、进社区 …… （190）
组建地震应急志愿者队伍 …… （190）
培训防震减灾知识 …… （190）
地震应急准备工作 …… （190）
创建防震减灾科普示范学校 …… （190）

教育 …… （191）
概况 …… （191）
学前教育 …… （191）
概况 …… （191）
主要工作 …… （192）
具体活动 …… （192）
基础教育 …… （192）
小学教育 …… （192）
中小学招生 …… （192）
初中招生 …… （193）
高招录取 …… （193）
成人教育 …… （193）
概况 …… （193）
成人高招报名 …… （193）
职业教育 …… （193）

概况 …… (193)
民办教育 …… (193)
概况 …… (193)
队伍建设 …… (194)
教师培训 …… (194)
城乡教师交流 …… (194)
优质化工程 …… (194)
教学教研 …… (194)
教育科研 …… (194)
提升教育质量 …… (195)
青少年科技创新大赛 …… (195)
文艺活动 …… (196)
特色教育 …… (196)
教育管理 …… (196)
教育督导 …… (196)
学校、幼儿园等级评估 …… (196)
校舍安全 …… (196)
校舍改造 …… (197)
学校卫生 …… (197)
惠民工程 …… (197)
农村义务教育经费 …… (197)
未成年人思想道德建设 …… (197)
共青团和少先队 …… (198)
家长学校 …… (198)
机关建设 …… (198)
纪检监察 …… (198)
工会工作 …… (198)
党组织建设 …… (199)
人事管理 …… (199)
帮贫扶困 …… (199)

体　育 …… (199)
学校体育 …… (199)
概况 …… (199)
社会体育 …… (199)
概况 …… (199)
竞技体育 …… (200)
河南省航空运动管理中心 …… (200)
概况 …… (200)
训练竞赛 …… (200)
后备人才培养 …… (200)
青少年及航协工作 …… (201)
经营创收 …… (201)
安全保障工作 …… (201)
河南省重竞技运动管理中心 …… (201)
概况 …… (201)
表 11：2010 年广州亚运会比赛成绩 …… (201)
表 12：2010 亚运会比赛成绩 …… (202)
表 13：2010 年全国冠军赛成绩 …… (203)
竞技水平提升 …… (203)
“科、训、医”一体化 …… (203)
着力增强训练实效 …… (203)
全力以赴做好运动员伙食工作 …… (204)
基础建设 …… (204)
全力办好省十运会 …… (204)

文　化 …… (204)
群众文化 …… (204)
概况 …… (204)
基层文化建设 …… (205)
文艺团体 …… (205)
开展基层文艺骨干培训活动 …… (205)
文艺活动 …… (205)
图书阅览 …… (206)
电影放映工作 …… (206)
文物与非物质文化遗产保护 …… (206)
文物保护 …… (206)
非物质文化遗产保护 …… (206)
文化市场 …… (206)
概况 …… (206)
文化市场管理 …… (206)
新闻出版（版权）市场管理 …… (206)
扫黄打非集中行动及专项治理 …… (207)
文学艺术 …… (207)
艺术创作与人才培养 …… (207)
表 14：2010 年上街区获市级以上获奖（入选）文学艺术作品 …… (207)
广播电视 …… (208)

新闻宣传 …………………………………（208）
外宣工作 …………………………………（208）
节目创优 …………………………………（208）
广播电视设施 ……………………………（208）
有线网络建设 ……………………………（208）
广电事业管理 ……………………………（209）
开展走千家、进万户、征求意见”上门服务
活动 ……………………………………（209）
制作宣传片《大道之行－上街》 …………（209）
旅游工作 …………………………………（209）
概况 ………………………………………（209）
上街时讯 …………………………………（209）
概况 ………………………………………（209）
突出主题性和系列性宣传 ………………（209）
日益壮大的通联队伍 ……………………（209）
地方史志工作 ……………………………（209）
概况 ………………………………………（209）
编纂出版首部《上街年鉴》 ………………（210）
档案管理 …………………………………（210）
概况 ………………………………………（210）
立卷归档 …………………………………（210）
档案管理和利用 …………………………（210）
档案管理规范化认证 ……………………（210）
档案信息上报 ……………………………（211）

卫　　生 …………………………………（211）
卫生事业 …………………………………（211）
概况 ………………………………………（211）
机构设施建设 ……………………………（211）
新型农村合作医疗 ………………………（211）
农村卫生服务体系建设 …………………（211）
疾病预防控制 ……………………………（212）
计划免疫 …………………………………（212）
预防甲型 H1NI 流感和手足口病 …………（212）
结核病防治 ………………………………（212）
艾滋病防治 ………………………………（212）
突发公共卫生事件处置 …………………（212）
地方病防治 ………………………………（212）
妇幼保健 …………………………………（212）
概况 ………………………………………（212）
降低孕产妇死亡率与消除初生儿破伤风 ……（213）
孕产妇与 3 岁以下儿童系统管理工作 ……（213）
医疗技术 …………………………………（213）
中医事业 …………………………………（213）
科技兴医 …………………………………（213）
重点（特色）专科建设 …………………（213）
卫生监督 …………………………………（213）
概况 ………………………………………（213）
打击无证行医 ……………………………（214）
开展职业健康监护专项整治行动 …………（214）
“五小”单位整治工作 ……………………（214）
全面推行公共场所卫生监督量化分级管理
制度 ……………………………………（214）
医政管理 …………………………………（214）
医疗机构管理 ……………………………（214）
医疗服务准入管理 ………………………（214）
医师、护士注册管理 ……………………（214）
医废管理 …………………………………（214）
医疗纠纷处理 ……………………………（214）
红十字会 …………………………………（214）
无偿捐献 …………………………………（214）
逐步建立健全红十字会基层组织 …………（215）
爱国卫生运动 ……………………………（215）
概况 ………………………………………（215）
国家卫生城市届满复审 …………………（215）
市容环境卫生整治 ………………………（215）
农村环境卫生综合整治 …………………（215）
爱国卫生宣传暨健康教育 ………………（215）
病媒生物防制 ……………………………（216）

民　　生

人民生活 …………………………………（217）
物质生活建设 ……………………………（217）
概况 ………………………………………（217）
精神文明建设 ……………………………（217）
概况 ………………………………………（217）
创建文明城区 ……………………………（217）

开展“六项文明和谐”活动 …………………（217）
开展精神文明建设细胞工程 ………………（217）
表彰道德模范及“我们的节日”宣传教育活动 ………………………………………（218）
编舞《我们爱劳动》在第四届全国校园文艺汇演中荣获一等奖 ……………………（218）
农村精神文明建设 ……………………………（218）
开展社会人居环境改善工作 ………………（218）
劳动和就业 ………………………………（218）
劳动力市场管理 ……………………………（218）
城镇就业再就业 ……………………………（218）
农村劳动力转移就业 ………………………（219）
职业技能开发 ………………………………（219）
劳动保障监察 ………………………………（219）
劳动争议仲裁 ………………………………（219）
社会保障 …………………………………（219）
企业职工养老保险 …………………………（219）
居民养老保险 ………………………………（219）
医疗保险 ……………………………………（219）
工伤保险 ……………………………………（220）
失业保险 ……………………………………（220）
人口和计划生育 …………………………（220）
概况 …………………………………………（220）
荣获全省计划生育优质服务先进县（市）区 …………………………………………（220）
构建领导保障体系 …………………………（220）
稳定低生育水平 ……………………………（220）
健全利益导向机制 …………………………（220）
出生缺陷干预工程 …………………………（221）
流动人口计划生育服务管理 ………………（221）
治理出生人口性别比 ………………………（221）
民族宗教工作 ……………………………（221）
概况 …………………………………………（221）
宣传教育培训工作 …………………………（221）
民族工作 ……………………………………（221）
开展“科技、法律、卫生三下乡”活动……（221）
宗教工作 ……………………………………（222）
民政工作 …………………………………（222）
概况 …………………………………………（222）
城市保障工作 ………………………………（222）
低收入家庭保障工作 ………………………（222）
城乡大病医疗救助工作 ……………………（222）
五保供养工作 ………………………………（222）
救灾储备 ……………………………………（222）
临时救济工作 ………………………………（222）
设立“社区志愿者服务工作站” …………（222）
成立村（居）务监督委员会 ………………（223）
开展社区为老为少服务点 …………………（223）
拥军活动 ……………………………………（223）
优抚、优待与抚恤 …………………………（223）
复退军人的稳定工作 ………………………（223）
城乡退伍军人接收 …………………………（223）
民间组织管理 ………………………………（223）
婚姻登记 ……………………………………（223）
殡葬 …………………………………………（223）
社会福利 ……………………………………（223）
慈善事业 ……………………………………（223）
百岁老人 ……………………………………（223）
表15：全区百岁老人 ………………………（223）
残疾人保障 ………………………………（224）
概况 …………………………………………（224）
康复工作 ……………………………………（224）
技能培训工作 ………………………………（224）
就业工作 ……………………………………（224）
维权信访工作 ………………………………（224）
扶残助残工作 ………………………………（224）
托养扶贫工作 ………………………………（224）
宣传工作 ……………………………………（224）
文体工作 ……………………………………（224）

镇 街道

峡窝镇 …………………………………（225）
概况 …………………………………………（225）
表彰奖励 ……………………………………（225）
经济概述 ……………………………………（225）
重点项目 ……………………………………（225）
交通网络 ……………………………………（225）
农业 …………………………………………（225）

新农村建设 …………………………………… (225)
土地流转 ……………………………………… (226)
土地整合 ……………………………………… (226)
文教卫生 ……………………………………… (226)
民政和社会保障 ……………………………… (226)
劳动就业 ……………………………………… (226)
人口和计划生育 ……………………………… (226)
环境卫生 ……………………………………… (226)
文化普查 ……………………………………… (226)
平安建设 ……………………………………… (226)
党建工作 ……………………………………… (226)
表16：村（社区）书记、主任名录…… (227)
济源路街道 …………………………………… (228)
概况 …………………………………………… (228)
招商引资 ……………………………………… (228)
街道经济 ……………………………………… (228)
项目建设 ……………………………………… (228)
“五小单位”整治 ……………………………… (228)
平安建设 ……………………………………… (228)
城市管理 ……………………………………… (228)
计划生育 ……………………………………… (228)
社会保障 ……………………………………… (228)
安全生产 ……………………………………… (228)
党建工作 ……………………………………… (229)
表17：村（社区）书记、主任名录…… (229)
新安路街道 …………………………………… (229)
概况 …………………………………………… (229)
街道经济 ……………………………………… (229)
工业经济 ……………………………………… (229)
农贸市场 ……………………………………… (229)
物流园建设 …………………………………… (230)
项目建设 ……………………………………… (230)
招商引资 ……………………………………… (230)
平安建设 ……………………………………… (230)
城市管理 ……………………………………… (230)
人口与计划生育 ……………………………… (231)
社会保险 ……………………………………… (231)
党建工作 ……………………………………… (231)
精神文明 ……………………………………… (231)
表18：村（社区）书记、主任名录…… (231)
中心路街道 …………………………………… (231)
概况 …………………………………………… (231)
经济工作 ……………………………………… (232)
社会事业 ……………………………………… (232)
重点项目 ……………………………………… (232)
五个一工程 …………………………………… (232)
社会治安 ……………………………………… (232)
城市建设和管理 ……………………………… (232)
计划生育 ……………………………………… (232)
安全生产 ……………………………………… (232)
社区建设 ……………………………………… (232)
党建工作 ……………………………………… (232)
聂寨村获“全国农村先进信息服务站点”称号 …………………………………………… (233)
表19：村（社区）书记、主任名录…… (233)
工业路街道 …………………………………… (233)
概况 …………………………………………… (233)
街道经济 ……………………………………… (233)
项目建设 ……………………………………… (234)
土地整合 ……………………………………… (234)
新农村建设 …………………………………… (234)
平安建设 ……………………………………… (234)
计划生育 ……………………………………… (234)
党建创新 ……………………………………… (234)
表20：村（社区）书记、主任名录…… (235)
矿山街道 ……………………………………… (235)
概况 …………………………………………… (235)
街道经济 ……………………………………… (235)
招商引资 ……………………………………… (235)
平安建设 ……………………………………… (235)
人口与计划生育 ……………………………… (235)
民生工作 ……………………………………… (236)
党建工作 ……………………………………… (236)
精神文明建设 ………………………………… (236)
表21：村（社区）书记、主任名录…… (236)

人物·荣誉

人物………………………………………… (237)

县处级领导干部 …………………………… (237)
黄　卿 …………………………………… (237)
戴春枝 …………………………………… (237)
李建伟 …………………………………… (238)
巨宝志 …………………………………… (238)
张福祥 …………………………………… (238)
魏建民 …………………………………… (238)
邓书安 …………………………………… (239)
黄　钫 …………………………………… (239)
周为国 …………………………………… (239)
钱世哲 …………………………………… (240)
宋双兴 …………………………………… (240)
翟国防 …………………………………… (240)
乔德宁 …………………………………… (240)
王素梅 …………………………………… (241)
张振威 …………………………………… (241)
张旭华 …………………………………… (241)
冯文生 …………………………………… (242)
高自廷 …………………………………… (242)
钟　明 …………………………………… (242)
邢艳丽 …………………………………… (243)
李华道 …………………………………… (243)
陈　炜 …………………………………… (243)
袁春明 …………………………………… (243)
王家伦 …………………………………… (244)
赵风军 …………………………………… (244)
赵　敏 …………………………………… (244)
郝国防 …………………………………… (245)
朱选伟 …………………………………… (245)
徐　勇 …………………………………… (245)
杜惠斌 …………………………………… (245)
赵全来 …………………………………… (245)
张富永 …………………………………… (246)
武家寅 …………………………………… (246)
郭志昭 …………………………………… (246)
徐凤言 …………………………………… (247)
黄国民 …………………………………… (247)
卢裕华 …………………………………… (247)
薛景霞 …………………………………… (248)
李新廷 …………………………………… (248)
梁红松 …………………………………… (248)
吕现州 …………………………………… (249)
岳　斌 …………………………………… (249)
王金河 …………………………………… (250)
奚　亮 …………………………………… (250)
彭连城 …………………………………… (250)
程振胜 …………………………………… (250)
袁家伟 …………………………………… (251)
王继正 …………………………………… (251)
孙喜忠 …………………………………… (252)
朱书民 …………………………………… (252)
成　健 …………………………………… (252)
吴新勇 …………………………………… (253)
李春发 …………………………………… (253)
马松宝 …………………………………… (253)
离任县处级领导干部 ……………………… (254)
牛瑞华 …………………………………… (254)
王玉红 …………………………………… (254)
先进人物 ……………………………………… (254)
杨红雷 …………………………………… (254)
李跃平 …………………………………… (255)
李　瑛 …………………………………… (255)
郑州市五一劳动奖章获得者 ……………… (255)
上街区专业技术人员 ……………………… (256)
概况 ……………………………………… (256)
　表22：副高级以上专业技术人员 ………… (256)

荣誉 ………………………………………… (263)
先进集体名录 ……………………………… (263)
国家级先进集体 …………………………… (263)
　表23：上街区全国先进集体 ……………… (263)
省级先进集体 ……………………………… (263)
　表24：上街区省级先进集体 ……………… (263)
郑州市委、市政府、军分区表彰的先进
　集体 …………………………………… (264)
　表25：上街区被郑州市委、市政府、军分
　　区表彰的先进集体 ………………… (264)
郑州五一劳动奖状获得单位 ……………… (265)
上街区委、区政府表彰的先进集体 ……… (266)

2010 年度十大文明和谐家庭名录 ………… （272）
先进个人名录 ………………………………… （273）
省级以上先进个人名录 …………………… （273）
表 26：上街区省级以上先进个人 ……… （273）
郑州市委、市政府、军分区表彰的先进个人 ………………………………… （273）
表 27：上街区被郑州市委、市政府、军分区表彰的先进个人 ……………………… （273）
上街区委、区政府表彰的先进个人 ……… （274）

附　录

重要文件索引 ………………………………… （278）
2010 年中共上街区委重要文件索引 ……… （278）
2010 年中共上街区委办公室重要文件索引 ………………………………………… （280）
2010 年上街区人大常委会重要文件索引 ………………………………………… （282）
2010 年上街区人民政府重要文件索引 …… （283）
省级以上党报有关上街文章存目 ………… （284）
便民服务信息 ………………………………… （284）
公交线路走向及站点设置 ………………… （284）
便民电话 …………………………………… （285）
统计资料 ……………………………………… （285）
2010 年上街区主要综合指标 …………… （285）
2010 年上街区人口及其变动情况 ……… （288）
2010 年上街区农业主要产品生产情况 ………………………………………… （289）
2010 年全部工业总产出、总产值、增加值（一） ………………………………… （290）
2010 年全部工业总产出、总产值、增加值（二） ………………………………… （290）
2010 年工业企业能源购进、消费与库存 ………………………………………… （291）
2010 年上街区社会消费品零售总额 …… （292）
2010 年上街区普通中学基本情况（一） ………………………………………… （293）
2010 年上街区普通中学基本情况（二） ………………………………………… （294）
2010 年上街区小学学龄人口入学及在校生情况（城市） ……………………… （294）
2010 年上街区小学学龄人口入学及在校生情况（农村） ……………………… （295）
2010 年上街区小学学龄人口入学及在校生情况（总计） ……………………… （296）
2010 年上街区城镇居民家庭基本情况 ………………………………………… （297）
2010 年上街区农村住户调查年报表（全年） ………………………………… （300）
2010 年上街区卫生机构、床位、人员数 ………………………………………… （405）
2010 年上街区县级及以上医疗机构人员数 ………………………………………… （405）
2010 年上街区农村村级卫生组织情况 ………………………………………… （405）
2010 年上街区地区生产总值 …………… （405）
2010 年按当年价格计算的地区生产总值项目比重 ………………………… （408）
2010 年上街区城镇以上固定资产投资完成情况 ………………………… （410）
2010 年上街区分行业城镇固定资产投资完成情况 ………………………… （411）
2010 年上街区按行业和注册类型分城镇投资 ……………………………… （412）
重竞技中心 2010 年比赛成绩统计情况 ………………………………………… （414）
重竞技中心 2010 年国际比赛成绩统计情况 ………………………………… （417）
地方志工作条例 ……………………………… （418）
河南省地方志工作规定 ……………………… （419）

特 载

专 文

着力承接大郑州辐射和带动作用

中共上街区委书记 黄 卿

加快构建中原经济区，既是全省全市发展的客观要求，也是广大人民群众的殷切期许。上街区作为省会郑州唯一的卫星城区，立足区情实际，将瞄准“全省县域经济科学发展示范区”的目标，积极实施“两加快一维护”战略（即：加快产业集聚区建设、加快城乡一体化进程、维护社会大局和谐稳定），着力在产业集聚区建设上求突破，在城乡一体化推进上抓先行，在维护社会和谐稳定上勇创新，努力实现全区经济社会的又好又快发展，进一步助推郑州在中原经济区建设中发挥好龙头重心示范带动作用。

一是着力加快转变经济发展方式。以产业集聚区建设为抓手，进一步转方式、调结构、强实力。在工业集聚区建设上，瞄准建设“国家新型工业化产业示范基地”的目标，努力打造以郑州上街装备产业集聚区、郑州上街铝工业园区和郑州上街绿色新材料园区为主体的工业格局。在现代服务业集聚区建设上，瞄准构建郑州西部现代服务业基地的目标，努力打造以中心城区服务业核心区、五云山中国山地生态公园、昆仑现代仓储物流业基地为主体的现代服务业格局。在生态农业集聚区建设上，瞄准建设省级生态农业示范区的目标，努力打造以五云山观光农业集聚区、汜水河花卉产业集聚区为主体的生态农业格局。

二是着力承接大郑州辐射带动作用。不断增强主导产业在大郑州建设和郑洛走廊发展中的特色承接、融合和竞争优势，实现产业的“东进西联”。进一步强化交通路网建设，全力保障郑上快速通道建设，力争尽快开通郑上快速公交，努力促进化工路、科学大道以及轨道交通建设的向西延伸，提升大郑州向西辐射带动能力。进一步完善城市公共配套服务设施，科学有序规划发展房地产业，着力建设生态宜居城区，提升大郑州的综合人口承载能力。

三是着力推动城市化发展战略。按照“城市精品化、农村城镇化”的思路，力争3～5年实现城乡一体化，推动城市化发展。力争到2012年，在全市率先使所有行政村达到新农村示范村标准，在农村管理体制改革等城乡一体化关键领域取得显著成效；到2015年，在全市率先基本实现城乡规划、基础设施、产业布局、公共服务、城乡经济社会发展的一体化，初步实现全区域整建制的城市化，成为全省、全市城乡一体化的先行区和先进区。

四是着力推进民生事业发展。加大公共财政对民生领域的倾斜，不断提升群众生活质量。实施“一人一档，贴心服务”，每年确保完成新增城镇就业2500人以上。建立促进收入稳定增长的保障机制，力争城乡居民收入年均增长10%以上。合理配置教育资源，推进城乡教育均衡发展。加强城乡一体的医疗卫生服务体系建设，强化对弱势群体的社会救助，深入推进“居家养老助残”工程，依法维护弱势群体权益。

五是着力强化党的建设。严格按照“五重五不简单”的选人用人方法，树立正确的用人导向，切实加强对权力运行的监督，严厉查处各类腐败案件，进一步转变作风，提高效率，确保“两加快一维护”战略的顺利实施。

区长戴春枝与网民谈“上街区未来发展规划、经济建设、民生问题”（摘要）

2010年8月25日

8月25日上午，区委副书记、区长戴春枝走进郑州市政府网“郑州市县市（区）长访谈”，围绕上街区未来发展规划、经济建设、民生问题，与广大网友互动交流，以下为访谈摘要。

主持人：戴区长我们今天在线访谈的主题是科学发展惠民生，以人为本促和谐，请你介绍这方面的情况。

戴区长：科学发展是政府的第一要务，也是区长的第一责任。改革开放30多年来，上街经济虽然有了较快的发展，民生社会事业也取得了长足的进步，但在金融危机的冲击下，上街经济结构不合理、资源和空间匮乏、创新能力不足等深层次问题充分暴露出来，另一方面，教育、医疗、社会保障等民生事业的发展与人民群众的期望相比也还存在一定差距。所以说，在当今区域竞争日趋激烈、资源约束日益窘迫、民生问题日渐复杂的背景下，如何实现经济社会科学和谐发展，已经是上街区迫切需要解决的问题。

下一步我们将坚定不移的推进经济多元化、工业主导化、产业特色化、城乡一体化，举全区之力，强力实施“两加快一维护”（即加快产业集聚区建设、加快城乡一体化进程，维护社会大局和谐稳定）战略，力争用3~5年的时间，努力建设一个经济结构合理、工业经济发达、城乡高度融合、人居环境优美、社会文明富裕的新上街。

主持人：我们知道实施“两加快一维护”战略是一个长期的、系统的工程，那么，在经济发展方面，我们上街主要做了哪些工作?

戴区长：就上街目前的形势而言，科学发展的关键是要把保持经济平稳较快发展和加快经济发展方式转变有机统一起来，在发展中促转变，在转变中谋发展。目前，我们正在重点做以下几个方面的工作：一是加快产业集聚，努力打造特色园区。大家都知道，上街区域面积狭小、资源严重匮乏的特点，决定了上街必须把打造产业集聚区作为经济发展的有效载体和平台、作为科学发展的主要抓手和重点工作。为此，我们着手规划了三个工业园区，即郑州上街装备产业集聚区、中国铝业工业园区和中国（郑州）绿色新材料园区，这是我们新打造的，也是河南省唯一的新材料园区；三个服务业园区（中心城区服务业核心区、五云山·中国山地生态公园、昆仑仓储物流业基地）这是我们新打造的物流业仓储基地；两个生态农业园区（五云山观光农业园区，还有汜水河花卉产业园区）这是我们新开发的农业园区。通过三次产业的科学配置，经济结构调整的步伐加快。

主持人：请戴区长介绍一下上街区的民生情况。

戴区长：大家都知道，民惟邦本，本固邦宁。国家强盛在民

富，社会和谐在民安。只有着力保障和改善民生，经济发展才有持久的动力，社会进步才有牢固的基础，国家才能长治久安。在今年召开的全国两会上，温总理代表领导层首次提出了“让人民生活得更幸福、更有尊严”的奋斗目标，更是把民生问题提高到了前所未有的高度。对一个地方政府来说，只有坚持“以人为本”，多做保障和改善民生的事，让公共财政的阳光温暖普通老百姓，才能真正体现科学发展的本质。

近年来，上街区政府不断加大民生资金的投入，每年确定并完成一批为民实事工程，一批群众最关心、最直接、最现实的利益问题得到了有效解决。特别是在去年经济发展遇到空前困难的情况下，我们千方百计加大改善民生力度，用于民生的财政资金达到了2.4亿元，比2008年增加了5000万元。在我们的努力下，5000多农民群众喝上了安全的饮用水，全区60岁以上老人都可以免费乘坐公交车，最低生活保障在全市率先实现了城乡一体化，还免除了500多万元的义务教育阶段学生学杂费、课本费，新型农村合作医疗报销补偿封顶线提高到5万元，城区医疗片医片护覆盖率更是达到了100%，成为群众得实惠最多的一年。就业上，我们大力实施“一人一档，贴心服务”，为每名劳动力建立档案，强化培训，切实搭建起待就业者和企业之间的沟通桥梁，千方百计促进就业。今年1~7月份，我们共发放小额贷款担保贷款324万元，新增城镇就业1802人，转移农村劳动力451人，完成职业技能培训1390人，“零就业家庭”至今保持动态为零。社会保障上，我们按照“公平、普惠、全覆盖”的原则，认真落实最低生活保障制度，城市低保对象每人每月保障金提高到300元（人均补差标准160元），截至7月底，我们累计保障低保对象810户，共发放保障金172万元。同时我们不断完善养老、医疗、失业、工伤、生育“五险”并举的社会保障体系，比如城镇居民医疗保险，18岁以下的，政府每人补助80元；18岁以上的，政府每人补助170元。截至目前，全区企业养老保险共参保11959人，城镇职工基本医疗保险参保11321人，城镇居民医疗保险参保18008人，基本养老金的社会化发放率和按时足额发放率均达到了百分之百。针对低收入家庭的住房困难，我们把廉租住房补贴发放标准调整到6元/平方米/月。对残疾人，我们加大关爱力度，建立了残疾人康复中心，并对符合条件的家庭和托养服务机构，按照全市统一标准给予了资助。教育上，近年来我们不断加大教育投入力度，合理配置教育资源，完成了夏侯小学一期工程、一〇〇中学塑胶操场等项目，在全市率先普及了高中教育。今年，我们又投资700多万元，用于校舍安全改造、改善学校教学条件及基础设施。同时，我们加强高校引进工作，目前正在与台湾投资方进行洽谈。职业教育上，今年秋季起，我们将实现上街户籍中职生的免费教育。另外我们还十分关注贫困生的就学问题，并不断提高补助标准，比如考取高中、高校的一次性补助标准由原来的2000元、5000元，现在分别提高到5000元、8000元。总的来说，我们所做的一切，就是要保证每一个家庭的孩子能上得起学、上好学。医疗卫生上，我们建成了1个标准化社区卫生服务中心、8个社区卫生服务站、25个标准化村卫生所，实现了全区步行15分钟即可到医疗点。同时，我们还把手足口病、甲型H1N1流感等重点传染病防控工作纳入了常规化管理，把新农合门诊统筹人均筹资总额提高到210元（周边县市仅为150元），大病住院报销封顶线提高至6万元。近段时间，我们又开展了对全区的小饭店、小副食店等“五小”单位的整治活动，目前“五小”单位达标率达100%，为市民创造了环境清洁、卫生放心的消费环境。文化事业方面，我们致力于公共文化服务体系建设，除新建了文博楼等一批文化公共设施外，在城市社区，我们建成5个社区文化活动中心；在每个行政村，我们都建有文化大院和一场两台（一个篮球场、两个乒乓球台），实现了全覆盖。另外，我们还建成一批农家书屋，开展了送电影、送戏曲下乡活动，比如每月要在每个行政村演一场电影，使我们城乡居民的文化生活变得更加丰富。还有我们的稳定工作，大家都知道，稳定的社会环境也是民生工作的重要部分，这一方面，我们也做了大量的工作。一个是严格落实安全生产责任制，强化安全生产目标管理，近年来全区没有发生一起重特大安全责任事故。二是加强社会综合治理工作，去年公众安全感指数位居全省第三，成为全市唯一荣获“全省平安建设先进区”、“全省信访工作先进区”两项殊荣的县区。今年上半年，我们又投资200多万元来完善技防设施，目前全区85%以上的村组、楼院、家庭和农户达到“平安之星”建设标准。三是实施食品药品放心工程。我们连续几年把食品药品的安全确定为实事之一，加大力度进行专项整治。比如今年，我们对啤酒、生猪肉等五大类食品共抽查99批次，对全区药品经营企业、医疗机构检查138家次，人民生命健康得到了有力维护。

主持人：网友星辰问：戴区长您好，我是一名普通工作人员，但是今年以来，绿豆、大蒜价格等物价上涨厉害，让我们感到难以承受，我想问一下，工资不见涨，而物价猛涨，我们普通老百姓现在为生计只犯愁，只求温饱，不求改善，难道这就是我们的工作目标吗，请戴区长支招。

戴区长：上街农业是比较小的，只占到0.7%，我们的土地只种粮食，不种经济作物。我们首先回答这位网友的问题。你刚才说的工资不见涨问题，我要正面回答一下，我们的工资年年都在涨，按照国家的政策都涨了，我们没有拖欠过任何享受工资待遇的问题，这个原因应该从国际国内大的形势环境、大的气候条件下思考这个问题。国内大部分地区受到干旱，特别是西南玉树地震都是天灾因素的减产，以及商家炒作影响，在全国范围内绿豆、大蒜价格都出现了大幅上涨，我区也不例外，绿豆价格从4月份开始出现上涨，到5月份则出现了大幅上涨，至6月份涨至历史最高水平，达每斤9.5元左右，比肉还贵，目前已回落至每斤7元左右；大蒜价格从去年甲流开始就一直处于高位运行状态，至5月份新蒜上市也未出现下降，至今仍保持每斤6元左右。对于绿豆、大蒜等非主要农副产品价格，区物价部门将密切关注，对恶意哄抬物价的现象和行为会进行严肃查处，保证群众生活稳定，也希望群众发现问题及时向物价部门举报。对于举报我们坚决查处，刚才邢处长说，我们上街区的工资水平是比较高的，城市居民是2000多元，人均GDP是全省第一，但是我们工资高，不是说物价上涨我们都能接受，我们政府会责成物价部门密切关注，对这种恶意哄抬的现象坚决打击，请网友朋友放心。

主持人：网友关心问，戴区长，你好，我们上街区经济实力较强可否率先实现15年义务教育含幼儿园，请谈一谈你对义务教育阶段的看法。

戴区长：这个问题也是我很在意的问题，九年义务教育，按照我们小时候就是只交一种费用，改革开放30年以来，各种费用交的比较多，所以在这方面负担比较重，上街的经济情况是比较好的，刚才我说了，在新农村建设上，包括我们的老百姓的社会保障上，应该是高于郑州市的有些各项指标的，但是义务教育，因为我前不久在电视上看到新闻，有一个城市，有一个县城，在经济欠发达的县城都实现了教育从幼儿园到高中的全免费，这个新闻对我触动很大，我也在思考这个问题。目前我们上街区整个财政收入达到了5.4亿，人均城市居民达到了20045元，这一块能不能实现全覆盖，还要考虑到中铝职工在上街的居民，我们按13万居民算的，但是我们的教育也要包括，大家都知道2009年金融危机以来，我们的财政收入按照预期要比这个提升得要快，有了中铝的经济危机遭受到重创以后，我们中铝这一块的财政收入已经大打折扣了，我们教育这一块要拿出更多的钱我们正在算账，在思考这个问题，但是我们的财政收入，因为中铝的影响已经大打折扣了，这一笔教育投入是不小的，我们也要量力而行，尽力而为，正在算账，看看能不能实现。

主持人：最起码看到希望了，正在考虑这个问题。网友访客127问上街是为服务铝厂而设立的，但是现在这个功能大大弱化了，我想了解一下在你的工作日程中，考虑为铝厂服务的时间能占多少呢？

戴区长：这个网友提出的问题很好，上街区是因厂设区的，我们的主要功能就是为了服务中铝河南分公司，建区24年来从来没有希望改变过，特别是2009年金融危机以来，我们看到了中铝河南分公司的遇到的问题，我们积极参与企业解决问题上，最

近上半年举行了三次高层的、有厂区的主要领导和区委区政府四大班子主要领导参加的联席会、办公会，我们为了中铝公司的发展也走访了中铝总部，包括在上街的各个分公司，我们在一起共同解决问题，其实上街和中铝是一家人，密不可分，他们的困难也是我们的困难，我们不会不管中铝河南分公司发展中遇到的困难，我们会一起共渡难关，让中铝企业发展得更好，他们发展得更好，也会使我们上街区发展得更好，这是我们一直坚持的工作。

主持人：访客163问：郑州市上街区建业—森林半岛暖气不通，但每平方米120元的暖气初装费照收不误，他们两年不通、五年不通、十年不通，我们该怎么办，我们交钱合理吗，他们开发商和热力公司这样做不是空手套白狼吗，我认为政府应该起到应有的监管作用，维护市场经济的稳定，不能把处于弱势群体的购房家庭弃之而不顾。

戴区长：供暖工程也是我们政府一直以来关心的民生工程，我到上街任职已经三个年头了，我一直关注这个。这个工程与中铝密不可分，我们的供暖是用他们的气源，刚才说到的就是2009年以来金融危机他们也是很困难，再一个我们120元的暖气初装费属于企业行为，因为暖气片的档次有高有低，郑州市的执行标准不一样，老百姓有一个期望值，期望和市区一样，这个是企业行为，我们再做协调工作。我们的暖气供应，刚开始建区的时候没有统一的城市规划，没有考虑这一块。只是厂区那一块因为他们有热源，进行了供暖，往东延伸到新城区的建设，管道铺设是一个难题。刚才说了收的有费，但是远远不能满足基础设施的投入，我们也正在和长铝公司进行协商，是长铝拿一部分，还是我们政府再填补一部分。目前集中供暖的进程由我们的主管区长主抓，有主管机构抓这个问题，相信通过努力，不会像网友说的5年以后10年以后我们尽最大的努力把这项工程协调好。

主持人：戴区长给今天的活动作一个小结吧。

戴区长：非常感谢郑州市政府网站和上街区政府网共同举办了这么一个和网友在网上沟通的活动，我感到非常好，这是一个非常好的渠道，我希望在座的各位新闻界的朋友，和我们市政府信息办的同志，在网络建设方面和网络沟通方面更进一步以指导和帮助，毕竟市里面的水平和我们新闻界的朋友的水平比我们更高，我们会虚心接受这方面的意见和建议，希望新闻界的朋友和政府办的朋友多来指导工作。通过你们好的信息的带来和工作的指导，有助于上街区的发展，会给予我们更高的指导，我们非常感谢，也非常盼望你们的到来。

也感谢各位网友对我们上街区的关心和关注，希望我们有更深的沟通和交流，在我们上街区社会发展未来的目标上倾听各位网友的意见和建议！也欢迎上街网友和上街以外的网友对我们上街网站提出建议和指导，我们会虚心接受，总之，无论是网上交流还是网下交流，还是手机交流，都是为了上街的发展，我们特别的感谢，再一次的感谢。

政府实事工程

在区十一届人大四次会议上，区政府承诺2010年为民办理十大实事，主要涉及农村和城市基础设施改善、劳动和社会保障、医疗、卫生、教育、文化、食品药品安全等与人民群众生产生活息息相关的方方面面。通过各责任单位的精心组织和认真实施，十大实事完成情况：

1. 进一步改善农村生产生活条件。粮食直补和农资综合直补，补贴面积30361.69亩，补贴金额262.81万元，3月20日以前全部发放到位；农机具购置补贴发放补贴136.24万元，受益农户121户；玉米良种补贴面积28502.415亩，补贴标准10元/亩，共计285024.15元；小麦良种补贴面积28399.54亩，补贴标准10元/亩，共计283995.4元。新改建农村道路9公里。峡窝镇西街村饮水工程可解决1500人饮水安全问题；北峡窝饮水工程和朱寨饮水工程可解决800人饮水安全问题；任庄饮水工程解决1000人饮水安全问题。

2. 认真做好就业再就业工作。新增城镇就业人员2616人；实现农村劳动力转移就业835人；完成职业技能培训2089人。

3. 扩大医疗卫生服务范围。自7月8日起，在峡窝镇卫生院开展“两癌”筛查工作。截至9月25日上午已经有3012人参加体检，乳腺癌检查1077人，宫颈癌检查3012人。经排查，发现有乳腺疾病的806人，妇科病720人。

4. 完善城市公共基础设施。由于上级南水北调主干线工程未能按期推进，因此原定于2010年下半年开工的南水北调上街配套支线工程也未能如期开工，且具体设计方案也没有完成，因上级一些基础数据无法给出，造成水厂设计方案无法与其对接，因此该项工作暂停。铝城公园升级改造已完成；新建公厕：老干部局公厕和安阳路柏社村公厕已完工。改造公厕：工业路、清真寺、聂寨路、淮阳路中转站、汝南路中转站5座公厕已完工。

5. 着力提高社会保障水平。实施“阳光家园计划”，对符合居家托养残疾人家庭条件的按全市统一标准补助，省政府承担的每人500元/年的资金已全部发放到位，市残联承担的每人1000元/年的资金也已全部下拨并发放到位；12个法律援助受理点（站）、法律援助接待大厅、法院值班律师办公室均已建设完毕并已投入使用。全年共受理法律援助案件151起，解答法律咨询967余人次，代书法律文书97份。

6. 大力支持教育发展。实施中小学校舍安全三年工程，2010年完成加固改造23093平方米中小学校舍。加大职业教育扶持力度，对在市属及区属职业学校就读，户籍在我区农村的学生和城镇家庭经济困难学生，在享受国家每生每年补贴1500元的基础上，自2010年秋季起对具有上街户籍的学生免除学费，学生免费163人，区财政支出6.517万元。实施教师培训计划，对区属农村中小学体音美专业27名教师开展培训。

7. 努力解决低收入家庭住房困难。12月份正在享受廉租住房保障家庭316户、633人。已累计发放廉租住房补贴14.1万元，实现了“应保尽保”。廉租住房补贴发放标准已调整到每月每平方米6元。

8. 切实加强生态环境建设。建成2个林业生态村，新造林300亩。加大环境保护综合整治，城区空气质量优良天数超过310天。

9. 积极丰富群众文化生活。2个区级慈善书屋图书配备到位，已建设完成；市慈善总会资金建设的2个慈善书屋，也已建成；新建或改建5个社区文化活动中心工作：已经建设完毕，等待上级验收。培训一批基层文化骨干工作7月21日开始，7月30日结束，共培训近600人。农村公益电影共放映360场。

10. 加强食品药品安全监管。食品类：2010年抽检156批次评价性抽验，共有10批次食品不合格。比2009年抽验合格率提高1.28%。药品类：检查全区涉药单位210家次，查处各类违法案件19起，药品抽验合格率100%。蔬菜类：区农委每天派出工作人员对农贸市场、超市蔬菜进行抽查监测，蔬菜监测合格率高出郑州市平均水平2～3个百分点，蔬菜合格率达98%以上。

重要文献

理清思路　突出运作　强化作风
坚定不移地推进“两加快一维护”战略
为打造中原经济区科学发展示范区而努力奋斗

——在中共上街区委八届十二次全体（扩大）会议上的讲话

中共上街区委书记　黄　卿

（2010年12月30日）

同志们：

这次区委全体（扩大）会议的主要任务是，深入学习贯彻中央、省、市委全会以及中央、省、市委经济工作会议精神，审议《郑州市上街区国民经济和社会发展第十二个五年规划纲要（讨论稿）》（以下简称《纲要》），审议《区委常委会工作报告》，审议通过区委关于明年工作的安排，审议通过《中国共产党上街区第八届委员会第十二次全体会议决议》。经过全体与会人员的共同努力，会议圆满完成了各项议程。我代表区委常委会，向与会的同志们表示衷心的感谢！这次全会对于动员全区广大党员干部群众进一步统一思想、开拓进取，坚定不移地推进“两加快一维护”战略，为打造中原经济区科学发展示范区而努力奋斗，具有十分重大而深远的意义。上午，黄钫同志代表区委对《纲要》进行了说明，并对今年的工作作了全面总结，对明年的工作进行了具体部署，请大家认真抓好贯彻落实。下面，我受常委会委托，讲四点意见。

一、肯定成绩，始终坚定不移地推进“两加快一维护”战略

即将过去的一年，是不平凡的一年，是我区全面走出危机影响、奋力争先赶超发展的一年，是持续加快发展方式转变、迈上科学发展快车道的一年。一年来，全区上下紧紧围绕全面完成“十一五”、科学谋划“十二五”的工作目标，进一步优化经济结构，加快精品建设，统筹城乡发展，促进社会和谐，全力以赴推进“两加快一维护”战略，实现了经济社会的持续快速健康发展。初步预计，全年地区生产总值是“十五”末的1.6倍，规模以上工业增加值是“十五”末的1.8倍，地方财政一般预算收入比“十五末”翻一番。尤其值得自豪的是，今年我区的人均GDP将首次突破1万美元大关，基本相当于上海、北京的水平，我们正逐步迈入高收入水平发展阶段，全区经济社会综合实力明显增强，在中原经济区、郑州都市区中的科学发展示范效应明显提升。回顾一年来的工作，我们在四个方面实现了可喜的突破：

一是区域开发战略的突破。“两加快一维护”战略的全面推进实施，标志着我区的区域开发战略迈上了一个新台阶。以产业集聚区为统揽的“一区三园”工业格局逐步形成，华泰电缆、林肯合力、向日葵新能源等大项目建设取得重大进展；以五云山、汜水河综合开发为核心，以总投资50亿元的建业、亚星旅游地产项目和总投资12亿元的欧凯龙国际家居中心为代表的服务业大项目相继签约，服务业集聚区渐入佳境；以鲜切花项目为基础的现代农业集聚区发展迅速。通过产业集聚、城乡统筹、生态改善来拉动全区发展，成效日趋显著，真正实现了在上街全区以功能分区为主导的全域规划和全域开发。

二是城乡一体发展的突破。围绕“力争3～5年率先在全市基本实现城乡一体化”的目标，加强基础设施建设，加快城镇化步伐，促进了城市功能更加完善，统筹城乡发展水平不断提升。全区人民期盼的西入市口高速引线综合整治工程主体完成，郑上快速通道工程已列入郑州市城建计划并稳步推进，连接周边县市、覆盖全区范围的城乡公交系统日趋完善，以中心路、铝城公园为代表的城市绿化升级工程顺利完成，以江南小镇、建业雅乐轩酒店为代表的高层建筑陆续建成，提升了城市形象，完善了城市功能。全面实现了土地利用总体规划、城市总体规划、产业集聚区规划和村庄布局规划的“四规合一”，构建了比较完善的推进城乡一体化政策体系。南部山区扶贫搬迁基本完成，沙固等一批新农村示范村建设扎实推进，以上街村为试点，以郊段、寨沟、左照等村为先行的新型社区建设全面启动，我区的城乡一体化进程正在以加速度向前推进。

三是瓶颈问题解决的突破。强力推进土地整合、招商融资、企业改制等工作，一系列长期制约我区发展的瓶颈问题得到了有效解决。土地整合工作扎实有效，截至目前，已拆除闲置、低效用地370家，拆除建筑物33万平方米，整合出建设用地4023亩，新增流转土地2079亩，购买新增建设用地占补平衡指标2600亩，进一步为发展积蓄了后劲。招商融资工作强力推进，全面整合区内融资平台，不断拓展融资渠道，已与省农发行初步达成4.8亿元的贷款支持，通过BT融资5000万元，资本市场融资4亿元，招商引资28亿元，进一步为发展提供了扎实的资金保障。企业改制工作进展顺利，951水泥厂、郑州电机厂等多年遗留的改制问题得到有效解决，职工权益得到切实保障，上街电厂、上街铝厂等老大难问题圆满解决，相关债务成功化解。全区上访量大幅下降，不稳定因素显著减少，进一步摆脱了包袱、维护了稳定，实现了轻装上阵、加快发展，今年我区有望获得“全省平安建设先进县（市、区）”三连冠。

四是干部精神面貌的突破。实施“两加快一维护”战略，既是对区委班子驾驭发展能力的实践检验，更是对全区干部队伍干事创业能力的实际考验。一年来，全区上下坚持以发展为己任，团结一心，奋力拼搏，秉持少说多做、脚踏实地的作风，不争论、不议论，不推脱、不懈怠，心往一处想，劲往一处使，广大干部推动发展的热情更高了，劲头更足了，办法更多了，精神面貌有了大提升、大改观、大转变，为推动全区各项事业发展提供了坚强有力的保障。

同志们，“两加快一维护”战略在2010年的顺利实施，为我区“十一五”各项工作画上了圆满的句号，也为“十二五”发展提振了信心、奠定了基础、积蓄了力量，区委对此是满意的。特别值得表扬和感谢的是，产业集聚区建设指挥部、城乡一体化推进指挥部、社会稳定工作指挥部，以及峡窝镇、工业路、中心路、国土局、住建局、商务局、爱卫办、金融办、城管局、农委、工信局以及安监、政法各部门，在招商引资、项目推进、城建管理等方面做了大量深入细致的工作，付出了心血和汗水，取得了可喜的成绩。尤其是在同志们的通力合作下，我们仅用4天的时间，就与建业集团和亚星集团达成了总投资140亿元的上街区新型社区建设合作协议，在我区招商引资的历史上留下了浓墨重彩的一笔，也为上街今后的发展奠定了坚实的基础。在此，我代表区委和四个班子，向辛勤奋战在各条战线上的同志们表示衷心的感谢！

在肯定成绩的同时，我们还要认清存在的问题：一是产业发展的基础还比较薄弱。产业结构不优，产业层次较低，科技含量不高，特别是大个头企业、上市企业较少，影响了产业集聚带动能力的提高。二是城乡发展的步伐还相对滞后。与发达地区相比，我们对统筹城乡发展的探索还不够，特别是深层次的改革还没有及时提上重要议事日程，稳步提高农民收入的办法还不多，实现城乡居民同待遇的社会保障体系还没有完全建立，影响了城乡一体化进程的深入推进。三是城市功能的改善还不尽人意。与中心城区相比，我区基础设施建设先天不足，在供暖、卫生、教

育、体育、文化等关系老百姓切身利益的民生工程上还有不少差距，对接郑州、辐射周边的能力还不强，影响了上街在郑州都市区的地位和形象。四是干部敢闯、敢当、敢为、敢争的能力还不够。在各地百舸争流、竞相发展的严峻形势下，我们的干部队伍敢闯事业、敢当责任、敢为大事、敢争第一的能力还远远不够，影响了我区更高层次、更快速度的发展。对这些问题，我们必须高度重视，尽快解决。

当前，随着中原经济区和郑州都市区建设的大力推进，全省以郑州为轴心的发展战略更加明确，全市西向发展的战略日趋明显。机遇就在眼前，抓住就会发展，错失即是犯罪。在明年及“十二五”期间，全区广大干部群众一定要努力保持当前经济社会发展好的趋势、好的态势、好的气势，巩固和推进全区改革稳定发展的大好局面，全力以赴打响“十二五”漂漂亮亮的开局仗。

二、理清思路，加快形成打造中原经济区科学发展示范区的共识

“十二五”规划关系我们今后5年乃至更长时间的发展，因此，确立一个好的思路至关重要。中央“十二五”规划建议提出了“科学发展是主题、加快转变经济发展方式是主线”的总体思路，省委提出了“建设中原经济区、加快实现中原崛起和河南振兴”的总体思路，市委“十二五”规划明确了“加快建设郑州都市区、把郑州打造成为中原经济区核心增长极、使郑州成为全国区域性中心城市”的总体思路。那么，我们上街区在“十二五”时期的总体思路是什么？在这次全会上，我们大家达成了共识，就是要坚定不移地推进“两加快一维护”战略，坚持“经济多元化、工业主导化、产业特色化、城乡一体化”的方针，进一步加快产业集聚区建设，加快城乡一体化进程，维护社会大局和谐稳定，努力把上街区打造成为中原经济区科学发展示范区，实现“经济总量新提升、产业结构新优化、城乡一体新跨越、生活质量新改善、平安建设新突破”的奋斗目标。

打造中原经济区科学发展示范区体现了科学发展观和加快转变经济发展方式的要求。2008年以来，受全球金融危机影响，我区以铝工业为主导的单一经济模式发展举步维艰，上街区陷入了建区以来最困难、最危险的时期。“穷则变，变则通”。正是在这一背景下，我们在深入调研和多方征询的基础上，在年初正式确立了“两加快一维护”战略。经过一年来的探索实践，这一战略日益深入人心，效果逐步显现。当前，结合全省建设中原经济区、全市建设郑州都市区的新思路、新目标和新要求，我们在制定“十二五”规划时，既坚持正确的战略不动摇，又适当予以调整完善，使之更加科学、更加符合新形势、新发展的需要。在总体定位上，我们将建设全省县域经济科学发展示范区调整为打造中原经济区科学发展示范区。这一调整既有内涵的提升，又有外延的扩大。内涵上，从发展县域经济提升到区域经济社会的方方面面，就是要以科学发展为带动，实现经济建设、城乡统筹、平安和谐的全面发展；外延上，从全省县（市）区行政建制一级扩大到中原经济区全区域，就是要站得更高、看得更远，从更高层面、更广区域审视定位上街的发展，使我区的科学发展不仅在全省的县（市）区一级层面具备示范作用，更要在郑州都市区、中原经济区的发展中占得一席之地。

打造中原经济区科学发展示范区体现了省市对我们加快发展的要求。把上街放在全省范围来讲，我们“十二五”时期的重大任务就是要全力融入中原经济区建设的大局，努力建成科学发展示范区。产业发展上，就是要加速推进新型工业化，打造郑洛产业走廊上的重要产业基地，大力建设阀门装备制造产业园、铝工业园和绿色新材料产业园，使上街成为新型产业发展示范区。城乡发展上，就是要加快推进城乡一体化，加快精品城区建设，加快农村城镇化步伐，到2015年，在全市率先基本实现城乡一体化，使上街成为城乡一体先行区。民生发展上，就是要推动社会民生全面发展，努力使全区人民学有所教、劳有所得、病有所医、老有所养、住有所居，重点解决人民群众最关心、最直接、最现实的利益问题，使上街成为平安和谐模范区。把上街放在全市范围来讲，就是要大力建设郑州都市区的重要增长极，在郑州西部发展中发挥好承接、辐射和带动作用，强化上街与周边县市的东西衔接、联动发展，与周边县市共同形成郑州都市区的西部增长极。

打造中原经济区科学发展示范区体现了上街自身发展的连续性。历届区委、区政府一直在紧跟形势，积极探索、创新和丰富上街发展的思路和路径。从道北工业开发区到建设现代化工业卫星城，从建设铝工业园到创建国家生态工业示范园，从建设精品上街到实施“两加快一维护”战略，上街的发展迈上了一个又一个重要台阶，发展的思路在探索和实践中逐步深化。近两年，区委、区政府就围绕上街发展战略的研究确定，实施了一系列大动作，深入基层开展调研，北上南下解放思想，多次举办发展论坛，并委托国内知名学者对上街发展战略进行专题研究，请高参、纳民意。可以说，“两加快一维护”战略的研究确定，为《纲要》的科学编制确立了总基调，而《纲要》又是对这一战略的完善和细化。正是这些探索和实践，从不同角度为我们打造科学发展示范区达成了共识。同时，对于我们来说，建设科学发展示范区，既无先例可循，也无模式可搬，其中有许多重大问题还需要深入研究。因此，我们必须更新理念、积极探索，要调整那些与示范区建设要求不相适应的理念和思维，探索符合区情的发展道路。各级各部门都要在示范区的框架下，主动探索、大胆作为，要坚持统筹协调、合力推进，凝聚全社会的智慧，集中全社会的力量，整合全社会的资源，为示范区发展多想点子，把示范区建设落到实处。

三、突出运作，加快建立推动科学发展示范区建设的科学体系

好的思路确定以后，关键在于落实。抓好落实的关键，很大程度上取决于方法，也就是运作。因此，抓好示范区建设的落实，必须做到善于运作、巧于运作，要通过牢牢把握以下六个方面，形成一套方便运作的科学体系，使上街在中原经济区发展大局中真正具备示范带动效应。

（一）紧紧抓住主基调，加快转型、绿色、开放、和谐、可持续发展，使我区的发展方式转变具备示范带动效应。加快转变经济发展方式，推动示范区建设迈出实质性步伐，不发展不行，发展慢了不行，发展不优更不行。《纲要》确定的“十二五”经济社会发展指标，正是基于这些考虑提出来的。概括起来，就是“25123”，即：到2015年，实现地区生产总值突破200亿元，全社会固定资产投资突破500亿元，地方财政一般预算收入突破10亿元，达到12.3亿元，农民人均纯收入突破2万元，城镇居民可支配收入突破3万元，达到34700元。这几个主要指标，体现了总量、增量和效益的统一，符合科学发展观的要求。要实现这一奋斗目标，就必须坚持科学发展，围绕转型、绿色、开放、和谐、可持续发展的主题，推动我区走上生产发展、生活富裕、生态良好、社会和谐的科学发展道路。一要加快转型发展，突破资源约束，推动发展由粗放式增长向集约型发展转变，由单一铝业为主向多元产业并举转变，由高碳模式向低碳模式转变，由偏重城区向城乡协调发展转变，由依靠资源、资本等要素向依靠消费、科技等要素转变。二要加快绿色发展，推动以惰性电极技术为代表的绿色工业和以南部山区开发为代表绿色生态的发展，力争惰性电极尽快产业化、市场化，南部山区生态开发尽快出形象、见效益，形成生态产业高地。三要加快开放发展，更新观念，求新求变，以创新的思维开拓新路，以市场的办法破解难题，以开放的环境增强优势。四要加快和谐发展，推动发展由以物为主向以人为本转变，努力让群众生活得更有质量、更有保障、更有尊严。五要加快可持续发展，正确处理铝业发展和城市发展的关系，坚持以城市为中心，既立足当前，做好立足铝、延伸铝的文章，又着眼长远，抓好不唯铝、超越铝的大事，推动上街实现更高水平、更高质量、更长时间的发展。

（二）紧紧抓住主动力，坚持新型工业化和城镇化双轮驱动，使我区的工业化和城镇化水平具备示范带动效应。要把新型工业化和城镇化作为未来5年上街发展的主动力、主战场，抢抓机遇，走双轮驱动、转型升级的路子。

加快新型工业化进程，就是要做到“五个坚持”，即：坚持三次产业协调发展的工业化，做精一产、做强二产、做大三产，构建结构优化、技术先进、清洁安全、附加值高、吸纳就业能力强的现代产业体系；坚持传统产

业与高新产业、涉铝产业和非铝产业共同发展的工业化，优先发展高端机械制造业，继续推进新一轮铝产业优化升级，积极培育高新技术材料产业，促进传统产业新型化、新兴产业规模化；坚持创新推动、企业管理升级、劳动者素质提高的工业化，稳步提高工业的投入产出比、资源利用率和企业、行业的经济效益；坚持产业集聚区承载、集群推进、集约发展的工业化，力争“十二五”期间培育一批销售收入超10亿、50亿的企业；坚持资源消耗低、环境污染少的工业化，加快清洁生产和技术改造，大力发展循环经济和低碳经济。截至目前，我区已谋划“十二五”重大项目107项，总投资866亿元；其中二产项目55项，投资437亿元，一系列工业大项目的投资兴建，必将有效优化工业结构，极大地提高我区工业化整体水平。

大力推动城镇化，就必须适应城镇化的需要，着力解决好城市功能不尽完善的问题，增强基本公共服务能力；必须坚持以人为本，以实现居民的城市化为核心，解决衣食住行，丰富文体娱乐，关怀老弱病残，实现城乡协调发展。一方面，要加快建设宜居、宜业、宜投、宜游、宜学上街，统筹推进老城区功能提升、南部新城开发和西部水系利用，统筹推进城乡发展，统筹推进商业地产、工业地产、住宅地产的开发，完善公共交通体系，提升城市管理水平，增强城市的功能性、服务性、现代性、安全性和舒适性。另一方面，要坚持城乡一体化发展，既要按政策办，深入推进城乡一体化试点工作，启动实施户籍改革，为全省全市积累经验；还要创新办，坚持政府主导，鼓励企业和社会参与，积极探索以企促农的路子。同时，还要大力改善城乡面貌，重点解决城中村、城乡接合部和部分农村环境脏乱差问题。要通过稳步推进土地流转和规整进度，加快企业向产业集聚区集中、人口向城镇集中、土地向规模集中，带动农业产业化、农村社区化和农民市民化。

（三）紧紧抓住主旋律，着力推进创新创业发展，使我区的创新创业工作具备示范带动效应。加快创新推动，科技是重点，人才是根本，目的是激活全社会的发展活力。一要加快技术创新。围绕高端机械制造、高附加值铝及铝精深加工、绿色新材料等一些关键领域，打造一批高新技术企业，建立一批企业类技术研发中心，推进重大科技攻关取得新突破，推动产业成果转化和产业化，用创新开拓市场、创造价值。二要强化思维创新，树立“空间有限、创新无限”理念，有效利用空间等各类资源，既要“有中生优”，用资源换资本、换项目、换市场，又要“无中生有”，用创新思维激活和引进资金、技术、管理、人才等各类要素，开拓干事创业的新天地。三要推进机制创新，在事关示范区建设的产业发展、对外开放、投融资、城乡统筹、科技创新和人才管理等关键领域取得新进展，为“十二五”加快发展提供有力保障。

要鼓励和支持全民创业。人是城市发展的主体，全民创业是实现城市持续发展的不竭动力。从根本上讲，创业也是一种创新。实践证明，国家或者地区发展的最根本动因，不是蕴藏的丰富物质资源，也不仅是活跃的各类资本，而是人民群众谋求幸福生活的强烈渴望和创业激情。长期以来，上街人不乏创业创新的精神和激情，但缺乏创业创新的行动和尝试。要激发群众的创业主体意识，必须注重在导向上、制度上激励干部群众干事创业，坚决破除懒散懈怠、光说不练的庸碌之风，坚决破除“干的不如看的、看的不如跑的”不良风气，积极营造鼓励开拓、支持实干的良好氛围，进一步完善创业服务体系，推动百姓创家业、能人创企业、干部创事业。

（四）紧紧抓住最强音，充分激发市场主体、政府主导、社会服务的活力，使我区的发展活力具备示范带动效应。省委、省政府提出的“三具两基一抓手”、“两转两提”等指示，都是要求各级党委、政府加快服务能力和创新能力的转型升级。要适应经济发展方式转变，就必须调整优化政府职能，占好位、不缺位、不错位，实现决策运行的科学化、规范化和程序化。一要进一步优化投融资环境，充分发挥金融办及区内各融资机构、融资平台的投融资职能，完善政府资金与民间资金联动机制，搞好政、银、企对接。二要全力做好对企业的服务，支持中铝郑州企业加快转型升级步伐，支持郑蝶、华泰、林肯等优秀民营企业做大做强，鼓励各类企业兼并重组、上市融资，打造一批龙头企业。三要鼓励企业适应工业化、信息化、城镇化、国际化深入发展趋势，指导调整企业家的发展观。对于企业家来说，做企业，既要脚踏实地，也要志存高远，但要防止好高骛远。企业的发展不能局限于一地、一业，要敢于秉持国际视野，拥有兼济天下的胸襟，勇于走出去，创新产品，创立品牌，增强竞争力。四要调整优化社会化服务体系，主动适应示范区建设。尤其要重视生产性服务业，发展现代物流业，兴建市场，搞活流通；发展信息、研发、设计等中介服务业，发展金融、商务、保险业，发展社区服务、旅游观光等生活性服务业，既满足人的多样化需求，又适应城市和产业的发展需要。

（五）紧紧抓住关键点，大力加强城市软环境建设，使我区的发展环境具备示范带动效应。软环境也是硬道理，是城市持续发展的内在动力。提升软环境，一要抓住文化这一重要内涵。文化是城市的基因和神韵，是最持久、最深入、最广泛的软实力。尽管上街不是以厚重文化底蕴见长的城市，但是我们也具备独具特色的城市精神。要认真梳理工业城市的发展脉络，既要重视加强文化设施建设，探索建设以阀门历史、铝业历程为主题的综合博物馆等符合我区特色的有效文化载体，凝聚上街城市精神，更要重视培育符合社会主义核心价值观的市民精神，建设充满文化魅力和现代文明的人文上街。二要抓住生态这一重要体现。要把生态建设作为提升上街核心竞争力的重要元素，加强绿化美化、河道治理，加快环境治理和生态修复，努力让上街的天更蓝、山更绿、水更清。三要抓住法治这一重要保障，严格依法行政，坚决纠正部门和行业不正之风，着力提高政府公信力。要按照“精简、统一、高效”原则，加强机关效能建设，规范审批制度，简化办事程序，优化政务环境。

（六）紧紧抓住出发点，深入做好群众工作，使我区的群众工作水平具备示范带动效应。一心为公，则立身正；一心为民，则事业兴。要认真贯彻中央、省、市关于做好新形势下群众工作的重要指示精神，忠诚实践群众路线，全心全意为人民服务。一是处理好权力赋予与权力运用的关系。赋予权力意味着赋予责任，权力越大，责任越大。要树立正确的事业观、政绩观，坚持权为民所用、情为民所系、利为民所谋。二是处理好大处着眼和小处入手的关系。群众利益无小事。要从群众最关心、最直接、最现实的利益问题做起，在坚持不懈的努力中赢得群众的信任和支持。特别是“十二五”时期，我区许多重大项目建设及城市发展，将涉及大量的征地拆迁，但我们决不能简单粗暴地用维护群众的长远利益为借口，损害群众的现实利益。凡是涉及群众利益的重大决策、政策调整，都必须做到决策前考虑群众意愿，决策中征求群众意见，决策后听取群众反映。三是要处理好继承和创新的关系。既要继承以往的成功经验，也要敢于正视新情况、新问题。更加注重教育疏导，加强人文关怀，通过深入细致地说服解释，最大限度地赢得群众的理解；更加注重依法办事，教育引导群众以理性的方式和正确的途径表达诉求、维护合法权益；更加注重制度建设，提高群众工作的制度化、规范化水平。

四、强化作风，努力夯实科学发展示范区建设的保障机制

2011 年是实施“十二五”规划的开局之年，是“两加快一维护”战略的深入推进之年，也是能否实现“十二五”时期建成中原经济区科学发展示范区目标的关键一年。做好明年的工作，意义重大，影响深远。明年工作的总体要求是：全面贯彻党的十七届五中全会精神，以邓小平理论和“三个代表”重要思想为指导，深入贯彻落实科学发展观，按照“四个重在”的发展要求，坚定不移地推进“两加快一维护”战略，主动融入中原经济区和郑州都市区建设大局，突出产业集聚、项目带动、招商引资三大任务，着力改善民生、着力统筹城乡、着力优化结构、着力自主创新，努力把上街区打造成为涵盖新型产业发展示范区、城乡一体先行区、平安和谐模范区的中原经济区科学发展示范区，为全面建成小康社会打下具有决定性意义的基础。

关于具体工作目标和安排，黄钫同志在上午的会上已经代表区委作了部署，我完全同意。需要说明的是，这些目标的确定，是经过深入调研、集思广益、认真测算得出的，是进一步促进群众共享发展成果、体现科学发展

示范效应的需要。

要圆满完成区委、政府提出的“十二五”及明年工作目标，必须有铁的纪律、优良的作风和实干的队伍。要紧紧围绕打造中原经济区科学发展示范区的目标，不断提升党建的科学化水平，真正为发展提供坚强的思想保障、组织保障、作风保障、廉政保障、合力保障，以党的建设实际成效推动示范区建设。

（一）要强化思想保障。思想保障的核心就是解放思想，思想不解放，什么都保障不了。我这里讲的思想保障主要有三个方面：一是要在“戒”字上下工夫。发展上要戒骄，不能自我感觉良好；工作上要戒急，干任何事情都不能急功近利，搞短期行为；思想上要戒躁，不能思想浮躁，干什么事都应付，沉不下心，做不了实。只有真正做到戒骄、戒急、戒躁，才能端正我们的思想。二是要在“破”字上下工夫。条条框框、本本主义是发展的最大障碍。一些同志一遇到具体工作、实际问题，首先就想着过去怎么做？上面怎么定？很少能够想到如何结合实际，如何克难攻坚？于是，只能坐等靠要、碌碌无为。要发展，就必须打破工作上的条条框框，更要打破头脑中的条条框框，真正学会在实践中探索创新，决不能被条条框框束缚头脑、束缚实践。三是要在“合”字上下工夫。解放思想的本质，就是要吃透上情、吃透外情、吃透下情，就是要做到与上级政策结合、与外部经验结合、与实际情况结合。只有做到这些，我们的解放思想才是有的放矢的，我们的创新创造才是有理有据的。

（二）要强化组织保障。实现好科学发展示范区的目标，关键在用人。用对一个干部，就等于树立起一面旗帜，就会对广大干部起到积极的引导、示范和激励作用；用错一个干部，就等于发出了一个信号，就会挫伤干部群众的积极性。在干部选拔任用上，区委总的原则是出于公心、注重公认、严格程序。一是要用干部出于公心。选用干部要坚持五湖四海，不搞亲亲疏疏，不搞小圈子。二是要选干部注重公认。要特别注重社会各界的公认度，就是把干部推向群众，让社会评判，让广大群众评判干部的人品、官德、能力和政绩。三是要严格遵守程序。严格按照《干部任用条例》的规定程序选用干部。要按照卢展工书记提出的“五重五不简单”的要求，把那些“善于团结、干事创业、清正廉洁、群众认可”的干部选配到重要岗位上，真正实现干部的科学选用和能进能退。做好干部工作，只是强化组织保障的一个方面，另一方面就是要牢牢抓好基层组织建设，必须做到两手抓，两手都要硬。总体来说，就是要把基层组织建设得更加有力。一是明确标准。就是要看群众对基层党组织的满意率和信访稳定问题的解决率，这是衡量基层组织建设优不优的根本标准。二是健全机制。要按照“民主选举、目标管理、监督公开、培训提高”的操作流程，建立健全基层组织建设的长效机制。“民主选举”，就是严格按照程序民主选举出基层两委班子，尤其要选出一个好支书。“目标管理”，就是将区委、区政府提出的工作要求，与本单位本部门以及本村本社区的发展实际紧密结合起来，制定出具体工作目标，使基层工作有定量的考核标准。“监督公开”，就是目标执行的情况和群众切身利益相关的重大事项，都要全面公开、定期公开，接受上级和群众的监督，从而实现给群众明白、还干部清白。“培训提高”，就是要切实加强对村两委班子的教育培训，全面提高综合素质，也包括对广大村民进行法制、技能等各项培训。明年是我国的选举年，省、市、县、乡都要陆续进行换届。我们一方面要全力以赴做好相关工作，把真正适应科学发展需要的、群众公认的干部选出来，另一方面要妥善处理好各级换届选举和经济社会发展的关系，努力做到正向促进，坚决把“十二五”开局的各项工作做好。

（三）要强化作风保障。当前，全区干部作风总体是好的。但是，从企业、群众和社会各界反映的突出问题看，我区一些干部在作风上仍然存在着宗旨意识、群众观念淡薄的问题，存在不作为、乱作为、慢作为的问题，存在明哲保身、好人主义、不敢抓不敢管的问题，存在出工不出力的问题，存在官僚主义、形式主义、享乐主义的问题等等。这类作风问题从某种程度上讲就是我们常说的“隐性腐败”问题。这种“隐性腐败”在一定范围内比真正的腐败危害还要大，是群众最痛恨、企业最受伤、传染最厉害的，是经济社会发展的大敌。因此，纪检监察部门要高度重视，切实加强效能督查，坚决制止这种现象的滋生蔓延。当前上街的发展到了紧要关头，大家必须齐心协力、咬紧牙关、负重前进，每个人都要履行好职责、发挥好作用，能够力所能及地为上街多作贡献，这才是对得起自己的岗位、对得起自己的良心。

（四）要强化廉政保障。没有一颗廉政的心，就不会有过硬的作风，就不会有干事创业的正气、底气、豪气。当前，春节即将来临，区委特意在节前给大家敲下钟、提个醒，要求同志们务必严格遵照党风廉政建设的各项规定，按照连维良书记在全市领导干部廉政谈话会上的指示精神，切实做到“自尊尊人、自爱爱人、率先垂范、廉政勤政”，使大家都能做一个身心健康、乐享生活的人。中央省市对节日期间的反腐倡廉建设有着严格的规定，概括起来，就是“八个不要”、“十个不准”，在这里向同志们再强调一下。“八个不要”：一是不要送钱和变相送钱，包括购物券；二是不要送礼和变相送礼；三是不要看望和曲线看望；四是不要在领导的亲朋好友中找关系；五是不要让上面的领导为你的私事打招呼；六是不要向领导提超越政策和原则的个人要求；七是不要请领导吃饭和娱乐；八是不要迁就你所承担第一责任人范围内干部的出格行为。“十个不准”：不准用公款搞相互送礼、相互宴请以及其他形式的拜年活动；不准以各种名义突击花钱、滥发实物、奖金补贴；不准用公款大吃大喝、进行高消费娱乐活动；不准收送现金、有价证券、支付凭证和其他物品；不准赌博或以赌博为名接受财物；不准利用婚丧嫁娶事宜收钱敛财；不准酗酒或酒后滋事；不准用公款出外旅游；不准动用公车走亲访友办理私事；不准违反值班纪律、脱岗失责。全区各级领导干部都要自觉遵守这“八个不要”和“十个不准”，真正过一个轻松惬意、平安祥和的春节。再借用连书记的话与各位共勉：牢记党员身份，不忘组织重托；牢记廉政承诺，不忘严于律己；牢记公仆意识，不忘服务群众；牢记法纪准绳，不忘家庭责任。做一个组织和干部群众信赖的人，做一个同事和朋友敬重的人，做一个家人和亲属引以为荣的人，做一个回顾一生能够问心无愧的人，做一个新春佳节没有负担可以轻松享受生活的人。

（五）要强化合力保障。实现“十二五”发展目标，是一项艰苦而又长期的任务，需要团结一切可以团结的力量，调动一切可以调动的积极因素，从而形成干事创业的强大合力。要形成全区发展合力，前提在于增强大局意识。全区各级各部门都要从发展这个大局出发，牢固树立一盘棋思想，把本单位本部门的工作放在全区整体工作中来研究、谋划、推进，心往一处想，劲往一处使。要形成全区发展合力，根本在于协作配合。干工作好比“弹钢琴”，只有十个手指协调一致，弹奏的曲子才能流畅动听。各级各部门既要各司其职、各负其责，又要相互支持、密切配合，对工作中遇到的分歧，要做到换位思考、将心比心，做到相互尊重、相互支持。只有这样，我们才能演奏出上街发展的协作曲，唱响上街发展的大合唱。

同时，还要树立“五种意识”：一是树立开局意识，迅速掀起项目大建设、招商大突破、农村大整治、民生大改善的热潮，确保全年各项工作不折不扣地全面完成，真正形成经得起历史检验的“十二五”良好开局。二是树立争先意识，每个镇办、每个部门、每名干部都要敢于争先、敢当第一，要认真思考如何把工作做得更好，如何能够争先进位，形成示范带动效应。三是树立效率意识，大力倡导立说立做、干就干好的作风。对看准的事，果断决策，加快节奏，提高效率，坚决避免议而不决、决而不断、决而不行，贻误时机，影响发展；对决定的事，特别是上级交办的、群众要求的事，要快办速办，绝不允许推诿扯皮、消极怠工，确保立竿见影，快见成效。四是树立市场意识，学会围绕市场思考发展、强化运作、转变职能，学会运用市场的要素、导向、资金等推动上街区全方位的发展。五是树立细节意识，在项目运作上，要全面掌握项目的谈判、手续、土地、入驻、建设及生产等进展情况，有针对性地推进项目的落地建设和竣工投产；在各项服务上，要明确服务对象的实际需要，转变服务观念，提高服务能力，在服务中多说怎么办，少说不能办，切实优化发展环境；在群众工作上，要知群众冷暖、解群众疾苦，带着感情深入基层、做细工作，切实解决群众反映的热点、难点问题。

时值年末岁首，工作艰巨，任务繁重，全区上下一定要狠抓落实，扎实推进，力争“十二五”精彩开局。一要重在保增长。加强经济运行调节，加大企业帮扶力度，巩固经济发展向好势头；加强市场和价格监管，努力保障节日市场稳定供应和价格平稳。二要重在抓项目。进一步加强协调服务，促进在谈项目加紧签约、签约项目加快落地、落地项目尽早竣工投产。三要重在保民生。做好今年各项民生工程的收尾工作，确保兑现承诺；及早谋划明年的民生工作，同时，要切实做好机关公务人员帮扶困难群众的工作，妥善安置好困难群众特别是搬迁群众的生产生活。四要重在保稳定。元旦、春节期间是安全生产事故的多发时段，要做好隐患排查，落实监管责任，坚决防止和遏制重特大安全事故发生；要尽职尽责做好信访工作，努力将矛盾化解在萌芽状态，以我们的真心真情，以解决问题的实际成效，暖民心、稳大局、促和谐。

同志们，“十一五”，我们创造了辉煌的业绩；“十二五”，我们更要实现美好的愿景。让我们在市委、市政府的正确领导下，全面贯彻落实科学发展观，咬定发展目标不放松，励精图治，科学发展，与13万上街人民一道，赢得新的光荣，实现新的梦想！

政府工作报告

——在郑州市上街区第十一届人民代表大会第五次会议上

上街区人民政府区长　戴春枝

2011年1月11日

各位代表：

现在，我代表区人民政府向大会作工作报告，请予审议，并请各位政协委员和列席会议的同志提出意见。

2010年工作回顾和“十一五”发展成就

2010年是我区全面走出危机影响、奋力冲刺“十一五”目标任务的重要一年。在区委的坚强领导下，在区人大、区政协的监督支持下，区政府团结带领全区人民，全力实施“两加快一维护”战略，较好地完成了年初人代会确定的目标任务。一年来，我们积极应对复杂多变的经济形势，加快产业集聚，强力招商引资，实施项目带动，综合经济实力跃上新台阶；我们扎实推进城乡建设，不断优化城乡环境，全力推动城乡融合，城乡一体化迈出新步伐；我们倾情关注百姓需求，大力实施民心工程，着力维护大局稳定，和谐社会建设取得新成效，全区上下呈现出经济社会协调发展的良好局面。

初步预计，全年地区生产总值实现89亿元，同比增长16.5%；规模以上工业增加值实现60亿元，同比增长20%；全社会固定资产投资实现58.4亿元，同比增长30%；社会消费品零售额实现26亿元，同比增长18%；地方财政一般预算收入实现5.85亿元，同比增长8.3%；城镇居民人均可支配收入实现21800元，同比增长9%；农民人均纯收入实现9630元，同比增长9%。

致力产业集聚，规模效应日益凸显。工业集聚区建设成效显著。完成产业集聚区总体发展规划，编制装备产业、绿色新材料、铝工业3个园区专项规划，推进上街产业集聚区整合，初步形成“一区三园”的工业发展格局。积极破解土地紧缺瓶颈，全年整合建设用地4023亩。进一步完善园区配套设施，投资4260万元的金屏变电站开工建设，10万平方米示范性标准化厂房项目开始启建，全年完成基础设施投资4.4亿元。现代服务业园区带动效应增强。3个服务业园区全年新增服务业经营单位1815家，实现营业收入32亿元，完成固定资产投资25亿元，累计实现税收2.48亿元。生态农业园区发展初具形象。完成汜水河花卉产业和五云山观光生态农业发展规划编制。启动“万亩花海”建设，全年实现土地流转2079亩，建成日光花卉温室106座，新增双羽实业等3家专业合作社，首批20万株鲜切花出口日本。

致力项目建设，发展后劲持续增强。建立重大项目例会制度，完善实施联审联批，全年新开工、续扩建项目44个，总投资46亿元。工业方面，华泰特种电缆一期建成投产，二期完成投资5000万元，预计全年可实现销售收入6亿元，上缴利税1500万元；林肯合力焊丝焊剂项目四条生产线投入运行，预计全年可实现销售收入1亿元，上缴利税1100万元；少林特玻80万辆轿车玻璃和裕丰冶金辅料项目进入设备安装调试阶段；郑州向日葵锂离子动力电池、博大盛塬铝板带箔等项目顺利推进；华兴煤机年产100万套液压支架配件项目即将开工。服务业方面，嘉盛之星商务酒店等7个餐饮项目实现营业，聂寨商务中心等4个商贸项目进展顺利，明珠公馆等4个房地产项目完成建设任务，郑州华通物流等3个物流项目投入营运。科学编制“十二五”规划，储备和谋划重点项目107个，总投资达866亿元。

致力招商引资，对外开放步伐加快。完善招商引资优惠政策，制定招商引资主导产业目录，组建4个专业招商小分队，重点围绕主导产业招商，成功引进欧凯龙国际家居中心、广源铝业10万吨铝板带等8个超亿元项目，全年实际引进市外资金27.66亿元，同比增长17.2%；实际使用外资5208万美元，同比增长23.45%。积极拓展对外经贸合作，全年新增对外贸易备案登记企业5家、获权企业3家，完成外贸出口额2.1亿美元，对外经济技术合作合同额、营业额双双超过1500万美元。

致力科技进步，企业创新能力显著提高。郑蝶超高温耐磨金属密封球阀等5个项目列入市级以上科技计划。天马微粉专用氧化铝等3个项目获得国家科技型中小企业技术创新基金扶持。华中建机被认定为高新技术企业，其制梁机工程技术研究中心顺利通过市级评审。华泰、郑蝶、上蝶3家企业产品荣获省级以上名牌产品称号。我区31人被认定为郑州市科技创新骨干人才。全年完成专利申报123件，同比增长10%。加快推进节能减排科技创新，全区重点耗能企业共投入节能技术改造资金2亿元，预计全年节约标准煤2万吨，二氧化硫和化学需氧量排放量分别下降5.2%和20%。

致力城乡统筹，城乡一体全面加速。科学修编土地利用总体规划、城市总体规划、产业集聚区规划和村庄布局规划，实现了“四规合一”。先后出台《上街区城乡一体化实施方案（2010～2015）》等一系列文件，形成了推进城乡一体化的政策保障体系。持续加大资金扶持力度，全年争取上级项目资金和农业奖补资金3470万元，下发农资综合等各项补贴455万元。继续推进南部山区扶贫搬迁，东林子、营坡顶320户村民实现整体搬迁。扎实推进新农村建设，沙固等8个新农村示范村通过市级验收；新型社区建设试点上街村一期搬迁补偿工作全部完成，安置小区开工建设。积极改善农村生产生活条件，新修农村道路14.2公里，新建大中型沼气工程3处，解决农村3300人饮水安全问题，新造林700亩，建成林业生态村2个，市级以上生态文明村3个。

致力品位提升，城市更加生态宜居。加大基础设施建设力度，总投资1877万元的高速引线综合整治工程主体完工；投资850万元的新安西路全线通车；公交场站建成投入使用；昆仑路陇海铁路桥北引线已经完工；中心路、济源路绿化升级和铝城公园升级改造顺利完成；许昌路西段集中供暖工程基本完工。加快推进铝厂旧街坊改造，14、32街坊完成拆迁面积22000平方米，新建6栋高层。深入开展“创卫”迎检活动，积极开展”五小”单位综合整治，城市形象进一步提升。扎实推进生态城市建设，建成机动车尾气排放环保监测站，城区饮用水质达标率达100%，全区空气质量二级以上天数超过310天。

致力民生改善，发展成果全民共享。2010年，共安排用于民生财政资金2.6亿元，比上年增加2000余万元。全力办好为民十大实事。全年新增城镇就业

2616人，转移农村劳动力835人，完成职业技能培训1331人，发放小额担保贷款1227万元，全区“零就业家庭”动态为零。进一步健全社会保障体系，新增城乡居民养老保险6341人、城镇居民医疗保险1719人、城镇职工基本医疗保险1173人。免费为农村妇女进行宫颈癌筛查3012人、乳腺癌筛查1077人。新农合门诊统筹人均筹资总额提高到210元，大病住院报销封顶线提高了1万元，财政补偿资金达922万元，共有75476人次受益。城市低保人均补差标准达到170元，提前超额完成省定人均补差目标。将廉租住房补贴发放标准提高到每月每平方米6元，实现了“应保尽保”。积极实施“家电下乡”，全年发放补贴427万元。

致力协调发展，社会事业日益繁荣。加大教育投入力度，夏侯小学一期工程投入使用，二期工程正在加紧施工；全年安排校舍安全改造资金703万元，免除义务教育阶段学生学杂费、课本费480万元，实现了上街户籍中职生免费教育。积极引进郑州铁路技师学院入驻我区。我区荣获全民建身运动国家级先进荣誉称号，连续5年被评为“教育督县”优秀单位。加强医疗卫生服务体系建设，完成紧急救援中心升级改造。启动实施国家基本药物制度，让利群众134万元。实施全民健康普查，居民建档率达到100%。繁荣发展群众文化事业，成立上街区首家民乐团，新建社区文化活动中心5个，全年举办广场文化活动35场，免费在农村放映电影360场。广泛开展“六项文明和谐”创评活动，推进省级文明城区创建工作，城乡居民文明素质不断提升。积极开展计生优质服务，我区荣获“全省计划生育优质服务先进区”称号。顺利完成全区人口普查。成功编纂上街首部地方性综合年鉴。人防、审计、侨台、防震减灾等各项社会事业取得新进步。

致力平安创建，社会大局和谐稳定。全年共接待群众来访200余批次，中央、省、市三级立案按期结案率达100%，郑州电机厂、上街铝厂、热电厂等一批历史遗留难题得到妥善解决。继续开展“四严一创”活动，投入210万元升级校园安全设施，在全市率先实现校园人防、技防、物防全覆盖；圆满实现“全省平安建设先进区”三连冠，成为全市首获“中原平安杯”殊荣的县区。强化安全生产隐患排查整治，重大隐患整改率达100%，全年无较大以上安全事故发生。深入开展食品药品安全专项整治，全年食品抽验合格率达93.59%，比上年提高1.28个百分点；药品评价性抽验合格率达到100%；蔬菜监测合格率高出郑州市平均水平3个百分点。

致力务实为民，执政水平明显提升。完成政府机构改革，进一步理顺了部门职责。扎实推进依法行政，全年办理人大代表建议70件、政协委员提案76件，满意率分别达99%、100%。继续加强电子政务建设，成功举办以“科学发展惠民生 以人为本促和谐”为主题的区长在线访谈，政府门户网站荣获“市政府十佳网站”称号。积极打造“一站式”办公平台，全面开展项目代理服务工作，全年为企业和群众办理各类审批服务事项21万余件。深入开展创先争优活动，狠抓机关效能和作风建设，梳理、规范各项制度225项，做出公开承诺421项，工作标准和效率进一步提高。

各位代表！2010年，各项目标任务顺利完成，是项目落地最快、招商引资成效最大、重大疑难问题解决最多的一年，标志着我区“十一五”时期经济社会发展取得了重大成就。主要表现在：综合实力显著增强。预计“十一五”末，地区生产总值达到89亿元，是“十五”末的1.6倍，年均增长10%；社会消费品零售总额达到26亿元，是“十五”末的2.8倍，年均增长19.3%；地方一般预算收入达到5.85亿元，是“十五”末的2倍，年均增长15.3%；全社会固定资产投资5年累计完成185亿元，是“十五”时期的2.1倍，年均增长13.7%。城镇化水平明显提高。城市基础设施建设投入大幅增长，5年累计完成投资11.63亿元。建成区面积由“十五”末的17平方公里扩大到26.7平方公里，建成区人口由“十五”末的7万人增长到10.5万人，全区城镇化率由“十五”末的80%提高到92.8%。人民生活水平持续改善。预计“十一五”末，城镇居民人均可支配收入达到21800元，年均增长10.7%，农民人均纯收入达到

9630元，年均增长13.4%；城镇居民和农民人均住房面积分别达到35平方米和65平方米。可以说，“十一五”时期，虽然经历了国际金融危机的严重冲击，但我们积极作为，主动应对，在调整中求变，在改革中创新，在逆境中奋进，一步一个新台阶，一年一个新变化，顺利走过了我区历史上经济波动最剧烈、转型发展最艰难、民生改善最明显的五年，为“十二五”跨越发展奠定了坚实基础。

各位代表，过去5年，特别是近两年积极应对金融危机的探索和实践，使我们深深地体会到：只有转变经济发展方式、实现包容性增长，才能加快经济发展步伐，提高人民生活水平，保证社会大局和谐稳定。只有坚持不懈地解放思想，积极推进领导方式转变和工作方式创新，才能更好地推动发展方式转变，实现改革发展新突破。只有创造比别人更加宽松、更具竞争力的发展环境，才能积聚更多的社会资本，实现更好更快的发展。只有锲而不舍咬定目标，持之以恒狠抓落实，才能全面推进各项工作，确保科学发展取得实效。只有始终坚持以民为本，以更加深厚的感情和更加有力的措施，让人民群众从改革发展中得到更多实惠，才能赢得广大群众的拥护和支持。

各位代表，发展的历程令人难忘，发展的成就令人振奋。所有这一切，离不开市委、市政府和区委的正确领导，离不开各位人大代表、政协委员的积极参与，离不开各位老领导、老干部和驻上单位的支持帮助，更离不开全区人民的团结奋斗、辛勤付出。在此，我代表区人民政府，向区人大代表、政协委员和全区人民，向关心政府工作，为上街建设作出重大贡献的驻上单位、离退休老同志和社会各界人士，表示崇高的敬意和衷心的感谢！

在肯定成绩的同时，我们也清醒地看到发展中存在的问题和不足：一是经济总量不大，支撑产业发展的大企业、大项目不多，自主创新能力还不够强，经济结构调整的任务还很艰巨。二是土地、资金、人才等要素制约突出，影响经济社会发展的一系列难题急需破解。三是教育、医疗等社会事业与人民期望还有一定差距，民生建设需进一步增强。四是政府职能转变尚需深化，部分工作人员的工作作风、工作效能有待进一步改进。对此，我们将高度重视，采取有效措施，认真加以解决。

“十二五”时期奋斗目标和2011年工作任务

“十二五”时期是推进全面小康社会建设的关键时期，也是我区实施“两加快一维护”战略的重要机遇期。纵观国际局势，金融危机爆发以来，全球需求结构出现明显变化，资本市场出现大幅反弹，世界经济复苏的态势正在逐步形成。展望国内形势，新一轮经济上升周期来临，经济结构转型、生产要素流动和产业转移的步伐明显加快。正视上街实际，随着中原经济区、郑州都市区建设规划的实施，加快产业集聚、率先实现城乡一体化的条件更加有利。但同时影响发展的不确定、不稳定因素仍然较多，率先突破崛起的压力仍然较大，我们没有任何理由故步自封而止步不前，没有任何理由满足现状而不思进取。我们必须审时度势，切实抓住各种机遇，积极应对各种挑战，谋求新发展、再创新业绩、实现新跨越。

全区“十二五”时期经济社会发展的主要任务是：坚定不移地推进经济多元化、工业主导化、产业特色化、城乡一体化，进一步加快产业集聚区建设，加快城乡一体化进程，维护社会大局和谐稳定，实现“经济总量新提升、产业结构新优化、城乡一体新跨越、平安建设新突破、生活质量新改善”。

围绕上述任务，我们制定了《郑州市上街区国民经济和社会发展第十二个五年规划纲要（草案）》，大会已印发给各位代表，请一并予以审议。

2011年是实施“十二五”规划的开局之年，做好今年的工作，保持发展的稳定性、协调性、可持续性，对于巩固经济回升基础，加快跨越发展，实现上街组团率先崛起具有重大意义。

2011年政府工作的总体要求是：深入贯彻落实科学发展观，按照“四个重在”的发展要求，坚定不移地推进“两加快一维护”战略，主动融入中原经济区和郑州都市区建设大局，突出产业集聚、项目带动、招商引资三大任务，着力改善民生、着力城乡统筹、着力优化结构、着力自主创新，努力把上街区打造成为中原经济区科学发展示范区。

综合考虑各种因素，2011

年全区经济和社会发展的主要目标预计为：地区生产总值增长13%左右；规模以上工业增加值增长17%左右；全社会固定资产投资增长23%左右；社会消费品零售总额增长17%左右；地方财政一般预算收入增长13%左右；城镇居民人均可支配收入增长10%左右；农民人均纯收入增长11%左右；人口自然增长率控制在5‰以下；节能减排完成市下达目标。

实现上述目标，要重点抓好以下六个方面的工作：

（一）坚持产业集聚，促进经济结构调整

全力推进工业集聚区加快建设。完成装备产业、绿色新材料、铝工业3个园区整合，力促装备产业集聚区争创成为“河南省新型工业化示范产业集聚区”。加大基础设施建设力度，建成金华变电站，筹备建设新材料园区变电站，完成标准化厂房建设10万平方米。建立企业融资需求库、银行信贷产品库，引导金融机构加大对重点工程和优势产业的信贷支持力度，力争全年协调企业融资3亿元。推动企业自主创新，确保3家以上企业列入市级以上科技计划，新增2家市级以上企业技术中心。建立和完善产业集聚区项目库，完成华泰、林肯电气二期三期建设，确保郑州向日葵锂离子动力电池、博大盛塬铝板带箔项目投产达效。力争全年工业集聚区销售收入突破180亿元，工业增加值突破50亿元，固定资产投资突破35亿元。

重点推进现代服务业园区提档升级。科学制定服务业发展规划，编制完成中心城区、物流园区发展规划。加快盛世广场、人民广场核心商圈建设，强力推进欧凯龙国际家居中心建设，完成丹尼斯扩建工程，建成聂寨商务中心，不断提升生活性服务业档次。重点抓好亚星江南小镇二期、嘉盛溪畔美域、理想名城、明珠公馆东区等精品楼盘建设，推动房地产业持续健康发展。加快五云山山地公园开发进程，推进住宅区、卢卡度假酒店等项目建设，打造生态旅游品牌。力争全年实现营业收入40亿元，新增固定资产投资30亿元。

大力支持生态农业园区形成特色。积极培育各类土地规模经营主体，不断提高土地流转效益，全年完成土地流转1500亩。全面开展汜水河综合治理和生态水系建设，大力发展鲜切菊花等花卉产业，加快推进农民合作组织建设，全年新建日光温室100座，新培育市级示范合作社1个，组织2家企业申报市级农业产业化龙头企业。

（二）坚持项目带动，持续扩大投资规模

狠抓推进建项目。大力实施项目带动战略，以项目建设促投入、带产出，扩总量、增后劲。全年新上、续扩建企业重点投资项目53个，年度投资30.7亿元；其中工业重点项目35个，年度投资19.5亿元；服务业重点项目18个，年度投资11.2亿元。积极支持中铝河南分公司第五赤泥堆场、10万吨烧碱生产线等项目建设，力促年底竣工见效。全面加快广源铝业10万吨铝板带、天一光电应用材料等项目建设，推进签约项目早开工、在建项目早投产。

超前谋划备项目。准确把握国内外产业加速转移的趋势，超前谋划一批承接产业发展的工业项目和现代服务业项目；紧紧围绕国家战略性新兴产业扶持政策和资金投向，重点谋划一批高端装备、新能源、新材料、节能环保项目；充分依托我区主导产业，精心谋划一批高技术含量、高附加值、位于产业链条中后端的项目，不断充实项目储备库，始终保持项目库动态投资规模在100亿元以上。

优化服务保项目。加大土地储备力度，确保全年土地储备动态规模在1000亩以上，为项目落地提供空间保障。完善重大项目例会、联审联批和代理服务等项目推进机制，加快立项、规划、报批、征迁等项目前期工作进度，及时研究、协调、解决项目建设中的重大问题，倒序时安排工程进度，推动项目尽快落地并启动建设。对确定的重点建设项目，继续实行领导分包责任制，动态考核，定期督查，加快推进，切实提高合同履约率、项目落地率和资金到位率。

（三）坚持招商引资，积极承接产业转移

创新方式招商。突出专业招商，充分发挥招商小分队作用，做好产业分析，完善内部运行机制，大力开展定向招商、坐地招商，提高招商针对性和成功率。突出主动招商，健全全员收集招商信息机制，对符合我区产业发展的重点项目，迅速跟踪，紧盯不放，力促早签约、早落地。突出以商引商，支持企业把引进项目、上市融资、合资合作与引进技术、引进人才、兼并重组结合起来，形成“引来一个、带来一串、辐射一片”的集聚效应。

围绕重点招商。以长三角、珠三角、环渤海地区为招商引资主战场，重点承接装备制造、铝精深加工、绿色新材料、商贸物流和城中村改造等符合我区产业发展的项目。充分抢抓国家推进家电行业向中西部地区转移、“十二五”期间3.1万亿元环保投资计划等政策机遇，密切关注和研究世界500强、国资100强、民资100强企业投资动向，着力引进投资规模大、产业带动能力强的项目，推动销售收入超10亿元企业、超50亿元产业和超百亿产业集聚区建设。力争全年引进投资过亿元项目不少于8个，投资过5亿元项目不少于1个，实际引进市外资金31.5亿元，实际使用外资5522万美元。

（四）坚持统筹发展，不断加快城乡一体化

提高城市建管水平。认真落实土地利用总体规划，高标准、高质量完成我区城市总体规划修编工作。进一步优化城乡用地结构，促进城乡空间、产业、基础设施建设科学布局。全力推动郑上快速通道建设，完成工业路、玉发大道升级改造，积极引建第二污水处理厂，大力推建集中供暖工程，努力实施铝城体育中心升级改造，开工建设区人防应急指挥中心、公安指挥培训中心综合楼，建成区地震台，加快14、32等旧街坊改造步伐，切实提升城市综合承载能力和公共服务能力。实施上街全域绿化工程，深化城市环境综合治理，打造“环境优美、生态宜居、文明和谐”品牌。

扎实推进新农村建设。建立多元化投入和多层次的社会参与机制，完成南部山区老寨河、杨家沟整体搬迁。进一步改善农村生产生活条件，开工建设南水北调上街支线综合工程，推进马固等3个村的民办公助农田水利基本建设，升级改造90眼机井，新建大中型沼气工程1处，新造林300亩。

（五）坚持改善民生，着力办好十大实事

1. 进一步做好就业再就业工作。实现新增城镇就业2600人，“零就业”家庭动态为零。促进农村劳动力就业。完成农村劳动力转移就业前技能培训400人，转移就业500人。

2. 进一步提高优生优育水平，免费推行出生缺陷一级干预，孕前优生康检率达到70%以上，待孕夫妇出生缺陷知识培训率、孕产妇出生缺陷常识普及率、高风险孕妇叶酸营养素增补率均高于90%。

3. 继续加大支农惠农力度。继续实施粮食直补、农资综合直补和农机具购置补贴，实现主要粮食作物直补全覆盖。解决农村8000人安全饮水问题。改造中低产田2000亩（含高标准农田500亩）。

4. 异地重建安阳路小学，继续实施中小学校舍安全三年工程。

5. 实施中医中药进基层工程，开展峡窝卫生院中医科达标建设，为卫生院配备基本的体检设备和健康教育设备。

6. 实施农村电影免费放映工程，为全区行政村每月免费放映一场电影，全年共放映360场。

7. 加强节能减排和生态环保建设。新建2个林业生态村。机动车尾气排放达标率和噪声污染查处率超过80%，空气质量优良天数超过311天。

8. 加强食品药品监管，确保食品抽验合格率保持在95%以上，药品抽验合格率在98%以上。

9. 加强全区技防监控体系建设，安装道路卡口监控系统、视频监控系统和电子警察系统，确保实时监控。

10. 继续强化消防安全、森林防火教育，实施消防栓安装工程；组织进行社会化宣讲培训，全区各单位至少开展一次疏散逃生演练，杜绝重特大事故火灾发生。

（六）坚持和谐发展，全面推进社会事业进步

大力发展社会事业。推动区域教育均衡发展，科学规划公办幼儿园布局，继续推进郑州铁路技师学院建设。完成敬老院二期工程，提高社会养老保障水平。加快医疗资源整合，扎实推进医药卫生体制改革，进一步扩大基本药物制度覆盖面。继续实施文化下乡等文化惠民工程，不断拓展公共文化服务范围。进一步提升市民文明素质和城乡文明程度，确保省级文明城区创建成功。继续做好计生、双拥、审

计、统计、人防、防震减灾等各项社会事业。

切实加强社会管理。巩固"五五"普法成果，全面实施"六五"普法宣传教育规划。继续深化平安创建，加强防控体系建设，开展劝阻违法行为活动，提升城乡社区建设和管理服务水平，确保公众安全感指数名列省市前列，维护社会大局稳定。严格落实安全生产责任制，强化隐患排查整治，保障人民群众生命财产安全。

加强政府自身建设

复杂的经济形势，繁重的发展任务，对政府工作提出了更高的要求。我们唯有不断加强政府自身建设，以更强的执行力和更扎实的工作作风，把各项发展措施谋在先处、落到实处，才能肩负起时代和人民赋予的重任。

（一）狠抓学习，致力领导方式转变

把转变领导方式作为学习的出发点、落脚点，作为提高素质、增长本领、推进工作的根本途径。通过狠抓学习，努力把领导方式转到抢抓机遇、顺势而谋，始终大力加快发展上；转到增强忧患、应对挑战，始终注意保持清醒上；转到解放思想、实事求是，始终遵循客观规律上；转到围绕中心、准确定位，始终主动服务大局上；转到深入基层、注重调研，始终能够听真话摸实情上。

（二）狠抓运作，重在求实求效

立足于做，立足于实，立足于效，围绕产业集聚区建设、城乡一体化、和谐社会建设等重点工作，进一步强化运作意识、效率意识、效益意识，做到具体抓、抓具体，全面提升有效运作水平，以运作促执行、推落实、提效率，不断提高政府工作人员抓经济、搞项目、攻重点、解难题的水平和能力。

（三）狠抓管理，提升服务水平

建立"任务明确、职责清晰、运转高效、协调有力"的长效工作机制，做到决策快、传令快、沟通快、落实快。建立整体联动的快速反应应急机制，畅通信息报送渠道，做到早发现、早报告、早控制、早解决。全面推进行政效能电子监察建设，对行政审批、行政处罚、行政征收全过程进行监管，进一步规范政府行政行为。持续优化发展环境，完善首席服务官和首问负责等制度，以机制推动项目服务品牌化、便民服务特色化，打造全市投资环境最佳城区。

（四）狠抓督查，做到有诺必践

把取信于民作为兴政之基，不断改进督查考核机制，特别对重大项目、重点工程和热点难点问题，善于运用周报告、月通报、媒体网络等督查方法，实行一线督查、现场督查、跟踪督查和全程督查，注重问题揭示和原因分析，重查不落实的事，严惩不落实的人，努力做到勇于担责、敢于问责、忠诚履职、尽职尽责，向全区人民兑现自己的庄严承诺。

（五）狠抓廉政，争当为民表率

要情系上街、心系百姓，始终关注民生民心，从老百姓最困难、最需要、最重要的利益问题入手，切实把群众所思所盼的事情办实、办好。要常怀敬畏之心，自觉筑牢拒腐防变的思想道德防线，严格遵守廉洁自律的各项规定。要加强对重点专项资金、重大投资项目、重点部门的审计和监察，严肃查处违法违纪案件，坚决纠正损害群众利益的不正之风，塑造人民满意政府。

各位代表，站在关键时期的新起点，面对"十二五"描绘的新蓝图，让我们在市委、市政府和区委的正确领导下，团结带领全区人民，抢抓机遇，干事创业，奋发有为，为实现"十二五"良好开局、融入郑州都市区，打造中原经济区的科学发展示范区而努力奋斗！

郑州市上街区国民经济和社会发展第十二个五年规划纲要

序　言

“十二五”时期（2011—2015年），是全面建设小康社会承前启后的关键时期，也是我区实施“两加快一维护”战略的重要机遇期。本纲要根据郑州市委、市政府和上街区委、区政府对今后五年我区的发展要求编制，是政府履行经济调节、市场监管、社会管理和公共服务职责的重要依据，是今后五年我区经济社会发展的宏伟蓝图和全区人民共同的行动纲领。

第一篇　打造中原经济区科学发展示范区

第一章　“十一五”发展成就

“十一五”时期，上街区经济社会发展成绩斐然。地区生产总值达到89.5亿元，是“十五”末的1.6倍，年均增长10.0%；地方财政一般预算收入达到5.85亿元，是“十五”末的2倍，年均增长15.4%；规模以上工业增加值达到62.4亿元，是“十五”末的1.8倍，年均增长11.3%；社会消费品零售总额达到27亿元，是“十五”末的2.8倍，年均增长19.3%；全社会固定资产投资五年累计达到185亿元，是“十五”时期的2.1倍，年均增长13.7%。城镇居民人均可支配收入达到22216元，年均增长10.7%，农民人均纯收入达到10157元，年均增长13.4%。三次产业比重为0.6：79.3：20.1，规模以上工业增加值占GDP比重达到69.7%；所有制结构调整取得新进展，非公经济占GDP比重达到50%，郑蝶阀门有限公司成功上市，实现我区民营企业上市“零突破”；服务业增加值达到18亿元，年均增长8.6%，物流、金融等现代服务业发展强劲；农业结构调整继续推进，农业产业化水平不断提升，形成了一批以花卉生产、农产品加工为主的龙头企业。全区建成区面积由“十五”末的17平方公里扩大到26.7平方公里，建成区人口由“十五”末的7万人增长到10.5万人，全区城镇化率由“十五”末的80%提高到92.8%。“十一五”时期是我区综合经济实力明显增强，经济结构逐渐向好，园区集聚效应显著，城市面貌日新月异，城乡一体化进程加快，改革开放成效显著，人民生活持续改善，社会事业全面进步的五年。

第二章　指导思想和发展目标

第一节　指导思想

高举中国特色社会主义伟大旗帜，以邓小平理论和“三个代表”重要思想为指导，深入贯彻落实科学发展观，按照“四个重在”发展要求，紧紧抓住中原经济区建设和郑州都市区建设的重大机遇，以科学发展为主题，以加快转变经济发展方式为主线，以富民强区为中心任务，坚持和发展“两加快一维护”战略，强力推动“两个转型”，着力改善民生、着力统筹城乡、着力扩大内需、着力优化结构、着力改革开放、着力自主创新，努力把上街区打造成为一个涵盖新型产业发展示范区、城乡一体先行区、平安和谐模范区的中原经济区科学发展示范区，为全面建成更高水平的小康社会打下坚实基础。

第二节　发展目标

综合考虑“十二五”时期我区的发展趋势和条件，紧紧围绕打造中原经济区科学发展示范区

的总体目标和富民强区的中心任务，进一步加快产业集聚区建设，加快城乡一体化进程，维护社会大局和谐稳定，实现“经济总量新提升、产业结构新优化、城乡一体新跨越、平安建设新突破、生活质量新改善”的主要目标：

——经济总量新提升。经济保持平稳较快发展，综合实力进一步增强。到2015年，地区生产总值达到200亿元，年均增长14%；财政总收入达到27.3亿元，年均增长14%，地方财政一般预算收入达到12.3亿元，年均增长16%；全社会固定资产投资五年累计达到500亿元，年均增长20%；规模以上工业增加值达到128亿元，年均增长18%；社会消费品零售总额达到52亿元，年均增长15%。

——产业结构新优化。农业现代化水平进一步提高，工业结构进一步优化，服务业全面发展，加快科学发展，加快转型升级。到2015年，三次产业比重调整为0.4∶73.6∶26；高新技术产业增加值占规模以上工业增加值比重达到35%；研究与开发经费支出占生产总值比重达到2%；专利授权量累计达到830件；建立研发机构的企业由31家增加到66家。

——城乡一体新跨越。强化城乡统筹发展，拉大城市框架，基本实现全域开发，在全市率先基本实现城乡一体化。力争到2015年，建成区面积达到60平方公里；城市人口达到50万人；城镇化率达到96%。

——平安建设新突破。深入推进“平安上街”建设，打造“全省最安全城区”，完善治安防控体系，城区技防覆盖率达到100%，加强社会管理，健全民主法治，促进社会和谐，公众安全感指数进一步提升，构建严密有力的平安建设大格局，为实施“两加快一维护”战略创造和谐稳定的社会环境、公平正义的法治环境和优质高效的服务环境。

——生活质量新改善。深入实施“幸福上街”工程，统筹发展各项社会事业，人民生活水平和质量进一步提高。到2015年，城镇居民人均可支配收入达到34700元，年均增长10%，农民人均纯收入达到19100元，年均增长15%；农村合作医疗保险参保率达到98.78%，城镇居民医疗保险参保率达到100%，城镇登记失业率控制在3%以内；人口自然增长率控制在4.8‰以内；基本实现集中供暖、供气。

加强节能减排和生态环境建设，着力打造生态宜居城。到2015年，二氧化硫排放量控制在13050吨；化学需氧量控制在891万吨；空气质量优良天数达到328天；城市污水集中处理率达到90%；万元生产总值能耗完成市定目标。

专栏1：上街区“十二五”规划国民经济和社会发展指标

指标名称	单位	十一五预计		十二五目标	
		绝对值	年均±%	绝对值	年均±%
一、经济发展					
1. 地区生产总值	亿元	89.5	10	200（当年价）	14
2. 财政总收入	亿元	14.2	19.1	27.3	14
3. 地方财政一般预算收入	亿元	5.85	15.4	12.3	16
4. 规模以上工业增加值	亿元	62.4	11.3	128	18
5. 社会消费品零售总额	亿元	27	19.3	52	15
6. 全社会固定资产投资	亿元	57.3（累计185）	13.7	500（累计）	20
二、转型升级和自主创新					
7. 城镇化率	%	92.8	–	96	–

续表

指标名称	单位	十一五预计		十二五目标	
		绝对值	年均±%	绝对值	年均±%
8. 三次产业增加值结构	%	0.6：79.3：20.1	–	0.4：73.6：26	–
9. 高新技术产业增加值占规模以上工业增加值比重	%	31	–	35	–
10. 研究与开发经费支出占生产总值比重	%	2	–	2	–
11. 专利授权量	件	503（累计）	10	830（累计）	10
三、社会发展和改善民生					
12. 城镇居民人均可支配收入	元	22216	10.7	34700	10
13. 农民人均纯收入	元	10157	13.4	19100	15
14. 人口自然增长率	‰	5	–	4.8	–
15. 常住人口	万人	13.3	–	50	–
16. 城镇登记失业率	%	2.9	–	3	–
17. 城镇居民医疗保险参保率	%	98	–	100	–
18. 农村合作医疗保险参保率	%	98.57	–	98.78	–
四、生态建设和环境保护					
19. 万元生产总值能耗	吨标准煤/万元	五年累计下降26.02%	–	完成市定目标	–
20. 二氧化硫排放量	吨	14050	–	13050	–
21. 化学需氧量	万吨	990	–	891	–
22. 空气质量优良天数	天	315	–	328	–
23. 城市污水集中处理率	%	85	–	90	–

第二篇　建设新型产业发展示范区

要充分依托我区地处郑汴洛产业走廊战略支撑点、郑州都市区和中原经济区核心地带的优势，注重差异化与特色化发展，巩固和优化第二产业，扶持和壮大第三产业，提升和发展第一产业，以产业集聚区建设为载体，大力发展战略支撑产业，培育发展战略性新兴产业，加快发展先进制造业、现代服务业和都市型现代农业，着力构建现代产业体系。打造郑汴洛产业走廊上的重要产业基地，积极建设新型产业发展示范区。

第一章　加速推进新型工业化

依靠我区现有的工业基础，充分挖掘区内人才、科技、文化等资源优势，拓展工业发展空间，促进信息化与工业化融合，提升工业发展品位，发展以高端装备制造、高附加值铝及铝精深加工、绿色新材料等产业为主的高效、低碳、环保新型工业。推动工业向产品设计、订单处理、终端营销等价值链高端转型，鼓励企业把管理总部、研发机构、销售中心留驻区内就地发展，促进新型工业健康发展。

第一节　发展壮大装备制造产业

充分发挥区域科研优势，加快中国阀门（郑州）研究院等国家级阀门研发、设计、检测、制造、交易等平台建设，积极引进战略投资者，着力提高企业自主创新能力，加快装备制造业向信息化、成套化、集聚化的产业格局转变。重点发展阀门及成套装备、建筑矿山机械专用装备、输配电专用装备、汽车配件等产业。努力把装备产业园区建设成

为中部地区重要的装备制造（阀门）产品制造中心、技术创新中心和企业集聚中心。

第二节　改造提升涉铝产业

按照“拉长链条、推动转型、服务中铝、做强民营”的思路，根据国家产业政策导向，大力发展高附加值铝及铝精深加工，建立完善铝资源产业体系，延伸产业链条。完善协调机制，坚持“区厂共建、政企共赢”，建立联系更加紧密、工作更富效率的议事协调机制，加大服务力度，支持中铝企业挖潜增效、降耗增利、产业升级。做强现有民营涉铝企业，加大民营铝精深加工项目的引进力度，不断壮大民营铝工业规模。到2015年基本形成国有与民营共兴、氧化铝与铝精深加工齐放的铝工业发展局面，实现铝工业可持续发展。

第三节　培育扶持新材料产业

牢牢把握以低碳经济为核心的世界经济发展趋势，深入挖掘绿色新材料园区的基础优势，大力发展先进陶瓷材料、新型能源材料、节能环保材料等绿色新材料产业，积极引导和鼓励相关企业向园区集中，提高产业的集聚效应和规模效益，努力将园区建设成为集研发、生产、销售等为一体的绿色新材料产业基地。

第四节　大力培育企业类工业园

以林肯电气、华泰电缆、少林特玻、郑蝶阀门等企业为龙头，注重核心能力提升，充分发挥企业的引领作用，完善扶持引导奖励政策，着力培育销售收入超10亿元、超50亿元、超100亿元的大企业、大集团。以推动产业升级、带动区域经济发展为目标，加快建设创新能力强、带动作用大、发展速度快、经济效益好的在行业内具有竞争优势、在国内外处于领先地位的大型企业类工业园。

第五节　强化产业集聚发展

按照“三次产业协调、突出特色集聚、瞄准行业高端、领先区域发展”的要求，强力推进产业集聚区建设。着力提升产业层次，完善配套设施，强化保障机制，增强产业集聚和人口承载能力，发展功能定位清晰、竞争优势突出、资源高效利用、产城融合互动的产业集聚区。

进一步做好招商选商工作，以项目促进产业集聚，以产业集聚拉动全区发展。把产业集聚区规划与土地利用总体规划、城镇总体规划统筹考虑，合理确定产业集聚区的空间布局和发展规模，搞好规划衔接，实现“企业（项目）集中布局、产业集群发展、资源集约利用、功能集合构建”四个要素的有机融合，不断提升“一区三园”的集聚水平。

第二章　加快发展现代服务业

以重点项目、龙头企业、特色园区建设为抓手，以优化结构、提档升级、拓宽领域、增加就业、服务发展、改善民生为目标，大力发展生产性服务业，全面提升生活性服务业，发展新业态，培育新热点，提高服务业在国民经济中的比重。

第一节　大力发展生产性服务业

围绕推进新型工业化，加快生产性服务业发展，形成与工业化战略相适应、与工业化水平相协调的产业服务支撑体系。

第二节　全面提升生活性服务业

充分发挥生活性服务业吸纳就业、扩大消费的重要作用，全面提升生活性服务业的档次和水平。

第三章　积极发展现代农业

强化科技创新，加快农业结构调整步伐，突出发展观光农业、花卉培植、农产品深加工等特色农业，促进农业产业化。发展“优质、高产、高效、生态、安全”的都市型现代农业。

第一节　突出发展特色农业

坚持休闲、观光、高效、生态为一体的原则，重点发展五云山观光农业，整合南部山区现有农业资源，加快名优水果生产区、旱作农业试验区、花卉盆景展示区、节水灌溉示范区、设施蔬菜示范区和农业生物技术应用区六大主题区域建设，到2015年，五云山观光农业步入良性发展轨道。加快发展汜水河花卉产业，整合汜水河沿岸土地资源，研究制定花卉产业发展规划，重点扶持和引进一批特色花卉企业，培养品牌。到2015年建成郑州都市区最具特色的花卉产业集聚区。

第二节　扎实推进农业产业化经营

围绕观光农业、花卉培植、

农产品深加工等特色农业，重点扶持和引进一批特色农业龙头企业，引导、鼓励龙头企业开展“公司＋基地＋农户”的模式，兴办产业基地，形成市场牵龙头、龙头带基地、基地连农户的产销格局，大力实施品牌战略，推进农业产业化经营。

第四章　拓展城市发展新空间

坚持节约优先、节约和开发并举的方针，统筹全局，综合利用，促进三次产业协调发展，实现城乡区域发展相协调、人口资源环境相协调、改革发展稳定相协调，对我区浅山区内的山地、山坡、荒沟等进行高效整合，拓展城市发展空间。借鉴左照公园开发的成功经验，结合区域位置、地形地貌，在保护现有生态环境和景观优势的前提下，科学规划，合理开发，建设宜居、宜教、宜企、宜游的城市新区，率先走出一条不以牺牲基本农田、生态和环境为代价的协调发展之路，成为中原经济区“三化”协调发展的试验田。

第五章　大力发展循环经济

按照减量化、再利用、资源化原则，提升循环经济发展水平，抓好资源开发、资源消耗、废弃物产生、再生资源利用和社会消费五个关键环节，推进企业、园区、社会点线面循环经济示范建设，构建跨产业生态链，以高端装备制造、煤电铝、绿色新材料等行业为重点，着力打造新型产业链条。加快循环经济法规和标准体系建设，完善政策措施，利用财税、价格、投融资等机制，促进循环经济快速发展。积极创建国家生态工业示范园区。

第三篇　建设城乡一体先行区

坚持“城乡一体、融城发展”的理念，按照“以中心城市带动城市化，以城市化带动新型城镇化，以新型城镇化带动城乡一体化，以城乡一体化带动社会主义新农村建设，促进‘三化’协调发展”的思路，统筹城乡公共资源分配，加快精品城区建设，加快农村城镇化进程。到2015年，在全市率先基本实现城乡一体化。

第一章　建设生态宜居城

坚持城市规划的刚性，加强城市基础设施建设，不断加大中心城区环境建设投入，提高城市管理精细化水平，完善城市功能，提升城市品位，增强人口集聚能力。到2015年，把我区建设成为功能更加完善、管理更加现代、环境更加优美、综合承载能力进一步增强的生态宜居城。

第一节　精心规划，做“大”城市

进一步拉大城市框架，加快推进南部山区和汜水河沿岸开发建设；借力郑州，融入郑州，完成郑上快速路建设，开通上街区与主城区之间的快速公交，力争轨道1号线、科学大道等向西延伸至上街；打通昆仑路、洛宁路等断头路，力争完成建成区范围内所有规划道路建设；完善重点功能区建设，对商业中心区、工业生产区、城市公共活动区等进行布局调整。力争到2015年，建成区面积达到60平方公里，城市人口达到50万人。

第二节　精心建设，做“美”城市

以中心城区为核心带动，围绕关系民生的“水、电、路、气、房、绿、热”等城市基础要素，进一步完善城市路网、集中供暖、垃圾处理、雨污水排放、园林绿化等公共配套设施建设。加快东西入市口、主干道重要节点的综合整治，完成登封路、工业路等道路升级改造；加大城市集中供暖工程建设；新建上街区第二水厂；加快城中村、工矿棚户区改造；新建污水处理厂1座、垃圾转运站16座、公厕12座；加大对公园、游园、绿地的新建及改造力度，重视生态环境保护，增加区域绿景、水景；加强电子政务和城市信息化建设，全面提升城市服务功能和城市竞争力。

第三节　精心经营，做“活”城市

以城市发展、社会进步、人民物质文化生活水平提高和安居乐业为目的，提升城市营销水平。在城市发展规划中，综合考虑城市的信息网络、交通、能源、环境、景观与建筑的和谐关系，发挥资源组合的最高效益。按照“政府主导、市场化运作”的思路，把土地、城市基础设施、城市生态环境、文物古迹和旅游资源等有形资产，以及依附于其上的名称、形象、知名度和

城市特色文化等无形资产，通过对其使用权、经营权、冠名权等相关权益的市场化运作，最大限度地盘活存量，引进增量。广泛利用社会资金进行城市建设，以实现城市资源配置的最优化和效益的最大化。加大城市宣传力度，使“职教、休闲、运动、时尚”成为城市主题词，树立服务郑州都市区、辐射中原经济区的现代城市形象。

第四节　精心管理，做“实”城市

积极推进“数字上街”建设，实施城市网格化、精细化、数字化管理，严格实施分片梯次开发。按照“统一领导、分级负责、以块为主、条块结合”的原则，加大城市综合治理力度，充分行使政府对城市管理的重要职能，实现城市管理的规范化、法制化、科学化。严格按照城市规划进行管理，制止违法建筑，维护规划权威性。加强环境卫生监管，提高环卫管理水平。加大城市管理投入，提高城市管理装备现代化水平。加强社区建设，完善社区功能，建设服务完善、管理有序、环境优美、文明祥和的新社区。

第二章　加快农村城镇化进程

坚持把农村城镇化作为推进城乡一体化的关键环节，以体制机制创新为动力，以缩小城乡差距和提高城乡居民生活水平为目标，创新机制，整合资源，加大投入，加快农村城镇化进程。到2015年，实现城乡高度融合，在全市率先基本实现城乡一体化。

第一节　推进城乡规划一体化

按照统筹城乡、合理布局、节约土地、集约发展和全域规划、全域开发的原则，着眼于推进人口、产业、生产要素集聚，因地制宜，分类指导，高起点、高标准、高质量编制城乡一体化发展规划，真正实现城乡“规划一张图、建设一盘棋、管理一张网”。

第二节　加快农村管理体制改革

创新农村经济社会管理方式，积极推进以村改居为方向的新型社区管理模式；逐步建立城乡一体的户籍、就业、住房、教育、社保等制度体系；高度重视解决农民就业增收问题，积极开展就业技能培训，不断拓宽就业增收渠道，持续增强农村集体经济实力，真正实现“搬得出、稳得住、能就业、快致富”；健全农村土地流转机制，逐步扩大土地流转面积，不断提升流转土地的集约规模经营水平。

第三节　积极推进新型社区建设

按照“政府主导，市场运作；群众自愿，一村一案；成熟一个，改造一个”的基本原则，全面完成南部山区扶贫搬迁，对其余村庄分批次、分步骤进行城中村改造及合村并城，建成5个“居住社区化、生活城市化、服务公共化”的新型社区。采取“多村一社区”、“村庄合并社区”、“一村一社区”等模式，建设集办公、警务、文化、居住、教育、医疗、休闲为一体的服务站，实现农村人口的集中居住，基础设施和资源服务共享，建成管理完善、功能齐全的新型社区。

第四节　加强农村基础设施建设

完善垃圾处置设施建设，提高垃圾无害化处理率。加大农田水利设施建设，继续实施农村安全饮水工程。积极发展沼气等农村新能源，加大中小型沼气示范工程建设力度。加快农村公路升级改造步伐，改善农村路容路貌、通行条件和整体水平。积极发展城乡公交，提升城乡通行设施保障能力。

第五节　促进公共服务延伸

引导城市资金、技术、信息等要素向农村流动，加大城市公交、供水、燃气、污水和垃圾处理向周边村镇延伸，提高城乡公共设施共享水平。实施农村信息化工程。统筹教育、卫生、文化、社会保障等公共资源在城乡之间的均衡配置，全面提高财政保障农村公共事业水平，加快建立城乡统一的公共服务制度。

第三章　加快郑州宜居职教城建设

按照“组团发展，产城融合”的原则和“校城融合、校企融合、校居融合、产学融合、一校一景”的理念，实施“政府统筹、学校主体、市场参与、资源共享”的开发建设模式，重点发展高等职业教育、高端运动休闲、商业地产开发、新型工业、都市型现代农业等业态。按照“一年成名，三年成形，五年成城”的目标分步推进。到2015

年，力争把郑州宜居职教城建设成为集教育与就业双赢、居住与创业共生、休闲与商贸并存、运动与旅游相谐、产业与城市互融的生态型、复合型新城，成为中原地区规模最大、品位最高的国际化新型宜居职教城，河南省职业教育发展核心区。

第四篇 构建平安和谐模范区

按照民主法治、公平正义、诚信友爱、充满活力、安定有序、人与自然和谐相处的总要求，以解决人民群众最关心、最直接、最现实的利益问题为重点，深入实施“幸福上街”工程，保障和改善民生、加强社会管理、促进社会公平正义，着力构建均等化、广覆盖、高标准的公共服务新体系，形成民主法制健全、彰显公平正义的社会发展新体制，努力构建平安和谐模范区。

第一章 推动社会民生全面发展

关注民生、改善民生、造福民生，在经济发展的基础上，更加注重社会建设，着力保障和改善民生，扩大公共服务，完善社会管理，促进社会公平正义，努力使全区人民学有所教、劳有所得、病有所医、老有所养、住有所居、安有所保。

第一节 完善就业服务体系

完善政策扶持、创业培训、创业服务“三位一体”的工作机制，建立统一高效的就业服务新体系。加强职业介绍、职业指导、职业培训，实现就业服务体系制度化、专业化、社会化。引导农村富余劳动力有序外出就业、就近转移就业和返乡再就业；抓好高校毕业生、退伍复转军人就业问题；做好改制、关闭、破产和裁员企业职工安置再就业；做好城镇就业困难人员的就业工作。加强劳动执法，改善劳动条件，保障劳动者权益，发挥政府、工会和企业作用，努力形成企业和职工利益共享机制，建立和谐劳动关系。

第二节 健全社会保障体系

完善基本保障制度、保障方式、运行机制和管理办法，逐步建立适合不同人群特点和满足多层次需求的社会保障体系；完善城乡最低生活保障制度，做到应保尽保；不断提高城乡低保标准，加强对特困、特殊人群的保障和救助机制；完善社会保障基金监管制度，健全多方监管的组织体系，实现对社会保障基金运营的全程监督，保障社会保障基金的安全运营；加大公共财政投入，不断提高社会保障支出占财政支出的比重；扩大社会保障覆盖范围，实现养老、医疗、工伤、失业、生育“五险合一”和社会保障“一卡通”，集中管理；坚持政府主导，积极构建多层次的养老服务体系，引导和支持社会力量发展养老服务业，加快养老服务机构建设，推进养老服务社会化健康发展。

第三节 优先发展教育事业

促进优势教育资源整合，完善人事制度改革，打造名校，培育名师。重视学前教育，建立政府主导、社会参与、公办民办并举的办园体制，完善机制，引导学前教育健康发展。进一步提高中小学教育教学质量，加大政府投入，继续实施中小学校舍安全工程，加大对贫困家庭子女就学资助。大力发展职业教育，加快郑州宜居职教城规划建设。加快发展高等教育，抓好全日制大学引进工作。积极发展成人教育，逐步完善终身教育体系，全方位开展成人技术培训、专业人员继续教育和职工在职培训，加快构建全民学习、终身学习的学习型社会。

第四节 大力发展医疗卫生事业

按照保基本、强基层、建机制的要求，深化医药卫生体制改革。加强公共卫生服务体系建设，扩大基本公共卫生服务项目。健全覆盖城乡居民的基本医疗保障体系，逐步提高保障标准。建立和完善以国家基本药物制度为基础的药品供应保障体系，确保药品质量和安全。加强城乡医疗卫生服务体系建设，把区人民医院、区中医院建成二级甲等医院，加强社区卫生服务中医网络建设，加强医学人才特别是全科医生培养。认真落实涉及面广、影响全民健康水平的公共卫生服务，保障公共卫生服务所需经费，推进基本公共卫生服务逐步均等化。建立健全应对突发公共卫生事件的应急机制，积极防治重大传染病、慢性病、职业病、地方病和精神疾病。鼓励社会资本以多种形式举办医疗机构，争取利用社会力量新建一所老年病康复医院，加强监管，满足群众多样化医疗卫生需求。

第五节　繁荣文化体育事业

加强对历史文化遗迹的勘探、发掘、抢救、保护和开发利用，盘活重阳观道教文化、方顶村古建筑群文化、卢医庙中医药文化以及革命老区红色旅游等资源；繁荣文学艺术创作，力争推出思想深刻、艺术精湛、群众喜闻乐见的文化精品；继续实施文化下乡等文化惠民工程，引进数字电影院线建设项目，不断拓展公共文化服务范围；进一步完善文化馆、图书馆、农家书屋等公共文化设施；强力推进“三网融合”和上街有线电视网络数字化改造工程，建成具有双向互动功能的有线电视网络，并逐步实现有线电视用户的数字化平移。积极发展体育事业，加强体育场馆和城乡基层社区体育健身设施建设，把铝城体育场建设成综合性体育运动中心；深入开展全民健身活动，提高城乡居民身体素质，特别是青少年身体素质；发展体育健身休闲产业，引导居民适度体育消费。

第六节　积极推动人口计生等社会事业发展

坚持计划生育基本国策，健全利益导向机制，稳定低生育水平。大力实施“双提升”工程，推动出生缺陷干预，提高出生人口素质，建立出生人口性别比例偏高的综合治理机制，加强对流动人口的服务与管理。完善覆盖城乡的计划生育公共服务体系，加强计划生育服务网络和信息化建设，提高计划生育和生殖健康技术水平和服务质量，创建国家级优质服务先进区。

制定行之有效的城市人口发展战略，切实增强我区对各类急需人才和周边区域高收入人群的吸引力，不断壮大城市人口规模。同时，积极推动双拥、人防、侨台、民族、宗教、工青妇等各项社会事业全面发展。

第二章　强化公共安全和社会管理

维护公共安全、保障人民权益，促进社会稳定，确保人民安居乐业、社会长治久安。加强政府社会管理职能，完善社会管理体系，形成党委领导、政府负责、社会协同、公众参与的社会管理格局。

第一节　加强公共安全

深入推进“平安上街”建设，加强社会治安综合治理，建成区级技防监控综合指挥中心，升级现有技防设备，抓好治安卡口建设，提高防控和打击力度；建立健全虚拟社会综合管控机制，提高互联网管理和网上发现、控制、处置能力。建立安全生产长效机制，完善监督管理、宣传教育、应急救援、奖惩考核等体系，落实安全生产责任制，加强对食品、药品、交通、消防、危险品的安全监管，保障人民群众健康安全。建立健全应对地震等自然灾害、公共卫生事件、事故灾害、社会安全事件的预警预报系统和应急机制，提高政府应急处置能力。

第二节　创新社会管理

创新社会管理体制，整合社会管理资源，逐步形成惠及全区人民的社会管理新模式。发挥政府管理职能，增强基层自治功能，引导社会资金投入公益性事业，降低社会管理成本；健全社会组织建设和管理，完善社会组织监督机制，创新“新经济组织”、“新社会组织”服务管理机制，保护劳动者合法权益；推进和谐社区建设，积极发挥社区在人口管理、促进就业、维护治安、居家养老、邻里关系、基层文化、科普教育和医疗服务等方面的基础性作用，增强社区凝聚力和服务能力；加强和改进信访工作，建立健全科学的利益协调机制、诉求表达机制、矛盾排查化解机制和权益保障机制，正确处理人民内部矛盾，把各种不稳定因素化解在基层和萌芽状态。

第三章　加强思想道德和民主法制建设

以社会主义核心价值体系引领社会思想，大力弘扬以爱国主义为核心的民族精神和以改革创新为核心的时代精神，加强思想道德建设。把坚持党的领导、人民当家作主和依法治国有机结合，健全社会主义民主法制，妥善处理好各方面利益关系，促进社会公平正义，努力形成各尽其能、各得其所、和谐文明的社会环境。

第一节　加强思想道德建设

加强学习型社会和精神文明建设，提高公民文明素质和城乡文明程度，积极创建国家文明城区。加强理想信念教育和思想政治工作，深入开展社会公德、职业道德、家庭美德和个人品德建设，形成良好的社会风尚和共同的价值取向。注重心理疏导，加强人文关怀，培育奋发进取、理性平和、开放包容的社会心态。提倡修身律己、尊老爱幼、勤勉做事、平实做人，努力形成我为人人、人人为我的社会氛围。加强青少年活动中心、科普教育基地等活动场所建设。利用广播、电视、网络等手段，大力开展伦理、生理、心理知识教育，加强未成年人思想道德建设。

第二节　推进民主建设

坚持和完善人民代表大会、中国共产党领导的多党合作和政治协商制度，巩固最广泛的爱国统一战线。加强对权力的监督制约，自觉接受人大法律监督和工作监督，执行人大的决定、决议。重大问题决策要与政协协商，广泛听取各民主党派、工商联和无党派人士的意见和建议，促进决策的科学化、民主化。深化政务公开，发展基层民主，完善村民自治、城市居民自治和企事业民主管理制度，保证人民群众的合法选举权、知情权、参与权、监督权，使人民群众充分行使民主权利。重视发挥新闻舆论和社会公众的监督作用。发挥工会、共青团、妇联等人民团体的桥梁纽带作用。做好民族、宗教、侨务和对台工作。

第三节　推进法制建设

全面推进依法行政，基本实现建设法治政府的目标任务；健全规范性文件发布、备案和定期清理制度；坚持和完善权责明确、行为规范、监督有效、保障有力的行政执法体制；提高行政执法人员素质，规范执法行为，严明执法纪律；规范司法行为，加强司法监督，促进司法公正，提高司法效率；建立健全法律援助体系，切实保障公民和法人的合法权益；加强法制宣传教育，提高公民法律素质。

第五篇　规划实施保障

全面实现“十二五”规划确定的各项目标和任务，必须建立健全符合社会主义市场经济要求的规划实施机制，充分发挥市场配置资源的基础性作用，提高政府依法行政的能力和水平，把握好规划实施的重点和时序，确保规划顺利实施。

第一章　实施分类指导

本规划提出的新型工业、现代服务业、现代农业等产业发展的方向和重点，以及招商引资、对外开放等领域的发展任务，是对市场主体的导向，主要依靠市场配置资源、激发市场主体的活力来实现。政府要履行市场监管职责，创造竞争有序的市场环境，不得直接干预企业的经营活动，不得干预市场机制正常运行。

本规划确定的转变经济发展方式、产业结构转型升级、推进城乡一体化进程、增强自主创新能力等重点任务，主要通过完善市场机制和政策导向机制来努力实现。政府要加快推进体制机制创新，调整完善相关政策，健全利益导向机制，为激发市场主体的积极性和创造性营造良好的制度和政策环境。

本规划确定的促进就业、健全社会保障、优先发展教育、发展医疗卫生和文化体育事业、维护公共安全等目标和任务，是政府的庄严承诺，主要通过公共资源的优化配置来完成。

本规划确定的生态环境保护、加强社会管理、民主法制建设、人口与计划生育等方面的任务，主要依靠法律法规、加大执法力度等法治手段，并辅之以相应的经济手段来实施。

深化体制改革和扩大对外开放是政府的重要职责，必须放在政府工作的重要位置，要加强对重大问题的研究，着力加强各项工作的衔接，统筹协调，强力推进。

第二章　完善保障措施

密切跟踪分析国内外经济形势变化和中长期发展需要，及时调整和完善各类保障措施，加快转变领导方式，抓具体抓实效，以具体促跨越，努力保持经济社会又好又快发展。

第一节　进一步解放思想，强化“一条主线”

坚持以转变经济发展方式为主线。以科学发展为主题，正确处理好加快发展和协调发展的关系，创新发展思路，加快转型、绿色、开放、和谐、可持续发展。切实转变经济发展方式，推动经济社会全面进步。积极实现“项目、筹资、谋地”三环联动，抓好高成长区域（产业聚集区）、高成长产业、高成长企业

“三高”战略，培养经济发展新的增长点。以信息化和工业化融合为重点，促进信息技术向国民经济各个环节渗透，提高传统产业的信息化水平，不断增强产业发展的核心竞争力，促进经济结构调整和发展方式转变。

第二节　进一步激发活力，实现“两项跨越”

一是科技创新实现新跨越。着力提升企业创新能力，加快建立以驻区科研机构为核心、重点企业技术研发中心为支点的科技创新体系；强化企业产学研结合，鼓励我区企业、科研机构与国内外科研院所和专家开展广泛合作；健全知识产权保护体系，加大知识产权保护力度，为企业发展创造良好的社会环境；加强创新人才培养和引进，建设成果转化平台，形成比较完善的成果研发—专业机构孵化—产业集聚区转化的产业创新链，促进科技成果向现实生产力转化。二是改革开放实现新跨越。坚持市场化改革方向，努力在重要领域和关键环节取得突破性进展，加快完善社会主义市场经济体制，建立有利于发展方式转变、促进科学发展的体制机制。强化开放意识，抓住国际国内经济结构调整和产业转移的契机，扩大对外开放领域，提高外资利用水平；围绕壮大优势产业、发展战略新兴产业，积极承接境内外产业转移；转变外贸发展方式，努力扩大对外贸易；积极实施“走出去”战略，增强利用区外资源、市场和先进技术的能力，实现投资、消费、出口的协调发展。

第三节　进一步完善机制，寻求“三类突破”

一是融资平台实现新突破。创新投融资体系，加大财政投入力度，广泛吸引社会资金和境外投资，拓宽企业融资渠道；加快对上市企业的培育，提高上市公司运营质量，增强融资功能；完善中小企业贷款担保体系，支持中小企业加强相互间合作；健全投融资风险评估机制，降低投融资风险。二是发展空间实现新突破。抓住城市总体规划等规划修编的机遇，为经济发展开辟空间；加快集聚区（园区）建设，大力发展标准化厂房，加大浅山区全域开发和土地整合力度，实现土地集约利用、产业集聚发展。三是招商引资实现新突破。加大招商引资力度，结合国家的相关产业政策和我区的比较优势，围绕装备制造、铝及铝精深加工、绿色新材料等主导产业，积极引进领军企业、增效企业、补链企业，招商引资的数量和质量实现新的突破，为我区经济社会的快速发展增添新活力。

第四节　进一步优化服务平台，营造“四个环境”

一是营造利于创业的体制环境。要利用多种媒体，宣传创业信息、创业典型、创业经验，积极营造崇尚创业的浓厚氛围，以使劳动者乐于创业、敢于创业、能够创业、能创成业，在全区形成“人人干事、家家创业”的局面。二是营造高效廉洁的政务环境。要进一步健全绿色通道、并联审批、网上预审等一系列服务机制。干部要下项目、下企业、下社区、下农村、下基层，体察民情、了解民意、集中民智。严格执行领导干部廉洁从政各项规定，创造行为规范、运转协调、公正透明、高效廉洁的政务环境。三是营造规范有序的市场环境。区工商、质监、税务、物价、文化、卫生等有关执法和服务部门要认真履行职责，加强市场监管，促进企业和各类投资主体在合法竞争中做大做强。四是营造健康向上的人文环境。充分发挥各种载体作用，完善人文环境体制机制，推动社会信用环境、舆论环境、人居环境建设，倡树“尊商、重商、亲商、安商、富商”理念，营造文明向上、和谐安康的人文环境。

第五节　进一步加大落实，强化“五种保障”

一是强化组织保障。要紧紧围绕规划纲要的顺利实施提供坚强的组织保障，完善干部选用机制，真正使那些关注民生、推动民生、群众公认的干部选得上、出得来。加强干部作风建设，强化责任意识，认真落实“三具两基一抓手”和“十个不允许”的要求，切实转变工作作风。引导广大干部勤奋学习、钻研工作、增强本领，努力树立为民负责、实干实效、清正廉洁的干部形象。二是强化人才保障。坚持服务发展、人才优先、以用为本、育引结合、汇聚人才的方针，制定重大人才政策，实施重大人才工程，创新人才发展机制，促进人才队伍数量增加、结构改善、分布合理、高端引领，人才在经济社会发展中的贡献率显著提高。三是强化管理保障。健全科学化、民主化的规划编制程序，增强总体规划的宏观指导和约束功能。各相关部门要按照有关分工，做深做实各专项规划，具体落实总体规划提出的发展目标和任务，为总体规划提供支撑。四是强化衔接保障。要遵循下级规划服从上级规划、专项规划服从总体规划的原则，完善规划协调与衔接机制。统筹协调长期发展与短期发展，改进和完善年度计划，使年度计划安排与规划目标任务紧密结合，保持规划实施的连续性，确保规划的顺利实施。五是强化考核评估保障。实行规划实施目标责任制，规划纲要确定的约束性指标，具有法律效力，要分解落实到各相关部门，明确部门分工，落实部门责任，并纳入对各相关部门的综合评价和绩效考核。

本规划纲要实施的中期阶段，要对规划实施情况进行中期评估，中期评估报告提交区人民代表大会常务委员会审议。经中期评估需要对规划修订时，报区人民代表大会常务委员会批准。有关部门要跟踪分析专项规划的实施情况，接受区人民代表大会及其常务委员会对专项规划实施情况的监督检查。

郑州市上街区人大常委会工作报告

——在上街区第十一届人民代表大会第五次会议上

区人大常委会主任　巨宝志

2011 年 1 月 12 日

各位代表：

我受区第十一届人民代表大会常务委员会委托，向大会作工作报告，请予审议。

一年来的工作回顾

2010 年，区人大常委会在区委的正确领导下，坚持以邓小平理论和“三个代表”重要思想为指导，全面贯彻党的十七大、十七届五中全会和区委八届十一次全会精神，深入贯彻落实科学发展观，坚持党的领导、人民当家做主和依法治国的有机统一，紧紧围绕区委“两加快一维护”战略部署，认真履行宪法和法律赋予的各项职责，依法实施监督，为推动全区经济、政治、文化建设和社会各项事业的协调发展，发挥了地方国家权力机关的职能作用。一年来，常委会共实施集中视察和调研 18 次，开展执法检查 2 次，常委会会议听取和审议“一府两院”专项工作报告 9 项，主任会议听取工作汇报 8 项，有力支持和促进了全区各项工作的开展。

一、坚持围绕中心突出重点，推进经济社会平稳健康发展

常委会牢牢把握发展这个主题，以破解影响改革发展稳定的重大问题为突破口，寓监督于支持之中，推动全区经济社会实现又好又快发展。

（一）突出重点，着力加强对经济发展速度、规模和质量的监督

常委会坚持把推动经济发展作为监督的重点，在计划与财政预算执行、园区建设、招商引资等方面加大监督力度。听取和审议了半年国民经济和社会发展计划执行情况的报告，支持和督促区政府加大招商引资力度、加快产业升级步伐、实施科技创新工程，把为企业服务落到实处，确保区十一届人大四次会议确定的年度计划顺利执行。听取和审议了半年财政预算和上年度财政决算报告，督促政府严格支出管理，严格审批程序，确保了财政的稳定运行。主任会议听取了财税收入情况报告，建议区政府积极开展招商引资，扶持壮大中小企业，加大力度培植税源，达到增收增效的最终目的。听取和审议了审计工作报告及审计查出问题整改落实情况报告，较好地促进了相关问题的解决，规范了预算执行和财经秩序。听取了区政

府关于三产服务业发展情况的报告，并进行了集中调研，建议区政府吸引外来投资，填补空白项目，优化产业结构，加快传统服务业提档升级，重塑我区服务业的区域中心地位，大力发展科研、信息、金融等生产性服务业，促进产业融合发展。

坚持把促进工业经济发展作为推动上街经济发展的重要抓手，全力以赴开展工作。听取了区政府关于工业经济发展、工业经济结构调整、工业集聚区建设等专项工作报告，多次深入经济部门、工业园区、镇办和企业生产经营一线调研，帮助解决实际问题。建议区政府重新规划工业园区的土地利用，积极探索土地整合的新路子，根据投资规模和发展潜力等要素，综合确定项目占地情况。要求区政府进一步树立为企业服务的意识，强化服务措施，解决实际问题，帮助企业做大做强。常委会充分发挥人大工作特点，和区政府携起手来大力优化经济发展环境，打击破坏经济发展环境的行为，真正为经济发展保驾护航。努力把上街打造成为郑州西部地区最适宜投资兴业的地区。

（二）关注社会，着力加强对解决民生问题的监督

2010年，常委会继续高度重视民生问题，把教育、食品安全、交通安全、维护司法公正、十件实事的落实五个方面工作作为“保民生”的监督重点。常委会对全区教育工作进行了视察，通过走访、座谈、实地察看等形式，全面了解教育事业发展情况。听取了区政府关于义务教育发展五年规划暨高校引进情况的报告，要求区政府进一步加大教育投入，严格抓好教育规划落实，不断提高我区教育质量。建议区政府继续转变思想观念，做好教育产业化的文章，积极承接郑州市的教育产业转移，吸引高等教育来上街安家落户，将高校引进作为增加人口数量，提高人口质量，完善城市功能，调整产业结构，带动第三产业发展的重要举措。同时，对校园安全保卫工作进行了视察，督促区政府尽快完成校园技防设施建设，配备安保人员，确保学校和学生安全。

听取和审议了区政府关于公安交通管理工作的报告，并进行了实地视察，充分肯定了公安交通管理部门的工作，要求区政府进一步加强管理，确保道路通畅。开展了《食品安全法》执法检查，督促区政府进一步加强食品生产、流通、经营等各个环节的执法力度，鼓励群众发现并举报危害食品安全的行为，确保食品安全。听取和审议了人民法院行政审判工作情况的报告，深刻分析了我区在行政审判工作中存在的问题，对如何做好我区行政审判工作提出了要求。任命了20名人民陪审员，促进了司法公正。听取和审议了区政府关于2010年十大实事办理情况的报告，充分肯定了政府为落实和办理十件实事所做的努力，要求区政府广泛征求群众意见，合理确定实事项目，为群众办更多的实事。

（三）促进和谐，着力加强对统筹城乡发展的监督

坚持城市与农村建设的统筹安排，对新农村建设中7个试点村改造工作进行了实地视察，充分肯定了区政府的工作和农民在集约用地、土地流转方面的有益探索。鼓励并支持区政府进一步解放思想、加快步伐，针对各村的不同情况，采取有针对性的措施，切实推进新农村建设。对五云山综合开发工作进行了集中视察，要求区政府帮助搬迁农民改善生活、增加收入，进一步加快搬迁与开发进度，优化生态环境，加快旅游项目的开发。听取和审议了区政府关于精品城区建设情况的报告，对《郑州市城市环境卫生管理条例》贯彻执行情况开展执法检查，要求区政府强化管理，扩大城管覆盖面，提高工作标准，努力把我区打造成全省乃至全国的精品宜居城区。

另外，人大常委会加强对被任命国家机关工作人员的监督，依法行使人事任免权。严格了任前法律知识培训和拟任干部的任前法律知识考试制度，实行拟提请任命人员与常委会组成人员见面制度和任前就职宣誓制度，保证了人事任免的严肃性。使用电子表决系统，充分尊重常委会组成人员的民主权利。常委会还通过执法检查、听取和审议专项工作报告等多种形式，加强对被任命人员的工作监督和支持。一年来依法任免国家机关工作人员31名，有力保障了地方国家机关的组织建设。

二、坚持服务代表强化履职，代表作用得到充分发挥

常委会高度重视代表工作，积极为代表活动搭建平台，依法保障代表权力的执行，确保代表作用得到充分发挥。

（一）强化措施，代表议案建议办理工作成效明显

区十一届人大四次会议期间，共收到代表提出的建议84件。常委会对此高度重视，在交办会上提出了明确要求，组织承办单位与代表面对面答复办理情况，征求代表意见。常委会机关与政府督查室对办理工作进行全过程督查，定期了解办理进度。常委会会议听取和审议区政府关于代表建议办理情况的专项报告，有效促进了代表建议的办理工作，代表建议得到了较好的落实。

（二）精心组织，代表专题调研和视察实效切实增强

进一步加强闭会期间的代表活动，邀请代表列席常委会会议，参加视察、执法检查和调研，去年共有27人次参与常委会各项工作和活动。落实常委会领导联系代表联络组制度，按照分工定期联系代表联络组，认真听取代表意见，促进工作的创新发展。邀请代表参与常委会活动，代表在参与中提出了许多有质量的意见和建议，为常委会履职增添了亮点和活力。

（三）提供保障，代表履职服务工作得到有力加强

常委会和各代表联络组采取集中培训、以会代训、寄送人大工作刊物和法律资料等形式，丰富代表学习内容，做好对代表培训工作。各代表联络组在闭会期间开展了丰富多彩的活动，组织代表集中学习讨论，进行持证视察和相约视察，并将视察过程中提出的意见和建议交常委会机关和相关单位研究处理，收到了较好的效果。

三、坚持提升能力转变作风，自身建设迈上新台阶

常委会切实加强自身建设，不断夯实履职基础，在推进全区民主法制建设中发挥了越来越重要的作用，树立了区人大及其常委会作为地方国家权力机关应有的形象。

（一）重视学习调研，工作能力有了新提高

常委会机关把加强学习调研作为提高能力，深化工作的前提，坚持学习制度，多次开展法律知识和人大工作业务知识培训，树立学习型机关的形象。坚持经常性调研活动，2010年组织集中调研16次，形成调研报告12篇。

（二）重视转变作风，机关建设有了新进展

继续把制度建设摆在重要位置，不断完善制度和工作程序，提高常委会和机关规范化建设水平。常委会认真贯彻民主集中制原则，依法集体行使职权，严明会纪，改进会风。机关干部职工的大局意识、责任意识、服务意识、效率意识进一步增强，求真务实、开拓进取的工作作风得到发扬。

（三）重视信访工作，做好群众利益的代言人

认真做好人大信访工作，坚持做群众利益的代言者。高度重视群众来信来访，亲切接待上访群众，坚持定期进行下访。把办理群众信访作为执政为民、服务大局的实事，加强综合协调和跟踪督办，切实维护群众的合法权益。去年共收到人民群众来信6件，接待群众来访25批72人次，通过督促办理和反馈，一些群众反映的实际问题得到解决。

（四）开展宣传报道和理论探索工作，树立开拓创新的形象

按照监督法的要求，常委会通过新闻媒体向全社会公布工作开展情况。积极向省、市人大机关和新闻媒体报送工作动态，宣传我区人大工作。参加全国部分县市区人大工作研讨会第二十次会议，围绕“如何提高人大监督水平”撰写理论文章，与友好县市区进行了交流。参加郑州市人大工作研讨会第十八次会议，围绕“地方人大常委会30年来的创新发展”撰写调研材料，与市属各县市区进行了交流。

各位代表，常委会过去一年取得的成绩，是区委的正确领导，“一府两院”积极工作、密切配合的结果，是全体组成人员共同努力的结果，更是全体人大代表积极发挥作用、人民群众大力支持的结果。在此，我代表区人大常委会向全区人民和社会各界表示衷心感谢和崇高敬意！

对照宪法和法律赋予的职责、经济社会发展的要求以及广大人民群众的期望，常委会的工作还需要进一步加强和改进：要在突出重点、提高监督工作实效、促进经济社会发展上进一步努力；要在推进代表闭会期间活动和议案、建议办理上加大力度；要适应形势发展需要，进一步推动工作创新。

2011年的主要任务

2011年是实施“十二五”

的开局之年，是“两加快一维护”战略的深入推进之年。认真做好今年的工作，影响重大，意义深远。区人大常委会将按照“四个重在”的发展要求，多措并举、锐意进取、积极工作，切实促进经济社会的全面发展，努力把我区打造成为中原经济区科学发展示范区。新的一年里，区人大常委会工作的指导思想是：全面贯彻党的十七届五中全会和区委八届十二次全会精神，以邓小平理论和“三个代表”重要思想为指导，深入落实科学发展观，把党的领导、人民当家做主和依法治国有机的统一起来，紧紧围绕区委“两加快一维护”战略，切实履行宪法和法律赋予的职责，把推进我区经济社会发展、建设和谐社会作为工作的重点，努力开创人大工作的新局面，为推动我区经济社会又好又快的发展作出新的贡献。根据这一指导思想，今年要着重做好以下六个方面的工作：

一、不断加强监督工作，努力增强监督实效

坚持突出重点、讲求实效，寓支持于各项监督工作之中，在监督中参与，在参与中监督，扎实有效开展监督。充分发挥人大职能优势，努力克服我区工作中的难点问题，全力推动经济社会发展，把我区打造成为建设大郑州中的支撑点。今年将重点从三个方面做好监督工作：一是做好对经济发展的监督。加强对产业集聚区建设、工业经济运行、经济结构调整和转型升级、服务业发展方式转变、优化经济发展环境、招商引资等专项工作的监督，着力促进产业集聚区建设，进一步壮大区域经济。人民代表大会和常委会要成为经济发展的坚强后盾，真正为经济发展“保驾护航”，要强力优化经济发展和投资创业环境，树立“企业至上、纳税人至上”的理念，尊重关心爱护企业家和经营者，让这些财富的创造者干得顺心、干得高兴、干得自豪，用这种充满真情的社会风尚吸引各方客商到这里投资创业，把上街打造成为郑汴洛产业走廊上的重要产业基地和新型产业发展示范区；二是做好对城乡建设的监督。围绕精品城区建设，加强对城市规划、建设与管理等专项工作的监督，切实提高城市建设与管理水平。加强对新农村建设和城乡一体化建设专项工作的监督，强力推进新农村建设和农村新型社区建设，努力把我区打造成为城乡一体先行区。三是做好对和谐社会建设的监督。围绕民生问题，加强对教育、文化、医疗卫生、社会保障工作等专项工作的监督，不断改善民生，维护好社会大局的和谐稳定，努力把我区打造成为平安和谐模范区。

二、着眼于全区工作大局，依法行使决定权

从我区经济社会的跨越式发展、构建社会主义和谐社会、建设民主法治国家的大局出发，认真行使重大事项决定权，对涉及本行政区域内带有根本性、全局性、长远性的重大事项，及时审议并适时作出决议、决定。坚持党的领导以及充分发扬民主和严格依法办事的有机统一，进一步完善干部任前考法、任中见面和就职宣誓等制度，提高被任命干部的法治观念、法律水平和依法行政、公正司法能力。加强对被任命干部的监督，把对人的监督与对事的监督有机地结合起来，常委会对“一府两院”专项工作报告的审议意见和执法检查结果将作为评议干部的重要依据。

三、丰富代表工作内涵，充分发挥代表作用

常委会要紧紧围绕充分发挥代表作用这一主题，进一步加强代表工作，密切联系代表，尊重和体现代表作为国家权力机关主体的地位，发挥其主体作用，促进人大工作不断创新发展。要积极开拓思路，创新方式，努力使代表学习培训、代表塔式网络建设、代表闭会期间活动更加规范有序、富有成效。拓宽代表知情知政渠道，落实好保障代表依法执行职务的各项措施。引入发现问题机制，要求和引导代表密切联系选民，广泛开展调研，及时发现问题，提出高质量的建议。认真做好代表议案及建议、批评和意见的办理工作，落实责任，提高办理质量，使人大代表在经济社会发展中的重要作用得到更有效地发挥。

四、密切联系人民群众，切实保护群众利益

要进一步转变工作作风，密切与人民群众的联系，深入实际，通过多种方式和渠道，广泛听取群众意见，了解把握社情民意，集中群众智慧，使联系群众过程成为动员群众、依靠群众、凝聚力量、促进发展的过程，推动人民群众最关心最直接最现实利益问题的解决，推动经济社会健康发展，使人大工作更好地体现为人民服务的根本宗旨，体现广大人民群众的根本要求。将人大代表和人大机关工作人员纳入扶贫帮困机制，开展一对一扶贫帮困活动。认真受理人民群众的来信来访和申诉控告，切实维护人民群众的合法权益，进一步树立人大的良好形象，提高人大在群众中的威信。

五、抓好换届选举工作，保障人民行使民主权力

广泛开展人民代表大会换届选举宣传活动，动员全区公民珍惜民主权力，积极参加换届选举。加强对代表换届选举工作的领导，科学制定选举实施方案。开展代表资源调查工作，确保代表质量进一步提高，代表结构进一步优化。严格贯彻《选举法》和《河南省选举实施细则》，切实保障公民的选举权和被选举权，依法打击破坏选举的行为，确保换届选举工作依法有序进行。

六、加强常委会自身建设，不断提高履职能力

要着力提高把握全局的能力。深入学习中国特色社会主义理论，学习党和国家的方针政策，不断提高推动科学发展、促进社会和谐的认识水平，牢牢把握人大工作的正确方向，自觉服从和服务于全区工作大局。要着力提高依法办事的能力。坚持学法、守法、用法，忠实履行宪法法律赋予的职责，依法行使职权，运用法律手段推进各项事业的发展。要着力提高服务保障能力。不断完善工作制度和机制，增强工作的计划性和协调性，提高工作效率和质量。进一步密切与郑州市人大和兄弟县市区人大的联系，加强工作交流，总结推广经验，共同推动全区人大工作再上新水平。

责任重于泰山，使命催人奋进。促进我区经济社会又好又快跨越发展，需要人大代表同舟共济；推动我区各项社会事业进步，需要全区人民的共同努力。让我们在中共上街区委的领导下，以科学发展观为指导，振奋精神，同心同德，克难奋进，扎实工作，为争当全省区域经济排头兵，打造中原经济区科学发展示范区而努力奋斗！

中国人民政治协商会议
郑州市上街区第七届委员会常务委员会工作报告

——在政协郑州市上街区第七届委员会第五次会议上

政协主席　张福祥

2011年1月10日

各位委员：

我受政协郑州市上街区第七届委员会常务委员会的委托，向大会报告工作，请予审议。并请列席会议的同志提出意见。

2010年工作回顾

2010年，是我区实施“两加快一维护”战略的开局之年，也是全区“十一五”规划的决胜之年，更是“十二五”规划的谋局之年。一年来，在中共上街区委的正确领导下，区政协常委会高举爱国主义、社会主义两面旗帜，牢牢把握团结和民主两大主题，紧紧围绕全区中心工作，切实履行政治协商、民主监督和参政议政职能，为促进我区经济社会发展作出了积极贡献。

一、围绕中心，认真开展政治协商

一年来，我们紧紧围绕全区中心工作，认真组织多层次政治协商，不断延伸政治协商的深度和广度，为我区的社会进步起到了重要作用。

认真组织全会协商。七届四次全会期间，我们认真组织各政协参加单位和全体委员对“一府两院”工作报告等进行充分讨论。委员们围绕实施“两加快一维护”发展战略，就加快产业结构调整、促进民营经济发展、完善城市功能、强化城市管理和加快推进城乡一体化等全区大计，与参加讨论的区委和区政府领导进行面对面座谈，积极建言献策，并将讨论情况转至相关部门进行工作参考。

深入开展重点协商。面对金融危机后国际、国内形势和上街实际，十五次常委会听取了区政府上半年经济运行情况通报后，大家从“加快第三产业发展”、“加快城中村改造”、“支持服务中铝企业”、“下大力气抓大项目建设”、“全力解决项目落地难问题”等方面进行了深入探讨，并就应对金融危机和保企业、保增长、保民生提出了意见和建议。我们高度重视“十二五”规划编制工作。为全面了解我区“十二五”总体规划编制情况，专门召开主席会议听取有关部门情况通报，并就“规划要突出刚性，为发展留足空间”、“目标制定要有压力，必须体现高速发展”、“规划编制要广泛听取各阶层的意见”，以及“建设金融平台、发展金融市场”、“加强文化建设”和“信息化建设”等方面，与规划部门进行了充分的讨论和协商。

及时进行专题协商。我们及时召开主席会议，专题听取服务业集聚区建设、城乡一体化、财税等工作汇报，与相关部门共同分析、查找问题，提出合理化建议。针对我区服务业发展和集聚区建设中存在的定位不太明确、结构不尽合理、机构不够完善等问题，提出了要“提高认识，充分重视，着力营造浓厚的发展氛围”、“科学制定规划，高起点规划发展方向”、“加大项目引进力度，壮大龙头企业，提升服务业整体水平”、“进一步优化环境，形成发展合力”、“加大投入，强化政策支持”、“完善城市功能，广纳人气”等建议，并形成报告转呈区委、区政府。针对城乡一体化建设难度大、范围广等问题，我们提出了要进一步解放思想，勇于探索，全力把我区打造成城乡一体化示范区；要进一步开拓思路，创造性地开展工作，认真完成各项目标；要认真制定政策，切实保障群众利益；要做好土地流转工作，努力为上街区的发展拓宽空间。针对财政收入压力大、收支矛盾突出，我们就“加强税收征管”，“挖掘、培育税源”，“争取上级支持”等问题，与财税部门进行了深入讨论，并鼓励支持他们全面完成目标任务。

二、拓展渠道，大力加强民主监督

民主监督作为人民政协三项主要职能之一，是我国监督体系的重要组成部分。一年来，民主监督的意识逐步增强，民主监督的力度不断加大，民主监督的社会影响力进一步提高。

深化提案监督内容。在提案办理过程中，我们密切关注每件提案的办理情况，坚持面对面办理提案、坚持重点提案跟踪督办、坚持现场查办；加强与办理单位的联系、沟通，及时发现问题，搞好指导，提高办案水平；注重探索政协各专委会联合督办提案的工作方法，开展多种形式的相关调研，“举一反三”，深化了提案办理内容；坚持与提案人联系，征求提案人的意见，做好办理单位与提案人的沟通工作，提案办复率、委员满意和基本满意率均达100%。

强化视察监督力度。一年来，我们加大了视察监督的力度，先后组织委员开展了“城市重点工程”、“低收入家庭住房保障情况”、“工业集聚区建设工作”、“社区文化活动中心建设工作”、“教育工作”和“环保工作”等一系列专项视察。对我区低收入家庭住房保障情况，在实地察看和听取区房管中心的情况汇报后，委员们一致认为工作深入扎实、措施得力、成效明显，希望今后要进一步加大宣传力度，让惠民政策更加深入人心。要认真做好资格认证工作，实现公平、公正，做到“应保尽保”。委员们在视察我区城市重点工程建设进展情况时，针对我区城市建设和城市管理方面存在的问题，提出了要“坚持科学规划，严格依规建设”、“加强工程质量管理，建立健全工程质量保障机制”、“建立城市管理长效机制”、“积极与郑州市政府有关部门协调，争取把中原西路早日延伸到我区”、“加快推进城区集中供热工程”等意见和建议，促进了我区城市建设和城市管理工作。全年参与视察活动的省、市、区政协委员达200多人次。通过视察，加深了委员与相关部门间的了解，有力地促进了全区经济发展和民生改善等工作的落实。

丰富评议监督形式。一是通过听取部门工作汇报进行民主监督。9月份，政协常委会专门听取了区法院工作情况通报。大家针对我区法院工作存在的问题，提出了要“加大对区法院工作的宣传力度，营造良好的舆论氛围”、“进一步强化监督制约机制，防止各类违法违纪现象的发生，努力实现司法公平”、“树立司法为民理念，增强服务意识”、“完善制度，强化措施，加大执行力度”等意见和建议，对我区法院工作的改善起到了促进作用。二是拓宽社情民意反映渠道。依托“委员之家”建设，建立政协委员社区联络点，进一步密切政协委员同群众的联系；完善政协网站，设立社情民意专栏，进一步拓宽社情民意反映渠道。三是通过行风评议进行民主监督。组织部分委员积极参与对政府职能部门的行风评议活动，督促其不断提高工作效率，转变工作作风。四是通过委员受聘特邀监督员进行民主监督。政协委员受聘担任监督员是对政府部门开展监督的有效途径。目前，有20多名政协委员应邀担任司法机关和政府有关部门的特邀监督员、廉政监督员。他们认真行使民主监督权利，积极参与有关执法检查活动，在防止和纠正权力异化方面发挥了重要作用。

三、突出重点，深入进行参政议政

一年来，区政协紧紧围绕发展大计和民生改善等重大课题，深入开展视察调研和建言献策活动，认真履行参政议政职能。

工业集聚区建设是我区“两加快一维护”战略的重要内容，也是调整产业结构、促进经济快速发展的重要举措。6月份，我们组织部分经济界委员对工业集聚区建设情况进行了视察，听取了工业集聚区管委会的情况汇报。委员们围绕工业集聚区建设中取得的成绩和存在的不足，提出要“突出特色，培育主导产业，发挥产业集聚效应，提高产业整体竞争力”、“完善企业服务体系建设，为工业集聚区发展创造良好的环境”、“高标准建设工业集聚区，争创新型工业化示范基地”、“加大宣传力度，营造氛围，提升工业集聚区的影响力”等建议，并形成调研报告转呈区委和区政府参考，为加快工业集聚区建设起到了促进作用。

校舍安全工程是国务院于2009年启动，用3年时间对中小学存在安全隐患的校舍进行抗震加固、迁移避险，提高综合防灾能力的一项重大工程。为保障该项工程的顺利实施，我们组织部分委员进行了视察。委员们在详细查看和了解工作情况后，对工作的开展和成绩的取得给予了充分肯定，并建议政府要进一步加大对教育的投入，完善学校软硬件设施；新建学校要高起点、高标准，努力建成规范化、标准化学校。

我区社区文化活动中心设施齐全、功能完善，政府投入不断加大，各居委会的社区文化活动丰富多彩，为活跃群众文化生活、增进邻里和谐、提升社区居民综合素质、促进社区精神文明建设等都发挥了很好的作用。我们组织委员视察时，委员们对我区社区文化活动中心建设工作给予了充分肯定，并就政府“应进一步加大投入，完善基础设施”、“要充分利用好社区文化活动中心，提高全民素质”等问题提出了意见和建议。

积极参与中心工作。在全区69项重点项目和重点工程中，政协领导都分包有相关项目或工程；部分领导在“两加快一维护”战略三大指挥部担任副指挥长。各位领导都能认真负责，扑下身子，协调各方，圆满完成了各项任务。

四、把握主题，积极开展团结联谊

一年来，常委会牢牢把握团结和民主两大主题，着眼于协调关系、凝聚人心、汇聚力量，积极开展团结联谊活动。通过各种形式大力宣传区委、区政府的决策部署，为努力营造安定和谐的发展大局作出了贡献。

积极促进参加人民政协的各民主党派、工商联和无党派人士的团结合作。在春节、中秋节举行的迎新春茶话会和中秋座谈会上，认真听取他们的意见和建议。政协全体会议、常委会议和其他会议，优先安排民主党派、工商联和无党派人士发言。开展调研视察、重点提案督办等重大活动，都邀请民主党派、工商联和无党派人士参加，支持他们参政议政，使其在政协中的作用得到了充分发挥。

文史资料工作成绩斐然。《上街文史资料》第一辑的编辑出版，引起社会各界的强烈反响，包括台湾在内的全国各地的上街人通过不同渠道相互传阅。他们对该书给予了高度评价，认为其对传承上街历史文化起到了

重要作用，是给上街人民送上的一道文化大餐，激发了广大上街人民强烈的爱区之情。第一辑的成功也给我们带来了更大的压力。为做好第二辑的稿件征集、编纂出版工作，我们大力宣传、多方联系、广泛听取意见。目前《上街文史资料》第二辑初稿已经完成，争取早日定稿出版。

加强对外联谊工作。为加强与友好单位的联系，我们带领部分委员前往福建光泽县等单位进行联谊，向其赠送了会刊、《上街文史资料》和上街区招商引资优惠政策等。通过联谊，进一步密切了关系，加深了友谊，宣传了上街。

五、与时俱进，切实加强自身建设

区政协主动适应形势发展的新需要，坚持与时俱进，加强自身建设，不断提高履职水平。

基层组织建设取得突破。政协基层组织是常委会与委员、群众间沟通的桥梁，对落实政协工作有着重要作用。7 月份在区委的领导和区政府的支持下，成立了各镇（街道）政协工作委员会。各工委积极组织委员了解民情、倾听民意，主动为民办实事。同时，各工委充分发挥自身优势，为辖区的发展献计出力。随着各工委工作的迅速开展，进一步增强了人民政协的影响力。

“创建委员之家、树立委员形象”活动向纵深开展。截至 6 月份，各镇（街道）全部完成建“家”任务。各“委员之家”设施齐全，制度完善。各工委依托“委员之家”开展的委员学习、培训、交流和视察等活动内容丰富，委员的主体作用更加突出，和群众的联系更加紧密，为民办事更具实效。我区的“创建委员之家、树立委员形象”活动受到了市政协的高度肯定，峡窝镇工委还被邀请在全市经验交流会上作了典型发言。

机关建设进一步加强。以“创先争优”、“争创学习型党组织和争当学习型党员”及“领导干部读书竞赛”等活动为抓手，不断加强机关建设。认真制定学习计划，落实学习时间，提升机关干部综合素质；开展政协知识培训和港澳台侨知识培训，提高做好政协工作的能力。加强机关效能建设，牢固树立服务理念，规范工作程序，提高工作效率，推动政协工作上台阶。

各位委员、同志们，一年来政协工作取得的成绩是区委正确领导的结果，是区人大、区政府和社会各界大力支持的结果，更是全体政协委员、政协各参加单位积极参与、共同努力的结果。在此，我代表七届政协常委会，向所有关心、支持政协工作的领导和各界人士，表示崇高的敬意和衷心的感谢！

在肯定成绩的同时，我们也清醒地看到，政协工作与区委和社会各界的期望还有一些差距。如工作的制度化、规范化、程序化建设需要进一步加强；参政议政的能力需要进一步提高；委员的积极性和创造性需要进一步调动。这些问题和不足，我们要在今后的工作中认真研究，逐步改进。

2011 年工作意见

各位委员，2011 年是我们开启“十二五”规划建设的第一年，做好今年的工作至关重要。区政协要在区委的正确领导下，以中国特色社会主义理论为指导，深入贯彻落实科学发展观，充分发挥人民政协的优势，紧紧围绕建设中原经济区科学发展示范区，深入推进“两加快一维护”发展战略，重点在发展、民生等方面建言献策，努力建设“亲民政协”，更加注重履职为民，为促进我区经济社会又好又快发展贡献力量。

一、加强政治理论学习，大力提高履职能力

2011 年是“十二五”规划的开局之年。区委八届十二次全会提出了要深入推进“两加快一维护”战略，主动融入中原经济区和郑州都市区建设大局，努力把上街打造成为涵盖新型产业发展示范区、城乡一体先行区、平安和谐模范区的中原经济区科学发展示范区。要认真组织委员学习全会精神，进一步增强政治意识、大局意识、责任意识和服务意识，扎实推进政协的各项工作。要关心国际、国内形势，熟悉中央“十二五”规划和建设中原经济区、郑州都市区的战略，分析查找我区的战略机遇，为进一步提高政协参政议政水平奠定坚实的基础。全体委员要认真履行职责，积极参加政协组织的各项活动，努力撰写高质量的提案，反映有深度的社情民意，提出有价值的意见和建议。

二、围绕区委中心工作，积极献计出力促发展

发展是第一要务，是解决一切问题的关键。全区政协组织和政协委员要找准履行职能的结合点和切入点，为推进“两加快一维护”发展战略、推进“十二五”规划的顺利实施多献务实之策、多建有用之言、多立科学发展之论。

切实搞好政治协商。继续发挥常委会协商的主渠道作用，紧紧围绕经济发展和民生改善等问题，在认真调研的基础上，开展协商讨论，并采取多种形式，努力做好调研成果转化工作。

加大民主监督力度。要拓宽工作思路，利用各种例会、委员提案等多种形式，积极组织委员广泛开展视察、督查和民主评议活动。通过有效的监督，使中央的惠民政策和区委、区政府的民生工程能更好实施，使各部门的行风和政风能进一步转变。要努力探索民主监督的新形式、新路子，增强民主监督的实效性，使政协民主监督职能得到切实发挥。

深入开展参政议政。各专门委员会要从实际出发，要按照“建言立论”的要求，在求精、求新、求深、求实上下工夫，力求提出有见解、有份量的意见和建议，为区委、区政府决策提供依据和参考。

三、把握团结民主主题，努力促进和谐上街建设

要高举大团结大联合的旗帜，充分发挥团结民主、和衷共济的优势，为巩固和谐社会的政治基础贡献力量。加强与各党派团体和广大委员的工作交流与沟通，广泛听取意见和建议。加强对港澳台和海外侨胞联络联谊工作。团结一切可以团结的力量，协助区委、区政府多做释疑解惑、达成共识的工作；多做理顺情绪、化解矛盾的工作；多做凝聚人心、维护稳定的工作，共同致力于上街和谐社会的建设。

四、大力提高服务水平，切实搞好政协自身建设

充分发挥委员主体作用。各专门委员会、各工委要大力加强自身建设，认真制定工作计划，深入开展“创建委员之家、树委员形象”活动。进一步调动委员积极性，为上街区经济社会发展做贡献，为群众办实事。要大力支持和带领委员开展各项活动。在活动形式上，突出抓规模、上档次；在活动内容和主题上，突出促进发展，关注民生，着眼创新，力求实效。

不断提高服务水平。大力推进政协机关思想建设、组织建设、制度建设和作风建设，努力在提高机关的办事效率和服务水平上下工夫，把政协机关建设成学习型、服务型、务实型、创新型和廉政型机关。加强机关日常工作管理，规范办事程序，提高服务质量，为委员创造更加宽松便捷的履职环境。

各位委员，在全面建设小康社会的征途上，让我们紧密团结在以胡锦涛为总书记的中共中央周围，在区委的正确领导下，深入贯彻落实科学发展观，全力推进“两加快一维护”发展战略，努力工作，扎实履职，为建设中原经济区科学发展示范区，全面实现“十二五”时期的经济社会发展目标而努力奋斗！

关于郑州市上街区2010年国民经济和社会发展计划执行情况与2011年国民经济和社会发展计划（草案）的报告

——在郑州市上街区第十一届人民代表大会第五次会议上

区发展和改革委员会主任　林　虎

2011年1月11日

各位代表：

我受区政府委托，向大会报告全区2010年国民经济和社会发展计划执行情况与2011年国民经济和社会发展计划（草案），请予审议。并请各位政协委员和

列席人员提出宝贵意见。

一、2010 年全区国民经济和社会发展计划执行情况

2010 年是实施“十一五”规划的最后一年，也是实施“两加快一维护”战略的开局之年。一年来，我们紧紧围绕区委确定的奋斗目标，认真落实区十一届人大第四次会议批准的年度发展计划，进一步加快产业集聚区建设，进一步加快城乡一体化进程，综合经济实力明显增强，人民生活持续改善，社会大局和谐稳定，圆满完成了年初确定的国民经济和社会发展计划，全区国民经济保持了平稳较快发展的良好态势。

初步预计，2010 年全区地区生产总值完成 89 亿元，同比增长 16.5%，高出计划 3.5 个百分点；地方财政一般预算收入完成 5.85 亿元，同比增长 8.3%，高出计划 0.3 个百分点；全社会固定资产投资完成 58.4 亿元，同比增长 30%，与计划持平；社会消费品零售总额完成 26 亿元，同比增长 18%，与计划持平；城镇居民人均可支配收入达到 21800 元，同比增长 9%，与计划持平；农民人均纯收入实现 9630 元，同比增长 9%，与计划持平；人口自然增长率控制在 6‰以下；新增城镇就业人员 2616 人。

具体来说，2010 年全区国民经济和社会发展主要呈现出以下特点：

（一）工业经济持续快速发展，产业集聚效应显著

工业经济高位运行。预计全区规模以上工业实现增加值 60 亿元，同比增长 20%；实现销售收入 187 亿元，同比增长 24.3%。产业集聚区建设强力推进。3 个工业集聚区（装备产业集聚区、铝工业园区、绿色新材料园区）规模以上企业 54 家，占全区规模以上企业的 57%；预计全年完成销售收入 150 亿元，实现工业增加值 46 亿元，完成固定资产投资 32.5 亿元，实现税收收入 5.1 亿元，招商引资实际到位资金 5 亿元。科技创新能力进一步增强。国家级承压阀门检测中心已投入运营；郑蝶超高温耐磨金属密封球阀等 5 家企业的 5 个项目已列入市级以上科技计划，获得市级科技资金支持 185 万元，天马微粉专用氧化铝等 3 个项目获得 2010 年首批国家中小企业技术创新基金扶持 200 万元；加快推进节能减排科技创新，预计全年节约标准煤 2 万吨，二氧化硫和化学需氧量排放量分别下降 5.2% 和 20%，全面完成“十一五”节能减排目标任务。

（二）现代服务业发展迅速，消费品市场日趋活跃

商圈经济、特色街经济得到大力发展。以盛世广场、左照公园为核心，中心路、许昌路等骨干街道为主体，成功引进佰人王串串香等特色餐饮企业、国美电器等商贸流通企业；嘉盛之星商务酒店等投入运营，经营状况良好。南部山区生态旅游初具规模。高档住宅建设顺利进行，高尔夫练习场运行良好，卢卡度假酒店已完成施工图设计，出入口标志性建筑正在施工，西林子水果采摘及苗木种植已完成 100 亩。物流业发展步伐加快。成功引进华通物流公司，运营状况良好；成功引进河南省邮政快递上街分公司，已注册完毕；郑州亿顺化工物流有限公司铁路接卸仓储项目已签订土地使用协议，并已通过安评、环评，正在办理注册手续。房地产市场日益繁荣。全年房地产投资完成 11.9 亿元，同比增长 42.3%；商品房销售面积实现 32.9 万平方米，同比增长 30.3%；销售额实现 8.3 亿元，同比增长 32.8%。消费品市场日趋活跃。预计全年社会消费品零售总额实现 26 亿元，同比增长 18%；第三产业增加值实现 18 亿元，同比增长 10%。

（三）固定资产投资较快增长，重点项目进展顺利

固定资产投资较快增长。预计全年全社会固定资产投资实现 58.4 亿元，同比增长 30%；城镇以上固定资产投资完成 57.1 亿元，同比增长 30%。重点项目进展顺利。林肯电气合力（郑州）焊材有限公司 10 万吨焊丝焊剂生产项目 4 条生产线投入试运行；河南华泰特种电缆有限公司 34.8 万公里特种电缆项目一期建成投产；郑州少林特种玻璃有限公司 80 万辆轿车玻璃生产线项目和裕丰耐火材料有限公司 5 万吨冶金辅料项目即将投入试生产；中铝河南分公司第五赤泥堆场项目已完成投资 3.2 亿元。

（四）招商引资成效显著，对外开放实现新突破

经济发展环境不断优化。出台了《上街区招商引资优惠办法》、《上街区大项目推进机制办法》等一揽子文件，内容涵盖一

二三产业，优惠奖励的范围、幅度前所未有。招商引资成效突出。成功引进欧凯龙国际家居中心、锂电子动力电池正极材料、光电应用材料生产线、标准化厂房建设等项目，郑州上街新型社区建设项目合作成功签约。预计全年实际引进区外资金29.94亿元，引进市外资金27.66亿元，引进省外资金21.81亿元。对外开放实现新突破。全年新增对外贸易备案登记企业5家、获权企业3家、出口业绩企业3家；外贸出口额完成2.1亿美元，对外经济技术合作合同额、营业额双双超过1500万美元；全年合同利用外资5708万美元，实际使用外资5208万美元。

（五）新农村建设稳步推进，城乡一体化进程加速

科学编制规划。按照“统筹城乡、合理布局、节约土地、集约发展”的指导原则和“四规合一”的要求，组织修编城市总体规划、土地利用总体规划、村庄布局规划和产业集聚区规划。完善政策支撑体系。研究出台了《上街区城乡一体化实施方案（2010～2015）》、《上街区农村土地大流转意见》、《上街区加快新型农村社区（中心村）建设的意见》等一系列文件。重点项目积极推进。大力发展特色农业，成立3家农业专业合作社，培育郑州鑫农农机专业合作社，10月底经过省级验收；新增土地流转面积2079亩；8个行政村新农村建设任务顺利完成；扶贫搬迁安置小区建设取得新进展。新修农村道路14.2公里，新建大中型沼气工程3处，解决农村3300人的饮水安全问题。

（六）多措并举建管结合，城市形象品位显著提升

完善基础设施建设。总投资1877万元的高速引线综合整治工程主体完工；总投资850万元的新安西路全线通车；总投资550万元的许昌路西段集中供暖工程基本完成；郑上快速通道已列入郑州市城建计划，其他工作正抓紧进行。抓好精品楼盘开发。遵循“高档次定位、高标准设计、高质量建设”的原则，突出抓好江南小镇、理想名家、明珠公馆二期等一批精品楼盘建设。加大园林绿化建设。中心路、济源路绿化升级改造工程和铝城公园升级改造工程，以及郊野公园西侧游园、游园街游园建设工程已全部完工；完成行道树补栽1017株、草坪补种3.2万多平方米、苗木补栽1700多平方米。强化城市精细化管理。完成数字化城市管理指挥中心工作手册、城市部件以及城市事件的分类、确权和代码编制工作；“12319”城管服务热线电话已正式启用；实行领导带班制和24小时工作制，不断加强市容环境、户外广告、违章建筑等整治力度。

（七）以人为本关注民生，社会大局保持和谐稳定

围绕民生改善的“十大实事”已全部完成，为民办好事、办实事的长效机制进一步健全。就业和社会保障体系进一步完善。全年新增城镇就业2616人，农村劳动力转移就业835人，发放小额担保贷款1227万元，城镇登记失业率为2.74%，低于全市4.2%的控制指标，全区“零就业家庭”动态为零；城镇职工基本养老保险参保总人数12468人，城乡居民养老保险新增参保6341人；城镇职工基本医疗保险新增参保1173人，城镇居民医疗保险新增参保1719人；累计发放廉租住房补贴12万元，符合条件并申请廉租住房保障的家庭实现了“应保尽保”；城乡居民最低生活保障制度进一步完善，标准进一步提高。教育文体事业再上新台阶。完成夏侯小学一期工程，二期工程正在施工；完成校舍安全加固改造工程5个，实验初中、新建小学新建教学楼工程正在施工；减免义务教育阶段学杂费、课本费等480万元，补助农村义务教育阶段公用经费124万元，实现上街户籍中职生免费教育；高校引进工作和铝城体育场升级改造正抓紧进行；新建5个社区文化活动中心和2个农家书屋，举办“魅力上街”广场文化活动演出35场。医疗卫生事业取得新进展。新型农村合作医疗门诊统筹财政补助标准和大病住院报销额度进一步提高，“新农合”参合率达98.57%；基层医疗卫生服务体系进一步加强，新建成标准化村卫生所12个，继续推进“片医”负责制工作，服务群众范围不断扩大；积极推进医药卫生体制改革，启动实施国家基本药物制度，让利群众134万元。平安建设工作扎实推进。努力构建“平安建设五种体系”，积极实施“科技创安”战略，并通过科技与人力的有机结合，进一步完善“打防控”一体化群防群治体系；

同时，切实做好矛盾化解、综合治理、信访稳定、安全生产等工作，社会大局保持和谐稳定。其他各项社会事业进展顺利。

过去的一年，全区经济和社会发展保持了良好的发展态势，但仍存在一些不容忽视的问题。主要是经济结构有待进一步优化，经济发展依赖个别行业情况突出，经济转型的任务更加迫切；投资项目特别是大项目开工不足，对全社会固定资产投资和经济社会发展的支撑力不够；土地、资金、资源等要素的制约问题依然突出。对此，我们只能通过加快发展，逐步加以解决。

二、2011 年国民经济和社会发展预期目标和主要任务

2011 年是实施“十二五”规划的开局之年，根据区委八届十二次全会精神，“十二五”时期，全区要紧紧围绕“努力把上街区打造成为一个涵盖新型产业发展示范区、城乡一体先行区、平安和谐模范区的中原经济区科学发展示范区”的总体目标，深入贯彻落实科学发展观，按照“四个重在”的发展要求，紧紧抓住中原经济区建设和郑州都市区建设的重大机遇，以科学发展为主题，以加快转变经济发展方式为主线，以富民强区为中心任务，坚定不移地推进“两加快一维护”战略，着力改善民生、着力统筹城乡、着力扩大内需、着力优化结构、着力改革开放、着力自主创新，全力建设经济结构合理、工业经济发达、城乡高度融合、人居环境优美、社会文明富裕的新上街，为全面建成更高水平的小康社会打下坚实基础。

综合考虑各种因素，初步安排2011 年全区国民经济和社会发展的主要预期目标为：地区生产总值增长 13% 左右；规模以上工业增加值增长 17% 左右；地方财政一般预算收入增长 13%左右；全社会固定资产投资增长 23% 左右；社会消费品零售总额增长 17% 左右；城镇居民人均可支配收入增长 10% 左右；农民人均纯收入增长 11% 左右；人口自然增长率控制在 5‰以下；新增城镇就业人员 2600 人；节能减排完成市下达目标。

要实现上述预期目标，应切实做好以下七个方面的工作：

（一）抓好经济结构调整，加快发展方式转变

一是推进产业结构优化升级。加快发展现代农业，推动工业产业结构升级转型，大力发展现代服务业，着力提高科技创新能力，加大节能减排工作力度，不断提升经济发展水平和质量。二是继续调整所有制结构。加大服务力度，支持中铝企业挖潜增效、降耗增利、产业升级；加大政策扶持，促进民营经济加快发展、扩张规模；制定鼓励政策，积极引导符合产业政策、具有产业优势的企业上市融资。三是积极扩大消费需求。全面落实国家调整收入分配关系的各项政策，优化城乡商业网点布局，认真实施家电下乡、以旧换新等刺激消费政策，培育文化教育、娱乐、养老、医疗保健等消费热点，加大消费对经济增长的拉动作用。

（二）抓好工业经济，夯实发展基础

一是实现集聚区建设新突破。抓好发展规划、招商引资、管理服务“三大任务”，促进产业集聚区快速发展；构建投融资、公共服务、电子商务“三大平台”，提升产业集聚区综合承载力；破解土地、融资、人才“三大难题”，实现产业集聚区产业升级。二是积极培育经济增长点。重点做好中铝河南分公司煤电铝一体化项目、郑州益丰高温材料实业有限公司 500 兆瓦晶体硅太阳能电池片项目、轻研院惰性电极项目等重点项目的跟踪服务，确保项目早投产、早见效。三是大力发展循环经济。推进企业、园区、社会点线面循环经济示范建设，构建跨产业生态链，以装备制造、煤电铝、绿色新材料等行业为重点，着力打造新型产业链条。四是着力提高企业自主创新能力。优化科技发展环境，合理配置科技要素，进一步引导和促进企业加大研发投入，加快科技进步，加强新产品新技术的开发与产业化，重点培育自主创新能力强、具有核心竞争力的骨干企业。

（三）抓好三产发展，激发发展活力

一是重点发展生产性服务业。加快发展科技服务业，引导发展信息服务业，规范发展商务中介服务业，培育壮大金融保险业，积极发展现代物流业，加快公共服务平台建设。二是提升发展生活性服务业。以特色商圈、精品街区建设为抓手，努力推动生活性服务业提档升级。三是加快发展生态休闲旅游业。按照“政府引导、市场运作”的模式，

加快南部山区和汜水河沿岸开发建设，着力发展集休闲、旅游、度假、养生为一体的生态休闲旅游业。四是统筹发展其他产业。大力发展信息、金融、保险以及会计、咨询、法律服务、科技服务等中介服务行业；培育发展创意设计、服务外包、体育健身休闲等新兴产业。

（四）抓好招商引资，增添发展动力

一是强化招商工作的探索研究。抓住东部发达地区产业向中西部地区转移的机遇，策划和组织好专业招商、产业链招商，以市场换项目，以资金换技术；探索建立更加灵活高效的招商队伍，切实增强招商引资实效。二是全力抓好招商引资。积极承接发达地区产业转移，促进产业结构调整；大力支持现有项目、骨干企业增资扩产，重点推进围绕优势产业补链招商。三是突出抓好重大项目引进。利用我区比较优势，顺应“大项目—产业链—产业群—产业基地”的发展方向，着力引进超亿元的“高、精、尖”项目和带动力强、关联度高的龙头企业，形成“龙头”带“配套”、“配套”引“龙头”的良性发展格局。四是优化承接产业转移环境。进一步完善和落实招商引资优惠政策，努力营造公平竞争的投资创业环境和更加有利于承接产业转移的政策环境。

（五）抓好城市建设，构建宜居城区

一是坚持超前规划。在城市规划编制和实施中，坚持“超前性、系统性、科学性和权威性”的原则，按照“做强、做大、做优、做美”的要求，突出城市特色，打造城市亮点。二是加快基础设施建设。全力推动郑上快速通道建设，完成工业路升级改造和金华路、五云山路等道路绿化改造；继续推进许昌路集中供暖工程建设；加快城中村、工矿棚户区改造。三是提升城市管理水平。完善城市精细化管理细则，加快数字化城市管理系统建设；按照生态宜居城建设要求，切实做好市政管养、园林绿化、市容整治和生态环境保护工作。

（六）抓好统筹发展，加快城乡一体化

一是推进城乡规划一体化。围绕打造中原经济区科学发展示范区的总体目标，按照“城乡一体发展”的理念，高标准、高质量完成城市总体规划修编和城乡一体化发展规划编制工作，加快峡窝镇镇区改造开发，真正实现城乡“规划一张图、建设一盘棋、管理一张网”。二是加快农村管理体制改革。创新农村经济社会管理方式，稳步推进以村改居为方向的新型农村管理模式；逐步建立城乡一体的户籍、就业、住房、教育、社保等制度体系；健全农村土地流转机制，逐步扩大土地流转面积，不断提升流转土地的集约规模经营水平。三是加快新型社区建设。完成老寨河、杨家沟整体搬迁，分批次、分步骤进行城中村改造及合村并城，高标准、高质量建设新型社区，实现农村人口的集中居住，基础设施和资源服务共享。

（七）抓好民生工程，建设和谐上街

围绕办好“十大实事”，努力解决关系群众切身利益的问题，促进社会和谐稳定。一是进一步加大创业、就业再就业扶持力度。发挥创业带动就业的倍增效应，通过创业孵化基地，搭建创业服务平台，为城乡劳动者提供创业培训、项目推介、开业指导、融资服务、跟踪扶持、政策咨询等“一条龙”服务。二是优先发展教育事业。扩大优质教育资源覆盖面，整体提升区域内教育均衡发展水平；高度重视学前教育；积极改善中小学办学条件，进一步提高教育教学质量；大力发展职业教育和成人教育；切实抓好高校引进工作。三是统筹推进各项卫生工作。继续深化医药卫生体制改革，认真落实各项改革任务；完善卫生监督体系，公共卫生信息网络体系和疾病预防控制体系，进一步提高全区医疗卫生水平。四是加快完善社会保障体系。进一步完善城乡居民、城镇职工基本养老保险和城镇居民、城镇职工基本医疗保险以及新型农村合作医疗等社会保障体系；健全社会救助体系；完成敬老院二期工程，提高社会养老保障水平。五是确保社会大局和谐稳定。构建安全生产监管机制，保障人民群众生命财产安全；深化社会治安综合治理，切实维护社会稳定；依法处理信访问题，有效化解矛盾纠纷；加强应急管理，提高应对突发事件能力，营造安定祥和的社会环境。同时，还要认真做好计生、双拥、人防、侨台、民族宗教、工青妇、防震减灾等工作，促进各项社会事业全面发展。

各位代表，新的一年，我们将在区委的坚强领导下，在区人大、区政协的支持监督下，认真贯彻落实区委八届十二次全会精神，进一步增强责任感和使命感，抓住新机遇，适应新形势，实现新跨越，为实现“十二五”良好开局和圆满完成预定的各项目标任务而努力奋斗！

汜水河

郑州市上街区西部的沙固村，地理坐标为：东经113°7′，北纬34°49′。沙固村西部有一条奔腾的河流，名叫汜河，亦叫汜水，通称汜水河。倘若仅以流域、流量和里程而论，汜水河在祖国的河流家谱中只能算是个“小不点”，但是它却有着独特厚重的人文历史印记。

汜河是一条历史河。《通志气》云，汜河原出方山。《水经注》记载，汜者取水决而复入之意，北经虎牢城，东又北由孤柏嘴以下入于河。《三海经》曰，浮戏之山，汜水出焉。

汜河的源头浮戏山，古称阳城山，又称方山，上古时期为炎帝祝融氏所居。尧时，射日的后羿曾居此山中。夏时大禹治水，导伊、洛、济水入黄河，济水溢出为泽，“荥陂既潴”，始有荥泽。夏灭商兴，商汤王在汜水河边“剪发断爪（指甲），乞雨于桑林，故附近有“桑园村”及“汤王庙”。西周，周穆王在汜水狩猎获虎，设牢养之，始有“虎牢”。虎牢关乃一山隘，北临黄河，南为群山，东西控汴、洛两都，古称“两京襟带，三秦咽喉”，历来为兵家必争之地。春秋时期郑桓公受封建郑国，设汜水。后郑为韩所灭，汜水遂属韩。秦庄襄王统一天下，巩、汜水、荥阳归秦，属三川郡。秦灭，楚汉交兵，刘、项屯兵汜水，对垒数月不下，后议和，以汜河、“鸿沟”为“楚河汉界”，中分天下。次年，刘邦在汜水建玄武灵台，登极称帝，并在汜水纳薄姬，生汉文帝刘桓。汉末，黄巾起义，在虎牢设旋门关。三国，曹操在汜水遇老友吕伯奢，疑心杀之，王允献貂蝉计杀董卓，刘、关、张三英战吕布，关云长温酒斩华雄，均发生于汜水。隋唐以降，汜水流域更是战事频繁。隋末瓦岗军先居荥阳，后袭洛口。李世民在虎牢关大败窦建德，建立唐朝。天宝年间“安史之乱”，安禄山屯兵虎牢关，攻下洛阳，迫使玄宗、贵妃西逃。宋朝，金兵南侵，岳飞在汜水大败金兀术（汜水城西今有兀术沟）。明，朱元璋起事，徐达、常遇春在浮戏山招抚反元义军。明末李自成等各路大军起义大军会师荥阳，迎战洪承畴，兵败后经汜水转战于商洛山中。抗日战争、解放战争中，这里是中原战场的一部分，南部山区因此成为革命老区。

出沙固村沿汜河行走，两岸村庄错落有致，依山而建。向南有西邢村、冯沟村、石嘴村、胡寨、北头村、竹川镇，直至发源地浮戏山；向北有东河南村、陇海铁路、汜水镇、口子村，直至汜河进入黄河。汜河流域有数十个自然村庄，构成了黄河南岸的人居景观。在这里，先民们很早即知乘河泽之便，开沟渠，兴水利，通漕运，灌农田，发展生产，造福子孙。

至情至性的汜水河，从遥远的浮戏山中翩翩而来，它虽小但不示弱，凭着坚韧和执着，以倒流四十五里著称（即从东南流向西北），终日不息地奔腾，浇灌着万顷良田，投入滔滔黄河的怀抱。

上街概览

地情概貌

【地理位置】 上街区位于郑州市西38公里处，是郑州市一座具有一定独立性的远郊型工业城区。地理坐标为东经113°14′~113°19′，北纬34°35′~34°40′。全区总面积61.727平方公里。东邻荥阳市城关乡；西、南分别与荥阳市高山镇、刘河镇毗邻；北部与荥阳市王村镇相连；西南与巩义相连。陇海铁路、郑西高铁、310国道东西横贯全区，南水北调线路、连霍高速公路擦区而过，交通便利。

（刘元生）

【地质地貌】 上街区属黄土丘陵地，处于华北平原，黄河冲积平原扇轴部，为豫东平原和豫西丘陵的交接地带。西南部承接丘陵山地，地势起伏不平，大部分位于古黄河一、二、三级阶地上。区内发育有较多的冲沟，地面被冲沟割裂成块，冲沟多为南北和东西向。全区整体呈西南高、东北低的自然倾斜之势，海拔在110~210米之间。

（刘元生）

【山脉】 上街区整体呈西南高，东北低自然倾斜之势，西南部承接丘陵山地，自南向北依次为风成黄土岗地、冲积倾斜平原和冲积平原3种地貌类型。五云山居于上街区最南端，最高峰海拔423.4米。

（刘元生）

【水系】 上街区主要河流有两条，分别是汜水河和枯河，境内无湖泊水库。汜水河发源于新密市尖山乡田中湾村，流经巩义市新中镇、巩义市米河镇、荥阳市高山镇、上街区峡窝镇、荥阳市汜水镇进入黄河，是季节性河流，流域面积373.28平方公里。在上街区段约9.5公里，属过境河流，年过境水量13538万吨，其中地表水8199万吨、地下水5399万吨。枯水年份最小流量0.53立方米/秒，最大流量无记录，常年平均流量2.6立方米/秒，水深0.3米。

枯河发源于上街区二十里铺村，流经荥阳市、惠济区进入黄河，是季节性河流。上街区段系最上游2公里，只有下雨时有来水，且均为城区排水。

（龚　晨　雷婷婷）

自然资源

【土地资源】 上街区土地总面积61.727平方公里（含小关矿区0.527平方公里）。其中，建成区面积26.64平方公里；耕地1924.91公顷；园地62.25公顷；林地430.65公顷；草地277.5公顷；交通运输用地425.21公顷；水域及水利设施用地39.36公顷；城镇村庄及工矿用地2797.99公顷。

上街区农田面积3.1万亩，2010年秋小麦播种面积2.3939万亩，谷子300亩，豆类400亩，其他红薯等杂粮585亩，果树面积1200亩。2010年，全区已有林地23164亩，峡窝镇的23个行政村，1/3地处南部山区，以农林为主，2/3地处北部平原，农业、工业较为发达。全区林地主要分布在310国道以南的西林子、东林子、营坡顶老寨河、杨家沟、冯沟、方顶、柏庙、魏岗和汜水河沿线的观沟、大坡顶、石咀、沙固等13个行政村。森林覆盖率约为23.55%，比2007年二类森林资源清查时的17.99%增加5.56个百分点；

林木覆盖率约为27.2%，比2007年二类森林资源清查时的23.96%增加4.2个百分点。

（刘元生　龚　晨　雷婷婷）

【水资源】　上街区没有长年地表河流湖泊，地下水是唯一的水资源。由于全区分布有较厚的第四系松散层，故蕴藏有较丰富的地下水，富水性自南而北增强。地下水分布以陇海铁路为界。铁路以北为浅层水，静水位5～10米，井深40～65米，单井出水量10～30立方米/小时，是目前农业灌溉的主要水资源；铁路以南为深层水，静水位35～55米，井深100～160米，主要含水段在60米以内，单井出水量除黄土岗地区小于30立方米/小时，其他地区多在30～70立方米/小时之间，富水程度为每小时20～50吨。全区浅层水主要受降水补给，其次为北部地表水补给，中深层水则为南部侧向径流补给和浅层越流补给。地下水自西南、南向东北、北径流。城区内地下水总储量为2564.97万立方米，补给量中深层为617.26万立方米/年，浅层为66.67万立方米/年。允许开采量中深层为617.26万立方米/年，浅层为102.67万立方米/年。统计实际开采量中深层为800.4万立方米/年，浅层为216.99万立方米/年。每年动用储存量中深层为183.4万立方米，浅层为114.32万立方米。峡窝镇地下水储量约为1500万立方米。

【生物资源】　上街区地处中纬度暖温带地区，各类野生植物和栽培植物种类繁多。绝大多数具有耐旱、耐瘠、适应性强等特点。粮油作物有小麦、玉米、谷子、黄豆、红薯、芝麻、花生。瓜果类有柿、石榴、苹果、桃、杏、梨、花椒。花木类植物有：月季、牡丹、菊花、一串红、百日红、合欢、法国梧桐、垂柳、女贞、黄杨、中国槐等。蔬菜类有空心菜、油麦菜、鸡毛菜（上海青）、白菜、萝卜、茄子、番茄、菠菜、黄花菜、辣椒、藕、南瓜、黄瓜、西葫芦、丝瓜等。食用菌有香菇、蘑菇（平菇）等。中草药有枸杞、蒲公英、金银花、柏仁等。

辖区动物品种繁多。家畜、家禽、昆虫、爬虫、两栖、野兽、鸟类以及各种水生动物均有生存。家畜有猪、羊、狗、猫、兔等。家禽有鸡、鸭、鹅。野兽有狐狸、野兔、松鼠、黄鼠狼、刺猬、蝙蝠等。鸟类有喜鹊、乌鸦、麻雀、猫头鹰、山鸡等。两栖动物有青蛙、蟾蜍等。爬虫类有蛇、蜈蚣、蚰蜒、千千爪（节节虫）、壁虎、蚯蚓等。昆虫类有蝗虫、蚱蜢、蝈蝈（蚰子）、蟋蟀、螳螂、地老虎、蜻蜓、蚂蚁、蜘蛛。水生动物有鲤鱼、鲫鱼、草鱼等。

（龚　晨　雷婷婷）

【气候气象】　辖区地处中纬度暖温带，属季风型大陆性气候，冬冷夏热，四季分明。2010年平均气温15.4℃，与常年相比偏高1.0℃。全年气温起伏变化较大，最热月份（7月）平均气温28.3℃，较常年偏高1.4℃，最冷月份（1月）平均气温0.9℃，较常年偏低0.1℃。年极端最高气温39.5℃，出现在7月6日，年极端最低气温-9.0℃，出现在1月6日。年降水日数81天，总降水量545.2毫米，比常年偏少55.4毫米。全年总日照数1787.3小时，比常年偏少33.2小时。

2010年四季气候特征：春季，气候温暖；夏季，天气酷热；秋季，降水时空分布不均；冬季，雨雪偏少。

2010年灾害性天气，全年出现寒潮过程1次，无8级以上大风。2月中旬开始几天，因降雪和低温出现道路结冰。全年出现2次干旱，时间在6月中旬到7月上旬，10月份以后基本无有效降水。全年日最高气温≥38℃的日数达7天，主要集中在6月中、下旬，7月6日和8月4日，全年暴雨2次，其中7月19日，降水量达126.5毫米，造成局部洪涝。

上街区2010年气象要素

表1

要素名称	1月	2月	3月	4月	5月	6月	7月	8月	9月	10月	11月	12月	全年
平均气温（℃）	0.9	3.6	8.3	14.1	22.0	27.3	28.3	25.9	21.4	15.9	11.2	5.5	15.4
降水量（毫米）	0.5	15.2	13.4	61.4	29.9	14.4	167.7	150.5	86.6	4.6	1.0		545.2
雨日（天）	1	3	8	5	10	5	13	16	12	7	1		81
日照（小时）	127.8	73.2	129.8	185.3	197.0	207.9	128.6	131.2	95.7	146.5	189.2	175.1	1787.3
雷暴（天）		1				4	1	6					12

上街区2010年气象要素初终日

表2

要素名称	初终日			
	初日	终日	初终间日数	初日
霜	2009年11月3日	2010年4月13日	162	2010年11月15日
雪	2009年11月11日	2010年4月14日	155	无
积雪	2009年11月11日	2010年3月5日	115	无
结冰	2009年11月11日	2010年3月26日	136	2010年11月28日
雷暴	2010年2月28日	2010年8月21日	175	
无霜期日数	215			

（王玉刚　地志办）

历史文化

【区名由来】　上街区沿自“上街火车站”名，而“上街火车站”名，又源于“上街村”村名。上街村距今汜水镇东5公里，位于上街区西北2公里处，是汜水镇虎牢关的唇齿。据《汜水县志》记载：“今治城创自隋开皇二年（582），始命为汜水县，定其址于锦阳川东畔。后为唐人变置，至宋又复其地，仍其名。金、元因之。武宗至大元年（1308），大水淹没，城郭宫室一空，乃迁置于锦阳川之东十里，古制邑之墟（今上街村）。”因汜水县城地处沟洼低下，明武宗时县治三次被水淹没，故曾三迁于地势较高的卢医庙街市上，时间长了，约定俗成，便习惯地称卢医庙热闹的街市为上街，即现在的上街村。

1956年在上街村东南设上街火车站。1957年11月，周恩来总理依据河南铝矿资源丰富和优越的地理位置，亲自批准我国最大的铝工业基地——河南铝业公司建址在上街区火车站南边，遂沿上街火车站名，建上街区。

（地志办）

【建制沿革】　上街区上古为高辛氏祝融和有熊氏黄帝管辖之地。尧、舜、夏朝属豫州。商代为嚣（áo通敖）地。西周属东虢。春秋属郑国。战国属韩之成皋。秦设郡县，属三川郡成皋县。汉高帝二年（前205）改三川为河南郡，仍属成皋县。三国时期属魏司州部河南郡成皋县。北魏时属北豫州部荥阳郡。东魏时属北豫州部广武郡。北齐属成皋郡。北周属北豫州部荥州、郑州。隋时属荥阳郡汜水县。隋大业三年（607）属孟州汜水县，唐，五代、宋仍之。金属南京路郑州汜水县。元属河南江北中书省汴梁路郑州汜水县。明、清属河南布政使司开封府郑州汜水县。中华民国初属豫东道汜水县，民国16年（1927）废豫东

道设行政督察专员区，直至解放前归汜水县管辖，1948 年秋至 1954 年秋属成皋县（汜水、广武合并为成皋县），1954 年，成皋县、荥阳县合并后，属荥阳县第五区。

1958 年 8 月 5 日，经河南省人民委员会豫民字 140 号文件批准，从荥阳县划出荥阳周村乡的郎中沟、任庄、左照沟、西郊段、聂寨、东马固和史村乡的夏侯、白马寺、左照、及白杨乡的廿里铺、大园 11 个自然村成立郑州市上街区。当时全区人口为 27550 人，其中非农业人口 19657 人。土地面积 11.425 平方公里。同年 8 月 20 日，上街区所辖的 11 个自然村的 10 个农业合作社合并，建立上街人民公社。同年 12 月，荥阳的西马固村划归上街区，上街人民公社辖 12 个自然村。

1959 年 1 月，荥阳县的上街、东柏社、西柏社、武庄、肖洼、朱寨、沙固、南峡窝、北峡窝、西涧沟、石咀、胡寨、四所楼、方顶、冯沟、观沟、何寨、魏岗、大坡顶、东郊段、南郊段等自然村，土地面积 30.462 平方公里划归上街区，与上街人民公社合并更名为马固人民公社。巩县的新中、小关、米河等公社的 320 个自然村，土地 70.954 平方公里，人口 82822 人划归上街区，建立新中人民公社。

1961 年 6 月，经郑州市人民委员会批准，将马固人民公社分为马固、峡窝两个人民公社，将新中人民公社分为新中、小关、米河、茶店、小里河 5 个人民公社。当时区辖 7 个人民公社。

1962 年 1 月，将荥阳县刘河公社的东沟、河东、柴寨沟、官顶、冯庄、岗寨、徐沟、庵上、后窑、孟沟、申庄、桑树坡、泉沟、任湾、张青岗、东反坡、西反坡、龙潭、煤窑沟、李庄、徐庄、毛沟、南毛沟、申家岭、黄永岭等 26 个自然村，土地面积 11.8 平方公里划归上街区，建立上街区肖寨人民公社。

1962 年 2 月，接收巩县大峪沟公社的雪庄、黑龙潭和磨岭大队的阎庄生产队，土地 4.127 平方公里，人口 5970 人，建立上街区大峪沟人民公社。至此，区辖 9 个人民公社。是年 3 月设立上街区中心路街道办事处、上街区矿山街道办事处。全区人口 13 万，土地面积达 127.84 平方公里。

1963 年 6 月，将马固公社并入峡窝公社，撤销马固公社建制。将茶店公社并入新中公社，当年区辖 7 个人民公社、2 个街道办事处。

1964 年 6 月，经河南省人民委员会批准，将大峪沟、小关、新中、米河、小里河 5 个公社 59 个大队、571 个生产队、680 个自然村划归巩县管辖；将肖寨公社全部及峡窝公社大部共 23 个大队、95 个自然村划归荥阳县管辖，至此区辖范围固定下来。保留 7 个大队、12 个自然村，成立上街区农业公社。区辖 1 个公社、2 个街道，总人口近 5 万，土地 17.85 平方公里。1971 年 2 月中心路街道分为济源路街道和反修路街道（1980 年 9 月更名新安西路街道）。

1984 年 1 月，农业公社更名聂寨乡。

2001 年 3 月，撤销聂寨乡，增设中心路街道、工业路街道。并对原有济源路、新安西路两个街道的管辖范围做了调整，调整后新安西路街道更名为新安路街道，原聂寨乡管辖的 7 个行政村就近分别划入街道。全区共有 5 个街道，常住人口 7.6 万人。

2004 年 7 月，荥阳市峡窝镇整建制划归上街区。上街区人口由调整前的 8.6 万人增加到 12 万人。

2010 年，上街区辖峡窝镇和中心路街道、济源路街道、新安路街道、工业路街道、矿山街道。

上街区行政村

表 3

镇、街道名称	行政村名称
峡窝镇	西林子村、营坡顶村、东林子村、老寨河村、杨家沟村、冯沟村、方顶村、柏庙村、魏岗村、南峡窝村、西街村、观沟村、大坡顶村、西涧沟村、北峡窝村、寨沟村、郊段村、左照村、马固村、石咀村、沙固村、上街村、武庄村、
济源路街道	夏侯村

续表3

镇、街道名称	行政村名称
新安路街道	二十里铺村
中心路街道	聂寨村、任庄村
工业路街道	朱寨村、肖洼村、东柏社村

上街区社区

表4

镇、街道名称	社区名称
峡窝镇	晨光社区、振兴社区
济源路街道	淮北社区、三湾街社区、中安街社区、新华街社区、商业街社区、东方社区、金华社区、新兴街社区
新安路街道	香园街社区、昌盛街社区、朝阳街社区、新安西路社区
中心路街道	吉祥街社区、如意街社区、汇才街社区、康乐社区、鸿园社区、桃园社区、江南小镇社区、盛世社区
工业路街道	工业路社区
矿山街道	工人村社区

【历史古迹】 2010年，上街区经省、市、区公布各级文物保护单位13处。省级文物保护单位1处：西柏社遗址；市级文物保护单位11处：沙固遗址、南峡窝遗址、寨沟遗址、观沟遗址、魏岗遗址、石咀遗址、沙固曹彬墓、北峡窝四所楼村王博文墓、观沟重阳观、马固王氏宗祠、上街村卢医庙；县级文物保护单位1处：上街村汉寿亭侯画像碑。

（冯迎超）

人　口

【人口总量】 据人口和计划生育年报统计，2010年底，全区总人口达到144528人，比年初增加5554人。其中，农业人口为57108人，占总人口的比重由2009年底的38.2%上升到2010年底的39.5%；非农业人口87420人，占总人口的比重由2009年底的61.8%下降到2010年的60.5%。全区人口出生率为6.98‰，死亡率为3.71‰，人口自然增长率为3.27‰。与上年相比，出生率增长1.01个千分点，人口自然增长率上涨1.07个千分点。

2010年年末人口基本情况

表5

总人口			出生人数	出生率	死亡人数	死亡率	自然增长率
合计	农业人口	非农业人口					
144528	57108	87420	989	6.98‰	526	3.71‰	3.27‰

数据来源：人口和计划生育统计报表。

（雷　萌）

民　族

【概况】　上街区有回族、满族、壮族、蒙古族、锡伯族、土家族、维吾尔族、彝族、白族、俄罗斯族、苗族、侗族、黎族、傣族、瑶族、朝鲜族、鄂温克族17个少数民族，少数民族人口3000多人，其中常住少数民族人口2375人，回族最多，1640人。全区有少数民族聚居村一个，峡窝镇沙固村，该村六、七组为漷沱回族村，回族人口603人。

（虎　君）

宗　教

【概况】　上街区经批准开放的宗教场所有12处，其中基督教活动场所9处、天主教活动场所1处、伊斯兰教清真寺2坊，全区共有信教群众5760人，其中基督教2900人，伊斯兰教2100人，天主教120人，佛教310人，道教330人。

（虎　君）

国民经济和社会发展状况

【概况】　2010年是“十一五”规划的最后一年，也是上街区经济社会发展面临很大困难的一年，面对复杂形势和严峻挑战，在区委区政府的正确领导下，全区上下齐心协力、克难攻坚，抢抓机遇，开拓进取，国民经济保持了积极增长的良好态势，各项社会事业持续进步，人民生活继续改善，“两加快一维护”战略有了新进展。

【经济总量与结构】　国民经济持续快速增长。初步核实，2010年，上街区生产总值实现89.5亿元，同比增长16.3%。其中第一产业实现增加值0.5亿元，增长1.7%；第二产业实现增加值71亿元，同比增长18.5%；第三产业实现增加值18亿元，同比增长7.6%。三次产业比重分别为0.6：79.3：20.1，人均生产总值达70006元。非公有制经济成份蓬勃发展，实现增加值49亿元，增长16.3%，占GDP比重达54.8%。规模以上工业增加值62.4亿元，同比增长20%，销售收入实现187.7亿元，同比增长21.7%，实现利税总额2.6亿元，同比增长177.9%，利润总额-4.8亿元，同比减亏6.1亿元；全社会固定资产投资完成57.3亿元，同比增长27.6%，其中：城镇以上固定资产完成56.3亿元，同比增长30.1%；社会消费品零售总额完成27亿元，同比增长18.3%；地方财政一般预算收入5.9亿元，同比增长8.3%；城镇居民人均可支配收入实现22216元，同比增长11.1%；农民人均纯收入实现10157元，同比增长15.1%。

【农业与农村经济】　2010年，全区完成农林牧渔业增加值0.5亿元，增长1.7%。全年粮食总产量1.55万吨，下降3.5%；其中夏粮总产量7260吨，下降7.4%；秋粮总产量8240吨，增长0.2%。油料总产量268吨，增长4.7%；水果总产量2127吨，下降1.8%；蔬菜产量4549吨，比上年增长2.8%。全区肉、蛋、奶产量分别为841吨、4202吨、625吨，分别比上年增长3.2%、1.1%、5.6%。农林牧渔业总产值1亿元，同比增长11.1%。

2010年全区农作物种植面积3009公顷，同比减少6.6%。全年粮食作物总播种面积3301公顷，同比减少6.2%。

2010年全区生猪存栏4007头，比上年增长1.7%；生猪出栏5353头，比上年增长3.9%；牛存栏104头，与去年持平，牛出栏310头，比上年增长2.6%；羊存栏93头，比上年下降5.1；羊出栏190头，比上年下降5.5；家禽存栏300126只，比上年增长8%；家禽出栏163070，比上年增长6%。

【工业和建筑业】　2010年，全部工业实现增加值63.8亿元，同比增长19.6%。其中规模以上工业企业（全部年产品销售收入500万元及以上的法人工业企业，下同）实现增加值62.4亿元，同比增长20%；高技术产业实现增加值0.56亿元，同比增长25.9%。

2010年，全区规模以上工业企业95家。其中，区属规模以上工业企业达到91家，比2009年新增16家，占全区规模以上工业企业的95.8%。全区规模以上工业生产快速增长，主要工业品产量大幅提升。其中，氧化铝179.2万吨，增长41.6%；阀门产量17.2万吨，增长43.8%；石墨及炭素制品16.8万吨，增长6.5%；水泥产量78.9万吨，增长6.5%；工业用电量达到11.4亿千瓦时，增长8.4%。2010年，区属企业累计完成产值118.7亿元，同比增长21.5%；实现增加值41.5亿元，同比增长21.1%，占全区工业增加值比重的66.5%。累计实现销售收入115.8亿元，同比增长12%；实现利润1.66亿元，同比增长8.7%；实现利税5.2亿元，同比下降5.6%。

中铝郑州企业逐步走出低谷，实现高位稳产，经济效益提升亏损减少。全年氧化铝产量达到179.2万吨，增长41.6%。中铝郑州企业完成增加值21.9亿元，同比增长10.6%；完成总产值63.8亿元，同比增长10.2%。销售收入71.8亿元，增长41.5%，利润总额-6.5亿元（同期为-12.4亿元），利税总额-2.6亿元，增长70.6%。

2010年全区建筑业完成增加值7.1亿元，比上年增长7.2%。具有建筑业资质的独立核算建筑业企业共完成总产值20.3亿元，增长10.3%。

【固定资产投资】 2010年完成全社会固定资产投资57.3亿元，同比增长27.6%。城镇以上投资累计56.3亿元，同比增长30.1%，其中区属投资完成49.7亿元，同比增长35.3%。工业投资31.7亿元，同比增长30.4%。国有及国有控股类型完成投资11.4亿元，同比下降13%；民间投资实现41.9亿元，同比增长36.3%，占城镇以上投资的74.5%，是拉动全区城镇以上投资增长的重要因素。

2010年房地产开发完成投资11.9亿元，同比增长42.4%，其中住宅投资7.6亿元，同比增长47.6%；商品房屋施工面积82.3万平方米，同比增长17.0%，其中住宅施工69.4万平方米，同比增长13.8%。商品房销售面积32.9万平方米，同比增长30.3%，销售额8.3亿元，同比增长32.8%。

【国内贸易与对外经济】 2010年，社会消费品零售额累计实现27亿元，同比增长18.3%。其中，批发零售贸易业完成21.8亿元，同比增长18.3%；餐饮业完成5.2亿元，同比增长23.1%。2010年全区直接出口总值20827万美元，比上年增长17.7%。2010年国外经济合作合同额1500万美元，同比增长15.4%；国外经济合作营业额1510万美元，同比增长14.0%。

【交通、邮电和旅游】 2010年，完成货运周转量33870万吨公里，比上年增长18.1%。完成客运周转量6386万人公里，比上年增长8.9%。

2010年，完成邮政业务总量1940.7万元，增长21.1%；电信业务总量4125.3万元，增长13.6%。移动电话用户年末达到10.9万户。

2010年末全区民用汽车拥有量达到14604辆，同比增长46.7%；其中载客汽车11964辆，载货汽车2530辆。

2010年全区实现旅游总收入1961万元，同比增长15%；接待游客10万人次，同比增长10%。截至2010年底，全区共有旅行社9家，星级宾馆2个。

【财税、金融】 2010年区地方财政收入完成8亿元，同比增长21.9%，其中地方财政一般预算收入5.9亿元，同比增长8.3%，地方财政一般预算支出7.0亿元，比上年增长1.5%。全部税收实现10.7亿元，同比增长15.1%。金融机构各项存款余额为69.4亿元，较年初下降0.8%。其中，城乡居民储蓄存款余额48亿元，较年初增长4.5%，金融机构各项贷款余额为14.8亿元，较年初增长54.2%。

【教育和科技】 教育事业持续健康发展。2010年全区拥有各类学校28所，其中：成人高校2所，普通中学5所，普通小学13所，幼儿园24所。中小学、幼儿园专任教师1370人，中小学、幼儿园在校生19910人。小学学龄儿童净入学率100%；初中阶段毛入学率112.5%；高中阶段毛入学率92.4%。

2010年全区开展科技活动的企业16家，其中有R&D活动企业的15家，有科技机构的15家；全区共有科技活动人员1366

人，R&D 人员 668 人；全年开展科技项目（课题）69 项，其中 R&D 项目（课题）47 项；全年项目（课题）经费内部支出 0.77 亿元，其中 R&D 经费内部支出 0.71 亿元，R&D 经费外部支出 0.01 亿元；专利申请数 78 件，其中发明专利 49 件；有效发明专利 169 件。

科技创新体系更加完善。国家级承压阀门检测中心正式投入运营，郑蝶超高温耐磨金属密封球阀等 5 家企业的 5 个项目列入市级以上科技计划。天马微粉专用氧化铝等 3 个科技型中小企业项目获得国家科技型中小企业技术创新基金扶持。郑州市制梁机工程技术研究中心顺利通过市级评审，华中建机被认定为省高新技术企业，华泰、郑蝶、上蝶 3 家企业产品荣获省级以上名牌产品称号。31 名工程技术人员被认定为郑州市科技领军人才。

【文化、卫生和体育】 2010 年，全区共有文化馆 1 个；公共图书馆 2 个；广播电台 1 座，电视台 2 座，有线电视用户 2.3 万户；档案馆 1 个，馆藏档案 16 万卷，已开放各类档案 352 卷，全年利用资料 275 人次。

2010 年，全区共有卫生机构 96 个，床位 663 张。卫生技术人员 842 人，注册护士 298 人。全区 23 个行政村全部实行合作医疗或医疗保险。

体育事业蓬勃发展。2010 年共获得世界冠军 6 人，其中拳击 1 人，女子跆拳道 2 人；亚军 2 人，季军 2 人。全年共获得全运会冠军 3 人。

【城市建设和环境保护】 精品城区建设扎实推进，总投资 1877 万元的高速引线综合整治工程主体完工；新安路西段全线通车；公交场站全部建成并投入使用；工业路升级改造工程正加紧建设，中心路、济源路绿化升级改造和铝城公园升级改造工程顺利完成；许昌路西段集中供暖工程基本完工；14、32 街坊完成拆迁面积 22000 平方米，新建 6 栋高层楼房；生态城市建设继续推进，城区饮用水质达标率 100%，全区空气质量二级以上天数 310 天。

节能减排工作扎实有效。坚持实行节能减排调控预警制度，对部分高能耗、高污染企业实施强制性清洁生产，预计全年万元 GDP 能耗同比下降 3%。积极开展高效照明产品推广工作，全年共推广节能灯 8.1 万只，超额完成市定目标任务。加快推进节能减排科技创新，全区重点耗能企业共投入节能技术改造资金 2 亿元，预计全年节约标准煤 2 万吨；二氧化硫和化学需氧量排放量分别下降 5.2% 和 20%。

【劳动就业状况】 2010 年全区年末从业人员 30164 人，同比减少 9.2%，年末在岗职工 30151 人，同比减少 6.5%，年末从业人员人均劳动报酬 30927 元，同比下降 6.2%，年末在岗职工人均工资 30948 元，同比下降 6.3%。

大力促进就业，全年城镇新增就业 2616 人，农村劳动力转移就业 835 人，城镇登记失业率控制在 2.74% 以内。

【人民生活和社会保障】 2010 年全区常住人口 132591 人，年平均人口 127791 人。人口出生率为 7.17‰，死亡率为 5.14‰，自然增长率为 2.03‰。

2010 年城镇居民人均可支配收入 22216 元，同比增长 11.1%；人均消费性支出 14090 元，同比增长 31.5%。农村居民人均纯收入 10157 元，同比增长 15.1%；人均消费性支出 5815 元，同比增长 11.1%。城镇居民家庭、农村居民家庭恩格尔系数分别为 21.6%、23.9%。城市居民人均住房建筑面积 29.9 平方米，农村居民人均住房面积 66.8 平方米。

社会保障体系不断完善，企业退休人员基本养老金、城乡低保补助标准进一步提高，全区企业在职职工养老保险参保人数 10316 人，共征缴企业社会保险费 3735 万元。积极推进医药卫生体制改革，在全区实施国家基本药物制度，农村卫生院和城市社区卫生服务中心实现了药品零差价；实施全民健康普查工程，居民建档率 100%；新农合门诊统筹财政补助标准和人均大病住院报销额度进一步提高，参合率 98.57%。全区享受廉租住房保障的家庭 106 户 246 人，实现了应保尽保。

注：地区生产总值、各产业增加值绝对数按现行价格计算，增长速度按可比价格计算。

（刘昱杞）

组织机构和领导人员名录

【中共上街区委员会】

书　记　黄　卿
副书记　戴春枝（女）
　　　　李建伟
常　委　黄　卿　戴春枝（女）
　　　　李建伟
　　　　魏建民（11 月任）
　　　　邓书安　黄　钫
　　　　周为国　钱世哲
　　　　宋双兴　翟国防
　　　　乔德宁
　　　　王素梅（女，11 月任）
　　　　牛瑞华（11 月免）
　　　　王玉红（女，11 月免）

【中共上街区纪律检查委员会】

书　　记　邓书安
副 书 记　马垣威　陈　铠
纪委常委　丁志强
　　　　　马秋霞（女）
　　　　　童小鹏
　　　　　朱　笛（女）
办公室主任　童小鹏
信访室主任　丁志强
效能办主任　王志君（女）
农村党风室主任　王金星
农村党风室副主任
　　　　赵　辉（女）
纪检监察室主任
　　　　冯迎周（8 月免）
案件审理室主任　安琳琳（女）
监察综合室主任　闫灵洁（女）
效能监察室副主任　张　品
案件管理室主任
　　　　白书杰（12 月免）

【中共上街区委工作部门及直属单位】

区委办公室

（挂：“区委机要局〈区国家密码管理局〉、区委保密委员会办公室、〈区保密局〉”牌子）

主　　任　钱世哲
常务副主任　张富强（4 月免）
　　　　　马松宝（4 月任）
副 主 任　张元恒　冯惠强
　　　　　马风威　田军宝
　　　　　王文豪
　　　　　王　宁（7 月任）

区委机要局
（区国家密码管理局）

局　长　马风威
副局长　张伟锋
工程师　孙毅国

区委保密委员会办公室（区保密局）

局　长　田军宝
副局长　柴慧平（女）

区委督促检查室

主　任　冯惠强
副主任　吴永杰

区委政策研究室

主　任　张三成（7 月免）
　　　　王文豪（7 月任）
副主任　焦　阳

区档案局（档案馆）

局（馆）长　时永莲（女）
副局（馆）长　时文贤　夏朝娟（女）

区委组织部

（挂：“区直机关工作委员会”牌子）

部　长　牛瑞华（11 月免）
　　　　魏建民（11 月任）
常务副部长　郝　斌
副部长　李显发　李广久
　　　　张富强（3 月任）

区直机关党工委

书　记　李广久
副书记、纪工委书记　路继峰
工会主席、党工委委员
　　　　克东海

区委党史办

主　任　樊向阳（7 月任）

区人才办

主　任　李显发
副主任　曹　欣

区委组织部干部监督室

主　任　曹家旋

区委电化教育中心（区党员干部现代远程教育）办公室

主　任　吴向锋

区委宣传部

部　　长　宋双兴
常务副部长　张光斌
副 部 长　部　锋　杨晓东

区精神文明建设指导委员会办公室

主　任　杨晓东
副主任　梁　慧（女，7 月免）
　　　　房婉春（女）
　　　　周子夏（7 月任）

区对外宣传工作领导小组办公室（区政府新闻办）

主　任　郜　锋
副主任　刘新华　唐　宁（女）

上街时讯编辑部

主　任　张东奇
副主任　李晓港
　　　　周子夏（7月免）

区委统战部

（挂："区民族宗教事务局"牌子）
部　　长　周为国
常务副部长　薛振杰
副　部　长　胡爱敏（女）
　　　　　　虎新伟（回族）

区委台湾工作办公室（区政府台湾事务办公室）

主　任　胡爱敏（女）

区民族宗教局

局　长　虎新伟（回族）
副局长　虎　君（女，回族）

区委政法委

书　　记　翟国防
常务副书记　楚玉钦
副　书　记　李怀超　张保成
纪工委书记　陈智永

区社会治安综合治理委员会办公室

主　任　张保成
副主任　陈　榕（女，5月免）
　　　　李永红（女，5月任）

区委维护稳定领导小组办公室

主　任　李怀超
副主任　王松波　杨文学
　　　　樊宝菊（女）

区社区巡防管理办公室

主　任　李　孟

区委群众工作部

部　长　王继正
副部长　张俊超
　　　　尹秀平（女，7月免）

信访局

局　长　张俊超
副局长　陈　勇　吴亚伟（女）
　　　　杨　霞（女）

区机构编制委员会办公室

（挂："区事业单位登记管理局"牌子）
主　任　张富强（3月任）
副主任　蔡文勇

区事业单位登记管理局

局　长　蔡文勇
副局长　雪　洁（女）

区委老干部局

局　长　张魁伟
书　记　杨月凤（女）
副局长　冯丽萍（女）
　　　　徐进伟
　　　　郭晓娜（女）
　　　　雷明洲（8月免）

区关心下一代工作委员会办公室

主　任　张新红（女）

区委党校

校　　长　李建伟
常务副校长　刘玉贞（女，3月免）
　　　　　　李　杰（3月任）
副　校　长　李培荣（女）

【上街区第十一届人大常委会】

党组书记、主任　巨宝志
党组副书记　张振威
　　　　　　张旭华（1月任）
　　　　　　冯文生
　　　　　　高自廷
副主任　张振威
　　　　张旭华（1月当选）
　　　　钟　明
　　　　邢艳丽（女）
　　　　李华道
　　　　陈　炜
　　　　袁春明（1月当选）
　　　　王家伦（1月当选）
委　员　（按姓氏笔划为序）
　　　　马丽平（女）
　　　　马淑云（女）
　　　　王振宇　冯文生
　　　　边金銮（女）
　　　　李　立（1月辞）
　　　　李　超（1月辞）
　　　　苏建华（女）
　　　　孟若志　赵文瑛（女）
　　　　赵紫光　郝　斌
　　　　殷玉芳（女）　袁家伟
　　　　郭秀萍（女）　魏志强

【区人大常委会工作部门】

区人大办公室

主　任　王振宇
副主任　曹　锐　张玉敏（女）
　　　　杨保山（3月免）

区人大法制工作委员会

主　任　魏志强

区人大财经工作委员会

主　任　郭秀萍（女）

区人大城建工作委员会

主　任　安　璆

区人大教科文卫工作委员会

主　任　马丽平（女）
副主任　任伯森（7月任）

区人大代表信访联络工作委员会

主　任　张松茂

区人大人事任免科

科　长　张玉红（女，7月任）
副科长　戚润朝（女）

【政协上街区第七届委员会】

主席、党组书记　张福祥
党组副书记　武家寅（2月任）
　　郭志昭　徐凤言
　　黄国民
副主席　武家寅
　　郭志昭（1月免）
　　卢裕华（女）
　　薛景霞（女）
　　李新廷　梁红松
　　吕现州（1月任）
　　岳　斌（1月任）
　　王金河（1月免）
党组成员、正县级干部
　　王金河（1月任）
副县级干部　奚　亮（女）
秘书长　闫光甫（1月任）
常务委员　（按姓氏笔画为序）
　　马　丽（女）
　　王淑勤（女）
　　朱志刚　刘雷音
　　杨保军
　　李长新（俄罗斯族）
　　李凯洲　李俊卿
　　杜　凯　时跃华
　　张迎春（女）
　　侯国良　梁端平
　　蔡　军　薛振杰

【区政协工作部门】

区政协办公室

主　任　闫光甫
副主任　路坦坦（女）

区政协专门委员会办公室

主　任　杨保军

区政协提案委员会

主　任　何奇志（女）

区政协经济委员会

主　任　闫荡西

区政协教科文卫体委员会

主　任　张保荣（女）

区政协社会和法制委员会

主　任　陈俊杰

区政协学习文史委员会

主　任　代振岭

区政协港澳台侨和民族宗教委员会

主　任　张松国

【区人民政府】

区　长　戴春枝（女）
副区长　黄　钫
　　王素梅（女，11月任）
　　王玉红（女，11月免）
　　赵风军　赵　敏
　　郝国防（科技副区长）
　　朱选伟　徐　勇
区长助理　杜惠斌　赵全来
　　张富永
　　朱书民（3月免）
　　吕现州（1月免）
　　王　晓（3月免）
　　平相乾（3月免）

【区人民政府工作部门及直属单位】

区政府办公室

（挂：“区法制办、区人防办”牌子）
主　任　刘　敏（女）
副主任　秦永娜（女）
　　张海涛　陈亚萌
　　丁振江（7月免）
　　刘一江　胡小珂
　　郑焱飚　杨汶勇
　　陈玉法
　　赵　鹏（8月免）
　　杨坤锬（7月任）

区法制办

（3月，由区法制局更名，原区法制局领导职务自行免去）
主　任　张海涛（3月任）
副主任　张红烈（3月任）

区外事侨务办

主　任　安宏学
书　记　张华雯（女）
副局长　裴云丽（女）
　　魏　郑（3月免）

区地方史志办公室

主　任　朱昌伟

区政府招待所

所　长　陈亚萌
副所长　雷利芳（女）

区目标办

主　任　马玉兰（女，回族）
副主任　肖朝霞（女）

区人民政府督促检查室

主　任　秦永娜（女）
副主任　王　义

区人民防空办公室

主　任　席金长（3月免）
　　　　曹铁信（3月任）
书　记　罗保聚
副主任　马垣恒　马淑芳（女）
　　　　巨　明（7月任）

区金融工作办公室

主　任　刘一江（7月任）
副主任　王中旗（8月任）

区经济发展投资公司

经　理　林　虎（7月免）
　　　　冯　涛（7月任）
副经理　卞　欢（女）
　　　　王文霞（7月任）
　　　　陈英涛（7月任）
　　　　冯　涛（7月免）

区机关事务管理局

局　长　刘　毅
书　记　程建新（7月任）
副局长　赵万青　赵亚非
　　　　张海平　程莉莉（女）
　　　　黄文跃

区接待办公室

主　任　祁　亚
副主任　雷　丹（女，8月免）

区行政服务中心

主　任　许发成
书　记　王豫新(回族，7月任)
副主任　张跃武　钟　倩（女）

区爱卫办

主　任　安建华
书　记　南海翔（7月任）
副主任　白　珂　李继勇
　　　　王立民（7月免）

发改委

（挂："统计局"牌子）
主　任　李春发（3月免）
　　　　林　虎（3月任）
书　记　王玉洁（女）
副主任　王玉洁（女，7月任）
　　　　王桂兰（女）
　　　　张　劼（女，7月任）
　　　　赵向阳
　　　　何乾坤（3月免）
　　　　程建新（7月免）
纪检组长、监察室主任　张会有

区物价检查所

所　长　樊　克

区统计局

局　长　程建新（7月免）
　　　　王玉洁（7月任）
副局长　张　劼（女）
　　　　朱冬红（女）
　　　　侯建功（女，7月任）
总统计师　侯建功（女）

区社会经济调查队

队　长　程建新（7月免）
　　　　李　淼（7月任）

教育体育局

局　长　李　杰（3月免）
　　　　刘玉贞（女，3月任）
书　记　张彦君
副局长　刘贺荣　郭保军
　　　　王富贵（7月任）
　　　　孙火森（8月免）
纪委书记、监察室主任
　　　　张　晖（女，7月免）
　　　　徐　飞（7月任）

区人民政府教育督导室

主　任　刘贺荣
副主任　郑梅青（女）

第二外国语学校

校　长　王宝钧（7月免）
　　　　田星灿（聘，7月任）
书　记、副校长　边太蕊（女）
副校长　马瑞甫　张花英（女）
　　　　郑长青

招生办公室

主　任　蒋志斌

科学技术局

（挂："区地震局"牌子）
局　长　韩中秋
书　记　王豫新
　　　　（回族，7月免）
　　　　韩中秋（7月任）
副局长　赵志强　李军锋
　　　　苏　筠（女）
纪检组长、监察室主任
　　　　方　巧（女，7月免）
　　　　张莉荣(女，7月任，8月免)

区地震局

局　长　赵志强

河南省生产力促进中心上街区分中心

主　任　韩中秋（7月免）
　　　　李军锋（7月任）

副主任　李军锋（7 月免）
　　　　郭志民（7 月任）

区工业和信息化局

（3 月，由区经委更名，原区经委领导职务自行免去）
局　长　张华君（3 月任）
书　记　张秋菊
　　　　（女，回族，3 月任）
副书记、纪工委书记、
　　　　监察室主任
　　　　李长伟（7 月任）
副局长　宋珂彩（女）
　　　　王　治（7 月任）
　　　　李建波（7 月任）
　　　　杨永超（7 月任）
总经济师　韦　萍（女）
工会主席　毕元春（7 月任）

区公安局

局　长　杜惠斌
政　委　成　建
副书记、副局长　牛林科
副局长　魏景峰　蒋俊峰
　　　　周阁明　杨国强
　　　　刘　品　王新献
　　　　孙振伟（挂职）
　　　　王　翟（挂职）
　　　　吕宏伟（挂职，5 月任）
纪委书记、监察室主任
　　　　王黎彩（女）
局长助理、城市管理执法局
　　　　副局长　戴民强
工会主席　杜新奇

区公安局政治处

主　任　戚宏贤

区公安局法制室

指导员　曹　泰

区公安局交巡警大队

大队长　刘　品
指导员　许延鹏
副大队长　王海水　杨卫平
　　　　吴意桥　王玉宝
　　　　杜　勇

区公安局刑侦大队

教导员　马胜利
副大队长　刘　钢　王　戈
　　　　牛洪超

区公安局经侦大队

大队长　张中林
指导员　王新宝

区公安局治安管理科

科　长　张　兰（女）
指导员　林红永

区公安局济源路派出所

所　长　徐建伟（5 月任）
指导员　李永锋

区公安局中心路派出所

所　长　马原鋆
指导员　贾　浩

区公安局新安路派出所

所　长　徐建伟（5 月免）
　　　　耿　嘉（5 月任）
指导员　耿　嘉（5 月免）

区公安局工业路派出所

所　长　陈亚平
指导员　王鹏杰

区公安局矿山派出所

所　长　陈　涛
指导员　杨歧岭

区公安局铝城派出所

所　长　席中学
指导员　张中林
副所长　王晓晖　牛改峰
　　　　高京京

区公安局森林公安派出所

所　长　马伟民

区公安局峡窝镇派出所

所　长　房　岷
指导员　郭永政

行政执法警察大队

大队长　戴民强

监察局

局　长　马垣威
副局长　朱　迪（女）
　　　　冯书娟（女）

区民政局

局长、副书记　姚德欣
书　记　姚德欣（3 月免）
　　　　邢永桥（3 月任）
副局长　王敬群（女）
　　　　和向东　王龙新
纪检组长、监察室主任
　　　　杨　睿（女）

区民间组织管理局

局　长　刘晓宁（女）

司法局

（挂：“依法治区领导小组办公室”牌子）
局长、书记　张富贵
副局长　于海燕（女）
　　　　蒋俊峰　巨　亮
纪检组长、监察室主任

买　红（女，回族）

政治处

主　任　蔡　婧（女）

依法治区领导小组办公室

副主任　孟莉红（女）

峡窝镇司法所

所　长　王建峰

济源路街道司法所

所　长　朱珂青

中心路街道司法所

所　长　罗权坤

新安路街道司法所

所　长　周立新（女）

工业路街道司法所

所　长　王凤莲（女）

矿山街道司法所

所　长　刘　训

区财政局

局　长　牛志甫
书　记　牛志甫（3月免）
　　　　史瑞娟（女，3月任）
副局长、经济发展投资公司经理
　　　　林　虎（3月免）
副局长、核算中心主任
　　　　冯　娜（女）
副局长　朱登峰
　　　　（正科级，7月任）
纪检组长、监察室主任
　　（正科级）
　　何国亮
总会计师　安　斌（女）
工会主席　连中午

区预算外资金管理办公室

主　任　鲁　宁

区会计核算中心

主　任　冯　娜（女）
副主任　李松强　潘　登
　　　　陈英涛（7月免）

区国库集中收付中心

副主任　周　婕（女）
　　　　杜建鹏
　　　　张延辉（7月任）

区国有资产管理办公室

主　任　陈丽敏（女）

区政府投资评审中心

副主任　张怀彪　王志涛
　　　　杨秀峰（女）

区人力资源和社会保障局

（3月，由区人事劳动和社会保障局更名为区人力资源和社会保障局）

局长、党组书记
　　　　宋继兵（3月任）
副局长　郑育民　马　丽（女）
　　　　刘中凯
纪检组长、监察室主任
　　　陈全胜
工会主席　陈　霞（女）

区自主择业军转干部管理中心

主　任　郑育民

区人才交流服务中心

主　任　王　瑞（女）

区劳动争议仲裁委员会办公室

主　任　张建军

区劳动监察中队

队　长　王立中

区外来劳动力管理办公室

主　任　王国民

区劳动就业服务管理中心

主　任　白小杰

区医疗保险中心

主　任　马　丽（女）

区社会保险事业管理局

（3月，由区社会保险中心更名为区社会保险事业管理局，原区社会保险中心领导职务自行免去）

局长、党组副书记
　　　　杨建华（7月任）
党组书记　尹秀平
　　　　（女，7月任）
副局长、副书记
　　　　陈　昕（7月任）
副局长　赵　斌（7月任）
　　　　王艳丽（女，7月任）
纪检组长、监察室主任
　　　　许琪新（7月任）

国土资源局

局　长　禹秉臻
书　记　王琳宝
副局长　王清波　贾广奇
　　　　杨向东
纪检组长、监察室主任
　　　王建设

区国土资源监察大队

大队长　王海军

区土地储备中心

主　任　张华君（3月免）

刘铁强
（回族，3月任）
书　记　刘铁强
（回族，3月免）
王立民（7月任）
副主任　王利霞（女，7月任）
马红雨　郑金文
王海兵　屈　峰
孙素霞（女）
杜仕杰（3月免）

区地产公司

经　理　刘铁强
（回族，7月免）
王利霞（女，7月任）
副经理　孙素霞（女）
杜仕杰（3月免）

区安全生产监督管理局

局　长　邢永桥（3月免）
赵振乾（3月任）
书　记　李　浩（3月任）
副局长　王　哲（7月任）
王　培（7月任）
刘副营（7月任）
纪检组长、监察室主任
张　晖（女，7月任）

区住房和城乡规划建设局

局长、副书记
张　振（3月任）
书　记　张　振（3月免）
何爱琴（女，3月任）
副局长　吕保良（7月任）
杨文斌（7月任）
杨红宝
许爱君（7月任）
罗辛乾（7月免）
丁志杰（3月免）
纪委书记、监察室主任
李东升（7月免）
郭花梅（女，7月任）
总工程师　许爱君（7月免）
工会主席　郭花梅
（女，7月免）

区人民政府拆迁办公室

主　任　安洪涛

区自来水公司

经　理　陈广宇
书　记　陈广宇（5月免）
王纯锋（5月任）
副经理　王纯锋（5月免）
曹　炜（女）
鲁西祥

区房产管理中心

（3月，由区房产管理局更名为区房产管理中心，原区房产管理局领导职务自行免去）

主　任　吕保良（7月任）
书　记　张志贤
常务副主任　许春鹏（7月任）
副主任　马建玲（女）
张　惠（女）
焦东坡

区交通运输局

（3月，由区交通局更名为交通运输局，原区交通局领导职务自行免去）

局　长　王胜利（3月任）
丁志杰（3月免）
书　记　王辉仁（3月任）
副局长　邢　蕊（女，7月免）
贾　利（女，7月任）
王　峥（女，7月任）
王晓慧（7月任）
鲁治国（7月任）
纪检组长、监察室主任
何玉宾（7月任）

区公路管理局

局　长　王晓慧
书　记　田淑丽（女）

区公路运输管理所

所　长　吴建伟
副所长　冯向朝

区交通路政管理大队

大队长　王　峥（女）
书　记　袁忠政

区汽车站

站　长　何玉宾

区城市管理执法局

（3月，由区城市管理行政执法局和市政局合并，组建区城市管理执法局，原区执法局和区市政局领导职务自行免去）

局长、副书记
王　兢（3月任）
书　记　任　鹰（3月任）
副局长　陈文斌（7月任）
程广义（7月任）
戴民强（7月任）
耿远强（7月任）
韩保安（7月任）
纪委书记、监察室主任
王洪伟（7月任）
总工程师　李书强（7月任）
工会主席　杨新菊
（女，7月任）

区市政工程管理所

所　长　王桂芬（女）
书　记　李　军

区行政执法监察大队

大 队 长　程广义

副大队长　董金录　冯保永
高　锋
付建民（7月任）
任巧云
（女，7月任）

区环境保护局

（国家生态工业示范园区办公室与其合署办公）

局　长　周伟杰（3月免）
张海涛（3月任）
书　记　周伟杰（3月免）
何玉亭（3月任）
常务副局长　程建辉（7月任）
副局长　张元立（3月免）
付覃诚（满族）
郭　磊
秦晓吾（7月任）
纪检组长、监察室主任
牛玉凤（女）

国家生态工业示范园区办公室

主　任　张元立（3月免）
程建辉（7月任）
副主任　刘红昭
郑惠英（女）
陈纪晓（女）

区环境监察大队

大队长　秦晓吾

区农业农村工作委员会

（区农村经济委员会更名为区农业农村工作委员会，撤销区畜牧兽医管理局，原畜牧兽医管理局领导职务自行免去）

主任、副书记
吴留柱（3月任）
书　记　张元立（3月任）
吴留柱（3月免）
副主任　马书海　赵　阳
贾双智　杨延宾
付海舰
方　巧（女，7月任）
纪检组长、监察室主任
孙　雷
总农艺师　侯志祥（7月任）
张莉荣
（女，7月免）

区农业开发开发（扶贫开发）领导小组办公室

主　任　赵　阳（5月任）
书　记　杜仕杰（3月任）
副主任　陈　丽（女）
毛建国　张　辉

南水北调工程建设管理领导小组办公室

主　任　马书海

区商务局

局　长　赵振乾（3月免）
周伟杰（3月任）
书　记　张永志（7月免）
刘　郁（女，7月任）
常务副局长　朱志刚（3月任）
副局长　房俭新（7月任）
李桂琴（女）
罗志红（女）
乔　飞（7月任）
马元仁（7月免）
刘　郁（女，7月免）
纪检组长、监察室主任
马元仁（7月免）
李道战（7月任）
总经济师　张新培
（女，7月任）

区粮食管理中心

（3月，由区粮食局更名为区粮食管理中心，原区粮食局领导职务自行免去）

主　任　张永志（3月任）
副主任　陈　阳（3月任）

区投资促进服务中心

（3月，由区投资促进局更名为区投资促进服务中心，原区投资促进局领导职务自行免去）

主　任　朱志刚（3月任）
书　记　韦启中（3月任）
副主任　张　正（7月任）
陈　鹏（7月任）
伍　浩（8月免）
乔　飞（7月免）

区文化广电新闻出版局

（3月，由区广电局和区新闻出版局合并，组建区文广新局。原区广电局和区新闻出版局领导职务自行免去）

局　长　冯立新（3月任）
书　记　吕喜朝（7月免）
张三成（7月任）
副局长、副书记
张丰奎（7月任）
副局长　付天才（7月任）
蔡旭晓（女，7月任）
姚民（女，7月任）
景梅荣（女，7月任）
纪检组长、监察室主任
郭　峰（女，7月任）

文化馆

馆　长　任伯森（7月免）
刘国华（7月任）
书　记　罗国庆

影剧院

经　理　邵彦斌

有线电视台

台　长　姚　民（女，7月任）

文化市场综合执法大队

大 队 长　张丰奎（3月任）
书　　记　冯红军（7月任）
副大队长　吴春生（7月任）

区卫生局

局　　长　石卫军
书　　记　周　斌
副 局 长　李　浩
　　　　　时新君（女）
　　　　　王文英（女）
纪检书记　靳喜爱（女）

区卫生监督局

局　长　王　阳

区红十字会

秘书长　王文英（女）

区疾病预防控制中心

主　任　马景芳（女）
书　记　刘志立
副主任　张玉红（女）
　　　　张煜豪

区人民医院

院　长　窦志兴
书　记　李玉普
副院长　苌　海　吉　喆
　　　　吴玉章
　　　　安奕青（女）

区人口和计划生育委员会

主任、书记　何乃玲（女）
副主任　马琳亚（女）
　　　　白　琚（女，7月任）
　　　　张玉红（女，7月免）

纪检组长　朱广慧（女）

计划生育监察队

队　长　卢　伟

区审计局

局　长　杜爱功
书　记　杜爱功（3月免）
　　　　丁志杰（3月任）
副局长　张莉娟（女）
　　　　楚郑雷
　　　　杜爱芳（女）

【镇（街道）】

峡窝镇

书　记　吴新勇（3月免）
　　　　张立宏（3月任）
副书记　赵永军
副书记、人大主席团主席
　　　　马保龙
纪委书记、监察室主任、综治中心主任
　　　　马利伟（回族）
党委委员、政协工委主任
　　　　安青霞（女，7月任）
党委委员、人武部部长
　　　　薛耀伟
党委委员　李志锋
工会主席　张元星
综治中心副主任　袁志刚
纪委副书记　许东明（7月任）
镇　　长　赵永军
副 镇 长　薛耀伟　王文军
　　　　　王俊杰
　　　　　韩洪涛（8月免）
镇长助理　侯平松

济源路街道

书　记　李　立
副书记　李金保（3月免）
　　　　房玉雯（3月任）
副书记、人大工委主任
　　　　张　伟
副书记、纪工委书记、监察室主任、综治中心主任
　　　　杨建华（7月免）
　　　　张金山（7月任）
党工委委员、政协工委主任
　　　　杨振国（7月任）
党工委委员　周志新（女）
　　　　　　禹　涛
　　　　　　郭　瑞（女）
　　　　　　陈瑞霞（女）
　　　　　　付建立
　　　　　　黄　毅（女）
党工委委员、人武部部长
　　　　陶　宏
工会主席　郝菊兰
　　　　（女，7月任）
综治中心副主任
　　　　樊　静（女）
纪工委副书记
　　　　逯宜淑（7月任）
主　任　李金保（3月免）
　　　　房玉雯（女，3月任）
副主任　周志新（女）
　　　　郭　瑞（女）
　　　　陈瑞霞（女）
　　　　杨振国（7月免）

新安路街道

书　记　乔文轩
副书记　李　超
副书记、人大工委主任
　　　　安红伟
副书记、纪工委书记、监察室主任、综治中心主任
　　　　张金山（7月免）
　　　　马　蕾（女，7月任）
党工委委员、政协工委主任
　　　　刘秋利（女，7月任）

党工委委员　张洪波
马　蕾（女，7月免）
朱建学
付　强（7月任）
耿永胜
苗春雨
党工委委员、人武部部长
付　强（7月免）
孙卫恒（7月任）
工会主席　曹　佳
综治中心副主任　邢文静（女）
纪工委副书记
周志立（7月任）
主　任　李　超
副主任　许卫超（7月免）
马　蕾（女，7月免）
付　强（7月任）
张洪波　朱建学
李　滔

中心路街道

书　记　马松宝（3月免）
李金保（3月任）
副书记　秦清宇
副书记、人大工委主任
李军志
副书记、纪工委书记、监察室主任、综治中心主任
李智俊
党工委委员、政协工委主任
高天宝（7月任）
党工委委员　杨　勇
吴金伟（女）
邢金聚
李艳萍（女）
王志华（女）
党工委委员、人武部部长
黄玉鹏
工会主席　杨福录
综治中心副主任
时　洋
纪工委副书记
高君锋（7月任）
主　任　秦清宇
副主任　高国安（聘）
杨　勇
吴金伟（女）
邢金聚
冯学选（7月免）
杨福奇（聘，8月免）

工业路街道

书　记　张广舟
副书记　王百峰（女）
副书记、人大工委主任
张丽娟（女）
副书记、纪工委书记、监察室主任、综治中心主任
马合祥（7月免）
丁振江（7月任）
党工委委员、政协工委主任
张广申（7月任）
党工委委员　张建伟　胡延军
王金霞（女）
卢开颜（女）
顾　杰
党工委委员、人武部部长
雷建军
党工委委员、工会主席
满　燕（女）
综治中心副主任
张　峰
纪工委副书记
王爱国（7月任）
主　任　王百峰（女）
副主任　王金霞（女）
董　方　顾　杰
张广申（7月免）

矿山街道

书　记　杨满坡
副书记　房玉雯（女，3月免）
张东辉（3月任）
副书记、人大工委主任、政协工委主任
张金红（7月任）
党工委委员　王冬梅（女）
赵建明
张　鑫
党工委委员、人武部部长
时俊锋
党工委委员、工会主席
崔向辉
综治中心副主任
田喜华
纪工委副书记　张红英
主　任　房玉雯（女，3月免）
张东辉（3月任）
副主任　王冬梅（女）
赵建明

【区人民武装部】

部　长　王振慧
政　委　乔德宁
副部长　邢彦军　徐道利
后勤科长　赵海平

【区人民法院】

院长、书记　王家伦（1月免）
彭连城（1月任）
副院长、副书记　罗保善
吴　波
副院长　杜利军　杨建民
韩　锋
纪检组长、监察室主任
杨　建
工会主席　王天超（女）

政治处

主　任　李良科

执行局

局　长　王驰峰

政　委　马占文

法警大队

大队长　张海林
政　委　禹红岩

专职审委会委员

委　员　周锐锋　朱艺枝（女）

【区人民检察院】

检察长、书记　程振胜
副检察长、副书记
柴俊钊　牛步云
副检察长　刘亚明
张秋红（女）
王水军
谷晓锋（女，挂职）
工会主席　张晓慧
（女，8月免）

政治处

主　任　王培军

反贪污贿赂局

局　长　王　武
政　委　王宇辉（女）

检察检委会

委　员　桑一帆

反渎职侵权局

局　长　杨建杰
政　委　范红丽（女）

司法警察大队

大队长　张智宏

【园区管委会】

工业集聚区管理委员会

（3月，由装备制造业基地管委会更名，原装备制造业基地管委会领导职务自行免去）
主　任　张旭华（1月免）
李春发（3月任）
书　记　孙喜忠（3月免）
王　晓（3月任）
常务副主任　张元恒
副书记　吴新勇（3月免）
平彩霞（女，7月任）
副主任　何乾坤（3月任）
禹秉臻（兼任）
平彩霞（女，7月免）
纪委书记、监察室主任
王梦梅（女）
工会主席　宋朝阳

综合协调部

部　长　韩文军（7月任）
副部长　焦建国（7月任）
张　琳（7月任）

发展战略部

部　长　郭继丰（7月任）
冯红军（7月免）
副部长　马剑锋（7月任）
张　琳（女，7月免）

规划建设部

部　长　杨文斌
（7月任，兼职）
副部长　马保营（7月任）
石贤福（7月任）

投融资服务部

部　长　张　威（7月任）

服务业集聚区管理委员会

（3月，组建区服务业集聚区管理委员会，规格相当于副县级）
主　任　孙喜忠（3月任）
书　记　吕喜朝（7月任）
副主任　王秀莉（女，7月任）
罗敏慧（7月任）

综合协调部

部　长　冯迎周（8月任）
副部长　杨沛娟（女，7月任）

规划建设部

部　长　柴海林（7月任）
副部长　贾　峰（7月任）

项目推进部

部　长　吴瑞玲（女，7月任）
副部长　郝思远（7月任）
安东华（7月任）

城乡一体化办公室

（3月，组建城乡一体化办公室，规格相当于副县级）
主　任　朱书民（3月任）
书　记　吴新勇（3月任）
常务副主任　平相乾（3月任）
副主任　罗志刚（7月任）

综合协调部

部　长　臧　彬（7月任）
副部长　牛大林（7月任）

农村体制改革部

部　长　冯学选（7月任）

城乡统筹部

部　长　邢　蕊（女7月任）

产业发展部

部　长　韩洪涛（8月任）

【区群团工作部门】

区总工会

主　　席　袁家伟

常务副主席　贾建国
副主席　罗辛乾（7月任）
　　　　杨桂艳（女，3月免）

困难职工帮扶中心

主　任　王贤明

共青团上街区委员会

书　记　赵　鹏（8月任）
　　　　张东辉（3月免）
副书记　黄一坤（女）

区妇女联合会

主　任　苏建华（女）
副主席　王　岩（女，7月任）
　　　　韦　伟（女）
　　　　张建莉（女）

区科协

主　席　王淑勤（女）
书　记　刘雷音
副主席　马　宏（女）
　　　　王　春（7月免）

区工商联

会　长　薛景霞（女）
副会长、书记
　　　　马合祥（7月任）
　　　　薛振杰（7月免）
副会长　赵鲜平（女）
秘书长　高慧英（女）

区归国华侨联合会

主　席　李长新（俄罗斯族）
副主席　杨悦丹（女）

区残疾人联合会

理 事 长　王敬群（女）
副理事长　侯爱琴（女）

【郑州市直属部门及主要驻上街单位】

工商局

局　长　王建修（11免）
　　　　成江北（11任）
副局长　杨增瑞（4月免）
　　　　张振峰（4月免）
　　　　毛艺帧（11月免）
　　　　周朝阳（12月任）
　　　　李　冰（12月任，兼任纪检组长）

国税局

局　　长　何　伟（1月免）
　　　　　焦豫安（1月任）
党组书记　何　伟
副 局 长　赵书岭
　　　　　张建峰（1月任）
纪检组长　付瑞林（1月任）
工会主席　李增平

地税局

党组书记、局长　王建忠
副 局 长　朱　宇
　　　　　（女，6月免）
　　　　　秦晓峰　杜　岩
纪检组长　王鹤建（6月任）

供电局

局　　长　李群才
书　　记　朱卫东
副 局 长　王　涛　王建新
工会主席　金先涛
　　　　　（回族，11月免）
　　　　　张新渝（11月任）
总工程师　孙明浩

质监局

局　　长　杨　泽
副 局 长　李　锋　陈雅丽（女）
纪检书记　杨　涛

药监局

党组书记、局长　曹冠伟
副局长　刘红兵　陈世宏

烟草局

党组书记、局长　邓子阳
党组副书记、经理　齐向华
副 局 长　王志和
纪检组长　张　勃

邮政局

局　长　冯　珂
副局长　刘海洋

郑州住房公积金管理中心上街分中心

主　任　王文峰
书　记　吴建业

中国移动上街公司

总经理　原永彬
副经理　徐贵全

中国联通

经　理　申建军
副经理　程　冰（女）
　　　　梁　晗

中国电信上街公司

总经理　吴文豪

中国人民银行上街支行

行　长　李　潮
副行长　朱福平　刘　沛
　　　　付建新

工商银行上街支行

行　长　翟兴光
副行长　张鸣林　靳国峰

农业银行上街支行

行　长　刘立新
副行长　吴东升

中国银行上街支行

行　长　张　航
副行长　张宏亮

建设银行上街支行

行　长　吕志峰
副行长　杨建先　方志东
　　　　陈　扬

交通银行上街支行

行　长　李文军

邮政储蓄银行上街支行

行　长　张西森
副行长　王百森

郑州银行上街支行

行　长　张海琴（女）

农村信用社上街分社

主　任　杨子华
副主任　谷红霞（女）
　　　　杨少英（女）

中国人民财产保险公司上街分公司

经　理　时万庆

中国人寿保险公司上街分公司

经　理　赵秀霞（女）

民生证券

经　理　王占喜

中国铝业河南分公司

总 经 理　乔桂玲（女）
党委书记　王立建
副总经理　吕子剑　江新民
　　　　　刘保正（6 月任）
　　　　　张际强（6 月任）

长城铝业公司

经　　理　曾庆猛
党委书记　王立建
党委副书记兼纪委书记　崔　平
副经理　孟若志（6 月免）
　　　　霍本龙
副厂级巡视员　孟若志（6 月任）

中国铝业轻金属研究院

院长、党委副书记　李旺兴
党委书记　陈建华
副院长　陈建华　赵庆云
　　　　刘凤琴（女）
　　　　周韶峰　杨建红

河南省重竞技体育管理中心

主　任　李　岩
书　记　李祖平
副主任　宋振房　宋保民
　　　　张　原

河南省航空运动管理中心

主任、书记　牛安林
副主任　郭鲁予
副主任　彭　刚
副主任　张树森

中国石油上街分公司

经　理　杜九红

（李　洋　地志办）

大　事　记

1月

6日　中国共产党郑州市上街区第八届委员会第十一次全体扩大会议召开。会议的主题：实施“两加快一维护”战略，全力推动经济又好又快发展。会议通过了《中共上街区委常委会2009年工作报告》、《中共上街区委、上街区人民政府关于进一步加快产业聚集区建设，加快城乡一体化进程，维护社会大局和谐稳定的意见》。

12日　市委书记王文超到上街调研，希望上街区要加快建设一流精品城区，争取在全市率先实现建设“三化两型”城市。市委书记王文超在区委书记黄卿、区长戴春枝、区委副书记李建伟等领导陪同下先后视察建业星级酒店、林肯电气合力（郑州）焊材有限公司项目施工现场并到区环保局和郑州轻金属研究院进行调研。

18日　区长戴春枝、副区长徐勇等领导在上街分会场收听收看全国安全生产电视电话会议。会议要求各单位和各部门认真落实党中央、国务院部署，坚持以人为本，安全生产，全面落实“安全第一，预防为主，综合治理”方针，深入开展“安全生产年活动”。

18日～21日　政协郑州市上街区第七届委员会第四次会议召开。政协副主席武家寅代表第七届委员会常务委员会作工作报告。政协副主席梁红松向大会作提案工作报告。

19日～22日　区第十一届人民代表大会第四次会议召开。区长戴春枝向大会作《政府工作报告》。区人大常委会主任巨宝志向大会作人大常委会工作报告。各代表团审议人大、法院、检察院等工作报告。会议选举张旭华、袁春明、王家伦为区第十一届人大常委会副主任；高自廷为区第十一届人大常委会委员；彭连成为区人民法院院长。表决通过了政府、计划、财政、区人大常委会、人民法院、人民检察院六个工作报告。

27日～28日　中国铝业公司党组书记、总经理熊维平调研中铝郑州企业，区委书记黄卿、区长戴春枝陪同。

29日　团区委和中国邮政储蓄银行上街支行联合召开青年创业小额贷款项目推进会。

2月

3日　济源路街道在三湾街社区先后投资15万元，建成“省级标准化职工书屋”。书屋藏书16类7000多册，各类报刊杂志40多种，联网电脑3台。

4日　区装备产业集聚区总体发展规划通过省级评审。

9日　区长戴春枝等领导先后到北农贸市场、丹尼斯超市、汽车站、烟花爆竹零售点察看春节前市场供应情况和安全措施实施情况。

10日　省委常委、市委书记王文超等四大班子领导到上街区走访慰问敬老院老人、低保、优抚对象。区委书记黄卿、区长戴春枝、区委副书记李建伟等领导陪同

19日　中央电视台《新闻联播》以《坚决解决实际问题，确保群众满意》为题，报道上街区开展党员星级评定活动。

26日　2009年度工作总结表彰暨实施“两加快一维护”战略动员会召开。

是月　政府在区级预算单位建立采购专员制度。

是月　区政协组织，区文化

馆、区人民广播电台收集编纂的《上街区文史资料》第一辑出版。全书近25万字，包括村名的由来和发展、知名人士、古迹古建筑、民风民俗、民间文艺、传说等10个章节。

3月

3日　召开三八妇女节表彰会，13名女中精英、5个巾帼先进集体、20个五好文明家庭和3名优秀女企业家受到表彰。

是日　深入学习科学发展观总结大会召开，按照中央、省、市委部署，自2009年3月开始，全区5200名党员、195个基层党组织分两批参加了学习活动。

4日　市委常委、组织部长姚待献调研区党建工作，并与区委书记黄卿一起为济源路街道成立的“同心家园”揭牌。同心家园位于新建街和淮阳路交叉口，主要功能是作为个人或群众工作室等，为居民长期提供咨询和爱心帮扶服务，实现党员志愿者服务常态化、品牌化。

是日　区政府机构改革动员会召开。会议贯彻落实中共十七大、十七届二中全会精神，认真学习贯彻《郑州市县（市）区人民政府机构改革意见》，要求各部门以高度责任感，组织实施好改革的各项工作，圆满完成政府机构改革工作。

是日　峡窝镇召开第一届人民代表大会第六次全体会议，审议并表决通过了《政府工作报告》、《峡窝镇人大主席团工作报告》、《2009年财政预算执行情况和2010财政预算报告》。

5日　召开国土资源整合利用动员会，传达省、市国土资源会议精神，通报土地整合清查利用情况，安排部署开展土地整合利用工作。

8日　区领导黄卿、戴春枝等陪同副市长刘东视察教科文卫工作，在峡窝镇详细了解国家基本药物制度实施情况。

10日　郑州少林特种玻璃有限公司80万辆轿车玻璃生产线建设开工，项目总投资1.5亿元，建设周期12个月，建成后新增销售额8亿元，利税达1.2亿元。

是日　区四大班子领导到郊野公园植树造林。

12日　第一所城中村科普大学聂寨分校在中心路街道办事处聂寨村委举行开学典礼。聂寨分校是全区开办的第十一所社区科普大学。

17日　郑州嘉盛集团投资2000万元兴建的嘉盛之星商务酒店（上街店）投入运营。酒店营业面积4000平方米，集餐饮、住宿、休闲、娱乐一体的三星级商务连锁酒店。

18日　区政府第七次全体（扩大）会议召开。会议贯彻落实区委八届十一次全会精神，推动实施“两加快一维护”工作，部署落实区十一届人大四次会议《政府工作报告》提出的政府工作任务。

21日　桂林九一新能源科技有限公司和郑蝶公司合资组建的3000吨锂离子动力电池关键材料（磷酸铁锂正极材料）生产线项目签约仪式举行。

23日　副市长王跃华，市农委主任、新农村建设办公室主任韩绍林等领导调研区新农村建设工作，察看汜水河花卉产业规划带、沙固中心村建设情况以及北峡窝鲜切菊花基地。

25日　区首家小额贷款公司铭泰小额贷款有限公司投入运营。

30日　市长赵建才带领市发改委、工信委、财政局、市农委等委局负责人深入企业视查，全面了解上街区经济社会各项事业发展情况。赵建才实地察看了河南华泰特种电缆有限公司、林肯电气合力（郑州）焊材有限公司和亚星江南小镇项目及中铝郑州研究院绿色冶金与材料实验基地。

是日　区第十一届人大常委会召开第二十六次会议，审议并表决通过了区人大常委会2010年工作要点（草案）和人事任免决定。

是日　区政府召开2010年人大代表建议和政协委员提案交办会，表彰2009年人大建议、政协提案办理工作先进单位和个人，部署2010年建议提案办理工作。

31日　市土地储备中心与朝阳街社区签订“服务城乡、联点共建”协议。

4月

1日　城镇职工基本医疗保险统筹支付限额由3.6万元提高到6万元，增加7类慢性病纳入医保门诊规定病种支付范围。

2日 郑州市裕丰冶金炉料有限公司5万吨冶金辅助料项目开工建设，项目总投资8000万元，分期建设。

7日 召开迎接国家卫生城市复审动员会暨爱国卫生工作会议。

是日 河南省中国科学院科技成果转移转化中心、绿色化工材料分中心批准成立。中国科学院系统研究所与区属企业共建了新材料研发中心、功能材料研发中心和空气炮联合实验室三家联合科技开发机构，院区企业合作项目超过了20项。

9日 三门峡市湖滨区委组织部考察团考察区基层党建工作，参观中心路街道、聂寨村、盛世社区党员活动中心。

11日~16日 区委书记黄卿、区长戴春枝带领的区党政考察团赴津、浙、苏，就城乡一体化、产业集聚区建设进行专题考察。

19日 区委、区政府为青海玉树地震灾区举行爱心捐款仪式，现场收到捐款106765元。

22日 区长戴春枝带领卫生局、城市管理执法局、工商分局、食品药品监督管理局及各镇办负责人视察中心路街道“五小”单位综合整治工作。

23日 郑州市民委副主任刘佩伦、民族处长马利军到新安路街道检查民族工作。

27日 环境保护部长周生贤在省市领导陪同下视察总投资31.37亿元的南水北调中线穿黄工程。

26日~30日 国际铝协会铝土矿与氧化铝专业委员会高层研讨会首次在中国铝业河南分公司召开。IAI（国际铝业协会）、美国铝业（Alcoa）、力拓加铝（RiotintoAlcan）、俄罗斯铝业（Rusal）、必和必拓（BHPBilliton Ltd）、德国铝业公司（AOS）、中国铝业（Chinalco）等国际6大铝业公司的高官、技术专家及国内26家企业、高校代表参加了会议。国际铝业协会秘书长RonKnapp、中国有色金属工业协会会长康义、郑州市副市长薛云伟、中国铝业股份公司副总裁刘祥民等出席会议，区长戴春枝应邀出席开幕式。

29日 纪念五四运动91周年暨“上街区第四届十大杰出青年”颁奖会议在长铝艺术宫举行。

5月

4日 市委常委、常务副市长胡荃在区领导陪同下察看中心路幼儿园和实验初中校园安全工作。

6日 区长戴春枝在相关人员陪同下，慰问新时代“沂蒙母亲”李桂堂老人。

10日 省校园安全保卫工作督导组察看实验小学、铝城小学和长铝幼儿园校园安全保卫工作。

11日 市委常务副书记马懿、副市长王跃华带领市农业农村工作委员会、财政局、规划局、国土资源局等相关部门负责人视察区新农村建设。

12日 全区行政事业单位和大中型企业在亚星盛世广场开展全国第二个“防震减灾日”集中宣传活动。

是日 在全国助残日到来之际，全区90名贫困残疾人收到轮椅、四脚架、腋杖、盲杖等辅助器具。

13日 市委宣传部、市文明办等部门领导调研区精神文明建设，察看淮北社区、鸿园社区、观沟村、中铝河南分公司精神文明建设。

14日 区委书记黄卿带领创建办、城市管理执法局、文明办、卫生局等部门负责人察看沿街门店“五小”单位整治工作。

15日 区地病办及医疗卫生单位在亚星盛世广场开展全国第十七届“防治碘缺乏日”集中宣传活动。

18日 区委宣传部、总工会主办，文化馆、济源路街道办事处承办的“欢乐中原魅力上街劳动者之歌”文艺晚会在亚星盛世广场开幕。

19日 区委书记黄卿带领峡窝镇、区农业农村工作委员会、区住房和城乡规划建设局等相关部门负责人视察贫困村安置小区建设、南部山区开发情况。

是日 年产2万吨光伏材料辅材再生利用建设项目签约。该项目总投资3000万元，项目全部达产，可实现年销售收入2.6亿元，利税6500万元，解决200多人就业。项目的投产填补了区太阳能高新技术行业的空白，对新能源产业的发展具有极大的推动和促进作用。

21日 全区干部队伍作风建设总结暨“创先争优”活动部署会议召开。

24 日　区绿色新材料园区联合党总支挂牌成立。

25 日　区委书记黄卿到安阳路、工业路视察道北土地整合利用情况。

26 日　工业和信息化副部长杨学山在省工信厅长杨盛道、副市长孙金献陪同下，考察中铝河南分公司。

27 日　在河南省第十九届国际标准舞锦标赛上，区育美拉丁舞代表队王梦雨等 5 名选手获幼儿、儿童、少年组一等奖。

6 月

1 日 ~2 日　区委书记黄卿、副区长朱选伟等领导带领区农业农村工作委员会、财政局、发改委、住房和城乡规划建设局等相关单位负责人深入田间地头、工厂车间，就峡窝镇、中心路街道的经济发展、平安建设、环境整治、土地流转等工作展开调研。

4 日　全市技防建设推进会召开，区委书记黄卿等领导出席会议介绍区综治工作。与会人员参观了济源路街道二级监控平台、中心路街道盛世社区和峡窝镇魏岗村的技防建设。

7 日　市教育局高考巡视组在区委书记黄卿陪同下巡视高考考场。

10 日　市政府手足口病防控工作督查组察看峡窝镇卫生院、寨沟村卫生所、长铝医院和幼儿园手足口病防治工作。

11 日　区政府“文明交通行动计划”全面启动。将用三年时间实施“文明交通行动计划”，提升公民交通出行的法制意识、安全意识和文明意识，改善交通秩序、规范交通执法，完善文明交通长效机制。

13 日　区安全生产委员会在亚星盛世广场组织开展全国第 9 个“安全生产月”大型宣传咨询活动。

18 日　区委书记黄卿，区长戴春枝听取招商引资工作汇报。

21 日　区委书记黄卿带领四大班子慰问某部官兵，向全体官兵致以亲切问候。

22 日　区政协主席张福祥带领部分政协委员察看河南华泰特种电缆有限公司、林肯电气合力（郑州）焊材有限公司、郑州裕丰耐火材料有限公司和郑州少林特玻有限公司，听取工业集聚区管委会负责人汇报。

23 日　区委书记黄卿带领城乡一体化办公室、住房和城乡规划建设局等相关部门负责人到济源路街道视察经济建设、社会发展、平安创建等工作。

24 日　召开中国共产党成立 89 周年大会。表彰 2009 年度先进基层党组织、优秀共产党员、优秀党务工作者、社区党建先进单位、“十佳”社区共建在职党员和“十佳”社区共建社区党员。区委书记黄卿代表党委号召全区各级党组织和广大党员干部牢记使命、不负重托，以更加饱满的精神状态、更加扎实的工作作风、为推动区委“两加快一维护”战略顺利实施作出新的更大贡献。

25 日 ~7 月 3 日　由于持续高温，导致水源水位下降，供水量锐减，自来水公司实施减压定时供水。

27 日　中国铝业河南分公司氧化铝厂节能降耗改造工程通过环境保护部验收。

28 日　区委、区政协等部门领导到北市场调研，召开北市场整治工作协调会。

29 日　召开优化经济发展环境工作会，会议表彰 2009 年度优化经济发展环境工作先进集体，安排部署 2010 年工作。

是日　郑州第二外国语学校中澳双语双文凭国际高中班挂牌成立。二外中澳双语双文凭国际高中班是经河南省教育厅批准，二外与澳大利亚维多利亚墨尔本新一代高中（NGC）联合成立的中澳国际高中双语、双文凭教育，是我省唯一一所允许开办的中澳双语双文凭高中国际班。

是日　首个入驻汜水河花卉产业集聚区项目郑州双羽实业花卉基地开工建设。首期开发总投资 1500 万元，占地 160 亩，先期规划建设光温室 80 座。

是日　中国铝业股份有限公司在银都宾馆召开中铝矿业有限公司业务重组干部大会。根据业务重组方案，将矿业公司现有资产（含资源）和人员分拆分别划入河南分公司管理的中铝矿业有限公司和中州分公司管理的中铝中州矿业有限公司。小关铝矿、洛阳铝矿、渑池铝矿、中国铝业在三门峡的合资公司整体划入河南分公司管理的子公司，三门峡铝矿、焦作铝矿、平顶山矿、许昌矿、中铝太岳有限公司、控股公司（汝州金华矿业有限公司）整体划入中州分公司管理的子公

司。

30日 第一个机关党建网“中国·上街工信局党建网”、第一个社区党建网“中国·上街盛世社区党建网”开通。

是月 大坡顶小型水厂和马固村总投资260万元的安全饮水工程建成通水。

7月

3日 丹尼斯上街店扩建工程开工，扩建后建筑面积1.8万平方米。

7日 “两加快一维护战略”暨上半年工作会议召开。会议的主要任务是总结上半年工作，分析形势，查找不足，安排部署下半年工作。

8日 市水务局长陈松林一行对区水务工作进行调研，察看汜水河石咀村双羽实业公司花卉项目、规划中的汜水河（石咀村）综合治理工程、峡窝镇大坡顶小型水厂、西林子水保工程。

9日 创建省级文明城区动员会召开。安排创建文明城区工作，号召全区迅速行动，力争2011年跨入省级文明城区行列。

12日 区人大常委会主任巨宝志带队察看左照公园、聂寨新村、盛世家园等环境卫生管理工作。

14日 省市残联领导对创建全国残疾人康复示范区检查验收。察看社区设施建设、走访慰问残疾人家庭。

15日 政协召开七届十五次常委会议，表决通过撤销区政协各镇、街道委员联络小组，设立区政协镇、街道工作委员会的决定。

16日 区委书记黄卿带领峡窝镇、农业农村工作委员会、城市管理执法局、安全生产监督管理局等部门负责人察看道北枯河泄洪沟、西涧沟至马固排洪沟、Y008杨石线杨树口二桥等防汛工作，视察长铝11号楼建设工地、三丰烟花爆竹公司仓库等处安全防范工作。

是日 河南工业大学与恒安机械有限公司举行产学研基地签约暨揭牌仪式。

9日～17日 区长戴春枝、副区长徐勇带领商务局、投资促进服务中心、住房和城乡规划建设局等单位负责人组成的考察组，赴上海参加上海世博会河南活动周。

18日～19日 强降雨，雨量126.5毫米。

22日 区委书记黄卿带领峡窝镇、区农业农村工作委员会、住房和城乡规划建设局、国土资源管理局等相关部门负责人到东林子、营坡顶村安置小区调研城乡一体化工作。

28日 区退耕还林工程通过国家验收。

30日 由区委、区政府、人民武装部、宣传部、71834部队承办的“八一”军民联欢晚会在亚星盛世广场举行。

8月

5日 广西壮族自治区崇左市江州区区长秦昆、人大常委会主任李志林等组成的党政考察团到上街区参观考察工业园区开发和新农村建设工作。

6日 区领导黄卿、黄钫与中铝国际贸易有限公司总经理李东光就中铝国贸和区属企业的合作与发展进行座谈。

11～30日 原上街热电厂地面建筑拆除，整合土地171.495亩。

13日 召开迎接国家卫生城市复审工作推进会。

25日 省新闻出版局长詹玉荣察看区农家书屋建设。

是日 区长戴春枝做客郑州市人民政府网站和上街区人民政府网站联合举办的在线访谈，围绕“科学发展惠民生，以人为本促和谐”主题，和网友探讨经济发展之路。

是日 省委书记、省人大常委会主任卢展工视察林肯电气合力（郑州）焊材有限公司。

26日 区委书记黄卿调研区环境卫生综合治理工作，察看北农贸市场和二十里铺村环境卫生情况。

是日 首个公交场站投入使用。该站投资670万元，占地20亩。建生产调度中心综合服务楼建筑面积3380平方米，设有大型公交车停车位47个，绿化覆盖率26%。

27日 义马至郑州煤气管道地下穿越伊河段断裂。造成煤气供应中断，区2.1万户居民、170家工商户生产生活受到影响。

31日 郑州警备区政委刘贵新在区人武部进行工作调研。

是日 区委召开常委（扩大）会议，学习贯彻落实省委书记、省人大常委会主任卢展工在郑州调研时的讲话精神和市委书记连维良在全市领导干部会议上的讲话精神。

9月

1日　五云山旅游公交线开通。该线全程21.5公里，从北市场发车，每天8个班次。

是日　区污水处理厂中水回用工程通过验收。实现日减少污水2万吨，年减少污水720万吨，年消减化学需氧量180吨的目标。

7日　21个低保、低收入家庭领取新华书店“打造和谐幸福上街”购书优惠卡。

8日　庆祝教师节暨首届杰出教师、名师颁奖会议在长铝艺术宫举行。

9日　星海民乐团成立，是首个具规模的群众业余文艺团体，是全市唯一的业余公益民族乐器演奏团体。

10日　穆斯林开斋节，统战部长周为国到沙固村清真寺慰问穆斯林群众。

15日　省人民检察院检察长蔡宁和市人民检察院检察长杨祖伟莅临上街区检查指导工作。

16日　区政协召开七届十六次常委会议，听取政府关于政协提案办理情况和区法院工作情况通报，协商有关委员增补事项。

是日　河南黎明西芝重工有限公司投入生产。中国砂石协会副主席、秘书长韩继先，区委书记黄卿、区长戴春枝等领导参加开业典礼。

是日　区人大常委会领导巨宝志、张振威等视察交通管理工作。察看中心路沿线交警执勤岗、310国道交通安全检查服务站和交巡警大队。

25日　省委巡视组驻区开展巡视工作。

26日　市委书记连维良，市委常委、秘书长孙金献，市直有关部门负责人视察经济社会发展总体工作。察看区规划展览馆、中铝郑州研究院科技孵化园、中铝河南分公司。

27日　连霍高速上街段综合整治工程完工。工程南起工业路，北至上街区界，拆迁企业、商户23家，拆迁面积3.45万平方米，拆迁费760万元，清运垃圾3万余立方米，铺设慢车道710米，建造7米宽的绿化隔离带710米。

是月　根据《中国铝业公司关于进一步优化所属企业内部组织机构设置的指导意见》精神，中铝郑州企业全面推行管理改革创新，处级和科级干部分别压缩37%和47%，中层和基层干部职数分别压缩60%和40%，管理和技术人员人数压缩45.4%，占员工总数比例降至10.14%。

10月

3日　区体育舞蹈俱乐部育美拉丁舞代表队参加河南省第四届青少年体育舞蹈锦标赛，韩永友、刘小丽、董炳香等人获得佳绩。

11日　“薛景霞教育慈善基金”在河南宾馆举行捐赠签字仪式。区工商联主席、河南康利达集团董事长薛景霞将在10年间捐资1000万元建立“薛景霞教育慈善基金”，这是郑州慈善总会2004年以来首个以个人姓名冠名的爱心基金，也是郑州慈善总会收到的最大一笔民营企业捐款。

是日　总投资4000余万元的聂寨商务中心奠基开工，项目占地5500平方米，建筑面积1.8万平方米。

19日　第八届中国国际农产品交易会在郑州国际会展中心开幕。蓝天王食品有限公司、柏庙农牧合作社等8家企业参展。

22日　上街区获得河南省家庭教育先进区称号。第二外国语中学、实验初级中学获河南省家庭教育示范校称号，第一〇〇中学、实验高级中学、中心路小学、新建小学、实验小学等8所学校获河南省家庭教育先进校称号。

26日　国家承压阀门质检中心投入运营。该中心占地30余亩，总投资4500万元。

11月

1日　第六次全国人口普查开始。全区903名普查员和普查指导员开始登记人口基本信息。

2日　区委书记黄卿会见林肯电气全球副总裁、亚太区总裁戴维·勒布朗，双方就林肯电气合力（郑州）焊材有限公司的发展问题进行交谈。

4日　区海外联谊会成立并

召开第一次代表（理事）会。会议选举产生区海外联谊会第一届理事会，审议通过了《郑州市上街区海外联谊会章程（草案）》。

8日 区委书记黄卿带领党政考察团到山东省淄博市考察，学习当地拉长铝业产业链条、铝工业可持续发展和高新技术新材料产业发展先进经验。参观山东硅苑新材料科技股份有限公司、山东鲲鹏精细陶瓷有限公司、中铝股份有限公司山东分公司、东岳集团和中国陶瓷博物馆。

10日 都兰县委副书记、代县长孟海带领都兰县城乡一体化工作考察团，在区委书记黄卿陪同下先后参观了区规划展览馆、左照公园、林肯电气合力（郑州）焊材有限公司、五云山中国山地生态公园。

13日 区国标舞协会参加“青天河杯”第一届中国焦作旅游城市体育舞蹈全国公开赛，获得大赛第四名和摩登舞职业组第六名。

16日 市委组织部组织处长季玉成察看天伦燃气有限公司非公企业党组织创先争优活动。

19日～21日 郑州昌煜实业有限公司承办的第六届全国省级钢结构行业组织经济技术协作会暨钢结构产业链高峰对话举行。

24日 省人口计生委检查组在区计生委主任何乃玲陪同下到新安路街道办事处检查药具管理工作，察看昌盛街社区药具发放、随访、使用情况。

25日～28日 第十八届国际铝业协会、氧化铝及铝工业技术研究委员会（简称ICSOBA）2010国际学术年会在中国铝业郑州研究院召开。24个国家和地区的67家企业、机构的外方代表150余人、国内外500余名专家参加了会议。ICSOBA主席还对为国际铝土矿、氧化铝及铝工业技术研究委员会作出突出贡献的研究院院长李旺兴、所长尹中林分别颁发奖品和奖章。

25日 区政协主席张福祥，科技副区长郝国防等领导视察实验中学、马固小学、一〇〇中学和新建小学校舍安全工程实施情况。

26日 中铝郑州企业举办庆祝中国铝业公司成立十周年“团结、奋进”大型歌咏比赛，1600余名员工参加了演出。

30日 郑州市乔新国、王敏等领导调研区重大项目建设工作和工业园区发展情况。察看区规划展览，参观左照公园、五云山山地公园，察看了河南黎明西芝重工有限公司、林肯电气合力（郑州）焊材有限公司和河南华泰特种电缆有限公司。

12月

1日 区政府与郑州铁路技师学院正式签订了《项目意向书》。该项目选址占地500亩，建筑面积10万平方米，办学规模2万人，总投资预计3亿元。

是日 中心路街道办事处聂寨经济合作社挂牌成立。

6日 区长戴春枝与郑州玉发特种陶瓷材料有限公司、郑州华兴煤矿机械有限公司就多品种氧化铝分体及制品生产线项目和煤矿综采支护设备配件生产项目签约。

8日 区长戴春枝同郑州欧凯龙国际家具广场有限公司董事长赵辉出席上街·欧凯龙国际家具中心项目签约仪式。

11日 省政法委副书记王伟带领省平安建设工作考核组检查区平安建设工作，察看朝阳街社区、盛世社区、魏岗村的平安建设工作。

是日 工业路中段改造工程动工建设。工程西起洛宁路东至淮阳路，道路全长1192米，规划红线宽40米，工程概算1862万元。

14日 区人大常委会领导巨宝志、张振威等领导调研服务业工作，听取服务业集聚区管委会工作汇报。

17日 2010年度“十大模范文明和谐家庭”评选大赛举行，区领导李建伟、宋双兴等观看比赛。

17日～19日 区党政考察团赴广东省佛山、肇庆等地考察，在佛山市举办区情说明暨项目推介会。

20日 郊段村、寨沟村、左照村新型社区建设动员会召开。

21日 中国长城铝业公司集装箱办理站项目得到国家铁道部批复，取得办理资质。中国铝业公司郑州企业年产氧化铝230万吨、水泥70万吨、高品质碳阳极20万吨，采用集装箱运输后，对企业降本增利非常有利。

25日 国美电器上街店开业。经营面积3500平方米，投资150万元，安排就业人员70余人，经营家用电器2000余种，成为区内较大的消费电子零售企业。

29日 首个村级书画室“马固村书画室”和首批五个农村文化艺术培训基地挂牌。

30日 中国共产党郑州市上街区第八届委员会召开第十二次全体（扩大）会议。会议审议通过《郑州市上街区国民经济和社会发展第十二个五年规划纲要（讨论稿）》、《中共上街区委常委会工作报告》、《中国共产党郑州市上街区第八届委员会第十二次全体会议决议（草案）》。

是日 中铝河南分公司第五赤泥库中库区建成投用，第四赤泥库膜袋筑坝一期顺利完工。

31日 中铝河南分公司超额完成总部下达的红线目标，实现现金流为正。

（地志办）

曹彬墓

曹彬墓建于宋代，位于上街区沙固村西北岗上。

该墓为大冢，高10米，方圆占地7亩。前临汜河，后倚曹坡。墓前立有清嘉庆二十四年（1819）汜水县令曹德锡撰文墓碑一通。碑文载：“曹公墓在沙窝曹家坡，千载久土，人不知为冢，传为凤凰台，……隆庆年间，台下有狐狸穴，捕纵者穷其穴底得志石一方，读之为曹公之长夜室。……于宋咸平二年卒于京师，其子璨、玮迎葬于汜水，故其土地名曰：‘曹家坡’。”

曹彬（931～999），字国华，宋真定灵寿（今河北）人，后周时隶世宗帐下，从镇澶渊。宋乾德元年（963），以败契丹，改左神武将军，兼枢密承旨。次年攻后蜀。乾德末、开宝初，两次从征北汉。开宝六年（973）进检校太傅。七年任昇州西南路行营马步军战棹都部署，统兵攻南唐，在采石矶作浮梁渡长江。八年，围金陵，灭南唐，军还，拜枢密使、检校太尉、忠武军节度使。太宗即位，加同平章事。太平兴国四年（979），佐太宗决策灭北汉。雍熙三年（986）攻辽，任幽州道行营前写马步水陆部署，连破固安、涿州，后为辽耶律休哥所败，退至岐沟关（今河北涿州县西南），兵溃。责授左骁卫上将军。次年，起为侍中、武宁军节度使。真宗即位，复检校太师、同平章事，旋拜枢密使，卒谥武惠。

2009年6月被市政府公布为市级文物保护单位。

政 治

中共郑州市上街区委员会

区委全局工作

【概述】 2010年，是全面走出危机影响、奋力冲刺“十一五”目标任务的一年，全区上下围绕“两加快一维护”战略目标，坚定不移促增长、快转型、惠民生、建和谐，各项建设齐头并进，各项事业蓬勃发展，呈现经济社会协调发展的良好局面。全区地区生产总值89.5亿元，社会固定资产投资57.3亿元，全口径财政收入14.2亿元，地方财政一般预算收入5.9亿元，社会消费品零售额27亿元，城镇居民人均可支配收入22216元，农民人均纯收入10157元，多项人均指标居全省县区首位，人均GDP突破1万美元，达到10342美元，标志着经济社会已驶入健康、快速、科学发展的新时期。召开区委常委会议26次，区委专题会议33次，区委、区政府联合发文50份，区委发文83份，两办发文72份，区委办发文28份，编发《上街政研》15期，《上办通报》17期，《上街信息》80期。

重要会议

【总结表彰暨实施“两加快一维护”战略动员大会】 2月26日，召开2009年度工作总结表彰暨实施“两加快一维护”战略动员大会。区委书记黄卿作题为《统一思想，凝聚力量，举全区之力全面实施“两加快一维护”战略》的讲话，提出打造全省县域经济科学发展示范区，促进经济社会又好又快发展目标。

【政府机构改革】 3月4日，召开区政府机构改革动员大会，贯彻落实郑州市人民政府机构改革会议精神，安排部署区政府机构改革工作。区委常委、常务副区长黄钫宣读《郑州市上街区人民政府机构改革实施意见》，区长戴春枝进行具体工作安排，区

“两加快一维护”战略动员大会

委书记黄卿作讲话。

【产业集聚区建设动员会】 4月23日，召开区产业集聚区建设动员大会。区委书记黄卿作重要讲话，印发《关于推进产业集聚区发展2010年工作方案》。

【推进城乡一体化暨农村工作会议】 4月23日，召开区推进城乡一体化暨农业农村工作会议。区委副书记李建伟作2009年“三农”及新农村建设工作总结和2010年工作安排部署，区委书记黄卿作重要讲话。

【半年工作会】 7月7日，召开“两加快一维护”战略暨半年工作会议。与会人员观摩部分重点工程和重点项目，观看“两加快一维护”战略督查考核专题片。区委书记黄卿作讲话。

【区委八届十二次全体（扩大）会议】 12月30日，召开区委八届十二次全体（扩大）会议。区委书记黄卿作题为《理清思路，突出运作，强化作风，坚定不移地推进“两加快一维护”战略，为打造中原经济区科学发展示范区而努力奋斗》的工作报告，总结全年工作，对2011年的工作提出明确要求，进一步统一思想、开拓进取，坚定不移地推进“两加快一维护”战略，为打造中原经济区科学发展示范区而奋斗。

（焦　阳）

重要活动

【开展创先争优活动】 5月21日，区委部署深入开展创先争优活动。活动从2010年6月到2012年中共十八大召开结束，分两阶段进行。第一阶段从2010年6月至2011年7月，围绕迎接中国共产党成立90周年开展活动；第二阶段从2011年7月到中共十八大召开，围绕迎接党的十八大开展活动，引导基层党组织和广大党员以昂扬向上的精神风貌，更加出色的工作业绩，向党献礼。

【开展“四提升三满意”活动】 学习贯彻省委书记卢展工在省委办公厅调研时的讲话精神，研究部署在办公室系统开展“四提升三满意”活动。6月30日，召开“四提升三满意”活动动员会，印发《上街区办公系统开展“四提升三满意”活动实施方案》。活动期间，开展5项主题活动，其中，征求意见活动共发83份《征求意见表》，征求意见和建议22条；心得体会展评活动收到心得体会70篇，展评27篇；44名选手参与主题演讲活动，经过预赛和决赛，评出一、二、三等奖；调研活动收到文章49篇，16篇文章获得优秀奖。

【党政代表团赴天津等地学习考察】 4月11日～16日，区委书记黄卿、区长戴春枝带领党政考察团60人，赴天津东丽区、天津滨海新区、绍兴上虞市、嘉兴南湖区、无锡新区、常州武进区、南京江宁经济技术开发区等地，就产业集聚区建设、城乡一体化发展学习考察。考察团参观了各地城市规划展馆、产业集聚区、农民安置区以及具有代表性的重点企业、重点项目，并进行了座谈交流。学习考察期间，召开两次座谈会，进一步增强了加快发展、迎头赶上的紧迫感和责任感，坚定了全力以赴实施“两加快一维护”战略的决心和信心。

（焦　阳）

区委办公室

【概况】 区委办公室设综合科、信息科、秘书科，下设督查室、政研室、保密局、机要局。区委办公室紧紧围绕区委中心工作，深入学习科学发展观，解放思想，适应形势，锐意改革创新，强化自身建设，提高“三服务”工作质量和水平，发挥参谋助手作用，圆满完成各项工作任务，被评为全省党委信息工作先进集体，全省保密工作先进单位，全省“五五”保密法制宣传教育先进集体，全市党委系统信息工作先进集体、督查工作先进集体、保密工作先进集体等称号。

【督查工作】 区委督查室围绕区委的各项决策部署，不断创新督查工作理念，领导重视树权威，主动作为促落实，有效拓展了督查工作的力度和深度，较好地促进了上级党委和区委各项决

策部署以及领导交办事项的有效落实。下发《督查工作追究问责办法》，首次提出对贯彻区委重要工作部署不力的责任单位及工作人员进行问责，区委主要领导先后10余次作出批示要求加强督查工作，并深入重点工程、阀门产业园及南部山区开发建设一线实地督查。区委督查室研究制定日询问、周报告、重点项目跟踪卡、督查工作追究问责、督查事项到期（黄橙红）预警等10余项工作制度，促进督查工作制度化和规范化。办理领导批示件316件；下发《督查通知》69份、《区委领导交办事项通知单》154份；办理网民留言67条，办结率100%；办理《郑州市委工作部署》15期；协调解决重点项目建设难题50余个，办结率99%。创新督查问责机制做法被《郑州日报》报道，《郑州日报》还就督查工作进行了专题采访。

（曹 敏）

【政研工作】 区委政研室以科学发展观为统领，紧紧围绕“两加快一维护”战略，研究新情况，探索新方法，适应新要求，认真履行参谋助手工作职责，全年共印发《上街政研》15期，较好地完成了工作任务。根据“两加快一维护”战略，深入调研撰写《浅谈产业集聚区建设》，受到区委主要领导充分肯定。联合党校开展深入调研，发放调查问卷，深入分析土地流转中存在的问题和原因，提出对策建议，撰写《上街区土地流转情况调研报告》，为区委推动土地流转工作提供科学的决策依据。针对鲜切花产业的发展优势，加强与城乡一体化办公室联系，到鲜切花基地走访，撰写《上街区鲜切花产业调研报告》，及时向区领导传递鲜切花的生产信息、发展中存在的问题以及产业发展建议，为区委转变经济发展方式提供参考。针对服务业发展跟不上社会发展的步伐这一难点，与商务局、服务业管委会加强沟通交流，编写《上街区服务业发展调研报告》、《加快生产性服务业发展，推动上街产业结构优化升级》，深入探讨对于促进服务业快速发展具有可行性的建议。

（凡云涛）

【综合工作】 区委办公室把综合工作作为办公室“三服务”工作的重心，做到精心组织，周密安排，确保办公室综合工作规范、有序开展。精心组织筹备召开“两加快一维护”战略暨上半年工作会议、区委八届十二次全会、区委八届十三次全会、全区重点项目推进会，开展区办公室系统“四提升三满意”活动等；组织区党政考察团赴天津、浙江、江苏、淄博等地学习考察活动；高标准接待省、市领导调研，省委巡视组巡视和省委党校青干班学员、都兰县党政考察团等单位参观考察等活动。全年组织各类接待、会议等重要活动80多次。

（吴永杰）

【公文处理工作】 全年共发上发文号10份，上文文号123份，上办文号100份。公文处理工作主要做法及成果：（1）抓住重点，做细做实。有组织保障，有制度建设，有学习制度。（2）抓住中心，严格把关。严格把好发文处理的“六关”，即严把起草关，严把审核关，严把缮印关，严把校对关，严把发送关，严把时效关。（3）抓住要害、实现三个转变。变在办公室等登记、收发为积极主动参与文电议题的调查；变简单传发文件为参与文电的处理过程；变过去文电办结后上报归档为对办结的效果、反映、进行跟踪调查。（4）抓住基础，做到三个强化。一是强化工作的计划协调性，坚持文电工作统筹兼顾，分类处理；强化学习，苦练“内功”，在综合素质上有新提高；强化保密工作。

（刘木森）

【信息工作】 对全区专兼职信息员进行详细核查、登记造册，充实调整信息员队伍，完善网络信息传送通道。召开党委系统信息工作会议，制定下发《区委办公室关于下达2010年度党委系统信息工作目标任务的通知》、《上街区2010年度党委系统信息工作报送要求和报送要点》等文件，强化信息服务功能，推动“两加快一维护”战略的顺利实施。完善“上街信息QQ群”，200名位信息员加入该QQ群，畅通信息报送渠道。5家单位抽调5名信息员以干代训，不断提高业务素质和工作水平。

创立《要情汇报》专刊，专门编发全区紧急重要信息，为领导决策和处理紧急重要事项提供服务。结合实际，对各单位信息报送任务进行适度调整，使信息任务分解更合理、更科学。实行一月一汇总、一月一通报的日常考核，年终对优秀单位和个人进行表彰奖励。

围绕领导思路、工作动态、典型经验、市场动向等，向省、市党委信息处上报信息400多条，其中市委信息处采用66条，省委信息处采用2条；围绕省市领导到上街调研指导工作，撰写调研信息10篇，被市委信息处采用3篇，其中专期2篇；围绕基层党建、产业集聚区建设、土地整合、城乡一体化建设、平安建设、南部山区扶贫搬迁开发等工作，撰写典型经验信息6篇，被市委信息处采用，特别是基层区域化党建工作，作为探索创新型信息，被省委信息处以《综合与摘报》的形式编发呈送给省委领导。

每月及时收集整理，编发集聚区建设、招商引资、财税、新型社区建设、服务业和大项目建设等经济运行信息，为区委领导科学决策提供信息参考；瞄准全区工作重点和难点，寻找全区工作的闪光点，深入调研，加工整理，形成有观点、有深度、有代表性的信息；主动向基层和部门预约信息，及时、全面、准确地为领导决策提供信息服务。信息科编发《上街信息》80期，编发信息近千条。

（高　歌）

保密工作

【保密法制宣传】　新修订《保密法》正式施行，保密局开展形式多样的宣传教育活动。一是组织全区148名涉密人员参加保密知识竞赛。二是孙毅国代表郑州市参加全省《保密法》电视知识大赛，获得比赛银奖。三是制作宣传条幅、展板，在机关电子屏滚动播出保密口号。四是开通国家保密局网站，实现全区保密宣传工作常态化、载体化和动态化。五是到会计核算中心宣讲《保密法》，对会计核算中心做好保密工作提出建议。六是在第六次全国人口普查期间，对普查员进行保密专项培训。

【保密监督检查】　开展涉密载体统一清理。开展集中清理取缔涉密文件资料非法交易活动，联合工商分局、公安局，集中对25家旧货市场、再生资源回收企业、个体工商户进行逐一排查。做好高招、中招考试保密管理工作。高招、中招前，与教育、公安等部门联合对试卷保密室进行检查验收，实行保密工作跟踪管理。重大节假日期间，及时下发关于做好节日期间保密工作的通知，向全区领导干部和涉密人员发手机短信，提醒节日期间遵守保密规定，防止失泄密事件发生。开展政府信息公开保密审查专项检查，对14个机关单位建设的门户网站进行专项检查，做到政府信息不泄密、保密审查不脱节、敏感信息和涉密信息不发布，确保国家信息安全。开展涉密计算机信息系统分级保护。投入4万元建设涉密计算机违规外联监控系统，对17台涉密计算机信息收集整理纳入严格管理，提高计算机保密防范水平，避免失泄密事件发生。

【保密日常管理】　机要文件管理。坚持每周至少两次到市公文交换站取文件，做到随到随办，全年办理59批次近4000份文件。机要邮件管理，办理136件，无一件出现差错。

【保密科学技术】　加大对保密技术经费投入，坚持把保密工作经费列入财政预算，加强保密技术基础设施建设，购置手机信号屏蔽设备和三套计算机安全管理检查工具，保密技术不断提高。

（田军宝）

组织工作

【概况】　2010年，上街区组织工作紧扣中心，服务大局，更加注重实际、注重创新、注重持续、注重统筹，全区创先争优氛围空前高涨，区域化党建聚合效应日益显现，干部作风、能力建设在推进区委“两加快一维护”战略中大幅提升，广大干群对干部选任的满意度越来越高。

上街区辖14个基层党（工）委，23个党组，212个总支、支部，现有党员6287名。其中，社区党组织23个，农村党组织30个，机关、事业单位党组织93个，“两新”组织党组织66个。

【深入开展创先争优活动】　创建以“争创‘六个一’争当‘六个标兵’”为主要目标的创

先争优活动载体。一是在机关，分行业、分窗口、分岗位创建"党员示范岗"，公开岗位承诺，悬挂"共产党员示范岗"标志，广泛接受社会监督。二是在农村，开展党组织分类升级和党员评星定格活动，分类设置党性星、带富星、互助星等五类星级，加强对农村党员的动态管理。三是在社区，广泛开展"设岗定责、公开承诺"活动，科学设置了参政议政岗、民意收集岗等十类岗位，各社区党员积极认领公益岗位，推出个性化的岗位承诺，建立台账销号制度，年终评选"社区先锋"。四是在"两新"组织，开展党组织争创"五面先锋旗"、党员争当"五颗带头星"活动。

【扎实推进区域化党建工作】一是区域党建组织体系设置更加科学。区委成立社工委，镇（街道）成立驻街综合党委，在基层设立228个工作站，构筑基层党建网络和工作平台。二是基层组织服务发展的领域更加广阔。成立绿色新材料联合党总支和鲜切花基地联合党总支，以整合"两新"组织党建资源促产业资源整合；创新实行国企非公党建统筹联建，30对国企非公党组织成功"联姻"，实现了企业发展互促共赢。三是党员发挥模范作用的动力更加强劲。创建"李玉普一生康健义诊室"等以党员个人名义命名的优秀特长党员工作室121个；在职党员立足本村、本岗及社区开展党员星级评定活动，引起强烈反响；实行党员议事提案制，累计收到各类提案1722份，办结满意率达90%以上；探索党代会常任制，建立党代表联系群众制度、察看调研制度、列席重要会议制度等，累计收到党代表提议107份，其中20多项建议已经成为党委政府的工作新举措，使党代表在党代会闭会期间继续发挥作用。四是城乡党建联动发展的渠道更加畅通。开展"五联三创"活动，以基层党建的城乡一体化加速推进经济社会各项事业的城乡一体化进程；实施千名区直机关和公共单位的党员、干部与联建农村的党员、农户"一对一"、"一对多"结对帮扶，共建"五好"农户的"千户联建"行动，累计组建帮扶对子1031对。为农村党员、农户解决生产生活困难800多项次，为创业党员和农户提供资金195万元，帮助解决就业300余人。

【领导干部和人才队伍建设】一是开展干部作风集中大整顿。开展大督查，实施大问责，在全区开展了为期5个月的干部作风集中大整顿活动，重点解决了标准不高、制度不落实等问题。二是深化读书竞赛活动。通过举办周末讲堂、实施岗位培训、强化实践锻炼、推动在职教育等方式方法，制定学分制考核，并纳入年度考核，切实增强全区干部学习主动性；创新建立"在线学习系统"，全区干部每月定期登陆上街党建网参与在线学习两次，即时学习、即时测试、即时评分。全年点击率达2万余次。三是加强干部培养锻炼。举办"十七届五中全会、城乡一体化"等重点班次，举办"上街讲坛"3期；围绕产业园区建设、土地整合、"五小"单位综合整治等中心工作，先后选派100多名后备干部、优秀年轻干部进行岗位锻炼；选派20余名优秀年轻干部分别赴中科院、省市机关、江浙沿海进行挂职。四是加大干部监督力度。将干部选任四项监督制度纳入区委中心组学习内容，全区500余名领导干部人手一套学习资料和测试试题，认真组织学习；对20余名符合审计条件

企业家协会党支部揭牌

的领导干部实施经济责任审计，加大责任追究、治懒治庸力度，对一名试用期期间考核不称职干部改任非领导职务，并对相关责任人进行警示谈话。五是提高人才工作水平。收集整理各类人才工作项目40余项，审批立项常规项目20项，创新项目5项，举办各类人才培训班11期，培训各类人才5000多人次；开展高层次人才需求情况调查，广泛征集意见建议50余条，为高层次人才引进工作提供了第一手资料；积极开展院地合作，选派一名科级干部赴中科院挂职锻炼；制定并出台了《上街区院地合作“三个一”活动方案》，即组织一次技术需求调查、一次院地对接活动、促成一个技术项目合作。向中科院提供了区属企业的30个科技和项目需求信息，促成合作意向10多个。

【干部人事制度改革】 一是建立个性化考核机制，进一步细化考核目标，分级分类实施差异化考核，探索建立干部政绩申报制度，设置优秀副职推荐程序，实现个性化考核，发现了一批优秀副职干部。二是探索形成了干部平职调整“4213”新机制，以机构改革为契机，对部分党政正职岗位进行了平职调整，使贤者“上”、庸者“下”，有效地优化干部队伍结构。相关做法得到上级领导充分肯定，经验材料在《组工内参》发表。三是通过素能测试、公开推选、差额考察、差额票决“阳光四步法”，采取试题全面外包、评分改卷异地进行、群众参与当评委、公推现场直播等创新举措，面向社会公开选拔4名科级领导干部，其中组织500余名干部群众集中观看公开推选现场直播，得到全区社会各界的广泛好评。

【组织部门自身建设】 深入开展以“每日一思考，每周推荐一篇好文章、讨论一个新话题、进行一次基层调研，每月精读一本好书、参加一次在职党员社区活动，每季度部机关开展一次思想交流、进行一次组工业务大比武、举办一次工作分析会、开展一次文体活动”为内容的“十个一”活动，重点加强业务知识培训，加大问计基层、实践锻炼力度，着力培养思考型、落实型组工干部，打造善于创新，充满活力的组工团队。注重建设开放组工，适时进行部务公开，加强对组织工作的宣传力度。2010年，区组工信息宣传在市级以上媒体发表稿件75篇，其中郑州日报头版6篇。部长批示6篇，编发《上街组工动态》12期。另外，在扶优扶强工程协调推进，重点社区帮扶等工作中也积极协调，狠抓落实，取得了较好成效。

（樊向阳　安笑言）

宣传工作

【概况】 2010年全区宣传思想文化工作贯彻中共十七大和十七届三中、四中、五中全会精神，深入贯彻落实科学发展观，按照高举旗帜、围绕大局、服务人民、改革创新的总要求，认真贯彻落实年初确定的目标任务，着力服务区委、区政府中心工作，着力推进马克思主义学习型党组织建设，着力加强社会主义核心价值体系建设，着力提高舆论引导能力，着力提升城乡文明程度和城区知名度，为应对严峻的经济形势和大力推动“两加快一维护”战略的实施，营造了良好环境，提供了强大的思想保证、舆论支持、精神动力和文化条件。

【社会宣传工作】 紧密结合区

区委中心组学习

委、区政府的中心工作，以宣传贯彻科学发展观和做好群众文化活动为重点，加强宣传力度，营造加快发展的舆论氛围，全年共做了以下几项工作：一是开展以“迎新春、闹元宵”为主题的2010年双节群众文艺活动。举办了上街区2010年迎新春群众文艺晚会，组织了锣鼓巡游、狮子表演等多项活动，观看群众达6万多人次，并参加了市委宣传部组织的狮王争霸赛和民间曲艺展演等活动，选送的唢呐表演获得一等奖，峡窝镇舞狮表演获得二等奖。二是开展以“欢乐中原、魅力上街”为主题的群众性广场文化活动。广场文化活动按照“大家办、大家唱、大家乐”的原则，紧密结合区委、区政府的中心工作，积极筹备以“欢乐中原、魅力上街”为主题的群众广场文化活动。全年共举办文化活动26场，观看群众达8万多人次。三是举办了“心向和谐、共建邻里”为主题 第二届社区邻里节活动。首先是在中安街社区广场举办了中安街社区厨艺大赛，社区群众200多人参与了本次厨艺大赛；其次是工业路社区开展了以“放飞希望、拥抱春天”为主题的风筝节比赛；第三是鸿园社区、桃园社区、吉祥社区、中安社区、商业街社区先后组织开展了消夏社区晚会、五云山爬山比赛、端午节包粽子等活动。开展18场邻居节活动，推进了文明城区创建工作。四是开展“写上街咏铝都”征文活动及“咏商都”诗歌朗诵比赛。全年共征集作品30多篇。涌现出了《铝都赋》、《上街赋》、《商都赋》、《上街的桥》、《铝都之恋》、《五云山赋》、《唱给上街的歌》等脍炙人口的作品。其中，《黄河》、《铝都之恋》荣获市委宣传部组织的“咏商都”诗歌朗诵比赛一等奖。五是大力开展社会主义核心价值体系和爱国主义教育活动。首先是组织以各局委、各镇街道、各社区负责人、“千百十”文明和谐家庭为代表的座谈会畅谈道德的力量，并举办了主题为“铝都金秋·和谐上街”——纪念《公民道德建设实施纲要》颁布9周年文艺晚会，倡导全社会注意加强公民道德教育；其次是在全区开展“纪念抗日战争胜利65周年”宣传周活动，并且组织全区机关事业单位、中小学生2万余人参加“纪念抗日战争胜利65周年”知识竞赛活动；三是国庆节期间开展集中升挂国旗活动，增强公民的国家观念，加强爱国主义教育，强化民族自豪感，充分营造欢乐、祥和、喜庆、庄重的节日气氛。

【党教理论工作】 研究制定《区委中心组2010年度理论学习专题安排》和《上街区党委（党组）中心组学习述学制度》，并先后两次组织区委中心组全体成员赴天津、浙江、江苏和山东淄博学习产业集聚区、城乡一体化及新材料产业发展方面的先进经验。学习开放发达地区学习实践科学发展观的经验，将理论与实践相结合，开阔眼界，激活思路。区委中心组以学习贯彻中共十七届五中全会和省委八届十一次全会精神为重点进行专题学习。中共十七届五中全会闭幕后，区委迅速召开学习会，学习五中全会公报，并就如何贯彻五中全会精神作出安排部署，组织区委中心组成员和全区科级领导干部，听取中共十七届五中全会和省委八届十一次全会专题报告，邀请省社科院副院长刘道兴对全会精神进行解读。

【新闻外宣工作】 新闻外宣工作积极主动地开展对外宣传和对外交流，树立上街区良好城市形象，为建设精品上街营造良好的外部舆论环境，实现新闻外宣工作跨越发展。一是把握正确舆论导向，打好新闻外宣攻坚战。全年在市级以上媒体共发表稿件860多篇。其中《农民日报》、《河南日报》、《郑州日报》等20多家中央、省、市级媒体多次进行专访报道，《郑州日报》在头版发表8个，头题2个，河南日报头版2个，头题一个；《大河报》专版1个，实现新闻宣传的年度性突破，有力地提升上街区的知名度、美誉度，增强影响力。二是加强新闻外宣阵地建设，对外展示上街良好形象。加强了与中央、省、市新闻单位的沟通联系，特别是《河南日报》、《郑州日报》、河南电视台、郑州电视台等主流媒体加强了对上街区集中采访报道的力度。同时利用中国新闻网、新华网河南视窗、人民网河南视窗等国家、省会一级新闻网站这个崭新的平台，及时在网上发布权威信息，宣传“精品上街建设攻坚年”取得的显著成绩，全年共在上述网站发表原创新闻160多条。坚持新闻通气会制度，加强基层通讯员队伍培训工作，激发通讯员队伍对新闻外宣工作的积极性，使上街区各条战线上有价值的新闻素材能够最大化的发掘出来，促使新闻外宣稿件的数量和质量显著提高。三是健全外宣网络，推进大格局建设。组建由126人组成的通讯队伍，实施新闻通气会制度、新闻发言人制度、对外新闻宣传奖励制度，实现各部门的新闻外宣工作有人抓、有人管。四是推进网络文化建设和管理，努力营造良好网络环境。加强网上信息监测与处置，积极做好网上舆论引导工作。完善重大突发事件和敏感信息的应急处置，掌握网上舆论主导权。开展集中清理违规互联网视听节目服务和打击淫秽色情网站等专项治理活动，及时封堵删除网上有害和不良信息，净化网络环境。

（房婉春）

统战工作

【概况】 2010年，区委统战部紧紧围绕区委、区政府中心工作，充分发挥统一战线的资源优势，凝聚人心、汇聚力量，不断增进“五大关系”和谐，以创新的理念、创新的思维，主动服务“两加快一维护”战略大局，为推动经济社会又好又快发展作出新贡献。2010年，统战部工作获郑州市统战工作发展创新奖、郑州市统战工作自身建设奖、郑州市统战信息工作二等奖、郑州市统战宣传工作二等奖、郑州市统战调研工作三等奖、郑州市统战网站信息工作三等奖。

【推进多党合作事业】 2010年，组织各民主党派、工商联、无党派、非公经济代表人士就重大事项进行协商、座谈，形成了《对区委工作要点（征求意见稿）的14条建议》、修订了《上街区各民主党派、工商联和无党派人士政治协商程序规范》。在广大党外代表人士中开展参政议政竞赛活动，全年形成调研文章7篇。民革、民盟和九三学社支部分别以书面形式提出了加快经济社会发展的意见建议。农工支部积极组织成员到方顶村进行实地调研，形成调研报告《方顶村古民居抢救性保护刻不容缓》在《上街政研》发表。牵头组织统一战线各党派、各团体、各方面向区监察局推荐了12名第四届特邀监察员，拓宽了民主监督的渠道。5月14日，各民主党派中的科技、法律、医疗界人士归口参与了在少数民族聚居村沙固村开展的上街区统一战线“科技、法律、医疗三下乡”活动。

【党外干部培育工作】 2010年新提拔党外领导干部5人，调整重用5人。截至2010年底，全区共安排使用党外领导干部32人，其中正科级11人，副科级21人。先后选派6人参加市委党校培训，与组织部联合组织了一期科级干部培训班。

【海外统战工作】 2010年，成立了上街区海外联谊会，明确人员编制，经费实行全额预算管理。召开海联会第一届理事会，审议通过了海外联谊会章程，选举产生了海联会领导机构组成人员。郑州市第四届海外联谊会换届工作中，推荐提名11名海内外代表人士担任理事。参加市委和市台办组织的赴台考察交流活动。协助区企业家协会组织16名非公企业负责人赴台考察。积极开展涉台教育“进机关、进学校、进社区”活动。

【统战干部队伍建设】 深入开展“树立和践行社会主义核心价值体系”、“创先争优”和“公务员岗位练兵”等活动。广大统战干部的政策理论水平和工作能力有了新的提高，全年共形成调研文章11篇，其中7篇被省市区采用；上报工作信息100多篇，其中中央级2篇，省级1篇，市级67篇。在全市统战系统组织开展的岗位练兵演讲比赛中，取得一个第五名、一个第十名的好成绩。把“五联三创”活动作为锻炼干部，提高政治素质的重要平台，参加北峡窝村秸秆焚烧、村容整治、道路修补、困难户帮扶、企地矛盾调处和招商引资工作，用实际行动密切了干群、党群关系，树立了广大统战干部的良好形象。

【促进非公经济发展】 2010年，召开两次工商联执委会，为金融部门、担保公司、会计、资产评估、法律服务等中介机构，搭建了合作交流的平台。组织专业商会会员企业分别与区环保局、执法局、安监局、人劳社保

局等职能部门进行了6次座谈交流，就有关法律法规认识、执法程序、政府服务承诺、企业依法诚信经营等方面进行充分的交流沟通。上街区代表中部省市区参加了全国工商联2010年重点调研课题“中小企业发展环境和员工工资正常增长机制研究”的调研活动。形成《郑州市上街区中小企业发展环境调查报告》、《郑州市上街区中小企业职工收入情况报告》、《郑州市上街区中小型企业案例分析》3篇调研报告，得到全国工商联课题组的肯定。

【加强非公经济人士思想政治工作】 工商联9名会员企业家被区委、区政府授予优秀企业家称号。区工商联对全区规模以上非公企业或具有高成长性和发展前景的行业重点企业的新生代企业家、企业“富二代”接班人及高层管理人员经过深入细致的摸底调查。组织10名企业负责人到郑州参加了“企业文化建设”专题讲座。选派3名非公经济人士到市委党校参加新的社会阶层人士培训班。

【服务非公有制企业】 促成欧亚空气炮有限公司与中科院共同研究开发的新产品，已达到工业化生产要求。促成郑州天马微粉有限公司与中科院过程工程研究所开展了电子基板抛光O磨料项目的合作。引进落户圣洁实业、恒元置业、春天鞋业3家企业，其中春天鞋业是通过工商联牵线搭桥，吸引荥阳温州商会秘书长在投资500万元建成的鞋业零售商场。协助天马微粉与光电科技合作、玉发集团与中科院上海所合作研发新产品的工业化生产；帮助顺达磨料完成改制注册；协助西盛铝业完成土地收购工作。

【促进非公有制企业科技创新】

邀请区科技局为非公企业就高新科技企业申报、科技三项经费使用、科技发明专利申报等问题进行了宣讲和解释。上蝶、郑蝶和华中建机3家企业分别成立了郑州市阀门工程、阀体工程和制梁机工程技术研究中心。天马微粉、豫立实业、天马耐材3家企业项目获得了2010年首批国家中小企业技术创新基金扶持，扶持资金达200万元。

【协助非公企业解决用工问题】

配合区人力资源市场制作并发放相关宣传单页，就相关就业政策进行了重点宣传。通过3月份召开的春季用工招聘会和上街区人力资源市场的日常招聘，郑州华泰电缆有限公司、郑州玉发磨料集团等70多家大中型企业参加招聘，提供就业岗位5000余个，1300多人达成就业意向，有效缓解了会员企业的用工困难和社会就业压力。

（王 磊）

对台事务

【完善工作制度】 2010年，召开对台工作会议，调整对台工作领导小组成员，完善对台工作机制。制定《领导联系台胞、台属责任制》、《定期召开座谈会制度》、《重大事项报告、通报制度》。统战部（台办）领导分包工作制度。通过各种形式广泛征求意见，改进工作。年初召开了两次台联、台办工作征求意见座谈会，台胞台属对台办的工作提出意见和建议。

【台胞联谊活动】 2010年，区四大班子领导每人联系一名台胞或台属，重大节日区委书记、区长带队慰问台胞或台属。加强台胞联谊活动的督促检查，到基层开展调研活动2次，帮助解决实际问题。定期召开台胞、台属座谈会、联谊会，宣传党的对台方针政策，征求对全区性重大事项的意见建议；反馈与台亲属沟通交流情况及心得体会。推进涉台教育进社区活动。发挥台胞台属在和谐社区建设和管理中的优势作用，为创建示范化社区出主意、想办法，建言献策；坚持“六个必访”制度，社区工作人员每月到台胞台属家中走访；社区成立了侨台服务站；建立了“困情卡”、“爱心服务卡”。试点社区利用“三个一”活动室，开设统战活动园，引导台胞台属参与社区文体活动。

【对台交流交往】 2010年春节前向上街籍的知名台胞邮寄贺卡祝福和问候。共寄送贺卡150多份。在台胞回乡省亲和重大节日寄送印发宣传材料，开展“六个一”（向台湾同胞发一封信(Email)、寄一套宣传品、介绍一个来访团（组）、结交一名台商、促成一个项目、引进一批资金）活动，扩大宣传，增强宣传效果。平时抓好涉台用语宣传，行前抓好培训教育，做好登记管理，台胞台属回来后坚持回访制度。

【台资企业发展】 2010年，统战部领导加强同台资企业的联系，配合区优化办定期召开优化发展环境座谈会，就执法执纪部门的行业作风在发展中存在的突出问题进行调研，协助解决台资企业与商户纠纷3起；丹尼斯改扩建，做好服务，为他们解决实际困难。

（王　磊）

信访工作

【概况】 2010年，上街区信访工作认真贯彻落实科学发展观，严格按照中央、省、市和区委、区政府关于群工和信访工作的一系列决策部署，紧紧围绕“两加快一维护”战略工作大局，以“抓接访、解民忧、降访量”为工作主线，进一步创新工作理念，完善体制机制，强化基层基础工作，依法规范信访秩序，畅通信访渠道，认真解决突出的民生问题，最大限度地减少不和谐因素。全区未发生赴省、市重大群体上访事件，有力的维护了全区社会大局的和谐稳定，被河南省委信访工作领导小组授予“2010年度信访工作成效显著县（市、区）”称号。被市委市政府授予“信访工作红旗单位”称号。

2010年，区信访局共收到群众向中央、省、市三级来信13案45件（其中有效信件10案30件），交办6件，结案6件，按期结案率100%；书记区长信箱收到群众来信10件，其中，建议类2件，检举类3件，求决类5件。接待群众来访187批次1600人次，其中集体访78批1426人；个访109起173人，共发生“上三级”群众信访41批次403人次（登记25批次193人次），其中，到国家信访局1起1人（登记1起1人），到省上访19批次228人次（登记15批次173人次）；到市上访21批次174人次（登记9批次19人次）。省、市立案交办案件6件，已结案5件，按期结案率100%。区本级交办6件，已结案4件，按期结案率100%。办理网上信访13件（其中市转送12件、区转送1件），转送办理13件，结案9件，正在办理4件，按期结案率100%。

2010年，群众来信来访反映问题集中领域：（1）土地征用和拆迁安置问题；（2）企业改制遗留问题；（3）城市建设问题；（4）涉法涉诉问题；（5）劳动社会保障问题；（6）农村村民福利待遇问题。

【领导接访和下访】 2010年，进一步完善领导大接访活动中的各项制度，坚持每月通过《郑州日报》、政府网站、《上街时讯》向社会公布接访领导姓名、职务、分管工作、接访时间和地点、陪同接访部门、联系电话。确保每天有一名县处级领导到信访接待场所接待群众，书记和区长每月至少接访一次，变以前的领导坐班接访为以集中接访为主，辅以预约接访、带案下访、重点约访、专题约访、结案回访等多种形式，调处化解疑难复杂的信访问题。每月15日，组织区四大班子领导到一镇五办和工信局下访，全面了解各镇（街道）贯彻落实中央、省、市、区关于信访工作决策部署情况，查找存在的问题，选择一定数量的重点疑难复杂信访案件，协调各部门及时解决。适时召开不同层面的座谈会、走访基层干部和群众，听取反映，了解情况，查原因、找答案，提出改进工作和完善政策措施的意见和建议，总结推广成功经验。通过下访“零距离”与群众接触，及时处理了一批涉及群众切身利益的问题，使一些可能引发集体访、越级访的信访苗头得到有效制止。2010年，区党政领导共接待信访群众29批次372人次，安排区领导下访12次230人。

【矛盾纠纷排查化解】 结合全区的信访实际，区信访局坚持实行矛盾纠纷排查化解制度，村（社区）每周一次、镇（街道）每半月一次、区级每月一次对各类矛盾纠纷进行摸排，抓早抓小抓苗头，把矛盾化解在萌芽状态，将工作做深做细做到位，矛盾纠纷化解和稳控能力进一步增强。利用每月10日信访例会、《信访日报》、《信访周报》、《信访动态》这些平台，对排查出的不稳定因素逐案逐人逐项建档，督促责任单位落实领导包案和具体责任人，及时化解。做到“小事不出村（社区）、大事不出镇

（街道）、矛盾不上交”。2010年，全系统共排查各类矛盾纠纷和不稳定因素262起，针对不稳定因素，按照“属地管理，分级负责”和“一岗双责”的要求，把矛盾化解在镇办、把问题解决在基层，有效化解了不稳定因素。确保了社会和谐。

【**信访风险评估**】 围绕区委、区政府“两加快一维护”战略要求，信访工作走在前做在前，做好信访风险评估工作，把问题解决在萌芽。在作出重大决策或出台重要文件前，区信访评估小组都要组织有关单位，深入到基层和群众中征求意见，评估风险，在充分把握民意的基础上，形成信访评估报告，呈送区委常委会议和区政府常务会议研究决定，2010年上街区土地整合利用及上街区热电厂拆除两个项目属于政府的重大决策，区信访局事前启动了信访评估程序，派出工作人员进村入户，发放征求意见表201份，细心征求意见，多次召开座谈会，耐心解释法律法规，形成了科学翔实的评估意见，从决策源头上预防和减少信访突出问题的发生。

【**信访积案化解**】 按照“事要解决”的原则，在有效处置所有信访事项的同时，着力解决历史遗留问题和积案，2010年，在全区开展“畅通渠道、解决问题、治理重访”集中活动，5月份，对排查出的7起重复信访案件进行了集中交办。解决一批重访案件。采取有效措施圆满解决了电机厂退休职工医疗保险及地区差、铝都夜市、东柏社村安置楼等历史遗留问题，彻底消除了一批大的不稳定隐患。2010年，为有效解决信访疑难问题，建立了疑难信访问题专项救助资金。对原郑州水泥厂职工张忙德反映要求享受相关工伤待遇问题，给予一次性救助2万元。2010年，区信访局共化解信访积案14件。

【**信访信息工作**】 2010年，群众上访，特别是集体上访量增加，围堵政府大门、阻塞交通的现象时有发生，给党政机关的正常工作秩序和人民群众的生产生活都带来不良的影响。为了把群众反映的问题解决在基层，把群众集体上访带来的不良影响降到最低程度，及时了解和掌握群众上访动向，区信访局从预防人手，加大信访信息的工作力度。对已开通信访信息系统的7家单位开展业务软件培训。按照上级关于规范全国信访信息系统有关要求，组织有关部门信访干部进行培训，规范内部管理，提高人员素质，切实抓好上街区信访信息系统应用工作，不断提高信息员队伍素质。2010年，峡窝镇、各街道及区直各部门按区信访局要求，把信访信息员设立到村（居委会）社区。同时注意对信访信息员的教育和培训，全区共有信访信息员2000多人。及时向各级领导报告信访动态信息，为领导决策提供可靠的依据。2010年，区信访局编写《信访动态》11期、《信访周报》51期、《信访日报》245期。

【**信访队伍建设**】 2010年，区信访局始终坚持队伍、业务两手抓，按照“外树形象、内强素质、带好队伍、打好基础、勤奋工作、确保稳定”的工作思路，加强信访队伍建设。在已开展的创建信访文明接待室活动的基础上，继续抓好创建活动的拓展和延伸，提出“群众在心中，满意在信访”的口号，在全区信访系统深人开展“三优三满意”的创建文明机关活动，形成“窗口”部门先行，整体推进的创建格局。

（陈东铭）

老干部工作

【**概况**】 中共上街区委老干部局共管理离退休干部307人，其中：离休干部78人，退休干部229人，地专级4人，县处级55人，科以下248人。建有离退休干部党总支1个、党支部4个。局机关设有老干部活动中心、老干部大学、局办公室、关工委办公室、老促会办公室、局文秘外宣办、局财务档案室。发挥作用组织有老区建设促进会、关心下一代工作委员会、“五老”宣讲团、民营经济发展顾问团、城市管理督导团、老科协工作队、老年体协等。

2010年，区委老干部局按照中央和省市委关于做好老干部工作的部署要求，围绕区委、区政府的中心工作，坚持为区委“两加快一维护”发展战略保驾护航，认真落实老干部政治生活待遇，创新工作方式，转变工作作风，充分发挥老干部政治优势，有效地促进老干部工作健康发展。

【“两个待遇”落实工作】 坚持离退休干部例会和党支部例会制度。全年共召开老干部工作例会9次，组织学习中共中央十七届四中、五中全会精神、区委八届十一次全会精神，通报区委、区政府的重大决策，学习了全区“两加快一维护”战略动员大会精神以及全区土地流转等相关文件精神。坚持一年两次的工作情况通报制度。2月4日和9月15日，召开了2009年工作通报暨春节座谈会和2010年度上半年工作通报暨“双节”座谈会，通报区域经济发展情况，并认真听取老干部的意见建议。坚持重大节日走访看望制度。1月18日~25日，春节前夕，区四大班子领导入户对实职副处级以上离退休干部进行了慰问；镇、街道和区直单位的党政主要领导也携带慰问品和慰问金到老干部家中进行了慰问。8月15日~20日，组织人员对5名抗日战争时期参加工作的老干部进行了走访，解决了部分实际困难和问题。坚持老干部生病、住院看望制度，全年共看望慰问离退休干部80多人次，慰问品和慰问金费用1.4万余元。坚持离退休干部外出参观疗养制度，组织落实了2年一次的外出健康疗养活动，共分为3条路线。坚持离休干部健康检查制度。9月19日~21日，组织全区74名离休老干部在人民医院体检。针对老干部群体高龄、高发病增多的实际情况，体检有肝胆胰脾肾B超、眼底检查、血常规、心电图、CT扫描、磁共振等项目。坚持离退休干部参观工农业生产制度。9月8日，组织全区离休干部和实职县处级离退休干部参观了区工业集聚区。重点参观了华泰特种电缆、林肯电气合力焊材、西芝路桥重工、向日葵新能源科技、裕丰耐火材料等项目企业。

【老干部活动中心工作】 根据老干部的兴趣爱好，组建了太极拳、剑、扇、台球、牡丹绘画、剪纸、老年声乐、交谊舞、健身操、计算机知识等培训班，开展了政治形势、党课教育、花卉栽培、春季养生保健等讲座，保证离退休干部文体活动有序进行。正月十三，组织全区离退休干部在区老年活动中心举办庆元宵文体趣味活动。3月4日，上街区党员迎新春书画展在区老干部活动中心举办，参与本次作品展的老年书画爱好者共有48人，作品100多幅。5月6日，上街区第八届老年门球邀请赛圆满结束，上街区及周边县市的20支代表队近300名老同志参加了比赛。组织老干部门球队参加第二十一届“黄河杯”全国门球邀请赛和郑州市直机关第二十四届老年人门球锦标赛，分获第六名和第一名。举办“喜迎重阳节”系列活动。

【老干部大学工作】 年初，进行了周密的安排和计划，精心选聘教师。积极发挥退休教师、退休技术人才优势、并适时邀请省市知名专家学者进行辅导。丰富了教学内容，提高了教学效果。精心安排内容。组建书画、计算机、歌曲舞蹈、卫生保健、时事政治等5个系，开设老年健身操、交谊舞、花卉栽培、老年牡丹、梅花、抖空竹等15个专业，每月教学时间达到60课时，全年培训老干部大学学员3869人次。按专业和学期确定内容实施教学，努力做到“四结合”：教师讲解与学员讨论结合，课堂教学与外出参观结合，讲座与辅导结合，“听”与“练”结合。紧紧围绕国内外形势的发展和全区工作大局适时安排。安排特色教学。4月15日，邀请区148法律服务所顾问、原区检察院副检察长李海顺为老干部作了一次老年维权的法律知识讲座；5月17日，邀请区地震局赵志强局长讲解防震减灾科普知识；6月12日，联合华晨金士吉康复用品科技有限公司邀请陈明华教授为老干部教授了老年心血管预防保健知识；12月15日，邀请市委党校赵林教授主持国际国内军事形势讲座。

【党支部建设】 创新老干部党组织设置形式，切实加强离退休干部党支部建设，全面落实老干部政治生活待遇，经区直机关党委批准，撤销中共上街区委离退休干部党总支，新成立中共上街区委老干部局党总支，增设局机关支部和退休干部三支部，总支下属5个党支部；选举产生第一届党总支委员会班子；同时把老干部局4名年轻有为、热爱党的工作、群众基础好、善于做思想工作的在职干部党员充实到各离退休支部中，充实了在职党员参

与到离退休支部建设中的党员联网模式。

【“四就近”工作】 2009年省委组织部提出要做好离休干部“四就近”（即：就近学习、就近活动、就近得到照顾、就近发挥作用）工作，区委高度重视，采取部门联动、社区辅助的措施。将原区中医院改建成为社区医疗服务中心，组建社区医疗小分队，建立老干部健康档案，为每个社区配备1~2名片医，每周为社区内老干部入户巡诊一次，每月为老干部讲授养生保健知识一次，从根本上做到了老干部“小病不出社区、健康保健日常化”。在创新开展老干部进入“双高期”服务管理工作取得显著成效的基础上，区老干部局加强与中铝郑州企业退管中心的协调沟通。以企地联建、资源共享的工作模式全力推进社区老干部“四就近”工作，使居住在上街区城区的所有老干部真正就近参加学习、就近参与活动、就近得到照顾、就近发挥作用。同时充分发挥社区资源优势，依托社区为老干部提供全方位服务，利用各社区现有的活动场地和设施开设老年科普大学，组织老干部进行时事政治学习、开展适合老年人特点的文化、科普、娱乐、健身等活动，不断丰富他们的精神文化生活。三湾社区是全郑州市第一个建有老年科普大学的社区。2010年10月，郑州市利用社会资源做好离退休干部管理服务工作经验交流会在上街区召开，引起社会广泛关注。河南省老干部网也刊发上街区“企地联建、资源共享、力促‘四就近’工作上台阶”的经验，12月，在全省老干部基层调研工作座谈会上，上街区做了经验介绍。

【开办老年教育讲坛】 根据老干部对时事政治、心理慰藉等方面的需求，在向区委、政府汇报的基础上，与市局共商计策，开办了上街区“新观念、新生活”老年教育论坛。5月11日，在区老干部活动中心开讲，邀请市局领导、区委党校教员、市委党校教授为老干部谈古论今，评论时事，已经成功举办了5场。

全区老干部工作通报暨“双节”座谈会

【印制离退休干部通讯录】 为了使老干部生活上多照顾、精神上多关怀，架起老干部之间的沟通桥梁。上街区老干部局在年初，对全区全部离退休干部做了全面系统的信息采集，对部分年龄较大、行动不便的离休干部送表格上门。历经3个月终于制作完成了全区离退休干部通讯录。6月17日举行了发放仪式。

（梁朝阳）

党校工作

【概况】 2010年，区委党校坚持以十七大和十七届四中全会精神为指导，深入贯彻落实科学发展观，紧紧围绕“两加快一维护”战略，以干部教育培训工作为核心，立足“培训立校、科研兴校、人才强校、从严治校”的办学理念，积极推进教科研改革，深入开展政策理论宣讲和区情调查研究，求真务实，开拓创新，为上街区经济社会全面发展和“两加快一维护”战略的顺利实施发挥了重要作用。

【主体班次培训】 紧紧围绕区委、区政府“两加快一维护”战略实施，共举办4期主体班次培训班。一是与上街区委组织部联合举办了入党积极分子培训班，来自上街区12个党（工）委的250名入党积极分子参加了培训；二是与上街区委组织部、区城乡一体化办公室联合在济源市举办了上街区城乡一体化专题培训班，来自上街区农村两委班子主要负责人、镇街道分管农村工作的领导共60名干部参加了学习；三是与上街区工信局联合举办了企业上市专题培训班，上街区销售收入亿元以上工业企业的总经理、财务总监60余人参加了培训；四是与上街区地震局联合举办了地震应急救援培训，来自上街区的200余名地震应急救援志愿者参加了培训。

【理论宣讲】 充分发挥党校在政治理论教育上的优势，开展各类宣讲活动35场次，受教育党员干部群众4000余人次。一是组织党校教师开展讲党课活动，为上街区党员干部和入党积极分子学习新党章提供良好的服务。二是成立创先争优主题宣讲团，为上街区创先争优活动提供理论支持。经过集体备课、试讲，确定了10个专题，先后到上街区教体局、公安局、建设局、民政局、财政局、环保局、工信局、区委老干部局、各街道办事处等单位进行创先争优专题宣讲29场次，受教育人数达3000余人。三是及时主动在全区各基层党组织中宣讲十七届五中全会精神。通过试讲交流确定宣讲专题6个，并与组织部、宣传部联合下发宣讲工作通知，为全区“十二五”时期经济社会又好又快发展提供理论指导。

【教学科研】 开展以业务创新为宗旨的“两突破一提高”活动，即以紧密结合实际的“小专题”为内容，努力寻求党课教学的新突破；以服务上街区发展的“小课题”为方向，努力寻求理论研究的新突破，进一步提高党校办学水平。全体教师备出“小专题”6个，到区直及基层单位宣讲10余场次。9月份组织教师进行城乡一体化进程中土地流转工作的调研活动，形成《上街区土地流转情况调研报告》，10月份组织教师到周边县区党校参观调研，形成《创新党校培训模式提升区级党校服务科学发展水平》调研报告，分别在《上街政研》上刊登。11月份，在郑州市委党校组织开展的2008～2009年度第十届科研成果评选活动中荣获优秀组织奖，所报送的5篇理论文章4篇获奖，其中一等奖1名，二等奖1名，三等奖2名。

2010年全校共发表各类教科研文章17篇，比去年增长70%，其中理论文章13篇，调研报告4篇。在国家级刊物上发表理论文章6篇，省级刊物上发表调研报告1篇，在市级以上公开出版刊物发表文章数量比去年增长40%；区级媒体发表理论文章7篇、调研报告3篇，区级媒体发表研究成果数量增长了100%。全年共发表各类信息39篇，在省委党校《工作通讯》上发表通讯1篇、市委党校《工作通讯》上发表通讯3篇、市委党校网站上发表信息4篇，在本系统的信息宣传有较大突破，区级媒体发表信息数量增长了30%。

【函授教育】 继续开展函授精细化管理活动，完善档案管理，加强督促检查，被市委党校评为函授教育考务工作先进单位和函授教育学员管理工作先进单位。完成了2008级本科班的毕业工作，共毕业学员73名；完成了2009级本科班的教学和管理工作；完成了2010年省委党校函授本科班经济管理专业的招生工作，共招收学员62名。

【队伍建设】 抓实学习载体，提高学习质量，积极创建学习型党组织。继续在全校范围内开展“月读一本书”活动，不断拓展教职工理论视野，提高党课教学的广度与深度。以制度创新为突破口，加强集中学习的组织与管理，利用每周五业务学习时间，采取各科室领学方式，全年进行集中学习28次。以“五多五善”为要求，积极培育机关文化，即多学习、研政策、善结合；多思考、研前沿、善总结；多动笔、研方向、善宣传；多创新、研专长、善突破；多交流、惜缘分、善合作，使教职工的思想更加开放，思维更加活跃，作风更加务实，团结合作氛围更加浓厚，创造性履职能力进一步增强。在8月份举行的上街区办公室系统“四提升三满意”演讲比赛中，窦征老师获得一等奖，党校被评为上街区办公室系统“四提升三满意”活动先进单位。

（季桂玲）

机构编制工作

【概况】 2010年3月，上街区机构编制委员会办公室单列设

置，机关行政人员3名，领导职数2名。下属事业单位1个，上街区机构编制电子信息中心，规格相当于副科级。2010年实有5人，其中主任1人（兼任组织部副部长）、副主任1人（兼任区事业单位登记管理局局长）、事业单位登记管理局副局长1人。

【机构改革工作】　2009年12月30日，全市机构改革动员会后，上街区立即启动区政府机构改革工作。一是调研准备阶段。组织专门力量开展机构改革前期调研，广泛听取意见。二是拟订方案阶段。研究提出区政府机构改革初步方案。经充分论证、反复研究，并与市编办汇报沟通后，提请区委、区政府审议。经审议通过后于2010年1月22日上报市委、市政府审批。三是组织实施阶段。2010年2月10日，市委、市政府批准区机构改革方案后，3月4日，区委、区政府召开全区政府机构改革动员大会，传达了区机构改革实施意见，具体安排部署了政府机构改革工作。3月6日，区委对涉及到的相关单位人事进行了调整。3月20日，涉及组建、整合的政府工作部门基本实现了领导班子到位、人员划转到位、办公条件到位，正式挂牌运转。

通过改革，政府工作部门设置22个。撤销合并机构4个；撤销挂牌机构5个；新设置机构5个；新列入机构1个；更名机构3个；划转政府工作部门1个；直属事业机构撤销合并4个；改变隶属关系3个。另外，原与区人力资源和社会保障局合署办公的区机构编制委员会办公室改为单独设置，列区委机构序列。

严格审定政府工作部门“三定”工作。区编办通过对政府机构改革中涉及部门的“三定”方案严把政策关、沟通关、审核关，确保政府机构改革中涉及部门的“三定”方案科学制定。部门“三定”规定除公安局外，已全部印发实施，各部门均已按照新的“三定”规定入轨运行，内设机构调整、人员定岗等工作也已基本完成。

上街区直机关

表6

序号	单位名称
（一）	党委
1	区纪律检查委员会机关（监察局与其合署办公）
2	区委办公室（挂区委、区政府信访局〈区委群众工作部〉、机要局、保密委员会办公室、区国家保密局、区国家密码管理局牌子）
3	区委组织部（挂直属机关工作委员会牌子）
4	区委宣传部（挂精神文明建设指导委员会办公室、区委外宣办〈区政府新闻办〉牌子）
5	区委统一战线工作部（挂台湾工作办公室、区政府台湾事务办公室、区民族宗教事务局牌子）
6	区委政法委（与社会治安综合治理委员会办公室合署办公、挂区委稳定办牌子）
7	区机构编制委员会办公室（挂区事业单位登记管理局牌子）
8	区委老干部局由区委组织部管理
（二）	政府
1	区人民政府办公室（挂区法制办公室、人民防空办公室牌子）
2	区发展和改革委员会（挂区统计局牌子）
3	区教育体育局（挂区政府教育督导室牌子）
4	区科学技术局（挂区地震局牌子）

续表 1

序号	单位名称
5	区工业和信息化局
6	区公安局
7	区民政局
8	区司法局
9	区财政局
10	区人力资源和社会保障局
11	区国土资源局
12	区安全生产监督管理局
13	区住房和城乡规划建设局
14	区交通运输局
15	区城市管理执法局
16	区环境保护局
17	区农业农村工作委员会
18	区商务局
19	区文化广电新闻出版局
20	区卫生局
21	区审计局
22	区人口和计划生育委员会办公室
（三）	人大机关
（四）	政协机关
（五）	检察院
（六）	法院
（七）	群团
1	区团委
2	区妇联
3	区科协
4	区侨联
5	区工商联
6	区总工会
7	区残联
（八）	政府派出机构
1	区济源路街道
2	区新安路街道
3	区中心路街道
4	区工业路街道
5	区矿山街道

续表 2

序号	单位名称
（九）	镇
1	区峡窝镇

【机构设置】 区政府机构改革后，设置工作部门22个。政府工作部门规格为正科级。

组建区工业和信息化局，为区政府工作部门。将区经济委员会（区中小企业服务局）承担的职责、区发展和改革委员会承担的工业行业管理及信息化相关职责，整合划入区工业和信息化局。区工业和信息化局承担协调全区中小企业、煤炭、信息化等方面的职责。不再保留区经济委员会（区中小企业服务局）。

区人事劳动和社会保障局更名为区人力资源和社会保障局，为区政府工作部门。原与区人事劳动和社会保障局合署办公的区机构编制委员会办公室单独设置，为区委工作部门。

区交通局更名为区交通运输局，为区政府工作部门。将区市政管理局承担的城市公交、城市客运出租汽车的管理职责，划入区交通运输局。

组建区文化广电新闻出版局，为区政府工作部门。将区文化新闻出版局（区“扫黄打非”领导小组办公室）、区广播电视局承担的职责，区商务局承担的旅游管理职责，整合划入区文化广电新闻出版局。不再保留区文化新闻出版局（区“扫黄打非”领导小组办公室）、区广播电视局。

组建区城市管理执法局，为区政府工作部门。将区市政管理局、区城市管理行政执法局承担的职责，整合划入区城市管理执法局，不再保留区市政管理局、区城市管理行政执法局。

组建区住房和城乡规划建设局，为区政府工作部门。将区建设局、区房产管理局（区住房制度改革委员会办公室）承担的职责，整合划入区住房和城乡规划建设局。不再保留区建设局、区房产管理局（区住房制度改革委员会办公室）。

将区安全生产监督管理局由区政府直属事业单位调整为区政府工作部门。

将区政府法制局更名为区政府法制办公室，仍在区政府办公室保留牌子。

将区投资促进局更名为区投资促进服务中心，由区政府组成部门调整为隶属于区商务局的事业单位，其行政职责划入区商务局。

不再保留原议事协调机构区人民防空办公室，其职责划入区政府办公室。区政府办公室挂区人民防空办公室牌子。

撤销区物价局，其职责划入区发展和改革委员会。

撤销区粮食局，其职责划入区商务局。

将区农村经济委员会更名为区农业农村工作委员会。撤销区畜牧兽医管理局，其职责划入区农业农村工作委员会。区农业农村工作委员会不再挂区畜牧兽医管理局牌子。

撤销区外事侨务局，其职责划入区政府办公室。

区民族宗教事务局在区委统战部挂牌子。

区政府投资评审中心由区政府直属事业单位调整为区财政局下设事业单位，其行政职责划入区财政局。

区土地储备中心、区地产公司由区政府直属事业单位调整为区国土资源局下设事业单位。

区发展和改革委员会挂区统计局牌子；区科学技术局挂区地震局牌子。

【整合事业单位】 加强政府对经济社会事务的统筹协调，进一步优化组织结构，合理配置行政资源，提高政府行政效能，按照市委、市政府大力整合行使行政职能事业单位的要求，整合下列事业单位：

不再保留区信息化工作办公室，其承担的信息化管理职责划入区工业和信息化局，其他职责划入区政府办公室。

不再保留区建设工程招标投标办公室，其职责划入区财政局。

不再保留区农村社会养老保险办公室，其职责划入区人力资源和社会保障局。

不再保留区城乡规划管理局，其职责划入区住房和城乡规划建设局。

不再保留区人民政府财税监督检查办公室、区人民政府采购控制办公室，其职责划入区财政局。

将区节约用水管理办公室更名为区供水节水技术中心，其行政职责划入区农业农村工作委员会。

区南水北调工程建设管理领导小组办公室不再挂区移民局牌子，其移民管理职责划入区农业农村工作委员会。

撤销区车辆购置附加费征收办公室、区工业公司，其职责分别划入区交通运输局、区发展和改革委员会。

【机构编制管理工作】 严格执行“三个一”制度。在日常工作中，做到“三个坚持”（坚持凡是机构编制事宜由编委及其办事机构一个部门承办，坚持有关机构编制的文件由机构编制部门一家行文，坚持有关机构编制的重大事宜由编委集体讨论后，编委主任“一支笔”签字审批）。

加大工作力度，促进编制管理规范化。一是加大宣传力度。借助电视、网络、报纸等媒体加大对机构编制法律法规和编办工作流程的宣传力度，提高区属各单位对机构编制工作的正确认识。二是加大协调力度。编办进一步加强与组织、人事、财政等相关部门的协调，对不及时办理人员变动等编制事宜的，要求不予办理相关的工资调配和审批手续。三是认真落实实名制管理。对已办理手续的变动人员，编办及时对台帐进行了整理、归档，确保变动资料一项不漏。在此基础上，还定期编印、更新机构编制表和人员花名册，真正做到底子清、情况明，为领导决策提供真实、准确的一手资料。

【机构编制监督检查工作】 区编办以学习贯彻《机构编制违纪行为适用〈中国共产党纪律处分条例〉若干问题的解释》为契机，结合机构编制工作现状，对照《解释》规定，扎实开展自查自纠，并将《解释》精神渗透到机构编制日常管理过程中，进一步加强机构编制监督检查的力度。重点做好政府机构改革方案落实情况和部门“三定”规定落实情况的跟踪检查，做好消化超编人员和控制乡镇机构编制人员的督查，做好12310举报电话和群众信访的受理和督查落实工作。同时加强机构编制部门与纪检、监察、组织、人事、财政等部门之间的沟通协作，建立健全机构编制监督检查协调配合的长效机制，切实维护机构编制法律法规的权威性和严肃性。

【事业单位登记管理工作】 2010年，事业单位登记管理机关认真执行《事业单位登记管理暂行条例》和《河南省事业单位登记管理暂行办法》，积极推进区直事业单位登记管理。一是加强事业单位登记规范化管理。推行事业单位登记管理专办员制度，要求各事业单位明确一名人员具体负责办理事业单位登记管理工作，并整理各事业单位上报的联系电话、邮箱等联系方式，方便沟通和交流。二是完成本年度事业单位法人登记和年检工作。截至年底，全区已登记的法人单位共111个，其中本年新登记单位13个，变更登记单位42个，全区应年检单位91个，已参加年检单位91个，法人单位年检率为100%。三是积极筹措资金，举办了事业单位网上登记培训班，邀请市编办领导和业务骨干，对已登记的事业单位的负责人和专办员共100余人进行了网上登记培训，加快了机构编制管理信息化建设步伐，进一步提高了工作效能和服务水平。

【认真开展基层调研】 一是街道调研。2010年8月，对5个街道的人员编制及职责履行情况进行了认真调研，详细了解了各个街道的辖区面积、常驻人口、所辖社区及城中村数量、2009年财政收入、人员结构与职责、每周工作量、加班情况、各类人员五险缴纳等情况，针对街道存在的人员编制少、责权利不统一等问题进行了细致分析，形成了调研报告，并及时上报市编办。二是产业集聚区管理机构调研。为进一步规范和完善产业集聚区管理体制和运行机制，根据省、市编办的统一部署，区编办及时认真地对区产业集聚区管理机构进行了调研。通过调研，对中国（郑州）铝工业园区管理委员会、区装备制造业基地（阀门产业园）管理委员会和区科技孵化园管理委员会3个产业集聚区管理机构管理体制和运行机制方面存在的问题进行了认真分析，提出了建议，形成调研报告，上报市编办。三是全区机关事业单位工作量统计调查。根据市编办的安

排，开展了全区机关事业单位工作量统计调查。加班加点制作了相关统计表格，及时通知有关单位，并发送了电子统计表格，同时要求有关单位认真填写、及时上报。依据单位上报的调查统计表的情况，进行梳理汇总，并结合其工作职责，把有关表格进行填报、汇总，全区纳入统计单位112家，其中超负荷工作单位50家，占45%，任务较轻单位4家，占4%。通过调查、汇总，针对存在的问题进行认真分析，并提出意见和建议。四是简政放权调研。按照市编办的调研通知和黄卿书记批示精神，通过广泛征求意见和召开座谈会等形式，对全区涉及的51家单位，逐一认真核对相关法律、法规和政策依据、部门“三定”，结合各部门在具体工作中遇到的困难和问题，针对进一步理顺机构和下放管辖权限两个方面的问题进行了细致地分析研究，梳理总结意见和建议共11大类，涉及下放权限15项，形成调研材料上报市编办。五是配合有关部门做好基本药物制度改革。全市实施国家基本药物制度工作会议结束后，区编办认真组织有关人员学习会议精神，准确把握有关国家基本药物制度的政策，并安排专人负责此项工作。根据省、市、区有关会议精神的要求，对全区服务人口底数和医疗卫生机构的人员编制进行了摸底调查。通过调查，摸清了机构规格、人员编制、实有人员、经费管理形式等情况。同时，按照省编办有关文件要求，核定区乡镇卫生院人员35名。

（莫俊玲）

上街区人民代表大会及其常务委员会

【概述】 2010年，区人大常委会全面贯彻中共十七大、十七届五中全会和区委八届十一次全会精神，深入贯彻落实科学发展观，坚持党的领导、人民当家做主和依法治国的有机统一，紧紧围绕区委“两加快一维护”战略部署，认真履行宪法和法律赋予的各项职责，依法实施监督，发挥地方国家权力机关的职能作用。常委会共实施集中视察和调研18次，开展执法检查2次，常委会会议听取和审议“一府两院”专项工作报告9项，主任会议听取工作汇报8项。

【工作监督】 听取和审议2010年上半年国民经济和社会发展计划执行情况的报告，支持和督促区政府加大招商引资力度、加快产业升级步伐、实施科技创新工程，把为企业服务落到实处，确保区十一届人大四次会议确定的年度计划的执行。听取和审议2010年上半年财政预算和2009年度财政决算报告，督促政府严格支出管理，严格审批程序，确保财政稳定运行。主任会议听取财税收入情况报告，建议区政府积极开展招商引资，扶持壮大中小企业，加大力度培植税源，达到增收增效的目的。听取和审议审计工作报告及审计查出问题整改落实情况报告，促进相关问题的解决，规范预算执行和财经秩序。听取区政府关于三产服务业发展情况的报告，并进行集中调研，建议区政府吸引外来投资，填补空白项目，优化产业结构，加快传统服务业提档升级，听取区政府关于工业经济发展、工业经济结构调整、工业集聚区建设等专项工作报告，深入经济部门、工业园区、镇街道和企业生产经营一线调研，帮助解决实际问题。建议区政府重新规划工业园区的土地利用，根据投资规模和发展潜力，综合确定项目占地情况。要求区政府强化服务措施，解决实际问题，帮助企业做大做强。常委会充分发挥人大工作特点，和区政府携手来大力优化经济发展环境，打击破坏经济发展环境的行为，真正为经济发展保驾护航。努力把上街打造成为郑州西部地区最适宜投资兴业的地区。重视民生问题，把教育、食品安全、交通安全、维护司法公正、十件实事的落实五个方面工作做为“保民生”的监督重点。听取区政府关于义务教育发展五年规划暨高校引进情况的报告，要求区政府加大教育投入，抓好教育规划落实，不断提高教育质量。建议区政府继续转变思想观念，积极承接郑州市的教育产业转移，吸引高等教育来上街安家落户，将高校引进作为增加人口数量，提高人口质量，完善城市功能，调整产业结构，带动第三产业发展的重要举措。督促区政府尽快完成校园技防设施建设，配备安保人员，确保学校和学生安全。听取和审议区政府关于公安交通管理工作的报告，并实地视察，要求区政府加强管理，确保道路通畅。听取和审议区政府关于2010年十大实事办理情况的报告，要求区政府广泛征求群众意见，合理确定实事项目，为群众办更多的实事。对新农村建设中7个试点村改造工作进行实地视察，支持区政府解放思想、加快步伐，针对各村不同情况，采取有针对性的措施，推进新农村建设。对五云山综合开发工作进行集中视察，要求区政府帮助改善搬迁农民生活、加快搬迁与开发进度，优化生态环境，加快旅游项目的开发。听取和审议区政府关于精品城区建设情况的报告，对《郑州市城市环境卫生管理条例》贯彻执行情况开展执法检查，要求区政府强化管理，扩大城管覆盖面。

（曹　锐）

重要会议

【郑州市上街区第十一届人民代表大会第四次会议】 2010年1月20日~1月22日，区第十一届人民代表大会第四次会议召开。区直机关、峡窝镇、街道一、街道二、街道三、街道四、中铝郑州企业7个代表团，140名区人大代表出席会议，111人列席会议。

1月19日，区第十一届人民代表大会第四次会议举行预备会议。会议表决通过大会议程，选举产生了大会主席团和大会秘书长，表决通过计划、财政预算审查委员会名单和议案审查委员会名单。在主席团第一次会议上，推选主席团常务主席和大会执行主席，决定大会日程和大会副秘书长，通过代表议案审理规定、代表提议案的截止时间、大会选举办法（草案）。

1月20日上午，大会举行开幕式和第一次全体会议。会议听取区长戴春枝作的《政府工作报告》、听取区人大常委会主任巨宝志作的《郑州市上街区人大常委会工作报告》、区人民法院院长王家伦作的《郑州市上街区人民法院工作报告》、区人民检察院检察长程振胜作的《郑州市上街区人民检察院工作报告》，表决通过大会选举办法。会议印发《关于郑州市上街区2009年国民经济和社会发展计划执行情况与2010年国民经济和社会发展计划（草案）的报告》和关于上街区2009年财政预算执行情况和2010年财政预算（草案）的报告。

1月21日下午和1月22日上午，各代表团分别审议各项工作报告决议（草案）；酝酿主席团提名的区第十一届人大常委会副主任、委员，区人民法院院长候选人名单，代表10人以上联合提名候选人。

1月22日下午，大会举行第二次全体会议，采取无记名投票方式，补选张旭华、袁春明、王家伦为区第十一届人大常委会副主任，补选高自廷为区第十一届人大常委会委员，补选彭连城为区人民法院院长。随后举行第三次全体会议通过7项决议：区第十一届人民代表大会第四次会议关于政府工作报告的决议、关于区2009年国民经济和社会发展计划执行情况和2010年国民经济和社会发展计划报告的决议、关于区2009年财政预算执行情况和2010年财政预算报告的决议、关于区人大常委会工作报告的决议、关于区人民法院工作报告的决议、关于郑州市上街区人民检察院工作报告的决议。区委书记黄卿在会议结束时发表讲话。

【区第十一届人大常委会会议】 2010年1月15日，区第十一届人大常委会举行第二十五次会议。会议接受高自廷申请辞去区人大常委会副主任职务的辞呈，接受李超、李立申请辞去区人大常委会委员职务的辞呈，接受区人民法院王家伦申请辞去区人民法院院长职务的辞呈。会议通过区十一届人大四次会议的议程（草案）、日程（草案）、选举办法（草案）、工作报告（草案）和各项人员名单（草案），做出《关于召开区十一届人大四次会议的决定》。

2010年3月30日，区第十一届人大常委会举行第二十六次会议，区人大常委会主任巨宝志主持会议。会议表决通过人事任免事项和区人大常委会2010年

工作要点。

2010年7月26日，区第十一届人大常委会举行第二十七次会议。会议听取和审议区发改委主任林虎受区政府委托所作的《关于2010年上半年国民经济和社会发展计划执行情况的报告》、区财政局局长牛志甫受区政府委托所作的《2009年度财政决算和2010年上半年财政预算执行情况的报告》、区审计局局长杜爱功受区政府委托所作的《关于2009年区本级财政预算执行情况和其他财政收支的审计工作报告》，以及区人大常委会财经工委主任郭秀萍所做的初审报告。会议决定批准2009年度财政决算，表决通过人事任免事项。

2010年9月28日，区十一届人大常委会举行第二十八次会议。会议听取和审议区政府常务副区长黄钫所作的《关于上街区人民政府关于区十一届人大四次会议代表建议办理情况的报告》和代表联络信访工委主任张松茂所作的调查报告，听取和审议区教育体育局局长刘玉贞受区政府委托所作的《关于上街区义务教育发展五年规划暨高校引进情况的报告》及教科文卫工委主任马丽平所作的调查报告，听取和审议区公安局副局长刘品受区政府委托所作的《关于上街区公安交通管理工作情况的报告》及法工委主任魏志强所作的调查报告。

2010年12月9日，区十一届人大常委会举行第二十九次会议。会议听取区政府常务副区长黄钫所作的《关于王素梅、王玉红职务任免的议案》和有关情况介绍。决定免去王玉红区政府副区长职务，决定任命王素梅任区政府副区长。会议听取和审议区政府督查室主任秦永娜所作的《关于区政府2010年度十大实事完成情况报告》和区人大办公室主任王振宇所作的调查报告。听取和审议区政府副区长朱选伟所作的《关于精品城区建设情况的报告》和区人大常委会城建工委主任安璨所作的调查报告。听取和审议了区审计局局长杜爱功所作的《关于2009年度区本级财政预算执行和其他财政收支审计查出问题整改情况的报告》。

【区第十一届人大常委会主任会议】　1月12日举行第三十二次主任会议，通报干部调整情况，安排代表补选工作。

1月13日举行第三十三次主任会议，研究部署区十一届人大四次会议有关事宜。

3月2日举行第三十四次主任会议，通报区委“两加快一维护”工作，研究人大常委会领导分工。

3月29日举行第三十五次主任会议，研究人事任免事项。

4月30日举行第三十六次主任会议，听取区人民法院院长彭连城《郑州市上街区人民法院行政审判工作汇报》、区财政局局长牛志甫《第一季度财政预算执行情况的报告》、区国税局局长焦豫安《第一季度国税局税收情况汇报》、区地税局局长王建忠《第一季度地税局税收情况汇报》。

6月28日举行第三十七次主任会议，听取区工信局局长张华君《关于工业经济结构调整情况的报告》，区商务局局长周伟杰《关于今年1~5月三产服务业发展情况的报告》。

7月26日举行第三十八次主任会议，研究人事任免事项。

10月28日举行第三十九次主任会议，听取区工信局局长张华君《关于2010年前三季度工业经济发展情况的报告》、区工业集聚区管委会常务副主任张元恒《上街区工业集聚区建设情况的报告》。

12月8日举行第四十次主任会议，研究人事任免事项和区十一届人大五次会议相关工作。

12月14日举行第四十一次主任会议，研究代表出缺和补选工作，决定开展评选优秀代表、优秀代表建议、建议办理先进单位事项等工作。

【法律监督】　开展《郑州市城市环境卫生管理条例》执法检查，促进市容市貌的改善。开展《食品安全法》执法检查，督促区政府加强食品生产、流通、经营等各个环节的执法力度，鼓励群众发现并举报危害食品安全的行为，确保食品安全。听取和审议了人民法院行政审判工作情况的报告，对行政审判工作提出要求。任命20名人民陪审员，促进司法公正。

【代表建议办理】　区十一届人大四次会议期间，代表们共提出代表建议70件，全部转交区政府组织办理。代表对建议的办理答复情况表示满意和基本满意的70件，占100%。

【人大代表集中视察活动】 4月12日，视察五云山综合开发工作。实地察看农民搬迁安置楼、居易国际五云山综合开发项目，听取区政府相关工作报告。

8月26日，视察新农村建设中7个行政村的综合整治工作情况。实地察看了任庄村居民安置楼、武庄村集体开发项目，听取了区政府相关工作报告。

【指导镇、街道人大工作】 密切镇、街道人大联系，指导依法开好人代会、组织代表活动。邀请镇、街道人大干部列席人大常委会会议，参加常委会组织的活动和培训，促进基层人大干部增强能力和素质，发挥主动性和创造性，提高全区人大工作的整体水平。

（曹　锐）

上街区人民政府

重要施政

【概述】 全区围绕“两加快一维护”战略实施，加快产业集聚，强力招商引资，实施项目带动，扎实推进城乡建设，着力维护大局稳定，完成十一届人大五次会议确定的主要目标任务。全年地区生产总值实现89亿元，同比增长16.5%；规模以上工业增加值实现60亿元，同比增长20%；全社会固定资产投资实现58.4亿元，同比增长30%；社会消费品零售额实现26亿元，同比增长18%；地方财政一般预算收入实现5.85亿元，同比增长8.3%；城镇居民人均可支配收入实现2.18万元，同比增长9%；农民人均纯收入实现9630元，同比增长9%。工业集聚区建设成效显著，现代服务业园区带动效应增强，生态农业园区发展初具形象；城乡一体发展加速，生态特色和宜居品质进一步彰显；全力办好为民十大实事，社会保障体系进一步健全，民生事业和社会环境更加协调；深化政府机构改革，执政能力和履职水平有效提升。

【全面完成政府机构改革】 理顺政府部门职能职责，加强机构编制管理。3月4日，全面启动区政府机构改革，对政府工作部门及直属机构进行调整归并，推行大部门体制：撤销区经委（区中小企业服务局）、区信息办，组建区工业和信息化局；撤销区文化新闻出版局、区广电局，组建区文化广电新闻出版局；撤销区文管办，成立区文化市场综合执法大队；单列设置区交通运输局；撤销区市政局、区执法局，组建区城市管理执法局；组建区住房和城乡规划建设局，撤销区建设局、区规划局，区房管局更名为区房管中心，隶属于区住房和城乡规划建设局领导。另外，还撤销、整合和更名一些机构，变更个别机构隶属关系，对具有行政管理职能的事业单位相应进行整合。3月20日，全面完成区政府机构改革。通过改革，优化政府组织机构，理顺职能职责，为经济社会科学发展提供体制保障。

【成功实现“全省平安建设先进区”三连冠】 “十一五”期间，区委、区政府以改善民生为切入点，以创新工作机制为突破口，扎实工作，狠抓落实，促进民生民计进一步改善，社会各项事业协调发展，“五大保险”覆盖面不断扩大，社会保障体系逐步健全，群众医疗补助标准、生活水平稳步提高。并通过“抓基础、早预防、严整治”，一批群众关心的热点、难点问题得到有效解决，连年无食品药品安全事件、较大以上安全生产事故发生，继2008年、2009年之后，2010年上街再获“全省平安建设先进区”称号。

【首获“中原平安杯”殊荣】 近年来，区委、区政府以平安建设为载体，以化解社会矛盾、促进社会和谐为主线，以人民群众满意为根本标准，积极探索创新，狠抓措施落实，全面完成平安上街建设纲要提出的目标任务，上街成为经济繁荣、生活富裕、环境秀美、法制健全、社会文明、民众满意的“最安全城区”。2011年1月11日，全省政

法工作会议在郑州召开，上街在全市首获全省平安建设最高奖项——“中原平安杯”。区委书记黄卿，区长戴春枝，区委常委、政法委书记翟国防，区政府副区长赵风军喜获省委、省政府嘉奖，区委政法委副书记、综治办主任张保成荣立二等功，政法系统五名同志荣获“中原卫士”称号，区公安局获评全省“人民满意的政法单位”。

【奋力完成“十一五”目标任务】 “十一五”时期，区政府坚持在调整中求变，在改革中创新，在逆境中奋进，积极应对国际金融危机严重冲击，顺利走过上街历史上经济波动最剧烈、转型发展最艰难、民生改善最明显的5年，经济社会发展取得重大成就，奠定“十二五”跨越发展坚实基础。截至“十一五”末，地区生产总值达到89亿元，是“十五”末的1.6倍，年均增长10%；社会消费品零售总额达到26亿元，是“十五”末的2.8倍，年均增长19.3%；地方一般预算收入达到5.85亿元，是“十五”末的2倍，年均增长15.3%；全社会固定资产投资五年累计完成185亿元，是“十五”时期的2.1倍，年均增长13.7%。城镇化水平明显提高，建成区面积由“十五”末的17平方公里扩大到26.7平方公里，建成区人口由“十五”末的7万人增长到10.5万人，全区城镇化率由“十五”末的80%提高到92.8%。人民生活水平持续改善，城镇居民人均可支配收入达到21800元，年均增长10.7%，农民人均纯收入达到9630元，年均增长13.4%；城镇居民和农民人均住房面积分别达到35平方米和65平方米。

【土地整治取得显著成效】 经过多年粗放式发展，全区共有近6平方公里、约9000亩的闲置、低效用地。主要分为三类，用而未尽、低效用地以及未达到投资协议要求的用地3325亩（2.22平方公里）；多年积累的不符合城市规划的用地1229亩（0.8平方公里）；批而未用（已报批可利用）的土地4420亩（2.95平方公里）。随着国家土地调控政策的收紧，发展空间严重不足的难题要求必须适时开展土地整合利用。2010年3月5日，全区国土资源整合利用动员大会召开，通过实施盘活存量、严控增量、集约用地等措施，至年底土地整合取得显著成效，共整合建设用地4023亩，使土地利用更加合理，用地矛盾得到有效缓解。

土地整合利用

【完成“十二五”规划编制工作】 “十二五”时期，是实现上街全面建设小康社会奋斗目标承上启下的关键时期，编制好“十二五”规划意义重大。从2010年3月1日启动，先后编制26个专项规划，至2010年12月20日全面完成“十二五”规划纲要编制，共为上街“十二五”发展谋划101个重大项目，总投资达935亿元。

【完成政府实事工程】 全年政府实事项目10件28项，目标类项目全面完成，工程类项目大部分完成年度计划。

【多项指标居全省县（区）首位】 2010年全区进入健康、快速、科学发展的新时期，城镇居民人均可支配收入、农民人均纯收入、人均生产总值、人均一般预算收入等多项指标居全省县区首位；人均GDP突破1万美元，达到10342美元，位居全省前列、全市第一。

（王立新）

重要会议

【区政府第七次全体（扩大）会议】 3月18日，区政府第七次全体（扩大）会议召开。区长戴春枝做重要讲话。一镇五办负责人向区政府递交了《目标管理责任书》。印发《上街区人民政府办公室关于明确市委市政府2010年为民办理十大实事责任单位的通知》、《上街区人民政府办公室关于对2010年政府主要工作目标任务实施立项督查的通知》。

【区政府常务会议】 2月2日，区长戴春枝主持召开区政府第七十次常务会议。确定区政府第七次全会筹备事项，安排节前主要工作，调整副区长及区长助理工作分工，协调解决相关单位创建“河南有色冶金职业学院”遇到的问题。

3月16日，区长戴春枝主持召开区政府第七十一次常务会议。会议同意区政府第七次全体（扩大）会议筹备方案，原则同意2010年政府主要工作任务分解，同意戴春枝在区政府第七次全体（扩大）会议上的讲话，调整副区长及区长助理工作分工。

4月9日，区长戴春枝主持召开区政府第七十二次常务会议。会议集中学习《中华人民共和国土地管理法》，同意成立郑州市上街区“十二五”国民经济与社会发展规划编制工作领导小组，原则同意《关于组织开展“十二五”规划编制工作的意见》。

4月26日，区长戴春枝主持召开区政府第七十三次常务会议。会议讨论南部山区开发问题，决定对全区违法占地、闲置土地及用而未尽土地、空闲土地进行综合整治；同意锂电池项目投资方在完善土地等相关手续的同时，可预先进驻工地做项目开工前准备工作；决定研究年产3万吨癸二酸项目可行性；决定加快华泰电缆项目二期用地的评估、补偿工作进度；决定华星电子项目若5月底前未通过环评，区政府将终止该项目引进，并依法无偿收回土地。

7月8日，区长戴春枝主持召开区政府第七十四次常务会议。会议同意《关于终止上政文〔2006〕77号、上政文〔2007〕73号行政效力的请示》；重申《上街区加快工业集聚区标准化厂房区建设的意见》，要严格执行中共中央、国务院关于严禁党政机关和党政干部经商、办企业的相关规定；明确区民族宗教管理局由区委统战部管理。会议讨论研究华泰电缆项目二期用地、高等院校引进、欧凯龙项目用地、土地征收、补偿安置、区金融工作办公室机构人员配置、下半年财政税收、农民负担和人防工程建设领域自查自纠等9个问题。

7月30日，区长戴春枝主持召开区政府第七十五次常务会议。会议传达了中共郑州市委工作会议精神和市委书记连维良在此次会议上的讲话精神，要求区政府各部门切实加强廉政勤政建设。会议讨论研究了《上街区加快工业集聚区标准化厂房区建设的意见（征求意见稿）》；决定对人防工程建设领域自查出的问题按有关规定执行。

8月30日，区长戴春枝主持召开区政府第七十六次常务会议。会议讨论研究连霍高速出入口上街段综合整治工作相关事宜；同意《连霍高速出入口上街段综合整治工作拆迁补偿方案》。

9月13日，区长戴春枝主持召开区政府第七十七次常务会议。会议原则同意《上街区加快标准化厂房区建设的意见》；原则同意《上街区医药卫生体制五项重点改革2010年度主要工作安排》；决定免去林虎诚信资产经营有限公司总经理职务。

9月30日，区长戴春枝主持召开区政府第七十八次常务会议。会议原则同意《上街区人民政府关于国家征收集体土地补偿安置办法》，以往有关征地补偿安置文件一律废止，有关遗留问题按以往文件执行。

12月22日，区委常委、常务副区长黄钫主持召开第七十九次区政府常务会议。会议原则同意区发展和改革委员会提出的2011年度17个重点工程项目，及其对2010年和2011年全区主要经济指标的预测；原则同意政府工作报告（征求意见稿）；原则同意2010年绩效目标考核方案。

12月28日，区委常委、常务副区长黄钫主持召开第八十次区政府常务会议。会议原则同意黄钫代表区长戴春枝在区委八届十二次全体（扩大）会议上的讲

话（征求意见稿）；原则同意区政府与建业、亚星集团公司投资框架协议（讨论稿）。

（王立新）

区政府办公室工　作

【文秘调研】　完成市政府下达的决策研究课题《关于上街区率先在郑州市实现城乡一体化问题研究》，指导区直各有关单位共完成27个政府系统重点研究课题；全年起草完成《政府工作报告》、领导讲话、汇报材料、经验材料共150余篇，计100余万字。

【政务信息】　2010年，根据机构改革需要，调整单位计算机内网管理注册300余台。编制政府网站改版方案，完成区两会、第六次人口普查等8个二级网站专题的策划、设计、开发工作。完善政府网栏目设置和基础数据库建设，公开本年度非涉密“红头文件”。区政府门户网站收集信息4800余条，刊发1679条；刊发区政府工作快报49期；上报各类政务信息1300余篇，被省市采用500余篇。

【文电处理】　完善公文处理制度，“变在办公室等登记、收发为积极主动参与文电议题的调查，变简单传发文件为参与文电的处理过程，变过去文电办结后上报归档为对办结的效果、反映、进行跟踪调查”，全年共制发文件657件，收转上级来文3678件，制发的《郑州市上街区人民政府关于峡窝镇石咀提灌站项目建设的函》，在全市公文评比中被评为优秀公文。

【综合协调】　做好全区重要会议、重要活动安排、组织和服务工作，全年共组织召开政府全会1次、区政府常务会11次，区长办公会30次，其他会议568次。迎接上级各类政务活动160余次，实现“零失误”。其中，省委书记卢展工、市委书记连维良、市长赵建才来区调研的接待工作，受到市委、市政府办公厅表彰。

【政务督查工作】　2010年，向省、市政府上报重点工作和十大实事进展情况专报16期，办理省市领导批示件4件，转办承办区政府领导批示件22件，办结率100%。全年下发《政务督查通报》18期，推动全区重点工程、重点项目落实。

【融资工作】　完成投融资平台整合，开展多渠道融资，成功获得省农发行4.8亿元贷款计划，其他金融单位3.84亿授信规模，到位资金2.7亿。发挥区担保公司职能，共为区属68家中小企业提供融资担保156笔，金额3亿多元。建立企业上市后备资源库，编写《企业上市服务手册》，录制上市资本运作音像资料，召开企业上市培训会，全年完成资本市场融资4亿元。

【人大代表建议和政协委员提案办理】　2010年，组织召开上年度建议、提案交办暨表彰会议，表彰优秀单位和先进个人。全年共办理人大代表建议70件、政协委员提案76件，满意率分别达99%、100%。

【区长电话】　2010年，共受理群众来电3724件，直接办理3048件，交区直各单位办理676件，综合办结率100%，按期反馈率99.6%，群众满意率99.3%；共受理来信26封，为群众解决噪音扰民、生活用水困难等问题。

【应急管理工作】　建立以巡防、消防、公安为主体的综合应急救援队，出台《值班应急制度》，落实24小时值班和节假日领导带班、专人值班制度，及时有效解决了南部富丽花园小区部分居民供水困难、义马煤气管道断裂引发的居民用气中断等关系民生的公共事件。全区97家单位，近万人参加应急预案实战演练周活动，形成应急联动工作机制。

（王立新）

【电子政务建设】　积极推进区政府门户网站建设，选派专人赴北京学习“政府网站资源整合与应用”，并结合学习经验组织专人着手编制政府门户网站改版方案。加强政府门户网站信息保障工作，圆满完成市政府办公厅对区政府网站数据采样的全年考核工作，并获得郑州市十佳网站荣誉称号。策划、设计、开发区两会专题、政府全会专题、第六次人口普查、“千百十”文明和谐家庭评选活动、济源路街道、区保密局、区工信局、第19个税收宣传月专题、上街平安网、社区党建、十大杰出青年网上评选11个二级网站及专题。做好舆情信息采集整理工作，共采集相关信息122篇，其中103篇本地采集信息，9篇ZZIC转办信息，全部按时办结。组织专人对全区电子政务发展现状和基础空间地理信息现状进行了调查，完成2大类27个分项200余条信息调查，为“十二五”电子政务暨数字城市建设发展规划奠定了良好的理论基础。大力加强政府网络和信息安全管理工作，单位计算机内网新增管理注册300余台，完成区直各局委托管服务器工作；完善区农委项目实验室、文博楼、社区政府网络接入；完成区安监局“金安”工程的对接、区统战部电子政务项目的技术审核、区计生委计生系统托管和增加备份空间的工作。全年共主动查杀病毒300余次，成功隔离受感染客户端计算机420台次，网络计算机系统主动防御25727次，系统脆弱预警1272次，有效预防外来攻击17次，网络维护人员对外电话服务700余次，到现场服务300余次。并对全区进行网络信息安全大检查，共检查出来各单位存在的安全隐患100余宗，并进行安全整改。

【完成市政府在线访谈工作】根据郑州市人民政府办公厅《关于市政府网站举行县（市、区）长在线访谈的通知》的文件精神，做好相关筹备工作，访谈当日积极组织网友参与在线访谈，系统日访问峰值达到3万人次，戴春枝区长通过市政府在线访谈系统围绕“科学发展惠民生以人为本促和谐”这一主题，就市民普遍关注的政府工作、未来发展规划、园区建设、交通道路建设、环境治理等问题与网友进行互动交流。访谈也得到广大网友和媒体的认可，两个多小时的时间里，数万名网友参与、收看访谈，现场提问近260条，网上访问量达86267人次。其中，上街区政府网站访问量30451人次，郑州市政府网站访问量55816人次。

（王治禹　昕）

政府法制工作

【规范性文件清理与审核】2010年，区政府法制办公室审查政府及政府办公室印发的规范性文件20件，下发20件，并实现全部及时备案；办结市政府法规、规章征求意见函23件；开展规范性文件定期清理工作，对2008年5月1日～2010年5月31日期间的所有以政府、及政府办公室名义制定的规范性文件进行了清理。共清理出继续有效的规范性文件113件，应予以废止的规范性文件39件。

【行政复议和诉讼】　2010年，办理行政复议案件4件，办结4件；全年应诉行政案件5起，全部审理完毕。根据《郑州市上街区集中受理审理行政复议案件暂行规定的通知》和《上街区行政诉讼行政复议案件败诉责任追究办法的通知》规定，2010年1月1日，区政府行政复议委员会及其办公室正式挂牌。对全区行政复议案件集中受理、集中审理，方便群众申请行政复议，提高复议案件审理的质量和效率。

【依法行政工作责任目标考核】根据《郑州市人民政府办公厅关于印发郑州市依法行政工作责任目标考核方案的通知》和《郑州市人民政府办公厅关于印发郑州市2010年度依法行政工作责

行政执法人员文明执法专项讲座

任目标考核实施方案的通知》，制定《郑州市上街区人民政府办公室关于印发上街区2010年度依法行政工作责任目标考核方案的通知》和《郑州市上街区人民政府办公室关于印发上街区2010年度依法行政工作责任目标考核实施方案的通知》，实行百分制考核。对全区41个纳入2010年度依法行政责任目标考核范围的执法单位进行了考核，将考核结果向社会公布。

【领导干部任职前依法行政知识测试】 制定了《郑州市上街区人民政府领导干部任职依法行政知识考查和测试制度》，2010年新任职的88名领导干部，都参加了区政府组织的法律知识培训和考试，并全部合格。

【领导干部学法】 制定了《郑州市上街区2010年学法计划》，按照要求，2010年区政府常务会议共安排学法讲座4次；开科级领导干部专题法制讲座2次。

【政府合同管理】 根据《郑州市行政机关合同管理办法》规定，严格政府合同起草、签署及备案等环节。2010年共签订政府合同88份，全部实行备案管理。

【行政执法队伍管理与建设】 2010年，强化了对行政执法人员在专业知识上的学习培训力度。法制办邀请专家集中授课，举办法治讲座6场；组织全区执法人员参加市政府法制办举办的法制培训会2次。顺利完成了2010年度河南省行政执法证的换证工作，对全区行政执法人员资格进行了重新确认。全区235名需换证的行政执法人员都做到了持证上岗。按照市委市政府统一部署，建立和完善行政执法机关文明执法领导责任制，全区41个行政执法单位350多名行政执法人员，面对国旗进行集中宣誓，提升行政执法队伍依法执法、文明执法、和谐执法的良好形象；根据《市委办公厅市政府办公厅关于全市各级行政执法人员在网上做出文明执法承诺的通知》要求，全区所有行政执法人员签订了《郑州市行政执法人员文明执法承诺书》，并将文明执法承诺书在区政府网站上公开，接受社会和人民群众的监督。

【行政执法举报投诉处理】 根据《郑州市行政执法举报投诉受理办法》规定，严格行政执法投诉案件的受理、处理和监督各个环节。2010年共受理行政执法投诉案件2起，全部按时处理，举报投诉人表示满意。

【行政处罚自由裁量权监督检查】 制定《郑州市上街区人民政府法制办公室行政处罚自由裁量权监督检查制度》；印发《关于开展上街区2010年规范行政处罚裁量权工作自查和检查的通知》、《关于进一步加强2010年规范行政处罚裁量权工作监督检查的通知》和《上街区政府法制办公室关于在行政处罚文书中体现裁量阶次内容的示范》；法治办组成行政处罚自由裁量权监督检查小组，对全区41个执法单位进行了监督和检查，对出现问题的单位责令其限期进行整改，提升各执法单位的执法水平，取得了良好的社会效果和法律效果。

（何　颂）

人事和人力资源管理

【概况】 2010年，区人力资源和社会保障局以民生为本、人才优先为工作主线，完善社会保障体系，构建和谐劳动关系，扩大就业规模，推进事业单位人事制度改革和工资收入分配制度改革，圆满完成年度各项目标任务。先后被评为郑州市“五一文明岗”、下岗失业人员小额担保贷款工作先进集体、城乡就业工作先进单位、机关事业单位离退休先进单位、失业保险工作先进单位、企业职工养老、工伤保险财务基础管理工作先进单位、城镇居民基本医疗保险工作先进单位。

【公务员管理】 贯彻实施《公务员法》，开展全区公务员通用能力培训，达标504人，组织52人参加市公务员高端论坛及培训。组织公务员基本知识一般性考试和参加全市基本技能比赛人员选拔考试。与组织部、纪委联合开展全区岗位练兵验收评比活动，组织全区58家单位的82名科级领导干部和91名一般干部参加岗位练兵考试，巩固岗位练兵成果。完成112家区直机关（含峡窝镇、各街道）及事业单位在编、在册、在职3811名一般工作人员年度考核。

【专业技术人员管理】 编制《上街区2010～2020人才发展规划纲要》，拟定《区委、区政府关于加强高层次专业人才队伍建设的意见》。采取集中办理，信息、评审表、文件“三对照”的方法，办理中、高级证书147本，其中高级27本（中学高级23本，会计系列高级1本，卫生系列高级3本），中级120本（中学一级34本，小学高级49本，卫生中级37本）。完成2009年度41名初级专业技术人员的任职资格公示，通过初聘取得资格27人（其中，中学初级15人，助理工程师10人，工程技术员2人）；通过评审取得资格14人（其中，中学1人，小学11人，幼儿园2人）。

【大中专毕业生就业】 按要求做好21名“高校毕业生进社区、服务农村”大学生接收分配工作。2010年4月下旬，组织上蝶阀门、黑马公司等10多家区属企业参加了郑州市高校毕业生就业专场招聘会，现场接受各类求职咨询200多人次，免费发放宣传资料300余份，达成就业意向近110人。组织开展大中专毕业生就业创业推介会，有200余名毕业生实现了就业。

【人才交流服务】 对区属规模以上30多家企业的人才基本情况和用人需求情况进行调查摸底。2010年，为天伦燃气有限公司、民生证券济源路办事处、至诚招标有限公司等企业引进31名优秀人才，其中本科学历15名，大专学历16名。共办理人事档案转递手续97人次，其中办理人事调动手续62人次；调整代理人员档案工资324人次；新增人事代理人员103人，续签人事代理合同87人。人事代理人员累计928人。

【职称评定】 严格事业单位专业技术职务结构比例审批。做好2010年度中、高级职称申报工作，审查57人符合评审申报条件，其中高级教育系列17人，高级卫生系列3人，中级教育系列40人。受理初级职称评定43人，其中教育类22人，工程类21人。全年共办理中、高级证书147本，其中高级任职资格证书27本（其中，中学高级23本，会计系列高级1本，卫生系列高级3本），中级任职资格证书120本（其中，中学一级34本，小学高级49本，卫生中级37本）。完成2009年度41名初级专业技术人员的证书办理工作。通过初聘取得资格的有27人（其中，中学初级15人，助理工程师10人，工程技术员2人）；通过评审取得资格的有14人（其中，中学1人，小学11人，幼儿园2人）。积极为高、中级评委会专家库推荐候选人员，为中小学教师系列专家库推荐中小学教师骨干11人，其中5人入选中评会专家库，6人入选高评会专家库。

【工人技术等级考试】 2010年申报机关事业单位技工等级人员共111人，技师41人、高级工31人、中级工27人、初级工13人。聘请专业老师对技工人员进行培训，为技工人等级考试合格的122人发放技术等级岗位证书。其中技师8名、高级工66名、中级工19名、初级工25名，合格率为82.6%。

【工资福利制度改革】 2009年、2010年义务教育学校绩效工资已全部兑现，完成公共卫生系统事业单位绩效工资改革。企业工资分配严格实行最低工资制度，从7月1日起，全区最低工资标准调整为800元/月、9元/小时。配合总工会推广工资集体协商制度。完成机关事业单位工资审批、晋级晋档工作。共审批150个机关及参照单位工资晋级晋档，涉及1658人；事业单位51家，办理晋升薪级2010人。共办理各类工资审批手续89人。

【干部离退休服务】 全年完成退休教师享受退休费100%比例审批23人，其他机关事业单位退休人员具备特殊（重大）贡献等条件提高待遇审核、申报和报市审批4人。做好离退休（职）人员医务鉴定办理与待遇审批，调整因病生活完全不能自理的机关事业单位退休人员护理费标准，从1986年的每月30元调整到200元。全年共办理退休人员申报护理费7人，每人每月增加200元。

（王二奎）

机关事务管理

【概况】 区机关事务管理局连续两年获得“省级文明单位”荣誉称号，通过开展“制度建设年”、“三优一满意”等活动加强作风建设，在全局干部职工中大力倡导忠诚敬业、务实创新、高效协作的工作作风，不断提高服务保障的制度化、规范化和标准化水平。2010 年全年共撰写各类文件 200 余篇，收发各类报刊读物 3000 多份；承办全区机关单位工作会议及全区领导干部大会等 400 多场。修补破损水泥地面 40 多平方米，整修绿色植被 50 余平方米及旧有线路改造。

【节能减排】 结合节能减排领导小组办公室起草的《郑州市上街区机关事务管理局关于（2009 年～2010 年）区级公共机构节能规划报告》，重点落实安全用电、用水、用气规定，抓好节电、节水和节约办公耗材等工作。开展“能源短缺体验日”、“地球一小时”、“夏至关灯”等活动，推广使用节能灯具、节能型洁具，提高水、电设施设备的节能效率，实施技术改造，空调温度控制、自己动手修理管道线路、旧空调再利用等举措，为创建“绿色机关”、促进废旧资源循环利用发挥积极作用，在水、电上的各项开支节省 6 万多元。2010 年，被郑州市机关事务管理局评为节能减排先进单位。

【后勤服务】 建立快速反应机制，对领导及各单位反映的问题，按照职责分工，快速处理，每个问题有记录有反馈。建立设备管理规范化、标准化操作机制，计划维修与零星维修相结合，对达到使用年限，特别是超期服役的设施设备，及时进行更换、大修；办公区绿化实施补栽与更新；引入市场招标机制，对花卉服务集中采购，降低采购成本；建立卫生保洁绿化机制，卫生保洁做到“一日两扫、全日保洁、管理到位、日产日清”。严格按照会议服务程序，加强会议预约登记，会前各项准备充分，服务严格标准规范，确保无纰漏发生；建立会议服务管理机制，会议设备设施的管理上，及时消除各种不良隐患，把问题解决在开会之前。

【安全保卫】 定期对安保人员进行安全知识培训、业务素质考核。抓好安全隐患排查，落实消防责任制，建立消防月查制度、隐患通报制度。治安工作突出抓好重点区域、重点对象、重点阶段的治安防范，提高机关各单位自我防范意识。建立完善“车辆准入制度”，划定停车区域，从源头控制车辆乱停乱放。

（袁宇月）

行政服务中心

【概况】 区行政服务中心对入驻大厅的各行政管理部门、服务机构进行工作协调，为公民、法人和其他社会组织提供行政许可、非行政许可、行政收费、便民等“一站式”服务。共受理各类行政审批服务事项 181996 件，办结 181996 件，办结率 100%。其中即办件 161700 件，占 88.85%；承诺件 20217 件，占 11.11%；联办件 79 件，占 0.04%。荣获“市级巾帼文明岗”、“郑州市行政机关优秀办事大厅”、“郑州市文明单位”、“郑州市五一文明号”等称号。

【编印《郑州市上街区政务公开指南》】 2010 年，与 28 家进驻单位结合，成立《郑州市上街区政务公开指南》编委会，对进驻大厅所有单位的行政审批和行政服务项目进行清理，编制了《郑州市上街区政务公开指南》。全面、系统、完整的公开了全区 28 家职能局委的 303 项行政审批服务事项的事项名称、审批依据、申报条件、申报材料、办理程序、承诺期限、收费标准和收费依据。

【重大项目联审联批及代理服务】 2010 年，按照要求，将列入省市区重点项目的企业全部纳入到联审联批服务范围。采取分批次组织召开企业座谈会的方式，共梳理出制约重点项目建设和影响企业发展的问题 200 个。并按照问题的轻重缓急和难易程度进行分类，对自身能够协调解决的问题，由中心实行全程代办服务。按照跟踪服务、延时下班、预约上门、定点联系、特事特办等五项服务举措，全方位为企业提供零距离、保姆式服务。2010 年，为建业酒店、向日葵锂电池和华泰电缆等 41 个重点项目提供了全程免费代理服务，共为企业代办各种证照（手续）168个。对超出职权范围自身无法解决的问题，按照日上报制度和周上报制度，提交区委书记、区长办公会研究解决。2010年，共上报重大问题12个，召开联审联批工作例会26次，服务企业208家次，协调解决各类问题222个。

【镇（街道）便民服务中心】 2010年，联合区优化办和区效能办成立督查组，定期不定期地对各级便民服务机构明察暗访，并将明察暗访结果登记备案，作为年终对各级便民服务机构考核的依据。2010年，共明察暗访10余次，纠正不规范行为8起，有效避免了违规违纪现象的发生。1镇5街道已建成便民服务中心6个，设立村、社区便民服务代办站51个，确定专（兼职）代办员174名。2010年，各级便民服务机构共为辖区企业、群众办理各类行政审批服务事项45167件。

【行政效能电子监察指挥平台建设】 2010年，区政府投入108万，安装使用了行政效能电子监察系统。系统的所有硬件已基本到位，软件将随全省同步使用。建立行政审批电子监察平台。利用网上审批系统的实时监控、预警纠错、数据采集、综合查询、统计分析、系统管理功能，对网上办件进行全程监控。建立现场视频和电子监察指挥平台。在大厅每个办事窗口和便民服务中心都设置视频监控“电子眼”，对审批人员的考勤情况、服务态度、办事效率实时监督，实现数据、视频全程实时、同步监督。办事大厅共有监控摄像头53个。建立电子监察网站。将网上审批系统与中心网站进行对接，实现办件情况在网上的实时显示，开通网上申报、网上咨询、表格下载等功能，既方便了群众办事，又实现了权力的公开透明。在区车管所和镇（街道）便民服务中心安装25个监控摄像头，对各办事大厅的纪律、效能进行实时监督。

【争创“优质服务窗口”】 修订《〈郑州市上街区行政服务中心“优质服务窗口”评选办法（试行）〉的通知》、《〈郑州市上街区行政服务中心“优秀标兵”评选办法（试行）〉的通知》、《窗口工作人员行为规范》等一系列规章制度。推行日抽查、周通报、月考评、年奖惩制度，实行量化考核，并把结果作为年终考核的重要依据。开展树典型活动。2010年，中心共表彰“优质服务窗口”51个次，“优秀标兵”153人次。

【争创“市级文明单位”】 区行政服务中心按照“政治坚定、团结协作、廉洁奉公、服务群众”的要求，不断强化班子建设，充分发挥党组的领导核心作用。始终把文明创建活动作为推进中心各项工作的关键工程来抓。成立精神文明建设工作领导小组，把精神文明建设纳入中心工作议事日程和工作目标。

（赵　磊）

外事　侨务

【外事出访】 2010年3月，区外事侨务局更名为区外事侨务办公室，隶属政府办领导。2010年区领导组团出访，主要有区长戴春枝带队访问俄罗斯、瑞士、阿联酋，副区长人赵风军访问美国、加拿大。通过与外国政要、国际大公司、金融界高层接触，宣传上街，推动上街区对外合作、贸易往来、招商引资工作。

【友好接待】 接待来郑州参加2010国际旅游城市市长论坛的印度德里、阿格拉、新加坡等地市长及其随从人员共计11名，学习外国管理经验，对外宣传上街。接洽意大利红土中国文化协会会长贾景全先生考察五云山项目建设，促成并参与区领导与贾会长的友好会晤，商讨加强双方交流合作，开发五云山项目。

【因公出国（境）管理】 2010年，严格执行郑州市制定的《关于进一步加强因公出国（境）管理实施意见》进一步规范因公出国（境）审批工作。全年共办理因公出国（境）团组4批、16人次。

【对外宣传】 2010年元旦，向海外华人华侨、港澳同胞寄感谢信，通过电视等新闻媒体向全区归侨、侨眷表达节日祝福。介绍上街区的发展。组团出访时，与当地的华人华侨社团联系，拜访华人社区，与之建立联系，调动和发挥

海外华人华侨的积极性和优势，为对外交流与合作搭建桥梁。

【生活困难归侨侨眷救助】　8月16日，联合济源路社区卫生服务中心对归侨侨眷、海外务工人员和留学生家属进行免费体检，组织侨眷参加省外事侨务办公室开办的下岗再就业培训班。

（高　岩）

接待工作

【规范运作】　在公务接待工作中，坚持以科学发展观为指导，积极探索新形势下接待工作的特点，初步形成了“区委、政府统一领导，接待部门牵头协调，相关部门密切配合、上下左右协作联动”的接待工作新机制，将公务接待逐步纳入了规范化、程序化、科学化的轨道。在重大接待任务中，接待办根据区委区政府领导审定的接待方案，加强与有关部门的沟通联系，全面掌握相关情况。合理调配接待资源，具体安排接待工作的运行，每项重大任务完成后及时进行工作总结，建立了一整套包括拟制接待预案、搞好筹备勘查、会场布置、宴会安排、会见组织等接待工作流程，增强了接待工作的预见性、主动性，有效提高了工作效率。

【注重服务】　接待办作为搭平台、谋合作、促发展的载体机构，在市场经济条件下，最重要的职能就是打好“经济牌”、亮好“服务剑”，着力抓好日常服务各个环节，力求“全面、细致、体贴、周到”。在接待流程方面，进一步优化工作流程，细化每一项工作环节，抓好迎送、会议、膳食、住宿、行车、安全等服务。每一次接待，都要详细了解来宾情况，制定接待方案，进行周密安排，做到热情简洁，善始善终。在膳食服务上接待办提前了解来宾的饮食习惯、宗教信仰、特别嗜好、预定菜谱、细化餐饮。在住宿方面，根据来宾级别，安排住宿地点，抓好住宿卫生。在行车安全方面，及时协调有关部门，安排调动车辆，做到准时、畅通、安全。突出保密、消防和治安三个关键，注意消除一切不安全因素，保证客人及其物品、信息资料的安全。在严格控制公务接待费用支出的同时，积极宣传上街特色产业，参观活动主题鲜明，努力让宾客在参观中能对上街有所理解，留下印象。

【传承创新】　不断提升接待工作水准。在继承公务接待好做法、好经验的基础上，根据形势任务的需要，大胆实践，积极探索，锐意创新，不断改进公务接待工作的思路、内容和方法，进一步增强接待工作的活力。坚持以人为本，推进个性化服务。注重从细节点滴入手。在公务接待活动中精心制定接待方案，科学设计内容，将区经济发展成就、风土人情、历史文化、风景名胜纳入考察日程、食宿安排中。

【接待总量】　2010年，接待办较好地完成了河南省人大代表到上街视察、连维良书记、赵建才市长、马懿书记、白红战主任、李秀奇主席、王跃华市长、刘东市长到上街调研、参加郑州市2010年一季度商务运行分析会接待工作、协助世界旅游城市市长论坛接待贵宾、老干部座谈会、省平安建设工作组到上街考核、兰州市红古区考察团、广西崇左市江州区考察团、青海省都兰县考察团、省政府目标考核等省、市领导检查、调研、考察活动及大型会议的接待工作，受到了各级领导的好评。2010年共安排81项重要活动和132次日常接待，接待2000余人次。

（杨　丽）

政协上街区委员会

重要会议

【政协郑州市上街区第七届委员会第四次会议】　2010年1月18日下午，政协郑州市上街区第七届委员会第四次会议召开预备会议。会议听取了区政协副主席郭志昭关于区政协七届四次会议筹备情况的说明，会议表彰了2009年度优秀提案和提案办理先进单位、表彰了《上街文史资料》编撰先进个人。

1月19日上午，区政协第七届委员会第四次会议开幕，会议由政协主席张福祥主持，政协副主席武家寅代表政协常委会作常务委员会工作报告，政协副主席梁红松作七届三次会议以来提案工作情况的报告，区委书记黄卿在开幕式上作重要讲话。

往届政协老领导、驻区的省、市政协委员和其他县处级领导应邀出席会议。

1月20日，区政协第七届委员会全体委员列席郑州市上街区第十一届人民代表大会第四次会议第一次大会，协商讨论《政府工作报告》及其他报告。

1月21日上午，区政协第七届委员会全体委员分组讨论《政府工作报告》，审议选举事项，审议各项决议（草案），候选人到各组与委员见面。由区委书记黄卿带队到各组看望委员，区委常委分别到各组参加讨论。

同日，召开第七届委员会第十四次常委会，协商决定有关人事事宜，通过选举办法（草案）、监票和计票人名单。

1月21日下午，区政协第七届委员会第四次会议召开第二次大会。通过投票选举，吕现州、岳斌当选为政协郑州市上街区第七届委员会副主席，阎光甫当选为政协郑州市上街区第七届委员会秘书长，李显发、邢彦军当选为政协郑州市上街区第七届委员会常务委员。

同日，区政协第七届委员会第四次会议召开第三次大会，审议通过区政协第七届委员会第四次会议提案审查情况的报告，审议通过区政协第七届委员会第四次会议政治决议、区政协第七届委员会常务委员会工作报告的决议以及区政协七届三次会议以来提案工作情况报告的决议。往届区政协老领导和驻区的省、市政协委员及其他县处级领导应邀出席会议。共收到委员提案80件，立案77件。

（代振岭）

政协常委会议

【区政协第七届委员会第十二次常委会会议】 2010年1月7日上午，政协郑州市上街区第七届委员会第十二次常委会召开。政协主席张福祥主持会议。

1. 审议通过关于召开区政协第七届委员会第四次会议的决定；

2. 审议通过区政协第七届委员会第四次会议议程（草案）；

3. 审议通过区政协第七届委员会第四次会议日程（草案）；

4. 审议通过区政协第七届委员会第四次会议秘书长、副秘书长建议名单；

5. 审议通过区政协第七届委员会第四次会议秘书处工作机构设置办法及负责人名单；

6. 通过区政协第七届委员会第四次会议特邀、列席人员原则及范围；

7. 通过区政协第七届委员会第四次会议委员分组办法及各组负责人建议名单；

8. 通过区政协第七届委员会第四次会议常委会工作报告、提案工作报告报告人名单；

9. 通过区政协第七届委员会第四次会议常委值日名单；

10. 协商有关委员增补事项；

11. 审议通过常委会工作报告（草案）；

12. 审议通过提案工作报告（草案）；

13. 协商讨论《政府工作报告》（征求意见稿）。

【区政协第七届委员会第十三次常委会会议】 2010年1月18日下午，区政协第七届委员会第十三次常委会议召开。政协主席张福祥主持会议。

增补吕现州、岳斌为区政协第七届委员会委员。

【区政协第七届委员会第十四次常委会会议】 2010年1月21日上午，区政协第七届第十四次常委会议召开，政协主席张福祥主持会议。

1. 审议区政协七届四次会议提案审查情况报告（草案）；

2. 协商选举有关事项。根据区委提名，吕现州、岳斌任区政协第七届委员会副主席，阎光甫任区政协第七届委员会秘书长，李显发、邢彦军任区政协第七届委员会常务委员；

3. 审议通过区政协第七届委员会第四次会议政治决议（草案）；

4. 审议通过区政协第七届委员会常务委员会工作报告的决议（草案）；

5. 审议通过区政协第七届

委员会常务委员会关于七届三次会议以来提案工作情况报告的决议（草案）。

【区政协第七届委员会第十五次常委会会议】 2010 年 7 月 15 上午，区政协第七届委员会第十五次常委会召开，政协主席张福祥主持会议。

1. 听取区政府关于上半年经济运行情况的通报；

2. 协商区政协机构变动事项，增设政协镇、街工委；

3. 协商区政协有关人事任免事项，任命政协镇、街工委主任。

【区政协第七届委员会第十六次常委会会议】 2010 年 9 月 16 日上午，区政协第七届委员会第十六次常委会召开，政协主席张福祥主持会议。

1. 听取区政府常务副区长黄钫关于政协提案办理情况的汇报；

2. 听取区法院院长彭连成关于法院工作情况的通报；

3. 协商有关委员增补事项；

4. 因工作变动，终止朱宇、杨满坡、王晓、赵瑞昌政协委员资格。

【区政协第七届委员会第十七次常委会会议】 2010 年 12 月 28 日上午，区政协第七届委员会第十七次常委会召开，政协主席张福祥主持会议。

1. 通过召开区政协第七届委员会第五次会议的决定；

2. 通过区政协第七届委员会第五次会议议程（草案）；

3. 通过区政协第七届委员会第五次会议日程（草案）；

4. 通过区政协第七届委员会第五次会议大会秘书长、副秘书长建议名单；

5. 通过区政协第七届委员会第五次会议特邀、列席人员原则及范围；

6. 通过大会秘书处工作机构设置办法及负责人建议名单；

7. 通过委员分组办法及各组召集人建议名单；

8. 通过大会报告人建议名单；

9. 通过区政协第七届委员会第五次会议常委值日名单；

10. 通过有关委员增补事项；

11. 审议通过区政协常委会工作报告（草案）；

12. 审议通过区政协提案工作情况的报告（草案）；

13. 协商讨论《政府工作报告》征求意见稿。

（代振岭）

工作及活动

【参政议政】 七届四次全会期间，组织全体政协委员对“一府两院”工作报告进行讨论。围绕实施“两加快一维护”发展战略，就加快产业结构调整、促进民营经济发展、完善城市功能、强化城市管理和加快推进城乡一体化等与区委和区政府领导面对面座谈，认真履行参政议政职能。

召开常委会、主席会议，专题听取服务业集聚区建设、城乡一体化、财税、经济发展情况等工作汇报，提出了要“提高认识，充分重视，着力营造浓厚的发展氛围”、“科学制定规划，高起点规划发展方向”、“加大项目引进力度，壮大龙头企业，提升服务业整体水平”、“进一步优化环境，形成发展合力”、“加大投入，强化政策支持”、“完善城市功能，广纳人气”建议，并形成报告转呈区委、区政府。

【民主监督】 进一步加大视察监督的力度，先后组织委员开展了“城市重点工程”、“低收入家庭住房保障情况”、“工业集聚区建设工作”、“社区文化活动中心建设工作”、“教育工作”和“环保工作”等一系列专项视察。在实地察看低收入家庭住房保障情况和听取区房管中心的情况汇报后，委员们一致认为工作深入扎实、措施得力、成效明显，针对城市建设和城市管理方面存在的问题，提出要“坚持科学规划，严格依规建设”、“加强工程质量管理，建立健全工程质量保障机制”、“建立城市管理长效机制”、“加快推进城区集中供热工程”等意见和建议。全年参与视察活动的省、市、区政协委员达 200 多人次。通过视察，加深了委员与相关部门间的了解，促进全区经济发展和民生改善等工作的落实。

“进一步强化监督制约机制，防止各类违法违纪现象的发生，努力实现司法公平”、“树立司法为民理念，增强服务意识”、“完善制度，强化措施，加大执行力度”等意见和建议，促进法

政协委员视察交通建设情况

院工作改善。建立社区委员之家联络点，密切政协委员同群众的联系；完善政协网站，设立社情民意专栏，拓宽社情民意反映渠道。组织部分委员参与对政府职能部门的行风评议，转变工作作风，督促政府不断提高工作效率。

有 20 多名政协委员应邀担任司法机关和政府有关部门的特邀监督员、廉政监督员，行使民主监督权利，参与有关执法检查，防止和纠正权力异化。

【提案工作】 2010 年，共提交提案 80 件，经审查立案 77 件。其中，委员提案 75 件，集体提案 2 件。产业聚集区建设、招商引资、“三农”工作、城乡和区域协调发展等方面，共提出提案 10 件。教育、医药卫生、文物保护等方面，共提出提案 16 件。精品城区建设，委员就城市设施、区容区貌、城市管理等方面提出提案 31 件，社会保障、就业、干部作风建设及群众关注的热点问题提出提案 20 件，提案办理坚持面对面、坚持重点提案跟踪督办、坚持现场查办；提高办案水平；开展多种形式的相关调研，做好办理单位与提案人的沟通工作，提案办复率、委员满意和基本满意率均达 100% 。

【委员视察】 6 月份，组织经济界委员视察工业集聚区，听取工业集聚区管委会的情况汇报。提出要“突出特色，培育主导产业，发挥产业集聚效应，提高产业整体竞争力”、“高标准建设工业集聚区，争创新型工业化示范基地”等建议，形成调研报告转呈区委和区政府参考，促进工业集聚区建设。

视察校舍安全建设工程，对工作的开展和成绩的取得给予充分肯定，建议政府加大对教育的投入，完善学校软硬件设施；新建学校要高起点、高标准，建成规范化、标准化学校。

【民主与团结】 2010 年，积极开展团结联谊活动。通过各种形式宣传区委、区政府的决策部署。

促进参加人民政协的各民主党派、工商联和无党派人士的团结合作。政协全体会议、常委会议，优先安排民主党派、工商联和无党派人士发言。邀请民主党派、工商联和无党派人士调研视察、重点提案督办等重大活动，支持他们参政议政，充分发挥在政协中的作用。

加强与友好单位的联系，前往福建光泽县等单位进行联谊，赠送会刊、《上街文史资料》和上街区招商引资优惠政策等。通过联谊，密切了关系，加深了友谊，宣传了上街。

【文史资料工作】 《上街文史资料》第一辑编辑出版，引起社会各界的强烈反响，全国各地的上街人相互传阅，对该书给予高度评价。在广泛征求意见的基础上，做好第二辑的稿件征集、编纂工作。年底初稿已经完成。

（代振岭）

中共郑州市上街区纪律检查委员会

【概况】 区纪委、监察局坚持以十七大精神为指导，以科学发展观为统领，全面贯彻中央、省、市、区关于反腐倡廉建设的决策部署，深入推进惩治和预防腐败各项工作，联系实际、突出重点、强化措施、着眼预防、深化改革、开拓创新、党风廉政建设和反腐败工作取得明显成效。对党员领导干部的教育和监督进一步加强，损害群众利益的突出问题得到进一步治理，查办案件工作力度进一步加大，从源头上治理腐败工作进一步深入，行政监察职能作用进一步发挥，纪检干部队伍建设得到进一步增强。

（梁庆超　石　琪）

重要会议

【区第八届纪律检查委员会第五次全体（扩大）会议】 3月11日，中共郑州市上街区第八届纪律检查委员会第五次全体（扩大）会议在区会议中心召开。会议学习贯彻了中纪委十七届五次全会、省纪委八届五次全会及市纪委九届全会精神，分析了上街区党风廉政建设和反腐败斗争的新形势，表彰2009年度反腐倡廉建设工作先进单位。区委常委、纪委书记邓书安代表纪委常委会向八届五次全会作工作报告。总结2009年党风廉政建设和反腐败工作，部署2010年工作：加强对中央、省、市、区重大决策部署贯彻落实情况的监督检查，确保政令畅通；切实加强和改进党的作风建设，进一步密切党同人民群众的血肉联系；加强教育监督，筑牢党员干部拒腐防变的思想防线；坚决查处违纪违法案件，继续保持惩治腐败的高压态势；加大专项治理力度，促进领导干部廉洁从政；深入推进改革和制度创新，进一步做好治本抓源头工作。区委书记黄卿讲话强调，一是全区上下要认清形势，以高度的责任感与紧迫感扎实推进反腐倡廉建设。二是深入学习领会中纪委十七届五次全会、省纪委八届五次全会及市纪委九届五次全会精神，要明确重点，牢牢把握党风廉政建设和反腐败斗争的总体要求和重点工作；要抓住关键、努力加强反腐倡廉的制度建设；要求实求效，进一步提高群众满意度。三是增强忧患意识，加大工作力度，努力开创党风廉政建设和反腐败斗争新局面。四是加强领导，真抓实干，确保反腐倡廉各项工作的落实。

纪委八届五次全会

【优化经济发展环境工作大会】 6月29日，优化经济发展环境工作大会召开。表彰2009年度优化经济发展环境工作先进集体，区委常委、纪委书记邓书安代表纪委常委会向八届五次全会作工作报告，总结了2009年度优化经济发展环境工作，部署2010年工作。最后区委书记黄卿讲话。

（梁庆超　石　琪）

检查与监督

【落实党风廉政建设责任制】 强化责任意识，全面贯彻落实党风廉政建设责任制。区党风廉政建设责任制领导小组围绕落实中纪委十七届五次全会、省纪委八届五次全会、市纪委九届五次全会和区纪委八届五次全会部署的各项工作任务，研究制定了《2010年党风廉政建设责任制工作意见》，明确要求各级党委要认真履行第一责任人职责，把党风廉政建设责任制工作与各项工作同谋划、同部署、同落实、同检查、同考核。在全区形成党政一把手负总责、分管领导各负其责、一级抓一级、层层抓落实的反腐倡廉工作格局，使党风廉政建设分工形成"纵向到底、横向到边"的网络体系。

加强监督检查，确保党风廉政建设责任制各项工作落到实处。坚持日常检查。区党政班子领导到分管单位检查指导工作，区党风廉政建设责任制领导小组办公室坚持每季度召开一次镇办、区直部门负责人参加的党风廉政建设责任制工作例会，及时沟通情况，听取意见和建议，指导和推进工作。坚持半年督查。在各单位报告落实责任制工作情况的基础上，区责任制办公室对各单位执行党风廉政建设责任制情况进行抽查和督导。坚持年终考核。每次年终考核均由区委、区政府专门召开会议进行部署，由区委常委担任各考核组组长，参与指导考核工作。坚持责任制考核结果的运用。对各单位考核结果进行通报，要求各单位针对考核中发现的问题进行整改。

强化廉政意识，进一步规范领导干部廉洁从政。认真抓好《中国共产党党员领导干部廉洁从政若干准则》的贯彻实施。各级党委、政府和纪检监察机关把贯彻实施《廉政准则》作为加强党的建设的重要政治任务，以"六进"活动为载体，积极推进廉政文化示范点建设；以"四会一课"深化年活动为载体，在各级干部中掀起贯彻落实"四会一课"廉政教育制度热潮；联合文化广电新闻出版局制作廉政公益广告，报送省、市参评；加大反腐倡廉新闻宣传，国家级新闻媒体采用稿件2篇，省级采用4篇；积极开展网络宣传教育，及时撰写网评文章，加强舆情监控，营造廉荣贪耻的浓厚社会氛围。加强组织领导，广泛宣传厉行节约工作，在党政机关开展厉行节约承诺，实行压缩指标月报和台账管理制度。各级领导干部严格遵守廉洁从政规定，认真执行领导干部及其配偶、子女不准违反规定经商办企业和报告婚丧嫁娶操办事宜，严格落实领导干部个人重大事项报告、述职述廉、民主评议、廉政谈话、诫勉谈话等。各级党组织认真落实民主集中制和党内情况通报、民主生活会等制度，切实加强对领导干部的监督管理，做到有问题苗头早发现、早提醒，没有问题早预防。实行领导干部公开廉政承诺制度，400余名在职领导干部就廉洁从政行为公开承诺；实行任前领导干部廉政知识测试制度，对新提拔的30余名科级领导干部进行了任前廉政知识水平测试，全区开展任前廉政谈话30余人，诫勉谈话3人；领导干部述职述廉400多人次。

【案件查办】 加强初核和联合办案力度，规范办案程序，严格依法依纪办案，严肃查处违纪案件。调整工作思路，由过去等案件转变为主动出击，由过去重点监督科级干部下移到基层，深入到基层站所，深入到群众，寻找案源，加强案件查办的跟踪督办。建立督办案件台账，提高督办案件结案率和办理质量。

受理业务内群众信访举报8件，初核11起，立案10起（其中乡科级干部4起，一般党员6起，贪污贿赂案2起）；结案7起；7名党员干部受到党政纪处分（党内警告4人，党内严重警告1人，开除党籍1人、行政记过1人）。

【执法监察】 加强监管，成立专项治理工作领导小组，全面做好工程建设领域各项监管工作。加强对节能减排和环境保护政策措施落实情况的监督检查。纪委、监察局组成督查组分别对涉及到环境环保的企事业单位进行督查。加强对规范和节约用地政策措施落实情况的监督检查。严格土地审批程序，坚持实行土地会审制度。以"全员执法、全程监管、全面覆盖"的执法监察工作思路，全面落实执法监察动态巡查80余次，严格卫片执法监察，取得连续3年卫片检查"零违法"的成绩。加强房地产市场

平稳健康发展政策措施落实情况监督检查。在城市规划区内以划拨、出让、转让方式提供国有土地使用权的建设用地容积率等强制性指标进行专项清查，贯彻落实廉租住房政策，严格按照要求发放廉租补贴，使符合廉租住房条件的低收入家庭保障率达100%。加强对安全生产法律法规和安全生产责任制落实情况的监督检查。加强对征兵、招生等工作的监督检查。

（梁庆超　石　琪）

惩防体系建设

【监察综合工作】　加强商业贿赂行为的打击力度，坚持打防并举、标本兼治，一手抓办案，一手抓预防方针，努力推动社会化防治商业贿赂长效机制的建立和完善。查处商业贿赂案件5件，已查结2件，涉案金额49.35万元；涉案人员14人。

【农村基层党风廉政建设】　强化组织领导，认真实施农村基层党风廉政建设责任制，扎实推进农村基层惩治和预防腐败体系建设。制定印发《2010年全区农村基层党风廉政建设实施意见》、《2010年全区农村基层党风廉政建设任务分工及责任目标》等文件，将农村基层党风廉政建设任务和责任目标进行细化、分解到具体责任单位；各镇街道及有关单位按照谁主管、谁负责的原则，把农村基层党风廉政建设纳入本部门的整体工作，制定工作意见和实施方案，层层签订农村基层党风廉政建设工作目标管理责任书，明确具体工作任务、措施和要求，形成一级抓一级、层层抓落实的责任体系。抓好宣传教育，增强廉洁自律意识。突出抓好乡镇、村两级党员领导干部的学习教育，在农村基层党员领导干部中掀起了学习贯彻《中国共产党党员领导干部廉洁从政若干准则》新高潮。推进建立完善“四议两公开一监督”工作机制，提升民主管理水平。把建立完善“四议两公开一监督”工作机制作为农村基层党风廉政建设工作的重要内容。在各工作阶段对各镇街道、行政村“四议两公开一监督”情况进行跟踪督查、现场督导，切实做好指导和组织领导，推选出村务监督委员139名，居务监督委员22名，对选出的监委会成员进行任职培训，参与监督村级重大事项数（件、次）92件次，参与监督村级招投标项目12件，审核农村集体资金数4726.2万元，审核不合规定票据53张，拒付不合理开支137万元，化解群众矛盾131件。

（梁庆超　石　琪）

纠风工作

【纠正行业不正之风】　落实强农惠农政策，解决损害农民利益的突出问题，减轻农民负担。深入治理教育乱收费。对上街区实验高中存在教育收费问题，组成督办小组，认真核查。实验高中退还违规资金1.38万元。纠正医药购销和医疗服务中的不正之风。对5家非营利性医疗机构和各药品零售店的收费公示及明码标价执行情况、计算机收费管理等情况进行执法检查。对超标准加价行为，作出相应处理。加强对社保基金、住房公积金和扶贫、救灾以及政府专项资金的管理使用情况的监督检查；治理公路“三乱”，杜绝乱设卡、乱收费、乱罚款“三乱”现象。开展食品药品安全整治工作。完善措施，建立健全有效的食品添加剂经营和使用的监管机制。

【优化经济发展环境】　认真开展专项效能监察工作。组成联合检查组，对中央投资项目、省、市、区重点项目开展了专项效能监察。深入开展企业周边环境治理，及时化解各类矛盾纠纷，消除各种不稳定因素，防止违法犯罪行为发生加强行政审批服务，按照“凡批必进”和“应进必进”要求，优化办事流程，提升服务质量。行政许可审批事项进驻295项，受理各类审批事项148066件，办结148066件，办结率100%。在行政服务中心安装摄像头45个，监控范围覆盖中心窗口每一个角落，提高窗口服务质量和办事效率。深入开展为企业服务活动，为22家规模以上企业实施全程免费代办服务。确保新增中央投资项目和重点项目建设无障碍施工。多种措施确保新增中央投资项目和重点项目建设顺利实施。

（梁庆超　石　琪）

作风建设

【党风廉政宣传教育工作】 加强党员干部廉洁从政教育。区委成立学习贯彻《廉政准则》领导小组。各级党委（党组）理论学习中心组安排《廉政准则》专题学习，区委区政府为各单位购买600本《廉政准则》，要求各单位集中学习。纪委编发廉政短信，将《廉政准备》主要内容以手机短信形式编发给全区副科级以上干部。

组织开展领导干部上廉政课活动。在重要节假日前、全区干部调整等重要关口，区委书记黄卿、区长戴春枝带头为全区副科级以上领导干部上廉政课。各单位主要领导积极参与，为本单位、本系统上廉政课47次。组织开展“为了党旗更鲜艳”主题演讲比赛。全区27家单位46名选手参加演讲比赛，决出一等奖3名，二等奖7名，三等奖10名。选派选手参加全市演讲比赛，获得优秀奖。

【自身建设】 认真开展读书竞赛活动，提高机关干部的理论水平、业务能力和党性修养，积极营造自觉学习、终身学习的良好氛围。积极开展公务员岗位练兵活动，不断提高纪检监察干部的整体素质和工作能力。认真开展创先争优活动，激发党支部领导班子成员和党员的开拓创新、敬业奉献精神。在1镇5街道增设6名副科级纪（工）委副书记，为全区纪检监察队伍注入新的血液和活力。投资8万元建成纪检监察图书资料阅览室，创建学习型机关。加大教育培训力度，组织新调整的14名纪检监察干部参加纪检监察业务培训，提高领导干部的政治素养和业务水平。

（梁庆超　石　琪）

民主党派·工商联

民主党派

【概况】 2010年，上街区各民主党派支部（总支）坚持以邓小平理论和“三个代表”重要思想为指导，以科学发展观为统领，全面贯彻中共十七大和十七届三中、四中全会精神，紧紧围绕区委、区政府中心工作，牢牢把握大团结、大联合两大主题，以创新的理念、创新的思维，主动服务“两加快一维护”战略大局，为推动经济社会又好又快发展作了大量卓有成效的工作。

【政治协商】 各民主党派在两会期间，共提出提案、议案39件，绝大多数建议已被政府和相关部门采纳。就区委工作要点、政府工作报告等重大事项进行协商、座谈，通报情况，征求意见，形成了《对区委工作要点（征求意见稿）的14条建议》，得到了区委书记的批示。

【参政议政】 各民主党派支部（总支）围绕上街区实施“两加快一维护”战略，开展以调查研究和社会实践活动为主要形式的参政议政竞赛活动。通过深入开展调查研究，提出有深度、有价值、操作性强的意见建议，为经济社会发展提供智力支持，全年形成调研文章7篇。上报区委，得到了区委主要领导的批示。召开2010年度参加参政议政活动总结座谈会，根据各党派参政议政情况，评出一等奖1名，二等奖2名，三等奖1名。

2010年5月14日各民主党派支部（总支）中的科技、法律、医疗界人士归口参与在少数民族聚居村沙固村开展的上街区统一战线“科技、法律、医疗三下乡”活动，通过开设咨询台、服务台、义诊台等方式为农民群众解决生产生活中的实际困难，受到了一致好评。

【民革上街支部】 通过调查研究，撰写了《关于进一步整合上街区教育资源推进成立“中国长城铝业公司职业技术学院”的建议》、《关于进一步推进上街区就业再就业技能培训的建议》等3

篇调研文章，并就经济危机对我区企业的影响、如何应对危机、危机与个人的关系等方面内容，多次进行专题讨论，形成了凝聚力量促发展、齐心协力战危机的良好氛围。

【民盟上街总支部】 组织盟员就城镇医保、新农合召开了两次座谈会、走访7个村和10个社区，广泛征求意见和建议，撰写了《上街区职工医保问题的调查报告》，积极组织人员对职业教育情况和新农村建设情况进行调研，并形成专题报告。入冬后，组织盟员开展“爱心超市”捐款捐物活动，为困难群众和家庭奉献爱心，取得了良好的社会效果。

【农工上街支部】 成员立足自身工作岗位，努力创造新业绩，先后撰写了《铝电解技术问答》、《铝电解生产技术》等专业书籍。同时还组织成员到新郑黄帝故里、郑州植物园参观学习，使老党员感受到了组织的温暖，进一步增强了支部的凝聚力。农工支部积极组织成员到方顶村进行实地调研，形成调研报告《方顶村古民居抢救性保护刻不容缓》，并在《上街政研》发表。

【九三学社上街支部】 组织成员对群体性房产物业纠纷进行了调查研究，并对其影响和谐稳定的可能性进行了分析，形成《关于上街区群体性房产物业纠纷与全区社会稳定的调查研究》，为区委、区政府作好这方面工作提供了参考。

（王　磊）

上街区工商业联合会

【概况】 区工商联有6个镇办基层商会，5个行业商会，会员331个，其中企业会员272个，团体会员7个，个人会员52个。

【政治思想工作】 做好企业和非公经济优秀管理人员推荐表彰工作。为区政协推荐增补政协委员1名，推荐高建军、马淑云、宋鹏伟、张会敏、周增华、何世尊6名会员企业家当选郑州市第二届优秀中国特色社会主义建设者；推荐非公经济人士柴建中、张景倚、张秋霞、孙欣、周士强、李超当选上街区第四届十大杰出，优秀青年。

做好非公经济代表人员培训。对非公企业或具有高成长性和发展前景、有很强带动作用的行业重点骨干企业的新生代企业家、企业接班人及高层管理人员制定详细的培训方案，定期培训；带领10名企业负责人参加市“企业文化建设”专题讲座；选派3名非公经济人士到市委党校参加新的社会阶层人士培训班。

做好宣传表彰工作，宣传表彰非公经济人士。按照依法纳税、财政贡献、企业成长、科技投入、参与公益事业等方面的贡献，殷玉芳、宋鹏伟、高建军等9名工商联会员企业家被区委区政府授予优秀企业家称号，河南亚星置业集团有限公司董事长高国安被命名为“特别贡献企业家”。通过省市新闻媒体及区电台电视台、《上街时讯》广泛宣传他们的先进事迹。

【参政议政工作】 工商联会员中区人大代表24人、市人大代表5人、省人大代表1人、全国人大代表1人；区政协委员25人、市政协委员4人。代表委员针对民营经济发展存在的问题，围绕人民群众关心的热点、难点问题，深入实际，广泛开展调研，撰写《郑州市上街区中小企业发展环境调查报告》、《郑州市上街区中小企业职工收入情况报告》、《郑州市上街区中小型企业案例分析》3篇调研报告，为党委、政府决策提供了参考依据。

【社会公益工作】 引导会员企业参与新农村建设。黑马实业与石咀村结对，一期投资500万元建设花卉中心，为企业找到新的经济增长点，提高了该村村民收入。在“百企帮百村”活动中，少林特玻、居易国际参与结对的东柏社、西林子村新农村建设，改变了村民居住环境，增长村民收入。

引导会员企业参与社会公益、光彩事业活动。工商联女企业家商会为敬老院赠送两台大功率洗衣机，为沙固小学送去学习用品；工商联副主席吴月香给孩子们送去3000元奖学金；工商联主席薛景霞通过郑州慈善总会向青海省玉树县地震灾区捐款50万元；通过河南省妇联为甘肃舟曲泥石流灾区捐款5万元；

工商联三届八次执委会议

为中国妇女发展基金会“华夏教育基金”公益项目捐款2.6万元。

组织会员参加“郑州慈善日”活动。郑州慈善日活动中，15家企业捐款25万元，工商联主席薛景霞，捐资1000万元设立“薛景霞教育慈善基金”。

【经济服务工作】 向会员宣传经济政策法规，全年召开两次工商联执委会，为金融部门、担保公司、会计、资产评估、法律服务等中介机构，搭建合作交流平台。组织专业商会会员企业分别与环保局、执法局、安监局、商务局、工信局等职能部门进行6次座谈交流，就有关法律法规认识、执法程序、政府服务承诺、企业依法诚信经营等议题达成共识。邀请区科技局、区劳动人事和社会保障局负责人为会员企业就高新科技企业申报、科技三项经费使用、科技发明专利申报、企业社会统筹、劳动合同等问题进行宣讲，并对会员提出的各类问题进行解答。

坚持领导带队走访企业制度。领导带队走访企业60多家，80多次，及时了解企业发展情况，掌握企业动态，协助解决企业扩建征地、环评、工商执照年审等问题12件。

积极为会员企业招聘人才。与区人劳局等4部门联合举办“民营企业用工招聘周”，参加招聘的50余家民营企业与2000余名求职人员中的500余人达成就业意向。

充分发挥专业商会作用，推动行业发展。女企业家商会组织了“和谐家庭、亲子教育”活动；粉体商会组织两次“加强合作、集团发展”研讨会；餐饮业商会发挥优势，组织会员单位餐叙交流，对新上菜品、服务质量、管理水平进行互评。

积极开展招商引资，引导会员以商招商。引进圣洁实业、恒元置业落户企业2家，协助天马微粉与光电科技合作，玉发集团与中科院上海所合作研发新产品的工业化生产；帮助顺达磨料完成改制注册；协助西盛铝业完成土地收购工作。接待金水区工商联企业家考察团考察汜水河花卉产业带，为招商合作搭建桥梁。

（高慧英）

社会团体

上街区总工会

【概况】 2002年区总工会率先实行行政、事业单位工会经费由财政统一代扣代缴，2004年实行经费委托代征，为全市工会经费由地税局代征提供参考。2004年强力推进基层工会组织建设，在全区各街道和较大系统建立健全工会委员会，在全市率先配齐了副科级专职主席，使街道、社区工会组建率达到100%，为各街道、社区配备了工会工作助理员。2010年，全区建立工会组织300多家，会员1万余人。

【工会组织建设】 区总工会将建会建家作为工作重点，解放思想，创新模式，采取“建会、建家、建制”并举，开展以“建会、建制、增活力”为主要内容的强基建制活动。全年新建工会17家，发展正式会员2337人，分别占任务数的113.33%和101.6%。累计全区共有各类工会组织355家，会员16061人。

健全组织网络。根据政府机构改革和人事变动，新增加了工信系统工会。做好工会组织更名、撤销、合并、成立工作，保证了工会工作的连续性。

加强基层工会规范化建设。在巩固“六有”规范化成果基础上，逐步推进“六好”工会建设，对重点单位进行定期督促指导，各镇、街道一级工会已全部达到市级“六好”工会标准。

加强工会干部培训。11月2日举办工会干部培训班，各镇、街道、系统工会主席、助理员及较大企业的工会主席或工会干部50余人参加了培训。

【困难职工帮扶活动】 围绕“扶贫济困解难事、温暖和谐进万家”为主题开展送温暖活动，下发了《上街区2010年元旦春节送温暖活动实施方案》和《关于调整上街区党员干部自愿结对帮扶困难职工（农民工）名单的通知》，开展了四个主题周活动。

“送岗位帮就业”主题活动周。联合区人劳局举办大型招聘会，50余家单位为大学毕业生、下岗失业人员和农民工提供就业岗位400个，达成用工协议260人次。

“送健康献爱心”主题活动周。举办健康教育知识讲座，宣传常见病、多发病的预防知识，免费为110名困难职工和农民工进行体检和办理互助保险。

“送温暖下工地”主题活动周。联系区建设局、卫生局到各建筑工地慰问农民工，发放慰问物品折合2万余元，慰问信2000余封。

“双走访送温暖”主题活动周。工会机关人员和镇、街道工会干部走访困难企业23家，党员干部走访困难职工家庭139户，送去慰问金和米、面、油、肉等慰问物品。

工会一届十六次全会

爱心助学活动。开展“金秋爱心助学”活动，对36名困难职工子女开展了爱心救助活动，发放助学金10.4万元。

加大互助保险办理力度。开展“我是工会会员，我有互助保障”为主题的职工互助保险工作，对6月30日以前完成和超额完成全年任务的镇、街道工会分别给予50%和100%的保费补助，激发了全区职工参加职工互助保险的积极性，实现全区职工互助保险覆盖会员50%以上。

【职工技术创新活动】 创新劳动竞赛载体，深入开展“同舟共济保增长、建功立业促发展”劳动竞赛活动。组织第三届职工技术竞赛，组织职工参加郑州市第七届职工技术运动会活动。创新安全生产活动载体，深化“安康杯”竞赛活动。区总工会和区安全生产监督管理局联合下发《关于组织开展“安康杯”竞赛活动实施意见》，共组织205家各类企业参加全国“安康杯”竞赛活动，参赛人员达7067人，涉及机械制造、建筑、化工、石油、交通、商业、医药等多个领域。参赛企业数占年度目标任务数的100%，超额完成市总工会下达的目标。

【职工文体活动】 举办庆“五一”职工长跑比赛和乒乓球比赛。4月30日，总工会组织全区职工的长跑比赛在亚星盛世广场

庆“五一”职工长跑比赛

拉开序幕。9月9日，举办职工乒乓球比赛，比赛历时5个月，各基层工会680人通过层层选拔，94名选手参加此次决赛的角逐。区总工会与区委宣传部等单位联合举办文化广场活动，将5月定名为“红五月”活动月，每周举办一次“劳动者之歌”文艺演出。

（曹　璐）

共青团上街区委员会

【概况】 团区委以培养和造就青年人才为着力点，以思想教育、实践活动、组织建设为依托，紧密团结广大青年，各项工作和自身建设取得新的进展。

【团的自身建设】 团区委先后在绿色新材料集聚区、政府办、农委、《上街时讯》等部门成立团支部。在非公经济组织和新社会组织团建中，始终坚持“两新”（新经济组织、新社会组织）团建与党建统筹安排，以党建带团建，以团建促党建，着力提高非公经济和社会组织团组织的组建率和覆盖面，先后在43家“两新”组织中建立了团组织，全年发展团员560名，办理初高中毕业生、退伍军人团员接转关系78名。

【服务党政中心工作】 开展“人人捐献一元钱”为西南旱区购买饮用水活动，全区各单位共募集捐款12425.6元，全部注入团市委西南抗旱专用账户；开展“增强团员意识，缴纳特殊团费，为青海玉树地震灾区群众献爱心”，收到特殊团费3465元；组织全区50名青年志愿者参加“军民一家亲”文艺晚会；组织开展“建功‘三夏’夺丰收，服务‘三农’献青春”，各基层团组织5支“三夏”青年突击队，深入农户，奔赴一线，开展助收帮扶活动；开展“文明交通志愿服务”，组织60名青年志愿者，在7个主要路口轮流协助执勤交警和协管员维护交通秩序；以“服务进社区，志愿暖重阳”为主题，开展形式多样的志愿服务活动，组织团员青年和志愿者到敬老院和各村孤寡老人家中走访慰问。

【服务青少年成长成才】 解决青年在生活、学习、工作中的困难，使青年真正得到团组织的帮助。开展“共青团关爱农民工子女志愿服务”行动，38名农民工子女与企事业单位、青年志愿者实现了结对帮扶，开展了学业辅导、自护教育，签订长期结对帮扶卡；抓好青年就业创业技能培训，争取资金，采取多种形式，开展农村实用技术培训、创业培训、务工技能培训，定期在长铝技校、大志培训中心、铝都技校、长铝工学院举办农村青年就业创业培训班；推进青年创业小额贷款项目，积极探索青年就业创业小额贷款新途径，为185名青年发放了贷款，协调资金200余万元；加强青年就业创业见习基地规范工作，成立华中建机有限公司、宏丽来、清清凉麻辣烫3个青年就业创业见习基地，为青年提供见习岗位300多个，通过见习成功上岗超过120人；培养选树青年创业典型，参与中组部与团中央联合策划的“全国百名优秀大学生村官”评选活动，所选大学生村官作为郑州市唯一代表入选，接受中央电视台摄制组采访；做好希望工程“圆梦行动”工作，7名家庭经济困难的大学新生得到省、市资助，圆了大学梦；开展“共青团与人大代表、政协委员面对面”活动，做好大会发言和建议、提案工作，拓宽反映青少年合理诉

求渠道，发动全社会关注青少年健康成长。

【深化品牌活动】 举办第四届“十大杰出青年”评选活动，公平、公正、公开地选出第四届“十大杰出青年”，以颁奖晚会形式表彰宣传了十杰青年事迹；举办第七届“成人节”宣誓仪式，全区3所学校4000名年满18岁的青年学生代表参加了宣誓；开展“青年文明号”评选活动，通过检查和考核，水星家纺、江南小镇幼儿园等近20家被评为区级“青年文明号”；开展“青少年维权岗”评选活动，检察院侦监科、司法局法律援助中心和治安巡防大队荣获郑州市“优秀青少年维权岗”称号，治安巡防大队时飞被评为郑州市“优秀青年卫士”。

【青少年活动中心建设】 青少年活动中心新增了声乐、芭蕾舞等多个专业培训班，先后开展了“免费看电影，快乐度假期”、“童心迎元宵，巧手做花灯”、“快乐时光”夏季文化广场晚会、“精英教育大讲堂”公益性家长教育讲座等一系列特色活动。

（张瑜 李夏 齐洋）

上街区妇女联合会

【“巾帼建功”活动】 开展“巾帼建功”竞赛活动。1月2日在青少年活动中心举办“做四自女性，创和谐家庭”为主题的大型演讲活动，聘请全国美满婚姻、亲子教育专家魏晓峰博士为各行业500名女性进行演讲；筹集善款1.13万元用于资助贫困儿童；为爱心女士颁发“爱心妈妈”证书；开展女性健康知识讲座进机关、进社区（村）活动。3月30日～4月10日，邀请陕西省妇幼保健院著名妇科专家开展两癌普查宣传及预防妇科病综合防治知识讲座，举办讲座17场，培训2000余人次；开展“中华粉红丝带”健康行活动。成立中华粉红丝带工作站，定期对广大妇女开展乳腺癌知识讲座和免费检查活动；广泛宣传男女平等基本国策，加强《妇女权益保障法》、新《婚姻法》、《未成年人保障法》、《人口与计划生育法》等法律法规知识宣传，在全区开展“争创巾帼文明岗，优质服务迎绿博”活动，结合“铝城读书节”、“党员干部读书竞赛活动”和“争先创优”等活动，不断提高女职工综合素质；开展文明家庭创建活动。6月2日在体育馆文化广场开展“平安家庭、低碳家庭”承诺书签订仪式，签订了承诺合同，通过区政府网站向全区党员干部家庭发出“廉洁文化进家庭”倡议书，倡导广大家庭文明、健康生活，评选出东方社区为廉洁文化进家庭优秀示范社区；组织开展“低碳家庭·时尚生活”系列主题活动。组织家庭和个人撰写低碳生活切身体会以及好经验、好做法，参加市妇联组织的征文活动；组织广大妇女参与福临门杯“低碳家庭，时尚生活”知识竞赛；开展低碳生活小发明、金点子征集活动，包括变废为宝，生活一点通，节电，节水，发明创造等。

【维护妇女儿童合法权益】 发挥区、乡（镇）、村（社区）三级妇女信访维权调解机构作用，使维权服务深入到基层，矛盾解决在基层。在区人民法院成立婚姻家庭调解室，承担妇女、儿童、婚姻家庭矛盾纠纷调解处理；在区公安局信访接待室以及各派出所建立维护妇女儿童权益接待室，负责接待处理妇女儿童

妇女节表彰

诉求；在“110”接警指挥中心建立“家暴”举报中心，负责受理遭到家庭暴力侵害的妇女儿童和老人投诉，及时出警处理；在检察院公诉科建立妇女儿童维权接待室，加大对侵犯妇女儿童权益案件的打击力度；在法院建立维护妇女儿童权益合议庭，审理妇女儿童侵权案件。配合区司法局，完善了标准法律援助工作站建设，为妇女提供法律援助服务；设立妇女维权示范岗，接到重大信访案件，找出解决问题的办法，全年接受处理信访案件46次，结案率达100%。

【妇女参政议政】 依法行使民主权利，增强农村妇女参与村民自治，提高妇女进入村“两委”比例，2008年第六届村委会换届选举，选出女性成员31人，100%妇女委员进“两委”。区辖1镇5办24个社区，17个社区的一把手是女性，占总数的70%，各社区配一名妇联主席。全区有人大妇女代表29人，占人大代表比例20%；女性政协委员39人，占政协委员比例27%；有女干部的部门42个，占总数的84%，全区女干部196个人。在1镇5街道的党政领导班子中，各有一名以上女干部，占比例100%，其中有女干部17人。

【妇女宣传思想工作】 以党校培训、普法宣传等方式，做好维权工作宣传，加强《妇女权益保障法》、《婚姻法》、《未成年人保障法》、《人口与计划生育法》、《2001～2010妇女发展纲要》、《2001～2010儿童发纲要》等各种法律法规知识的宣传，印发宣传册和传单1万余份。

【关爱儿童系列活动】 开展爱心助学活动。六一儿童节，区领导和妇联一起到峡窝镇幼儿园慰问，送去价值6000元生活学习用品；在区各小学校开展“庆‘六一’迎绿博，环保伴我行”绘画书法摄影手工作品展，177件作品参展；向市妇联争取资金为5名品学兼优的中学春蕾女童每人每年发放1000元助学金；落实开展“2010利海绿色基金春雨助学行动”，实验高中和第二外国语中学5名学生高中三年每人每年1000元学费资助。

【创先争优工作】 亚星盛世社区和新兴社区被评为国家级先进基层妇联组织，济源路办事处妇联被评为河南省先进妇联组织。

（张　宁）

上街区归国华侨联合会

【侨务工作评先】 1月26日，召开区侨联工作会议，总结经验，表彰先进，授予济源路办事处等12个单位“上街区侨务工作先进单位”，授予王志华等14人“上街区侨务工作先进个人”荣誉称号。

【关爱归侨侨眷】 对30户重点归侨、侨眷开展慰问，给困难归侨、侨眷送去米、面、粮、油等物品。9月17日召开纪念《中华人民共和国归侨侨眷权益保护法》颁布实施20周年暨上街区侨界迎中秋座谈会。

【引导归侨侨眷参与社会活动】 “5·12”汶川特大地震3周年，号召归侨、侨眷及港澳同胞开展捐赠活动，共收到捐款2848元，汇入省侨联指定的汶川救灾账户。开展《中华人民共和国归侨侨眷权益保护法》颁布实施20周年纪念活动，在全区开展侨法知识竞赛，收到答题卡1200份。

【对外宣传】 4月15日，侨联参加郑州市海外联谊会第四届理事会，成为海外联谊会理事；农历三月三日参加皇帝故里拜祖大典；9月1日，参加在兰州召开的全国省会暨部分大中城市侨联经验交流会，抓住时机向国内外客商展示本地的经济发展优势。

【侨法宣传】 6月至11月在全区组织开展了形式多样的纪念《中华人民共和国归侨侨眷权益保护法》颁布实施20周年宣传活动，累计组织宣传活动30余次，发放侨法宣传材料6000份，悬挂条幅28幅，办黑板报20余期，培训300余人。年底区侨联被市侨联评为年度侨法宣传活动先进集体。

（杨悦丹）

上街区关心下一代工作委员会

【概述】 上街区关心下一代工作委员会是以离退休老同志为主

体、党政有关部门和群团组织负责人参加的，以关心、教育、培养我区青少年健康成长为目的群众性工作组织。任务是组织和动员老干部、老战士、老专家、老教师、老模范等“五老”对青少年进行思想道德、爱国主义、民族精神、时代精神和社会主义荣辱观的教育，引导青少年树立正确的世界观、人生观、价值观，养成高尚的思想品质和良好的道德情操。全区建立健全关工委组织70个（其中：学校13个，成员89人；镇、街道6个，成员32人；社区22个，成员72人；农村29个，成员80人）。全区关心下一代工作成员达273人。

【开展“专家学者校园行”教育报告会】 报告团工作在推进青少年思想道德建设和普及科技文化知识中发挥着重要作用，深受青少年的欢迎。5月份，邀请郑州市“五老”报告团来区为青少年作报告。报告团的专家们向同学们讲述多年的亲身经历及身边发生的各种感人事迹，从“我的生命我做主”、“我的成长我做主”、“我的学习我做主”和“无规矩不成方圆”、“严是大爱”等方面鼓励同学们全面、健康、快乐成长，在成长过程中认识自我、体验自我、塑造自我、完善自我，做一个有自信、有素养的新一代中学生，将来为社会作出应有的贡献。共作了3场报告，有2000余名师生受到了教育。

【开展庆“六一”活动】 “六一”前夕，关工委联合区教育局举办正岩杯“争当四好少年 自主快乐成长”红领巾游戏节展示活动，全区11所小学的近800名学生参加了活动，游戏节展示了上街区少年儿童活泼健康、积极向上的风采。“六一”期间，区关工委分别前往峡窝镇幼儿园、实验小学等看望慰问，将价值1.3万元的学习用品，送到孩子们手中，给老师和孩子们送去节日的祝福，教育孩子们珍惜今天的美好生活，树立远大理想，培养高尚的情操，养成良好的习惯，长大后肩负起伟大祖国复兴的重任。

【暑期教育活动】 暑假期间，为了发挥“五老”的独特优势，上街区关工委组织“五老”宣讲团成员分赴社区，参与社区暑期教育活动：一是面向社区的孩子们宣传交通法规和预防未成年人犯罪等有关方面的知识，关注未成年人的健康成长；二是结合创建文明城区活动的实际，“五老”人员组织孩子们走上街头，向过往的行人宣传文明礼仪和交通安全知识，使人们逐步树立“文明交通、人人有责”的理念，自觉遵守交通法规；三是组织部分“五老”人员以调研的方式带上小礼物，走进公交车，对公交车上青少年主动给老、弱、病、残让位的文明行为给与奖励。整个假期共作了6场报告，奖励了100多名有文明行为的青少年儿童，受教育的孩子达600余人。

【开展“新三好”青少年评选活动】 为进一步贯彻落实《中共中央国务院关于进一步加强和改进未成年人思想道德建设的若干意见》，加强学校教育，巩固家庭教育，发动社会教育，积极探索推进“学校、家庭、社会”三位一体教育青少年的方法路子，推进青少年思想道德建设和核心价值体系教育的深入开展，根据市关工委文件要求，在全区青少年中开展以“争当好学生、好孩子、好公民”为内容的“新三好”评选表彰活动，经过筛选，有10名学生被评为市级“新三好”青少年，30名学生被评为区级“新三好”青少年。并于12月初召开了表彰大会，为40名“新三好”青少年颁发了奖品和荣誉证书。

（张新红）

上街区老区开发促进会

【概述】 区老区建设促进会（简称“老促会”），围绕“三农”工作，展开专题调研3次，撰写调研报告3篇。协调市老促会资助魏岗扶贫资金15万元，帮助协调杨家沟获市搬迁扶贫安置资金992万元。接待市老促会的领导到上街考察2次，与区农委、峡窝镇定期交流涉农信息。

【建言献策助“三农”】 围绕“三农”工作，开展调查研究。先后赴魏岗村调研创办上街区金凤养鸡场情况，西林子村搬迁居住情况，产业化种植菊花等情况。根据调研分析，分别撰写

《西林子搬迁群众生活状况调查》、《上街区魏岗村产业化扶贫情况调研报告》、《上街区贫困村搬迁工作情况》、《上街区汜水河花卉产业集聚区建设进展情况》；其中《走出山林入城市迁出农村好生活》被郑州市老促会宣传刊物发表。

【兴办实事惠“三农”】 区老促会协调市老促会筹资扶贫资金15万元兴办实事，为“三农”（农村、农业、农民）增强动力。扶持魏岗村创办上街区金凤养鸡场，目前已存栏成年鸡4万多只，雏鸡1万多只，建造无公害处理鸡粪的配套沼气池3座（600立方米一座，1000立方米两座）满足了村民的免费生活用沼气。帮助协调杨家沟获市搬迁扶贫安置资金992万元，减轻了搬迁群众的负担。推动土地流转，老区土地流转达2079亩，用于花卉种植和发展生态农业。“薛景霞革命老区教育基金”成立以来，已有500多名孩子和100多名老区教育工作者得到资助和奖励。

（雷明洲）

重阳观

重阳观位于上街区峡窝镇观沟村西部，310国道北500米。修建于明代。原有建筑包括山门、三清宫、老君洞、祖师殿以及戏楼、道院等。重阳观现存建筑为三清宫一座，道士房两座。大殿面阔三间，进深一间，单檐歇山顶，券拱式无梁殿建筑。灰筒板瓦覆盖，整体为砖石结构，内砖外石。为防潮湿，四周墙体底部均用石块砌筑，高约有60厘米。前后檐下为砖雕的檐椽和飞椽，椽下为一斗两升式斗拱。拱间雕饰瑞兽、花草等纹饰。在砖雕的斗拱下还有一圈卷草纹饰。前檐明间开拱券式门，门上方为为砖雕门罩，雕刻有宝相花、莲花等。门洞两侧各有一悬空的垂花柱。两次间正中靠底部位置各开一圆窗。屋檐正脊做成盘龙样，两侧有龙吻，垂脊上雕刻花草纹样，上置仙人。

观内保存有石碑两通，一通为明代万历四十二年的《重修重阳观记》，一通为清代乾隆四十八年道教金辉派传人李时成一支世系表。关于创建年代，观内有一块圆形石件上有庆元三年岁次字样，可知在南宋庆元三年（1197）观已存在。

2009年6月被市政府公布为市级文物保护单位。

法 制

政法综治工作

【概况】 2010年，围绕“两加快一维护”战略，以打造全省最安全城区为目标，认真贯彻落实中央、省、市关于平安建设的决策部署，深入推进矛盾纠纷化解、社会管理创新和公正廉洁执法三项重点工作，着力解决影响社会和谐稳定的源头性、根本性、基础性问题。专门成立了社会稳定工作指挥部，明确了区委书记、区长在平安建设工作中的职责和“社会矛盾化解、平安建设、信访稳定、社会管理创新、公正廉洁执法和综合协调”等6个职能工作组，制定切实可行的工作方案，统筹规划平安建设与经济社会发展，组织开展“百名干部下基层促发展保稳定”活动，将平安建设工作的重要举措列入2010年度为民办好的十件实事之一。

【成立社会稳定工作指挥部】 区委、区政府立足发展，谋划全局，创造性地实施“两加快一维护”战略，将社会稳定和平安建设工作提到前所未有的高度，充分显示党委、政府推动经济社会加速发展、全力维护社会大局和谐稳定的信心和决心。专门成立社会稳定工作指挥部，明确区委书记、区长在平安建设工作中的职责，成立“社会矛盾化解、平安建设、信访稳定、社会管理创新、公正廉洁执法和综合协调”等6个职能工作组，从全区决策的高度，制定切实可行的工作方案，统筹规划平安建设与经济社会发展，抽调全区机关干部组织开展“百名干部下基层促发展保稳定”活动，将平安建设工作的重要举措列入2010年度为民办好的十件实事之一，着力从机构、人员、场所、经费等方面给予支持和保障。各部门树立“以稳定促发展，以发展保稳定”的大平安意识，在全区形成上下一心、共同参与平安建设的良好局面。

【平安上街建设】 2010年初，区委、区政府与全区45家责任单位签订了《平安建设目标责任保证书》，各单位将目标任务细化量化，分解到人。区委、区政府拿出专项资金设置一、二等奖，对年度综治及平安建设先进单位分别给予5万元和3万元的现金奖励，对工作出色、成效显著的基层组织和个人给予物质和精神奖励，还专门设置了“进步奖”，对底子差、基础薄弱但努力奋进的单位给予鞭策和鼓励，有力推进了全区综治和平安建设整体工作。

区委、区政府将综治和平安建设专项经费、人民调解工作经费、治安巡防队工作经费按规定纳入同级年度财政预算，足额拨付到位，逐步增加投入，基层政法单位经费保障均按规定达到人均1.6万元以上。信访案件按期办结率达到100%，群众满意率达到94%。无黑恶势力犯罪案件，“两抢一盗”案件较去年下降22.5%，挂牌督办案件破案率100%，现行命案破案率100%。无邪教社区创建率达到96.2%。在年度全省公众安全感调查中，全区安全感指数为95.89%，继续名列省市前列。在9月份全市执法满意度调查中，公安局、检察院、司法局名列本系统第一，区法院名列本系统第四，全区综合排名全市第一，巡防队伍见巡率全市第一。9月30日，上街平安网成功开通，并与上级平安网实现联网，上街区平安建设工作已迈向信息化、网络化进程。全区平安建设工作先进经验和突出成绩相继被《河南日报》、《河南法制报》、河南省平安网、《郑州日报》、郑州平安网等多家媒体报道。

2010年，区信访工作获得“全省信访工作长期显著县（市）区”荣誉，平安建设工作再次被省委、省政府评为全省先进，并荣获“中原平安杯”全省平安建设工作最高奖。

【社会矛盾化解工作】 2010年，全区坚持实行各单位每月开展两次摸底排查，对排查出的苗头和问题，做到有领导负责、有专人处理、有调处方案、有解决时限。全年共排查出矛盾纠纷21起，其中涉及企业改制6起，拆迁安置4起，土地征用1起，涉法涉诉信访10起（其中法院7起，公安局3起，接待群众来访8起）。将人民调解、行政调解、司法调解有机结合，综合运用法律、政策、经济、行政等手段和教育、协商、疏导等方法，把矛盾化解在基层，解决在萌芽状态。全年，民调员共排查调处各类民间纠纷980起，调解成功976起，调成率达99%。

2010年，全区没有发生在省市有重大影响的危害国家安全和政治稳定案事件，没有发生影响较大的赴京恶性上访事件，没有发生在省市有严重影响的群体性事件，防范和处理邪教工作实现“三零”目标。

【打击违法犯罪】 建立以政法、巡防为主体的防范打击体系，保持对违法犯罪的高压态势。相继开展了“四严一创”、命案攻坚、打击“两抢一盗”犯罪专项斗争和大规模的清理清查行动，社会治安形势进一步好转。10月29日，组织全区成员单位1200余人开展全区集中清理清查活动，清查出租房屋1330余家，排查可疑人员565人，复杂部位66处，清理三无人员51人，盘查可疑车辆265辆，查处酒后驾驶人员10人，酒后拘留2人，暂扣车辆16辆，治安拘留3人。区公安局共立刑事案件272起，比2009年下降9%，破获案件184起，比上年同期上升12%，共抓获各类违法犯罪嫌疑人803名，其中刑事拘留307人，劳教23人，强制戒毒5人，行政处罚468人。其中，打掉重特大现行犯罪团伙12个，抓获团伙成员61名，破获各类刑事系列案件8起，抓获网上逃犯45名；破获现行命案2起；侦破中铝郑州企业氧化铝粉特大盗窃案，案值近900万元。区检察院立反贪案件6件6人，立反渎案件1件3人，办理批捕73件92人。区法院共立案受理各类案件1443件（含旧存案件43件），审执结1412件，结案率97.85%。

【防控能力建设】 全区1镇5街道共有巡防队员232名，经费全部列入财政预算，统一管理、统一住宿、统一工资，配备专用巡逻器械和交通工具，实行24小时不间断巡逻。同时，以“巡防严管年”和“防范实效年”活动为契机，开展强效大练兵和巡防大比武活动。2010年，区治安巡防大队共抓获犯罪嫌疑人104人，追回赃物摩托车4辆，手机6部，自行车3辆，为群众办好事1310件。创新镇（办）、社区（村）、小区（村组）三级管理模式，对志愿者进行分类管理，并对志愿者工作实效实行积分奖励机制。同时，在社区推广“十户联防、百户联网、千户筑墙”（千百十）工作模式，在农村推广义务巡逻队工作模式，强化社区（村）治安人防机制建设。2010年，上街区共投入资金400余万元，为4000户家庭安装了“居家卫士”报警电话，建立监控室28个，三级监控平台184个，新增探头1156个，社区监控覆盖率95.83%。

【社会管理创新】 建立25人专职流动人口协管员队伍，定期开展流动人口法制宣传，严格登记建档工作。2010年，全区流动人口录入总数为23470人，注销人员9206人，照片采集23470人，录入重点人口148人，出租房屋853家，治安拘留397人。坚持“教育、感化、挽救”方针，全年共接收刑释解教人员34名，全部落实衔接和帮教安置；向帮教基地推荐回归人员3名，向其他单位推荐就业5名，为2名回归人员办理低保，指导2名回归人员开办实体；救助艾滋病孤儿1名，发放救助金3600元；救助流浪未成年人4名。组建并培训了126人的通讯员队伍，协调有关单位和部门开展集中清理反动、色情、组织策划群体性事件等不利言论600余次，引导百度上街吧正确舆论38次，净化了网络环境。抽调专人对全区8037家新经济组织和233家新社会组织进行“现状及存在问

三项重点工作考试

题”调研，形成意见及建议，为党委、政府决策提供依据。开展法律援助“应援尽援”工作及“三个重点”法制宣传教育活动。建成面积约67平方米的上街区法律援助中心服务大厅，在镇（办）、工会、妇联、团委、残联、园区办、人社局建立12个法律援助受理点（站）和接待室。

【平安创建和治安重点地区整治】 开展“综治宣传月”、“三项重点工作宣传月”、“平安建设集中宣传”活动，制作了上街区《平安家园》专题片，在区电视台、长铝电视台和全区5块广场大屏进行滚动播放，营造了浓厚的舆论氛围。开展行业系统平安创建。通过“平安镇办”、“平安企业”、“平安校园”、“平安医院”、“平安市场”、“五无”等载体，将平安建设融入经济社会生活。针对群众反映强调的第二外国语中学门口逢周五、周日下午交通拥堵问题，召集教育、政法委、办事处、交警、执法、巡防等部门进行联合整治。制定《校园及周边安全整治工作方案》，联合相关局委，开展安全整治行动，对问题实行动态排查控制，并以创建“平安小天使”为载体，努力打造平安校园。通过法制讲座、法制宣传对全区青少年进行法制教育，积极做好预防青少年犯罪工作，解决全区校园及周边安全问题。

【政法队伍建设】 2010年，政法系统开展以“公正执法树形象、真心服务为民先”为主题的学习教育活动，创建“五好科（所）队、庭室”改善政法工作和政法队伍中存在的不足，增强广大政法干警立党为公、执法为民责任感和使命感。2010年初，成立公正廉洁执法工作小组，安排部署公正廉洁执法十项重点工作，5月份开展了公正廉洁执法工作集中宣传月活动，印制了3000份三项重点工作知识读本，发放到镇（街道）、机关、政法各部门，增强政法部门和综治维稳干部的服务意识。全区政法各部门均制定了年度政法干警培训计划，为干警建立执法档案，加大系统内部的管理力度。

（张建辉）

公安工作

【概况】 区公安局围绕“四个满意”为最终工作目标，以“四严一创”活动为工作主线，不断深化落实平安建设各项工作要求，一年来，未发生队伍违法违纪问题、未发生重大责任事故、未发生有影响的重特大案事件，未发生因处置不当引发的群体性事件，辖区群众“安全感”和对公安工作“满意度”继续保持全省全市前列。全年抓获各类违法犯罪嫌疑人769名，破获刑事案件285起，其中刑事拘留296人，逮捕257人、起诉198人，抓获网上逃犯45人，劳教23人，强制戒毒5人，行政处罚445人。成功侦破了“盗窃中铝郑州企业氧化铝特大案件”，组织开展集中清理清查统一行动26次、各类专项检查139次。检查娱乐场所1324家（次），限期整改23家；网吧246家（次），限期整改2家；金融营业网点231家（次），限期整改16处。严厉打击各类交通违法行为，全年进行70余次专项行动，处理各类交通违法行为为1.72万余次，行政拘留各类交通违法行为人276人，办理机动车注册登记1278辆（汽车927辆），共检验机动车4217辆，办理、换发各类证照3210余本。检查社会单位830家（次），督促129家存在问题隐患单位对建筑布局和消防设施进行整改。通过“绿色通道”为群众办理各类证照11295份。

【治安管理】 公安局深化“大情报”平台建设，通过“大情报”平台“灵敏、准确”优势与“网络巡控”快速反应、协同作战的特点有机结合，“寓防于打、防控结合”实现了“网格巡控”体系综合效能最大化，共抓获各类违法犯罪嫌疑人130名，为群众挽回损失近百万元。

创建“平安楼院”。按照不同类型居民楼院封闭管理标准，落实居民楼院“人防、物防、技防”措施，新装监控平台27个，探头122个，全区楼院封闭率达91.06%。

注重学校、幼儿园的安全问题，区公安局加强学校、幼儿园安全防范，对全区39家学校、幼儿园配齐保安人员，在学生上学、放学等重点时段，派出警力定点巡逻，对涉校违法犯罪活动严厉打击。举办专题讲座、开展知识竞赛，强化师生的安全教育，提高学校违法犯罪活动的防范能力。

根据全市统一部署和辖区治安实际，上街区公安局把集中清理清查行动作为一项基础工作来抓，累计开展清理清查、专项整治等集中行动52次。

【安全保卫】 2010年4月26日~5月1日，国际铝业高级研讨会在铝城上街举行，国际铝业协会、美国铝业、力拓加铝、俄罗斯铝业公司近百名高管、技术专家以及国内26家央企、重点院校代表参加会议进行高端学术研讨交流。公安局按照“强化措施、突出重点、细之又细、确保安全”的总体工作要求，累计出动警力近300人次，警卫路线20公里，连续警卫重点要害部位6处，实现了会议期间“代表驻地未发生刑事、治安类警情，会场及周边未发生不稳定因素和安全隐患，会议资料保管中心等重点部位未发生被盗和失泄密事件，未发生因中铝河南分公司历史遗留问题引发的群体性事件”。

【刑事侦查】 公安局共侦破各类刑事案件235起，打掉重特大违法犯罪团伙25个、抓获刑事作案成员607人，其中逮捕101人、起诉239人、劳教4人、行政处罚418人，抓获网上逃犯46名（命案逃犯1名），追回涉案物品价值近2000万元。

在亚星盛世广场举办平安建设宣传日活动

2010年，发生现行命案2起。8月25日，区公安局快速反应、措施得力，发案仅一小时就将涉嫌故意杀人并准备潜逃的犯罪嫌疑人赵某抓获；12月22日凌晨，区公安局采取果断措施，抓获涉嫌故意伤害致死的犯罪嫌疑人杨某。现行命案侦破率连续两年实现100%。

2010年9月，区公安局基层所队在“万警进社区”走访中，通过搜集情报信息，细心查证线索，发现一个“内外勾结”，集“盗、销、运、卖”“一条龙”的特大盗窃中铝郑州企业氧化铝粉的犯罪团伙。经过近2个月艰苦奋战，团伙8名犯罪嫌疑人全部落网，破获系列盗窃案件55起、查获氧化铝粉60车、近3000吨，案值841万元，追回1700吨、价值476万元，扣押价值45万元的作案罐车1辆，追缴赃款16万元，查封赃款购买的豪华别墅1幢。此案受到公安部、省公安厅、市公安局以及社会各界的高度关注，中央、省市主流媒体就此作专题报道。

【交通安全管理】 2010年，区公安局共查处各类交通违法行为30482起，暂扣机动车1363辆，拘留无证驾驶116人、酒后驾驶120人。处理交通事故1974起（死亡事故3起），死亡3人、伤

46人，经济损失12.5万元。侦破肇事逃逸事故8起，破案率100%，交通事故按期结案率100%。因交通事故追究责任17人，行政拘留63人，交通事故“四项指数”稳中有降。增道路交通设施43套，刷画交通标志、标线，2.1万平方米，静态交通环境得到优化。

【消防管理】　2010年，区公安局推行“网格精细化”管理，大力创建“零火灾社区”、“零火灾村镇”。严格落实“双九条”等消防安全规定，共检查单位852家，整改火灾隐患1084处，下发各类法律文书1100余份，处罚违法单位23家、行政拘留责任人8名。全年共发生一般火灾事故62起，经济损失18万元，未造成人员伤亡。参与抢险救援22次，抢救财产价值3000余万元。

【基础建设】　2010年，区政府拿出150万余元专项经费，用于加强消防装备的建设，购置了抢险救援车，进一步提升了区消防部队处置火灾及各类灾害事故的能力。2010年，区公安局以公安部“大教育、大培训”要求为指导，严格落实“三个必训”制度，全年参加省厅、市局开展的警衔晋升、分警种轮训等培训56人次，组织参加全市“公安基础业务训练”技能比赛11次，获得各种奖励、荣誉21人次。

（牛喜敏）

典型案例

【特大药品诈骗案】　2010年4月份后，社区民警陆续接到辖区中老年人及家属反映“被假药蒙骗”的情况，经深入走访，民警发现自称受骗的中老年人均高价购买了山东某制药厂生产的兼有治疗、保健功效的药品，患者服用后不但病症没有缓解，个别人还出现不良反应，统计受害人近百名。公安局高度重视，决定由反映情况较为集中的中心路派出所尽快查清药品来源、营销模式及药品资质。经秘密走访调查，民警发现一个入住“盛誉宾馆”、类似传销经营模式、成员多达20余人的团伙活动可疑，该团伙以大型医药经销商促销活动或义诊为名，大量散发“体检邀请卡”和“免费入场体验券”近千张，到场后即被虚假手段检查出各种严重疾病，该团伙成员立即推荐和承诺所售药品疗效，以每个疗程近两千元进行销售。经药监部门检测，该产品基本不含药物成分，生产批号等手续系伪造。

为防止该团伙获利潜逃，公安局统筹布控一举将正在宾馆会议室召开“公司营销例会”的22名成员抓获，当场缴获一批培训资料及业务账目。经审讯，该团伙主犯之一吕某（21岁，河北承德市人）交代其上线老板在网上设置虚假医药网站骗取一些群众信任作为其下线，再发展下一级营销组织，案发前，该团伙已辗转3个省10余个城市，通过欺诈销售攫取了巨额钱财。目前，该团伙全部成员均以涉嫌诈骗罪被依法处理。

【“8·25”现行命案】　2010年8月25日7时35分，中心路派出所值班民警接到110指挥中心指令：辖区“碧海花园”小区内发生纠纷。赶到现场后，经询问报警人得知：其表妹王某（34岁，上街区人）当天下午与丈夫赵某到法院咨询办理离婚手续，回家后，赵某打电话要求王某回“碧海花园”小区家中商量离婚细节问题，其间报警人多次打电话询问情况均未取得联系，在赵某家门口报警人感觉房间内有人活动，但始终无人应答。根据周围邻居反映和报警人描述，民警判断赵某夫妻可能出现意外，果断向110指挥中心进行报告，要求指派技术人员强行开锁查验房间情况，并向值班所领导汇报。

房门打开后，民警发现客厅地面刚被拖过且残存有血迹，民警在卧室床箱内发现王某尸体。综合死者生前活动状况、社会关系和矛盾纠纷等因素判断，其丈夫赵某有重大作案嫌疑，公安局立即成立专案组，一方面对藏尸部位、明显痕迹物证进行提取勘验，一方面组织搜捕，20时许，小区物业值班人员向民警反映，一男子沿案发楼栋后面的下水管道向下移动，在四层坠落地面并匆忙离开。专案组立即集中力量在小区内展开搜捕，将藏匿在小区地下车棚的赵某抓获。

犯罪嫌疑人落网后，交代了其犯罪过程：赵某与王某婚后因家庭琐事长期感情不和，王某多次提出离婚均遭到拒绝。8月25日下午，王某再次提出一同到法院办理离婚手续，因意见未达成一致引起激烈争吵，赵某对感情彻底丧失信心，遂于17时许打电话要求王某回家希望能够妥协，在家期间两人再度发生冲突并厮打，赵某用皮鞋跟连续击打王某，造成其头、面部多处受伤，当听到有人敲门，遂用膝跪压王某胸部，双手扼颈致使其死亡，为销毁证据，赵某匆忙清理地面血迹，并将血衣等物品整理后藏在冰箱内，搬运尸体放在卧室床箱内，之后翻窗沿楼后下水管道逃跑，行至小区门口时，发现有民警盘查，随即返回小区藏匿在地下车棚角落被民警抓获。

【特大系列盗窃中铝企业氧化铝案件】 2010年，区公安局基层所队在“万警进社区”走访中，通过搜集信息、细心查证线索，发现一个“内外勾结”，集“盗、销、运、卖”“一条龙”的特大盗窃中铝郑州企业氧化铝的犯罪团伙。在中铝河南分公司配合下，分局经过近2个月艰苦奋战，将团伙8名犯罪嫌疑人抓获，破获系列盗窃案件55起，落实被盗氧化铝60车、近3000吨、案值840万元。已追回1700吨，价值476万元，扣押价值45万元的作案罐车1辆，追缴赃款16万元，查封赃款购买的豪华别墅一幢。经查明，团伙主犯方某长期在中铝河南分公司打工、揽活，为人狡诈，善于投机取巧、趋炎附势，逐渐结识一些公司领导干部，相继与氧化铝分厂八车间主任李某等人勾结到一起，以盗运一罐车（约50吨，市值近16万元）氧化铝提成10万元的回报承诺，对李某、沙某等人进行拉拢。此后，该团伙成员不断扩大，分工更加具体，从伪造《出厂证》、租赁货运公司罐车盗运，发展至购买罐车进厂排队盗运，以每吨低于市场价近300元的价格贩卖至周边工厂。方某贪婪成性，以货款未到账为由，累计回报李某15万元、沙某20万元，大部分赃款及未出售氧化铝被其秘密转移至周口淮阳老家，购买价值近百万元豪华别墅一幢，并将700吨散装氧化铝打包储存，企图等到行情上涨时牟取暴利，但最终等来的是恢恢法网。

【“12·22”故意伤害致死案】 12月22日凌晨1时许，公安局110指挥中心接到报案：许昌路与汝南路交叉口北侧聂寨新村家属院有人打架致使一人重伤。指挥中心随即通知案发地派出所、刑侦大队、技术中队先期处置。

民警找到案发楼层及房间发现房间客厅地面有血泊，墙壁有大量喷溅血迹，另有多名青年男子分别躲在3个卧室不敢露面。经询问卧室人员得知，两名同事因打牌引发争斗，杨某用刀将马某扎伤，躲在自己卧室。为防止出现意外，民警不顾危险强行将门撞开，将犯罪嫌疑人杨某抓获。马某经抢救无效死亡。经查明，杨某曾输给马某两千余元钱一直心存不满，12月21日23时许，两人在集体宿舍再次打牌，其间杨某称对方所用纸牌有诈，两人发生口角并厮打，杨某顺手从床头鞋盒内取出雕刻刀朝马某胸口猛刺最终马某因伤势过重死亡，作案后，杨某借用手机联系企图逃跑时，最终被迅速赶到的民警抓获。

（牛喜敏）

检察工作

【概况】 2010年，区检察院以中共十七大和十七届五中全会精神为指导，坚持党的事业至上、人民利益至上、宪法法律至上，立足于“强化法律监督、维护公平正义”检察工作主题，忠实履行宪法和法律赋予的职责。多项工作实现创新发展，再次蝉联“省级文明单位”荣誉称号，被团市委授予“青少年维权岗”和“青年文明号”荣誉称号，政治处、反贪局、反渎局连续多年被市检察院评为先进科室，有的干警被命名为郑州市“技术标兵”。在郑州市检察系统公众满意度测评中区检察院位居榜首。区检察院开展检察工作的做法、经验和成效分别被《法制日报》、《检察日报》、《河南日报》、《河南法制报》、《郑州日报》等媒体报道。

【刑事检察】 2010年共依法批准逮捕各类刑事犯罪嫌疑人98人，依法提起公诉134件220人。对黑恶势力犯罪、严重暴力犯罪和盗窃、抢夺等多发性侵财犯罪，坚持依法“从重从快”方针，及时批捕起诉。与公安、法院等部门密切配合，成功办理了

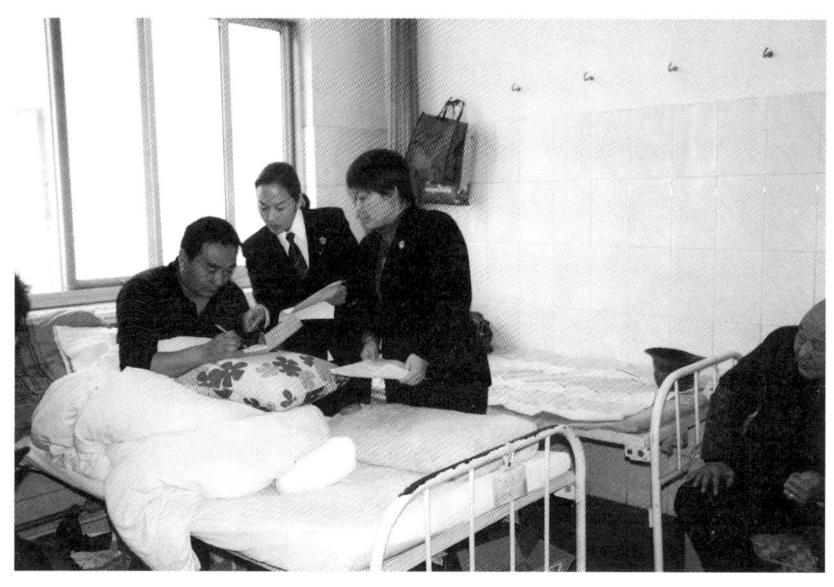

上门立案方便困难当事人

袁某某等11人组织、领导、参加黑社会，赵某某杀妻等一批恶性案件，震慑了犯罪。贯彻宽严相济刑事司法政策，严把审查批捕和审查起诉关。坚持区别对待，对严重刑事犯罪严厉打击，对未成年犯、初犯、偶犯、从犯、过失犯等主观恶性较小的案件以及由家庭、邻里矛盾和经济纠纷引发的轻微刑事案件，慎重逮捕和起诉，坚持“教育、感化、挽救”方针，化消极因素为积极因素，最大限度减少社会对抗。2010年依法对99名涉嫌犯罪但无逮捕必要的决定不批准逮捕，对9名涉嫌犯罪但情节轻微、社会危害较小的决定不起诉。无一起案件当事人提出异议，取得了良好的社会效果。实行全天候检察长接待制，开展“涉检赴省进京零上访年”和“五进千家行”大走访活动。开通控申举报“绿色通道”，共接待群众来信来访53人次，受理各类控告申诉20余件，实现涉法上访案件审查处理率、息诉率100%，连续9年涉检赴省进京零上访。

【查办预防职务犯罪】 2010年共立案查处职务犯罪案件9件9人，其中贪污贿赂案件6件6人；渎职侵权案件3件3人。通过办案，为国家挽回经济损失100余万元。立案准确率、有罪判决率均为100%。对安全监察、工商税务、电力通信等系统多条举报线索进行了初查，发出《检察建议》，督促整改。

【法律监督】 把人民群众的关注点作为诉讼监督工作的着力点，依法维护公民的合法权益。对有案不立、违法不究、以罚代刑等司法不公问题进行监督。对认为确有错误的刑事判决、裁定依法提起抗诉。

2010年，共受理公民、法人和其他组织不服法院民事、行政判决、裁定的申诉案件4件，经审查向市检察院提请抗诉2件，被市检察院采纳2件。对判决正确、当事人不理解而提出申诉的当事人，耐心做好息诉工作，维护审判权威。

（赵莎莎）

审判工作

【概况】 区人民法院以邓小平理论和“三个代表”重要思想为指导，全面落实科学发展观及“三个至上”的理念，围绕“保增长、保民生、保稳定”的要求，充分发挥审判职能，强化执行能力，加大法制宣传，妥善化解各种矛盾纠纷。全年受理各类纠纷1531件，其中诉前协调化解88件，立案受理各类案件1443件（含旧存案件43件），审执结1412件，结案率97.85%，比上年提高2.8个百分点。其中受理刑事案件176件，审结176件，结案率100%；受理民商事案件850件，审结823件，结案率96.8%；受理行政诉讼案件26件，审结26件，结案率100%；受理执行案件391件，执结388件，结案率99.2%。

【审判执行工作】 在刑事审判中，开展打击“两抢一盗”、“打黑除恶”专项活动，严厉打击故意杀人、故意伤害、抢劫、强奸等危害社会治安的刑事犯罪。坚决打击抢夺、盗窃等多发性犯罪、毒品犯罪，全年共判处5年以上有期徒刑犯罪分子31人，有力地震慑了罪犯，维护了社会稳定。严厉打击贪污和渎职等职务犯罪，依法惩处商业贿赂行为，全力维护地方经济稳定发展，全年判处商业贿赂犯罪分子

5人，判处非法虚开、购买增值税发票犯罪分子26人，为贯彻国家税收政策提供了法治保障。坚持宽严相济的刑事政策，对犯罪情节轻微，社会危害不大的案件；被告人主动认罪，且有法定从轻或减轻处罚情节的案件；未成年人情节轻微且属于初次犯罪的案件，坚持教育为主、惩罚为辅的原则，依法从轻或减轻处罚。推进量刑规范化改革，将量刑规范化工作纳入庭审程序，单独就量刑意见组织控辩双方进行辩论，适用最高人民法院量刑规范化指导意见，依法保障检察院对犯罪嫌疑人量刑幅度的统一。

举行疑难案件专家研讨会

民商事审判，重视国际经济危机形势的发展变化，在民商事审判工作中，依法妥善审理在调结构、扩内需中发生的各类合同纠纷、股权纠纷以及涉农等案件，为实现经济平稳较快发展提供司法保障。对推动产业集聚区建设、城乡一体化进程中发生的各类民商事诉讼案件，加快办理进度，开展“清理农民工工资案件集中办理月”活动，共排查出涉农民工工资案件5起，全部以调解方式结案，并履行完毕。坚持调解为主，将调解贯穿于案件审理的每个阶段，争取案结事了，2010年民商事案件共调解、撤诉结案672件，调撤率81.8%。开展假日法庭和巡回审判，法官走进田间地头，现场调处纠纷，方便人民群众诉讼，2010年民商事案件共有387件推行巡回审判的模式，巡回审判率47.1%。

稳妥审理行政案件，运用合法性审查的标准，对具体行政行为进行审查，对于合法适当的行政行为依法予以维持，通过司法程序确认行政行为的效力，保障行政机关依法履行经济社会管理职能。对存在瑕疵的行政行为，在查清事实，分清是非，不损害国家利益、公共利益和其他合法权益的前提下，建议完善或改变行政行为，劝导行政相对人撤诉。发挥行政司法建议的作用，对在行政执法过程中存在的共性问题，向行政机关发出建议书，发挥司法的能动作用，预防违法行政行为的发生。完善行政诉讼纠纷协调处理机制，征求双方当事人协调处理矛盾的意见，将协调处理方法贯穿于案件审判的全过程，消除当事人之间的对抗情绪，促进行政管理关系的和谐，2010年协调撤诉案件25件，协调撤诉率96.2%。

规范执行行为，公开案件执行过程，保障当事人的知情权与监督权；完善执行案件流程管理、执行听证、执行风险告知、执行进度告知、执行敦促令、案件当事人意见卡、执行财产评估拍卖等制度，使每一环节、每一步的执行行为均有章可循、有据可依。二是贯彻“执行穷尽”的理念。对于当事人提供的或依职权可查明的一切有关被执行人的财产线索，务必追根溯源，一一查清；依法合理用尽法律规定的“查封、扣押、冻结、罚款、拘传、拘留”等强制措施，实现法律授权执行方法的穷尽。三是建立执行联动机制，尝试与工商、税务、建设等行政部门建立诚信档案，对于有诚信缺陷的个人或企业，提高从事相关经营项目的条件，逐步形成全社会共同参与执行的良好局面。四是推进执行和解，把“和谐司法”理念引入到执行工作中，大力倡导人性化和解的执行方式，积极引导当事人自动履行，同时把案件自动履行率、和解率作为衡量执行效果的重要标准纳入法官绩效档案，提高执行员的和解意识。今年以来，执行和解案件310件，执行和解率80.5%。

加强立案信访工作，提高为民服务意识。建成300多平方米

多功能立案信访接待厅，设有立案厅、信访厅、休息室、立案调解室、判后答疑室、院长接待室等互相独立的场所。在立案厅采取柜台式办公方式进行办公，配置有电脑触摸屏供当事人查询有关信息；设立有专门的司法救助窗口，对符合条件的当事人进行救助；在大厅门前设诉讼引导台，由专人负责接待引导，并为当事人提供相关查询服务；在立案大厅放置有诉讼指南、来诉须知、风险告知书、减缓免交诉讼费条件等诉讼指导资料。多功能立案信访接待厅自投入使用以来共接待群众450余人次，柜台式的服务及便民的措施，受到群众的一致好评。

【综合管理工作】 以“制度创新年”活动为契机，组织开展“我为法院发展献良策”活动，征求社会各方面对法院今后工作的意见和建议，有针对性地采取有效措施改进工作；实行以院长、副院长等领导班子成员带头办案制度，共有8名领导班子成员参与办案，承办民商事案件53件，结案52件，结案率98.1%。在已办结的52件案件中，除1件驳回起诉外，其余51件全部以调解或撤诉的方式结案，调撤率98%。院领导带头办案取得明显成效，其经验材料被省高院信息载体采用。

制定《机关工作人员考勤休假规定》，规范请销假审批程序，实行每日签到与每周一例会制度；严肃警容警貌，规定工作人员统一着装与佩带胸卡上岗；严格执行省高院《规范警车使用管理的若干规定》，加强对警车使用情况的检查与督导；建立不定时检查的制度，由相关部门联合对遵章守纪情况进行检查，对发现的问题随时进行通报。

强化涉诉信访的源头治理，加强判前释法、判后答疑、初信初访工作，严格落实信访责任倒查制度，从源头上预防和减少信访案件；坚持“院长天天接待日”、领导干部定期接访制度，畅通群众诉求表达渠道，坚持领导包案制度，变被动应访为主动接访。开展全方位的大清查，确保“两会”期间无越级信访事件。全年共发生信访案件19件，集中清理信访积案6件，通过多方协调，全部办理终结。

根据各部门的实际工作情况，将责任落实到人，建立了责任目标签订、绩效跟踪管理、指标月报月评、落后诫勉谈话以及薄弱环节突破等制度，紧紧围绕绩效目标开展工作，积极营造紧张、高效的工作氛围。

加大调研宣传力度，出台信息、宣传、调研等单项工作实施细则，将任务予以量化，全年共通过各级媒体发表文章782篇，与去年相比，同比上升116.6%。其中《法制日报》、《人民法院报》等国家级媒体110篇，省级媒体488篇，市级媒体184篇；组织召开新闻发布会2场，组织重大宣传活动13次；参加法官说法栏目2次，走进法庭栏目播出7次，法官说案栏目播出6次。调研文章共发表31篇，与去年相比，同比上升19.2%，其中国家级16篇，省级8篇，市级7篇；案例编报发表2篇；司法统计发表11篇。信息共发表42篇，与去年相比，同比上升100%，被省委政法委《河南维稳工作》采用1篇，被省高院采用3篇，被市纪委采用1篇，被市中院采用37篇，市委常委、纪委书记王璋对以读书活动为载体促进廉政文化建设的信息作出了重要批示。

推进法警队标准化建设。下半年投入资金20余万元，在全院建设了安全保卫体系，实现全方位的机关录像监控、红外线监

开展法官送法进军营活动

控及警报报警，并进行了办公区域封闭管理。全年法警队庭审押解犯罪嫌疑人170人，出动警力350人次，出动警车120车次，无一脱逃、自残等安全事故发生。

【服务中心工作】 发挥人民法院化解社会矛盾的职能，确保上街区大局的稳定，建立不稳定案件排查台账，对排查出的矛盾纠纷实行领导包案处理，防止非正常上访案件的发生。深入开展省委政法委组织的“纠正执法问题、促进公正执法”活动，对5件存在问题的案件进行了整改，参与社会治安综合治理，切实维护社会稳定。选择有重大影响力的刑事犯罪案件，采取公开巡回审判的方式，震慑犯罪分子的气焰。积极开展“保护妇女儿童合法权益”活动，两名法官分别被上街区新建小学和长铝公司二十二幼儿园聘为法制副校长、法治副园长，通过对教师和学生上法制课的形式，增强自我保护意识。借助网络平台进行网络庭审直播，扩大审判的法制宣传效果，全年网络庭审直播案件12件，受到网友的一致好评。

开展法院“公众开放日”活动，邀请新建小学师生及武警消防部队官兵共计150余人来院进行参观，组织参与“千名法官送法进军营”活动，在八一建军节到来前夕，为上街区武警消防大队官兵带去法律书籍及消夏避暑的食品，并就法律问题进行了解答。

【队伍建设】 强化“三个至上”的理念，巩固法院队伍宗旨意识、服务意识及公正司法意识，积极践行“为大局服务、为人民司法”的司法主题，提高审判业务素质，增强廉洁自律的水平。开展“党性党风党纪”教育活动，加强权力观教育，谨慎依法行使权力，秉公办案；开展走访人大代表活动，院领导班子成员分组带领中层干部，到人代会现场征求意见，广泛听取社会各界的建议；把法院的工作重心转移到三项重点工作上，积极化解社会矛盾，创新管理方法，公正廉洁行使司法裁判权；继续推进区政法委组织的“公正执法树形象、真心服务为民先”活动。

组织开展业务培训，提高司法能力和水平。认真开展法官庭审观摩、法警技能训练及公务员岗位大练兵等活动，强化队伍综合素质；积极组织疑难案例点评、法律适用问题等理论研讨，大力支持在职学习深造，创造有利条件，鼓励干警提高学历层次、参加司法资格考试；严格落实《在职法官教育培训计划》，组织法官参加专项业务培训，提升业务素质。全年共组织参加清华大学领导干部提升领导力高级研修班4期，参加培训人数共计11人。

落实党风廉政建设规定的领导应承担的各项责任；严格执行“五个严禁”和“十条禁令”，在院接待大厅公布举报电话、设置投诉信箱，在办公桌上摆放统一制作的警示标牌；强化对法官廉洁自律的监督，努力约束法官8小时以外活动；继续推进法院廉政文化建设，弘扬司法正气；教育法官正确看待和使用手中权力，切实筑牢法官拒腐防变的思想道德防线；强化对法官廉洁自律的监督，使审判、执行活动最大限度地置于有效监督之下。

【自觉接受党委领导及人大监督】 贯彻监督就是支持，监督就是爱护的工作理念，进一步强化主动接受监督意识，自觉服从党的领导和人大监督。主动与人大代表、政协委员联系，认真听取人民群众的意见和建议，不断改进工作，推进上街法院的发展，专门设立“联络之家”，作为加强与人大代表和政协委员联络工作的场所。一是坚持党的领导，努力找准法院工作与党委中心任务的结合点，主动为党委出谋划策，在事关经济社会发展的重大问题上发挥法院职能作用，坚持重大事项报告制度，认真向党委、人大报告法院重点工作情况。二是积极接受监督，组织开展人大代表、政协委员旁听庭审活动，并对庭审印象现场进行打分评定，全年共邀请70名人大代表、政协委员参加旁听庭审14起案件。三是重视代表关注案件的办理，安排专人对案件实行统一登记、催办与报告，全年共受理督办案件13件全部在要求期限内办理完毕。

（李军君）

司法行政

【概况】 2010年，区司法局围绕深入推进“社会矛盾化解，社会管理创新，公正廉洁执法”三项重点工作，建设“服务型、创

新型、管理型、发展型”司法行政系统，以服务发展、服务稳定、服务民生为重点，充分发挥职能优势，大胆创新，强化管理，努力提高全区司法行政工作科学发展能力，为全区经济社会更好更快发展提供法律保障。

【普法依法治理】 启动普法大篷车活动，同时充分利用普法讲师团的载体作用，深入农村、社区、企业、学校、工地、宗教场所举办法制讲座100余场次。组织“五五”普法检查验收。成立检查验收领导小组，对全区一镇五办、30个村24个社区、53个区直单位及企业“五五”普法依法治理工作情况进行检查，共整理档案资料110余盒，印发宣传页8万余份。郑州市“五五”普法依法治理检查验收，上街区在各县（市）区中位列第二。广泛开展“民主法治村”建设。2010年夏侯村被评为省级民主法治村，任庄村被评为市级民主法治村。

【法律服务】 成立“两加快一维护”法律顾问团（产业集聚区建设法律顾问团、城乡一体化建设法律顾问团），与全区42家企业、村签订义务法律服务协议，有针对性地开展法律服务。2010年，各法律服务单位担任法律顾问22家，代理诉讼397件、非诉讼57件、代写法律文书383件，解答群众咨询921人次，接受法律援助54件，业务收费33.65万元。华威律师事务所担任法律顾问14家，代理诉讼80件、非诉讼13件、接受法律援助10件。

【基层司法所建设】 2010年全区6个镇（办）司法所全部通过市级规范化标准考核验收。

【人民调解】 建立“三调联动”工作机制。联合人民法院在上街区峡窝镇设立人民法庭，同时在公安局交巡警大队、人民检察院、人民法院分别设立人民调解室，初步形成大调解格局。开展人民调解化解矛盾纠纷专项攻坚活动。2010年共调处各类民间纠纷980件，调解成功976件，调解成功率达99%以上。在2010年10月郑州市公众安全感调查中，上街区司法局在全市司法行政系统排名第一。

【刑释解教人员安置帮教】 联系相关部门单位积极落实安置政策。理顺刑释解教人员移交接管关系，2010年，共接受回归刑释解教人员38人，帮教率100%，无一人重新犯罪。同时，向安置帮教基地推荐回归人员3名，向其他单位推荐就业5名。

【法律援助】 在政府南院建立法律援助标准化接待大厅，在一镇五办设立法律援助受理点，在总工会、共青团上街区委员会、妇女联合委员会、人力资源和社会保障局、民政局及工业集聚区管委会设立法律援助工作站，积极推进法律援助“应援尽援”工作的开展。2010年，共受理各类法律援助案件151件，解答法律咨询967余人次，代写法律文书97余份。

【公证工作】 2010年，共办理民事公证477件，经济公证124件，为老弱病残人员上门服务18起，无一起投诉案件发生。办证合格率达95%以上，错（假）证率在1%以内。

（武 镝）

武　　装

人民武装

【概况】 2010年，按照“优化布局、突出重点、合理编组、强化素质”的工作思路，调整民兵组织布局与结构，实现全区基干民兵由储备、后备、动员为主，向成建制遂行任务转变，落实各项战备制度，以民兵分队应急应战能力建设为重点，提高任务分队成建制遂行多样化军事任务的能力；加强全区退伍军人、基干民兵、现役部队预编预备役人员和地方与军事专业对口技术人员“四位一体”的人民武装动员数据库建设。开展士官招收和高中以上各类院校应届毕业生调查摸底，完成年度征兵任务；从严治军安全管理和人武部正规化建设得到有效提高。

【思想政治建设】 按照《人武部建设规范》，紧紧围绕建设一流人武部为奋斗目标的要求，采取集中学习讨论，专题辅导授课等形式，不断提高干部职工的思想政治觉悟。充分利用每月专武干例会，对专武干部进行党的路线、方针、政策及时事政治教育，使专武干部提高思想政治觉悟，在民兵训练中，对参训人员进行国际国内形势教育，广大人武、专武干部和民兵预备役人员的战备观念不断增强，干部职工和民兵预备役人员增强了军魂意识和使命意识，确保队伍的高度稳定和集中统一。

【组织建设】 2010年，人民武装工作贯彻落实上级党委扩大会议精神，及时召开部党委会，分析建设形势，查找存在问题，安排部署全年度工作。结合班子成员调整，改选了机关党支部和党小组，组织建设得到加强。党委帮抓基层联系紧密有效，5月份召开了座谈会，深入研究分析了当前在国营和民营企业建有党组织的单位如何建立民兵组织，为进一步加强民兵预备役建设起到了很好的借鉴作用。

【军事训练】 坚持党委议军、党委议训制度，认真贯彻全军训练会议精神和上级关于军事训练的指示要求，狠抓了人武、专武干部和职工岗位练兵活动的开展。围绕能力素质提高，制定详细的岗位练兵计划方案，并严格按照计划组织实施，所有人员的军事素质有较大提高。根据军事斗争准备需要及我部担负的任务，及时修订完善战备方案和应急预案，各项战备制度得到较好落实，为执行紧急任务和战时任务提供了基本遵循。在省军区、警备区组织的多次检查中，受到了上级领导的表扬。在抓好军事

民兵应急队伍集结点验

训练的同时，还注重抓好人武部基础建设，进一步完善了作战室和战备器材库的设备和器材。

按照上级抓“双应”出精品的要求，2010年以来，以“五项重点任务”为牵引，以提高应急应战能力为核心，突出重点抓应急，持续用力抓基层，积极稳妥抓改革，依法从严抓管理，探索创新谋发展，不断提高遂行多样化军事任务能力。按照“精干实备、双应一体、综合多能、反应快速”的目标，突出应急队伍建设，规范民兵应急分队的建设标准、完善相关预案、明确指挥程序、细化具体任务。5月下旬，组织民兵应急分队进行集结拉动演练，受到警备区领导的充分肯定和表扬。认真搞好民兵参加非战争行动的课题探索，积极组织民兵维护社会稳定、参加抢险救灾和应急救援行动。6月份组织民兵防汛分队拉动演练和应急维稳课目演练，检查了防汛抢险专业分队战备训练落实情况，通过拉动不断提高民兵队伍战时应战和平时应急能力。上半年依据新调整的民兵训练任务，按照应急救援、勤务保障、防卫作战三大类型，重点落实了全区民兵重点分队基础及专业军事训练。

【民兵整组工作】 根据郑州市基干民兵组织建设规划和警备区的年度民兵整组工作指导精神，召开两次党委会学习领会上级精神，研究部署民兵整组工作，确定“优化布局、突出重点、合理编组、强化素质”的工作思路，指导民兵整组工作的高标准落实。调整民兵干部，重点抓好选准配强民兵干部，严格管理，落实待遇等环节，保持民兵干部队伍的稳定。其次抓民兵组织结构调整。做到深入基层调查研究，加强具体检查督促。结合非公有制企业密集的特点，扩大编兵比例，使非公有制企业的民兵组织逐年增加。三是调整编兵结构，根据上级下达的任务数，民兵人数和基干民兵分队调整到位。

【安全管理工作】 按照省军区统一部署，先后组织开展“学法规、用法规、守法规”活动和“五项整治”活动，对照《安全条例》和新的《共同条令》，以“五查五看”和“五项整治内容”为重点，进行认真自查，制定个人和单位的整改措施，强化官兵、职工条令法规意识，提高依法指导、依法办事和安全防范能力。坚持每季度开展一次作风纪律教育整顿，着力解决落实指示要求不坚决、执行纪律规定不严肃、责任追究不到位等问题，做好重大安全问题的防范工作。按照“六个不能出”要求，每季度组织一次安全隐患排查治理，进一步梳理问题，分析原因，逐条整改，堵塞漏洞。贯彻落实好两级军区《加强车辆事故预防工作意见》，切实加强车辆安全管理。严格贯彻落实总部《关于涉密计算机及移动存储介质上国际互联网的“三条禁令”》和《济南军区涉密文件资料管理暂行规定》，抓好安全保密工作。对重点部位人员进行政审，结合安全教育整顿，开展了安全预防教育，经常性教育保证全部人员没有政治性问题发生。突出抓好“十项管理”（干部值班管理、车辆安全管理、枪弹安全管理、信息保密安全管理、8小时以外人员安全管理、职工队伍安全管理、营区门卫管理、经费使用管理、各类库室安全管理、征兵工作管理）为重点，坚持一项一项明责任、定措施，一环一环抓落实。

【基层建设】 着眼应战和应急这一根本目标要求，认真贯彻上级有关抓基层、打基础的要求。3月份规范了基层武装部和民兵营（连）部建设标准，落实基层干部例会、政治教育、组织整顿、集结点验、创先评比、档案资料、经常性活动等七项制度，促进民兵基层建设的巩固、发展和提高。认真抓好基干民兵组织调整改革。90%的基层武装部，80%民兵连达到了上级的建设要求。

【后勤管理工作】 建立健全财务管理制度。紧紧抓住规章制度建设这个重要环节，建案建制，完善措施，坚持依靠制度规范后勤管理工作，结合经费少需求多，时间紧任务重的实际和矛盾，补充完善多种管理方法。严格落实上级“收支两条线”管理规定，建立健全党委理财、经费联签、现金管理、预算管理，人武部经费管理，民兵预备役训练补助经费管理办法等规章制度，实行车辆统一检监，统一维修保养等措施，降低行政消耗性费用开支，提高了经费使用保障效益。强化经费供应管理，科学、合理的编审年度经费预算。严格落实预算外经费“收支两条线”有关规定，加大有偿服务管理力度。对车辆进行维修保养，修订完善了后勤战备方案。

【党管武装和双拥工作】 充分发挥人武部桥梁、纽带作用，积极协调驻军同区委、区政府和人民群众之间的关系，做好驻军参加军民共建精神文明活动和创建双拥模范单位活动。同时，积极协调地方有关部门做好军人子女入学、随军家属安置、随军家属未就业等工作，努力为部队官兵解除后顾之忧。

【征兵工作】 2010年，按照上级要求从征兵政策的学习理解和上级指示精神的贯彻落实入手，不断强化各级各类人员责任意识和法纪意识，紧紧围绕“廉洁征兵、依法征兵、征优质兵”的指导思想，狠抓各项征兵政策和上级规定指示的贯彻落实，强化法规意识和廉洁自律意识，严格把好政审关、体检关、学历关、年龄关、审批定兵程序关，高质量完成了征兵任务。征兵工作从10月13日开始，到12月31日结束。

【国防教育】 分层次，抓重点，使教育有的放矢。首先把领导层的国防教育作为重点，给领导干部订阅解放军报、《国防》、《中国民兵》、《黄河民兵》等刊物；利用“八一”、“十一”等节日，组织领导过“军事日”活动，增强战备意识；利用区委中心组学习时机，组织副处级以上领导干部学习有关国防法规。二是采用多种形式，广辟教育渠道。开展国防知识竞赛，普及国防知识教育面；利用全民国防教育日活动和征兵宣传，举办国防教育一条街宣传活动，使《征兵工作条例》家喻户晓、人人皆知，极大提高全民国防观念，受到警备区首长的充分育定。

（孙松舟）

人民防空

【概况】 2010年，上街区人防办工作在金融危机不利的情况下，区人防办排除困难，不断解放思想，深化人防改革，重点工作实现突破，整体工作有序推进，全区人防事业实现跨越式发展，并顺利进入到下一轮跨越式发展阶段。对重点工作进行“细化量化责任制”有效促进人防责任目标的落实，超额完成省、市、区、的人防工程建设任务，被河南省军区司令部，河南省人防办、郑州市人防办、上街区政府、评为“人民防空工程建设与管理工作先进单位。”

【人防工程建设】 2010上街区人防办依法严格工程审批，人防工程建设。亚星江南小镇人防工程主体已经全部完工，内部设备安装全部到位，工程已验收。中宇·罗马假日人防工程已竣工，省人防办已对其进行验收备案。建业酒店人防工程，汇泽国际城3栋楼人防工程，主体都已全部完工，进行工程内部设备安装。十四街坊的人防工程设计图纸已经审定，已向省市有关单位审批完毕准备施工。上街区人防应急指挥已经过国家人防办审批，正进行前期可研论证设计。

【人防工程利用】 根据河南省人防办郑州市人防办的指示秉承“防空为民、建设利民”的原则，在上街区范围内开放新旧人防工程共计5处，夏天供居民避暑纳凉，投入7万元人民币在防空洞内设凳子700把，桌子10张，饮水机5台，纯净水500桶，象棋10副，跳棋10副，报刊1500套，人防宣传扑克5000副，1万个纸杯供纳凉居民使用。上街区人防办在避暑纳凉中的工作得到省市人防办的高度肯定，并被《河南日报》、《大河报》、《都市频道》等多家媒体、报刊相继报道。

【人防工程维护管理任务】 建立长效的工程管理机制，完善安全管理制度，建立设备设施维护管理责任制度和定期检查制度。把公用维护管理和单位维护管理以及新建人防工程任务落实到人头，分片包干，实施规范化管理。严格按照每周、每组按片普查的制度，及时登记、汇总。对已建人防工程要求通风、给排水、供用电设施满足其使用要求；防护设备运转良好，出入口标示规范，标志明显，进入口道路畅通。从根本上消除隐患，达到安全使用的目的，确保地道维护管理任务的全面完成。

【人防宣传教育】 按照省市各级人防要求，加强初级中学一年

开放人防工程

级学生防空防灾知识。对区属3所初级中学学生进行防空知识教育，使初一学生受教育率达到100%。注重向社会各个层面的宣传，优化人防建设的舆论环境。9月18日，在上街盛世广场举办以“勿忘国耻、强我国防”为主题的广场宣传活动。在城区主要街道悬挂人防宣传条幅30余幅，向城区居民发放人防宣传手册6000册，宣传扑克牌2000副。使上街区居民更直观的了解人防，支持人防。宣传工作责实行任制，信息奖励制，促进科室、个人上投稿件的积极性。完成省级稿件3篇，《河南日报》、《大河报》、都市频道等市级、区级报刊、电视台也多次刊登、播放上街区人防工程信息。

【人防建设费征收】 不断加大执法工作力度，坚持依法行政。细化责任、细化进度、细化监督。2010年，进一步规范人防工程审批管理，确保结合民用建筑修建防空地下室检查工作落到实处，促进全区人防工程建设，经上街区人民政府研究，成立上街区人防工程建设领域整顿规范工作领导小组。3个多月，清缴人防易地建设费445万元。2010年依法收取人防易地建设费7003828元，社会负担人防建设费76060元。

【防空警报试鸣】 加强警报管理培训，规范警报操作行为使2010年警报试鸣率为100%。同时根据城区规模的不断扩大，现场勘查，科学规划，在上街区又新增2台电声警报，满足新建城区战时防空音响警报需要，提高全区防空袭保障能力。

【防汛工作】 严格落实防汛值班制度和事故报告制度，实行值班人员24小时值班和领导带班制度。采取有力措施，把各种隐患消灭在大汛到来之前。对2010年排查出的幼儿园地下工程进水塌方，社区办公楼地下工程塌方等多处险情及时加固处理，确保人防工程和地面建筑的安全；同时还加大对防汛物资和器材的投资力度，充分做好防汛物资器材的准备。并组成10人的抢险突击队、10人抢险预备队和10人的抢险救护队，做到随叫随到，能迅速的投入到抢险中。

（席　旭）

指挥部工作

工业集聚区管委会

【概况】 郑州市上街区装备制造业基地（阀门产业园）管理管委会更名为郑州市上街区工业集聚区管理委员会，设综合协调部、发展战略部、规划建设部、投融资服务部4个部室。

【经济运行】 3个工业集聚区（郑州上街装备产业集聚区、郑州上街铝工业园区、郑州上街绿色新材料园区）有企业125家，规模以上企业54家，占全区规模以上企业的57%；工业产品销售收入完成155.54亿元，工业增加值实现46.2亿元，投资总额完成33.42亿元（其中工业项目投资完成26.21亿元，基础设施投资4.87亿元）；招商引资引进资金5亿元，新增入驻和投产企业10个，新安置就业人数1050人。

【重点项目建设】 工业集聚区重点在建项目26个，锂离子动力电池项目、博大盛塬铝板带箔项目、广源铝业铝压延、恒安机械二期项目等都已开工建设，二缆电工、合力焊材等续建项目建设持续发展，洽谈项目16个，计划投资26亿元，为集聚区发展提供持续动力。

河南华泰特缆有限公司生产的特种电线

河南华泰特种电缆有限公司项目总投资4.6亿元，一期主要用于2.01万平方米厂房建设、1.05万平方米办公楼和综合楼及辅助建筑。建成投入运行后，年产值30亿元。一期工程建成投产，实现销售收入6.2亿元，上缴利税1900万元。

河南黎明西芝重工有限公司该项目总投资1.2亿元，完成3座共计3万平方米厂房及7000平方米研发楼建设。预计实现3亿元产值，利税2000万元。

林肯电气合力（郑州）焊材有限公司一期投资3.5亿元，占地200亩。建设两座共计70425平方米的车间，4000平方米的办公楼，4500平方米的职工宿舍以及配电房，废水处理站等配套设施。项目投产后，产值11亿元。4条生产线已运行，3945平方米研发楼正在建设中，实现销售收入1亿元，上缴利税1100万元。

郑州向日葵新能源科技有限公司项目总投资1.5亿元，占地面积72亩，总建筑面积3.5万平方米。建设一条年产3000吨锂离子动力电池关键材料磷酸铁锂正极材料生产线项目。项目全部达产后，实现年营业收入5.1亿元，利税12393万元。可解决

就业200多人。一期两栋9000平方米厂房正在安装，年底完成投资3500万元。

河南博大盛塬铝制品有限公司河南博大盛塬铝制品有限公司位于金屏路南段，占地60亩，项目总投资1.6亿元，一期投资9561万元。该公司是以铝板、铝箔等多项产品的研发、生产、销售为一体的民营企业。该项目建设一期的主要生产设施为铸轧车间和压延车间，建筑面积2400平方米，二期的主要生产设施是压延车间，建筑面积2600平方米。一期项目工程建设进度一年半，完成投资8000万元。

5万吨冶金辅料项目建设郑州市裕丰耐火材料有限公司投资8000万元，用地70亩，新建年产5万吨冶金辅料生产线项目，分三期建设。该项目完成投资2000余万元，一期工程厂房及办公楼主体建设完工，年底进行设备安装调试。

80万辆轿车玻璃生产线郑州少林特玻有限公司投资1.34亿元，建设80万辆轿车玻璃生产线，项目建成后，年产轿车玻璃80万套、重卡玻璃100万套，客车玻璃10万套，可增产值8亿元。一期投资计划8900万元。

【国家承压阀门产品质量监督检验中心投入使用】 该项目总投资4500万元，由试验办公楼、试验车间、焊接试验室等三部分组成。省锅检院技术人员入驻，各种设备仪器安装到位，投入运行。

【示范性标准化厂房建设项目】

投资1.5亿元，占地120亩，位于绿色新材料园区，规划建设14万平方米，建设1~2层厂房与3~6层多层厂房，建成后，预计引入企业10家大型企业，50家中小型企业。

【规划建设】 按照“三规合一”要求，完善和修编产业集聚区（园区）总体发展规划，装备产业集聚区委托安阳规划设计院和河南省科学院地理研究所对集聚区发展规划进行修编，规划完成，并通过专家评审。规划环评工作已经完成。铝工业园区规划正在与相关部门进行完善中，绿色新材料园区规划已经完成初稿。

【招商引资】 招商引资引进资金约5亿元，已落实有招商意向的项目有恒亿电气等16个，计划投资26亿元。

【平台建设】 按照省市产业集聚区建设的要求，筹建投融资平台建设，依托区诚信资产经营公司为平台进行融资。获得省政府200万元奖励资金。积极推进国家承压阀门产品质量监督检验中心的建设。完成园区宣传设施的建设，园区雕塑阀之门已建成，制作了霓虹灯广告牌、主要路段指示牌等，提升园区的形象。

【科技创新】 发挥国家质检中心公共服务平台作用，提升服务质量，完善服务功能；不断促进企业科技创新能力，鼓励企业建立研发中心和技术中心，提高企业自主创新能力。中力泵阀与中南大学合作成立的泵阀新产品研发中心，玉发磨料与中科院上海硅酸研究所合作成立的玉发新材料研发中心等；依托技术研发和信息中心，加大装备制造业新产品、新技术、新工艺的研发力度，利用丰富的产品设计经验及关键工序产品制造工艺链优势，不断加强技术研发力度和提高研发水平。推动投融资平台建设，依托区经济发展投资公司和郑州诚信中小企业担保公司，对集聚区的道路、交通、供电、供水等配套设施进行建设。

【优化投资环境】 深入开展企业服务行动计划，扎实推进“工业项目推进年”活动，组织开展银企洽谈会，郑蝶阀门、天马微粉、裕丰耐材等13家企业分别与工商银行、建设银行、农业银行达成贷款协议，累计签约资金达1.028亿元，帮助企业解决融资难问题，积极帮助新生印务等企业建设市级技术中心。为装备产业集聚区华泰二期扩建问题、博大盛塬公司、林肯电气等项目建设协调问题30多项，积极为集聚区22家企业补办各种审批手续，切实维护企业合法产权；铝工业园区积极为中铝发展搞好服务，成立厂区协调领导小组，负责厂区协调工作。

【党的建设】 以加强党的执政能力建设和先进性建设为主线，以“创先争优”活动为载体。认真落实党风廉政责任制，狠抓作风建设，做好行风评议及优化发展环境工作。下大力气推进非公经济组织建设工作。积极开展党建带工会、共青团、妇联组织建设，努力打造劳资关系、和谐园区、平安园区、魅力园区。2010年，新组建工会5个，新组建共青团6家。开展社区帮扶活动。在机关开展“五强化、四争创”读书竞赛活动，不断提高机关党员干部的领导素质和服务企业能力，着力打造精品团队。在非公企业开展“基层党组织分类提档升级”活动，领导分包联系企业制度，下派党建指导员制度，设立党员示范岗、党员先锋岗、党建示范点，打造非公党建品牌，助推企业发展。

【基础设施】

2010年郑州上街装备产业集聚区已建基础设施

表7：

序号	名称	长度（米）	已完成投资（万元）	具体内容	备注
1	道路改造	8000	2000	登封路、洛宁路、漓江路	
2	110千伏安配电站1座		3550		
3	110千伏电网改造5公里		3000		
4	9800平方米标准化厂房		1175		
5	管网改造	24000	300	登封路、洛宁路、漓江路	
6	垃圾中转站		50		
7	搬迁安置房		16435		
8	上街区实验小学		5450		
合计：		31960			

入园企业标准化厂房建设

表8

序号	企业名称	位置	厂房面积（平方米）
1	河南上蝶阀门股份有限公司	310国道北、玉发大道东	30000
2	郑州昌煜实业有限公司	310国道北、淮阳路西	24990
3	郑州市上街建化铸钢厂	龙江路北、金屏路西	8560
4	郑州荣兴实业有限公司	龙江路北、金屏路西	5810
5	郑州市特种阀门有限公司	漓江路南、金屏路西	14000
6	河南康泰橡胶制品有限公司	龙江路南、金屏路西	14020
7	郑州祺洋阀门有限公司	锦江路南、金华路西	10200
8	郑州新生印务有限公司	淮阳路东、龙江路南	26150
9	郑州市上街铝都蝶阀有限公司	310国道北、金屏路西	27750
10	郑州市宇宙阀门制造有限公司	龙江路北、金屏路西	13600

（张　琳）

城乡一体化指挥部

【概况】　城乡一体化办公室成立于2010年3月，下设综合协调部、体制改革部、城乡统筹部、产业发展部。自成立以来坚持以科学发展观为指导，以“城市精品化、农村城镇化”为主题，以“土地大流转、农民大聚集、体制大转换、城乡大统筹”为主线，按照“整体推进、单项突破”的工作思路，坚持抓重点、攻难点、创亮点，城乡一体

化的发展方向和推进思路更加明确，各项工作顺利推进。

【城乡一体化规划】 高质量编制规划。按照“统筹城乡、产城融合、合理布局、节约土地、集约发展、品位提升”的原则和“四规合一”的要求，委托同济大学设计院对区域总体规划进行修编，相继编制了五云山观光农业集聚区规划、山地公园整体规划、汜水河沿线概念性规划以及“十二五”城乡一体化发展规划、城市管理规划、农业和农村经济发展规划等。构建政策支撑体系。区委、区政府出台《上街区城乡一体化实施方案（2010～2015）》、《上街区农村土地大流转意见》等指导性、纲领性文件，形成推进城乡一体化的政策支撑体系。深入调研摸清底数。城乡一体化办公室牵头，联合镇、办事处，对相关行政村现有建筑物基本情况、搬迁安置基本情况、待安置基本情况、村庄占地面积等进行调查摸底，澄清有关数据，估算出拆迁费用。对农村集体经济改革、花卉产业发展和土地流转工作深入调研，取得理论和实践成果。

【新农村建设】 按照政策化支持、自治化拆迁、市场化运作方针，启动峡窝镇郊段、寨沟、左照3个行政村合村并城。该项目由建业集团、亚星集团联合投资，总投资额初步核定为50亿元人民币。完成新型农村社区建设试点上街村一期搬迁区域的搬迁补偿工作，安置小区全面开工。引进河南志强置业有限公司以BT模式投资6500万元参与上街村新型社区建设。启动夏侯旧村（金华路东）改造工程。针对南部山区开发和安置小区建设等问题，同项目开发方沟通协调，达成共识。项目开发方完成年度投资3.5亿元。成立投融资平台整理工作领导小组项目包装组，按照农发行要求，完成道北4个行政村的新农村建设项目融资工作，总额4.8亿元贷款正待省农发行审贷通过。

峡窝镇万亩花海基地

【“万亩花海”建设】 将汜水河沿岸农用地作为土地流转试点，推动农用地整体大面积流转，为花卉规模种植创造条件。新增土地流转面积2079亩，依托土地流转和顺达公司带动，新成立河南双羽实业有限公司、郑州市慧蕾花卉专业合作社、郑州市顶鑫种植合作社，新建日光温室106座，其中26座大棚已开始鲜切菊生产。双羽公司首批20万株鲜切菊出口日本，成为我省鲜切花企业中第一个出口创汇企业。

【农村集体经济体制改革】 拟定《关于农村集体经济体制改革的意见（试行）》和《上街区推进“村改居”工作实施方案》，确定聂寨村和夏侯村作为试点，安排专人驻村蹲点指导，帮助起草改革方案、合作社章程、股份量化方案及试点工作计划。中心路街道聂寨经济合作社、济源路街道夏侯经济合作社相继挂牌成立。

【指挥部重点项目】 落实市委“畅通郑州”决策，总投资1877万元的连霍高速上街段引线综合整治工程主体完工；郑上快速通道项目列入郑州市第二批城建计划，方案通过市发改委评审；新安西路全线通车；中心路、济源路绿化升级和铝城公园升级改造顺利完成；许昌路西段集中供暖工程完工。加快推进铝厂旧街坊改造，14、32街坊完成拆迁面积2.2万平方米，新建6栋高层楼；夏侯小学一期工程投入使用。高校引进工作取得突破，郑州铁路技师学院与区政府达成投资意向协议，前期筹备工作正在进行。

（臧　斌　牛大林）

服务业集聚区管理委员会

【概况】 服务业集聚区管委会于2010年5月11日经区编委批复成立，内设综合协调部、规划建设部、项目推进部3个机构，人员10名，设主任1名，书记1名，副主任2名，部长3名，副部长4名。于7月12日到位。服务业集聚区管委会受产业集聚区建设指挥部领导，全面负责中心城区服务业核心区、昆仑物流园区、五云山中国山地生态公园的规划建设，并负责领导协调3个服务业推进组的工作。

2010年服务业投资1000万元以上在建的重点项目20个，意向项目2个，计划投资规模16.2亿元；建成重点项目7个，累计投资3.3亿元；新注册服务业经营单位1800余家，其中注册资金100万元以上的39家。服务业营业收入实现32亿元，新增三产服务业固定资产投资25亿元，招商引资实际到位资金10.6亿元。三产服务业实现区级税收收入2.48亿元（不含非税收入及契税），较去年同期增长39%，占区级税收收入50.62%。

【中心城区服务业核心区】 江南小镇项目累计完成投资1.1亿元；今水尚假日酒店完成投资2300万元；嘉盛快捷酒店完成总投资2000万元；锦江之星假日旅馆项目投入资金1000余万元，营业面积3000平方米，已开业；建业星级酒店预计总投资1.8亿万元，项目委托喜达屋酒店管理集团经营管理。理想名家居住小区项目完成投资5880万元，居民住宅楼施工结束；明珠公馆二期项目总投资3000万元，规划占地面积8600平方米，计划建设住宅137套，已完成投资2700万元；北农贸市场升级改造项目，区委、区政府成立北农贸市场升级改造工作领导小组，制定《工作方案》，明确任务和完成时限；汇泽国际东区项目占地38.25亩，郑州嘉盛房地产有限公司摘牌取得土地使用权。

【五云山中国山地生态公园】 各项工程进展顺利，A、B区住宅建设已开工建设34套，33套主体已经完成，正在做外墙文化石，1套正在进行主体建设。C、D区配套设施，道路完成5公里，水电设施已经开工建设。卢卡酒店施工图已完成设计。中央景观工程完工，山地高尔夫练习场开始营业，西林子水果采摘园完成100亩。

【昆仑物流园区】 引进华通物流公司，运营状况良好；郑州亿顺化工物流有限公司铁路接卸仓储项目已和峡窝镇沙固村签订土地使用协议，正办理注册手续；引进河南省邮政快递上街分公司，已注册。中国长城铝业公司集装箱办理站项目，经过审批，得到铁道部批复。原厂西水泥厂招商项目，1/3已投入运营。

【三产服务业】 新注册服务业经营单位1800余家，其中注册资金100万元以上的39家。嘉盛快捷酒店总投资2000万元，按三星级标准打造，定位商务休闲。锦江之星旅馆投入资金1000余万元，营业面积3000平方米。

【其他新开工在建项目】 聂寨村商务楼项目计划投资4000万元，建筑面积1.8万平方米；欧凯龙家具广场项目，总投资12亿元，建设规划用地面积200亩；嘉盛·溪畔美域项目建筑面积4万平方米，总投资约1亿元。理想名城项目28栋楼，二期开工12栋，完成投资7000万元；税苑小区项目开发面积1.6万平方米，预计总投资3000万元，建设住宅楼3栋，以及丹尼斯百货商场上街店扩建项目。

【三产服务业调研情况】 走访工商、税务等部门10余家，深入企业40余家，通过实地查看、深入座谈，掌握全区三产服务业6000余家经营单位的相关信息以及三产服务业对区财政贡献等情况，撰写《关于上街区服务业发展的调研报告》。同时又对房地产行业和物流行业开展专项调查。对70余家物流企业进行逐家走访，了解企业经营情况，发现存在的问题及需求，经分类汇总和分析，制定了引导物流行业集聚发展的工作方案，撰写《关于上街区物流园区的调研报告》；对全区房地产企业进行摸底调查，撰写《上街区房地产行业调

研报告》。

【支持企业发展】 组织开展了“服务企业大走访、架起服务连心桥”活动。印制“服务联系卡”，对全区服务业企业和项目上门发放，公布了24小时服务热线。积极为企业和项目协调解决发展过程遇到的问题。协调解决了丹尼斯扩建过程中存在的边界纠纷问题，并协助其办理相关审批手续；牵头组织了原上街热电厂的拆除，保障了大项目的入驻进度；协助嘉盛·溪畔美域项目办理物探、发改备案、用地规划许可证、国有土地使用证等相关手续；协调解决了建业星级酒店建设过程中的临时用电问题。

（冯迎周　王艺凡）

因松柏庙宇取名的柏庙村

柏庙村是柏庙行政村所在地，为该村第三、四、五、六、七村民组，1150多口人。

早在商周时期这里即有人居住，1973年平整土地时在第七村民组发现了人居灰坑，考古人员对出土器物进行了研究，证实其属商周时期人类生活遗址。

该村村名的由来与古时该村的寺院和松柏有关。村东头有一古庙名曰“晴烟寺”。始建于汉，兴盛于唐，占地36.9亩，建筑非常雄伟，那时寺中就有和尚专门料理事务，寺内外松柏参天。

晴烟寺南有一河沟叫青烟沟（因满沟杨树也有人叫杨树沟）。明洪武五年（公元1372年）有孙氏、肖氏从山西洪洞迁来，居于沟中。二十年后，孙氏之子孙旺从沟中搬至岭上，在晴烟寺西起房造屋，随着人口增多，渐形成村落，因村中有柏树有庙，就取名柏庙村。

另据说，在晴烟寺北有一日交易棉花上万担的万花集，元末明初的战乱中，该集被毁，若干年后万花集幸存者外逃回来，在晴烟寺西另辟新居，也因柏树和寺庙把村子取名柏庙村。解放初，柏庙村约有600人，孙姓占全村人口的90%以上。2007年，上街区政府在柏庙村西为整体搬迁的西林子村村民建设居民安置楼，2010年，整体搬迁的东林子、营坡顶、杨家沟、老寨河村村民也将搬迁到柏庙村西新居。

工业·农业·商贸

工　业

工业经济

【概况】　2010年95家规模以上工业企业完成产值182.6亿元，同比增长17.9%；实现增加值62.4亿元，同比增长20%，超额完成市定增长18%的目标，其中，区属规模以上企业完成产值118.7亿元，同比增长21.5%，实现增加值41.5亿元，同比增长21.1%；中铝郑州企业完成产值63.8亿元，同比增长10.2%，实现增加值21.9亿元，同比增长10.6%；区属企业在全区工业经济中的比重达65%，阀门装备制造业、电线电缆行业逐步成为新兴主导产业。

【工业投资】　新开工建设重大工业项目15个，其中超5亿元项目1个，超3亿元项目2项，超亿元项目1个，全年完成工业投资33亿元，超过17亿元的目标。

锂离子动力电池磷酸铁锂正极材料项目签约仪式

【工业项目】　重点项目进展顺利，其中，林肯电气合力（郑州）焊材有限公司年产10万吨焊丝焊剂项目4条生产线投入试运行；河南华泰特种电缆有限公司34.8万公里特种电缆项目一期两个车间建成投产；河南黎明西芝重工有限公司年产1000台矿山机械项目1号、2号、3号车间建成投入使用；郑州少林特种玻璃有限公司80万辆轿车用玻璃项目和裕丰耐火材料有限公司5万吨冶金辅料项目试生产；中铝河南分公司第五赤泥库项目完成投资3.2亿元；华力电缆厂新厂区扩建项目和河南博大盛塬铝制品有限公司铝板带箔项目开工建设。

【工业园区建设】　铝工业、装备制造、新材料三大工业集聚区规模以上企业54家，占全区规模以上企业57%，分别实现增加值26.9亿元、20.6亿元、8.6亿元，工业贡献率92.3%，支撑能力增强，形成“一区三园”的工业发展格局。

【非公有制经济】　完成非公经

济增加值59.04亿元，非公经济占地区生产总值比重为65.96%，超市定目标27.96%。

【工业节能降耗】 建立重点耗能企业能耗统计台账、企业节能技改项目台账，制定《重点耗能企业能耗指标一览表》，定期深入企业座谈，掌握企业节能工作开展情况，对存在的问题及时协调解决。协调上级部门为企业申报节能技改项目补贴资金，为中国长城铝业公司水泥厂申报郑州市资源综合利用补贴资金200万元。

【煤炭经营管理】 纳入区管理煤炭经营企业16家（批发3家，零售13家）。成功盘活原厂西水泥厂荒废近10年的闲置土地，建成郑州市第一个规范的煤炭物流园。

【信息化发展】 公用通信光缆线路453皮长公里，宽带容量28724线，互联网用户累计2.7万户，入户率96%；光纤到小区覆盖率95%，新建楼盘进线率100%。固定电话交换机市话容量6万余门，固定电话3.6万户，移动电话用户达20万户。三大电信运营商年收入达到1.2亿元。电子政务网络覆盖全区所有行政事业单位和社区，电子政务办公系统和网上审批系统全面应用，“十二金”系统不断推广，社区、农村、教育、文化、卫生、社会保障信息化水平不断提升。聂寨村被列为全国农村信息服务站试点，获国家级“先进综合信息服务站”称号。

【工业和信息化融合】 企业上网覆盖率98%，规模以上企业已经全部连接互联网，100余家企业建立网站，部分网站拥有B/C电子商务平台，企业信息化工作从简单数据处理发展到企业资源管理系统化（ERP），95%装备机械制造企业将计算机技术、数控技术应用到研制和生产过程中。

【企业技术中心建设】 组织2家企业参加省级企业技术中心认定，5家企业参加市级企业技术中心认定。其中郑州豫立实业有限公司通过省级企业技术中心认定，郑州天马微粉有限公司、郑州力威管道设备有限公司、郑州中力泵阀制造有限公司等3家企业通过市级企业技术中心认定。豫立实业等3家企业获市财政资金补助120万元。市级以上企业技术中心总数17家，其中国家级企业技术中心1家，省级企业技术中心9家，市级企业技术中心7家。

【服务中铝郑州企业工作】 加大中铝郑州企业服务力度，做好中铝河南分公司煤电铝一体化发展，重点做好投资20亿元煤矿、煤下铝矿开发、2×30万千瓦热电机组及30万吨电解铝和第五赤泥库等项目的协调服务工作；协助中铝郑州企业加强与中铝总部的沟通联系，争取中铝总部更多项目、资金支持，延长铝产业链发展；积极争取上级部门有关资金、土地的政策支持，用足、用活、用好河南省大力发展铝工业、郑州市加快建设产业园区等各项优惠政策，为中铝郑州企业发展提供良好的政策环境。召开4次厂区高层协调会和两次专题推进会，解决涉及经济、商贸、市政建设、教育、卫生、环保、发改等方面的10个问题。

【搭建银企合作平台】 通过实地走访、电话问询、问卷调查等形式，就企业融资问题进行广泛调研，建立中小企业贷款项目库，收集和储备企业资金需求信息，开通融资热线，主动加强与域外银行、担保公司沟通，筛选资质优秀、实力雄厚、贷款成本相对较低的担保公司，“一企一策”、“一事一议”强化推介和对接。全年组织银担企见面会4次，邀请招商银行、浦发银行、豫商担保公司、合众控股等区外银行和担保机构深入区属企业进行百余次零距离对接，促成中小企业与招商银行、豫商担保公司等区外金融、担保机构达成融资意向1.2亿元。区担保公司累计担保65户，担保金额1.16亿元，其中为28家企业担保资金1亿元。2家小额贷款公司为中小企业贷款近300万元。

【申报企业奖补资金】 充分利用郑州市政府加快中小企业发展的有关资金帮扶及奖励政策，扎实做好中小企业发展专项资金、担保行业发展专项资金、企业技术中心奖补资金、信息化专项资金的推荐申报工作。成功为裕丰公司、华力电缆、天马微粉等3家企业申报中小企业发展专项资金40万元；为中小企业担保公司和少林特玻、华泰特缆等6家企业申报担保行业发展专项资金近400万元；获市30万元信息化专项资金用于中小企业信息服务平台建设。

【企业家队伍建设】 完成对企业人才结构调研，全面掌握规模以上工业企业人才状况。加强对企业家的培训，先后组织近千人次参加郑州企业香港上市推介会、区企业上市专题培训班、郑州企业论坛、郑州市青年企业家融资服务推介会。加强企业家对外交流。组织区企业家赴郑州高新区、经济开发区参观学习；组织企业家赴台湾新竹工业园区考察。加强后备人才培养，建立企业家后备人才信息库。成立企业家协会党支部，为企业家提供组织保证。

【企业改制工作】 强力推进郑州铝城水泥有限公司（原951水泥厂）、上街特塑厂改制工作和解决郑州电机厂改制遗留问题。郑州铝城水泥有限公司（原951水泥厂）职工安置工作全面展开，安置在职职工198人，退休职工167人，调出62人，股金兑付84人。

（李宗正）

中国铝业股份有限公司河南分公司

【概况】 中国铝业股份有限公司河南分公司始建于1958年，前身是我国第二个五年计划时期建设的郑州铝厂，1992年改制组建中国长城铝业公司，2002年1月中国长城铝业公司优良资产上市组建中国铝业河南分公司，剩余部分仍称中国长城铝业公司。

中铝河南分公司职能部室7个、二级企业单位10个，员工12043人，资产总值102亿元,、年产氧化铝200万吨、炭素制品12万吨、金属镓20吨。拥有小关矿、洛阳矿、渑池矿3座矿山，年供矿能力400万吨，年铁路运输量1000万吨、自发电13亿千瓦时的规模，产品远销五大洲20余个国家和地区。

【生产经营】 2010年中铝河南分公司年产氧化铝194万吨，同比增产68万吨，增幅54%，自发电9.44亿千瓦时，同比增长53%；生产碳阳极12.2万吨、金属镓13.5吨。氧化铝、碳阳极综合能耗分别降低14%和3%，节能16.74万吨标煤，“十一五”节能46.6万吨标煤，超进度目标63.6%。

年实现营业收入50.9亿元，同比增长62%。出口创汇7817万美元，同比增长21%。上缴税费2.35亿元，同比增长18%。

【转变思想观念】 深入开展“转观念、抓改革、调结构、促发展”主题实践活动，提出立足自身、对标先进、深化改革、强化管理，多次同行企业开展学习对标活动，投资、成本、管理等理念明显转变；公司各级领导班子履行承诺，带头转观念、转作风、树正气，带头抓具体、抓细节、抓落实，广大干部员工精心操作降消耗，修旧利废增效益，形成打赢生死存亡保卫战的强大合力。

【供矿状况】 积极稳妥完成矿业重组，保证小关矿、渑池矿、洛阳矿连续稳定生产和员工思想稳定。加大资源获取力度，完成7个矿区的生产勘探。提高自采矿量，加大民矿和进口矿采购力度，进厂矿量同比提高64.63%，厂区国内矿存量比年初提高16万吨。

【改革创新】 全面推行管理改革创新，大力压缩管理机构，公开竞聘各级管理者，公司处级和科级单位分别压缩37%和47%，中层和基层干部职数分别压缩60%和40%，管理和技术人员人数压缩45.4%，占员工总数比例10.14%。

【结构调整】 集中全力加快第五赤泥库建设，昼夜施工，多方协调，中库区年底建成投用。创新四库筑坝方式，膜袋筑坝一期具备投料条件，氧化铝新系统二段分解优化、压缩气替代重油、金属镓提产改造等项目顺利推进，形成三年结构调整方案，通过总部专家组论证，启动了项目前期准备工作。全年累计投资4.9亿元。

【创先争优】 以控亏增盈、资源保全、管理改革、结构调整为切入点，扎实开展创先争优活动，形成党委创先、党员争优、干部带头、全员奋进的良好氛围。建立领导班子成员联系点制

2010年7月12日联合国亚太经济社会委员会能源处 Liu Hongpeng 处长、朝鲜人民民主主义共和国电力煤炭部副局长金明哲率领考察团到中国铝业河南分公司考察

度，及时研究解决难点问题，党员干部作风有效转变。开展合理化建议和“随立功随记功”活动，举办庆祝“中铝公司成立10周年”大型歌咏比赛，企业凝聚力不断增强。坚持关爱员工，帮扶困难员工1462人，发放救助金44万元；救助患大病员工42人，发放互助金102万元。

【领导视察】 国家工业和信息化部副部长杨学山，河南省委常委、郑州市委书记连维良先后到河南分公司调研，希望河南分公司干部员工进一步转变观念，开拓思路，充分利用两种资源，不断创新用人模式，积极实施结构调整和体制改革，在激烈的市场竞争中实现持续发展。

（石　勇）

中国长城铝业公司

【概况】 中国长城铝业公司是中国铝业公司成员企业。职工总数6539人，资产总值30.54亿元；全年累计实现营业收入17.65亿元，同比增长10%；实现利润3500万元，同比增长141%；实现净资产收益率2.68%，全面超额完成各项指标。金融危机以来，连续3年实现盈利，全年上缴各类税金9291万元。

【生产经营】 完成水泥产量66.9万吨、销量69.2万吨，同比增长7.6%和12.3%，余热发电1700万千瓦时；炭素制品产量10.3万吨、销量10.7万吨，同比增长56.5%和72.9%，均创历史新高；实现工程设计及建筑安装产值6.17亿元，同比增长10.8%。

【改革与管理】 按照“小机关、大实体”管理模式，塑型瘦身相结合，各级管理人员公开竞聘上岗，公司管理人员占职工总数降至12%，压缩42%，其中中层管理人员压缩40%；公司职能部室压缩27%，二级单位压缩到18个，压缩25%；适应市场竞争要求，缩小管理幅度，强化各二级单位和控股子公司市场主体地位，对后勤服务管理中心、总医院、职业技术学院等费用单位模拟法人运行；打破干部级别观念，按资产、人员规模对劳务公司等7家子公司进行分类动态管理，实行代管，实现资源共享，提高工作效率。遵循价值创造决定薪酬分配原则，实行基本工资、绩效工资、效益工资相结合的薪酬发放模式，有效调动了职工的工作积极性。深化财务集中管理，发挥资金监控、调节、疏导作用。按市场化理念，推行内部资金有偿使用。深化预算管理，实行直属单位财务科长委派制、控股子公司财务主管公司考核提名制。

【节能减排】 实施节能减排，水泥厂、赤壁炭素厂等生产单位，加大技术投入，产品消耗显著下降，二氧化炭、二氧化硫等污染物达标排放，工业废水实现零排放。加大粉尘污染治理力度，水泥旋窑粉尘排放量小于每标准立方50毫克，达到行业新标准要求。

【基本建设与重点项目】 重点项目投资5768万元，较2009年减少1077万元，压缩15.73%。新长城实业发挥品牌优势，盘活停业10年的新县香山疗养院。职业技术学院利用政府专项资金，建设实习实训基地，增加实习面积3000余平方米、实习工位近600个。铁路集装箱办理站申办成功。利用长城化工闲置设备实施了硫铝酸盐水泥项目。旧区改造孟津路11号住宅楼主体施工完成，14街坊整体拆迁改造稳步推进。

【党建和思想政治工作】 以“转观念、抓改革、调结构、促发展”主题实践活动为载体，创先争优活动有声有色。围绕企业中心工作，大力开展宣传工作，树劳模，育明星，发挥典型示范作用，杨红雷、罗岚、姜琳等一批平凡岗位上的先进人物不断涌现。落实党风廉政建设责任制，效能监察工作和“小金库”专项治理活动成绩显著，深入开展小改小革、合理化建议和劳动竞赛活动，党组织的活力不断增强。

（吴建军）

电力工业

【概况】 供电局隶属河南省电力公司郑州供电公司，是集变电、检修、配电、营业、区域调度于一体的综合性生产单位。拥有35～220千伏变电站17座，其中220千伏变电站5座，110千伏变电站10座，35千伏变电站2座。35～220千伏输电线路2178.14公里，其中电缆线路133.76公里，110千伏线路48条，总长479.08公里，6～10千伏配电线路39条313.5公里，0.4千伏线路498公里。上街电网在西电东送、南北互供、全国联网的电网大格局中具有枢纽地位。

供电局紧紧围绕建设“一强三优”现代公司目标，不断加快“两个转变”，全年完成供电量145.94亿千瓦时。售电量117.528亿千瓦时，其中大工业74.989亿千瓦时，一般工商业1.135亿千瓦时，非居民照明0.195亿千瓦时，居民照明0.801亿千瓦时，农业生产0.196亿千瓦时，趸售40.212亿千瓦时。

上街区用电量统计

表9

客户类型	容　量	户　数
大工业	121535千伏安	103
一般工商业	3216千瓦	193
农业	458千瓦	22
非居民	539千瓦	41
居民	34198千瓦	4740
合计:	159946千瓦	5099

【电网建设】 完成配网工程7项，总投资783万元；新增开闭所3座，接收居民小区9个，箱变36台，环网柜4台，更换10千伏线夹296只。

【安全生产】 确保供电区用电需求，落实各项保电措施。以及各级安全生产责任制，以三级安全监督分级控制为重点，加大反违章查处力度，查处各类安全隐患167条。实现连续安全生产2124天，全年安全生产零事故。

【行风建设与优质服务】 推进契约式服务，采取“增值服务签订契约、涉及各方共同信守”的方式，加大扩报装环节监管力度，全年新增业扩、报装5099户15.99万千伏安。首创“挂牌服务”，建立供电区近5万电力客户与营销服务员工直接对应关系，这一做法在市公司全面推广。全面完善辖区内“光明提示卡”，新增设5个小区的“电力宣传栏”，积极推广“免费短信、明白用电”业务，短信覆盖率达到75%以上。

做好“抗旱保电”、“助战‘三夏’、服务‘三农’”、“帮贫、救急、送温暖”等专项服务活动。在夏季负荷高峰来临前，对峡窝镇方顶、郊段、寨沟、冯

沟、程湾、观沟的高低压线路及配变进行改造，完成7条新增10千伏线路、30台新增配变、2台断路器、19台智能开关的设计、立项及前期准备工作，保障电力有序供应。被《大河报》、《国家电网报》、《郑州晚报》及多家网站报道。

【员工培训】 举办数字化变电站、10KV配网过电压装置、PASSMO培训等多种形式的培训，重点抓好公司调考项目及特种工、新员工培训，组织各种类型培训班、讲座39个，职工接受培训28794学时。加强高级人才队伍建设，2人通过技师鉴定。

【党建和精神文明建设】 供电局深入开展领导班子“讲党性、重品行、作表率”；党员“亮身份、强素质、当先锋”争创“四强”党组织和“四优”共产党员活动。涌现一大批优秀员工，被郑州供电公司评为“文明单位标兵”。先后获得“社区共建先进单位”、“2009年度消防工作新进单位”、“2009年度三农工作先进单位”、“2010年度先进工会”、“行风建设先进单位”、“文明单位标兵”、“行风建设先进单位”、“2010年全国优秀质量管理小组”。连续5年荣获区公共服务行业民主评议行风政风评比第一名。

（张　瑜）

农　业

农　业

【概况】 上街区平原、丘陵、山区各占1/3，辖峡窝镇，济源路、新安路、中心路、工业路、矿山5个街道。有30个行政村，187个村民组、12699户，总人口约13万人，其中农业人口42426人。全区耕地面积3.1万亩，人均耕地0.74亩，粮田面积2.5万亩，纯菜田面积1000亩，旱涝保收田面积1.4万亩，占56%，主要农作物机械化作业率达95%以上。绿色农产品产地面积1.5万亩，占种植业总耕地面积48%；各类林地面积21929.75亩，其中退耕还林面积2927亩，嵩山山脉涵养林面积1000亩，荒山绿化面积1100亩，林地中经济林面积1430亩，森林覆盖率为23.8%，林木覆盖率为27.2%；全区有规模养殖户83户，鸡存栏30万只，猪出存栏2700头；建设农村安全饮水工程29个，解决和改善农村饮水条件1.5万余人，铺设地埋管道6.6万米；农村户用沼气池达到1400座，大中型沼气池10座。

农民人均纯收入9630元；全年肉类产量812吨，蛋类产量4420吨，奶类产量730吨；争取农业、林业、水利、新农村建设资金3470万元；粮农民直接补贴面积3.03万亩，补贴农户10798户，下发补贴资金262.81万元；发放农机具购置补贴136.24万元，受益农户121户。完成夏侯、任庄、肖洼、沙固、上街、郊段、老寨河、杨家沟8个行政村的新农村建设任务，解决3300人安全饮水问题，新造林700亩，建成两个林业生态村，完成农村土地流转2079亩，建设花卉生产日光温室101座。河南双羽实业有限公司与日本客户签订购销20万支鲜切菊合同，实现出口创汇开门红，成为我省鲜切花企业中第一个出口创汇企业。

【粮食生产】 夏粮播种面积2.6万亩，实施优质小麦良种推广和统一供种面积2.6万亩，其中水浇地小麦2.08万亩，旱地小麦0.52万亩，平均亩产364公斤，总产0.87万吨。玉米、花生、红薯及其他秋粮作物种植2.825万亩，其中玉米2.3万亩，平均亩产380公斤，秋粮总产0.88万吨。大红袍花椒面积7000亩，常年产量50吨。杂果面积500亩，主要以梨、桃、葡萄为主，总产量125吨。

种粮农民直接补贴面积3.03万亩，补贴农户10798户，下发补贴资金262.81万元。其中，粮食直补下发资金60.24万元，综合直补下发资金202.57万元；在良种补贴中，玉米良种补贴28.5万元，小麦良种补贴28.34万元；已发放农机具购置补贴136.24万元，受益农户121户。

【特色农产品规模化种植】 坚持走特色农业发展道路，万亩花椒、3000亩杂粮、1000亩杂果等绿色无公害种植基地稳步发展。政策引导、农民自发、社团推荐成立农民专业合作社18家，依托农民专业合作社带动远郊村土地流转，使农民生产、生活、居住条件全面改善。

【农业产业化经营】 农产品深加工企业10余家，注册农产品商品5个。"芝麻花"牌小磨油2009年3月通过中国绿色食品发展中心认证，柏庙黄梨、玉米糁、玉米粉、花椒2009年12月通过无公害产品认证，初步实现对玉米、面粉、土豆粉、酱油、醋、果品、蔬菜、兔、鸡、猪蹄、芝麻、红薯等初级农产品的深加工。

【农产品加工企业】 郑州芙路特食品有限公司（郑州市上街区许昌路西段），主要产品：草莓、西瓜、苹果、梨为原料的果肉糕系列产品。

郑州绿源酿造食品有限公司（郑州市上街区兴区街），主要产品：以玉米、小米、初糠、麸皮为原料生产的酱油、醋、酱菜等产品。

上街区蓝天王食品有限公司（郑州市上街区工业路西段），主要生产五香猪蹄、鸡、兔、牛肉制成品。

芝麻花小磨香油通过绿色产品认证，五云山大红袍花椒、五云山玉米糁、玉米粉、柏庙黄梨4个农产品通过无公害农产品认证。

【积极推动企业申报各类农业项目】 郑州市顶鑫种植合作社（位于大坡顶村）成功申报实施郑州市新建日光温室设施农业建设项目温室30座、郑州市慧蕾花卉专业合作社（位于观沟村）20座。争取郑州市资金支持200万元。

依据自然生态条件和农作物优势生态区域布局，郑州市众基红薯专业合作社红薯种植及加工项目适宜旱作农业技术研究、试验、示范与推广，帮助郑州市众基红薯专业合作社申报郑州市旱作农业专项资金项目，为旱作区农作物种植及加工发展提供平台。

帮助郑州先行种业有限公司申报种子基地项目。

培育郑州鑫农农机专业合作社，申报省级专业示范合作社，并通过省级验收。

帮助郑州市顺达高新农业技术有限公司申报郑州市示范带动农业产业化龙头企业。

承担3家大中型沼气工程建设任务。峡窝镇魏岗村金凤养鸡场沼气工程项目总投资47万元，建设容积1204立方米；峡窝镇三才养猪厂，建设容积960立方米沼气池；郑州豫兴牧业有限公司在老上街村建设容积800立方米沼气池。

（何　苗）

农业机械

【概况】 贯彻农业机械购置补贴方法，广泛宣传，加强服务，补贴各类机具121台。入户大中型拖拉机、联合收割机35台，补、换领驾驶、行驶证各20人。在审验工作中，检测车辆36台。利用购机补贴政策，利用合作社机具集中优点，优先满足合作社及成员的购机要求，为农业生产提供服务。

（王朝伟）

林　业

【概况】 全区各类林地面积21929.75亩，其中退耕还林面积2927亩，嵩山山脉涵养林面积1000亩，荒山绿化面积1100亩，林地中经济林面积1430亩，森林覆盖率为23.8%，林木覆盖率为27.2%，比2007年二类森林资源清查时的17.99%增加5.8%；林木覆盖率27.2%，比2007年二类森林资源清查时23.96%增加4.2%。完成省级营造林700亩。其中：村镇绿化300亩，环城防护林建设400亩。在中心城区建公园、游园、绿地和对街道、居住区进行绿化外，还对新修的安阳路、丹江路、锦江路、龙江路、金华路、金屏路、淮阳路等道路两侧进行高标准绿化，城市外侧修建世纪广场、左照沟公园、郊野公园等大型园林，提高城区绿化水平。在南部山区和汜河沿线实施退耕还

林、嵩山山脉水源涵养林、区级工程造林、封山育林等工程。规范林政审批和实施采伐限额管理，抓好对木材运输管理、经营和加工管理，从整体上加强林政资源管理工作，有效保护森林资源。加强对无证乱砍滥伐林木、无证运输木材、乱捕野生动物和违法收购、加工、销售、运输野生动物等违法行为打击力度。

【国家级项目】 退耕还林工程2927亩（退耕地造林1468亩，荒地造林1459亩），期限8年（到期再延续8年），主要实施区域在峡窝镇的东林子、西林子、营坡顶、杨家沟、老寨河、冯沟、魏岗7个村。其中：2002年耕还林工程760亩（退耕地造林604亩，荒地造林156亩）主要分布在峡窝镇的东林子、西林子、营坡顶、老寨河、杨家沟等8个村；2003年耕还林工程2167亩（退耕地造林864亩，荒地造林1303亩），主要分布在峡窝镇的东林子、西林子、营坡顶、老寨河、魏岗等5个村。

【省级工程】 村镇绿化工程1701亩，主要实施区域在冯沟、方顶、魏岗、西街、观沟、大坡顶、西涧沟、石咀、沙固、柏庙等村。山区生态体系修复（水源涵养林）工程600亩，主要实施区域在西林子、东林子、冯沟等村。省级工程生态廊道工程200亩，主要实施区域在任庄、肖洼、朱寨、马固、寨沟、柏庙、郊段、东街、上街、武庄等村。省级工程环城防护林及城郊森林工程1500亩，主要实施区域在寨沟、柏庙、郊段、西街、武庄、马固、观沟、冯沟、方顶、石咀、任庄等村。

【市级项目】 嵩山山脉水源涵养林工程3269亩，期限8年，主要实施区域在峡窝镇的西林子、东林子、杨家沟、老寨河、冯沟、方顶、柏庙、魏岗、西街、观沟、大坡顶、西涧沟、马固、石咀、武庄15个村。其中：2005年水源涵养林工程1000亩，主要分布在峡窝镇的西林子、东林子、杨家沟、老寨河4个村；2008年水源涵养林工程1269亩，主要分布在峡窝镇的冯沟、方顶、魏岗、西街、观沟、大坡顶、石咀7个村；2009年水源涵养林工程1000亩，主要分布在峡窝镇的冯沟、方顶、柏庙、观沟、大坡顶、西涧沟、石咀、马固、武庄9个村。

封山育林工程8000亩，主要实施区域在西林子、东林子、营坡顶、杨家沟、老寨河5个村。其中：2006年封山育林工程6000亩，实施区域在西林子、东林子、营坡顶3个村，期限4年；2007年封山育林工程2000亩，实施区域在杨家沟、老寨河2个村，期限4年。西街、郊段2个林业生态村正在建设中。

【区级项目】 荒山绿化工程1100亩，主要实施区域在西林子、东林子、营坡顶、杨家沟4个村。其中：2005年荒山绿化一期工程300亩，主要实施区域在营坡顶、东林子2个村；2006年荒山绿化二期工程300亩，主要实施区域在营坡顶、东林子2个村；2007年荒山绿化三期工程500亩，主要实施区域在东林子、西林子2个村。

在310国道以南和汜水河沿线连续实施水源涵养林、环城防护林、生态廊道建设、村镇绿化、林业生态村建设及农田林网间作、四荒四旁植树等，使林地面积大幅增加，据统计全区有林地25560亩，森林覆盖率为23.8%，林木覆盖率约为27.2%。

【森林防火】 加强扑火突击队和护林员队伍培训与演练，分级签订《护林防火目标责任书》；在防火期实行24小时值班巡逻制度，节假日组织人员上山值班。确保全年无重大森林火灾，受害率低于1‰。

【病虫害防治】 森林病虫害防治工作坚持“预防为主，综合治理”方针，强化组织领导和目标管理，加强体系建设和工程治理，全面完成测报、防治、检疫等工作任务。全年未发生重大的森林病虫害，成灾率控制在5‰以下。

（安　静）

水　利

【外引水资源】 中铝河南分公司黄河孤柏嘴处引水工程，引水能力12万吨/日，实际引水8万吨/日，年引水约2920万吨。巩义市新中煤矿引水，引水能力3万吨/日，实际引水1万吨/日，年引水365万吨。总计约3285

万吨。

南水北调支线工程计划2013年完工，2014年汛后通水，引水量4.1万吨/日，年引水1500万吨。

【水资源管理】 全区自备井开采地下水71万吨，征收水资源费650万元，节约地下水资源40万吨。规范计划用水管理工作，对2家市级节水型企业作水平衡测试，为合理制定用水计划提供准确依据。

（马子明）

畜牧管理

【概况】 畜牧系统一手抓重大动物疫病防治，一手抓畜产品质量安全监管，畜牧业实现数量、质量、效益同步增长，肉类总产量完成812吨，比上年增长6%；蛋类4420吨，增长4%，奶类730吨，增长3%。全年出栏生猪2.1万头，出栏肉牛310头，出栏羊564只，出栏家禽21万羽；全年无重大动物疫情，无重大畜产品质量安全事件，规模养殖场出栏畜禽产地检疫率100%，生猪屠宰检疫率100%，上市动物产品持证率100%，病害动物及其产品无害化处理率100%。

【重大动物疫病防治】 完善应急预案，组织强制免疫和强制消毒，实施拔点灭源措施，强化春秋两季集中免疫，猪、牛、羊免疫密度全面达到要求，猪瘟、鸡新城疫、布病等疫病防治取得明显成效。除对禽流感、口蹄疫、新城疫、猪瘟、高致病性猪蓝耳病等重大动物疫病开展免疫效果和疫情监测外，还对布病、牛结核、狂犬病等主要动物疫病开展免疫效果和疫情监测。加强基层防疫队伍建设，以村为单位建立动物防疫明白制度，加强基层防疫员的专业知识、操作技能培训，规范建立完整防疫档案，加强动物防疫信息报告网络监管，完善应急预案，加强应急核查，规范处置疫情，做好应急物资储备和管理。在春秋两季集中免疫工作中分别获得全市重大动物免疫先进单位。

【兽药市场整治】 规范兽药经营行为，完善管理台账，加大兽药市场整治，严厉打击非法企业、非法产品。加大兽药抽检力度，及时发布兽药质量通报。组织开展兽用生物制品专项检查，加强兽药使用环节监管，监督指导养殖场区建立兽药使用和追溯制度，组织实施动物性产品兽药残留监控计划，降低兽药残留超标率，保证畜产品质量安全。

【动物卫生监督】 完善检疫监督工作机制，做好辖区养殖场、屠宰场、市场、畜产品经营单位的风险分级、量化监督和建档管理，依法落实检疫申报制度，对产地、运输和出售的动物严格按规定实施现场检疫，对屠宰的动物切实做到全流程同步检疫，保证出场动物产品检疫率、合格率、持证率100%，切实加强上市畜禽及其产品检疫监管，确保上市检疫持证率100%，很抓重大节日期间检疫监督检查，重点养殖场、屠宰场、市场、冷库、肉品专卖店等场所，落实查证验章监管制度，健全台账管理制度，严格按规定无害化处理不合格畜产品。积极开展打击经营病害肉专项整治活动，联合商务等部门开展联合执法打击私屠滥宰。严格动物防疫条件审核管理，对动物饲养场所、隔离场所、屠宰加工场所的动物防疫条件严格审核，严把发证关。加强外埠肉监管，建立外埠肉供应商《畜产品质量承诺制》，建立经销商《畜产品经营承诺制》。规范执法办案，查处逃避抗拒检疫和运输、加工、贩卖病死动物及动物产品违法行为，捣毁地下窝点，确保畜产品质量安全。

【食品安全】 加强畜产品质量安全监管，从源头抓起，把好养殖场饲养管理，注重休药期，严把瘦肉精检测关，把好产地检疫关，认真把好屠宰检疫出证关。抓好流通环节监管，确保外埠肉质量。获得全市畜产品质量安全管理工作先进单位。

【加强畜牧业重点项目投资】 生猪标准化投资项目总投资125.7万元，其中中央投资60万元，养殖场自筹资金65.7万元，完成总投资额92.3%。通富养殖场80.7万元，马固养殖场45万元，其中通富养殖场已全面完成建设任务，马固养殖场主要建设基本完成。

（马文标）

新农村建设

【概况】 本着“成熟一个，建设一个”原则，完成8个村的新农村建设任务。其中新型社区类3个：肖洼、任庄、夏侯；中心村2个，含3个村：沙固中心村（沙固、上街）、南峡窝中心村（郊段）；续建类1个，含2个村：西林子中心村（老寨河、杨家沟）。8个村全部通过郑州市新农村建设验收组验收。

新农办向郑州市农业部门争取1400多万元新农村建设资金，第一批1121万元，第二批310万元。

通过“典型引路、分类指导、分步实施”办法，突出抓好背街小巷村容村貌路容路貌整治工作，集中进行卫生大整治，圆满完成村容村貌路容路貌专项整治任务。

对上街村、寨沟村、郊段村进行拆迁。其中上街村进行实质性拆迁，寨沟、郊段进行前期拆迁宣传工作，上街村有4个村民组，394户、1476口人（其中，2008年修建安阳路已搬迁88户，建安置楼6栋）。总面积1837亩，耕地面积925亩，村庄宅基占地104.31亩，建筑面积69891.404平方米。111户拆除建筑面积22824.336平方米。112户发放过渡费、搬迁费，202户到安置楼建成只发放搬迁费用，313户补偿总费用5265.261215万元。安置楼位于天山路以西、安阳路与工业路之间，安置楼15栋，占地面积64.5亩，建筑面积74980平方米，其中门面房7800平方米、村委2000平方米，幼儿园1700平方米。两居室安置房312套，三居室安置房295套，共607套。

（雷春燕）

扶贫开发

【概况】 南部山区有西林子、东林子、营坡顶、杨家沟、老寨河5个行政村，面积1.7万亩，其中建设用地3676亩，其它土地13324亩，人口约1200户、4200人，西林子、东林子、营坡顶、杨家沟村为省级贫困村。西林子村作为南部山区贫困村整体搬迁扶贫开发工作试点村2006年启动搬迁工作，168户434人已搬迁新居。2007年底全面启动其余4个贫困村整体搬迁工作。

雨露计划为引导性培训20人，职业技能培训70人，年终实际完成引导性培训20人，职业技能培训160人，超额完成年初任务。

市定扶贫开发脱贫目标200人，年终200人脱贫，完成市定目标。

积极与市扶贫办对接，及时跟踪项目审批情况，上报杨家沟村搬迁扶贫安置工程项目，获得市办批准，争取资金992万元。

【贫困村搬迁】 东林子、营坡顶两村的整体搬迁工作全部完成。杨家沟、老寨河38栋安置楼（老寨河19幢，杨家沟18幢，幼儿园1幢）主体建设全部完成。

【南部山区开发】 五云山休闲度假区AB区住宅建设主体建设全部完成；CD区水、电、路配套设施，道路修建5公里，水电配套全部到位；中央景观工程苗木种植、草子播种和基层建筑全面完成，工程进入后期管护阶段；卢卡酒店施工图已确定，西林子水果采摘、苗木花卉基地完成苗木种植100亩。

（张　辉）

南部山区安置小区

商业贸易

商贸服务业

【概况】 实际引进市外资金27.6567亿元，完成目标任务的100.9%，同比增长17.1%；引进省外资金21.893亿元，完成目标任务的105.3%，同比增长21.7%；实际使用外资5208万美元，完成全年目标任务的103.7%，同比增长23.4%；合同利用外资5708万美元，完成目标任务的111.1%，同比增长1%；外贸出口额20827万美元，占目标任务的104.1%；机电产品出口额18605万美元，占目标任务的108%；高新技术产品出口额5500万美元，占目标任务的112.2%；外商投资企业出口额144万美元，占目标任务的130.9%。对外经济技术合作合同额1500万美元，占目标任务的125%；对外经济技术合作营业额1510万美元，占目标任务的116%；外派85人，占目标任务的106%；完成境外投资额350万美元，占目标任务的125%；社会消费品零售总额27.036亿元，同比增长18.3%；第三产业增加值18.014亿元，同比增长7.8%。

【机构改革】 取消区政府公布取消的行政审批事项，原投资促进局承担的投资促进管理职责、原粮食局承担的粮食管理职责划入商务局，原商务局承担的旅游管理职责，整合划入文化广电新闻出版局。商务局与投资促进服务中心、粮食管理中心理顺职责关系。投资促进服务中心，负责招商引资信息的搜集、发布和管理全区性招商引资活动的组织，招商引资项目的协调服务等。

【招商引资】 招商引资实现两个历史性突破。一是超亿元项目数量实现历史性突破。全年新签约超亿元项目9个，签订框架性协议超亿元项目2个，成功引进总投资50亿元的建业、亚星旅游地产项目，总投资12亿元的欧凯龙国际家居中心项目，总投资1.5亿元的广源铝业10万吨铝板带冷轧等一批重大超亿元项目，实现亿元项目引进大突破。二是标准化厂房建设和光电应用材料生产线项目同天签约，实现上街区一天之内签约两个超亿元项目的历史性突破。

【经贸洽谈】 围绕产业集聚区，精心策划一批技术水平高、带动效应大、符合外商投资趋势和具有实际操作性的重大招商项目；结合重点发展产业，对招商引资机构进行调整，新组建机械装备制造业、铝工业、新材料、服务业4个专业招商部；组织参加省市组织的各类经贸活动，全年各小分队外出招商60余次。

2010年4月11日～16日，区党政考察团远赴津浙苏等地就城乡一体化、产业集聚区建设进行专题考察。

2010年4月16日，参加黄帝故里拜祖大典。

2010年4月28日，参加中韩贸易投资洽谈会。

第六届投洽会上街参展区

2010年5月23日，参加郑州市情推介暨经贸洽谈会。

2010年6月18日，参加“河南—浙江投资合作洽谈会”。

2010年8月6日，参加由广东佛山的300多家企业组织的佛山（郑州）名优商品展销会。

2010年8月26日，参加第六届中国河南国际投资贸易洽谈会。

2010年9月8日，参加第十四届中国国际投资贸易洽谈会。

2010年9月26日~28日参加第五届中国中部投资贸易博览会。

2010年9月26日~10月5日参加第二届中国（郑州）绿博会。

2010年10月26日，参加豫台经贸合作洽谈会。

2010年12月17日~19日，在佛山市成功举办了上街区区情说明暨项目推介会。

【外贸出口】 外贸出口额2.08亿美元，占目标任务的104.1%。主要出口产品为碳阳极、金属镓系列产品、石油焦、铝电解设备、阀门、白刚玉等，远销美国、中东、欧盟、日本等地。

新增郑州翔宇、华中路桥、恒安机械、郑州砾昌、河南双羽5家对外贸易备案登记企业，新增华中路桥、少林特玻、河南双羽3家获权企业，新增正大铝业、华泰特种电缆、林肯电气合力焊材3家出口实绩企业，对外贸易备案登记企业205家，获权企业48家，出口业绩企业16家。

中铝河南国际贸易有限公司是唯一大型进出口贸易公司，实现内外贸易额101亿元，其中内贸完成销售收入92亿元，外贸出口额1.46亿美元，上缴各项税费8800万元，区级财政贡献3100万元。被郑州市委、市政府授予“2010年度郑州市出口工作先进单位”。

【对外合作】 对外经济技术合作合同额1500万美元，占目标任务的125%；对外经济技术合作营业额完成1510万美元，占目标任务的116%；外派85人，占目标任务的106%。对外经济技术合作远至秘鲁、沙特、印度等国家和地区。对外经济技术合作合同额、营业额、外派人数三项外经指标均由长铝建设公司对外经济技术合作提前半年完成目标任务。市委、市政府授予上街区对外经济技术合作工作先进单位称号。

【商贸流通】 社会消费品零售额27亿元，同比增长18.3%；三产增加值18亿元，同比增长7.8%；服务业营业收入32亿元；服务业区级税收2.48亿元（不含非税收入及契税），同比增长39%，占区级税收留成的50.62%。一是重大建设项目进展顺利。二是消费市场进一步活跃。三是科学编制服务业发展规划。四是市场秩序进一步规范。认真做好重点流通企业的市场运行监测，密切关注市场动态，做好商品储备，确保市场供应。

【市场运行】 及时做好重点流通企业、生活必需品系统、重要生产资料三大系统、6家企业数据日报、月报，密切关注市场动态，加强节假日期间重点行业、重点商品的市场监控，将市场总体运行情况、特点、销售热点、库存、价格和客流情况，进行全面对比分析，及时引导市民消费。积极做好商品储备，确保市场供应。重点流通企业、生活必需品系统、重要生产资料三大系统报送率100%。

【定点屠宰管理】 加强定点屠宰厂（场）目标管理，规范屠宰程序，完善检验检疫制度；加强屠宰环节监管，做好无害化处理；加强市场监测，每周每月按时上报屠宰量和毛猪价格、批发价等信息，上报率100%；日常巡查与专项整治相结合，以村庄、屠宰场为主要检查范围，开展检查执法活动，打击私屠滥宰、注水肉、劣质肉等违法行为。定点屠宰场屠宰生猪20454头，无害化处理94头，出厂（场）生猪肉品合格率100%，进点屠宰率100%，定点屠宰检疫检验率100%，病死猪和病害猪无害化处理率100%，确保人民群众食肉安全。

【酒类流通管理】 做好酒类流通备案登记，及时将酒类流通备案登记和《随附单》上传商务部酒类管理信息系统，上传率100%。重点加强酒类经营者《随附单》跟踪管理，完善酒类经营者购销台账，严格落实酒类商品溯源制度，依法对进货手续及单据不全的经营户进行查处，出动检查人员150余人次，车辆

42台次，检查商户900余家次。

【惠民工程】 开展家电下乡销售网点清理整顿，规范家电下乡流通秩序，销售家电产品16425台，销售金额3640.59万元。开展家电以旧换新活动，制定家电以旧换新工作实施方案，成立家电以旧换新领导小组，做好宣传发动、网点审批、财政补贴等工作，家电以旧换新备案网点7家，销售家电2781台，销售额1045.6万元。

【成品油市场监管】 做好成品油零售体系“十二五”发展规划编制、成品油批准证书年检、市场运行监测以及储备、调度工作，协同安监、公安消防等部门开展安全检查，及时排除安全隐患，打击小流动车辆加油和无证经营行为，确保成品油市场秩序稳定。销售成品油2.29万吨，销售金额1.77亿元。

【再生资源整顿】 实行再生资源经营者备案登记制度，为43家企业和经营户办理从业资格备案登记手续；配合工业办、公安局、工商局等部门依法开展再生资源回收清理整顿工作。

【专项课题研究】 组织人员深入企业，开展专项课题研究，编撰《一季度商务经济运行分析》、《加快生产性服务业发展推动上街产业结构优化升级》、《融入世博推介上街》等调研文章，为领导层决策提供科学依据。商务信息宣传水平明显提高，先后在《上街政研》《上街信息》《政府工作快报》《上街时讯》及《郑州商务信息》等报刊刊发信息100余条。

【新增服务业主要网点简介】 服务业营业收入32亿元，新增三产服务业固定资产投资25亿元。三产服务业区级税收2.48亿元（不含非税收入及契税），同比增长39%，占区级税收留成的50.62%。

建业雅乐轩酒店由河南建业集团投资，项目总投资约2.75亿元，占地24亩，建筑面积2.4万多平方米，酒店主体1.5万平方米，商业配套9000平方米，拥有客房173间，是集客房、餐饮、娱乐、会议、商业于一体的四星级标准酒店。

嘉盛之星商务酒店是郑州嘉盛电器集团有限公司的酒店连锁店。总投资2000万元，客房100间，中式风格高档红木家具、国内最流行的航空模式整体浴室、住宿娱乐一体的棋牌室房间和容纳100人的会议室。

锦江之星快捷酒店投资600余万元，营业面积3000平方米，72个标准间，配套设施华豫川大酒店、桑拿房、棋牌室、会议室等。

百年老妈连锁店位于中心路与金屏路交叉口，投资200万元，营业面积400平方米，主营牛羊肉为主的火锅，可同时接待200人就餐。

邓记叫花鸡是须水邓记叫化鸡直营店，投资110万元，营业面积1800平方米，主营邓记叫花鸡、五香猪蹄等历史悠久，驰名中原。

百全连锁超市位于中心路，是中国邮政和美国地平线集团公司合建项目，投资总额1000万元，营业面积2000平方米。

国美电器上街店位于许昌路，是国美电器有限公司在上街开设第一家家电卖场，营业面积3500平方米，投资150万元，经营家用电器2000余种，是区内较大的消费电子零售企业。

福茗古韵茶楼位于中心路与汝南路交叉口，投资300万元，营业面积670平方米。福茗古韵是首家福建风格的文化茶楼，内设多种独立娱乐空间。

天地情缘娱乐会所位于丹江北路与淮阳路交叉口，投资300余万元，营业面积5000余平方米，包厢60余套，专业规范化管理，齐全的配套设施，是商务洽谈，休闲娱乐的胜地。

（张建伟）

粮油购销与加工

【概况】 粮食收购量650万公斤，其中订单收购量300万公斤；粮油销售收入225万元，其中，国有及国有控股粮食经营企业：郑州0113河南省粮食储备库207万元，郑州0135河南省粮食储备库18万元；建立地方储备粮800万公斤；“四无”粮仓和“四无”粮油率保持98%以上，仓库完好率保持95%以上，“一符三专四落实”达100%，科学储粮率85%以上。粮食管理中心设办公室、业务科、财务科、执法科、综合科，职工40人，下属企业0113库16

人，0135库11人。

【粮食购销】 发挥国有粮食购销企业收购主渠道作用，服务社会主义新农村建设，落实夏粮托市收购惠农政策，委托收购网点1个，收购库点2个，收购粮食650万公斤。国有粮食企业粮油销售收入225万元，其中，国有及国有控股粮食经营企业：郑州0113河南省粮食储备库207万元，郑州0135河南省粮食储备库18万元。

【粮库建设与管理】 8座仓容全部实行温控自动化机械通风，国有收储企业现有库容总量4000万公斤。仓储管理队伍实现专业化持证规范化管理，达到“四无粮仓”和“一符三专四落实”粮食储备目标。

【粮油市场管理】 加强机构和队伍建设，设立执法机构，对粮食经营者从事粮食收购、储存、运输活动和政策性用粮购销活动，以及执行国家粮食统计制度情况进行监督检查，行政执法体系检查实现历史性突破。

（杨子安）

烟草专卖

【概况】 1984年3月成立郑州烟草专卖局上街办事处及所属单位“河南省郑州烟草公司上街批发部”。1985年3月，成立郑州市烟草专卖局上街分局，1993年11月郑州烟草公司上街批发部更名为郑州烟草分公司上街支公司，1999年9月，成立郑州市上街区烟草专卖局，位于登封路。与郑州烟草分公司上街支公司政企合一、两块牌子、一个机构。2007年6月郑州烟草分公司上街支公司更名为郑州市烟草公司上街区分公司。设综合管理办公室、财务科、专卖监督管理科、客户服务部，基层设打私打假稽查队和市场管理稽查队。

【卷烟销售】 销售卷烟4480.19箱，同比增长3.78%；单箱收入17709元，同比增长15.94%；低档烟销售457.7箱；缴纳税金421万元，同比增长29.41%。

【专卖管理】 深入开展打假破网斗争，发挥联合办案机制和打假平台作用，抓好关键部位和关键区域的市场治理，努力保持市场稳定。创新“日常监管、市场稽查、执法监督、案件处理、审核把关”工作机制，完善专卖内部考评办法。加强许可证管理。持证商户375户。坚持烟草、公安、工商、交通联合打假机制，认真执行“12313”烟草专卖品市场监管举报电话制度。组织开展卷烟市场治理整顿活动。查处卷烟违法案件43起，查获各类牌号违规卷烟1727.4条，涉案金额60432.1元。

（李巨锋　秦丽华）

石油经营

【概况】 石油公司隶属中国石油化工股份有限公司郑州石油分公司，位于中心路东段，辖六座加油站。三星级加油站2座、管理示范站2座、达标加油站4座，其中：发卡网点2座，自助加油站1座。主要经营：汽油、柴油、润滑油等。

【服务“三夏”、“三秋”】 “三夏”、“三秋”期间，认真履行中石化向社会和广大农机手作出的服务承诺：设立专供站5座，打造畅通的农机加油绿色通道。6座加油站设立“服务咨询台”，免费为农机手提供急救药品、防暑降温物品；为让农民放心加油、满意消费，每个加油站严格执行每日展示当日油样接受消费者的监督。“三夏”期间迎接农用车辆近1000辆，加注柴油150多吨，向农机手发放“爱心大礼包”240套。

【做好抗旱浇麦用油保障】 采取多种措施做好抗旱浇麦用油保供服务。积极向上级公司汇报农业用油需求，落实资源计划；合理配送，实行每日资源调度会，综合分析协调，确保加油站不脱销、不断档、不限供；加强服务，设立“抗旱用油供应站”，成立送油下乡小分队，利用配送车、便民桶，把油品送到田间地头。

【保证油品数、质量】 严把“四关”，确保顾客用上放心油。一是严把“出库关”。按制度办事，不私购乱进油品。二是严把“运输关”。对运输罐车进行全面检查，堵塞漏洞。三是严把“入库关”。调入的油品认真核查数量、质量合格方可入库。四是严把“销售关”。对加油站拉网式检查，保证计量准确，落实雨天油品质量预防措施，确保销售油品质量100%合格。

【油库安全保障】 坚持“安全第一、预防为主、综合治理”的安全工作方针，深入开展“我要安全”主题活动，深化HSE管理体系运行。按照“谁主管，谁负责”和“管生产必须管安全”的原则，层层落实HSE责任制。

（牛丽霞）

农副产品贸易

【概况】 上街区建成并投入使用的各类专业批发市场5个：上街北集贸市场、铝都电器电子市场、铝城工业品市场、旧货市场、聂寨建材市场。

上街北集贸市场：位于新安路，1994年7月上街工商分局与二十里铺村联合兴建；2002年1月交由上街市场管理处接管。市场占地面积41672平方米，投资金额818万元，年交易量高达360万吨、交易额约计3亿元。市场内现有营业房358间，蔬菜、肉类、海鲜交易大棚各1个，水果批发棚2个，市场主要经营品种有：蔬菜、水果、肉类、禽蛋、水产品、干菜、调料、食品、服装、百货和花卉等。是一个大型批发、零售综合市场，辐射到周边的荥阳、巩义等地区。

区长戴春枝视察北农贸市场综合整治工作

铝都电器电子市场：位于中心路与登封路交叉口，1999年1月由郑州市亚星房地产开发有限公司建成。市场营业面积4313.47平方米，投资金额348万元，年交易额近300万元；市场内有营业房75间。经营品种主要有家用电器、电子产品、灯具等。

铝城工业品市场：位于济源路中段，1994年12月由聂寨村建成，投资金额500万元，年交易额4000万元。市场内现有商户800家。经营品种主要有：服装、鞋袜、箱包、洗化等。

旧货市场：位于汝南路北段，1998年11月由二十里铺村投资兴建而成，并投入使用，市场占地面积7000平方米，市场内共有商户30余家，年交易额约1000万元，经营品种主要有：旧家电、旧家具、门窗等。

聂寨建材市场：2007年9月由聂寨村投资兴建而成，总投资200万元。市场面积6500平方米，商户50户，年交易金额2000万元，主要经营建筑装饰材料。

（林福军）

金 融

金融监管

【概况】 2010年5月经编委《关于成立区金融工作办公室的通知》（上编〔2010〕14号）文件批准成立上街区金融工作办公室，以科学发展观为统领，认真贯彻落实区委、区政府“两加快一维护”重大战略，克服时间短、任务重、经验不足的困难，积极搭建融资平台，加快推进中小企业上市，充分发挥积极性和主动性，强化协调服务，创新工作思路，不到半年时间，较好地完成各项工作任务。获得上街区实施“两加快一维护”战略单项工作先进单位称号。

【融资平台整理】 产业集聚区建设、城乡一体化建设涵盖多项重大工程，需大量资金，不能完全依靠财政投入，需多渠道融资。原有融资公司多、散、小，金融办积极对全区投融资公司进行排查，及时整理出符合国家政策及农发行要求的新投融资平台，同时与农发行省分行和荥阳市支行沟通，郑州诚信资产经营有限公司和土地储备中心分别作为承贷主体，成功获得中国农业发展银行总行4.8亿元中长期贷款。

【对公融资及中小企业融资】对公融资获得银行贷款授信38430万元，到位资金27430万元。通过资本市场融资渠道签下两个BT招标合同，为新农村建设、城市基础设施建设融资近2亿元。解决中小企业融资难问题，为有融资需求的中小企业牵线搭桥，推进银企合作，全年为中小企业融资3亿元。

【企业上市】 走访调研，建立上市后备资源库。为推进企业上市，引导企业做好改制和规范工作，经过筛选确定选取河南晶鑫实业有限公司、郑州市华中建机有限公司、郑州市裕丰耐火材料有限公司作为补充市、区上市后备资源库企业。为调动企业上市积极性，推进上市进程，金融办修订补充企业上市的工作意见，为进入上市后备资源库的企业准备《企业上市服务手册》和音像资料，并召开企业上市培训会。

天伦燃气有限公司通过母公司中国天伦燃气控股有限公司在香港主板挂牌上市，募集资金47032万港元。

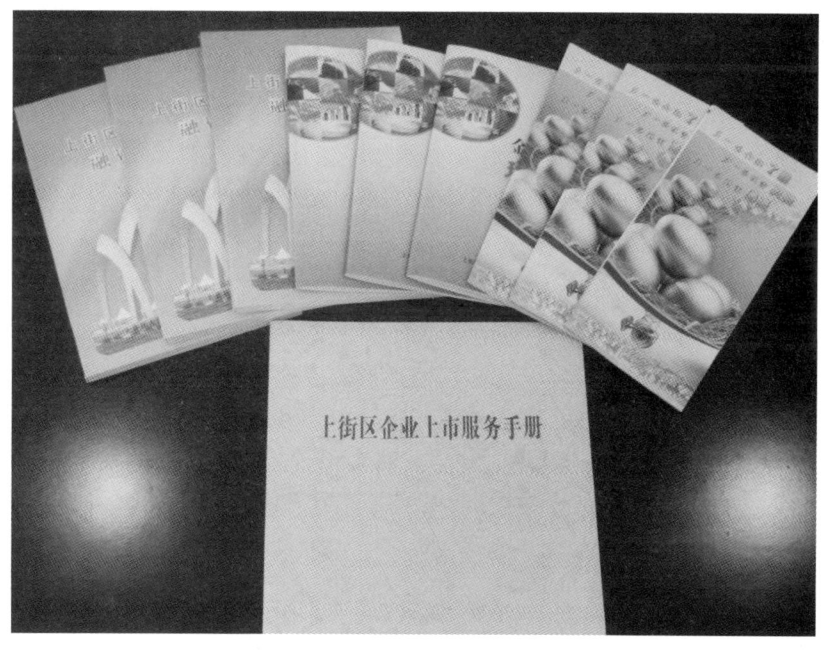

编印的金融服务资料

【风险防控】 整顿和规范金融秩序、防范金融风险、保持金融市场稳定，建立良好的金融环境，切实保护人民群众的根本利益，成立打击和处置非法集资工作领导小组。对涉嫌非法集资活动进行全面清查，对中小企业担保公司和小额贷款公司进行调查摸底，联合相关部门和镇办进行排查和整顿，进一步规范金融秩序，净化金融环境。

（周乐乐）

银　行

【概况】 银行机构9家，营业网点20个。其中，交行营业网点1个，自助银行4个；农行营业网点1个；邮储银行二级支行1个，代理网点4个；农信社分社3个，营业部1个；中国建设银行营业网点5个。各项存款余额69.43亿元，贷款余额14.82亿元。各银行机构利用承兑、保函、信用证等形式为企业融资23亿元，重点支持中铝河南分公司、中铝矿业公司、中铝河南国贸、长城冶金、郑蝶、华中路桥、华泰电缆、少林特玻等企业。金融机构支持下岗失业人员自主创业，发放小额担保贷款239笔，金额1607万元。为企业办理出口核销业务50笔，金额111万美元。核准新发放贷款卡18份，年审165份；核准新开立银行账户557份。对两家新成立的小额贷款公司加入央行金融管理与金融服务体系进行报备审核。

【搭建政银企沟通平台】 人民银行上街支行为银企贷款融资牵线搭桥。联合政府职能部门，召开两次银企项目推介会，5家银行分别与10家中小企业签订贷款合同或意向书，金额达0.6亿元。

【开展各类主题教育活动】 人民银行开展热爱党、热爱祖国、热爱社会主义的主题教育活动，唱响时代主旋律。在“共产党员要成为业务中坚力量”主题实践活动、创先争优活动中努力做到“五个好”、“五带头”，充分发挥基层党组织的战斗堡垒作用和党员先锋模范作用。向中支推荐“身边的榜样”党员一名。“为党徽增光，为党旗添彩”征文获得三等奖。党支部编发创先争优活动简报7期，被人民银行郑州中心支行采用两期。共青团组织青年开展争创“青年文明号”和“青年岗位能手”活动，在“金融知识进社区”宣传活动中发挥青年主力军作用。

【推进国库信息化建设】 经过各方努力，财、税、库、银横向联网系统（TIPS）成功上线运行。国税部门业务量上线率80%，提前超额完成目标任务。

【个人征信信息查询系统上线运行】 人民银行经过近3个月的技术和业务准备，居民个人征信信息查询系统上线运行，接受居民百余人次查询。

（李富军）

【郑州银行上街支行经营效益持续增长】 郑州银行上街支行坚持“服务地方经济、服务中小企业、服务城市居民”的市场定位，不断增强服务意识，产生良好的社会效益、经济效益，存款余额82812万元，贷款余额42968万元。发放贷款855笔，金额37574.1万元。其中，发放对公贷款9户14笔2.6亿元，发放个人住房按揭贷款692笔10694.1万元，发放个人下岗失业贷款145笔827万元，发放个人生产经营性贷款4笔53万元。收回贷款149笔26836万元。办理结算业务374014笔，收付现金306310万元。

【郑州银行上街支行市场开拓取得明显成效】 开展商鼎卡业务，新开卡6000余张，卡内余额2500万元。取得铝厂离退休人员丧葬补助金和铝厂教师工资的代发权，完成约500万元的资金代发工作，资金留存率80%以上。全员收揽对公存款新户70多户，余额2500余万元。

（王　沛）

【交通银行上街支行各项业务稳定增长】 交行主动把握市场，重视对公业务市场拓展，多措并举挖掘资源，实现各项存款稳定增长，同比增长6%，储蓄存款余额51780万元，较年初增幅6%，对公存款余额27266万元，较年初增加6183万元。贷款余额39495万元。发放贷款129笔，金额35204万元。为中小企业发放贷款76973万元，个人贷款余额8525万元。实现中间业务利润及其他营业收入252万

元；贷款利息总收入2851万元。收支轧差实现经济利润盈利1563万元。

（李文军）

【工行上街支行各项存款业务平稳增长】 工行上街支行牢固树立“支持地方经济、服务上街”的经营理念，紧紧围绕上街区发展目标，加快渠道建设和体制机制创新，实现业务发展与内控管理协调发展态势。存款余额156430万元。其中：对公存款余额42461万元，储蓄存款余额113969万元。

【工行上街支行信贷业务居同行业第一】 各项贷款余额21917万元。在支持中铝河南分公司等重点企业发展同时，加大对中、小企业发展的支持力度，为中小企业发放贷款4802万元。个人贷款余额16567万元，新增个人贷款2727万元，余额及增量占比均居同行业第一位。

【工行上街支行获省行营业部“先进单位”称号】 上街支行致力于服务能力、服务品质全面提升。配合上级行网点升级改造进程，先后完成支行营业大厅、矿山分理处、新大楼分理处的升级改造任务。为达到网点形象与员工形象同步提升目标，组织开展《服务礼仪规范》培训，开办服务模拟课堂，强化员工“以客户为中心”理念，推行“微笑服务”、“三声服务”、“站立服务”，在外塑形象同时，更注重员工内在素质的培养，提高服务客户的能力和效率，客户满意度大幅提高，获得省行营业部“先进单位”称号。

（刘爱武）

【中国银行郑州上街区支行】 中国银行上街支行以完善客户服务体系。强化贷款结构调整，促进业务整体联动。加强产品创新及实施管理转型为重点，组建公司金融板块，加强条线管理。实行服务重点大型优质公司客户的发展战略，关注于与大型优质客户的长期合作关系，同时明确中小企业业务是公司金融业务的重要组成部分，致力成为中小企业高效、专业、能够满足全面需求的合作伙伴。加大对重点支持类行业的投入，实现信贷资源优化配置。2010年，本外币存款折合人民币突破9亿元，外币存款继续保持占市场份额绝对优势；国际结算量保持领先优势，各项贷款突破1个亿，实现净利润近千万元。荣获市行优质服务文明先进单位、省行“笑的最亲切的团队”荣誉称号。

【首家与110联网银行】 中国银行上街支行在上街区实现首家营业网点、自助银行与公安局110联网，电视监控联网，切实做到安全防卫万无一失，并首家与省中行建立电视远程监控并联网，被省市行评为安保工作先进基层单位。

（阮红祥）

【农行上街支行负债业务管理】

农行上街支行树立“客户分层、产品分包、服务分级”的营销理念，优化营销体系，实现储蓄存款、个贷两大核心业务升级进位，多措并举挖掘资源，实现各项存款稳定增长。存款余额44743万元。其中对公存款余额9336万元，储蓄存款余额35406万元。贷款余额8933万元。个人贷款余额2025万元，其中农户贷款1263万元，为中小企业发放贷款7983万元。实现中间业务收入190万元。

【农行上街支行荣获省行营业部“先进单位”称号】 农行上街支行致力于服务能力、服务品质全面提升。组织开展《服务礼仪规范》培训，开办服务模拟课堂，强化员工“以客户为中心”的理念，推行“微笑服务”、“三声服务”、“站立服务”，及时跟进各种新产品、新业务的培训，对人员进行优化整合，提高服务客户的能力和效率，客户满意度大幅提高，获得省行营业部“先进单位”称号。

（刘立新）

【建设银行上街支行存贷款业务稳步增长】 建行上街支行加快经营转型和结构调整，树立“以客户为中心”的经营理念，从严治行，强化基础管理，经营效益持续提升，各项业务呈健康发展态势。全口径存款余额17.5亿元，新增占比和存量占比同行业名列前茅；支持中小企业发展，发放助业贷款200万元，发放中小企业速贷通贷款1780万元，办理保理业务1.8亿元；办理国际业务结算量6400万美元，结售汇4353万美元，国际结算量、结售汇创历史新高；理财产品销售实现9.3亿元，中间业务收入679万元，理财产品销售量居同行业前列。

（杨九玲）

【农信社上街分社各项业务稳步发展】 农信社上街分社以振兴上街区经济为己任，大力扶持中小企业。积极做好粮食直补、家电下乡、综合直补的发放工作，为居民提供优质服务，确保中央惠民政策快、准、稳送到人民群众中。各项存款余额35249万元，各项贷款余额19017万元，各项贷款利息收入900多万元，中间及其他业务收入30多万元。全年实现收入1739万元，支出663万元，盈余1076万元。各项贷款余额19017万元，发放各项贷款9102万元，收回各项贷款11217万元。其中为巾帼再创业就业妇女发放创业贷款29笔，金额630万元。新增个人消费、住房按揭贷款21笔，金额343万元。办理各类转账结算业务231608笔，金额达201581万元，收付现金146910笔，金额192391万元，新发金燕卡2429张，新增POS机商户29户，布放金燕自助通9台。

（张淑霞）

【邮储银行上街支行各项业务稳步发展】 邮储银行上街支行支持新农村建设和县域经济发展，不断丰富自身业务、提高综合服务水平，成功实现向全功能商业银行转型。传统个人业务余额净增1701万元，销售基金理财产品5092.93万元，业务余额7700万，信贷业务本年整体放款4918万元，净增1521.48万元，贷款结余3584.78万元，小企业贷款放款1160万。

（王文君）

证　券

【概况】 至年末，上街区内有证券公司一家（民生证券郑州济源路营业部），是上街区唯一一家合法证券营业部。营业部秉承“以诚信求生存，以创新谋发展”的经营理念，贯彻落实国家宏观经济政策，始终坚持“诚信、规范、创新、和谐”的服务宗旨，依托公司强大的研发力量和咨询产品。通过电话、电子邮箱、短信、QQ等方式，为投资者提供专业化、个性化的投资咨询和理财服务。并于多家商业银行开通第三方存管业务，提供柜台委托、自助委托、电话委托、手机炒股、网上交易和自助交割系统等多种服务手段，可满足不同投资者的需求。累计开户34134户，比上年增0.33%，全年成交额202亿元，比上年增长-12.5%，营业利润2260万元，比上年增-21.11%。

（时宏勋）

保　险

【概况】 新增保险代理机构18家。人寿保险10家、非人寿保险7家、保险代理机构1家。各保险机构确立“转变方式、调整结构、防范风险、促进发展”的经营理念，积极应对市场变化和政策调整，转变经营方式，拓展经营业务，提高理赔偿付能力，维护客户和保险企业自身合法权益。

中国人保财险上街支公司

【业务发展再创新高】 实现保费收入2123.2万元，首次突破2000万元大关。较上年多收274.2万元，增幅度14.8%。其中车险电销保费收入194万元，位居郊县公司首位。

【营销工作成绩斐然】 以强化营销队伍建设、提升销售能力为核心，以团队化管理为手段，促进营销业务发展，创收营销保费1620万元，占整体业务规模76.3%，超额完成营销任务。

【风险控制效果显著】 处理各类赔案2140起，支付各类赔款733.2万元，简单赔付率40%，低于市公司平均水平。这是业内公认的高亏险种经营，较好地实现了有效经营的工作目标。

【理赔质量全面提升】 年度案件处理率92%，赔案周期39天，超过预期目标。值班热线24小时畅通，第一现场查勘率不断增加，理赔质量和赔案流转速度提高，双代案件质量改善，客户服务范围不断延伸。

【依法合规诚信经营】 全方位、多渠道的培训教育，不断强化全员依法合规、诚信经营意识，处

处严格按照授权经营的原则，认真执行各项实务操作规程，杜绝违规违纪和越权超权事件，连续多年保持总、省公司“精英标杆团队”称号。

（郝 斌）

中国人寿上街支公司

【概况】 中国人寿保险股份有限公司上街支公司按照“思想大解放、作风大转变，业务大发展”总要求，全体员工团结一心、克难攻坚，实现总体保费10634万元。被总公司授予全国系统内“先进集体”荣誉称号。

【保险理赔】 为参加职工医保的1万余人提供大额补充医疗保险，赔款160万元。为1万多名在校中小学生承保意外伤害及医疗保险，为中小学生的正常学习及生活提供保险保障。并为上街及周边居民提供寿险及重大疾病保险。处理赔案700多起，理赔金额400万元，其中重大疾病理赔70余起，理赔金额200多万元。

【新办公楼建成投入使用】 总公司投资210万元，建筑面积1500平方米的新办公楼建成投入使用。省、市公司还配套建成郊县范围内，硬件设施最先进、服务功能最齐全的客户理赔服务中心，客户的咨询、投保、手续变更、理赔报案、结案等业务均可现场办理。

【优质服务为客户保驾护航】 组织客服中心工作人员参加省公司“助飞2010”活动和市公司专业化礼仪培训，工作技能和服务水平大幅提高；实行“朝九晚五”工作制，确保中午时间正常营业，实行交叉值班，保证周六周日除付费以外业务正常办理；营业大厅配备专职接待人员，客服中心为客户发放鹤卡1800余份，方便客户后期业务办理；迎接全省理赔案件专项检查，以零差错率得到省公司检查组好评。

（向洪伟）

小额贷款

【概况】 上街区有中小企业贷款公司2家，小贷企业深入贯彻落实国家宏观经济政策和区委、区政府“两加快一维护”战略，紧紧围绕上街区经济发展规划，本着立足地方经济，繁荣农村金融的服务宗旨，秉承“服务城乡、贴近‘三农’、合作共赢、持续发展”的经营理念。坚持“小额、分散、安全、高效”的贷款原则，不断创新工作思路，制定科学的管理制度和严谨的风险控制体系，积极探索扶持中小企业和“三农”经济实体发展的措施与办法，以解决中小企业、“三农”、个体工商户贷款难为己任，诚信为本，规范经营，立志为广大客户提供快捷、便利、灵活多样的中、短期贷款，努力实现企业经济与金融的良性互动发展。铭泰小额贷款有限公司坚持以市场为导向，以创新为动力，以高效服务为手段，为客户设计灵活多样的人性化融资方案。以简便的贷款手续、快捷的审贷程序、热情的服务态度，竭诚为客户提供专业、全面的贷款服务。2010年，共发放贷款4093万元，其中农业贷款723万元，工业贷款1691万元，服务业贷款1679万元。瑞鑫小额贷款有限公司至年底，累计发放贷款金额2438.2万元，累计发放57笔，贷款余额1661.2万元，其中50万元以下（含）贷款为40笔，50～100万元贷款为1306万元。

（朱士刚）

青年创业贷款项目推进会

住房公积金管理

【概况】 住房公积金上街分中心归集住房公积金2.19亿元，住房公积金个贷发放424户7323万元，办理支取公积金4900笔1.4亿元，建立非公有制较大企业公积金制度，新开单位帐户4个。被区委、区政府评为区级文明单位。

【归集住房公积金】 住房公积金主要缴纳对象长铝公司面临着前所未有的困难，8月份，长铝公司亏损7000多万元，为维护职工权益，保证长铝公司住房公积金正常缴纳，分中心采取多种有效方法，设立公积金交纳情况专项记录，对长铝公司经济动态及每次协调予以记录，经常深入长铝公司，站在企业领导人的立场，讲解利害关系，并与财务处保持紧密联系，在长铝公司经济紧张的情况下，优先及时划拨住房公积金。

推进非公有制较大企业建立住房公积金制度，利用各种关系，锁定目标，深入企业，宣讲有关政策，顺利完成4户企业开户的目标。

【支取公积金】 支取制度严格化，支取条件统一化，办理业务人性化，针对出现的利用假合同、假发票套取公积金的违规行为，采取积极应对措施，要求全体职工提高警惕，严把支取关，对采用发票合同提取公积金的情况，登录网络查询真伪，由查询经办人签字后方可办理支取手续。在上街区购房者笔笔亲临房管局，落实合同真伪，不放掉一个弄虚作假者。采用新闻媒体展开大范围宣传，在电视台制作专题片，欢迎广大市民监督，公开监督举报电话。分中心工作人员及长铝公积金科人员联合开展公积金政策宣传活动，发放资料3000余份，接待咨询800多人次，杜绝利用假发票、假合同、假房产证套取住房公积金等违法行为。

【个贷管理】 采取多种方法，及时了解开发商和职工个人对住房公积金贷款的意见和建议，不断提高贷款速度和放款质量，最大限度满足贷款客户的要求，严格手续，确保办理的每一笔贷款手续齐备，资料完整。

【内部管理】 推行轮岗制度，对不同业务岗位的工作人员进行轮岗，培养复合型人才；制定具体的岗位职责、各项业务流程、要求具体明确；明确工作制度，严格工作纪律，一丝不苟，依法行政；团结、严谨、服务、进取贯穿整个业务工作，形成团结向上和谐的良好氛围。

【精神文明建设】 “围绕文明求发展、搞好文明提素质”高度重视文明单位建设工作，新增设职工阅览室，被区委、区政府评为区级文明单位。关心职工，特别是女职工的身体健康，每年为职工做一次体检。在党员活动室每季度举办一次党风廉政教育课，播放一次反腐倡廉纪录片，通过政治思想教育，增强干部职工依法行政和廉洁从政意识。

（刘丽勤）

经济管理与监督

发展计划管理

【规划编制和监测】 编制《关于郑州市上街区2010年国民经济和社会发展计划执行情况与2011年国民经济和社会发展计划（草案）的报告》，在区第十一届人民代表大会第五次会议上审议通过。

及时向有关单位下发了关于提供《中国（郑州）绿色新材料集聚区发展规划》编制相关材料的通知，并对其上报的材料进行归纳汇总。陪同专家到新材料集聚区进行实地查看，了解情况，配合做好摸底调查，起草了《郑州上街绿色新材料园区发展规划（初稿）》，召开产业集聚区建设指挥部指挥长会议等多次会议讨论修改，按进度、按要求圆满完成规划编制。

【开展“十二五”规划编制工作】 2010年4月25日，召开“十二五”规划编制工作会议，下发了《上街区“十二五”规划编制工作意见》(上政〔2010〕3号)，全面启动“十二五”规划编制工作。6月底，撰写完成《上街区“十二五”规划思路》，7月由牵头启动25项“十二五”专项规划，同时，着手编写《上街区“十二五”规划纲要》，通过报刊、电视、网络等各类媒体向社会各界征集“十二五”规划编制意见，逐步修改完善，12月底完成《郑州市上街区国民经济和社会发展第十二个五年规划纲要（草案）》的编制工作。

【改制工作】 按照区政府要求，作为区深化医药卫生体制改革领导小组牵头单位，积极组织并配合区卫生局做好医药卫生体制改革工作；参加省市关于实施国家基本药物制度试点工作会议，并就建立国家基本药物制度的落实情况接受了市局的督导检查；配合做好原951水泥厂遗留问题处置事宜。

【项目建设】 政府投资项目安排四项，主要是农村公路建设项目、夏侯小学二期工程、2010年度中小学校舍安全工程、长乐园二期工程，安阳路小学异地造建总投资4269.692万元，2010年政府计划投资3068.942万元。

完成企业备案项目39项，总投资19亿元，核准项目1项，总投资0.27亿元，全部按照承诺的5个工作日内办结。在项目审批环节，凡是符合国家产业结构调整目录，符合产业技术、能耗、环保、土地和安全标准的项目，都给予支持。对一些不符合产业政策、行业准入标准的高能耗、高污染以及不符合发展建设规划的项目，坚决不予备案。

承担省、市重点项目4项，分别是中铝河南分公司第五赤泥堆场项目、华泰特种电缆项目、少林特玻项目、裕丰耐材项目，总投资141407万元，年度计划投资6.8亿元。2010年完成投资6.8亿元。完成年度目标的100%。

积极做好企业技术中心、工程研究中心申报工作。根据上级要求，2010年分别推荐了1家和5家企业进行了河南省企业技术中心和郑州市工程研究中心的申报，其中豫立实业和环宇微粉分别被认定为河南省企业技术中心和郑州市工程研究中心。

【节能减排】 召开了全区节能降耗工作大会，安排部署2010年节能降耗工作的重点和主要任务，下发《2010年全区节能降耗工作要点》。根据郑州市2010年节能目标预警调控方案有关规定，迅速启动节能目标Ⅱ级调控预案，建立部门之间的联动机制，加强沟通、密切配合、形成合力。将全区目标分解到各节能主管部门、各重点用能企业，纳入“三位一体”考核体系。

自2008年开展高效照明产品推广工作以来，上街区的“三个统一”（统一地点、统一时间、统一供货）推广模式在全市得到一致认同和传扬，并连续两年在全市评比名列前茅。2010年共推广节能灯8.1万只，完成量为市定目标的147%，超额完成了市政府下达5.5万只的推广任务。

（任晓博　郭玉侠　刘　丽）

调查工作

【概况】 2010年，社调队在农调、城调、企调三个方面开展多项调查，为区委、区政府提供各类调查统计资料，按月（季）提供农村居民收支、城镇居民收支等调查统计进度数据，第一时间反映社会经济发展动态。圆满完成3个样本轮换工作。围绕上街区社会经济运行中的热点问题，撰写调查统计报告、各类信息分析20余篇，为领导决策提供第一手的参考资料。提供统计数据服务50余次，涉及指标300余项。

【农村社会经济调查】 2010年，社调队在农业、农村方面，完成畜禽监测季报工作、畜牧季报工作、畜禽规模养殖户摸底工作、农村固定资产投资季报工作、农林牧渔业的季报工作、农作物春播和全年播产量工作、夏收农作物面积和产量（预产、实产）工作、秋收农作物面积和产量（预产、实产）工作、产量抽样调查工作、社会主义新农村建设综合监测指标体系、县卡、乡卡。在农村居民调查方面，完成农村住户月报工作、农村住户劳动力调查月报和季报工作。完成2010年农村住户样本轮换和农产量抽样调查样本轮换工作，确定2011～2015年常规调查样本50户。

【城镇居民调查】 2010年，社调队在城镇居民调查方面完成城镇住户月报工作、城镇住户旅游调查季报工作，完成2010年城镇记账样本的轮换工作，确定2011～2013年的常规记账样本90户。

【企业调查】 2010年，社调队针对企业共开展4项专项调查：工业品出厂价格调查（报告月调查日的工业品出厂价格和原材料、燃料、动力购进价格及相应的基期单价）、物流业企业调查、服务业企业调查、规模以下工业企业调查，涉及调查企业78家。

（李　森　周　贤）

统计管理

【概况】 以提高统计能力、统计数据质量和统计公信力为中心任务，发挥统计信息、咨询、监督功能，为全区经济转型发展、科学发展提供统计保障。全年召开专业年报培训会议10多次，参加专业年报和定期报表业务培训的基层统计员600多人。实行统计数据质量控制制度，力求使各项年定报数据客观真实，准确反映全区经济发展趋势，维护政府统计数据的严肃性和权威性。定期召开经济联席会议，通报交流部分统计工作情况，协调解决统计工作中出现的问题。完成第二次全国“R&D”清查及全国城乡划分清查、工业企业成本费用调查等专项调差20多项。进行企业套表试点，完善统计名录库建设，加强产业聚集区检测。开展城乡住户基本情况调查，确定新一轮农村住户记账户50户和城市住户记账户90户。组织开展统计专业知识、统计法规、统计从业资格和统计人员继续教育培训，52人通过全国统一考试取得统计从业资格。坚持统计季度例会制度，建立统计工作分片联系制度，加强对基层统计工作调研、督查和指导，促进基层统计规范化建设。编印《统计法规和统计基础知识》，开展广场法制宣传活动2次，深入企业、村、社区发展统计法规宣传手册5000多份。组织开展统计监审和执法检查企事业单位20个。

【创新统计工作方式】 重点开展100户农村住户、100户城市住户、国家调查点农产量、农村经济、畜牧业、个体私营经济、企业景气、规模以下工作企业、

服务业、工业品出厂价格等抽样调查。对76个规模以上工业企业、20个具有资质的建筑企业、108个批发、零售和住宿餐饮业企业实行向市统计部门直接上报和网上直报。按季调查、统计监测工业企业153个。推进节能降耗统计工作，加强企业能源统计基础建设和业务培训，健全记录台账，提高能耗统计数据质量。通过加强组织协调和业务培训，逐步规范服务业统计，提高质量。

【开展第六次人口普查】 根据第六次全国人口普查统一部署，2009年11月，区政府成立了由常务副区长黄钫任组长的人口普查领导小组及办公室，召开人口普查动员大会，各镇街道签订目标责任书，落实普查机构和人员。全区建立了区、镇（街道）、村三级普查机构，共落实普查机构工作人员498人，其中区级15人，乡级58人，村级425人。2010年4月起，区统计局与区公安局共同开展户口整顿工作，在普查区域的范围内，摸清户籍人口、常住人口、流动人口、无户口和应销未销户口等情况。8月~9月，分批培训全区人口普查指导员和普查员900多名。区新闻媒体按照全区统一部署，统筹区、镇（街道）两级宣传资源，重点宣传人口普查工作。11月1日起，全区人口普查“两员”深入每个家庭，进行人口普查正式登记，登记工作于11月10日全面完成。全区普查表光电录入工作12月上旬结束。

（宋建军）

物价管理

【概况】 强化价格监管与服务，加强价格调控与监测，价格管理更加规范、科学，价格经营环境更加有序、健康。

【价格监督检查】 在节假日期间出动检查人员400余人次，采取巡查与重点检查相结合方式，对市场价格特别是与人民群众生活密切相关的副食品价格及收费标准进行检查。

结合基本药物零差率制度，对医药价格执行情况进行检查，检查医疗机构7家，药店30多家，基本药物零差率制度在两家基层医院全面执行。

对公办的2所高中、3所初中、8所小学收费情况进行检查同时，对50余家民办非学历教育机构收费备案与收费公示情况进行拉网式检查，净化了教育收费环境。

先后出动检查人员500余人次，对经营商户明码标价执行情况进行检查，规范标价50余起。

每次成品油价格调整，都组织人员对成品油市场价格执行情况进行检查，出检80余人次。

健全12358价格举报快速反应机制，价格举报查处率和办结时效明显提升，受理价格举报6起，及时查结。

【价格调节基金征管】 通过积极协调、沟通，价调基金征收出现大幅增长，完成97万元，同比增长33%。

【价格鉴定认证】 录用价格鉴证师1名，理顺价格认证体制，保证价格认证工作顺利开展。办理涉案物品价格鉴定98宗，标的额30.78万元。

【深入价格公共服务】 创办物价工作动态，在社区设立收费公示牌，以及发放价费政策宣传卡，设立咨询台等方式，对价格政策进行全面宣传，提高群众对价格政策的认知度和维权意识。

（王辉波）

财　政

【概况】 财政局是综合管理全区财政收支、财政税收政策和财务会计制度、实施财政监督、参与对国民经济进行宏观调控的职能部门。设办公室、预算科、行财社保科、农业管理科、财政事务科5个职能科室；5个局属事业单位：区国有资产管理办公室、区非税收入管理局、区会计核算中心、区国库集中收付中心、区政府投资评审中心；6个财政所：峡窝镇财政所、中心路街道财政所、工业路街道财政所、济源路街道财政所、新安路街道财政所、矿山街道财政所。

【机构改革】 区政府投资评审中心由政府直属事业单位调整为财政局下属事业单位，行政职责划入财政局；取消区政府财税监督检查办公室、区政府采购控制办公室，职责划入财政局。

原隶属财政局的区经济发展

投资公司调整由区金融工作办公室领导，原财政局主管的中小企业担保有限公司调整为由区金融工作办公室主管。区政府预算外资金管理办公室更名为区非税收入管理局。

【财政收支】 财政一般预算收入58300万元，实际完成58502万元，是预算的100.35%，同比增长8.26%。基金预算收入21113万元，同比增长87.04%。

财政一般预算支出59039万元，实际完成支出69808万元，为预算的118.24%，同比增长1.49%。基金预算支出21620万元，同比增长88.9%。

财政一般预算收入58502万元，上级补助一般预算收入14025万元，财政一般预算支出69808万元，一般预算上解支出3886万元，一般预算结余1432万元，年底一般预算滚存结余为265万元。

财政基金预算收入21113万元，上级补助基金预算收入464万元，财政基金预算支出21620万元，基金预算结余604万元，年底基金预算滚存结余为561万元。

【预算管理】 强化收入征管。对收入任务进行目标分解，加强对镇（街道）的协调指导，定期召开收入分析会，每月对各镇（街道）的财政收入完成情况实行排名通报，加强收入督查，使收入均衡入库。镇（街道）完成财政收入12608万元，同比增长28.34%。实施序时倒逼机制，强化财政部门在收入管理中的组织协调作用，安排专人跟踪收入进度，定期组织分析活动，实行以旬保月、以月保季、以季保年，确保收入进度与时间进度同步。支持税务部门开展税源清查、房地产行业专项检查、所得税汇算清缴等税收专项整治，确保应收尽收。定期开展票据稽查，加强非税收入管理，确保各项收入及时足额入库。

加强支出管理。按照保工资、保运转、保稳定的原则，按时拨付机关事业单位正常运转经费，落实义务教育和医疗卫生部门绩效工资，保证公共支出需要；执行定额公用经费压缩10%，严格控制招待费、会议费等一般性支出。

【税源建设】 落实财政政策，灵活运用财政手段，引导资源配置向产业集聚区集中，推进产业结构调整，加强税源建设。

支持招商引资，培植新的经济增长点。发挥政策导向作用，落实招商引资优惠政策，促使引进企业顺利入驻产业集聚区，签约项目加快进展，促进经济结构调整优化，延伸产业链，提升价值链，培育新的经济增长点。

加大科技投入，支持中小企业发展，筹措科技资金762万元，支持科技型中小企业技术创新，促进产业结构优化升级，提高企业自主创新能力和产品竞争力。推进节能减排和生态建设，引导企业淘汰落后产能，支持高耗能行业实施综合改造，倡导资源节约和环境保护。拨付支持企业发展资金2144万元，增强企业发展后劲和实力。

拓宽融资渠道和领域，为中小企业提供融资担保。获得郑州银行等多家银行的授信规模5.64亿元，为重点工程项目提供资金支持，为中小企业提供融资服务156笔，金额3亿元，缓解中小企业融资难问题，促进中小企业和民营经济的发展。

履行审核职责，审核办理退税49笔743万元，支持福利企业和再生资源回收企业的发展。

围绕产业集聚区建设，及时拨付669万元土地整合资金，支持土地整合工作。拆除各类建筑物333705.4平方米，整合土地4023亩。

【落实支农惠民政策】 落实支农惠民政策，安排民生财政资金2.6亿元，比上年增加2000万元。

拨付“两免一补”资金480万元，25685人次在校生受益；投入1932万元用于夏侯小学重建、校舍安全改造，改善教学条件。

拨付1205万元支持农田水利、扶贫开发等项目建设；兑付粮食直补和综合直补资金263万元；拨付家电、汽车摩托车下乡和家电以旧换新补贴资金1236万元。

筹集新农合资金891万元，按时拨付报销资金870万元；42416人参加医疗保险，参保率98.59%，有效地缓解了部分低收入家庭看病难问题；及时拨付基本药物制度改革补助经费和社区卫生服务中心经费231万元，确保基本药物制度改革实施。

拨付养老助残工程、最低生

活保障、敬老院经费、拥军拥属等资金 416 万元；安排再就业专项资金 191 万元，为失业人员再就业提供培训资金保障。

投资 8826 万元用于连霍高速引线综合整治、城市道路绿化升级和铝城公园升级改造及农村公路建设等项目。

【国有资产管理】 实施国有资产管理信息系统，强化国有资产出租、购买、处置、转移监管力度，办理国有资产处置等业务 236 批次。

拨付资金 2465 万元，对郑州电机厂、郑州铝城水泥厂职工进行安置补偿，妥善处理上街热电厂遗留问题。

【政府采购】 政府采购项目 629 个，涉及资金 8195 万元，节约资金 740 万元，节约率 9.03%。

【投资评审】 评审基建项目 134 个，送审金额 13388 万元，审减资金 2140 万元，审减率 15.99%。

（宋　洋）

国家税务

【概况】 区国家税务局成立于 1994 年，是郑州市国家税务局垂直管理机构。7 个内设机构，两个派出机构，一个事业单位，在册职工 58 人。

【超额完成税收任务】 税收收入 68246 万元，同比增长 19.19%，增收 10989 万元。其中区级任务 13495 万元，同比增长 12.01%。

【创建学习型组织】 创建学习型组织工作在全市国税系统评为先进单位，在全市国税系统组织的“三能手一标兵”考试竞赛中，国税局取得笔试团体总分第一名和管理、稽查、服务 3 个单项第一名。

【改革创新】 勇于创新，因地制宜实施“机关一线”工作法。构建机关管事，基层税管员管户的征管格局。组建“蓝鹰突击队”，针对纳税大户和重点税源及上级重点派单进行集中评估稽查，查补 7 户企业，查补税款 400 多万元。

创新赏识激励工作法，调动广大职工的工作积极性和创造性。

【再创省级文明单位】 在省级文明单位重新申报验收中，再次被命名为省级文明单位，连续 20 年获得省级文明单位称号。

【两基建设】 国税局按照“八规范、八统一”要求，全方位展开两基建设，强化规范管理，统一着装，文明服务，严格制度，全局工作焕然一新，管理制度规范有序。

【服务纳税人】 真心实意为纳税人服务，实现远程抄报税认证工作，纳税人在网上直接办理纳税申报；推行无纸化申报方式；携手 7 家驻上银行，完成财税库银互联网，实现企业足不出户签协议；为企业办理各类退税 2413 万元。

【所得税汇算清缴】 在所得税汇算清缴工作中揉进创建学习型组织理念，实施“培训 + 联动”工作法，整合优势资源，抽调业务素质高、工作能力强的税干组建专业化分析评估小组，深入企业辅导评估，评估入库税款 471 万元。

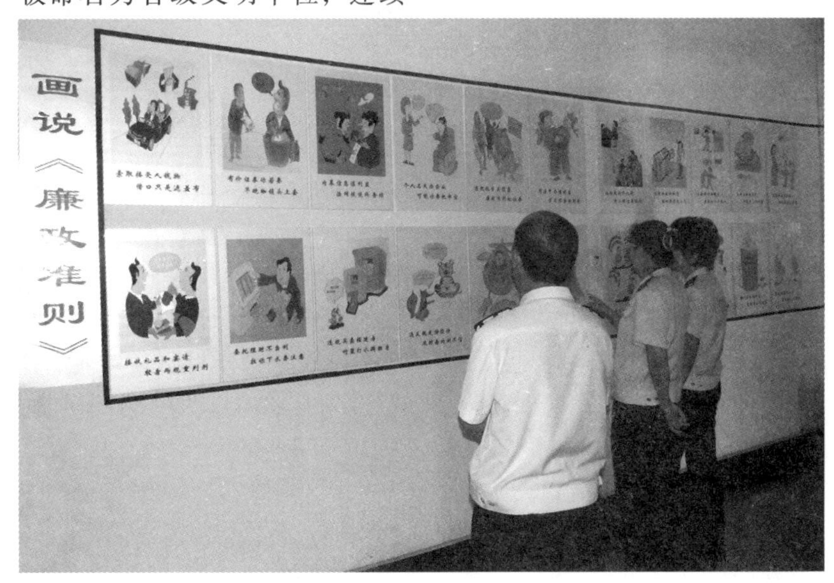

廉政文化墙

【新闻信息、档案工作】 在省、市、区信息网站发表各类信息99条。在《中国税务报》《河南日报》《郑州日报》《大河报》《上街时讯》等新闻媒体发表稿件52篇，超过前3年对外报道总量。投入10万余元实施标准化管理，经区市两级档案局检查验收达到省一级档案管理标准。

【党风廉政建设】 局党组坚持预防为主，组织职工学习《廉政准则》，制定切实可行的廉政制度，通过上廉政党课，观看警示教育影视片，签订廉政承诺书，参观红色教育基地，节日诫勉谈话，构建楼层廉政漫画墙和印制“廉洁兴税”扑克牌等活动，提高职工的反腐倡廉自觉性。增强职工立党为公，执法为民，廉洁执法，依法治税的自觉性。

（闫冬玲　任仕君）

地方税务

【概况】 1994年原上街税务分局根据“关于建立中央、地方两套税务体制”的精神，成立国家和地方两套税务机构。2001年，该局机关、办税服务厅、稽查分局、直属税务所等6个科所，4个机构，迁入中心路东段区政府以东。

十一五”期间，税收收入18.54亿元，较“十五”增长2.3倍，年收入总量迅速增加，先后突破3亿元和4亿元。

【税收收入】 各项收入40632万元，同比增收4760万元、增长13.27%。其中：税收收入38231万元，同比增收4311万元、增长12.71%。区级税收32355万元，同比增收3511万元、增长12.17%

【税源税种管理】 强化税源调查和收入预测。建立税政、征管、稽查、计会一体的税收分析机制，提高征管质量。

加强重点税源监控管理。把房地产业、建筑安装业、铝行业、蝶阀制造业作为重点行业实施监控；对重点工程项目，如自备电厂、科技孵化园、蝶阀园区、城中村改造等，及时了解工程进度、结算方式；建立重点税源监控体系。监控上报省、市局的重点税源业户19户，监控区级重点税源户92户，监控网络覆盖111户，入库税款占收入总量87%。

加强税种管理。（1）加强所得税管理，超额完成个税自行申报任务。受理申报329人，申报7529.65万元。（2）加强小税种管理。加强对房产税、土地使用税、车船税的税源监控，夯实征管基础，堵塞税收征管漏洞，建立房产、土地、车船税源库。

【税收征管】 加强税收征管。新办税务登记1182户，税务登记总数5674户（含38非正常户）。对月纳税总额在30万元以上的企业开展税源调查，调查企业110户；提高代征工作质量，代征价格调节基金98万余元。

提高纳税评估实效。首创“目录纳税评估法”。进行纳税评估457户，有问题户数97户，评出税款滞纳金7.76万元。

加强税源体系建设。依托三个平台，实现科技管税。按照“科技管税”理念，实现税源监控由静态到动态，由单一到综合的管理，促进税收收入增长。

【税务稽查】 加大税收检查力度。对重点行业和重点纳税企业开展税收秩序专项检查，查补入库税款、滞纳金、罚款352万元。开展打击发票违法犯罪活动，检查57户，立案5户，罚款5户，入库罚款3万元。

【税收宣传】 创新宣传形式，开展丰富多彩的税收宣传活动。围绕“税收·发展·民生”主题，在繁华路段和各大超市前悬挂标语近40幅，设置咨询台、发放宣传资料。

编发地税信息301期，被市局动态信息采用101篇，被省局采用12篇，省局调研论文2篇，市政府采用12条，被省政府采用5篇。国家级新闻单位采用13篇，省级28篇，市级9篇。

【再创省级文明单位】 在省级文明单位重新申报验收中，再次被命名为省级文明单位，连续16年获得省级文明单位称号。

【税收队伍建设】 加强队伍建设，增强队伍活力。积极开展“讲党性修养、树良好作风、促科学发展”教育活动。把开展教育活动与贯彻落实科学发展观结合起来，与各项地税工作结合起来，与加强税收征管、优化纳税服务、加强队伍建设、推进政风行风建设结合起来，紧密联系单位和个人的思想、工作、作风，切实解决党性党风党纪方面群众反映强烈的问题。

（侯聪敏　冯　英）

工商行政管理

【概况】　以实现科学发展为目标，正确处理监管与发展，监管与服务的关系，创新机制，改进管理，优化环境，促进经济社会又好又快发展。

【基层工商所规范化建设】　以“精局强所”为目标，加强基层工商所规范化建设，规范内部管理，树立良好形象。

【企业注册登记】　建立企业登记指导、重点企业联络员制度，实现工商职能与企业需求衔接，营造良好的投资环境。发展各类市场主体1765户，其中内资企业21户，注册资本1170万元，包括国有、集体企业2户，公司制企业19户；私营企业143户，投资人数318人，注册资本26081.05万元；个体工商1594户，注册资金5910.92万元；农民专业合作社7户，农民成员45人，出资总额1312.8万元。现有内资企业377户，其中国有、集体企业181户，股份合作制17户，公司制企业177户，其他企业2户，注册资金170856.65万元；私营企业1149户，注册资金220957.08万元；个体工商户6642户，注册资金16054.26万元；农民专业合作社16户，注册资金2591.8万元。

百亿送贷活动

【市场监管】　围绕人民群众关注的热点、难点、焦点问题，积极开展专项整顿行动。严厉打击制假售假、商标侵权、无照经营等违法行为。查办各类一般程序案件211件，涉案金额4283756.12元，罚没金额745031.8元。其中打假案件93起，商标侵权案件68起，各类食品案件82起，无照经营案件53起，广告案件14起，不正当竞争案件1起。

【食品安全监管】　落实食品安全直报点制度和流通环节食品安全与流通领域商品质量检测制度，加大食品质量监测力度，抓好定向监测、跟踪监测和基层工商所快速检测。检测26个样品380批次，流通领域食品161个样品，对14个不合格样品经营者，全部立案查处。

【百亿送贷】　为解决中小企业、个体工商户和农户“融资难”、“贷款难”问题，与上街邮政储蓄合作开展“百亿送贷”活动。宣传“百亿送贷”宗旨，印发宣传材料1万余份，制作户外广告5000平米，社区服务提示牌80余块，宣传资料3万份，为企业、商户提供咨询服务120多人次，帮企业商户实现贷款8012万元，受惠商户600余户。

【商标监管】　鼓励企业争创驰名、著名商标，提升产品质量和商业信誉。查处商标侵权案件，打击制假售假行为，保障消费者合法权益。47家企业拥有商标注册证，5家企业获河南省著名商标称号。

【动产抵押登记】　为解决企业、商户“融资难”问题，发挥动产抵押登记职能，推办理抵押登记12起，抵押物金额6043.68万元，贷款额3085万元。

【广告监管】　整治互联网等媒体虚假、低俗广告活动，加强广告监测力度，监测2家电视台发布广告89条，办理户外广告登记34起。

【兴农富民】 创新工作机制推进农业发展方式加快转变，扶持农民专业合作社发展，保护农民合法权益。严厉打击制售假冒伪劣农资商品的坑农害农行为。开展农资市场专项检查5次，抽取柴油和肥料检测，4种肥料不合格，对经营者依法查处，案值1.68万元，罚没额2.02万元。查处2起无照经营柴油案，案值108631.2元，罚没额4.2万元。

【消费者权益保护】 延伸消费维权网络，拓宽消费维权受理渠道，及时有效处理消费投诉。受理投诉367起，其中受理咨询81起，申诉286起，投诉调解成功286起；发布消费警示4条；特殊案例11起。争议金额4.79万元，挽回经济损失4.17万元。

（王运涛）

质量技术监督

【概况】 质量技术监督局负责组织机构代码、标准化、计量、质量监督和管理、特种设备安全监察和生产领域打假工作。设办公室、法规科、质量科、安监科、代码办5个职能科室，公务员14人。

【特种设备安全监管】 与企业签订特种设备安全责任书，制作500份特种设备安全责任书，对每一特种设备生产使用单位进行安全责任告知。结合特种设备安全工作特点，重点检查锅炉、压力容器、起重机械、电梯、大型游乐设施，以及购物中心、公园等人群密集场所加强监督管理。

【质量管理】 制定质量兴区工作目标和名优产品、区长质量奖三年培育规划；引导企业走质量效益型和科技管理创新型发展道路，确定5家重点培育对象；围绕阀门、装备制造、电线电缆、新材料等战略支撑产业，以优势骨干企业为主体，通过自主创新、品牌经营、商标注册、专利申请等手段，培育一批拥有自主知识产权、核心技术和市场竞争力强的知名品牌。

【质量监督】 开展产品抽检，抽检范围覆盖食品、建筑机械、磨料、建筑材料等，产品抽检合格率100%；加强工业产品生产许可证的监管，对所有获证企业进行全面的巡查，建立行政首长负责的证后监管联动机制。

【计量工作】 开展计量器具登记备案。建立和完善主要强检计量器具台账，先后建立了加油站、眼镜配制场所、超市、医疗机构等在用强检计量器具台帐；开展定量包装商品净含量和集贸市场监督检查，检查生产企业6家，抽查商品9个批次，合格6个批次；开展加油站计量专项监督检查，对12家加油站进行计量执法检查。对夏粮收购在用计量器具进行专项监督检查。

【标准化工作】 建立健全企业标准体系。开展强制性国家标准监督检查，对全区16家食品企业全面摸底检查，建立企业标准档案。一对一进企业对负责人进行讲解企业标准体系，积极向企业宣传企业标准体系，促使企业按照《企业标准体系》系列国家标准，结合自身实际，将原有的规章制度和岗位职责转化为管理标准和工作标准，全区生产企业标准化工作日益规范。

【产品和食品安全专项整治】 打击违法添加非食用物质和滥用食品添加剂，对食品生产企业使用的食品添加剂进行检查；落实抓好食品及相关产品生产许可工作，17家食品生产企业全部取得了生产许可证。

【队伍建设】 加强领导班子建设。在抓团结、抓廉政上狠下工夫，要求班子成员严于律己，率先垂范，讲民主、求团结，给全局职工树立榜样；抓政风行风评议工作。提高干部整体素质和依法行政的自觉性；开展“讲文明树新风”活动，切实提高业务能力和政治素质，实现作风建设与整体工作相互促进、共同提升。坚持用省级文明单位的标准规范职工言行，开展以“爱岗敬业、诚实守信、办事公道、服务群众和奉献社会”为主要内容的职业道德建设。代码办工作人员围绕建设一流窗口、服务标兵的工作目标，缩短服务对象办证、年审时间，简化流程。严格遵守中心纪律，按时指纹签到，业务工作“熟练操作、限时必办”，连续9次获得“优秀服务窗口”殊荣，

被评为“省级优质服务窗口”。

（白　亮　刘艺巧）

审计监督

【概况】　坚持“依法审计、服务大局、围绕中心、突出重点、求真务实”的工作方针，牢固树立科学审计理念，坚持真实性与效益性并重、监督与服务并重，以服务地方经济发展为重点，以全面提升审计工作水平为核心，认真履行审计监督职责。完成审计项目39项，其中本级财政预算执行情况审计2项，署定、省定专项资金审计（调查）8项，经济责任审计29项。审计查出违规资金450万元，管理不规范资金10455万元。

【审计工作】　按照预算执行审计工作方案，对教育体育局、环境保护局、城市管理执法局、工业和信息化局、土地储备中心等单位进行延伸审计。重点审计地税局税收计划完成情况，延伸审计河南长兴实业公司、郑州祥和集团上街电力工程有限公司、河南九冶钢构有限公司、郑州华翔耐材有限公司、河南上蝶阀门股份公司、郑州轻金属技术装备公司6家企业的纳税情况。通过审计，查出违规资金449万元，管理不规范资金6832万元。对预算执行审计中发现的应缴未缴预算收入、应缴未缴企业所得税等问题，依法进行处理处罚。

【专项资金审计】　加强财政专项资金审计监督，对城镇职工和城镇居民医疗保险基金、农村公路建设资金两项专项资金进行审计，对家电汽车摩托车下乡实施情况、乡镇综合文化站建设专项资金管理使用情况、教育投入政策执行情况和政府性债务情况进行审计调查，并对玉树地震抗震救灾资金物资、中小学校舍安全工程资金进行跟踪审计。审计资金总额81606万元，查出管理不规范资金2876万元。

【经济责任审计】　在纪检监察、组织人事等部门配合下，完成经济责任审计项目29项，审计查出违规资金1万元，管理不规范资金747万元。

【审计干部队伍建设】　开展各项主题教育活动，创建学习型机关。开展“创先争优”活动。深化领导干部读书竞赛活动。开展公务员岗位练兵活动。开展“五联三创”活动。与夏侯村签订联建协议，结成联建对子。

提高审计质量，防范审计风险。开展审计质量教育培训。组织学习《审计法》、新《审计法实施条例》等法律法规和审计准则，使审计人员全面掌握审计法律法规，正确行使审计监督职权。开展审计质量自查。对实施的审计项目进行全面系统的检查。针对审计质量方面存在的问题，认真加以整改。严格三级复核制度，坚持以管理促质量，以质量促发展。

加强党风廉政建设，提高拒腐防变能力。认真执行“八不准”审计纪律和各项廉政规定，筑牢廉洁从审的思想道德基础，保持和维护审计机关公正执法、廉洁勤政的良好形象。

（曹小丽）

安全生产管理

【概况】　3月3日，区安全生产监督管理局由区政府直属事业单位升格为区政府工作部门，安全生产监督管理局党支部升格为中共郑州市上街区安全生产监督管理局党组，政府办公室《关于印发郑州市上街区安全生产监督管理局主要职责内设机构和人员编制规定的通知》明确了安全生产监督管理局的人员编制及各项工作职责。

全年发生事故61起，死亡4人，其中道路交通事故32起，死亡3人，工矿商贸事故1起，死亡1人。火灾事故28起。建筑、特种设备、危险化学品、烟花爆竹、城市燃气、市政设施、消防等行业未发生人员伤亡事故，区政府被评为安全生产目标完成先进单位，安全生产监督管理局被评为2010年度郑州市安全生产工作先进单位。

【安全责任落实】　政府与32个区直部门签订安全生产目标责任书，各部门层层向下签订安全生产目标责任书，做到级级有人管、层层有人抓；落实“一岗双责”制；加大安全生产责任“一票否决”审查力度，审查一票否决事项126项，一票否决审查率100%。

【安全环境创优】　规范执法行

为，落实行政处罚案件的法制审核及领导审批制度。集中培训，提升执法水平。开展联合执法行动，办理行政案件2起。严格事故调查，严肃责任追究4月1日发生一起生产安全事故，区政府成立由安监局、工会、监察局、公安局、检察院及所在辖区政府组成的“4·01”事故调查组，按照“四不放过”原则对事故责任单位和责任人进行严肃处理。

【综合协调监管】 针对薄弱环节和突出问题，组织开展道路交通、民用爆破器材、消防安全、冶金有色、建筑施工、公路桥梁、危险化学品、烟花爆竹、特种设备、校园安全、城市燃气等11项安全专项整治工作。组织开展6次安全生产检查和10次专项检查。检查各类生产经营场所1760家次，发现各类事故隐患851项，下发限期隐患整改指令书323份。整改率100%。

【宣传教育培训】 召开“安全生产月”动员会，在安全生产宣传咨询活动期间，制作展板213块，悬挂标语326条，设置咨询台12个，组织文艺宣传队16支，发放各种宣传资料1万份，被市政府安委会评为“安全生产月”咨询日先进单位；开展安全生产教育进厂矿、进学校、进社区、进乡村、进楼院、进家庭活动，印制1万余本《家居安全常识手册》，发放到社区（村）、企业、家庭、学校；组织开展“安康杯”竞赛活动和“11·9”消防日宣传活动；对各行业安全员及特种作业人员进行培训。举办培训班11期参加培训1076人。

【监管队伍建设】 调整工作思路，坚持服务为先。以造就公正、高效、廉洁安监队伍为工作目标，加强政治理论和业务知识学习，提高安监干部人员的理论素养和业务能力。开展“争先创优”活动。在工作中牢记“五带头”：带头学习提高、带头争创佳绩、带头服务群众、带头遵纪守法、带头弘扬正气。推行分级负责，逐级监督，班子决策，群众参与的工作机制，营造人人肩上有担子、个个身上有责任，齐抓共管的工作格局。加强政风行风建设。建立自我纠错机制，认真纠正办事效率不高，服务中的生、冷、硬、简单粗暴等问题，做到“立党为公、执政为民、率先垂范”，全心全意为人民服务。

（赵江辉）

食品药品监督管理

【概况】 药监分局坚持以科学发展观统领全局，不断解放思想，创新监管模式，加大整顿和规范市场秩序力度，推进依法行政，深入解决损害群众切身利益的突出问题，加强自身队伍建设，保障公众饮食用药安全。

【药品、医疗器械质量安全监管】 强化日常检查。对1家医疗器械生产企业、16家医疗器械经营企业、1家药品批发企业、43家药品零售企业、90家药品使用单位实施日常监督检查，监督检查覆盖率100%，下发责令改正通知书38份，整改问题100余项。开展药械专项检查。组织开展人用狂犬疫苗、麻疹疫苗、角膜接触镜及护理液、通过寄递渠道销售假药、医用分子筛制氧设备等5次专项整治活动。强化药品、医疗器械不良反应、不良事件监测工作。上报药品不良反应报告163例，医疗器械不良事件报告50例。开展药店等级评定。依据GSP，制定评分标准，对药品零售企业规范化程度进行评定和排名，向社会公布。强化药品广告监测。监测各种媒体，包括电视、广播电台、报纸等以及各涉药单位的经营场所，监测违法药品广告32例，向工商部门移送2例，30例上报市局。

【药械稽查】 打击药械违法违规行为，受理群众举报5起，立案19起，办理终结18件，其中药品案件13件，医疗器械案件6件，构成刑事犯罪移交公安机关1件；加大药械抽验力度，完成药品针对性抽验19批次，基本药物抽验31批次，农村评价性抽验30批次，医疗器械抽验12批次。

【食品安全专项检查】 协调质监、工商、卫生等相关部门，于春节、高考、中秋、国庆等重点时间段和节目，组织食品市场联合检查；开展打击违法添加非食用物质和滥用食品添加剂专项整

食品联合抽验

治、辣椒制品专项检查、地沟油、问题乳粉专项整治活动。

【食品质量集中抽验】 对内部分食品进行三次联合抽验，抽取蜂蜜、酱卤肉、啤酒、食用油、生猪肉、面粉、纯净水、饮料、食醋、酱油等10大类200批次食品，其中30批次食用油和14批次蜂蜜为结合群众举报和专项整治开展的针对性抽验，其他156批次食品为评价性抽验。抽验合格率93.59%。

【食品安全宣传教育】 开展主题宣传教育活动，组织《食品安全法》等宣传教育活动5次，印发宣传材料1.5万份，接受群众咨询350余人次；开展食品安全常识“三进”活动（进社区、进学校、进农村），印发食品宣传资料6000余份，不合格食品公示表1000余份，在7个社区开展食品安全知识讲座，受教育群众3200多人。

【机关建设和执法队伍建设】 先后20余人次参加上级局举办的各类培训班，依法行政工作在责任目标考核中获得总成绩全区第一名；开展创先争优和读书竞赛活动；文明单位创建工作顺利通过市级文明单位评审验收，获市级“文明单位”称号；加强单位形象宣传。撰写政务信息稿件14篇，新闻宣传稿件20篇。

（郝晓玲）

上街村汉寿亭侯画像碑

汉寿亭侯画像碑（又称“勒马听风图”碑），位于峡窝镇上街村。青石质，高1.4米，宽0.9米，线刻，画面刻关羽侧耳凝神，作听风状。右手持偃月大刀，左手勒马。马头被勒回，马左足抬起，神骏异常。碑右上方有明万历年间汜水知县张应春题记。题记说，自己平日不善画画，“长至之晚，约三鼓，梦关公勒马而前曰：‘余汉之寿亭侯也，尔为我画一像何如？’即惊起援笔而成”。至天明，再画也画不成了。碑阴为《邑贤侯华州张公德政碑》，为歌颂张应春任汜水知县期间的善政所立。2005年11月3日上街区人民政府公布为县级文物保护单位。

城乡建设与管理

规划管理

【概况】 住房和城乡规划建设局（以下简称“区住建局”）深入落实科学发展观，做好规划修编，规划审批，阳光规划和规划宣传工作，促进了城乡规划工作健康发展。

【规划修编】 委托上海同济大学设计院对区总体规划进行修编，设计单位通过现场查勘，收集资料等，初步完成规划方案。编制完成《沿孟津路整体综合开发规划》。该规划北起丹江路，南到万泉河路，规划区面积2平方公里。该规划明确沿孟津路两侧用地规划性质及建设内容，划分了规划结构布局，完善了区域交通格局。

指导长铝公司编制完成《长铝旧街坊改造规划》。该规划为中国铝业河南分公司生活区12街坊、22街坊、32街坊、42街坊、14街坊，规划用地26.1万平方米；拆迁93栋楼，19.8万平方米，拆迁3136户；规划建设127栋楼，多为高层建筑，56.79万平方米，可安置3952户；计划分三期进行改造。《上街区汜水河沿岸地区概念规划》由上海同济城市规划设计研究院编制完成，历时两个月。规划东自洛宁路，西至汜水河，北起陇海铁路，南达310国道，规划区面积15平方公里。

【规划审批】 区住建局对每一个申请建设项目，首先由业务人员深入现场查看，土地环保部门共同提出初审意见，城市规划委员会集体研究通过。累计审批各类建筑项目23项，面积31.1万平方米；工程管线14项，总长25.4公里；办理建设用地规划许可证3份，面积198.74亩。规划审批把关率达100%。

【规划宣传】 住建局加大规划宣传和专家咨询力度，组织职工进行规划咨询，印发城乡规划宣传资料，展示规划成果，充分发挥城市规划专家团作用，华慧有色工程设计有限公司成立咨询团，对城市规划和审批项目提出修改意见；通过发放宣传材料，制作宣传标语，宣传《中华人民共和国城乡规划法》，使城乡规划建设走上有法可依、依法建设轨道。

（梁　凯）

建设行业管理

【城区建设】 加大基础设施建设，完成新安西路改造工程。建成面积26.66平方公里，人口为141746人，区域城镇人口为106721人，城镇化率75.29%。

【建筑市场管理】 加大建筑市场管理，优化建筑业发展环境，规范建筑市场，全年完成工程招标11项，建筑面积21.83万平方米，道路长11.85公里，工程造价3.1亿元。共办理工程报建16项，建筑面积26.62万平方米，道路长11.85公里，工程造价3.62亿元。

【建筑业资质管理】 全区共有各类资质企业28家，其中冶炼施工总承包企业1家，房建工程施工总承包企业7家，矿山工程施工总承包1家，市政公用工程施工总承包2家，机电设备安装工程专业承包5家，建筑装修装饰承包3家，环保工程专业承包1家，钢结构工程专业承包1家，建筑防水工程承包1家，金属门窗专业承包1家，水暖电安装作业分包2家，住建局对送审

25家企业进行审查，3家因上报资料不完善而未通过审核。

【工程质量监管】 根据郑州市建委建筑工程质量管理要求，认真开展建筑质量监督检查工作，全年对上街区建筑工程质量进行监督185项，总面积61.5万平方米。

【安全生产管理】 采取拉网式检查和重点抽查相结合，检查与复查相结合，自查与交叉检查相结合，做到从源头和过程中遏制事故发生，全年开展建设安全大检查11次，安全专项整治5次，检查建筑工地300余家。

（梁 凯）

建材业管理

【建筑节能管理】 “十一五”期间，根据能耗统计和区发改委的统计，建筑节能实现节约1.75万吨标煤，单位GDP能耗降低19%左右。

（梁 凯）

城市管理

【市政建设】 许昌路西段亚星盛世新城集中供暖完工，供暖面积21万平方米，主干管网1500米，概算550万元。

许昌路东段集中供暖管线6800米，概算3500万元。一期供暖面积32.9万平方米，后期供暖面积73万平方米。

【市政设施养护】 对88万平方米车行道和77万平方米人行道进行养护管理，维修方砖1670平方米，沥青灌入4252平方米，疏挖进水井3669座次，更换井盖167套；维修路灯1938盏，维修箱变215台次，拆除路灯灯杆35根，灯杆刷漆45根，维修数码灯215盏。

【市政管理】 污水处理厂设计处理能力3.5万立方米/天，实际处理能力3.4万立方米/天，生活污水集中处理率85%。处理污水1236.7万立方米，化学需氧量削减量2886.3吨，耗电量329.1万千瓦时，产生污泥1726吨。

（杨伟波）

市容环境卫生

【环卫基础设施建设】 新建老干部局公厕和安阳路与秀山路交叉口两座公厕，改造工业路、清真寺、聂寨路、淮阳路中转站和汝南路中转站五座公厕。

【环境卫生管理】 对全区253万平方米道路全天保洁，坚持每天检查，每周小结，每月评比；29座公厕定人定岗免费开放，10座中转站专人管理，果皮箱完好率100%；5月～10月，对全区主次干道进行洒水降尘，每天早晚各1次。

【垃圾无害化处理】 清运生活垃圾2.55万吨，全部运至荥锦垃圾电厂焚烧，处理率100%。

【环卫工人节活动】 在省第13届“环卫工人节”组织职工参加市局开展的各种竞赛活动；邀请区领导在电视台发表电视讲话，呼吁全社会关心、关爱环卫工人；授予济源路街道办事处环境卫生工作先进单位和26名“环卫先进工作者”及54名“优秀城市美容师”称号并进行表彰。

（杨伟波）

园林绿化

【公共绿地建设】 郊野公园西侧游园占地面积0.5万平方米，栽植各类乔、灌木1929株。鸿园街游园占地面积0.3万平方米。栽植各类乔、灌木7337株。铝城公园升级改造完成塑石湖岸1188平方米，铺设广场454平方米、园路360平方米，维修围栏1000米，改造假山2座、公厕2座，安装路灯60盏、坐椅20套、警示牌2个及新建塑石假山瀑布1座，木平台1个115平方米。

【道路绿化建设】 中心路、济源路绿化升级改造工程，共完成中心路广玉兰栽植820株，济源路雪松栽植122株，对济源路树穴增设玻璃钢篦子或栽植葱兰2500平方米。

【单位及居住区绿化】 各镇办完成庭院绿化4万余平方米，栽植各类乔灌木5万余株。

【园林绿化管理】 全区157万平方米公共绿地清理杂物1.4万

节日花卉摆放

多立方米，修剪绿篱、草坪14万平方米，修剪行道树2.8万余株，管理苗圃地40亩；

对全区行道树、公共绿地、公园、游园、广场喷洒农药10遍，出动车辆200多台次；对全区公共绿地和行道树普遍浇水18遍；

在政府门前、广场等处摆放花草18万余盆；完成登封路等行道树补栽889株。中心路补栽广玉兰128株；安阳路、洛宁路、世纪广场等地草坪补种3.2万多平方米；中心路、丹江路等地花坛、绿地内补栽月季、金叶女贞、瓜子黄杨等苗木1700多平方米；龙江路东段苗圃移栽雪松295株、枫杨780株、法桐835株、黄杨600株、女贞364株、白玉兰44株。

（杨伟波）

城市综合管理

【概况】 加强市容环境、户外广告、违章建筑整治力度，累计查处流动占道经营5300余起，突出店堂经营5500余起，处理违章物品575件，违章洗车40余起；清理户外广告3.1万余处，抓捕非法喷绘户外广告230余人；清除软体广告条幅210余条；处理噪音扰民23起，查处损坏市政设施违章行为19起；下发违章建设整改通知书18份，扣违法建设物品28件；取缔非法燃煤大灶200余个；抓捕无证犬137条，督促办证12起，纠正处罚不文明养犬行为67起；查处遗撒遗漏违章车辆480余辆；加强施工工地出入口污染路面行为监管和查处，处理8起；接受群众投诉举报978起，办结率100%。

（杨伟波）

供　水

【概况】 自来水公用设施完成供水量333.8万吨，售水量280万吨，水费收入560万元。完成装备产业集聚区、道北旧村改造区域自来水管网配套方案及工程预算。完成新接用水15户，43次爆管抢修；完成区人大代表建议答复两份，满意率100%；配合郑州市城市管理局、河南省水协，完成水质督查工作；完成南部园区配套水源井一眼。

（赵　静）

燃气供管

【概况】 完善城区配套管网，减少城区盲点，完成煤制气门站及储备站1座，中压城市管网46公里，入户管网居民用户1万余户，商业与公福用户113户，工业用户15户，日供气能力20万立方米，年实现销气量2500万立方米。完成17个小区2300户居民管道铺设入户，发展工商业用户10余家。采取措施，及时处理“8·27”燃气事故，全区顺利恢复正常供气。

（梁　凯）

房地产开发管理

【概况】 2010年5月，区政府机构改革，按照《关于成立郑州市上街区房产管理中心的通知》〔上编（2010）01号〕文件精神，撤销郑州市上街区房产管理局（郑州市上街区住房制度改革委员会办公室），同时成立郑州市上街区房产管理中心。事业单位，隶属郑州市上街区住房和城

乡规划建设局领导，由郑州市上街区住房和城乡规划建设局委托行使全区住房保障、房产管理及住房制度改革等相关职责。该中心有职工 34 人。内设办公室、房产科、物业科、房改运行科、财务科、行政服务科 6 个职能科室。另下设郑州市上街区维修基金管理办公室，事业单位，隶属区房产管理中心领导。

2010 年区房产管理中心深入开展“创先争优”活动，科学管理、依法行政，积极推动全区房地产业的持续健康稳定发展，被评为郑州市住房保障房地产管理系统先进单位、郑州市住房保障管理工作先进单位、上街区优质服务窗口。区行政审批服务中心房管局窗口，通过复检，再度获得“河南省优质服务窗口”荣誉称号。

【房地产开发建设投资稳步增长】 全区备案的开发企业 18 家，其中有在建、拟建项目企业 11 家，在建开发项目包括亚星江南小镇、建业森林半岛、汇泽国际城、盛世新城、乐福国际、明珠公馆、理想名城、尚·上品、理想名城、德宝国际花园、康晖新天地、五云山开发 12 个项目，开发建设 33.74 万平方米，较去年同期增长 34.16%；投资总额 5.11 亿元。

【房地产交易活跃】 各类房地产交易 7012 件，其中商品房买卖合同登记备案 3526 件，面积 33.03 万平方米，金额 7.65 亿元；新建商品房交易 2848 件，面积 26.46 万平方米，金额 6.13 亿元；二手房 638 件，面积 6.2 万平方米，金额 0.81 亿元。商品房销售均价 2315.12 元/平方米，同比上涨 10.82%。

【房屋权属登记管理规范化】
扎实开展优质服务窗口创建活动，规范和简化办事程序。最大限度简化办事程序、压缩办理时限，提高工作效率。严格执行服务承诺制、限时办结制、首问负责制、一次性告知制等各项制度。开展“便民服务进社区”、“企业服务年”活动，认真履行“四项服务”具体措施，主动深入基层、企业宣传政策法规，变被动服务为主动服务，切实为办事群众解决困难和问题。办事流程、办理时限、监督电话通过公告栏、宣传手册向社会公开，定期开展评议政风行风活动，接受群众监督，积极整改。

全年完成初始登记 73 件，面积 41.2 万平方米，其中住宅 29.53 万平方米，非住宅 11.67 万平方米；转移登记 2247 件，面积 25 万平方米，金额 4.14 亿元；变更登记 125 件，面积 1.69 万平方米；他项权登记 2099 件，面积 34.68 万平方米，贷款金额 5.27 亿元；商品房预售许可 22 件，面积 11.08 万平方米，其中住宅 10.27 万平方米，非住宅 0.81 万平方米。

【物业管理规范化】 区房管中心与街道办事处指导新成立业主委员会 3 个，对 15 家物业服务企业开展物业服务质量动态考核。通过实现政府、镇街道、社区三级物业管理联动机制，使物业管理更加规范。

【维修资金归集和监管使用】
归集房屋维修资金 2670 起，归集金额 1100 万元，是全年责任目标的 275%。对申报维修房屋进行现场勘测 96 人次，使用维修资金 22 起。对城建区内所有房屋进行全面安全检查 3 次，对重点隐患采取不间断跟踪检查处理。

【整顿规范房地产市场秩序】
加强房地产市场监管，营造良好市场环境，促进市场健康运行。强化房地产市场监管手段，认真执行审批“三公开”制度，严格把好商品房预售许可关；认真实行房地产开发项目动态巡查制度，把违法苗头消灭在萌芽状态；加强房地产广告发布及中介服务管理，依法维护市场秩序。成立专项检查组，及时组织执法检查。健全监管网络，全力打造阳光房管，增强市场透明度，维护房地产开发企业和消费者双方权益。

【廉租住房保障工作】 调整廉租住房标准，扩大廉租住房覆盖面。全年纳入廉租住房保障家庭 316 户，其中享受廉租住房补贴 302 户，享受廉租住房实物配租 14 户。将廉租住房补贴发放标准提高到 6 元/平方米/月/人。全年累计发放廉租住房补贴 14 万元，对申请并符合廉租住房保障条件的低收入家庭实现“应保尽保”。

【住房制度改革】 深化住房制度改革，加快推进旧街坊改造步伐和城中村改造。积极推动中铝企业旧街坊改造。加强与中铝河南分公司联系，推进改造步伐，计划5年时间改造旧街坊60万平方米。建立完善农民安置楼建设及出售政策。支持城中村和中心村改造和建设，批准改造面积34558.68平方米，对建成的农民安置楼积极办理产权证。积极化解遗留问题，办理公房出售（遗留问题）产权登记156件，建筑面积10627.97平方米；集资建设经济适用房出售243套，建筑面积23570.83平方米，办结率达100%。

（郑艳红）

国土资源管理

【概况】 随着城区面积不断扩大，基础设施建设和工业化进程加快，占用耕地现象日趋严重，保护有限土地资源，采取占一补一、土地开发整理等措施加以补救，实现占补平衡。修编完成新一轮土地利用规划（2006～2020）及乡级土地利用规划（2006～2020），有效控制建设占用耕地现象。

【基本农田保护】 严格执行基本农田保护“五不准”政策，落实各项保护措施和制度，完善基础资料，自上而下层层签订耕地和基本农田保护责任书，保证耕地和基本农田面积不减少，质量不降低，实现占补平衡。与其他县市国土资源部门联系耕地占补平衡指标，共签订易地补耕协议三份，购买新增耕地占补平衡指标137公顷，连年实现耕地占补平衡。

【加强地籍管理】 办理城镇土地分割登记发证2612本，办理国有土地使用权确权发证89宗，面积138.2676公顷；完成土地使用权抵押登记89宗，抵押面积225.6208公顷，抵押价款25109.38万元，担保金额59237.35万元。

【国土资源市场建设】 完成国有土地使用权出让59宗，面积107.1537公顷。其中协议出让2宗1.0426公顷，招拍出让57宗，106.1111公顷。征收土地收益租金177万元。

【保障重点项目用地】 完成5批城市建设项目用地275.0287公顷，2批乡镇建设用地129.1661公顷，1批调整建设用地18.6760公顷，1批单独选址项目建设用地0.1341公顷，共423.0049公顷。

【盘活存量建设用地】 深入开展"节地挖潜"工程，拆除各类建筑物333705.4平方米，整合土地资源4023亩。

【乡级土地利用规划修编】 经过征求意见和专家论证，乡级土地利用总体规划（2006～2010）修编工作通过市政府批准实施。新一轮乡级土地利用总体规划核减基本农田900公顷，改变因规划基本农田面积过大而阻碍城镇发展被动局面。

【土地执法监察】 坚持“预防为主、查防并举”方针，充分发挥村级土地协管员及多部门联动机制，对违法用地现象做到早发现早制止，消除在萌芽状态，并建立完善“提前介入、关口前移、查防结合、依法行政”执法监察模式，有效净化土地市场秩序，在全国第十次卫片执法检查中，未发现一起违法用地现象，连续3年实现全国卫片执法检查“零违法”。

（刘元生）

城乡环境保护

【环境监察】 出车408车次，检查人员829人次，检查企业372家次。控制扬尘污染、露天喷漆行业综合整治，工业废气净化外排等，环保热线接省、市转办件3件，接咨询、投诉类电话160件，受理案件81件，受理率100%、查处率100%、回访率100%、结案率100%。

【环境监测】 监测项目55项，涵盖水、气、声、土壤等领域。制定《上街区环境监测应急预案》，完成监测并记录有效数据520184个。废水监测194次，大气监测64次。及时准确地完成废气、废水、环境空气的数据监测编制和上报。

【工业污染防治】 下达限期治理通知6份，治理4家。23家国家、省、市、区重点污染企业完成“一源一档”和应急预案制定完善工作，污染防治设施正常运行率98%以上。污染源普查工

作通过省、市普查验收。

【建设项目环境管理】 审批建设项目 66 个，其中环境影响登记表 22 个，环境影响报告 44 个，验收建设项目 24 个，“三同时”执行率 100%。

【秸秆禁烧暨综合利用工作】 做好夏秋两季秸秆禁烧工作，共张贴禁烧通告 600 余份，悬挂禁烧条幅 300 余条，张贴标语口号 1000 余张，印发宣传品 1 万余份。实现“不点一把火、不冒一股烟、不烧一棵树”的工作目标，农田面积 24620.9 亩，秸秆还田 22759.9 亩，综合利用面积 1861 亩。秸秆综合利用率 100%。

【危险废弃物和辐射环境管理】 组织中铝河南分公司开展放射源突发事件演习，清查 3 家涉源单位的 598 枚放射源使用、存放和分布情况，现场核查 20 家使用射线装置单位。废旧放射源、放射性废物 100% 依法安全处置。

【环境综合整治】 完成长铝公司锅炉站两根废弃烟囱拆除任务，全年检测机动车 4052 辆，治理超标车辆 696 辆。实施机动车“黄绿标”管理工作，发放环保标志 4052 个。

【绿色创建工作】 中心路办事处盛世社区创建“省级绿色社区”、济源路办事处东方社区创建“市级绿色社区”、中小学劳动技术实践基地创建成“市级绿色学校”和中心路办事处任庄村创建市级生态文明村，全部达标。

世界环境日

【环保宣传教育】 全年进行 6 次环境大接访活动，发放各类环保宣传册和宣传资料 3 万多份，接受环保咨询 200 余人次；新制大型公益创模广告 40 块，墙体喷绘标语 40 余条，宣传展板 300 余块，辖区环保及创模知晓率达到 85%。

【污染减排】 加强污染减排，坚持每月对污水处理厂检查两次以上，出水水质达到一级 B 排放标准。

【清洁生产审核工作】 河南上蝶阀门有限公司、河南黑马实业有限公司开展清洁生产审核通过郑州市环保局清洁生产审核验收。

【政风行风】 完善规章制度，汇编成册。确保制度落实到位，用制度建设来端正党风、转变作风，管人、管事、管工作。坚持对环境行政审批、环境行政评审、环境执法等关键环节实行集体研究、民主决策、阳光行政，并专门设置了“一栏一箱一卡”：“一栏”即政务公开栏；“一箱”即高质量的“民主监督评议意见箱”；“一卡”即包含照片、姓名、职务和监督评议电话内容的胸卡。

（张　静）

交通·邮政·通信

交 通

铁路运输

【概况】 火车站以科学发展观为指导，紧紧围绕以“安全畅通”为核心，齐抓共管，确保运输安全持续稳定，取得安全生产和运输收入双丰收。实现连续安全生产10182天无事故。先后获得郑州铁路局双文明先进集体、洛阳车务段工会先进职工小家、洛阳车务段先进车间、先进工作法等荣誉称号。

【安全运输】 开展“安全生产年”、安全大检查活动、安全生产专项整治、“安全大检查回头望”活动、“安全生产月”、车务系统暑期运输安全大检查、“严两纪、抓标准、保安全”、“创一流、树形象、保安全”、“查隐患、促整改、保安全”等活动，及时发现解决影响安全生产等方面存在的问题，全面提升标准化作业水平和站容站貌改善，巩固安全运输基础。

【落实安全生产责任制】 在强化综合管理的措施上狠下工夫，进一步提高职工的安全责任意识，采取“兼职并岗、一岗多能”措施，实施运转、货运、客运工种内部岗位安全互补，运转与货运、客运的岗位安全互补，建立起交叉堵漏、岗位互补的安全屏障。为确保旅客乘降安全，针对二站台窄的状况，在运输组织上对上行通过列车采取降低速度的措施，保证旅客乘降安全。

【完善安全卡控措施】 车站每月发出车辆8000多辆，过去站编列车中途车辆常常抱闸，造成不安全因素。为彻底改变这种状况，车站对站编、始发列车检查方法认真调查和分析，制定双面检查、辆辆涂打标记一套完善的联合检查车辆办法，杜绝了因漏检查车辆而发生抱闸问题和不良车辆出站，保证了发出列车的安全。

【客运及货装安全管理】 在客运方面重点围绕春运、列车运行图微调工作，强化对客运危险品检查、旅客乘降安全管理，杜绝和消灭客服安全问题。在货运装卸方面，健全制度、严格管理、狠抓落实，扎实做好货运安全基础工作，强化货运安全管理。对企业人员培训，凡参加培训的人员必须达到铁路要求上岗作业，车站专门发放合格证。对长城铝业公司建档培训3批，共计21人；现场培训25次，共计102人。

【抓好人身安全】 加强人身安全规章和措施的落实，集中开展人身安全大讨论，加强职工交通安全教育，严禁酒后或违章驾驶机动车辆。制定《上街车站作业安全卡控办法》，预防和杜绝人身安全事故发生。

【安全运输】 加强运输组织，提高运输效率，各运输生产岗位紧密协调加强合作，深入开展挖潜提效活动，利用地域优势，多拉多装，针对自身运输特点，优化运输组织，及时编解列车，消灭欠重列车，提高运输效益。实现装车27746车，完成计划的

129.1%；发送量1756235吨，完成计划的128.5%；静载重63.3，完成计划的101.2%；停时11.4，完成计划的157.9%；运输收入2.46亿元，完成计划的124.6%；各项主要指标均创历史最好成绩。

【提高客货服务质量】 深化“树标塑形”活动，改善客货硬件设施，细化、规范、统一服务标准，提升服务内涵，倡导服务品牌意识，全面提升服务质量，增强市场吸引力。同时，加强路风建设，维护路风路誉，严肃查处以车以票谋私行为，维护旅客货主的合法权益，树立良好企业形象。

【开展好送清凉活动】 暑运期间开展好送清凉活动。遇高温天气，车站准备绿豆水、饮料、西瓜等防暑降温物品，为安全生产提供保证。帮助职工排难解忧。救济、婚丧、慰问，全年帮助职工办理婚丧嫁娶7次，家访困难职工及退休职工23次。组织职工到东南四地旅游参观，调动广大职工工作的积极性、主动性和创造性。

（邢星志）

公路运输

【概况】 加快进度，强力推进农村公路建设。在克服原材料涨价和材料紧缺的情况下圆满完成14个项目9公里农村公路改建任务。全年完成客运量137.32万人，客运周转量6437.38万人公里，较上年增长46%；货运量278.28万吨，货运周转量41904.69万吨公里，较2009年增长了46%。新增营运货车1476辆，新办理运输许可证1172家，办理营运证1476个；新增维修企业3家，办理上岗资格证75个；新增物流企业9家；审验营运证1110个，新开通2条客运线路。

【做好公路养护工作】 在管养工作中，严格执行郑州市干线公路养护管理办法，结合实际制定切实可行的长效管养机制，使干线公路管养工作制度化、管理工作规范化、管理效能绩效化，管理水平标准化。挖补坑槽451.5013平方米，清运垃圾173立方米，种养路林花草9.32万平方米，修剪苗木1.2万米，累计投资43.54万元，管养路段公路技术状况指数平均MQI值为87.66；3座桥梁经过认真检测，全部评定为一、二类桥；排除管养路段安全隐患，确保国道畅通无阻和过往车辆安全运行。

【加强运输市场监管】 加强运输市场整治，规范市场秩序。对汽车站、机动车检测站实施24小时监控，对客货运车辆、危运车辆进行动态监管，规范客货运车辆、危运车辆经营行为。开展打击非法经营专项活动。畅通举报投诉渠道，精心组织、周密安排，采取突击查堵、设卡检查、跟踪调查等多种方式，集中时段、不分昼夜、全员出击、循环稽查，建立“打非”长效机制。汽车站全年发送班次21.75万余班次，运送旅客180.19万余人次，查处“三品”71件，售票收入420万余元，完成税收10万余元，实现利润2万余元。

【完善城乡客运网络】 按照交通运输部“三个服务”的要求，不断加强农村客运网络化建设，推行农村客运班线的发展，促进城乡一体化建设，全区实现100%通公交。

【维修市场规范化管理】 加强机动车维修行业管理，维修企业年审验率100%，严把市场准入关，加强与工商、市政等部门联动机制，采取联合稽查方式，查处无证经营、占道经营等违法违规经营行为。加强对维修企业监督检查，规范企业经营行为。开展维修企业“质量信誉考核”活动，评出AAA级维修企业4家，AA级企业27家。

【郑上1路客运】 郑上1路是上街区连接郑州市区唯一一条公路客运线，共59辆客车，分别由郑州市交运集团（8辆）、郑州市新中州集团（1辆）、区金象城乡公交公司（14辆）、荥阳市金象城乡公交公司（36辆）共同经营。郑上1路从上街汽车站和郑州西站实行对发，每天平均180个班次4000人次。

【加强学习型机关建设】 区运管所从强化学习教育，提高队伍素质入手，在学习对象、形式上做到全员化、多样化，通过规范执法学习，使全体职工综合素质得到提升。规范服务行为，创新管理模式。对审批业务推行“一站式办公”。通过各种方式，在营运车辆年度审验期间，及时通知车主，变依法管理为主动服务。在全省首创参运客车安装遇险危机处理安全提示视频，创新春运安全管理新模式。规范执法行为，树立良好形象。认真落实省交通厅规定的“统一标志、统一服装、统一证件、统一文书”“四统一”要求，将执法车辆统一改喷标识，安装GPS可视系统，将原运政稽查队更名为运政执法大队，统一规范执法程序和文书，提高运政部门对外良好形象。

（姚建华）

邮　政

邮　政

【概况】　区邮政局设综合办公室、市场部、检查室3个职能部室；函件公司、电子商务、分销物流公司、发行公司、集邮公司、金融业务局、代理保险公司7个专业公司；1个内部支撑部门分拣室。全区独立邮政储蓄营业网点1个，独立邮政营业网点2个，综合邮政网点3个，ATM自动柜员机5台，信筒14个，班车邮路9公里，农村投递路线179公里，城市投递路线435公里。年末全局从业人员112人，完成邮政业务总量1940.74万元，实现业务收入1747.94万元，年邮储余额净增6609.28万元，年末余额累计达35267.13万元，全员劳动生产率15.6万元。被郑州市邮政局工委授予“先进基层工会”称号，被郑州市邮政局、郑州市邮政局工委授予“2010年度‘兴邮杯’竞赛先进单位”称号和“2010年度安全保卫工作先进单位“称号。

新综合生产楼

【基础设施建设取得新突破】区邮政局新综合生产楼建成，选址重建农村支局所峡窝邮政所、装修改造汝南路示范邮政储蓄营业厅，全区新安装ATM机3台，提升信息化应用水平，有效支撑业务发展，优化用户的用邮环境。

【服务“三农”工作稳步推进】　区邮政局在峡窝镇峡窝村、石咀村、上街村、郊段村和朱寨村建设5个村邮站，打造集报刊信件投递、代收费、金融服务、文化服务于一体的综合性社会公共服务平台，满足农村社会公共服务均等化需求。

【开售上海世界博览会门票】　2010年，邮政局网点开售世博会门票，市民可拨打邮政营业厅电话或到营业网点订票，辖区的工作人员可直接送票上门。

【关心关爱职工生活】　开展“职工生日送鲜花送蛋糕”活动，组织76名员工赴上海世博会参观，组织包括离退休职工在内的全局职工健康体检，建设标准化职工宿舍，使广大职工充分享受改革发展成果。

（安丽娟）

通　信

联通公司

【概况】 中国联合网络通信有限公司上街区分公司成立于2008年12月，前身为上街区网通公司和原上街区联通公司。融合后的新联通公司拥有移动通信(3G和2G)、固定电话、宽带业务等全业务经营产品。联通公司为全区党政机关、大中型企业、各机关团体和人民群众提供通信服务。业务范围包括移动通信、固话、宽带、融合业务、增值业务等传统通信业务和3G、无线上网、图文、多媒体应用等新增业务。

主营业务收入3552.3万元。各类固定电话37676户，普及率29.1部/百人。各类宽带用户30069户，普及率71部/百户。移网业务发展27467户，其中2G业务24246户，普及率17.39部/百人；3G业务3221户，出账用户达1415户。融合业务累计有费用用户11616户。

【基础设施】 联通公司拥有固定电话总容量48000门。宽带容量ADSL21104线、LAN7196线、EPON6280线。建成开通移网2G基站45个，信号覆盖全区，实现城区内无盲区。建成开通3G基站27个，信号覆盖整个城区。全区布放光缆527皮长公里，电缆2300多皮长公里，建成覆盖全区通信网。建成覆盖全区所有局、委、街道办、社区千兆政务内、外网。建成覆盖全区，直达所有城镇社区、农村村委党员干部远程教育DVD网。党员远程教育网“让干部经常受教育，让农民长期得实惠”，丰富了基层社区党建手段，通过“致富经”、“农业科普讲座”、“每日农经”、“农业产品市场信息”等栏目让农民依靠科技致富、信息致富。建成联接区公安分局至各派出所的公安网；建成联接区教委和8所中小学的教育网。为配合做好“平安上街”建设工作，完成全区道路监控点20处，小区监控57处。建成并开通覆盖全区旅店宾馆的旅栈业VPN网。配合区政法委和上级公司组织的“居家卫士”建设工程活动，在1镇5街道使用技防设施，开展‘居家卫士’系统建设，4000户“居家卫士”全部安装到位。实现新建楼宇光纤到户，已建成EPON小区15处，安装EPON设备近6280端，解决了这些区域用户高速上网问题，区域最大网速达16M以上。

【技术和网络】 2009年9月，中国联通推出3G业务，标志着以“沃”为核心品牌的新联通秉承企业精神，注入活力、进取、开放、时尚新元素，凭借全业务优势为广大客户提供全面、优质的个性化通信服务。

（王俊伟）

移动分公司

【概况】 中国移动通信集团河南有限公司郑州市上街分公司组建于1999年。主要经营移动话音、数据、IP电话、多媒体和互联网等业务，拥有“全球通”、“神州行”、“动感地带”等知名品牌。移动分公司以客户为中心，不断开展服务与业务领先创新，形成以业务支撑系统为保障，以自建营业厅和10086客服中心为核心，以专营店、代办点为主体，以掌上营业厅、网上营业厅、短信营业厅等为补充的覆盖城乡营销服务网络。移动分公司不断强化基础管理，创新举措，务求实效，稳步前进，移动计费用户数达11.5万户，占全区人口的88.2%；建设GSM基站和TD－SCDMA基站70座，在郑州市最早实现全区网络无盲区覆盖。

【业务发展】 移动分公司不断拓展业务领域，从集团市场和大众市场入手，运用科学经营分析系统，加强市场细分，抓牢两个市场，即以稳定存量市场为重点，加大对高价值客户签约和保有的工作力度，提高营销政策针对性和有效性，夯实存量市场。不断发掘潜在的新增市场，重点对峡窝镇、学校、工地市场进行深耕，充分利用村级V网、发展村级业务宣传员、开展工地市场营销推广等方式，培育促进新增市场份额。从渠道建设和梳理入手，在维系好、服务好现有专营店、代办商的基础上进一步发展末梢渠道，理顺渠道业务拓展通道，在工作广度和深度上下工夫，稳定优质渠道商，培育新增渠道，把控市场全局。

【网络建设】 移动分公司有GSM宏蜂窝基站70个（其中TD-SCDMA基站15个）。在行政服务中心、高档酒店、超市建设室内覆盖直放站20多个。GSM信号已经覆盖全区，并以网络信号覆盖广、信号质量高成为全区居民移动电话的首选。

TD-SCDMA是中国移动采用的3G标准，是国家重点护持项目。上街移动分公司已完成15座TD基站的建设任务，主要覆盖区政府、区直单位及高档酒店（上街区行政服务中心、多文多大酒店、丹尼斯等），实现城区3G网络覆盖。为用户提供更优质的网络服务，提供更加多样的信息化产品应用基础。

【客户服务】 移动分公司完善服务机制，梳理服务流程，改善服务环节，推进服务工作精细化、集中化、标准化和便捷化。同时创新窗口服务模式，进一步实施差异化和个性化服务手段，提升客户满意度，建立科学的窗口管理体系，强化一线沟通管理，实现渠道、客户和服务的高度匹配。同时充分发挥自建营业厅的示范带头作用，加大专营店、代办点的服务技能培训，不断提升全区整体服务质量。在内部管理上，积极挖掘营业厅的创造性，鼓励各营业厅开展班组文化竞赛活动，开展“服务与业务比赛”、“星级营业员”和“服务明星”评选等形式多样的服务提升竞赛活动，提升服务品质和服务水平。

【信息化应用】 移动分公司积极同各集团单位在电子政务、企业信息化、农村和农业信息化、社会公共领域信息化、信息产业等多个领域展开全面合作，在政府、金融、税务、工商、公安、教育、农业等行业和部门推广了“车务通”、“警务通”、“校信通”、“农信通”等移动信息化解决方案，助力大型集团创新和中小企业成长。2010年，移动分公司积极推动企事业单位信息化应用，全区在网集团用户达600家，集团成员达3万户，总体订购信息化服务包130多家，“农信通”科技信息用户数达5141户。

【新农村建设】 移动分公司重视农村通信网络建设和信息化应用推广，采取多种举措加强农村通信网络建设和农村信息化应用，先后启动了“行政村村村通电话工程”和“自然村村村通电话工程”，解决在南部山区丘陵地带弱信号和无信号覆盖问题。克服各种困难，先后铺设传输线路300多公里，在西林子、张沟、营坡顶、东林子和老寨河等地建设开通了新基站10余座，实现全区移动网络全覆盖、村村通电话的目标。

在峡窝镇各行政村启动“移动富民网”工程，搭建“村级V网”，将全村村民组到一个网内，帮助农民节省话费开支。开展“送信息下乡”活动，使农民可以在第一时间获取最新农业政策、致富信息、农时天气、农产品市场行情信息和实用技术信息。

【社会责任】 移动分公司积极履行社会责任，圆满完成会议服务、大型活动的应急通信保障任务，树立良好的企业形象。积极参与当地文明创建、爱老敬老，关爱贫困人群等各项活动，在郑州市慈善日活动中，积极组织捐款，关爱困难弱势群体；到敬老院开展文艺演出慰问活动；组织全区中小学校校长和优秀教师开展长跑活动；先后组织“盛世梨园曲·欢乐神州行”大戏院巡演和“欢乐中原·魅力上街”大型户外广场文化演出活动等。

（张心涛）

中国电信

【概况】 中国电信上街分公司秉承“用户至上、恪守诚信、规范经营；用心服务、构建和谐、消费环境”经营理念，以用户满意为衡量标准，持续提升服务水平，努力为用户创造更大价值，“追求企业价值与客户价值共同成长”经营理念，努力实现全业务又好又快发展。拥有固定电话用户达1400多户，移动电话用户近4100余户、互联网用户4000余户、3G无线宽带用户近300余户、商务E通160余户。

【基础设施建设】 电信分公司建设固网机房8个，固网线路实现部分小区全覆盖，解决了部分群众选择使用中国电信高速、快捷的互联网络和优惠资费的固定电话业务；在CDMA移动网络建设中，投入在网运营基站19座，全部升级为CDMA2000 3G网络，实现城区、高速、高铁沿线和乡镇等无线信号全覆盖，使电信客户能够享受绿色环保、无辐射、通话清晰的CDMA优质网络生活。

【优化内部组织架构】 公司内部优化调整组织架构，明确员工工作职责和目标，结合员工各自不同的工作特点，从前端营销、后台支撑、到各个班组长及班组成员的编排，将在职工作人员合理定岗，充分调动员工工作积极性，促使每个员工最大限度地发挥个人所长。

【内部管理】 公司对各岗位工作的要求，规范不同的工作条例，要求员工严格遵照执行；制定了员工必须共同遵守的各项日常行为管理办法。各项规章制度在实际工作的操作过程中不断完善，在落实各自项工作要求中均有章可循、有据可依。

【内部培训】 坚持每周对在职员工进行培训，内容包括公司文件政策的学习、业务营销技能的交流，促进员工综合业务技能及服务质量的提高。调动员工积极工作的主动性。对实习员工培训毫不放松，在培训之后进行包括业务知识、营销技能、综合能力等实习工作指标综合考评，择优录取。

【电信队伍文化建设】 公司多次组织员工进行各类文体活动，让员工通过参与各项活动，深刻体会到团队合作的重要性，相互之间配合的默契程度大大提高。

（丁延军）

卢医庙

卢医庙又名扁鹊祠，位于上街区峡窝镇老上街村，据传初建于西汉鸿嘉三年（前18年），宋、明、清历代皆有重修。其主要供祀“敕（音：chì）封神应王”扁鹊，而后历代名医也依次左右列内受祀。其向坐北朝南，原有规模5000平方米，围绕中轴线，由南到北依次有山门、钟鼓楼、长桑阁、卷棚、老君殿等建筑。庙内现存建筑只剩山门、长桑阁、卷棚、大殿等。大殿面阔5间，东西长16.20米，南北宽10.85米，硬山灰瓦，正脊和垂脊尚存部分脊饰。卷棚长6.20米，宽10米。长桑阁，面阔3间，高为2层，东西长8.98米，宽5.68米，两面坡灰瓦顶，两山墙封山等处嵌有较精美砖雕，另存部分明清重修碑碣。1987年3月1日被郑州市人民政府公布为市级文物保护单位。

社 会 事 业

科技工作

【概况】　2010年，上街区科技工作以建设创新型中心城区为主线，以提高自主创新能力和区域综合科技实力为目标，不断加强政策引导，优化科技创新环境，加速科技成果转化，全面推动科技进步，为产业集聚区建设提供强有力的科技支撑。共获得省市科技资金支持385万元；完成区级高技术人才数据库，入库300余人；策划、包装高新技术工业重大项目5项；组织3家企业按照新的认定办法申报高新技术企业，华中建机按照新的标准被认定为高新技术企业，该企业组建的“郑州市制梁机工程技术研究中心”被认定为市级工程技术研究中心（重点实验室）；全区专利申请量达146项；郊段村被郑州市科技局评为第一批科技示范村。5月，河南省中国科学院科技成果转移转化中心批复同意在我区成立郑州绿色化工材料分中心。

【科技活动】　科技工作获得省市科技资金支持385万元；完成区级高技术人才数据库，入库300余人；策划、包装高新技术工业重大项目5项；组织3家企业按照新认定办法申报高新技术企业，华中建机按照新标准被认定为高新技术企业，该企业组建的“郑州市制梁机工程技术研究中心”被认定为市级工程技术研究中心（重点实验室）；全区专利申请量达146项；郊段村被郑州市科技局评为第一批科技示范村。

【科技成果】　2010年组织河南上蝶阀门股份有限公司申报省级科技成果鉴定10项成果鉴定，一次性通过省级专家评定。

科技成果鉴定及成果证书

表10

序号	成果名称	成果编号	鉴定日期
1	ZR743W－2.5C系列液动热风闸阀	豫科鉴委字〔2009〕第1345号	2009.12.26
2	HHx43H－25C系列斜板式换能缓闭止回蝶阀	豫科鉴委字〔2009〕第1346号	2009.12.26
3	ZRQ942X－6C系列水封式燃气切断闸阀	豫科鉴委字〔2009〕第1348号	2009.12.26
4	FD341X－10Q系列防腐蚀蝶阀	豫科鉴委字〔2009〕第1341号	2009.12.26
5	HRQ641H－40C系列燃气逆止阀	豫科鉴委字〔2009〕第1342号	2009.12.26
6	YXKD743H－25系列快速关断蝶阀	豫科鉴委字〔2009〕第1343号	2009.12.26
7	SDQF400WY－100系列双锁定双密封进水球阀	豫科鉴委字〔2009〕第1340号	2009.12.26
8	KD7x41X（H）－10系列蓄能罐式液控缓闭止回蝶阀	豫科鉴委字〔2009〕第1339号	2009.12.26

续表

序号	成果名称	成果编号	鉴定日期
9	D341SF－10系列双向聚四氟乙烯密封蝶	豫科鉴委字〔2009〕第1347号	2009.12.26
10	HJ41T（H）－10系列静音式止回阀	豫科鉴委字〔2009〕第1344号	2009.12.26

【科技宣传与培训】 4月，区科技局联合各镇办、区直各单位、各大超市连锁店、各大医药超市，在亚星盛世广场开展保护知识产权宣传周活动，悬挂条幅50多条，图片展板80多块，设立服务咨询台20余个，发放宣传材料3000余份。组织北辰康特大药房、康达尔大药房和幸福人大药房在药房门口设立咨询台、进行义诊。宣传组织商标法、专利法等法律法规，指导企业“懂商标”、“创商标”、“用商标”、“护商标”。重点组织河南黑马实业有限公司、郑蝶阀门有限公司、郑州长城科工贸有限公司等企业参与知识产权日宣传活动。组织40多家单位在亚星盛世广场和各个社区公共场所开展各种形式的街头大型科普宣传活动，吸引了近2万人，发放各类资料近3万份，接受咨询3000多人次，各单位制作展板200多块，在街道两旁悬挂科普宣传横幅80余条，设立服务咨询台25个。邀请专利事务所专家深入企业宣传知识产权相关法律、政策，并与企业管理和技术人员进行交流互动，解疑答惑，指导企业实施知识产权发展战略，增强企业家对专利保护的认识。引导培育豫中轻金属机械有限公司完成专利申请13项。组织峡窝镇和各街道办事处分管领导、企业界70多人参加专利知识培训。郊段村被郑州市科技局评为第一批科技示范村。

【科技下乡】 统战部组织科学技术局、科协、司法局、农村工作委员会等单位到峡窝镇沙固村开展“科技、法律、医疗三下乡”活动，发放科技技术资料500余册，印发科技资料传单800余份，现场咨询群众近100人。组织果树技术专家到冯沟村，对该村300亩薄皮核桃树进行夏季修剪，对250余专业户进行栽培管理技术培训。为冯沟村及石咀双语花卉企业，申报省级《科普及运用技术传播工程项目》。

【科技计划管理】 5家企业的5个项目列入市级科技计划，获得科技资金支持185万元。3个科技型中小企业项目获得首批国家中小企业技术创新基金扶持，扶持资金200万元，实现国家级中小企业技术创新基金项目零的突破。策划华中建机的HZZ900运梁机项目（与燕山大学合作成果转化）、郑州盛源粉体有限公司的环氧浇注专用填料氧化铝项目（自主开发成果转化）、郑州欧亚空气炮的二位二通电磁阀控制型空气炮项目（与工程热物理所合作成果转化）、玉发陶瓷公司的新项目（与上海硅酸盐所成果转化）、天马微粉的光电应用材料生产项目（与过程所合作的成果转化）等5个项目。

【农村信息化建设】 为峡窝镇冯沟村、老寨河村送科技书籍3000余册；协助郊段村成功申报市“科技示范村”，获得市级启动资金10万元，峡窝镇郊段村被郑州市科技局评为2009年度科技示范村。

【科技服务体系建设】 邀请中科院等科研院所、高等院校专家考察，组织人员赴中科院上海硅酸盐研究所、苏州大学、苏州吴中区科技园、无锡科技园等科研院校、园区开展产学研对接活动。玉发集团、天马微粉、欧亚空气炮建成研发中心，区属20多家企业与中科院等科研院所、高等院校建立长期合作关系；华中建机组建的“郑州市制梁机工程技术研究中心”被认定为市级工程技术研究中心（重点实验室）；河南省中国科学院科技成果转移转化中心批复同意成立郑州绿色化工材料分中心。

（柴宏博　史玉晓）

科学普及

【概况】 区科协以科普工作为主，充分发挥自身优势，主动争取社会各方支持，积极促进《全民科学素质行动计划纲要》的贯彻落实。

【社区科普大学建设】 社区科普大学15所，占社区比例70%以上，在市区办学普及率最高。

学员到课率平均90%以上，是全市科普大学分校管理最规范、教学质量最高区。

【青少年科技教育】 一是组织中小学生参加第十六届郑州市青少年科技创新大赛，27件优秀作品参加大赛，3名选手获得科幻画创作一等奖，4名选手获得科幻画二等奖，7名选手获得科幻画三等奖，3支科技小组获实践活动二等奖。杨雅蕾获优秀辅导员称号，区科协被评为青少年科技创新大赛优秀组织单位。区科协将获奖作品制作成展板，在社区和学校进行巡展。二是组织中小学校参加第十五届全国“华罗庚金杯”少年数学邀请赛。组织241名学生参加初赛，选送136名学生参加郑州赛区的决赛，获得一等奖14名，二等奖27名，三等奖30名的好成绩，4位教师被评为优秀辅导员，区科协被评为优秀组织单位。三是组织近200名青少年参加第四届河南省青少年科学素质网上知识竞赛活动。

【农村科普工作】 以开展“三创一带”活动、“一站一栏一员”建设和实施“科普惠农兴村计划”为载体积极开展工作，区食用菌协会被评为国家先进农村专业技术协会，获奖资金20万，北峡窝镇张伟被评为郑州市先进科普带头人，获奖资金2万元。

【大型科普活动】 全国科技活动周，区科协紧紧围绕“携手建设创新型上街”主题，通过组织一系列群众性科技活动，集中宣传普及科学知识、传播科学思想、弘扬科学精神。本次活动吸引近2万人参加，发放各类资料近3万份，接受咨询达3000多人次，各单位制作展板200多块，悬挂科普宣传横幅80余条，设立服务咨询台25个。

开展一年一度的全国科普日活动。一是围绕活动主题在各社区开展科普知识巡展，累计群众2000余人次观看展出。二是邀请人民医院神经科、骨科等医务人员对社区群众和居民进行义诊和健康检查。三是联合食用菌协会开展食用菌技术培训，60多个会员参加了培训。四是在全区中小学开展青少年科技创新大赛优秀作品巡展，吸引万余名中小学生参观。五是组织社区居民和中小学生参加低碳作品比赛，其中7件获得郑州市二、三等奖。六是开展科教进社区宣传活动，在各社区发放节能减排、饮食健康和反邪教知识宣传资料页1000余份。七是在社区开展反邪教知识宣传和反邪教知识讲座，发放反邪教宣传品200册。八是请专家为200余名社区干部讲授饮食健康知识。九是到区鲜切花种植科普示范基地开展送科技下乡活动，指导基地成立鲜切花协会。十是组织基层科协到区先进科普示范基地和社区科普大学参观学习，进行座谈和经验交流。开展“全国科普日”活动。在社区开展科普知识巡展，结合社区科普大学课堂与科普示范社区创建开展科普知识宣传活动，受益群众万余人；开展了科普宣传进校园活动。

【科普基础设施建设】 一镇五办全部建立科普活动站，区科协有科普宣传栏18个，普及率达60%。新农村建设重点示范村科普宣传栏建设率100%。全区30个行政村都有一名科普宣传员，建立了站、栏、员基本情况档案。

【反邪教工作】 一是向全区人民发出题为《崇尚科学，反对邪教》的倡议书，在电视台、广播电台连续一周滚动播出，并将倡议书在全区广泛张贴。二是组织召开反邪教协会常务理事会，通报反邪教斗争形势，各常务理事就反邪教形式进行分析，提出工作建议和思路。三是积极参加郑州市反邪教知识比赛。反邪教协会秘书长马宏在比赛中获一等奖。四是编排反邪教戏曲小品《冤家路窄》，在社区文化广场巡回演出。五是开展反邪教示范社区创建活动。推荐中安、盛世社区申报郑州市反邪教示范社区。六是利用科普日开展反邪教知识宣传，发放反邪教宣传品。

【送科技下乡】 适时开展送科技下乡活动。聘请有关专家帮助农民解决生产上的疑难问题。先后聘请专家6人次，开展农村实用技术培训3场（次），培训人员200人以上，解决技术难题10多个，发放科普图书、资料1500多份。

【举办技术培训班】 食用菌协会50多人参加了培训，结束后到食用菌大棚参观。食用菌协会理事长白峰奇向会员赠送了自己

编印的《平菇优质高产栽培新技术》实用手册。

（马　宏）

中国铝业股份有限公司郑州研究院

【概况】 中国铝业股份有限公司郑州研究院（以下简称郑州研究院）是中国轻金属专业领域唯一的大型科研机构，为中国铝业股份有限公司研发中心，有员工1131人，在岗员工652人，专业技术及管理人员337人，高级工程师以上职称97人，博士30人，硕士研究生93人；设有7个专业研究所，4个工业试验厂；总资产5.4亿元，全年实现销售收入2.41亿元。

【科技创新】 积极实施“两技（际）”战略，全年承担项目31项，鉴定成果8项，申报专利52项，授权46项（其中发明专利30项）；成果产业化增效3.4亿元；制定各类标准18项，发布实施国家标准5项；获省部级以上科技进步奖13项，其中优质碳阳极生产关键技术获得国家科技进步二等奖，新型结构槽技术获有色金属工业科学技术一等奖。

实用技术开发取得新突破。高硫铝土矿脱硫工艺技术工业试验取得较好指标；开发广西分公司树脂吸附法镓回收工艺技术，为广西分公司最终工艺设计提供技术参数依据；低品位铝土矿湿法串联生产氧化铝新工艺技术，为高效低耗利用低品位铝土矿资源开辟了新的途径；开发拜耳法溶出料浆高温脱硅及赤泥分离技术，为拜耳法氧化铝生产提高循环效率、系统节能提供新工艺；开发降低铝电解生产过程全氟化碳生成技术，通过了有色协会鉴定。针对河南分公司选矿流程，开发了高效捕收剂和新型絮凝剂，年节约成本800万元。

【生产经营】 特种氢氧化铝系列产品实现销售540吨，特种氧化铝试验厂加强成本、质量控制，向内挖潜力，完成产量7338吨，盈利247万元，实现填料的批量出口创汇；特种氧化铝QC小组荣获中国有色金属优秀质量管理小组。开发的高导热氧化铝，开发用户、细分市场，形成两大系列6个牌号，销售24吨，实现利润11.3万元。海赛公司生产产品7400吨，其中抛光氧化铝695吨，同比增长50%，实现销售收入2567万元。

【管理改革】 经过改革，处级单位精简31%，科级机构精简62.9%。制定科学的奖励和激励办法，设立院长特别奖励基金，对4个单位和团队以及3名个人进行了院长特别奖励。

【建设与发展】 投入440万元用于装备实验设备，投入410万元用于新建绿色冶金与材料试验基地研发平台，投入520万元用于特种氧化铝高新产品线升级改造试验基地，“四位一体”研发战略性布局初步形成。

召开“国际铝协铝土矿和氧化铝委员会高层研讨会”、“第十八届国际铝土矿、氧化铝和电解铝工业学术年会（ICSOBA）”以及“国际铝协铝土矿与氧化铝委员会（BAC）赤泥安全堆存工作会议”。第一次代表中国铝企业，参加国际铝协2030年以前氧化铝技术路线图及发展规划的制定，共同研究赤泥安全堆存和综合利用对策；与国际铝协合作开展铝电解PFC温室气体减排调查和减排技术研究。

【党的建设】 创先争优活动促进各项工作再上新台阶，郑州研究院先后荣获2010年度河南省五一劳动奖章，院党委荣获郑州市和河南省“五好”基层党组织荣誉称号。

（涂　键）

防震减灾

【概况】 防震减灾工作紧紧围绕监测预报、震害预防、应急救援三大工作体系，落实科学发展观，深入贯彻执行《中华人民共和国防震减灾法》，地震局连续五年被河南省地震局评为县级防震减灾工作先进单位。

【震情跟踪】 年初制定下发《郑州市上街区2010年震情短临跟踪工作方案》，调整震情跟踪领导小组，制定震情短临跟踪工作措施，并组织实施。

【加强抗震设防监管工程】 地震局加强对建设工程抗震设防监管，参与建设项目论证4项，确定、审批抗震设防要求项目48项。对建设工程抗震设防情况进行定时、不定时监督检查，全年开展执法检查20次。

【对宏观测报站监管】 区地震局实行日报告、零报告和重大异常及时报告制度，定期或不定期到测报站进行检查，核查登记，确保不出现漏登漏报。全年共到宏观测报站检查12次。

【建设上街地震台】 根据《郑州市人民政府关于贯彻国发〔2010〕18号文件的意见》文件精神，区委、区政府把建设上街地震台列入2011年度政府投资项目。

【宣传防震减灾科普知识】 全国第二个“防灾减灾日”，区防震抗震指挥部办公室下发《关于做好“防灾减灾日”防震减灾科普宣传教育活动的通知》，教育体育局组织各中小学开展地震应急避险演练。社区开展知识讲座，发放科普宣传资料等多种形式的宣传教育活动，在亚星盛世广场开展集中宣传活动，各行政事业单位及70家大中型企业参加活动，展出展板260块，横幅70余条，设咨询台28个，发放宣传单1万余份，参观群众达1.2万人次。

【举办“理想名城杯”防震减灾科普知识竞赛活动】 区委宣传部、区地震局、河南志强置业有限公司联合举办“理想名城杯”防震减灾科普知识竞赛活动，内容包括防震减灾法律法规和地震科普知识，共收到答题卡3438份，48名参赛者分别获得一、二、三等奖和优胜奖。举办“和谐家园”纪念汶川地震两周年晚会，对获得一、二、三等个人及优秀组织奖的单位颁发奖状和奖品。

【防震减灾科普知识进农村、进社区】 地震局参加了由区委统战部牵头组织的在峡窝镇沙固村开展的“科技、法律、医疗”三下乡活动，设置咨询台和宣传展板，发放防震减灾宣传资料3000余本。到老干部活动中心为老干部送去一堂防震减灾知识课。围绕地震基本知识、地震宏观异常、地震紧急避险、地震应急救援等七个方面，详细讲解了地震发生的成因、如何应急避险等方面的内容。

【组建地震应急志愿者队伍】 地震局组建地震应急救援志愿者服务队，设立地震应急救援志愿者服务总队，设生命搜救和防震减灾科普知识宣传、医疗救护、交通保障和工程抢修3个志愿者服务分队共265人。地震应急救援志愿者服务队平时发挥防震减灾科普知识宣传员和地震异常观测员作用，在震时当好灾情信息速报员和应急救援抢险员。

【培训防震减灾知识】 地震局、党校、团委、红十字会、民政局等部门对地震应急救援志愿者进行培训，各镇（街道）、机关单位、社区（村）265名志愿者参加了培训。区地震局、民政局、消防大队、人民医院的有关专家分别就救灾器材、救援器材、消防器材使用及急救技能进行了讲解和训练。

【地震应急准备工作】 防震抗震指挥部下发《关于加强地震应急准备工作的通知》，对地震应急准备工作进行安排部署。一是积极做好地震应急避难场所建设工作。4个街道集中财力、物力完善铝城公园应急避难场所应急设施。二是增加配备部分装备，保证地震应急工作需要，区政府调配一辆地震应急车辆。三是积极做好救援、救灾物资储备，确保应急物资及时供应。

【创建防震减灾科普示范学校】 地震局、教体局、科技局联合召开表彰会，对获得2009年度河南省防震减灾科普示范学校的外国语小学和获得2009年度郑州市防震减灾科普示范学校的中心路小学、二十里铺小学进行表彰。参加河南省地震局召开的全省创建防震减灾科普示范学校工作经验交流会。命名铝城小学、实验小学为区级防震减灾科普示范学校。

（张海平）

教　育

【概况】　上街区教育由原区属学校、2004 年区划调整后的镇办学校及 2006 年中铝郑州企业移交学校三部分整合而成。2010 年，全区共有各类学校 22 所。其中：高中 2 所（均为市级示范性高中），初中 3 所，职业学校 1 所，小学 13 所，幼儿园 2 所，中小学生综合实践基地 1 个，教研机构 1 个。现有教职工 1428 人，在校学生 16252 人。另外，全区民办幼儿园 15 个，企业办园 2 个（长铝后勤中心幼儿园和河南长兴实业有限公司幼儿园），民办培训机构 39 个，其中：长铝后勤中心幼儿园已申报省级示范园。

加大教育投入力度，夏侯小学一期工程投入使用，二期工程正在加紧施工；全年安排校舍安全改造资金 703 万元，免除义务教育阶段学生学杂费、课本费 480 万元，实现了上街户籍中职生免费教育。积极引进郑州铁路技师学院入驻我区。免费培训农村中小学音体美教师 27 人。多次召开校园安全专项整治工作推进会，投入 210 多万元，安装 420 多个摄像探头，配备了专职的保安 63 名及警棍、钢叉等安保器材，在全市率先实现了人防、技防、物防全覆盖。高招再创佳绩。其中普通类本科一批上线 34 人，本科二批上线 102 人，本科三批上线 204 人，共计 340 人。普通类本科上线率达 23%，较去年的 16% 提高了 7 个百分点。减免城乡义务教育阶段学生学杂费、课本费等 480.4 万元，受益学生 25685 人。加大对农村义务教育学校的投入。2010 年，全区农村义务教育阶段学校的生均公用经费标准提高到小学 330 元/年・人、初中 530 元/年・人，共补助农村义务教育阶段公用经费 124.15 万元，确保农村贫困家庭学生项目补助件件得到落实。

上街区教体局 2010 年荣获全民健身运动国家级先进荣誉称号、河南省家庭教育先进区称号，连续五年被评为“教育督县”优秀单位，教体局获得河南省学校卫生工作先进集体，教体局和两所高中连续两年荣获郑州市普通高中教育教学先进单位称号。

（贯福林）

学前教育

【概况】　上街区经教育部门批准注册的幼儿园 27 所。其中，公办幼儿园 2 所（含峡窝镇中心幼儿园），小学附属园（学前班）8 所，企业办园 2 所，民办园 15 所。市级示范园 2 所，市一级园 1 所，市二级园 8 所，合格园 2 所，准办园 14 所；分布在城区内的有 20 所，分布在峡窝镇的有 7 所。全区学前三年适龄幼儿 3544 人，在园幼儿 3012 人，幼儿三年毛入园率 85%，其中学前一年幼儿入园率 87%。全区幼儿园教职工 520 人，有园

爱心助学金发放

长资格证 24 人；专任教师 328 人，其中学前教育专业 196 人（含职业学校幼教专业 57 人），幼教专业毕业的教师与专任教师的比例是 59.8%，职业学校幼教专业教师与专任教师的比例是 17.4%；本科学历 33 人，大专学历 150 人，中专及高中学历 199 人，初中学历 3 人。

【主要工作】 学习落实国家教育部《幼儿园教育指导纲要（试行）》精神，细化分解目标。全年组织各级各类幼儿园的园长集中进行专题学习 8 次，组建区“目标细化解读”、“课堂观察”研究团队，确定实验基地，认真组织教研活动。长期深入基层幼儿园调研，开展各种教学研讨活动，听课 80 余节。组织进行多种形式的活动，开阔教师眼界，拓展了教师教育教学经验，为教师们提供了交流的平台。

【具体活动】 每学期开学前教体局召开全区各级各类幼儿园幼教工作会议，布置重点工作，学习、传达上级文件精神和德课堂构建理论。开学后开展幼儿园健康领域教改研讨课评比，并选拔优胜者参加教改研讨课评比活动。组织各级各类幼儿园园长、教师百余人到郑州、登封等地听课。组建了区“目标细化解读”、“课堂观察”研究团队，确定上街区幼儿园为实验基地。组织各级各类幼儿园园长到郑州市铁路局中心幼儿园参加了市“《纲要》细化”解读培训、“课堂观察”总结研讨会。举行上街区幼儿园看图讲述比赛，推荐前四组幼儿到郑州市参评。组织开展了《我的好朋友》幼儿绘画比赛，共有 50 幅绘画作品被推荐参加河南省幼儿绘画比赛评选。组织区各级各类幼儿园的业务园长和教师，在江南小镇幼儿园迎接了市教研室对我区幼教教学工作的听课调研。组织各级各类幼儿园园长或业务主任集中教研，互相交流解决。学习了市幼教教研员刘子涓老师关于《解读、分解、细化（纲要）教学目标，走进有效的教学世界》的报告。10 月中旬，组织区民办幼儿园的园长 14 人，参加了市教育局委托郑州市幼师进行的园长培训。组织区各级各类幼儿园的业务园长和教师 20 余人，分别到市实验幼儿园、汝河一幼参加郑州市名师示范教改观摩课和游戏活动观摩研讨。参加上街区督导室对上街区幼儿园、聂寨中心幼儿园的复评验收及对江南小镇幼儿园申报市二级园和金手指幼儿园申报合格园的验收。组织各级各类幼儿园园长或业务主任集中连片教研，学习国家新出台的《十二五规划》具体内容，并开展讨论。参加上街区督导室对长铝后勤中心幼儿园申报省示范园的初评验收。组织区各幼儿园的业务园长和教师 10 余人，到郑州市新建幼儿园参加郑州市幼儿园“有效教学课题研讨交流会”。组织各级各类幼儿园园长或业务主任集中连片教研，学习《国务院关于当前发展学前教育的若干意见》，并开展讨论。组织区民办幼儿园的园长 10 余人到郑州市幼教参加《民办幼儿园园长论坛》，长铝幼儿园的园长陆勇还被邀参与经验交流。组织各幼儿园的业务园长和教师十余人，到郑州市北大附中双语幼儿园参加市中心教研组关于“目标”细化分解的经验交流会。

（贾福林）

基础教育

【小学教育】 全区共有小学 13 所，以“抓特色、重习惯”为主全面提高学生素质，实现一校一特色、一校一亮点、一校一品牌。如中心路小学的航模和艺术教育、新建小学的“诵国学经典、做美德少年”教育、实验小学的红色基因传承教育、廿里铺小学的写字教育、夏侯小学的文明礼仪教育、外国语小学的“书香校园”教育、铝城小学的心理健康教育等均取得了较好的成效。其中：中心路小学的舞蹈在全国青少年艺术节表演赛中获得第一名、航模比赛荣获河南省团体冠军；实验小学的红色基因传承教育、学生自主管理和家长班主任的做法引起了省、市媒体的高度关注，人民网、大河网、省《教育时报》等多家媒体采访和报道。

【中小学招生】 2010 年，小学一年级实际招收 1571 人，其中区内 1072 人，区外 499 人。初中一年级区内新生摸底 1096 人，外来务工子女摸底 371 人，3 所初中实际招生 1358 人。中招，普通高中报名 890 人，普通中专报名 111 人。两所高中共计录取新生 788 人，其中，录取区内 3 所初中毕业生 552 人。

【初中招生】 全区共有初中3所：郑州市第二外国语中学、郑州市上街实验初级中学和郑州市第一〇〇中学。2010年中招考试，郑州市第二外国语中学和郑州市上街实验初级中学（峡窝实验中学）两所学校在2010年郑州市中招平均成绩中，分别高出郑州市平均成绩20.93分和11.95分（郑州市平均成绩452.8分，二外初中平均473.73分，实验初中平均464.75分）；良好率分别高出郑州市9.07和4.78个百分点（郑州市良好比率为50.01%，二外初中良好比率为59.08%，实验初中良好比率为54.79%）；及格率分别高出郑州市11.68和10.94个百分点（郑州市及格比率为70.16%，二外初中及格比率为81.84%，实验初中及格比率为81.1%）。

【高招录取】 全区共有高中两所：郑州市第二外国语中学和郑州市上街实验初级中学。2010年高考人数1480人，其中文科841人，理科638人，全区设了郑州市第二外国语中学和郑州市上街实验初级中学2个考点，51个考场。在考生人数比2009年减少259人，上线人数再创佳绩。普通高招全区共录取考生1101人，其中本科上线人数454人，上线率31%。

（贾福林）

成人教育

【概况】 进一步理顺了对峡窝镇的成人教育管理关系。通过督县工作的推进和局领导的积极协调，峡窝镇政府对镇成人学校的认识和重视程度有了极大的提高。镇、村各成校积极开展相关培训。如为配合峡窝镇南部山区的搬迁，开展搬迁人员创业培训等。社区教育得到进一步加强和推进。在济源路办事处社区学校被评为市示范性办事处社区学校并得到表彰奖励后，对其他办事处成人教育的开展起到了示范带头作用。积极开展各种各样的居民培训活动，满足居民需求，提升居民素质，为创建和谐上街服务。积极开展示范性办事处社区学校的推荐参评工作。根据各办事处的工作情况，推荐了工业路办事处社区学校为市示范性办事处社区学校，

【成人高招报名】 2010年，上街区成人高招报名人数为232人，其中高中起点升专科141人，高中起点升本科9人，专升本82人。

（贾福林）

职业教育

【概况】 2010年，成立了“上街区职业教育攻坚领导小组”，出台了《上街区关于实施2009～2012年职业教育攻坚计划的意见》，为高校建设工作全力推进提供坚实保障。编制筹建“河南有色冶金业学院”工作方案，制定“夏侯校区”和“柏庙校区”两个选址方案，长铝公司正式向省政府、省教育厅递交了创建“河南有色冶金职业学院”的申办文本，参加2010年评估。开展了职业教育教师风采大赛，提高职教教师的基本功。在科工贸学校组织职教教师的“三笔字”现场比赛，评出优秀作品，及时给予表扬。积极开展合作办学，工贸学校和郑州市有害生物防制协会合作开展了有害生物防制员培训班，使合作办学有了良好开端。加大郑州科工贸学校建设步伐。一是通过公开竞聘，成立学校新一任领导班子。二是加大招生力度，在全区中学开展职业生涯教育。实行招生“四放开”，推行“注册入学”。三是努力构建新型办学体系。坚持培养与培训并举，实行学历教育与非学历教育、长班与短班相结合，面向社会的、开放的、多功能的教育和培训。加强校校联合、校企合作，积极寻求联办带动，强化学生职业技能的培养，提高学生为经济社会发展服务的能力和水平。四是加大职业教育投入，2010年投资近30万元用于区属职业学校数控及机械加工实训室和多媒体教室建设。积极开展职业教育教师技能比赛，努力提高办学质量。在校学生447人。

（贾福林）

民办教育

【概况】 上街区2010年有民办学校59所，学生6919人。其中民办幼儿园17所，在校幼儿3668人；民办培训机构42家，学生3251人。坚持“四上墙”：在招生办公室醒目的位置，将教师管理方面的各项规章制度装

框、上墙；《中华人民共和国民办学校办学许可证》正证装框、上墙；物价局审核、监制的收费公示栏上墙；所聘全部教师公示栏（每人一张近期5寸彩色照片，下面注明姓名、年龄、学历、任教学段、学科、曾经取得的荣誉等）装框、上墙。广告正常备案、播发。广告中要注明收费标准及该标准的核发文号。每年的12月1日～10日，上交《中华人民共和国民办学校办学许可证》副证，参加年审。

（贾福林）

队伍建设

【教师培训】 2010年，共组织校长参加各类培训53人次（全省高级校长论坛29人，校长任职资格培训10人，首都教育思想研讨会14人），教导主任培训30人，中小学教师培训近1000人。制定省市级农村骨干教师评选方案，选取各学科专业人员，成立各学科评审小组，制定积分量化细则，认真组织听评课，评选上报省级农村骨干教师8名，市级22名。2010年共组织市级幼儿园骨干教师培训3人；农村幼儿园骨干教师培养对象培训3人；组织参加新一轮农村教师素质提高工程小学骨干教师参加培训5人；组织参加2010年市级初中骨干教师培养对象暑期培训班13人。组织中小学教师参加英特尔未来教育项目10周年教学成果展示活动13人。为了促进农村中小学语文、美术、信息技术青年教师的专业成长，上街区教体局以省教育厅第四届农村中小学青年教师技能竞赛活动为契机，在各校选拔推荐的基础上，教体局成立了3个学科评审专家组，现场打分，现场公布，结束后立即颁奖并总结点评，最后评出12名教师代表赴市参赛，最终实验初中的高丽萍老师代表郑州市获得河南省一等奖，实验高中陈建文、夏侯小学雷春蕾分别获省级二等奖。

【城乡教师交流】 创新城乡教师交流形式，城乡学校结对培训落到实处。支教工作实行包班、包级、包学科制。2010年有8位老师到实验初中、实验小学支教，20位老师到农村学校送课支课。为保证城乡学校结对助学落到实处，制定了工作方案及制度，教育体育局把乡镇学校被包班级教育教学质量的改善，结对助学的力度等作为重点，进行评估考核。

【优质化工程】 提高学历培训，高中教师本科达标率99.1%，初中教师本科达标率72.3%，小学教师专科达标率94.2%，小学教师本科达标率41.6%。2010年还选派了5名校长参加校长提高班培训。组织教师参加各类继续教育活动。（1）组织19名班主任参加“全国优秀班主任2010年商都论剑”。（2）组织东北师范大学研究生课程班学习14人。（3）组织参加教育技术能力培训40人。（4）组织中小学教师参加英特尔培训44人。（5）组织小学教师期岗位培训第四周期第一期培训213人。（6）组织普通高中教师第三周期岗位培训102人（7）组织开展2010年普通高中新课程教师培训及考试246人。（8）组织农村音体美教师培训27人。（9）组织实施“国培计划”河南省农村中小学教师短期培训8人；农村义务教育阶段学科教师教学能力提高远程培训64人；农村中小学教师置换脱产研修1人。（10）组织2010年中学班主任培训39人。

（贾福林）

教学教研

【教育科研】 2010年，教体局以“构建道德课堂，提高生命质量”为主线统领教学科研工作，以“内强素质，外树形象”为方针，采用每周一制度化集中学习、每月主题研究学习、10余人次外出学习等形式，进行道德课堂、细化解读课程标准、课堂观察相关理念和知识的学习；学以致用，组织各层次各学科系列讲座18场次；创新教研模式，实行“123”模式，每周二、三、四深入学校和课堂，发挥引领、指导和服务的职能。

组织各类教研活动，推进“道德课堂”建设工作。（1）组织全区中小学教师认真学习市、区教委下发的“道德课堂”建设文件；（2）组织各校进行“道德课堂”诊断，查找违背道德课堂要求的现象及原因，制定改进目标和方向；（3）立项18个《构建道德课堂实践研究工作》子课题，其中5个市级课题，13

个区级课题；（4）主抓教学的王富贵副局长亲自带队，听课调研，检查各校道德课堂的落实情况。（5）全面推进细化解读课程标准工作，组织教师参加省、市教研室组织的各学科解读课标研讨会；12月份，组织了初高中语、数、外三科的解读课标研讨会；全区13所小学，把细化解读分为制定目标、落实目标、检测目标三个阶段。（6）积极实施课堂观察活动。12月份，组织全区小学、初中、高中语、数、外3门学科的课堂观察活动。（7）出刊《上街教研》10期，更新、维护上街教育信息网《教学教研》专版，继续发挥引领教研方向、进行教研经验交流、共享的作用。

以赛促教，开展各类型各等级评优活动。（1）开展教育教学“522”工程评选活动。评选出50名解读课标先进个人和2个解读课标先进教研组，2个解读课标先进学校。（2）组织省、市、区教育科研先进个人、先进集体评选活动，李国钦、杨辉辉被评为省级优秀教研员。郑州二外初中被评为市级教育科研先进集体，徐建伟、王晓洁、魏富有、房艳玲、李宁被评为市级教育科研先进个人。新建小学被评为区级教育科研先进集体。陈凤、刘明辉、丁毅被评为区级教育科研先进个人。（3）10月，组织区青年教师技能比武说课大赛。（4）12月，开展11个学科课堂教学达标评优活动，120名青年教师参加。

发挥监控指导功能，认真进行教学质量分析。3月和9月，组织七八年级、高一高二各学科质量分析；10月进行中、高招成绩分析；强化教学过程的监控，11月组织全区小学五年级数学抽测、教学质量分析。

【提升教育质量】 开展教育质量提升大讨论活动，召开多层次座谈会，动员社会各界参教议教，了解全体教育人对教师、对学校、对教育的真实想法和心声，细查制约教育发展的症结，认真调研、分析、论证，请专家把脉问诊，制定行之有效的方法和举措。通过建立“校长、业务副校长、教导主任、班主任、首席教师”的分层次培训机制，在全区范围内全面掀起了全员研教活动。搭建“学校首席教师→上街区骨干教师→上街区名师→上街区杰出教师→上街区教育名家”的梯级教师培养平台，评选出12名“上街区首届杰出教师、名教师”。实施名师、骨干教师引领工程。在高中、初中、小学分别设立一个名师工作室，通过“名师大讲堂”、“名师论坛”、“名师工作室网站”等形式，进一步发挥名师的引领、辐射和带动作用，让名师工作室真正起到培养名师的作用，打造一支高素质的名师团队。出台了《关于进一步加强教师队伍管理的实施意见》、《上街区中初等学校、幼儿园教师职业道德考核办法》，对考核不合格的教师，明确了惩戒措施，建立能者上、庸者下的教师使用机制，有效解决了教师队伍中的不正之风。完善目标化管理和建立健全教育质量评价体系。建立了教育教学质量评价体系，纳入教育目标管理，建立科学的考评机制，加大了对学校（幼儿园）的量化考核力度。

【青少年科技创新大赛】 着力培养自主创新型人才，全面实施新课程改革，大力提倡教学过程中师生互动，重视学生创新思维和能力培养，鼓励学生进行小创作、小发明。全区19所中小学和幼儿园参加了第九届上街区青少年科技创新大赛。共收到作品124件，其中7项科技创新成果，

教师节暨杰出教师名教师颁奖

102 幅科学幻想画，4 件科学 DV 作品，11 项科学实践活动。各参赛项目经区级组织机构进行资格审查、评审，共评出 27 件作品代表上街区参加郑州市第十六届青少年科技创新大赛，其中 17 件作品获郑州市一、二、三等奖。

【文艺活动】 加强学生课外兴趣小组和艺术社团（合唱团、舞蹈团、乐团）建设，多数学校成立了拥有自己特色的体育文艺活动小组。2010 年 5 月 31 日晚，在亚星盛世广场举办了庆祝“六一国际儿童节”广场文化大型文艺晚会，全区多所学校的数百名师生参加了演出。成功举办了上街区第四届艺术节暨庆“六一”文艺会演，极大地丰富了群众文化体育活动。成功举办了庆祝第二十六个教师节文艺演出暨颁奖大会。

【特色教育】 教体局以创建“六大校园”为抓手，着力构建和谐教育。加强对学生艺术、体育技能、养成习惯、写字、特长等方面的教育和培养，进一步加大“书香校园”的创建力度，在规模上、形式上、内涵上上档次，涌现出富有特色的书香校园示范校。区中小学劳动实践基地被市教育局命名为“郑州市市级中小学生产实践教育基地”；铝城小学获得“河南省德育实验学校”的称号；郑州二外、中心路小学中小学航模名扬全省，中心路小学的舞蹈在全国青少年艺术节表演赛中获得第一名，特色学校建设彰显魅力。2010 年有 5 所中小学办有校报，办班级手抄报的有 50 多个，组织读书知识竞赛、演讲比赛等 86 次，学校收到读后感征文 3000 多篇。

（贾福林）

教育管理

【教育督导】 认真学习研究郑州市 2010 年“督县”评估指标并细化分解到相关科室，实行责任分包制，层层落实。组织召开各科室、学校协调会，充分做好迎检准备。协调组织召开区政府“督县”协调会，制定 2010 年政府教育工作目标责任书。4 月中旬组织对峡窝镇政府教育工作进行督导评估，促使镇政府更加重视教育，加大了对镇成人学校和学前教育的投入，指导镇政府建立完善教育工作档案，做好迎检准备。加强“督县”档案建设和培训。制定印发了学校、幼儿园“督县”档案建设的指导意见，邀请市责任区督学对相关科室、学校领导及档案管理人员进行培训。与人大、政府、发改委（统计局）、文化新闻广电局等部门协调，多方搜集“督县”有关文件资料等，汇总有关数据，续建完善区“督县”档案。加强督导检查，组织督学及相关科室人员对学校、幼儿园进行检查，发现问题及时反馈，促其整改。认真做好“督县”迎检汇报材料、各类报表、迎检方案等资料的收集、汇总、印制、装订等工作。圆满完成 2010 年“督县”各项指标任务，再次达到了督县“优秀”标准，实现了“督县”“五连冠”的目标。

【学校、幼儿园等级评估】 依据市督导室工作要点，结合上街区工作要点，制定督导室 2010 年工作要点（上政教督〔2010〕1 号文），对全区上等级的学校、幼儿园进行了梳理，详细安排了 2010～2012 年的学校复评工作，印发了（上政教督〔2010〕6 号文），使各学校做好充分的准备。对近 3 年被评为郑州市标准化学校的单位进行了督查指导，组织幼儿园园长参加省示范园的创建培训，组织召开全区幼儿园督导评估工作会议，安排部署 2010～2011 学年督导评估工作，指导学校、幼儿园按要求认真自查，加强档案建设，规范办园行为，及时报送自评报告和年报表等。加大对学校、幼儿园评估力度。在学校、幼儿园自评基础上，指导学校书写自评报告和年报表，加强过程督导。按照督导工作安排，2010 年下半年对全区 8 所学校（幼儿园）进行全面复评和评估。

【校舍安全】 2010 年坚持组织全系统各中小学（幼儿园）上报安全隐患排查情况，并及时汇总上报区委、区政府、区安监局。制定了教育系统应急救援预案和教育系统 2010 年安全工作要点，以指导各中小学（幼儿园）的安全工作。与各中小学（幼儿园）签订 2010 年安全责任目标书、综合治理目标责任书，督促中小学（幼儿园）全年的安全、综合治理、工作。召开 2009 年安全、综合治理、信访稳定工作表彰大

会，并对考核优秀单位进行表彰。组织实施“百日安全活动”、“安全生产月活动”。组织各校安全员进行安全培训，学习、观看防震减灾知识及光盘，提高全体师生在地震时自救、互救能力，及时组织各中小学（幼儿园）进行安全隐患的排查工作。开展校园安全及校园周边环境集中整治活动，对各校校园安全及周边活动进行拉网式大排查，针对排查出的问题及时整改。积极与保安公司联系，制定保安协议和保安管理制度，为各校配备保安及技防设施。制定平安校园建设方案，加强校园安全检查，并向全区小学生家长发出《致学生家长的一封信》，倡议全民共同维护校园环境和谐稳定。成立防汛领导小组，制定教体系统的防汛预案，同时指导各中小学（幼儿园）制定本单位的领导小组和防汛预案。开展文明交通行动计划、社会治安重点排查工作。组织学校进行防震减灾演练、消防安全演练。组织铝城小学、安阳路小学创建区级防震减灾科普示范学校，并配合区、市科技局、地震局对其验收。2010年，共加固改造教学楼16栋，重建教学楼2栋，为全区所有中小学幼儿园配备了保安，安装了技防设施。工作走到了全市的前列，获市奖励资金280.8万元。

【校舍改造】 夏侯小学异地重建工程经过选地、设计、勘察、施工，全面完成一期主体工程施工建设。落实农村学校旧房改造工作，2010年，投资21万元完成实验小学432平方米的单身宿舍建设，完成实验高中塑胶操场工程，完成实验初中实验楼工程及理化生仪器装备，完成一〇〇中学塑胶操场铺设工程，铝城小学塑胶操场铺设工程过半，投资45万元进行区幼儿园食堂改造。

【学校卫生】 2010年，为科技工贸学校、朱寨小学、安阳路小学、武庄小学配备校医室，按要求，争取为区中小学校配备校医，并向区政府递交了申请报告。继续抓好校园传染病、常见病和多发病的防治工作，完成了迎接市政府对防控地方病、手足口病的督查工作。经过努力，2010年全区的防控手足口病工作中取得了良好成效，全区小学、托幼机构发病只有19人，在郑州市各县区发病人数最少。学校卫生工作获得河南省先进集体称号。

【惠民工程】 切实保障每一位适龄儿童少年接受并完成义务教育，确保每一个符合减免政策的学生都能享受到国家的惠民政策。2010年春、秋两季义务教育阶段，受益学生25685人，其中：城市户口学生11563人、农村户口学生6772人（含贫困寄宿生283人）、进城务工子女7350人。减免金额4804374元，其中，杂费2921400元、课本费1538084元、作业本费255640元、补助贫困寄宿生生活费89250元。完成市级补助考取高中低保家庭子女5人、补助金额2.5万元；补助考取大学低保家庭子女11人，补助金额8.8万元。完成省级资助低保家庭子女考取大学3人，资助额1.8万元/年。

【农村义务教育经费】 落实义务教育经费保障机制，加大对农村义务教育学校的投入，贯彻《国务院关于深化农村义务教育经费保障机制改革的通知》精神，按“保工资、保运转、保安全”的要求，将农村义务教育经费全额纳入预算，并按时按进度足额拨付。农村义务教育阶段学校的生均公用经费标准小学330元/年·人（含暖气费30元）、初中530元/年·人（含暖气费30元）。2010年，拨付农村义务教育阶段学校公用经费124.15万元，教科书554466元，作业本86240元，补助贫困寄宿生生活费89250元。其中小学公用经费45.85万元，补助贫困寄宿生生活费33750元；初中公用经费78.3万元，补助贫困寄宿生生活费5.55万元。拨付城市义务教育阶段免杂费补助164.8万元。

【未成年人思想道德建设】 教体局以七一建党节、十一国庆节等重大节日为契机，通过中小学生喜闻乐见的活动方式，对全体青少年学生广泛开展教育活动，培养他们热爱党、热爱社会主义、热爱人民的朴素情感，引导他们进一步增强了对中国共产党和伟大祖国的热爱之情。结合广大学生的认知能力和学识水平，组织升旗仪式、入队仪式、成人宣誓仪式、主题班会、暑期夏令营、演讲比赛、摄影比赛等活动，牢固培养中小学生团结互助、诚实守信、艰苦奋斗的共产主义道德。以培养合格建设者和可靠接班人为宗旨，以校为单位认真开展“书香校园”活动，在青少年学生中开展“唱红色歌曲、看红色电影、读红色经典”、“中华经典诵读”及“传唱优秀童谣”等活动，为青少年的健康成长打下坚实基础。以“礼貌、礼仪、礼节”进校园活动为载体，以争当“新三好学生”（在校做一名好学生、在家做一名好孩子、在社区做一名好公民）为手段，着力推进了中小学生文明礼仪教育，充分调动了青少年倡导文明、维护文明、践行文明的自觉性和主动性。

【共青团和少先队】 拟订上街区少先队工作计划，并组织实施，建立健全少先队工作档案，坚持开好辅导员例会，建立就会培训和交流制度，搭建起辅导员学习和快速交流的有效平台，并及时依据信息反馈情况，及时调整工作内容，确保各项工作的贯彻落实。制定少先队月工作历，确定每月少先队活动主题，鼓励各校辅导员独立自主、创造性地开展活动，组织开展了以“我是90后”为主题的演讲、征文、绘画、歌唱系列思想教育活动；开展少先队主题队日活动、“游戏节”活动和弘扬民族精神主题宣传教育活动；坚持不懈做好青少年文明习惯教育，开展好青少年法制教育、安全教育活动等；在国庆节期间分别开展了“好少年就是我”，和“四好少年爱中华”主题教育活动。各基层少先队结合学校实际，开展“学礼仪、遵校纪、争四好”行为教育、“束束鲜花送老师串串祝福献真情”尊师活动、“中秋月”——团团圆圆过中秋的主题教育活动。局少工委举行了全区中小学“中华颂”2010经典诗词诵读大赛，成功举办了少先队辅导员风采大赛，选拔张丽、张慧、陈芳3位选手参加市级比赛。在4月至10月份组织开展了“我为西南抗旱献力量”捐款活动、“玉树与我心连心”捐款活动、为贫困大学生方远同学捐款活动以及慈善日捐款活动。

【家长学校】 各家长学校制定切实可行的规章制度，如制定家长学校作计划、总结制度；教育教学管理制度；评比表彰“学习型家庭”制度；教学资料管理制度；家长委员会例会制度，家长学校校务委员会职责，等等。各家长学校从授课内容的选择、教师从教行为的规范以及授课形式的灵活多方面探索、尝试，不断推进标准化管理，办学水平不断提高，特色家教活动逐步显现。

（贾福林）

机关建设

【纪检监察】 制订了2010年教体局纪委《关于2010年教育系统反腐倡廉工作要点》、《关于进行2010年党风廉政建设承诺工作的通知》、《关于科级干部述职述廉的意见》、《关于做好2010年“五一”期间党风廉政建设工作的通知》。建立了各学校党政领导党风廉正建设目标承诺书制度，把自身和全局的廉洁自律、党风廉政建设工作推向制度化、经常化和规范化。查处纪检案件12起。安排部署了上街区中小学开展“校长进社区（乡村）、教师进家庭”活动。大力开展“教育服务年”活动。全面实行“阳光收费”和“阳光招生”。进一步规范教育收费行为，严格教育收费公示制度；开展了民主评议学校行风建设和创建满意学校评选工作，开展了涉教收费检查活动，对全区教育系统2010年治理教育乱收费工作和行风建设工作进行了目标考核。

【工会工作】 教育系统工会于3月底规范召开系统工会工作会议。4月~5月组织老干部省外游，约500名老干部参加了活动。在三八节期间、五一劳动节期间，各基层工会积极开展调研，采取问卷调查和座谈等方式，及时了解把握干群关系、工作关系和各种社会关系凝聚人心，积极引导职工解放思想、转变观念，努力营造健康、向上、团结、进取的良好氛围。4月份积极与区妇联配合，分别在郑州第二外国语学校和上街实验初中开设“女职工健康大讲堂”，着重为到场的200余名女教师讲授女性常见病的防护、自我治疗的方法以及宫颈癌、乳腺癌的预防等。5月份系统工会共推荐8名优秀教师参加郑州市教科文卫体工会教学技能竞赛。6月份，系统工会出台《上街区教师技能竞赛方案》，于9月15日举行了初、高中教师说课大赛和少先队辅导员风采大赛。系统所

辖各基层工会全部为职工办理了安康保险或团体意外保险，入险率达99%。

【党组织建设】 教体局党委2010年有23个基层党组织（其中一个总支、22个支部），机关支部1个，教研室1个，高中2个，科技工贸学校1个，实践基地1个，初中3个，小学13个，幼儿园1个，共有党员498人。以“抓党建、促发展”为主题，以办人民满意教育为己任，将创先争优活动贯穿于党建工作全过程，全面加强基层党组织的思想、组织和作风建设，基层党组织的创造力、凝聚力和战斗力进一步增强，党员的先锋模范作用进一步发挥，逐步形成了组织层层抓推进，工作层层抓落实的良好氛围。2010年，局党委被命名为郑州市党建示范点，先后荣获思想政治工作先进单位、精神文明建设先进单位、反腐倡廉工作先进单位等多项荣誉。

【人事管理】 教体局对每所学校进行师资状况调研，搞好教师需求预测，及时做好人事统计工作和计划编报工作，为均衡教育发展提供人力资信息，2010年共调整、调配教师12人；接收应届大中专毕业生档案37份，办理提档10余人次，配合区政府、区人力资源和社会保障局组织部分未就业的大中专毕业生春、夏两次参加民营企业招聘周及富士康等企业招聘周活动。接收50多人教师资格认证申请，对社会人员教师资格认定。按照市、区政府的安排部署，教育系统进行了岗位设置的培训，各二级机构制定了岗位设置方案，并会同区人事局于10月19日、20日到实验小学、实验高中、外国语小学、一〇〇中学、中心路小学等单位进行了调研，10月23日对调研中发现的问题在教育、人事主管局长的领导下进行了讨论，形成了初步的意见，上报区政府及市人事局审批。着力解决了教师队伍整体超编、结构缺编的问题。做好2010年度的职称评定工作。通过广泛宣传，严格条件、认真审核、完成了3批次52名中小学的中级教师职务资格和高级教师资格的初审及确定资格工作。

【帮贫扶困】 教体局认真落实“放飞希望”爱心助学政策，严格执行薛景霞革命老区教育基金相关助学规定，确保资金到位，及时发放。同时建立健全贫困生、流动留守儿童的档案，认真落实帮扶措施，努力提升帮扶成效。2010年共为贫困儿童发放各类资助金达10.86万元。

（贾福林）

体　育

学校体育

【概况】 以开展“阳光体育”运动为载体，通过举办丰富多彩的体育比赛和活动，全面提升广大师生的身体素质，加强广大中小学生的身体技能训练和健康体能测试。积极推进“足球进学校”活动，上街区新建小学、铝城小学被市教育局、市体育局确定为“足球进学校”试点学校。大力开展全民健身活动，10月份参加了郑州市第四届空竹锦标赛，参赛的两只代表队全部获得一等奖。认真落实“学生阳光体育运动”，于4月顺利举办了上街区第三届中小学生体育节。在郑州市第四届中小学生体育节的各项比赛中获得了优异成绩。继续推进“少林操（拳）”进课堂活动，积极参加争创“少林操（拳）进课堂楷模学校”，向郑州市体育局推荐外国语小学、二十里铺小学为2010年郑州市少林拳楷模学校。

（贾福林）

社会体育

【概况】 不断改善群众体育设施，完成2010年全区健身器材维修工作，充分利用现有健身器材和场所开展健身活动，在广大居民及职工中开展了利于全民参与的体育赛事，落实了全民健身计划。成功举办了8月8日“全民健身日”暨上街区“全民健身月”启动仪式，申报全国全民健身活动先进集体。积极筹备，精心组织参加郑州市十运会，武术、健身秧歌、幼儿体操等项目勇占鳌头，共摘得金牌28枚。2010年上街区全民健身活动获得国家级先进单位称号，老年体育工作获得郑州市先进单位。

（贾福林）

参加航模比赛

竞技体育

河南省航空运动管理中心

【概况】 2010年，河南省航空运动管理中心认真贯彻局党组“改革、调整、创新、提高”的八字方针，紧紧围绕训练、竞赛、创收工作，坚持“以人为本、以体为主、均衡发展”的工作思路；坚持“一手抓训练、一手抓创收”的基本原则；坚持“安全第一、预防为主”的运营宗旨。飞机跳伞队、航空模型队全年参加国、内外比赛共获得金牌（一等奖）46枚，其中，飞机跳伞队16枚，航空模型队30枚（其中2个团体世界冠军）；全年安全飞行时间387小时，307架次，连续14年保持安全无事故飞行。经营创收279万元。

【训练竞赛】 2010年，跳伞队获得全国跳伞锦标赛5项冠军、全国跳伞冠军赛4项冠军、第四届全国体育大会7个一等奖。航空模型队获得全国锦标赛21项冠军、第四届全国体育大会7个一等奖。郭书军在匈牙利举行的世界锦标赛线操纵（F2B）项目中与队友合作，夺得团体冠军；卢征、张兆年在塞尔维亚航天模型（S8E/P）锦标赛中取得冠军。

2010年，河南女子造型队参加了7月28日~8月8日，在俄罗斯鞑靼斯坦共和国举办的第十九届世界造型跳伞锦标赛。这是中国男女造型队首次共同组队参赛。女子造型队平均年龄不足18岁，她们是所有参赛队中年龄最小的队伍。经过9轮比赛，获得世界造型跳伞锦标赛女子四人造型第八名，同时也是国内最好成绩。

2010年初，跳伞队强抓冬训，远赴美国进行训练，接受了高水平教学指导和跳伞理念，增强了队员个人能力和信心，缩短训练周期，在特技、造型、花样项目上实现跨越式提升。在本场飞行条件受限的情况下，安阳航校提供飞行保障，给予支持。第四届全国体育大会，河南省跳伞队在12个单项上共获得7个一等奖，4个二等奖和17个三等奖的优异成绩。

河南省航空模型队在第四届全国体育大会中共夺取7个一等奖，17个二等奖和6个三等奖的优异成绩。

【后备人才培养】 2010年，继续对11名跳伞队员和9名航空模型队员进行后续集训。在培训过程中采取了严格的管理方法、科学的训练手段，利用现有的条件，采用跨越式的训练方式，在较短的时间内让学员更多地掌握专业技术知识和技能。跳伞队针对时间紧、周期短、任务重的实际情况，采用自主编制的首部初级翼伞训练大纲，直接跳翼伞的训练方式，大大缩短了训练时间，节省了大量的经费，将有限的经费发挥最大的作用。通过多

层面的训练手段，队员的精神面貌、组织纪律、身体素质、地面训练、空中感觉等各个方面都有较大幅度的提高。跳伞集训队员在国内外重大比赛中取得了骄人的成绩。11月29日中心领导联系荥阳高炮旅，派遣教官赴航管中心组织运动员进行为期5天的冬季军训。

【青少年及航协工作】 航协成功举办了“2010年河南省青少年航空航天模型锦标赛”，组队参加了“2010年全国青少年模拟遥控飞行锦标赛”、“2010年全国青少年航空航天模型锦标赛”，共获得12枚金牌、8枚银牌、5枚铜牌的好成绩。同时完成了俱乐部2010年度青少年航空模型业余训练，配合郑州市教育局、省教育厅、省高招办，完成了2010年度中、高招航空模型特长生的招生工作。航协、航空模型俱乐部为河南航空体育的发展发挥着积极的作用。

【经营创收】 2010年，全年共出动“运五”飞机3架，分别作业在济源、洛阳、安阳及本场等基地。全年保障跳伞训练飞行114小时、196架次；保障航测飞行205小时、51架次；保障林播飞行53小时、45架次；其他试验飞行15小时、15架次。

【安全保障工作】 在民航中南管理局和民航河南监管局的指导下，飞行队严格遵守飞行细则，加强飞行人员的技能培训和素质培训。针对通用航空作业机动性大、作业区域分散、机场坐标生疏、航线不固定等特点，对每次作业任务精心准备，合理安排、制定预案，严格遵守“八该一反对”的原则。以过硬的飞行技术、获得客户的信任，确保飞行安全。机务队全体人员严格遵守民航航空法规规程和各项规章制度，全年保障安全飞行387：50小时、307架次。对所执行保障的飞机进行各种定检10次，其中，更换发动机1台，飞机发动机200小时定检1次、飞机发动机100小时定检2次、飞机发动机50小时定检3次，航空器年度检查3次。发现和排除飞机发动机重大故障隐患3起，拔气缸更换涨圈10个，清刮、打磨排气门导套5个。全年机务队未发生责任事故和人为安全事故，为飞行训练安全提供了良好的机务保障。

（丁　然）

河南省重竞技运动管理中心

【概况】 2010年，中心共获得世界比赛冠军2个，全国比赛冠军5个，亚军5个，季军11个，前八名36个。特别是在11月广州亚运会上，圆满完成了预定的3枚金牌任务，并获得铜牌1枚，第七名1个。这是参加亚运会人数最多，成绩最好的一次。

2010年广州亚运会比赛成绩

表11

比赛项目	姓名	性别	比赛级别（公斤）	比赛时间	比赛地点	名次	比赛成绩
女子跆拳道	郭耘菲	女	67	11.17	广东	1	
男子拳击	张志磊	男	+91	11.25	广东	1	
女子举重	李雪英	女	58	11.15	广东	1	238kg
男子跆拳道	尹智猛	男	87	11.17	广东	3	
男子自由跤	闪成德	男	66	11.17	广东	7	

2010 亚运会比赛成绩

表 12

比赛项目	姓名	性别	比赛级别（公斤）	比赛时间	比赛地点	名次	比赛成绩
男子拳击	张志磊	男	+91	3.17～23	海南	1	
男子跆拳道	尹智猛	男	87	4.22～24	广东	1	
女子跆拳道	郭耘菲	女	73	4.22～24	广东	1	
男子自由跤	乌云毕力阁	男	74	4.13～15	海南	2	
女子跆拳道	张　强	女	46	4.22～24	广东	2	
男子拳击	程　茂	男	54	3.17～23	海南	3	
男子拳击	焦学智	男	81	3.17～23	海南	3	
男子自由跤	周胜银	男	66	4.13～15	海南	3	
男子跆拳道	程　龙	男	80	4.22～24	广东	3	代表海南
男子古典跤	江　涛	男	120	4.20～23	黑龙江	5	
男子拳击	张红亮	男	57	3.17～23	海南	5	
男子拳击	高　军	男	+91	3.17～23	海南	5	
女子拳击	陈好好	女	54	4.16～20	浙江	5	
女子拳击	李　佳	女	51	4.16～20	浙江	5	
女子拳击	张　悦	女	+81	4.16～20	浙江	5	
女子柔道	井　方	女	52	3.27～29	山西	5	
男子跆拳道	王　睿	男	87	4.22～24	广东	5	
女子跆拳道	王　玮	女	62	4.22～24	广东	5	
男子自由跤	闪成德	男	66	5 月	印度	5	
男子古典跤	雪恒瑞	男	96	4.20～23	黑龙江	7	
男子柔道	宋颖政	男	无差别级	3.17～19	北京	7	
男子自由跤	闪成德	男	66	4.13～15	海南	7	
男子自由跤	姜伟寿	男	96	4.13～15	海南	7	
女子自由跤	席铁男	女	72	4.6～9	山西	7	
女子自由跤	李　娟	女	63	4.6～9	山西	7	
男子举重	刘伟煌	男	69	4.25～28	河南	挺举 3	176 公斤
男子举重	钟启航	男	62	4.25～28	河南	挺举 6	168 公斤
男子举重	张　珂	男	85	4.25～28	河南	抓举 4	155 公斤
男子举重	刘伟煌	男	69	4.25～28	河南	抓举 5	146 公斤
女子举重	龙丁玲	女	58	5.4～7	江苏	抓举 5	96 公斤
男子举重	刘伟煌	男	69	4.25～28	河南	总成绩 2	322 公斤
男子举重	钟启航	男	62	4.25～28	河南	总成绩 8	298 公斤
男子举重	张　珂	男	85	4.25～28	河南	总成绩 8	335 公斤
女子举重	龙丁玲	女	58	5.4～7	江苏	总成绩 8	213 公斤

2010 年全国冠军赛成绩

表 13

比赛项目	姓名	性别	比赛级别（kg）	比赛时间	比赛地点	名次	比赛成绩
男子自由跤	周胜银	男	66	10. 20 ~ 23	许昌	1	
男子自由跤	乌云毕立阁	男	74	10. 20 ~ 23	许昌	1	
女子柔道	张思洁	女	70	7. 23 ~ 25	天津	2	
男子古典跤	雪恒瑞	男	96	11. 3 ~ 6	海南	3	
女子柔道	井　方	女	52	7. 23 ~ 25	天津	5	
男子古典跤	赵海军	男	84	11. 3 ~ 6	海南	5	
男子自由跤	姜伟寿	男	96	10. 20 ~ 23	许昌	7	
女子自由跤	席轶男	女	72	10. 13 ~ 16	河南	7	
男子古典跤	佘向奎	男	96	11. 3 ~ 6	海南	7	
男子举重	常学闯	男	77	10. 23 ~ 26	北京	挺举 3	187 公斤
男子举重	刘伟煌	男	69	10. 23 ~ 26	北京	挺举 3	186 公斤
女子举重	贺云华	女	48	10. 16 ~ 19	安徽	挺举 4	109 公斤
男子举重	钟启航	男	62	10. 23 ~ 26	北京	挺举 8	162 公斤
女子举重	龙丁玲	女	58	10. 16 ~ 19	安徽	挺举 8	115 公斤
女子举重	贺云华	女	48	10. 16 ~ 19	安徽	抓举 3	84 公斤
男子举重	常学闯	男	77	10. 23 ~ 26	北京	抓举 4	150 公斤
男子举重	刘伟煌	男	69	10. 23 ~ 26	北京	抓举 4	147 公斤
女子举重	龙丁玲	女	58	10. 16 ~ 19	安徽	抓举 4	98 公斤
女子举重	王　颖	女	75	10. 16 ~ 19	安徽	抓举 8	101 公斤
男子举重	刘伟煌	男	69	10. 23 ~ 26	北京	总成绩 2	333 公斤
男子举重	常学闯	男	77	10. 23 ~ 26	北京	总成绩 3	337 公斤
女子举重	贺云华	女	48	10. 16 ~ 19	安徽	总成绩 3	193 公斤
男子举重	钟启航	男	62	10. 23 ~ 26	北京	总成绩 7	295 公斤

【竞技水平提升】　通过集约团队，抢占制高点，有平台、有先机、有人才、有信息，才能取得并且具备成功的最基本条件，在具体实施过程中，尖子队员和重点队员在国家队得到锻炼，竞赛能力得到进一步提高，增强在国际赛场上的竞争实力，加大在国内赛场上的竞争优势。中心优势项目（跆拳道、拳击、女子举重）地位得到进一步巩固，男子自由式摔跤进步突出，弱势项目（部分项目的年轻队员）异军突起，有了长足进步。张志磊、李雪英、郭耘菲、尹智猛在刚刚结束的广州亚运会中取得了 3 金 1 铜的好成绩，为伦敦奥运会和第十二届全运会打下了坚实的基础。

【“科、训、医”一体化】　在坚持“科、训、医”一体化的工作中，实行科医联动，功能交叉的理念，使科研工作更加结合运动员实际，又提高了医务人员的科研水平，相互补充，相互促进，进一步推动“科、训、医”一体化的深层次结合，不断提高科研工作的实效性。

【着力增强训练实效】　一是以狠抓“设计能力、执行能力、控制能力”三大能力为主导，以狠抓训练计划，训练理论，业务学习为突破口，大兴学习之风，认真学习先进的训练理论、训练方法和手段，努力提高教练员的训练水平；二是紧紧围绕训练效果这个训练工作的核心，认真抓好训练计划的执行。为了保证训练计划的执行和训练目标的实现，中心领导采取分队包干的办法，深入各队开展调研工作，联系实际，解决瓶颈问题，把主要精力用到抓训练上。三是找准项目的制胜规律，倡导创新训练手段。为在训练上有所创新和突破，不断深化对项目特点、发展趋势和训练规律的认识，细化相关指标的设计与评估，从中找出技能、体能主导类项目的特点和规律，从而提高训练的针对性和实效性，四是注重训练管理手段的程序化、规范化、科学化。经过长期的开发研制，率先在全国使用了训练管理软件，这也是全国首个训练管理软件。它的使用，大大提高中心教练员的训练控制和管理水平。该软件已推荐到国家拳击队使用，得到了高度评价。

【全力以赴做好运动员伙食工作】 保障工作越来越趋于专业化、精细化。在让运动员吃好，满足大运动量能量消耗方面，坚持由科研人员与膳食部门共同制定配餐食谱，增加主副食品种，并经常进行调剂。一类灶正餐的主副品种都在10个以上，二类灶的主副食品种保持在6个以上。在让运动员吃好的同时，重点放在营养的均衡摄入上，做到科学膳食，既要保持体能、控制体重，又能减轻疲劳。

【基础建设】 先后修建训练馆、康复中心、运动员宿舍、运动员餐厅，使运动员教练员的训练生活条件大为改善，整个运动中心的硬件设施发生了质的变化。又相继开工建设了400米标准塑胶田径场、篮球场围网灯光、锅炉房、中心大门及围墙、院内道路、发电机房等工程项目。

【全力办好省十运会】 严格按照《省十运会总则》要求，认真细致的开展各项工作，圆满地完成了省十运会重竞技项目的组织工作。本届省运会中，重竞技项目共有18个代表队986名运动员参加了拳击、跆拳道、中国跤、古典跤、自由跤、举重、柔道7个项目的比赛，共决出136枚金牌、136枚银牌、212枚铜牌，159名省内裁判和10名外省裁判参加了省运会裁判工作。全运会期间比赛秩序井然，赛风赛纪严谨，比赛公平公正，通过良好的竞赛环境，公平竞争，发现了一批青少年体育人才，为竞技体育再上台阶储备了新生力量。

（何晓威）

文　化

群众文化

【概况】 群众文化紧紧围绕区委、区政府“两加快一维护”战略的有效实施和中心工作，坚持政府主导、群众参与两条主线，充分发挥文化馆在群众文化方面的管理职能，坚持文化、艺术门类学（协）会等群众性文化团体、艺术骨干的龙头作用，坚持“艺术协（学）会引领、发挥骨干队伍作用、横到边纵到底”的全方位覆盖模式，做好服务基层，服务群众，将广场文化活动和社区（村）文化活动结合起来，重点做好“协会和艺术人才网络化”、“特色文化社区（村）网络化”两个网络化文化建设，将打造“精品文化”与建设“幸福上街”系统工程结合起来，不断推动文化艺术事业健康发展和文化惠民工程的实施，构筑具有先进文化特色的社区（村）文化，让内涵丰富的文化艺术活动遍布社区，惠及广大群众。先后组织开展了“欢乐中原魅力上街”夏季广场文化活动25场和“深入基层，服务农村”送文化下乡等活动45场次，创建文化艺术示范基地4个，命名书画村一个，成立文艺社团1

首家民乐团揭牌

个。举办的大型“建党89周年上街荥阳两地书画联展”、“上街区建国61周年书画展”。组织参加的郑州市“双节群众文化千人巡演”文艺活动。元宵节在亚星盛世广场组织的“迎新春闹元宵”民间文艺会演活动，峡窝镇、济办、中心办等30多个代表队参加表演。峡窝镇马固村组织的“书画联谊笔会”，吸引了本区及荥阳、巩义等周边地区的书画爱好者50多人参加活动。组织的郑州市文化馆系统参加郑州市文化广电新闻出版局主办、市群艺馆承办的“欢乐中原、魅力郑州”系列教学成果展演活动，观众达两万多人。

【基层文化建设】 新建柏庙村、东街村、任庄村、东柏社村、石咀村、马固村、观沟村、大坡顶村、夏侯村9个农家书屋并投入使用。新建社区文化活动中心5个，高标准建成11个社区文化活动中心：康乐社区、鸿园社区、桃园社区、昌盛街社区、朝阳街社区、三湾街社区、新星社区、新华社区、淮北社区、金华社区、东方社区，通过上级主管部门验收已投入使用。

区文化广电新闻出版局投入资金对村级文化信息共享工程基层站点设备进行升级改造，共配送电脑19套、投影设备11套。

10月28～11月5日在郑州市群众艺术馆举办“上街区群众文化专业干部才艺演展周”活动，展出书画作品120幅，摄影作品63幅，星海民乐团进行了民族音乐会专场演出。河南省电视台和郑州电视台进行了报道。

【文艺团队】 全区有业余文艺团队（主要指5人以上）33个。其活动方式主要以自娱自乐，强身健体，平时活动自由，每逢重大节日、重要活动按照安排统一表演或参加上级表演比赛。成立了星海民乐团，乐团现有演奏人员34名，乐团下设4个队，两个组，即：民乐队、舞蹈队、合唱队、戏剧队、创作组和灯光音响效果组。

【开展基层文艺骨干培训活动】 从各行政村（社区）选拔一批文艺骨干，邀请省 市专家开展一次为期两周的集中培训。7月21日～7月30日，邀请郑州大学民俗文化研究所所长、文艺学研究生导师高天星教授，国家一级编剧、郑州市艺术创作研究院院长王明山等7位全国、全省著名的文艺界专家进行授课。开展了非物质文化遗产、民间文艺、戏曲、舞蹈、音乐、摄影、大型文艺活动组织策划等7个艺术门类的专业培训，累计培训各类文艺骨干500余人次；8月31日至9月2日组织文化馆、图书馆、文化站及部分社区文化骨干在河南宾馆进行为期3天的文艺骨干培训。

【文艺活动】 2月14日，组织文艺队伍参加郑州市“龙腾虎跃闹新春”民间文艺万人大巡游活动。

2月28日在亚星盛世广场举办“庆新春闹元宵”民间文艺表演活动，各镇办社区的23支队伍进行了秧歌、盘鼓、旱船、军乐队等精彩表演，吸引了各界群众万余人观看了演出，丰富了群众的文化生活，取得了良好的社会效益。

9月30日，文化广电新闻出版局与省京剧院在峡窝镇郊段村举行“舞台艺术送农民”专场演出活动。全年共在亚星盛世广场开展“欢乐中原·魅力上街”演出20场，在体育场激情文化广场演出15场，累计演出节目400余个，观众人数近10万人次。

广场文化活动

【图书阅览】 图书馆共有6部类22大类图书2万余种，近6万册图书，报纸74种85份，期刊262种，开设少儿图书阅览室、自然科学图书阅览室、社会科学图书阅览室、报纸阅览室、期刊阅览室和电子阅览室6个读者阅览室阅，览席位300张。全年接待读者9万余人次。正月十五举办“欢乐闹元宵猜谜活动”，图书馆准备730条丰富多样的谜语，活跃了群众假日生活。

【电影放映工作】 在农村数字公益电影放映工作中加大对放映单位的督导力度，确保放映场次与实际场次符合，严格按照“每村每月一场电影”要求全年30个行政村放映农村数字化电影360场。

（安鹏飞　冯新超）

文物与非物质文化遗产保护

【文物保护】 经省、市、区公布的各级文物保护单位13处。

省级文物保护单位1处：西柏社遗址；

市级文物保护单位11处：沙固遗址、南峡窝遗址、寨沟遗址、观沟遗址、魏岗遗址、石咀遗址、沙固曹彬墓、北峡窝四所楼村王博文墓、观沟重阳观、马固王氏宗祠、老上街村卢医庙；

县级文物保护单位1处：老上街村汉寿亭侯画像碑。

全年进行文物勘探27家，钻探面积35.7万平方米。文物保护部门严格执行文物钻探管理办法，资料齐全一次性办完钻探手续，钻探结束后及时向建设单位提供钻探图纸。

在各建设工地发掘古墓葬38座，出土文物30件。

【非物质文化遗产保护】 获得河南省非物质文化遗产普查工作先进单位，郑州市非物质文化遗产普查工作先进单位。在普查基础上，对非物质文化遗产进行保护，对濒临灭绝的非物质文化遗产进行抢救。建立县级非物质文化遗产代表作名录体系，对列入非物质文化遗产名录的项目，制定科学保护计划，对列入非物质文化遗产名录的代表性传人，有计划地提供资助，鼓励和支持其开展传习活动。

《泗河的传说》在市级项目基础上，补充丰富资料正在申报省级非遗项目。

（安鹏飞　冯新超）

文化市场

【概况】 全区有文化经营单位86家。其中歌舞娱乐场所15家、游戏厅5家网吧23家、音像制品零售单位4家、印刷企业9家、复印打字16家、图书发行经营单位14家。

【文化市场管理】 全年开展文化市场集中行动和各类专项治理及节假日集中行动18次，出动360余人次，检查经营单位400余家次，收缴盗版音像制品1800余盘。区文化市场综合执法大队荣获年度郑州市未成年人思想道德工作先进单位称号。

【新闻出版（版权）市场管理】 新闻出版市场包括印刷、复印打字、图书发行市场及电子出版物市场，其中，印刷企业9家，复印打字店铺16家，图书发行经营单位14家。其中从事出租经营活动的2家。多次对辖区内的图书报刊市场、电子出版物市场、文化夜市、印刷复制业等尤其是中小学校周边环境进行专项检查治理，重点查处政治类、宣

扬淫秽色情、凶杀暴力、低俗庸俗、封建迷信及伪科学内容的口袋书、卡通画、游戏软件等危害未成年人身心健康的有害出版物。加大对印刷复制行业的监管力度，深挖地下印刷复制窝点，严厉查处违法违规印制活动，严肃查处订购、使用盗版教材、教辅读物的行为。共检查印刷复制业经营单位168家（次），查处各类违规经营案件5起，其中无证经营4起，对专项治理中查出的违规经营行为视情节轻重分别依法给予警告、罚款和责令停业的行政处罚。检查图书报刊、音像制品出租零售店70余家（次），查收各类盗版音像制品、电子出版物，收缴违法书籍283盘（册），并对发现贩卖光盘和盗版、淫秽、政治性图书、散摊经营的不法游商进行集中清缴。

【扫黄打非集中行动及专项治理】 调整"扫黄打非"工作领导小组，制定"扫黄打非"行动方案，抓住重点，标本兼治，坚持不懈地开展"扫黄打非"工作，在"双节"、"两会"、"五一"、"十一"亚运会期间开展扫黄打非集中行动，确保在各项重大政治活动和节假日期间文化市场的健康稳定。

（安鹏飞　冯新超）

文学艺术

【艺术创作与人才培养】 组织青少年参加国际、国家、省市青少年才艺竞赛、比赛、表演、展览25场次，获各种奖项500余人次；组织青少年参加"第三届郑州市少儿文化艺术节"活动，获优秀少儿舞蹈奖。全国舞蹈公开赛获得基训组团体一等奖，参加河南省体育公开赛获集体优秀奖。

秦德龙、王琳宝创作的散文集《为何到此》、《低头沉思的谷子》分别由中国旅游出版社、大众文艺出版社出版发行。书画艺术，张建陆、赵翎民等3人创作的书法、国画作品分别入选2010年中国产业文联书画作品展。崔泽骥、王建华书法及王德安国画、纪行摄影等13幅作品入选中国铝业公司书法美术摄影作品展。辛建华、窦玉梅等人的国画，张建陆、崔泽骥等人的书法美术作品入选郑州老年书画展。

2010年上街区获市级以上获奖（入选）文学艺术作品

表14

类别	节目（作品）形式	节目（作品）名称	获奖（发表）情况	编创人员	主要演员（作者）名单
舞台类文学类	教学展演		郑州市"第三届少儿文化艺术节"出版教学演展奖	导演：叶子	
	文艺巡演		2010年郑州市双节千人群众文化文艺巡演奖	演出单位：上街区文化馆	
	散文集	为何到此	中国旅游出版社出版		作者：秦德龙
	散文集	低头沉思的谷子	大众文艺出版社出版	设计：小云 责编：范　钧 作者：王琳宝	作者：王琳宝
书画类	书法		2011年中国产业文联书画作品展	张建陆	
	国画	写意山水	2011年中国产业文联书画作品展	赵翎民	
	书法		2010年中国产业文联书画作品展	刘东旭	
	画展	工笔花鸟	2010年郑州老年书画研究会书画展	辛建华	
	国画	工笔花鸟	2010年郑州老年书画研究会书画展	窦玉梅	
	国画	工笔花鸟	2010年郑州老年书画研究会书画展	段　颖	

续表

类别	节目（作品）形式	节目（作品）名称	获奖（发表）情况	编创人员	主要演员（作者）名单
书画类	国画	写意山水	2010年郑州老年书画研究会书画展	泥思彦	
	书法		2010年郑州老年书画研究会书画展	宋贵成	
	书法		2010年郑州老年书画研究会书画展	崔泽骥	
	国画	工笔花鸟	2010年郑州老年书画研究会书画展	袁廷贤	
	国画	工笔花鸟	2010年郑州老年书画研究会书画展	孙崇娥	
	国画	写意山水	2010年郑州老年书画研究会书画展	王德安	
	国画	写意山水	2010年郑州老年书画研究会书画展	张　刚	
	国画	写意花鸟	2010年郑州老年书画研究会书画展	赵登玺	
	书法		2010年郑州老年书画研究会书画展	纪世增	
	书法		2010年郑州老年书画研究会书画展	王　庚	

（安鹏飞　冯新超）

广播电视

【新闻宣传】　广播电视台在新闻宣传工作中开展阶段性战役宣传，每个战役宣传突出一个重点，形成一个舆论中心，全年在《上街新闻》开辟《两加快一维护》专栏，对区委实施的两加快一维护战略进行全方位报道，并以重点项目建设、工业经济、基层党建等宣传重点，开辟了《两会特别报道》、《抗旱浇麦保丰收》、《上街中小企业》、《“五小”综合整治》、《优秀十杰青年风采》、《千百十文明和谐家庭评选》、《创先争优》《送温暖》和《大干一百天决战四季度》等专栏。广播电视台还利用自身优势，以新闻、专题报道、播出流动字幕、播放公益宣传片等形式积极宣传“平安上街”建设、安全生产、教育、卫生、未成年人思想道德教育等重点工作。

【外宣工作】　广播电视台把外宣任务进行分解量化，实行目标管理，把郑州电视台、《郑州日报》、省电视台和中央电视台作为外宣重点，全年在中央、省市媒体播发稿件85篇。其中，《上街区开展党员星级评定成效斐然》分别在中央电视台《新闻联播》、《朝闻天下》等栏目播出；《上街区加快土地流转增加农民收入》等21条新闻分别被河南电视台和《河南日报》等省级新闻媒体刊播，另有50多篇消息、通讯分别被《郑州日报》、郑州电视台等市级媒体刊播。

【节目创优】　年初电视台选送的《我国首台沥青冷再生水泥碎石就地拌和列车通过鉴定》获省级好新闻二等奖，实现了上街电视台建台19年省级创优的零突破，这次获奖也是郑州各县市区级电视台在省级创优工作中获得的最高奖项。选送的《王西峰家的两张全家福》、《中国产业工人的骄傲——记全国五一劳动奖章获得者杨红雷》等作品参加2009年度郑州市广播电视新闻评选，8件作品获奖，其中一等奖3件。电视台创优工作受到郑州市文广新局表彰，被市局评为创优工作先进单位和先进集体。

【广播电视设施】　加大对广播电视设备投入力度，购置了全固态无线发射机1台，稳压电源1台，搬迁了无线发射机房，提高了节目质量。对电视发射塔进行了全面维护和保养，延长了发射塔的使用寿命，提高了播出的安全系数。

【有线网络建设】　有线电视形成以机房为中心，以金屏路、淮阳路、登封路、汝南路、许昌路等5条144芯光缆为主干的多级星形光缆网络构架，铺设光缆110多公里，覆盖全区行政区域。所有新建小区实现光缆到楼的先进模式，新增架设光缆工作

站、光机20多个。

【广电事业管理】 不断加强广播电视行业行政管理，使广播电视事业健康快速发展，始终把安全优质播出工作放在首位，全区广播电视播出传输实现“零插播”、“零中断”。在“重保期”和“敏感期”，领导带班，机房工作人员24小时严密监控，保证安全播出。

【开展走千家、进万户、征求意见”上门服务活动】 坚持开展“走千家、进万户、征求意见”上门服务，有效转变工作作风。坚持每季开展一次“走千家、进万户、征求意见”上门服务活动，收集意见建议216条，落实到具体工作中。上半年在行风评议活动中名列前茅。

【制作宣传片《大道之行——上街》】 7月，邀请由中央电视台著名导演和记者组成的一流摄制团队，拍摄制作了宣传片《大道之行——上街》，宣传上街区的交通区位、自然资源、人文环境、名优物产、经济特色、优惠政策等，打造了一张精美的城市名片，宣传片于10月份制作完成，并多次在对外贸易洽谈交流会上传播，向中外客商充分展示优良投资环境，提高了知名度和美誉度。

（安鹏飞　冯新超）

旅游工作

【概况】 旅游工作以提升旅游服务质量，优化旅游环境、旅游形象为目标，改变开展旅游环境综合整治行动为载体，强化旅游市场监管，推进旅游产业发展，全年实现旅游收入1961万元，旅游人数10余万人次，实现旅游零投诉。新增道路旅游指示标识；五云山山地生态公园景区图示；组织旅游市场整顿和规范专项行动；先后开展两次旅游市场检查周活动；组织开展以“平安出行，和谐旅游”、“文明旅游、理性消费”为主题的宣传咨询活动；在暑期及“十一”黄金周等开展旅游质量回访活动，在全市游客满意度调查评比中取得佳绩。

（安鹏飞　冯新超）

上街时讯

【概况】 《上街时讯》创刊于2007年6月15日，是一份政府出资，区委宣传部主办的对开彩印地域周报。2008年，《上街时讯》电子版落户中国上街门户网站。上街时讯总编辑张东奇，市作家协会会员，曾任上街电视台台长，多篇新闻作品在中央电视台、中央人民广播电台、河南电视台播发。

《上街时讯》立足于上街经济发展，打造强势地方媒体，设置了时政要闻、基层传真、社会经济、文化艺术4个版面，报道面广，读者面宽，已经成为上街新闻文化传播的主力媒体。年底，《上街时讯》发行量已达115万份，覆盖全区行政单位、社区、农村，学校，医院，大型商场超市等场所。《上街时讯》交流除大郑州所辖县市区外，已扩展至河北、山西、广西、天津等地同级报刊，网络信息交流已达河北、辽宁、江苏、广东、四川等省市地区。《上街时讯》已成为除广播电视之外的上街区主流媒体，是政策法令传达，基层民情上传的重要桥梁。

【突出主题性和系列性宣传】 围绕区委、区政府中心工作，《上街时讯》突出报道重点，开设《经济播报》、《创建文明城区，建设和谐上街》、《新闻万花筒》、《百姓故事》等栏目，为经济社会发展擂鼓助威。策划“回眸十一五，展望十二五”系列报道，围绕新农村建设、就业和社会保障等展开深度报道。

【日益壮大的通联队伍】 《上街时讯》拥有一支200人的通讯员队伍，业余作者近百人。长期建立通讯员实习制度，每季度对通讯员进行轮训，对优秀通讯员登报公示，不定期对通讯员进行培训，提升通联队伍整体素质。

（刘丽军）

地方史志工作

【概况】 地方志工作围绕区委、区政府中心工作，发挥职能作用，积极开发利用方志资料，先后为区委办、政府办、区政协、区委宣传部及有关部门提供决策参考，向企业提供翔实地情信息。特别在编写《概念上街》和上街区城市规划过程中，多次协

首部上街年鉴出版发行

助提供相关历史资料。为《郑州年鉴》、《河南年鉴》征集资料1.5万余字、照片20幅。指导区属单位志书编纂工作，《上街区档案志》已经出版，《军事志》已完成样稿，《上街房产志》在筹备过程中。6月，为全区行政村和社区送去《上街区志》。在亚星盛世广场举行的六一儿童节联欢晚会上，区地志办联合区委宣传部、教体局、工会等单位，为全区所有中小学校捐赠了志书。

【编纂出版首部《上街年鉴》】 年初启动《上街年鉴（2010年卷）》编纂工作。查阅全区2009年工作档案，收集年鉴素材，结合各单位工作总结。加班加点走访调研，理清上街年鉴的编撰思路，4月，成立上街年鉴编纂委员会。召开上街区年鉴工作会议，下发《区委办公室、区政府办公室关于做好上街年鉴编纂工作的通知》，邀请市地志办领导到会辅导年鉴工作。明确各单位确定专人负责年鉴供稿工作，区地志办指派专人进行分类指导。在编纂过程中广泛征求意见。10月送市地志办领导审阅；11月排印样稿送至中州古籍出版社经审核，12月底正式出版。《上街年鉴》（2010年卷）由特载、专记、精品上街、概况等28个部分组成，采取部目、分目、条目的编辑体例，以条目为主要载体，收录2009年上街区行政区域内的机关、团体、学校、企事业单位的信息和资料，全书共65万字。它既融上街自然地情、历史文化、人物事件于一册，又记录了2009年上街“战危机、保增长”的攻坚历程。不仅为各级领导决策提供有关资料，为社会各界提供有价值的信息、也是展示上街形象，吸引外资，向国内外宣传上街的一扇窗口。

（周昱宏）

档案管理

【概况】 区档案局（馆）属于区委办领导的正科级事业单位，位于上街区汝南路南段区托老康复中心院内一楼、二楼。一楼为库房，有密集架216组、检索柜11组、文件柜11组，二楼为办公室和爱国主义教育基地、荣誉室。局（馆）工作人员8人，其中局长1名，副局长2名。

【立卷归档】 区档案局指导检查验收文书档案10844件、专业及其它门类档案195卷，录入年度归档文件电子条目19263条；采集《上街新闻》118期、《上街时讯》173期、图片37张；接收机构改革中撤销单位档案70卷3652件。按照档案分级管理原则，对区档案馆收集档案范围进行了确定，11月，出台《上街区档案馆档案资料收集范围的意见》。

【档案管理和利用】 区档案局坚持24小时值班制度，防火、防盗自动报警系统完善，档案库房温湿度监测记录仪、暖气、除湿机等空调设施运转正常，电子消毒柜、防磁柜、底图柜、密集架和防霉、防虫药剂设施设备齐全。11月，区档案局与登封市档案局签署重要档案异地备份协议，区档案局接收登封市异地备份纸质档案2753卷、光盘33张，区档案局移交登封市档案局婚姻、计生、声像档案光盘9张。全年，接待查阅利用档案资料275人次、1052卷次。

【档案管理规范化认证】 10月，济源路街道夏侯村和峡窝镇石咀村，经认证达到市级档案规范化管理示范村标准。11月地税局、国税局和区法院3个机关单位和区疾控中心1个事业单位，经认证达到档案工作规范化管理省一级标准。

【档案信息上报】 区档案局在各级各类报纸、杂志、网站上发表信息55篇，其中国家级11篇，省级12篇，市级21篇，区级11篇。

（时文贤）

卫 生

卫生事业

【概况】 2010年，全区共有医疗卫生机构96个，其中二级以上综合医疗机构2家，一级医疗机构2家。一级以下医疗机构包括25个村卫生所（含4个城中村）、8个社区卫生服务站、2个公立医院门诊部和57家个体诊所及社会办医机构。全区共有床位663张，每千人拥有病床5张。全区共有卫生技术人员855人，每千人拥有卫生技术人员6.4人。

【机构设施建设】 上街区人民医院拥有固定资产4800万元，开放床位230余张，总建筑面积2万平方米。现有职工265人，其中在编职工169人，高级职称15人，中级职称71人，卫生技术人员占82%。被郑州市职工医保、居民医保、上街区医保、新型农村合作医疗、郑州市低保及各类保险机构定为医疗定点医院。年接纳门、急诊病人16万人次，收治住院病人5500余人次。开设有内、外、妇、骨科等临床科室。科室设置齐全、设备完善、人员资质层次较合理。有核磁共振、螺旋CT、X光放射系统、彩色B超、胃镜结肠镜等现代化医疗设备8套。

上街区中医院由名老中医专家马西山、白长治领衔坐诊，多名中、高级职称中医师、西医师组成团队，开展中西医内科、骨科、妇科、皮肤科特色治疗。康复理疗针灸科为上街区特色专科，由副主任医师李惠君主任坐诊，开展冬病夏治、牵引、药物熏洗、推拿封闭、针灸拔罐、理疗等治疗。门诊科室功能、设备齐备，为辖区居民提供基本医疗服务。

上街区峡窝镇卫生院由市、区、镇三级政府投资600多万元建设，是郑州市首批7所“示范乡镇卫生院”之一，占地30亩，建筑面积5471平方米，其中业务用房面积4705平方米，开放床位40张，承担着峡窝镇辖区的疾病预防控制、卫生监督、妇幼保健和健康教育等社会卫生公益工作。

【新型农村合作医疗】 严格执行上街区新型农村合作医疗制度。截至2010年年底共补偿114847人次，补偿金额2261.44万元。2010年，上街区参合农民个人缴费标准为30元/人/年，镇（办）资助20元/人/年，区财政资助50元/人/年，市财政资助20元/人/年，省财政资助30元/人/年，中央财政资助60元/人/年，共计210元/人/年。2010年参合农民共计42416人，参合率达到98.75%。同时将15种慢病纳入报销补助范围，完成了郑州市一院、四院、五院、七院、市中医院、省直三院、武警医院、153医院等省、市级医院的直补工作。

【农村卫生服务体系建设】 根据《中共郑州市委、郑州市人民政府关于推进社会主义新农村建设的实施意见》（郑发〔2006〕14号）文件精神，2006年8月，上街区人民政府印发了《上街区农村基础设施建设奖励补贴政策（试行）》的通知，率先在郑州市开展村卫生所建设。在优惠政策的支持下，区政府投入20万元为各村卫生所配置基础设备。截至2010年底，上街区共建成21所标准化村卫生所，村卫生所达标率100%，实现了峡窝镇21个行政村每个村有一个标准化村卫生所的目标。

自2008年起，区卫生局、财政局组成联合考核组对峡窝镇卫生院和各村卫生所承担公共卫生的乡村医生进行了考核。2010年考核合格114人，并及时将补助资金发放到乡医手中。

（董晓菲　王秋香）

疾病预防控制

【计划免疫】 全年接种卡介苗626人份、百白破3284人份、脊灰疫苗3243人份、麻疹疫苗802人份、乙肝疫苗2484人份，乙脑疫苗1659人份，A群流脑疫苗1665人次，A+C群流脑疫苗1051人次，疫苗接种率98%以上。

【预防甲型H1NI流感和手足口病】 通过各镇、街道、社区卫生服务网络、医疗机构、托幼机构向群众发放宣传资料1万余份，甲型H1N1流感防治宣传图画200多张，并通过电视、广播等媒体广泛开展甲型H1N1防治知识宣传。完成甲型H1N1流感疫苗注射4658针次。

【结核病防治】 加大防治宣传力度，以出动宣传车、张帖标语、开展义诊咨询等方式，发放宣传资料6000余份，制作宣传版面10块、黑板报12期、宣传横幅16条。全年共发现可疑肺结核病人123人。各医疗机构通过网络上报疑似肺结核病人43例，共登记可疑肺结核病人20例，共报告新发涂阳肺结核病人8例，新涂阳病人发现率22.86%。

【艾滋病防治】 继续落实“四免一关怀”政策，开展艾滋病宣传日活动。全年共发放宣传资料1.6万份，宣传展板60块，条幅30条，发放宣传页8000张，宣传画3000张，宣传册5000份。上街区共进行4976人次的HIV监测，其中术前监测2677人次，孕产期监测2274人，自愿咨询监测593人次，共发现1例HIV初筛阳性者。区艾防办下发《关于在全区开展基层医务人员艾滋病防治知识和技能培训的通知》，开展分级培训工作，全区共有基层医务人员180余人，共培训150余人，其中社区和乡镇服务人员培训率达到95%，乡村医生培训率达到100%，孕产期保健和助产人员培训率达到98%。确保上街区艾滋病防治工作各项目标的实现。

【突发公共卫生事件处置】 2010年，上街区没有发生突发公共卫生事件。按照《郑州市上街区人民政府关于印发郑州市上街区突发公共卫生事件应急预案》（上政〔2009〕13号）要求，上街区卫生局积极做好应急卫生救治队伍的管理与培训、应急演练、物资储备等工作，建立健全了全区统一的突发公共卫生事件预防控制体系。

【地方病防治】 2010年，共监测300份居民户碘盐，合格286份，不合格14份，非碘盐0份。非碘盐率为0%，碘盐合格率为95.33%、碘盐覆盖率100%、合格碘盐食用率为95.33%。盐碘中位数32.08毫克/公斤（最大值57.97，最小值15.58）。

2010年对66名儿童进行调查，其中有效资料人数60名。60名儿童的尿碘频数分布：最小值129微克/升，最大值503微克/升，中位数263.5微克/升；20微克/升以下者0人，占百分比0%；低于100微克/升者0人，占百分比0%。60名儿童的碘盐值59份在20－50毫克/公斤之间，有1份不合格碘盐为18.57毫克/公斤，没有非碘盐。60名儿童（触诊法）：无甲状腺肿大病人。

2010年完成孕妇尿碘监测595份（年度目标任务380份），监测2岁以下儿童尿碘34份，哺乳期妇女尿碘30份。对尿碘值低于100微克/升的孕妇进行电话联系，告知其科学补碘的知识，为提高上街区人口素质尽职尽责。

全年共发放各类地方病宣传彩页4000余张，悬挂横幅21条，制作展板40多块。通过多种形式的宣传，把碘缺乏病等地方病防治知识普及到千家万户，提高了群众的防病意识，确保全区广大群众身体健康。

（董晓菲　王秋香）

妇幼保健

【概况】 2010年全年免费婚检66人，占全区办证人数的34.96‰。围产期保健688人，占全区实际办理人数的98.57%；0～6岁儿童保健人数7054人，占全区0～6岁儿童人数的93.38%。

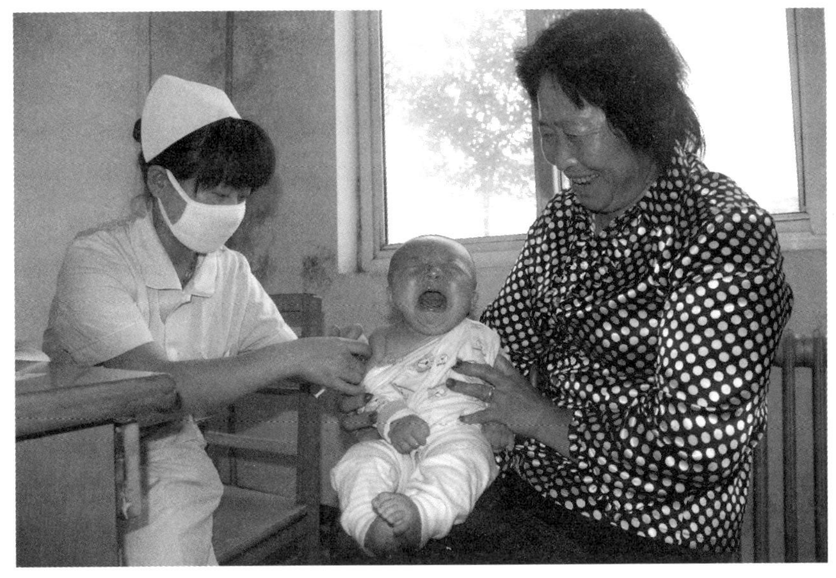

麻疹强制免疫

【降低孕产妇死亡率与消除初生儿破伤风】 上街区开展“降低孕产妇死亡率、消除新生儿破伤风”项目，实行农村孕产妇住院分娩补助政策。截至2010年底，上街区享受“降消”项目补助的农村孕产妇分娩共计344人，补助金额共计10.32万元。

【孕产妇与3岁以下儿童系统管理工作】 利用三级保健网的优势，增强农村妇女的健康保健意识，提高上街区的“两系”管理率。在辖区范围内进行了高危孕产妇的筛查工作，加强了高危产妇的监护管理，使高危孕产妇住院监护率达到100%，孕产妇系统管理率为89.15%，住院分娩率100%，死亡率为0；7岁以下儿童保健管理率为93.38%，3岁以下儿童系统管理率为88.05%，5岁以下儿童死亡率为3.77‰，婴幼儿死亡率为1.89‰。

截至2010年底，共办理儿童保健手册975人，办理孕产妇保健手册698人，孕妇尿碘采样698人，HIV监测698人，年度体检7055人。

（董晓菲　王秋香）

医疗技术

【中医事业】 上街区积极探索开展“治未病”健康工程，加强中医药普及和中医科建设等各项工作。2010年在全区开展基层常见病多发病中医药适宜技术的推广，全面提高农村、社区卫生技术人员中医药专业技术水平，切实加强基层中医药服务能力建设。

【科技兴医】 上街区2010年有2人接受农村基层无学历卫技人员视频教学，31人参加住院医师规范化培训医学理论年度考核，323人参加继续医学教育学分审核，合格率达94.4%。

【重点（特色）专科建设】 上街区中医院理疗康复中心是2004年在原针灸科的基础上组建起来的上街区唯一具有中医特色的针灸理疗康复中心。现有针灸推拿副主任医师1人，主治医师1人，执业（助理）医师3人，护士1人。康复中心坚持中医中药特色疗法，开展有针灸、推拿、拔罐、小针刀、中药熏蒸，中药穴位贴敷，中药离子导入，结合现代科技引进有多种理疗设备，如电脑牵引床，牵引椅、微波治疗仪、电脑中频治疗仪、脑血管病治疗仪，骨质增生治疗仪等。在治疗颈肩腰腿痛、亚健康、肠胃病、偏瘫、面瘫等方面都有自己独特的治疗方案，而且疗效显著。每年伏天的“冬病夏治”更是搞得轰轰烈烈，运用膏药穴位贴敷治疗各种虚寒性疾病，如过敏性鼻炎、哮喘、易感体质、气管炎、风湿、类风湿等免疫能力低下的疾病均取得可喜的成绩，填补了上街及周边地区在针灸理疗方面的多项空白。2010年，康复中心日接诊人数35人次，病房床位10张，床位利用率100%。

（董晓菲　王秋香）

卫生监督

【概况】 强化各项卫生监督管理，不断提高卫生监督能力和社会服务水平，全年办理各类卫生许可证582户次。对食品餐饮及公共场所经营单位进行全面监管，监督检查覆盖率100%。对96户医疗机构进行全面检查并进行量化分级管理，同时开展医疗废物处置、学校传染病、手足口病等专项检查，检查各类医疗单位213户次，各类学校（含幼儿园）34户，检查覆盖率100%。

【打击无证行医】 落实“无证行医查处区域责任制”和“无证行医查处日常巡查制”，完善无证医疗机构底册，掌握分布情况和执业规律，采取部门联动、日常查处、集中查处等多种办法，及时查处和严厉打击无证行医行为。对现场检查中存在的问题下达卫生监督意见书11份，责令限期整改。

【开展职业健康监护专项整治行动】 加强放射诊疗许可管理，规范放射诊疗行为，对8户医疗单位的放射工作人员职业防护情况进行全面检查。卫生监督局联合相关单位开展职业病防治宣传周活动，悬挂“保护劳动者健康、构建和谐社会”等内容的横幅5条，设立咨询台2个，发放各类宣传资料300余份，接受职业病防治卫生知识咨询70余人次。同时在中铝河南分公司防保科配合下，卫生监督员分两组深入车间，向广大职工宣传职业病防治知识，对当班工人进行职业病卫生知识培训，培训107人次。检查企业17家，培训3800人次。17家企业接触有毒有害物质的8721人全部建立健康监护档案。

【“五小”单位整治工作】 对“五小”单位进行全面检查，对各办事处参与创建整治的工作人员就“五小”标准进行专项培训。对不达标的单位发现一户整改一户，直至所有“五小”单位全面达标。

【全面推行公共场所卫生监督量化分级管理制度】 以创建卫生城市复审工作为契机，对浴池、理发店、旅馆进行全面检查，检查各类公共场所经营单位600余户次，对190家浴池、美容美发、住宿业中的115户经营单位进行量化分级评分，完成住宿业量化分级率100%、美容美发、浴池量化分级率50%。

（董晓菲　王秋香）

医政管理

【医疗机构管理】 继续在各公立医院开展“以病人为中心，以提高医疗服务质量”为主题的医院管理年活动和“医疗质量万里行”活动。要求各医疗机构克服松劲麻痹思想和厌战情绪，采取有力措施，落实责任，真抓实干，务求实效，推进两项活动的深入开展。

辖区城镇诊所继续执行“八统一”，即统一诊所标牌、统一诊疗场所布局、统一医疗文书、统一收费票据、统一工作制度、统一常用诊疗技术操作规程、统一工作服装和胸卡、统一销毁一次性医疗用品等八项。“八统一”的实施，规范了个体诊所的执业行为及医疗市场秩序，为广大群众提供更为安全有效的医疗卫生服务。

【医疗服务准入管理】 按照《医疗机构管理条例》和《医废管理条例》，严把医疗机构准入及校验关，严格审查医疗机构场地、设备、诊疗科目、人员资质、依法执业、规章制度、消杀记录、及医废处理等各项环节，对不符合条件的医疗机构下发整改通知书，限期整改，经过整改仍不达标的吊销医疗机构许可证。截至2010年12月底，全年共依法核发新的医疗机构执业许可证4家。

【医师、护士注册管理】 按照《中华人民共和国执业医师法》和《中华人民共和国护士管理办法》，加强对执业医师和护士的注册管理。2010年，办理护士首次注册和更换新版执业证书95人。

【医废管理】 认真贯彻《医废处理条例》，委托郑州市医废处理中心与城区所有医疗机构签订医废处置合同。村卫生所的医疗废物全部送交峡窝镇卫生院集中回收。完成了上街区医疗垃圾处置率100%的目标任务。

【医疗纠纷处理】 2010年，上街区共发生医疗纠纷4件，经过调解和医患双方协商已全部得到妥善解决。辖区内各医疗机构未发生医疗事故。

（董晓菲　王秋香）

红十字会

【无偿捐献】 “12·1”世界艾滋病宣传日、“5·8红十字博爱周”、“无偿献血日”、“全国

爱牙日”等宣传日，在区繁华地段，先后开展散发宣传资料、播放红十字知识录像、义诊、培训等为内容的宣传工作。“迎新春党员志愿集中活动”中，在亚星盛世广场进行捐献造血干细胞宣传和血样采集、无偿献血、自愿捐献遗体等活动，组织各医疗机构进行义诊。现场采集造血干细胞10份。

【逐步建立健全红十字会基层组织】 在区红十字会工作人员努力和各部门的配合下，新发展峡窝镇和新安路街道2个会员。

（陈晓娟）

爱国卫生运动

【概况】 大力开展城乡环境卫生集中整治、爱国卫生宣传及健康教育、病媒生物防制、农村改水改厕等各项爱国卫生工作，进一步巩固提升国家卫生城区创建成果工作，顺利通过国家卫生城市复审，并在改善城乡环境卫生、增强居民文明卫生习惯、提高人民健康生活水平方面发挥了重要的作用。

【国家卫生城市届满复审】 成立了以主要领导任组长的集中整治综合协调组、十项专项整治工作小组。大力宣传，努力营造迎接国家卫生城市复审工作的良好氛围。摸底调查，狠抓薄弱环节，累计投入资金450万元，对辖区道路两侧破损的果皮箱进行了更新；对铁路沿线、出入市口、城乡接合部、城中村的积存

2010年迎接国家卫生城市复审工作推进会

垃圾进行了清理；对辖区道路两侧的绿化带（隔离带）进行了升级改造；对全区24条道路行道树的死株缺株进行了补植补栽；对部分道路两侧的裸露树穴进行了改造；修复并新建了部分健康教育专栏，新增了病媒生物防制设施，并对部分沿街楼院的墙面进行了粉刷；对全区停车位进行了重新规划；对坏损信号灯、标志牌进行了维修更换等。

【市容环境卫生整治】 2010年，大力开展市容环境卫生整治工作。共下发整改通知书69份，下发处罚告知书5份，清理各类户外广告1200余条（块）。4月份上旬开始，组织爱卫会成员单位积极开展以清理垃圾、清除卫生死角、整治乱贴乱画、私搭乱建为重点的“清洁家园”竞赛活动，并引导广大群众积极参与环境卫生集中整治。全年开展流动红旗检查评比45次，总评12次。在郑州市爱国卫生杯评比活动中连续第三年获得铜杯，并在10月、11月份6县市及上街区市容环境卫生评比中获得第一名；荣获2010年第四季度“爱卫杯”流动红旗；全年新创建成省级卫生先进单位2个、市级卫生先进单位4个、市级卫生居民小区3个。

【农村环境卫生综合整治】 一是加强创建卫生村的宣传力度，采取多种措施调动各村参与此项活动的积极性，形成争创卫生先进的浓厚氛围；二是对参与创建省市级卫生村的村庄加强跟踪指导服务，不断提高完善，以干净整洁、有序的村容村貌为广大居民营造良好的生活环境。三是严格按照市爱卫办的要求和标准，进一步加强对省市级先进村的管理，提高日常管理水平。2010年，新创建省级卫生村2个、市级卫生村3个。

【爱国卫生宣传暨健康教育】 积极组织开展以“城市化与健康”为主题的第二十二个爱国卫生月活动。积极组织各镇（办）、有关委局开展第六十一个世界卫

生日集中宣传工作，共向市民免费发放《郑州市民健康读本（二）》、《郑州市民手册》、“除四害知识”、“吸烟有害健康知识”等各类宣传材料5000余份。积极组织开展世界无烟日活动，在全区中小学开展“拒吸第一支烟”主题班会活动，大力开展无烟医院、学校等无烟单位创建活动。

【病媒生物防制】 2010年，开展春、冬季灭鼠，夏、秋季灭蚊蝇、蟑螂等病媒生物防制活动，免费发放灭鼠药1100公斤、毒鼠钠盐6公斤、灭蚊蝇药物32箱、蟑螂粘板50盒。对无主管楼院、破产倒闭企业、无主管地带、公园广场等集中投药，统一消杀，巩固灭鼠、灭蚊蝇成果。积极开展病媒生物防制工作培训，强化专（兼）职消杀员队伍，提升病媒防制工作人员业务水平。

（陈　仓　朱雪童）

喊叫出的上街村

上街村原名十里铺，是个古老的集市，明清时期成为汜水县十大集镇之一，所以又被称为上街镇。上街村名的由来和其所处的位置和地势有关。该村是古官道必经之地，古官道从汜水县东界的三十里铺（又称界石铺）向西，一直是深浅不等的沟壑，直到十里铺才走出沟壑，过往者豁然开朗，常常脱口而出：“上街了，上街了。”同时，上街村西和汜水名镇相望，地势比汜水高，汜水人到十里铺赶集，由低处往高处走，习惯性地叫上街。又由于汜水地势低洼，历史上常常遭受洪涝灾害，灾害来临时，人们在慌乱中也呼喊着" 上街了，上街了"，纷纷跑向十里铺避难，久而久之十里铺就演变成了“上街”。

至于十里铺何时正式叫上街村，依据现有资料还无法作出定论。

1956年，陇海铁路在上街村东南两公里处设立车站，即以上街冠名，叫上街火车站。1958年，中铝河南分公司、长铝公司的前身河南铝业公司在陇海铁路以南兴建，并随之在这里建区，也以" 上街" 为名，这便是上街区了。

上街村历史悠久，据传春秋时为东虢国（公元前827年设置）故城，郑灭虢称制，为共叔段（郑武公次子）封地；战国时韩灭郑归韩；秦始皇统一六国，全国设三十六郡，位据三川郡；汉代属成皋，隋代属汜水。元朝至大元年（公元1308年）到明洪武六年（公元1373年）为汜水县城所在，前后共66年。但历经朝代更叠，历史变迁，留下的有关村落发展的文字资料却不多。现村落的形成约始于明景太（1450－1456）到天顺年间（公元1457－1464）。当时，郑氏三兄弟从河南新野县迁来定居，清代到民国年间，苗、倪、王姓人家相继迁入，村落逐渐扩大。郑、苗、倪、王为现村中四大姓氏。

另据传，在郑氏三兄弟迁来之前，曾有姓侯的、姓金（传为金兀术后人）的在此居住，但姓侯的一直人脉不旺，认为是姓金的克了他们，于是全部迁往别处。到了清末，姓金的也全部迁到了现在的聂寨村。

民　　生

人民生活

物质生活建设

【概况】 城镇居民人均可支配收入22216元，同比增长11.1%；人均消费性支出14090元，同比增长31.5%。农村居民人均纯收入10157元，同比增长15.1%；人均消费性支出5815元，同比增长11.1%。城镇居民家庭、农村居民家庭恩格尔系数分别为31%、23.8%。城市居民人均住房建筑面积29.9平方米，农村居民人均住房面积66.8平方米。

（李　森　王建营）

精神文明建设

【概况】 精神文明建设工作紧紧围绕区委、区政府中心工作，以讲文明、促和谐为主题，以创建文明城区为契机，不断拓展群众性精神文明创建工作新领域，突出和谐理念，培育和谐精神，倡导和谐风尚，确保各项工作任务落到实处，有力推动了“两加快一维护”战略的实施。

【创建文明城区】 成立上街区创建省级文明城区领导小组，组织召开上街区创建省级文明城区动员大会，印发《上街区创建省级文明城区工作方案》、《创建省级文明城区倡议书》、《上街区迎接全国城市公共文明指数测评工作方案》等一系列文件，对创建省级文明城区工作责任进行了分工和细化，明确了创建工作目标，组织人员定期不定期的开展日常巡查和集中整治，对检查中发现的疑点难点问题登记造册，有效地推进创建文明城区工作任务和责任的落实。在创建文明城区活动中，共设置大型宣传喷绘34块，制作宣传标语400条、宣传条幅60余条、展板90多块，铭牌167个，车站宣传席206条，《致辖区居民的一封信》共5000多份，倡议书1万余份。充分利用上街电视台、《上街时讯》，设置专期、专栏，加大宣传力度，为创建省级文明城区营造了良好的创建氛围。

【开展“六项文明和谐”活动】 创新载体，以“六项文明和谐”创评活动为重点，全面打造立体型文明和谐上街。对“六项文明和谐”创评活动进行宣传发动，制定下发《活动方案》，对评选工作进行全面安排和部署，建立健全周例会制度、督查评比等工作制度，开展特色楼栋、特色楼院的评比以及邻居节等活动，对市民进行公民道德和文明礼仪教育，确保活动取得实实在在的效果。

【开展精神文明建设细胞工程】 立足实际，围绕文明上街建设，抓好精神文明建设各项细胞工程。对2010年申报的省级文明单位、省级文明社区、市级文明单位、市级文明社区、市级文明村、区级文明单位、区级文明社区、区级文明村的创建工作进行指导，实地走访查看各单位工作开展情况，对各单位申报材料、创建规划方案以及档案资料的整理、硬件设施建设、宣传氛围的营造等方面给予指导和督查，提出相关要求。2010年向市文明办推荐文明市民20人。

【表彰道德模范及“我们的节日”宣传教育活动】 以评选表彰道德模范及“我们的节日”宣传教育活动为载体，大力推进公民思想道德建设。在全区深入开展礼貌、礼仪、礼节进社区、进农村、进家庭、进企业、进学校、进机关的“三礼六进”宣传实践活动，利用《上街时讯》及上街电视台开辟“我们的节日”专栏，增强群众对传统节日和传统文化的了解，不断加深对传统节日和传统文化的情感。全区各部门、各单位积极开展广场文艺演出、全民健身运动、送戏进社区、科普展板进社区等主题文化活动，不断满足群众的精神文化需求。以“做一个有道德的人”为主题，不断加强未成年人思想道德建设。针对未成年人的家庭伦理教育缺失和理想信念缺失、价值观混乱、执行不统一的现实，邀请专家学者就未成年人思想道德教育问题在二外初中、实验初中和一〇〇中学召开了“专家学者校园行”专题报告会多场，5000余名师生和家长受益。

【编舞《我们爱劳动》在第四届全国校园文艺会演中荣获一等奖】 中心路小学在实施素质教育过程中，注重学生综合能力的培养和提高，该校选送的创编舞《我们爱劳动》在魅力校园第四届全国校园文艺会演暨第九届全国校园春节联欢晚会节目征集中荣获一等奖。区中小学劳动实践基地开设了室内外实践活动课程20多项，创建了生活天地、安全与防护、小小巧厨房、三理教育室等活动板块，组织学生开展了实践活动，为未成年人的健康成长打造了广阔的天地。

【农村精神文明建设】 以“农村清洁家园”为重点，进一步推动农村精神文明建设。在狠抓各项硬件基础设施建设的同时，又抓各种配套设施建设，积极组织建设新农村书屋，开展了农村戏院等各种文体活动，营造浓厚的农村和谐氛围。继续开展“五好”、“十大新型农民标兵”评选及文明村创建“九个一”活动，不断提高农民群众的思想道德素质。

【开展社区人居环境改善工作】 以关注民生、改善民生为根本，持续有效开展社区人居环境改善工作。结合文明城区创建，将家庭、楼院、社区相连接，以点带面，实现社区、楼院、家庭三级联动，为改善人居环境工作注入新的活力。采取抓两头、促中间的工作方法，把破产企业楼院、无主管单位大杂院以及由城中村改造和城乡接合部新组建的社区作为工作重点，纳入台帐管理，进行挂牌整治，确保政府人力、物力、财力投资对上述部位的重点倾斜，让群众真正得到实惠。

（房婉春）

劳动和就业

【劳动力市场管理】 组织开展用人单位专场招聘活动，开展职业介绍服务工作。举办小型及专场招聘会16场，组织大型用人招聘会2场，为用人单位和求职人员提供见面机会。招聘会发放宣传资料3500余份，累计200余家用工单位提供就业岗位1万余个。“招聘超市”本着便民服务、实效快速的基本原则，累计为303家用人单位发布空岗信息1.1万余个，发布求职登记信息1486条。

【城镇就业再就业】 严格执行《郑州市就业与失业登记管理暂行办法》，做好《就业失业登记证》发放和管理工作。对就业登记和失业登记人员信息及时采录，建立台账，做好对持证人员跟踪服务，进行动态管理。发放《就、失业登记证》326本，为35人办理了就业登记，为291人办理了失业登记。采取就业政策进社区、就业服务进家庭、就业岗位送上门等措施，全面开展再就业援助活动，使98%的就业困难人员实现就业。针对每个“零就业家庭”不同情况，制定专项援助计划，提供合适就业岗位，做到出现一户、帮扶一户、消除一户，并对他们进行一年不少于4次的跟踪服务，“零就业家庭”动态为零。年初确定的97个就业困难帮扶对象，95个实现就业。扶持就业，发放贷款1227万元，超额完成目标任务，受到市局通报表扬。全年新增城镇就业2616人，完成市定目标任务101%，其中下岗失业人员572人，就业困难人员236人，公益性岗位就业248人，分别完

成目标任务的115%、157%和124%。城镇登记失业率控制在2.9%以内。城乡就业工作再次获得郑州市政府表彰。

【农村劳动力转移就业】 做好农村劳动力培训和转移就业工作。探索出了以“三定两建一扶持”为主要内容的农村劳动力就业长效服务机制，建立健全全区农民就业、技能培训等信息数据库，组织开展“春风行动”、“百日培训行动”等服务活动13次，提供企业空岗信息2200余个。积极开展“春暖行动”，推动用人单位依法与农民工签订劳动合同，维护其合法权益。全年实现农村劳动力转移就业835人，职业技能培训709人，完成目标任务的104%和101%。

【职业技能开发】 以培养“两加快一维护”急需技能人才为重点，依托长铝技工学校，扎实推进职业技能培训，为促进就业和服务经济社会发展提供技能人才支撑。全区2396人接受了职业技能培训，完成全年目标任务的104%，其中城乡新成长劳动力参加预备制培训307人，农村富余劳动力职业技能培训709人，在职职工技能提升培训1380人，分别完成目标任务的102%、101%和106%。

【劳动保障监察】 开展以劳动合同签订、工资支付、社会保险为重点的日常巡视检查工作和人力资源市场秩序治理整顿、整治劳动用工打击非法用工行为、农民工工资支付等专项执法检查活动，全面督促用人单位落实各项劳动保障法律、法规和政策。全年检查用人单位326户，查处投诉案件44起，法定时效结案率100%，追发劳动者工资320万余元，其中为3000余名农民工追讨工资280万元。在全区建立三级劳动监察网格，实施网格化、网络化劳动监察执法模式，划定区、镇（街道）、社区（行政村）三级网络，与市局联接。

【劳动争议仲裁】 坚持积极稳妥、从速从快处理劳动争议案件，及时化解矛盾。全年立案38件，结案37起，年末结案率98%，调解结案率47%，为职工和企业挽回经济损失800余万元。为513家企事业单位鉴证劳动合同5324份。

（王二奎）

社会保障

【企业职工养老保险】 全区企业养老保险参保企业389家，参保12509人，完成目标101%；参保职工10385人，完成目标100%。扩面净增参保人数1166人。企业养老保险基金征缴3964万元。审核参加企业职工养老保险人员申报退休档案102份，审批通过92人（其中特殊工种21人，病退2人），计算核定基本养老金90人（其中特殊工种21人，病退2人，2人等待单位补缴欠费）。为2258名退休职工发放基本养老金近3200万元。2月为2026名退休职工增加养老金380余万元，人均增资156.35元，年底人均基本养老金达1298.4元。2009年11月至2010年3月为2026名退休职工发放冬季取暖费近100万元。为33名去世的企业离退休人员家属发放丧葬费12万余元，抚恤金83万余元，为15名去世人员遗属发放遗属补助金近4万元。做好基本养老保险关系跨省转移接续工作，共办理32人，转出22人（其中转出省外12人），转入10人（其中省外转入6人）。

【居民养老保险】 城乡居民养老保险参保13237人，新增参保6713人，完成目标134%。及时审核养老待遇领取资格2566人，8209名参保人员享受城乡居民养老保险待遇。办理死亡结算143人，办理因户籍和职业变化退保7人，办理居民养老保险关系转移4人。8月份对全区7137名享受城乡居保待遇人员生存状况进行调查。

【医疗保险】 城镇职工医疗保险11408人，新增参保1173人，完成目标126%，缴基金4421万元；城镇居民医疗保险20116人，新增参保1719人，完成目标112%。城镇职工生育保险参保4150人，完成目标103%，征缴基金13万元。完成城镇职工基本医疗保险住院审核1724人次，门诊审核378人次；生育保险审核48人次；离休人员审核428人次；公务员医疗补助296人次；机关工伤审核4人次；门诊规定病种审核580人次。

【工伤保险】 工伤保险参保5142人，完成目标100%，农民工参保865人，完成目标103%。征缴基金77万元，完成目标122%。工伤申报26起，支付工伤待遇19起，支付金额27.77万元（供养亲属抚恤金8701.35元）。审核医疗待遇金额达9.53万元，支付工伤医疗待遇金额6.83万元。

【失业保险】 8004名在职职工参加失业保险，完成目标100%。征收失业保险费233.75万元，完成目标117%，其中清欠31.91万元，共为124人次失业人员发放失业保险金额48.7036万元，失业保险待遇按时足额发放率达100%。

（王二奎）

人口和计划生育

【概况】 全区纳入计生管理的总人口144528人，已婚育龄妇女32422人，出生人口989人，出生率6.98‰，政策生育率99.29%，出生统计准确率99%，避孕措施落实率98.5%，避孕及时率97%，独生子女领证率57.52%；社会抚养费征收到位率75%；流动人口管理率98%；出生人口性别比101.8。

【荣获全省计划生育优质服务先进县（市）区】 人口和计划生育委员会确定以新的工作机制深化计划生育工作，克服简单的以行政管理为主抓计划生育方法，将“人性化服务、零距离接触”确定为优质服务主体，制定《关于开展创建河南省计划生育优质服务先进区活动的实施方案》，建立区创建河南省计划生育优质服务先进区领导小组，与相关负责单位建立联动机制，形成以宣传、管理、服务为一体的人口和计划生育优质服务工作新格局。经过各方面努力，荣获“全省计划生育优质服务先进县（市）区”称号。

【构建领导保障体系】 区委、区政府投入计生事业经费343.7万元，人均23.33元，高于省、市的要求。5月28日，召开全区人口和计划生育工作暨“双提高”工程动员会，下发《上街区“提高出生人口素质 提高家庭发展能力”工程实施方案》、《上街区人口和计划生育领导小组关于开展人口和计划生育基层群众自治工作的实施意见》、《上街区人口和计划生育基层群众自治示范村（居）创建活动实施方案》和《上街区“提高出生人口素质 提高家庭发展能力”工程实施方案推进计划》。与各镇、街道及28个成员单位签订《2010年度人口和计划生育工作目标管理责任书》，把目标管理责任制考核结果作为评价工作政绩及干部提拔重用和调整的依据。

【稳定低生育水平】 实现乡、村基础台账规范化。本着“精简、统一、规范、实用”的原则，依托全员人口信息数据库，将基层管理与信息化手段衔接起来，减轻基层工作负担，提高工作效率，提升管理服务水平；开展全员基础信息质量核查工作。对MIS数据库14.4万条个案信息的主要数据项完整性和数据逻辑关系准确性进行校验比对，核对项目158.47万项；建立数据质量评估长效机制，提高人口数据库信息质量建立计划生育信息共享平台。采取月通报制度，通过公安、卫生、民政等部门每月提供的新生儿入户、住院分娩、出生医学证明、新婚等信息数据的比对和反馈，实现信息互通、资源共享、优势互补，有效预防人口漏报、漏统问题。通过悬挂条幅、设置喷绘广告、发放宣传品、举办培训班、为农村计划生育家庭免费摄制“全家福”、制作发放“计划生育”购物袋、围裙等多种形式，开展宣传教育，推进“双提高”工作进程。全年举办新婚夫妇免费培训班12期，发表新闻稿197篇，其中国家级新闻媒体采用15篇，省、市级新闻媒体采用104篇。开展春、秋季“生殖健康进家庭”优质服务活动，加强孕前管理。开展“人口和计划生育基层群众自治村（居）示范活动”，全区30个行政村，其中有17个行政村的《村规民约》修订成型。

【健全利益导向机制】 出台《上街区关于坚持依法管理完善利益导向机制进一步做好人口和计划生育工作的实施意见》，提高独生子女父母奖励费每月20元。全年为18087人发放各类奖励金321万余元。其中：为10001人发放独生子女奖励费2252675元；为912人发放“节

育奖”109440元；为871人发放生活补贴418080元；为48人发放最低生活保障补贴17280元；为159人发放计划生育奖励扶助金15.9万元；为24人发放计划生育特别扶助金27840元；为16名主动退二胎指标人员实行每户2000元的奖励；为56人发放高考奖励金2.2万元；为6000人减免新农合参合费18万元。投入5万余元分别用于3项惠及农村计划生育家庭的系列保险，免费为1317人办理农村计划生育家庭四项手术保险；为377名农村计划生育独女家庭父母办理农村计生家庭养老保险；为272户农村独生子女家庭办理计划生育家庭意外伤害保险；双节”期间，区各部门共投入资金10万元，用于全区400户计划生育困难家庭帮扶；“三夏”期间，投入资金1万元为20户计生家庭送去帮扶金。

【出生缺陷干预工程】　做好出生缺陷干预工作。10月9日召开出生缺陷一级干预知识培训会，就健康教育、孕前保健等知识进行培训，使计生工作人员对出生缺陷一级预防工作做到业务精通、思路清晰；10月28日、29日，在峡窝镇计生办开展以“预防出生缺陷孕育健康宝宝”为主题的出生缺陷一级干预优质服务活动。11月5日、10日、11日济源路街道、济源路街道、工业路街道、中心路街道分别对辖区育龄妇女进行分发优生指导宣传资料、免费孕前风险评估、提供优生咨询、免费孕前优生筛查等服务。全年发放叶酸营养素增补409人，孕前优生健康检查597人，孕前风险评估1461人，免费出生缺陷知识培训1170人，为1435名育龄群众进行了优生咨询，出生缺陷知识培训覆盖率、普及率均达90%以上。

【流动人口计划生育服务管理】

全面推进“46865”工作模式（即：“4个及时、6个清楚、8项免费服务”，“6种管理模式”和5个示范化创建），实现城区和流动人口规范化服务管理，打造基层优质服务平台；积极开展流动人口发展动态监测，运用联动机制，坚持开展清理清查，综合公安、教育等部门流动人口数据，实时掌握流动人口总量。登记流动人口12834人。流入人口12447人，其中已婚育龄妇女2584人，流出387人，其中已婚育龄妇女193人。流动人口管理率98%。

【治理出生人口性别比】　制定下发《上街区委、区政府关于深入开展关爱女孩行动综合治理出生人口性别比偏高问题的实施意见》。全面推行二胎孕情全程跟踪服务监管责任制，对全区166名持二胎生育证人员实行“三包一”制度，并开展性别比综合治理执法行动，开展11次联合检查，对全区100余家医疗单位、个体诊所、批零药店和保健品店进行拉网式清理清查。

（雷　萌）

民族宗教工作

【概况】　全区经批准开放的宗教场所12处，其中基督教活动场所9处、天主教活动场所1处、伊斯兰教清真寺2坊，全区信教群众5800人，其中基督教2900人，伊斯兰教2100人，天主教120人。全区有回族、满族、壮族、蒙古族、锡伯族、土家族、维吾尔族、彝族、白族、俄罗斯族、苗族、侗族、黎族、傣族、瑶族、朝鲜族、鄂温克族17个少数民族，少数民族人口3000多人，其中常住少数民族人口2375人，回族1640人。峡窝镇沙固村六、七组为溽沱回族村，回族人口603人。

【宣传教育培训工作】　对镇、各街道分管民族宗教工作的领导、统战委员、宗教活动场所负责人、教职人员进行民族宗教法律法规政策和知识培训。6月1日，召开全区民族宗教界“爱国守法致富奉献”座谈会。6月22日，举办全区基层干部民族宗教知识培训班。9月22日，举行“迎国庆、庆中秋”少数民族代表人士餐叙座谈会。

【民族工作】　不断加强宣传教育，扎实做好民族工作。以“三进六争创”活动为载体，深入开展民族团结宣传教育活动，成立组织，完善制度，排查化解矛盾，开展丰富多彩的活动。以一个街道、一个社区、一个学校为活动试点，开展扎实有效的活动，营造民族团结进步的良好氛围。

【开展“科技、法律、卫生三下乡”活动】　5月，区委统战部、民族宗教局组织统一战线成员和相关单位到沙固少数民族村开展“科技、法律、卫生三下乡”活动。区人民医院、长铝职工医院的民主党派、无党派成员为群众义诊。科技局、科协展出科普知识展板30块，发放宣传材料2000份。司法局设立咨询台为农民解答土地转包、费改税、债务、赡养、婚恋等问题，赠送农村常用法律知识读本1000多册。

【宗教工作】 深入开展创建活动，促进宗教场所规范化管理指导和帮助各场所解决各类实际问题，将创建活动的各项措施落到实处，使宗教场所和信教群众受益。选取4个基础较好的宗教场所作为创建试点场所，场所所在镇（办）派出民族宗教干部帮扶指导。

（虎　君）

民政工作

【概况】 民政工作坚持“以人为本、为民解困、服务群众、服务大局”的宗旨，履行改善民生、落实民权、维护民利的职责，不断完善社会救助体系，切实加大对老年人的关爱，进一步加强慈善事业发展，巩固和发展双拥工作的优良成绩，实现了社会救助全覆盖。以开创城市和农村社区建设新局面为重点，在各社区建设“社区志愿者服务工作站”，成立居务监督委员会，村务监督委员会，建成3个农村社区示范点，被民政厅命名为河南省和谐社区建设示范单位。

【城市保障工作】 坚持以“应保尽保”为目标，严格落实政策，加强动态管理，保障率达100%。健全社区（村）、镇（街道）、区三级管理工作网络，通过低保年审，下报上审和走访调查，及时调整保障对象补差水平，每月更新低保人员信息数据库。城市低保标准由每人每月285元提高到300元。累计保障低保对象814户16881人次，累计发放保障金283.389万元，人均补差标准达170元，提前完成省定人均补差150元目标任务的113%。资助低保对象参加城镇基本医疗保险，覆盖率达100%。

【低收入家庭保障工作】 确认城市低收入家庭118户，306人，其中享受廉租房94户、临时救助1户。

【城乡大病医疗救助工作】 落实《郑州市上街区人民政府关于进一步完善城乡医疗救助制度的意见》，救助城乡大病人员97人次，救助金额20.546万元。

【五保供养工作】 在自愿前提下集中供养，供养率达50%，累计支出五保供养资金27.492万元，9月底，开工建设敬老院二号公寓楼，建筑面积2493平方米，主体工程年底建成。

【救灾储备】 完善救灾物资储备，提高应急响应和灾害救助能力，坚持24小时值班制度，及时掌握灾情动态、投资20余万元，购置应急救灾物资40多种近4000件（套）。

【临时救济工作】 冬令救济发放保暖衣263套，棉被332条。为一名艾滋病致孤儿童发放救助金3600元。对精简退职职工，按规定救济准确率达100%。

【设立“社区志愿者服务工作站”】 各社区做到有办公地点、有专人负责、有志愿者队伍、有

区长戴春枝慰问老八路残疾军人

工作制度、有活动记录。

【成立村（居）务监督委员会】 30个村委会、24个社区居委会成立村（居）务监督委员会，做到有牌子、有场地、有印章、有人员、有制度、有会议记录。建设完成武庄、任庄、魏岗3个农村社区服务中心。

【开展社区为老为少服务试点】 在中心路街道如意街社区和盛世社区，新安路街道昌盛街社区和朝阳街社区，分别完成“老年人日托站”和“少儿四点钟课堂”试点建设。

【拥军活动】 春节、“八一”期间，区领导带慰问金和慰问品，走访慰问驻地部队、老功臣、优抚对象。庆祝中国人民解放军建军83周年，在亚星盛世广场举行庆“八一”军民联欢晚会。抗日战争胜利65周年，对抗日残疾军人进行走访慰问，为他们送去慰问金。

【优抚、优待与抚恤】 救助各类优抚对象34人次，救助金额125919元。3月为68名70岁以上参加城镇居民基本医疗保险、新型农村合作医疗的优抚对象发放慢性病补助费3.4万元。12月为家庭困难的15名优抚对象每人救助500元。为22名义务兵发放优待金174768元。全年共发放各类抚恤金1209177元。

【复退军人稳定工作】 对参战退役人员和原8023部队复转军人进行排查安抚，坚持24小时值班和零报告制度，加强信息沟通。实现“不串联、不聚会、不上访”要求。

【城乡退伍军人接收】 全年接收退伍兵81人，其中城市退伍兵66人，农村退伍兵15人。

【民间组织管理】 经变更和年检，共登记社会团体9家，民办非企业单位10家，合法率100%。

【婚姻登记】 结婚登记983对，离婚登记292对，补领证件132对，出具无婚姻登记证明575份。

【殡葬】 火化率保持100%，火化尸体610具。

【社会福利】 救助流浪乞讨人员68人次。为60岁以上老年人办理优待证908件。有260户享受居家养老助残服务。

【慈善事业】 在桃园、康乐、江南小镇社区和冯沟村建成慈善书屋4个。爱心助学救助符合条件的在校中、小学生105名，发放救助金64300元。爱心超市接收社会各界捐物2147件，捐款1140.2元，义卖得款3980.8元，为5204户次困难家庭发放物品31288件。

【百岁老人】 全区有百岁老人5人。

全区百岁老人

表15

2010年上街区百岁老人

序号	姓名	性别	出生日期	家庭地址
1	贾女扎	女	1907年1月21日	中心路街道如意街社区
2	蔡淑真	女	1910年1月2日	新安路街道朝阳街社区
3	曹庆君	女	1910年2月13日	新安路街道朝阳街社区
4	吴二妮	女	1910年7月12日	工业路街道朱寨村
5	陈素华	女	1910年5月3日	中心路街道如意街社区

（张永礼）

残疾人保障

发放残疾人辅助器具

【概况】 残疾人联合会是国家法律确定的残疾人自身代表组织、社会福利团体和事业管理机构融为一体的残疾人事业团体。区残联现有机关工作人员6人，设有综合办公室、残疾人综合服务中心和残疾人就业服务所，镇（街道）、村（社区）都设有残联组织。区残联被中国残疾人联合会命名为“全国残疾人社区康复工作示范区”，省残疾人工作委员会授予“全省残疾人之家”称号。

【康复工作】 区政府把“阳光家园”计划和“残疾人康复进社区、进农村工程”列入为民承诺的实事之一。经过全年普查筛查，最终确认符合托养条件的残疾人90人，全年发放救助资金13.5万元。同时为济源路社区卫生服务中心（上街区中医院）、峡窝镇卫生院以及新安西路、朱寨等5个卫生服务站配备残疾人康复器材，为残疾人提供免费康复服务，城乡残疾人得到全方位康复训练，实现城乡康复全覆盖。

【技能培训工作】 选送14名残疾人参加郑州市残联组织的残疾人职业技能培训班，40人参加区职业技能培训，组织106人参加一期残疾人康复协调员和残疾人专职委员培训班，选送9名残疾人参加郑州市第二届残疾人职业技能竞赛。

【就业工作】 对242家企事业单位进行年审，征收残疾人就业保障金235万元。全年入户调查残疾人1800余户，填写普查登记表190份，录入普查系统1228名，开展就业培训170人，安排就业30人。

【维权信访工作】 残联接待来访5人次，解答咨询电话4个，为残疾人提供法律咨询2件次，1名残疾人得到法律援助服务。

【扶残助残工作】 为126名贫困残疾人发放轮椅、拐杖、四角架、盲杖等用品用具。春节走访慰问50名贫困残疾人，发放1.2万元慰问金。走访慰问特困伤残军人30人，发放慰问金9000元，为2名贫困肢残人安装假肢。共救助低保家庭精神病患者26名，三无残疾人8名，发放补助资金53700元。

【托养扶贫工作】 对享受低保且无业的智力、精神和重度残疾人进行家庭托养，全年托养残疾人65名。建立残疾人扶贫基地4处。

【宣传工作】 在“全国助残日”、“爱耳日”，区残联组织各镇、办联合开展宣传活动。活动中共悬挂条幅56条、制作宣传展板36块，发放宣传资料600多份。

【文体工作】 郑州市残疾人文化活动周期间区残联组织了以“爱在你我心中”为主题的残疾人文艺演出活动。

（房囡囡　付晓璇）

镇　街道

峡窝镇

【概况】 峡窝镇位于上街区西南部，东与荥阳市城关乡相邻，南与荥阳市刘河镇搭界，西邻巩义市米河镇、荥阳市高山镇、汜水镇。北连陇海铁路、连霍高速，310国道通过全镇。总面积46.85平方公里，人口37569人，耕地面积26634亩。辖营坡顶、西林子、东林子、老寨河、杨家沟、冯沟、魏岗、观沟、方顶、东街、西街、柏庙、郊段、寨沟、左照、北峡窝、大坡顶、西涧沟、马固、石咀、沙固、上街、武庄23个行政村和晨光、振兴2个社区，共72个自然村。其中沙固村为汉族、回族混居村。

【表彰奖励】 先后获得“河南省（计划生育）群众满意服务站所”、“河南省农村改厕工作先进集体”、“河南省绿化模范乡镇”、“河南省优秀人民调解委员会”、“河南省‘六好’乡镇街道工会”、“郑州市绿化模范乡镇”、“郑州市村镇建设先进单位”、“郑州市党员干部现代远程教育‘五抓一创’活动先进乡镇”、“郑州市信访工作先进乡（镇）办”、“郑州市精神文明建设先进单位”、“郑州市平安建设先进单位”等省、市、区荣誉称号。

【经济概述】 2010年完成镇级财政收入4350万元；完成规模以上工业增加值18.64亿元，同比增长28.6%；完成规模以上工业总产值61.69亿元，同比增长28.9%；完成规模以上工业销售收入61.84亿元，同比增长28.6%；完成全社会固定资产投资6.64亿元，同比增长55.7%；完成招商引资3.51亿元，同比增长37.65%；农民人均纯收入10157元，同比增长15%。

【重点项目】 河南晶鑫实业有限公司二期15万吨氢氧化铝生产项目、郑州宇超机械有限公司年产万吨汽车铸件生产线项目和河南世邦重工机械有限公司2500万元矿山机械设备生产项目已投产；锂电池项目完成投资3000万元；郑州华泰电缆扩建项目，一期建设完工；左照三星级酒店正在进行内部装修，相关手续正在办理；引进河南磊鑫实业有限公司烧结砖生产线项目投资1000万元以上；500万元以上项目2个：河南郑州蝶阀厂技术改造项目、郑州上街砂轮厂白刚玉生产线项目。

【交通网络】 形成六纵（南北有金华路、金屏路、淮阳路、登封南路、孟津路、昆仑路）五横（东西五云路、龙江路、锦江路、丹江路、安阳路）道路格局，村村通工程覆盖率100%。公路总长73.508公里，公路网密度151.16公里/百平方公里，国道6.864公里，乡道66.644公里（其中三级公路17.843公里、四级公路48.801公里）。

【农业】 种植业总面积42552亩，总产量13387吨。其中，夏粮总产6723吨；秋粮总产6664吨；油料1246亩，蔬菜1462亩。全镇享受粮食直补户数8698户，涉及土地面积26724.811亩，粮食直补资金2313299.81元。

【新农村建设】 全镇23个行政村农村建筑物普查，核实收录近6万余张图片资料。左照、郊段、寨沟新型社区建设前期工作全面启动。东林子、营坡顶村整体搬迁；老上街村农户房屋丈量测算结束，部分农户搬迁。沼气使用户1800户，其中500立方米以上大型沼气池6座；新建安全饮水基础设施两处，解决3000人安全饮水问题。北峡窝村新建排洪沟466米。

【土地流转】 成立土地流转服务中心，完成石咀、观沟等11个行政村土地流转服务站的建设，全年流转土地2238.85亩，分别引导北峡窝村成立郑州阡陌花卉专业合作社，观沟村成立郑州慧蕾花卉专业合作社，大坡顶村成立郑州顶鑫种植专业合作社、石咀村成立郑州创新种植农业专业合作社，主要发展花卉种植等新型高效农业种植项目。已建普通大棚27座，在建13座；温室大棚222座，在建180座。

【土地整合】 整合土地655.675亩，一期拆迁范围工业路以北、安阳路以南，涉及上街、武庄两个村，拆除建筑面积63533.23平方米，整合土地345.3亩；二期整合国道与玉发大道交叉口，工业路两侧建筑物、附属物，规划范围内违章建筑物等，拆除面积42550.655平方米，整合土地310.375亩。

【文教卫生】 小学3所、初级中学1所、高级中学1所、镇中心幼儿园1所、民办幼儿院4所、成人学校1所、村级成人学校23所；卫生院1所，卫生技术人员53人，中级职称14人，初级职称32人。

【民政和社会保障】 参加新型农村合作医疗33390人，占农村总人口98.9%，同比提高2.8%。参加城镇居民医疗保险148人，城乡居民养老保险参保登记4446人。为32人办理大病救助资金82518.71元。各类优抚对象110名，70岁以上优抚对象43名，低保户490户、938人，五保对象61名，符合托养条件残疾人家庭35户。发放各类补助资金2562816.4元及其他物资。

【劳动就业】 镇农村总人口33770人，农村劳动力19446人，占农村人口57.58%。富余劳动力人数为11225人，农村富余劳动力转移就业8221人，分别占劳动力总数的57.72%和42.28%。农村劳动力转移就业552人，新增城镇就业人数110人。完成小额担保贷款65万元。

【人口与计划生育】 计划生育总人口40669人，管理已婚育龄妇女8924人，其中已婚未育妇女655人，一孩妇女4701人，二孩及以上妇女3568人，已婚育龄妇女健康检查率98.1%。新生婴儿343人，其中出生一孩288人，二孩55人，出生率8.5‰，二孩出生率17.8%，政策生育率为98.5%，出生婴儿性别比103：100。2866户领取独生子女父母光荣证，领证率32%，独生子女父母奖励费落实率100%，财政部门完成人口计划生育事业投入人均11.6元。镇计生办被河南省计生委授予“河南省群众满意服务站所”称号。

【环境卫生】 落实门店管理责任制，176家“五小”单位进行综合整治。深化环境卫生长效管理机制，坚持设施共建、资金共担、服务共享原则，建立农村“组清扫、村收集、镇运输、区处理”的垃圾处理作业链，6个试点村实现组组配备清洁员，每天定时收集，集中运送。辖区内4个环卫公司强化督导，启用西街垃圾中转站，开展农村环境卫生管理试点。

【文化普查】 普查文化资源遗存线索52条，部分有价值的物质文化遗产进行实地核实和深入挖掘，形成文字图片资料。

【平安建设】 加强镇村联防，开展“大排查、大调处、大联防，创平安建设先进村（社区）”活动，建立镇专职巡防队，投入316万元，完善镇综治中心、镇巡防中队的软硬件设施和辖区派出所二级监控平台。25个村建成规范化平安建设服务站，平安互助网与视频监控双配套村10个，三级监控平台27个，探头数343个，农村以平安互助网为主的技防安装率100%。全年立案7起，信访案件较上年下降32%，按期办结率100%。发生各类纠纷360起，调处355起，调成率98.6%。“三大一创”工作先进经验在全市推广，被《河南日报》、《河南法制报》、《郑州工作》、人民网河南频道等省市区媒体相继报道。

【党建工作】 深化机关党建。不断强化领导班子的政治理论学

习，提高班子成员的政治思想素质；建立健全党委班子各项规章制度和财务制度、考勤制度、来客接待制度、工作督查制度等22项机关管理制度和6项工作程序，明确干部职责，提高工作效能。累计为民办实事236件。出台农村支部书记、村主任星级化管理制度，制定村评站（办）所、站（办）所评村的互评互动工作机制，完善竞争激励机制。认真落实社区党建“三有一化”任务，扎实推进在职党员星级评定活动，成立党员志愿者服务队伍，社区党员参与率90%以上。新组建非公党支部1个，成立鲜切花基地联合党总支；全镇党员进行民主评议，及时更新党员信息系统资料库。深化“一创五争三评”工作，扎实开展创先争优活动。1596名党员开展自我评议、评星和公开承诺。基层党（总）支部累计作出公开承诺168项，党员累计作出公开承诺4300多项。以“五联三创”活动推动联建村工作。领导干部、区直部门、规模企业、公共单位、后备干部与23个村组成联建对子，各联建单位领导班子成员与联建村困难党员、群众结成一对一帮扶共594对。创新党建载体，推进“机关+农村（社区）”党建工作新机制。镇机关下派24名党员干部到各村（社区），担任党建工作指导员，实行上下联动、有效指导和相互监督，构建城乡一体化基层党建新格局。

村（社区）书记、主任名录

表16

村（社区）	书记	主任
西林子村	李延西	吴盘勤
营坡顶村	许定玺	许定玺
东林子村	何建华	何建华
老寨河村	任麦囤	任麦囤
杨家沟村	杨春霞	许占强
冯沟村	孙世宇	王占军
方顶村	焦仁宝	方联奎
柏庙村	孙毅波	段振乾
魏岗村	魏遂生	何承强
东街村	何利召	卢永定
西街村	周喜峰（副书记）	周二孟
观沟村	赵金安	李保章
大坡顶村	时永槐（副书记）	时金和（副主任）
西涧沟村	崔建玉	王冠群
北峡窝村	赵双喜	吴松杰
寨沟村	李新华	刘　一
郊段村	王满仓	王满仓
左照村	陈二泮	杨东安
马固村	王春旺	王春旺
石咀村	赵树森	赵满场
沙固村	陈保增	虎青安

续表

村（社区）	书记	主任
上街村	苗平安	苗朝阳
武庄村	朱庆春	武怀增
晨光社区	赵春花	陈泮池
振兴社区		王福全

（乔仲云　陈春子）

济源路街道

【概况】　济源路街道辖区面积4.435平方公里，东接世纪广场、西到汝南路、北临陇海铁路、南至中心路。济源路、新安路、中心路等主要干道纵贯东西，金屏路、金华路、淮阳路、登封路和汝南路连通辖区南北。辖夏侯村和新兴街、新华街、中安街、商业街、三湾街、淮北、东方、金华8个社区。常住居民12480户37980人，农业人口1.7万人。

【招商引资】　全年累计招商引资3.34亿元，欧凯龙国际家居中心项目签约投资12亿元。

【街道经济】　工业总产值14.14亿元，规模以上工业增加值4.6亿元，规模以上工业销售收入13.95亿元，社会消费品零售额8.36亿元，固定资产投资6.33亿元，城镇居民可支配收入23573元，财政收入2611万元。

【项目建设】　投资1200万元的锦江之星快捷酒店开始营业；投资3000万元的明珠公馆二期和6000万元的理想名家项目竣工；投资300万元的新新贵升级改造工程完工；引进河南德宝置业有限公司，联合对夏侯旧村（金华路东）进行改造；完成新乡路土地整合任务，置换土地275亩。

【“五小”单位整治】　投资60余万元，对“五小”单位、城中村、社区单位、出入市口、城乡结合部、铁路沿线和窗口单位等重点场所进行整治。实行科级干部包片、中层干部包段、一般干部包店制度，与工商、卫生、城市执法局形成联动机制，形成全民参与、上下联动、内外结合、协调高效工作机制，迎审工作顺利进行，被市委组织部评为郑州市“五小”单位综合整治先进单位。

【平安建设】　投资40余万元率先建成标准化巡防室，创新开展治安志愿者百分管理办法，建成监控平台62个，监控探头686个，实现技防、人防、物防的有机结合，在全市公众安全感调查中，名列第四名，获得“郑州市人民调解工作先进集体”荣誉称号。

【城市管理】　开展“绿色社区”和“绿色家庭”为主题的绿色系列创建活动，举办环保知识讲座26次，辖区居民环保意识日益增强。开展街巷提质、环境美化、路面绿化，获得“省级园林单位”荣誉称号。

【计划生育】　依托基层计生工作人员，以“双提高”实现总体目标，开展出生缺陷预防服务为重点，日常不间断地人口信息核查筑牢基础工作，将流动人口与常住人口的服务和管理同步进行，落实各项计生利益导向机制，新出生人口243人，政策生育率100%。

【社会保障】　发放大病救助金29185.5元，最低生活保障金32.6896万元，为灾区捐款21329元，低保统计和发放率100%，死亡人口火化率100%。

【安全生产】　落实安全生产责任制，突出实行“三分六定”网格化管理模式，聘请3位安全生产监督员，做好重大节日、重要场所的安全检查。开展各项安全检查40次，检查企业门店6387家，下发整改指令书120份；组织12家企业进行应急救援预案

演练，在东方社区开展“119 消防日”宣传活动。

【党建工作】 创新“同心家园工作室”模式，不断拓展在职党员“星级评定”、党员议事提案制和“创先争优”活动的内涵，有77 名在职党员获“十星”荣誉称号，由于特色明显，北京和省市区领导多次到街道调研，先后被中央电视台“新闻联播”栏目和《郑州日报》报道。

村（社区）书记、主任名录

表 17

村（社区）	书 记	主 任
夏侯村	时显平	时鸿斌
三湾街社区	耿秋菊	吉玉琴
新兴街社区	张凤莲	张凤莲
淮北社区	吴 云	吴 云
中安街社区	张新瑞	张新瑞
新华街社区	张英红	张英红
商业街社区	吴勤勤	吴勤勤
东方社区	陈珂瑛	陈珂瑛
金华社区	张晓君	张晓君

（申晓鑫）

新安路街道

【概况】 新安路街道位于中心城区西部，属老工业区，南至中心路与中心路街道相邻、北至陇海铁路与工业路街道相望，西与峡窝镇接壤，东至登封路与济源路街道相连。总面积 4.723 平方公里，人口 1.3 万余人，外来流动人口 2500 余人，有汉族、满族、回族、壮族、白族、锡伯族等 6 个民族。辖朝阳街、昌盛街、香园街、新安西路 4 个社区和二十里铺村 1 个行政村。获河南省乡镇（街道）共青团工作先进单位、郑州市老年体育工作先进单位。

【街道经济】 地方财政收入 1442 万元，提前一个月完成任务；完成规模以上工业增加值 4.51 亿元；完成规模以上工业总产值 13.44 亿元；规模以上工业销售收入 12.7 亿元；社会消费品零售额 108740 万元；城镇居民可支配收入 23135 元；全社会固定资产投资 5.1 亿元。

【工业经济】 中国铝业河南分公司及中国长城铝业公司坐落辖区。中国铝业河南分公司主要产品有氧化铝及其多品种、铝锭及铝合金产品、碳阳极、金属镓及其深加工产品，具备年供矿能力 400 万吨、年产氧化铝 200 万吨、铝锭 5.8 万吨、碳素制品 12 万吨、金属镓 20 吨、年铁路运输量 1000 万吨、自发电 13 亿千瓦时的规模，产品远销五大洲 20 余个国家和地区。中国长城铝业公司是中国铝业公司的成员企业，是集生产、建设、科研、经营为一体的国有大型综合性企业。公司由郑州铝厂、中州铝厂、郑州轻金属研究院、郑铝矿山公司组成，是国内最大的氧化铝生产企业。

【农贸市场】 农贸市场建于 1994 年，位于新安路中段，占地 52332.8 平方米（78.5 亩）。市场内建有门面房 460 间 1.29 万平方米，营业大棚 4 个、1.74 万平方米，分为水果区、熟食区、鲜肉区、水产区、蔬菜区、农副产品区及日用品区，日均交易人数 5000 人，年交易量 300 万吨，年交易额 3 亿元。辐射荥阳、巩义、焦作等部分地区，曾经是郑州市以西，洛阳市以东最大的农贸市场。

【物流园建设】 郑洛物流园区项目是上街区二十里铺村投资建设的集运输、储存、保管、分拣、装卸、搬运、配载、包装、加工、单证处理、信息传递、结算、贸易、展示、货运代理、报关检验、物流方案设计等功能于一身的大型综合性物流基地。位于新安路街道铁路以南、汝南路以西、新安路以北、洛宁以东区域，占地面积140亩，其中，仓储区占地75亩，停车交易区占地65亩，拥有各类车辆350台，年运输12.07亿吨/公里（不包含铁路运输）。辐射郑州、荥阳、巩义、登封、新密、偃师、洛阳等中小城市及广大农村。大宗物流主要为氧化铝、电解铝、铝制品、阀门、建筑机械、煤炭、家具等。按照规划园区建设共分三期，一期为园区主体功能区主要为，交易区、仓储区，分布在新乡路北、汝南路和洛宁路之间，占地140亩；二期为园区服务区，主要为酒店等服务设施，分布在新乡路南、汝南路和孟津路之间，占地120亩；三期为功能延伸区，为仓储、包装、信息、会计、金融、法律服务等设施，占地360亩。2010年完成物流园区主体大楼的建设。2010年完成物流园区主体大楼的建设。

【项目建设】 超进度完成“两加快一维护”战略的4个项目。一是长城特水技改项目投资2000万元，完成安全改善小项目、发货道路改造、包装厂房加固、食堂二楼改造、2号窑电收尘改造和工艺优化等技改项目，铝酸盐水泥产能增至15万吨；二是铝都耐材扩建项目，投资300万元，完成铝酸盐水泥熟料生产线主体设备、冷却机、收尘设备、辅机、输送设备和电器安装，实现铝酸盐水泥产能3.5万吨，产值4000万元。三是北市场升级改造项目，12月中旬，与浙江中厦集团签订投资协议；四是原郑州市水泥厂土地盘活项目，建成昆仑物流园大宗原材料仓储交易区，进驻6家煤炭企业，完成投资480万元。

街道办事处3个筹备项目。一是旧村改造项目。以招商引资为重点，做好整体开发建设的基础性工作，鼓励有条件的村组，采取先安置后拆迁的办法提前实施拆迁，为整体改造创造条件。全年通过宅基地换房的形式收购村民住宅35户，整理土地28亩。二是物流园区建设项目。投资670万元建成交易中心大楼主体建设。三是旧货市场拆迁扩建项目，完成项目选址、调研、考察等工作。

【招商引资】 实行全员抓项目全员抓经济，班子成员、每个科室、每个社区（村）引进注册1家新企业，采取团队有计划地进行项目招商和项目推进，全年引进各类经济实体50家，规模较大的郑州苏豫川再生能源科技有限公司年产2万吨光伏材料辅材再生利用建设项目8月份已开工建设。

【平安建设】 落实社会治安综合治理和平安建设工作责任制，实行信访纠纷调处包案制度，落实领导和联系科室包案，将问题消除在萌芽状态。全年调处各类民事纠纷92起，调成率100%。投入14余万元升级二级监控平台，为新安西路社区安装三级监控平台和16个监控探头，新建小区和重点公共场所可视监控率100%。投资7万元为700户居民家庭安装居家卫士报警电话，全面提升辖区预警、控制、打击违法犯罪能力。落实安全生产责任制，制定目标责任书，出台街道安全生产应急预案，加大安全生产检查和安全监管力度，全年辖区没有发生重特大安全事故。同时，创新推行“千百十”联防机制，采取技防和人防相结合，通过抓防控、抓机制、抓创新、抓管理、抓宣传、抓典型，形成“十户联防、百户联网、千户筑墙”的治安防范格局，营造平安稳定和谐的社会大局。

【城市管理】 采取六项措施，圆满完成国家卫生城市复审。一是建立班子成员包块、机关工作人员包片、社区工作人员包店和以块为主、条块结合的工作模式，责任到人、不留空当，形成明晰的责任网络图，保证任务和责任“双落实”。二是发扬“白加黑、五加二”精神，取消节假日、双休日，从时间上保障工作的顺利推进。三是建立问题台帐，实行问题销号制度。对整治过程中存在的突出问题分门别类建立台账，确立整改时间表，逐项进行整改销号。四是组建村（居）民代表、党员和志愿者参与的群众性感化队，以实际行动感化，快速整改。五是联合执法。对拒不整改的“钉子户”联

合工商、卫生、执法等部门联合执法，关停一个、教育一片。六是实行责任追究制和奖惩激励机制，与个人评先、干部推荐、考核挂钩。刷白树木1065棵；清理垃圾12吨；清除杂物、污泥230方；清理小广告3600条；改造墙体4000平方米。获全市“五小”单位综合整治工作先进办事处荣誉称号。

【人口与计划生育】 已婚育龄妇女2569人，出生49人，出生率3.9‰。3月份，对585名育龄妇女进行妇科病普查，检查率达78%。开展创省优计划生育管理活动，投资10万余元，设立街道康检室、咨询室、档案室和药具室；根据国家提高独生子女父母奖励费标准、延长发放年限的政策，办理0至18周岁独生子女父母领取光荣证2639人，落实无业人员独生子女父母奖励费795人，发放奖励费180945元。

【社会保险】 办理居民养老保险361人，办理全民医保252人。再就业培训60人，创业培训52人，新增城镇就业再就业535人，农村劳动力转移62人，小额贷款211万元。保障低保户60户102人，发放23.2611万元。走访慰问困难离退休职工、特困户等126户，送去慰问金等价值3万多元慰问品。助残日给残疾人送去7辆轮椅车和2个盲仗等，在4个社区1个村都成立了康复训练室，达到残疾人康复训练全覆盖。

【党建工作】 实施“台帐式网络化管理”考核系统，提高机关办事效率和质量。开展“创先争优”活动，加强党员干部作风建设。完善基层党建工作台账式管理考核办法。对党支部日常党建工作随机考核，记录考核10次。创新地开展党员“卡式管理星级评定”，将党员的日常表现量化为八个方面，分门别类建立台帐，实行量化考核，星级评定，每季度一评比，年底统一表彰。农村党建工作推行农村党建“三定三创”，落实“一定三有”政策，坚持农村干部“双述双评”，激励村组党员干部参与“走商业地产发展之路，建一流档次市场群”的工作积极性。

【精神文明】 开展职业道德“双十佳”、“五个文明”建设活动，开展“千百十文明家庭”评选活动，评出“千家”文明家庭110户，“百家”文明家庭20户，“十佳”文明家庭2户。群众性文化活动，在全区举办的庆元宵活动中，朝阳街社区获一等奖，香园街社区获二等奖，昌盛街社区获三等奖。香园社区参加郑州市绿城广场文化活动获三等奖。开展非物质文化遗产普查，搜集到民间传说、谚语、饮食技艺、民间土方、民间习俗、民间游戏等200余条。

村（社区）书记、主任名录

表18

社区、村名称	书记	主任
二十里铺村	杨庆国	安春营
朝阳街社区	王瑞玲	王瑞玲
昌盛街社区	张福东	张福东
香园街社区	马花荣	马花荣
新安西路社区		朱玉辉（代）

（周月萍）

中心路街道

【概况】 位于中心路以南，金华路以西，马固自然村以东，面积约3.57平方公里，辖聂寨、任庄2个行政村和吉祥、如意、汇才、康乐、鸿园、盛世、桃源、江南小镇8个社区，辖区常住人口41678人，流动人口约5000人。党工委下属19个党支部，党员608名。办事处机关设

7个科室。

【经济工作】 辖区地方财政收入3186万元，是年度目标的105.7%；招商引资到位资金5.658亿元，同比增长28%；规模以上工业企业销售收入3.9554亿元，同比增长10%；规模以上工业企业增加值1.3668亿元，同比增长22.1%；规模以上工业企业总产值3.9627亿元，同比增长21.4%；固定资产投资12.4429亿元，同比增长49%；城镇居民可支配收入人均20928元，同比增长11.3%；社会消费品零售总额70262万元，同比增长18.3%。

【社会事业】 新增城镇就业再就业850人；小额担保贷款135万元；再就业培训70人，创业培训75人；实现农村劳动力转移就业90人；新增企业参保数260人；城乡居民基本养老保险参保数539人，新增居民医保参保数552人；公益性岗位65个；下岗失业人员就业数173人；就业困难对象数73人,；辖区新生人口184人，其中男孩87人，女孩97人；死亡人口34人，火化率100%。

【重点项目】 （一）嘉盛快捷酒店完成投资2000万元，3月17日开业，经营状况良好。以商招商，新引进川江盛宴餐厅投资80万元。

（二）今水尚假日酒店计划完成投资3000万元，完成投资2500万元，店内基础设施安装到位。

（三）乐福国际计划投资9500万元，已完成投资3000万元，售楼部和样板房建成并投入使用。

（四）江南小镇项目计划投资1.1亿元，新开发B6、B9两栋楼盘，建筑面积4.4万平方米，完成投资9500万元。

（五）建业星级酒店项目完成投资1.5亿元，喜达屋酒店管理公司已入驻，筹备办理酒店开业。

【五个一工程】 组织人员对辖区企业、贫困户及突出矛盾进行摸排，在辖区范围内征集为民办实事项目，梳理出重点企业14家、突出矛盾13起、为民办实事项目12项、贫困户14家，将其分解至领导班子成员，带头抓落实，累计企业调研20余次，解决突出矛盾6起，为民办实事8项。

【社会治安】 城市视频监控技防设施安装覆盖率100%，农户实用技防设施安装率95%以上，治安乱点整治合格率100%。先后投入50万元新增技防平台14个，探头183个，重点地区、主要干道和小区楼院覆盖率100%；农村和农户技防监控覆盖率90%，聂寨实现村视频监控报警系统全覆盖。公共安全感指数99%。

【城市建设和管理】 在全区“创卫复审”活动中，清理卫生死角121处，生活垃圾22吨，小广告200余处，制止乱摆放、乱搭建及劝阻不文明行为78次、规范小区楼院车辆摆放65处，绿化小区面积1000平方米。开展“五小”单位整治工作，帮助商户整改达标，为300多家门店制作“五小”单位卫生制度、整治标准标识牌。审核达标后的门店，街道统一制作“五小单位整治达标店”公示牌。在全区的“五小”单位整治工作中，合格率在各镇街道领先。

【计划生育】 举办各种新婚培训、预防出生缺陷培训班，开展以健康饮食、健康行动、健康环境、健康妇女、健康婴儿为主题的宣传教育活动，举办培训班16次，培训2250余人（次），参加知识竞答1230余人（次）；建立健全流动人口社区网络化管理、部门协作、以房管人、区域协作等工作机制，对辖区沿街门店调查，制作门店联系卡，登记门店801个，常住人口1396人，流动人口906人。

【安全生产】 严格落实安全生产责任制，重点做好重大节日、重要场所的安全检查，开展大检查10次，检查门店300多家，下发整改指令书36份，开展消防演练3次，整治率100%。

【社区建设】 在社区打造8个示范基地，以党建带动各项工作开展。盛世社区成立特长党员工作室，实现党员志愿者服务常态化、品牌化，被评为省级“五好先进基层党组织”。

【党建工作】 建立志愿服务队伍28支，开展法律咨询、技能

培训、医疗卫生、困难帮扶等各类服务活动87次，被区委表彰在职党员6人、社区共建党员7人，盛世社区评为省级“五个好先进基层党组织”。开展“创先争优”活动，结合“五小”单位整治活动，评选出20家“共产党员先锋店”，挂牌亮星，广大消费者“不看品牌看党牌”，召开“共产党员先锋店”创建活动现场会。

【聂寨村获“全国农村先进信息服务站点”称号】 聂寨村投资3万余元，对全村办公电脑更新换代，组建局域网，建立电子阅览室，实现办公无纸化、自动化和信息化。全村1130户、4418人的人员信息输机工作，建立聂寨村人口信息数据库，实现农村人口管理信息化。通过网站信息发布系统实现村务公开和财务公开，促进农村管理民主化、科学化、规范化和高效化；实现三产服务信息发布、村属企业信息发布、村组动态发布、惠民、利民信息发布等四大类涉农信息发布。通过党员远程教育系统和涉农信息网站等形式，开展劳动力培训，提高农民务农技能、信息化技能和转产转岗就业能力。先后投资200余万元，安装电子监控设备8套，电子摄像头235个，建成以技防为主，人防、物防为辅的多层次防范体系。聂寨村获得全国农村先进信息服务站点荣誉称号。

村（社区）书记、主任名录

表19

村（社区）	书记	主任
聂寨村	杨福奇	赵海潮
任庄村	任全中	白志健
吉祥街社区	白长友	白长友
如意街社区	张慧敏	张慧敏
汇才街社区	刘银霞	刘银霞
康乐社区	张富城	张富城
鸿园社区	刘建波	刘建波
盛世社区	司彤联	司彤联
桃源社区	白　晶	白　晶
江南小镇社区	冯瑞萍	鲁畅舒

（王　雪）

工业路街道

【概况】 工业路街道位于工业路中段，辖区总面积4.52平方公里，北邻荥阳王村镇，东邻荥阳城关乡，西邻峡窝镇武庄村，辖朱寨、肖洼、东柏社3个行政村和工业路社区1个社区居委会，常住人口6000余人，流动人口4000余人。辖区各类企业122家，规模以上工业企业25家，是重要的工业聚集区域。先后荣获市五好基层党组织、全省五好基层党组织、省级文明单位等荣誉称号。

【街道经济】 财政收入1224万元，规模以上工业增加值8.5亿元，同比增长14.8%；规模以上工业总产值25.49亿元，同比增长16.1%；规模以上工业销售收入23.35亿元；全社会固定资产投资7.313亿元，同比增长46.6%；城镇居民人均可支配收入1.96万元，同比增长11.2%；社会消费品零售额3895万元，同比增长18.3%；外贸出口额500万美元；外贸进口额190万美元，完成或超额完成各项目标任务。

【项目建设】 郑州少林特玻有限公司80万辆轿车玻璃生产线项目总投资1.34亿元，分两期进行，建成投产后，加工能力达到年产轿车玻璃80万套、重卡玻璃100万套，客车玻璃10万套，可新增产值8亿元，利税5600万元。投资8900万元的一期工程已顺利完成投产。

裕丰耐材公司冶金炉料项目投资8000万元，分三期进行。一期工程建设竣工，进入试生产，预计新增产能1.5万吨冶金炉料。

郑州华祥耐材公司4万吨耐火材料项目投资1000万元，建成厂房3栋，办公楼2栋，该项目已投入生产运营，产品市场需求量大，效益好。

海王微粉2万吨碳化硅微粉扩建项目投资5000万元，6月建成投产，可新增产值2亿元，实现利税3500万元。

【土地整合】 完成违章企业拆迁，土地整合任务，东柏社村、肖洼村的土地征用，整理、征用土地520多亩。华中建机等重点企业扩大规模再生产，办事处完成朱寨村203亩企业用地征收，为企业发展保驾护航。

【新农村建设】 按照道路硬化、空地绿化、路灯亮化、环境美化、饮水净化和有线电视网、国际互联网、对外通讯网“户户通”标准，全面完成肖洼村新农村建设年度目标任务，并通过郑州市新型农村社区验收。建成集中居民楼7栋，总面积3.23万平方米；小区内道路硬化总面积5088平方米；建造给水工程管网1600米；建成主排水沟848米，分支排水沟280米，户用排水450米，沉淀井20个；建设垃圾池2个，设置垃圾箱6个；建设小区服务中心1个，建成文化建设场所面积400平米。围绕“两加快一维护”战略，为加快城镇化进程，有序展开城乡一体化建设工作，对辖区3个行政村的人口、户数、宅基地面积、安置面积、居民楼数量等基础要素进行调查，对每村、每组、每户的基本情况进行实地测量核实、登记造册。辖区现有农业人口4410人、1269户，土地面积约4800亩，其中耕地3300亩，宅基地1500亩，经过整体拆迁，宅基地可置换土地近1000亩。

【平安建设】 建立维稳长效机制。以创建平安建设一级镇办为目标，坚持标本兼职、堵疏结合。实行领导包村、包案制度，建立和完善事前排查预防、事中调解消化、事后完善除患的工作体系，确保大局稳定。全年化解矛盾36起，调解满意率100%，实现“小事不出村（社区）、大事不出办、矛盾不上交”的工作目标。投入20多万元建设高标准平安建设服务中心，已投入使用。

【计划生育】 坚持以人为本，以“家”为创建主线，投重资高标准建成三村计生村室，建成融康检、悄悄话室为一体化的健康咨询室，适合群众学习培训的现代化教学人口学校，图书室、活动室，精心为育龄群众布置出温馨舒适的服务空间，使群众能够真正体会到“家”的感觉。

【党建创新】 探索基层党建机制创新，提升党建水平。在非公企业建立驻街综合党委，构建区域化党建新格局，为非公企业沟通交流搭建平台。驻街综合党委有委员单位16家，成员单位24家，其中大部分为企业单位，下属3个农村工作站，一个社区工作站，39个“两新”组织工作站，9个公共单位工作站，实现区域党建全覆盖。驻街综合党委通过各工作站，不断加强“两新组织”党组织建设，推进基层党组织规范化建设，增强基层党员的凝聚力和战斗力，促进企业发展，带动产业和经济发展。开展“比学赶帮、创先争优”活动，实现辖区各行业、广大党员群众齐头并进的良好局面。开创工业产业链上建组织先河，在工业产业链上建立绿色新材料产业联合党总支，12个党支部，党员110名，由主管工业经济的领导担任党总支书记，产业龙头企业支部负责人担任副书记，充分发挥绿色新材料产业联合党总支所属企业在专业技术、人才和企业管理方面的优势，促进企业不断发展。绿色新材料产业联合党总支不断创新党建活动内容，在企业党支部和广大党员中开展以“争做终身学习的榜样、争做建言献策的标兵、争做生产经营的能手、争做凝聚力量的纽带、争做示范带动的模范”为内容的“五争”活动，调动非公企业党支部和党员的积极性，带动广大职工积极拼搏干事业，推进企业发

展。党总支在非公党组织中开展党组织争创“五面先锋旗”，党员争当“五颗带头星”活动，在企业中形成争创先锋争当模范的创先争优氛围。党总支被省委组织部授予全省五好基层党组织、被市委授予五好基层党组织荣誉称号，郑州市裕丰耐火材料有限公司党支部被市委授予五好基层党组织荣誉称号。

村（社区）书记、主任名录

表20

村（社区）	书记	主任
肖洼村	周仲峰	周仲峰
朱寨村	马国强	张连智
东柏社村	袁朝辉	袁福占
工业路社区	安秋慧	安秋慧

（王爱国　武雯静　韩　璐）

矿山街道

【概况】　矿山街道距主城区22公里，在“5街道1镇”中，是最远最小的街道，在巩义市小关镇镜内，紧邻310国道，位于巩义市小关镇政府南，四周分别与小关镇小关村、楼子沟村、郑沟村相邻，辖区面积2.2平方公里，辖一个社区居委会（工人村社区居委会），面积0.5平方公里，有居民楼20幢，20个居民小组，居民794户，人口2556人。辖区单位主要有中铝矿业郑州分公司小关矿及所属医院（有职工600人）和矿山小学，有小型商业企业20多家。社区居民组成单一，95%以上是小关矿的职工和家属。

【街道经济】　发挥群体优势对财政收入任务进行全员分解，责任到人，调动全员积极性，捕捉各方信息，想法设法增加收入。全年实现街道财政收入422万元，超额完成目标任务。

【招商引资】　把招商引资作为经济增长重点，制定《矿山街道招商引资工作奖励办法》，开展以亲情、友情、乡情招商、以商招商活动。郑州华兴煤矿机械有限公司引入战略投资商，一期投资3000万元，生产煤机液压设备，计划2年完成，总投资额5000余万元。郑州世博机械有限公司，总投资6000万元，已完成投资3000万元。

【平安建设】　狠抓治安防控体系，在小区设立门岗，分别有矿保卫科、社区巡防队坚持24小时值班，定期召开治安志愿者座谈会，调动治安志愿者参与平安建设。实行人防、技防相结合，街道投资15.5万元，在社区、学校、矿办公楼、居民饮用水源地等重点部位安装11个监控探头和监控平台，实现辖区技防设施建设一、二、三级平台联网，辖区形成完善的社会治安防控体系。开展综治宣传月活动，组织巡防队、司法所、机关、社区、民调等工作人员，在中心路、文化广场、文化综合站等地，开展平安建设宣传活动，出黑板报5期，展板4块，标语6条，发放《平安建设知识问答》300多份，参加咨询居民100多人。制定安全应急预案，健全校园门卫值班、巡逻、管理制度，派出所民警、巡防队员在学校门口值班，对出入学校人员进行详细登记，严格把关。严格落实平安建设机制，坚持开展矛盾纠纷排查和安全生产检查，加强治安防范。发挥民调员第一道防线作用，采取“三调联动”工作方法，认真细致地做好民调工作，辖区发生民调事件26起，调解26起，调解率100%。

【人口与计划生育】　紧紧围绕“稳定低生育水平，提高出生人口素质，提高家庭发展能力”中心任务，鼓励全社会参与，齐抓共管抓好人口计生工作。出生人口1人，死亡9人，人口自然增长率负增长；为已婚育龄妇女146人进行健康检查，康检率100%，完善育龄妇女健康档案，足额发放独生子女父母奖励金25340元。

【民生工作】 全年办理居民养老保险50人，办理全民医保30人，为下岗、无业、失业、零就业家庭提供各类技能培训及招聘信息，再就业培训10人。创业培训10人，新增城镇就业再就业人数60人，完成20万元的小额担保贷款。关注弱势群体，做好辖区低保户申报工作，做到资金到位，应保尽保，为辖区17户34人发放最低生活保障金54450元。春节期间，走访慰问困难退离休职工、困难户、低保户等送去油、面、大米等慰问品。完善辖区“独居老人生活档案”、“贫困学生爱心档案”、“困难党员互助档案”、“特困群众帮扶档案”，发放联系卡、定期走访。

【党建工作】 “创先争优”四结合：“创先争优”活动与加强学习、提高业务理论水平相结合；“创先争优”活动与干部作风建设相结合；“创先争优”活动与年终目标考核相结合；“创先争优”活动与党风廉政建设相结合。开展党员认养绿地活动，号召党员对辖区绿地家庭认养，在绿地标记党员姓名、分包绿地面积。开展“科级领导干部读书竞赛活动”活动，开展科级干部下基层和帮扶活动，使班子成员树立“服务就是贡献，服务就是业绩”的理念。

【精神文明建设】 围绕“两加快一维护”战略，积极开展精神文明创建工作，以家庭美德、邻里和睦、人际和谐为内容，开展文明和谐社区、文明和谐楼院、文明和谐单位创建活动。以召开座谈会、组织理论宣讲形式，宣传十七届五中全会提出的重要理论、重大战略思想、重大工作部署。元旦、春节等重大节日期间，组织开展羽毛球、扑克、象棋、舞蹈等文艺活动，丰富辖区居民的节日文化生活。

村（社区）书记、主任名录

表21

村（社区）	书记	主任
工人村社区	刘秋東	刘秋東

（张书梅）

王氏宗祠

王氏宗祠座落在郑州市上街区峡窝镇西马固村东北部。由主院和西跨院两个四合院组成，主院整个布局明朗均称，以中轴左右分列，主殿座中，整个宗祠布局紧凑合理，给人以庄严、肃穆、古朴、端方之感。

王氏宗祠影壁由壁身和上部顶构成，上做高浮雕，其主体是吉祥瑞兽角端（通贪），形象逼真，栩栩如生。影壁两边的对联曰：“大梁清和状元古门第，京洛鱼陵枢副旧世家”横批是：“朝笏满床”。影壁从整体造型到内容的设计都独具匠心，具有较强的艺术感染力，在国内十分罕见，具有极高的历史、科学和艺术价值。

马固王氏宗祠及其影壁、碑刻等具有很高的历史、艺术、科学价值。2009年6月被市政府公布为市级文物保护单位。

人物·荣誉

人　　物

县级领导干部

黄　卿

男，1966年7月出生，汉族，河南息县人，1986年8月参加工作，1991年10月加入中国共产党，研究生学历。

1984年9月至1986年8月在河南省化工学校学习；1986年8月至1988年12月任郑州磁带厂技术员、工段长；1988年12月至1992年3月任郑州市中原区乡镇企业局企管科科长；1992年3月至1993年5月任共青团郑州市委干事（其间：1990年9月至1993年6月在华东工学院经济管理专业学习）；1993年5月至1994年8月任共青团郑州市委青工部副部长；1994年8月1994年12月任共青团郑州市委青工部部长；1994年12月至1997年6月任郑州市委办公厅正科级秘书（其间：1994年8至1996年12月在中央党校经济管理专业学习）；1997年6月至1999年7月任郑州市委办公厅副县级秘书；1999年7月至2001年11月任郑州市委办公厅副主任；2001年11月至2003年12月任新密市委副书记、纪委书记（其间：2000年9至2003年6月在河南省委党校经济管理专业研究生班学习）；2003年12月至2004年6月任新密市委副书记；2004年6月至2007年7月任中牟县委副书记、县人民政府县长；2007年7月至2007年12月任中牟县委副书记、县人民政府县长，郑州市郑汴产业带管理委员会副主任、党委副书记；2007年12月至2009年7月任郑州市惠济区委副书记、区人民政府区长，郑州农业高新技术产业示范区管委会主任、河南惠济经济开发区主任；2009年7月任中共郑州市上街区委书记。

戴春枝

女，1962年2月出生，汉族，湖北黄陂人，1978年9月参加工作，1985年10月加入中国共产党，本科学历。

1978年9月至1979年6月在河南省委办公厅干部培训学校学习；1979年6月至1983年11月任河南省信阳地委办公室机要科办事员；1983年11月至1989年9月任河南省周口地委机要科机要员、副科级干事、副科长；1989年9月至1994年10月任河南省周口地委机要局副局长（正科级）；1994年10月至2001年12月任河南省周口地委机要局局长（副县级）（其间：1997年8月至1999年12月在中央党校经济管理专业本科班学习；1999年3月至2000年11月在中南大学科技哲学与行政管理专业研究生班学习）；2001年12月至2004年3月任河南省周口市委机要局局长（正县级）；2004年3月至2006年5月任河南省淮阳县委副书记（正县级）；2006年5月至2008

年11月任河南省太康县委副书记、县长；2008年11月至2009年1月任中共郑州市上街区委副书记、区政府副区长、代理区长；2009年1月任中共郑州市上街区委副书记、区政府区长。

李建伟

男，1966年4月出生，汉族，河南新密人，1985年8月参加工作，1990年6月加入中国共产党，法学硕士。

1982年7月至1985年8月在开封地区第二师范学校学习；1985年8月至1988年9月任郑州大学图书情报系教师；1988年9月至1990年6月在郑州大学思想政治教育专业学习；1990年6月至1992年12月任郑州市委宣传部宣传科干事；1992年12月至1995年7月任郑州市委宣传部副科级宣传员；1995年7月至1997年7月任郑州市委宣传部文艺处副处长；1997年7月至2004年6月任新郑市社会科学联合会副主席（其间：1998年9月至2000年6月在郑州大学法学院经济法专业研究生课程进修班学习；2004年6获郑州大学经济法专业法学硕士学位；1999年9月至1999年11月在中央党校县处级干部培训班学习）；2004年6至2007年7月任新郑市人民政府副市长；2007年1月至2009年3月任中共郑州市惠济区委常委、办公室主任；2009年3月任中共郑州市上街区委副书记、党校校长。

巨宝志

男，1953年5月出生，汉族，吉林公主岭人，1973年1月参加工作，1975年8月加入中国共产党，大专学历。

1973年1月至1985年5月任吉林省公主岭市双城堡中学教师、团委书记、总务主任；1985年5月至1987年6月任吉林省公主岭市教育局科员；1987年6月至1988年12月任郑州市上街区文教局科员；1988年12月至1990年6月任郑州市上街区委组织部干事；1990年6月至1992年9月任郑州市上街区委副科级组织员；1992年9月至1993年10月任郑州市上街区委组织部副部长；1993年10月至1997年11月任郑州市上街区委组织部副部长、区委党史办主任；1997年11月至2002年10月任郑州市上街区委常委、组织部长；2002年10月至2006年4月任郑州市上街区委副书记、区委党校校长；2006年4月至2007年5月任郑州市上街区人大常委会主任、区委党校校长；2007年5月任郑州市上街区人大常委会主任、党组书记。

张福祥

男，1950年9月出生，汉族，河北满城人，1968年6月参加工作，1971年9月加入中国共产党，大专学历。

1968年6月至1969年11月在河北满城木器厂工作；1969年11月至1987年12月在部队历任班长、排长、参谋、集训队长、中队长、副大队长、副营长；1988年1月至1990年12月任郑州市上街区文指委办公室副主任、主任；1990年12月至1991年12月任郑州市上街区委组织部长；1991年12月至1997年4月任郑州市上街区委常委、组织部长（其间：1991年9月至1994年7月在河南省委党校经济专业学习）；1997年4月至1997年11月任郑州市上街区委副书记、组织部长；1997年11月至2003年1月任郑州市上街区委副书记；2003年1月任郑州市上街区政协主席、党组书记。

魏建民

男，1964年10月出生，汉族，河南中牟人，1984年7月参加工作，1993年12月加入中国共产党，硕士研究生学历。

1981年9月至1984年7月在河南省周口农校学习；1984年7月至1988年9月在郑州大学图书馆工作；1988年9月至1991年7月在郑州大学中国古代史专业学习，获硕士学位；1991

年7月至1997年11月任郑州市委统战部干事；1997年11月至1999年4月任郑州市委统战部党派知识分子工作处副处长；1999年4月至2002年1月任郑州市委统战部办公室主任（其间：2001年3月至2001年6月在郑州市委党校第二十四期中青班学习）；2002年1月至2007年1月任郑州市邙山（惠济）区区委常委、统战部长；2007年1月至2008年11月任郑州市惠济区委常委、宣传部长；2008年11月至2010年1月任郑州市新闻出版局副局长、党组成员；2010年1月至2010年11月任郑州市二七区区委常委、区人民政府副区长；2010年11月任中共郑州市上街区区委常委、组织部长。

邓书安

男，1962年10月出生，汉族，河南巩义人，1982年8月参加工作，1986年6月加入中国共产党，大学学历。

1980年7月至1982年8月在开封第二师范学校学习；1982年8月至1983年11任河南省巩县大峪沟镇办事员；1983年11月至1989年11月任河南省巩县县委办公室秘书；1989年11月至1993年3月任河南省巩县涉村乡副乡长（其间：1988年9月至1991年7月在河南省委党校经济管理专业大专班学习）；1993年3月至1993年8月任河南省巩县涉村乡党委副书记；1993年8月至1996年1月任河南省巩义市政府办公室副主任（其间：1993年9月至1995年12月在河南省委党校函授夜大本科班经济专业学习）；1996年1月至1997年11月任河南省巩义市政府办公室主任；1997年11月至2002年1月任河南省巩义市孝义镇党委书记、人大主席团主席（其间：1998年9月至1998年12月在郑州市委党校中青班学习；1999年5月至1999年8月在郑州市中青干部赴山东实践锻炼及理论培训班学习）；2002年1月至2004年6月任河南省中牟县人民政府副县长；2004年6月至2006年4月任中共郑州市上街区委常委、区委办主任；2006年4月任中共郑州市上街区委常委、纪委书记。

黄　钫

男，1974年9月出生，汉族，安徽芜湖人，1995年7月参加工作。1994年12月加入中国共产党，在职研究生。

1991年9月至1995年7月在中央财政金融学院学习；1995年7月至2001年9月任郑州市地方税务局宣教处科员；2001年9月至2002年6月任新郑市地方税务局副局长、纪检组长；2002年6月至2002年9月任郑州市地方税务局主任科员；2002年9月至2004年11月任郑州市纪律检查委员会监察综合室副主任；2004年11月至2006年4月任郑州市纪律检查委员会宣传教育室主任；2006年4年至2008年6月任中共郑州市上街区委常委、区委办主任；2008年6月任中共郑州市上街区委常委、区政府常务副区长、党组成员。

周为国

男，1957年8月出生，汉族，河南方城人，1974年5月参加工作，1991年12月加入中国共产党，在职研究生。

1974年5月至1978年2月河南方城县插队知青；1978年2月至1981年12月在焦作矿院地质系煤田地质与勘探专业学习；1981年12月至1986年3月任豫煤第四建井处工区副主任、助理工程师；1986年3月至1989年5月任郑州市上街区科委科员；1989年5月至1990年6月任郑州市上街区计量所所长、工程师；1990年6月至1992年6月任郑州市上街区乡镇企业管理局局长；1992年6月至1993年3月任郑州市上街区乡镇企业管理局局长、乡镇企业总公司总经理；1993年3月至1995年4月任郑州市上街区计经委副主任、开发区管委会项目部主任；1995年4月至1996年1月任郑州市上街区开发区管委会副主任、企业部主任；1996年1月至1996年7月任郑州市上街区计统局长、党组书记；1996年7月至2002年2月任郑州市上街区计统物价局局长、党组书记（其间：1999年9月至2001年7月在河南大学研究生班管理与文秘专业学习，2000年9月至2000年12月在郑州市委党校第二十三期中青班学习）；2002年2月至2004年6月任郑州市上街区计统科技局局长、党组书记、园区办主任；2004年6月至2007年1月任郑州市上街区人民政府副区长；2007年1月任中共郑州市上街区委常委、统战部部长。

钱世哲

男，1965年1月出生，汉族，河南邓州人，1987年7月参加工作，1985年5月加入中国共产党，本科学历。

1983年9月至1987年7月郑州大学历史系学生；1987年7年至1993年5月任郑州大学历史系政治辅导员、系团总支副书记；1993年5月至2004年9月任郑州市委组织部政研室干部、市直干部处副科级组织员、办公室副主任、市直干部处副处长、青年干部处处长、副县级组织员；2004年9月至2008年6月任郑州市委办公厅第一秘书处处长；2008年6月任中共郑州市上街区委常委、区委办主任。

宋双兴

男，1963年4月出生，汉族，河南郑州人，1981年8月参加工作，1993年5月加入中国共产党，大专学历。

1979年8月至1981年8月在郑州师范学习；1981年8月至1985年3月任郑州郊区桐树王中学教师；1985年3月至1990年8月任郑州市邙山区教文体委科员（其间：1985年9月至1988年6月在郑州大学新闻学专业学习）；1990年8月至1996年10月任郑州市委统战部办公室科员；1996年10月至1999年4月任郑州市委统战部办公室副主任；1999年4月至1999年11月任郑州市委统战部办公室主任科员、办公室副主任；1999年11月至2000年3月任郑州市委统战部政研室副主任、主任科员；2000年3月至2002年10月任郑州市委统战部政研室主任；2002年10月至2008年11月任郑州市上街区人民政府副区长；2008年11月任中共郑州市上街区委常委、宣传部部长。

翟国防

男，1962年11月出生，汉族，河南开封人，1985年7月参加工作，1985年7月加入中国共产党，本科学历。

1983年9月至1985年7月

在河南省司法学校法律专业学习；1985年7月至1989年10月任郑州市人民检察院书记员；1989年10月至1996年8月任郑州市人民检察院助理检察员；1996年8月至1997年11月任郑州市人民检察院检察员；1997年11月至1998年1月任郑州市委政法委员会干部；1998年1月至2000年1月任郑州市委政法委员会协调督察处副处长；2000年1月至2000年11月任郑州市委政法委员会协调督察处处长；2000年11月至2006年4月任郑州市委政法委员会办公室主任（其间：1999年8月至2001年12月在中央党校法律专业本科班学习）；2006年4月至2008年11月任郑州市委维护稳定工作领导小组办公室副主任；2008年11月任中共郑州市上街区委常委、政法委书记。

乔德宁

男，汉族，1968年8月出生，1986年10月入伍，1989年10月入党，山东东明人，大学学历。

1986年10月至1988年7月任54集团军第160师教导师480教导团任战士、班长；1988年7月至1991年7月任郑州高炮学院七队学员；1991年7月至

1991年12月任54集团军第162师高炮团57炮营一连排长；1991年12月至1992年12月任54集团军第162师高炮团司令部参谋；1992年12月至1993年12月任54集团军第162师高炮团教导队副队长；1993年12月至1995年12月任54集团军第162师高炮团双37高炮二连连长；1995年12月至1996年10月任54集团军第162师高炮团司令部侦察股长；1996年10月至1997年12月任54集团军第162师高炮团司令部军务股长；1997年12月至2001年2月任54集团军第162师高炮团单兵防空导弹营营长；2001年2月至2002年2月任宣化炮兵指挥学院中培；2002年2月至2006年1月任54集团军第162师司令部炮兵指挥部副主任；2006年1月至2009年1月任54集团军第162师炮兵指挥部主任；2009年1月至2009年3月任郑州市上街区人武部政委；2009年3月任中共郑州市上街区委常委、人武部政委。

王素梅

女，1975年11月出生，汉族，河南沈丘人，1992年8月参加工作，1997年7月加入中国共产党，在职大专。

1990年9月至1992年7月在河南省焦作财会学校财会专业学习；1992年7月至1995年4月在郑州矿务局总医院工作；1995年4月至1999年11月在郑州矿区管委会财政局工作；1999年11月至2000年8月任郑州矿区管委会财政局副局长；2000年8月至2003年12月郑州矿区工委宣传部部长（其间：2000年9月至2000年12月在郑州市委党校青干班学习；2000年9月至2002年7月在郑州大学行政管理专业在职研究生班学习）；2003年12月至2006年5月任郑州市总工会郑州矿区工作委员会主任；2006年5月至2010年11月任郑州市二七区副区长；2010年11月至2010年12月任郑州市上街区委常委；2010年12月任中共郑州市上街区委常委、区政府副区长、党组成员。

张振威

男，1955年3月出生，汉族，河南巩义人，1973年12月入伍，1976年7月加入中国共产党，大专学历。

1970年1月至1973年12月任大队团支部书记；1973年12月至1977年12月任湖北34572部队战士、副班长、班长；1977年12月至1978年8月任湖北34572部队政治处保密员；1978年8月至1983年12月任湖北34572部队政治处保密员、排长、副指导员、连长兼指导员；1983年12月至1986年12月任湖北34572部队政治处副营级干事；1986年12月至1988年12月任郑州市上街区委组织部干事；1988年12月至1992年9月任郑州市上街区建委副主任、党委委员；1992年9月至1995年4月任郑州市上街区工业开发区规划建设部主任、开发区管委会副主任兼建委副主任；1995年4月至1996年1月任郑州市上街区建委副主任、党委委员；1996年1月至1998年2月任郑州市上街区建设局局长、党委副书记；1998年2月至2007年3月任郑州市上街区人大常委会副主任；2007年3月任郑州市上街区人大常委会副主任、党组副书记。

张旭华

男，1957年5月出生，汉族，河南荥阳人，1980年12月参加工作，1993年7月加入中国共产党，在职大专。

1978年12月至1980年12月在荥阳师范学习；1980年12月至1988年8月任荥阳峡窝镇中学教师、教导主任；1988年8月至1990年12月任郑州市上街区计生委科员；1990年12月至1996年1月任郑州市上街区计生委副主任；1996年1月至1997年9月任郑州市上街区聂寨乡党委副书记；1997年9月至1999年4月任郑州市上街区聂寨乡党委副书记、乡长；1999年4月至2002年2月任郑州市上街区聂寨乡党委副书记、乡长、乡镇企业局局长（其间：1999年9月至2001年7月在河南大学研究生班管理与文秘专业学习）；2002年2月至2004年6月任郑州市上街区中心路街道党工委书记（其间：2002年9月至2002年12月在郑州市委党校第二十七期中青班学习）；2004年6月至2008年11月任中共郑州市上街区委常委、中心路街道党工委书记；2008年11月至2010年1月任中共郑州市上街区委常委、阀门园区管委会主任；2010年1月任上街区人大常委会副主任、党组副书记。

冯文生

男，1949年7月出生，汉族，河南荥阳人，1968年3月参加工作，1969年7月加入中国共产党，大专学历。

1968年3月至1981年12月在新疆军区服役，历任司务长、副指导员、指导员；1981年12月至1985年3月任河南省荥阳县纪委干事、科长、纪委常委；1985年3月至1988年1月任河南省荥阳县崔庙乡乡长、党委副书记；1988年1月至1989年11月任河南省荥阳县崔庙乡乡长、党委书记；1989年11月至1990年3月任河南省荥阳县检察院党组书记、副检察长；1990年3月至1995年2月任河南省荥阳县检察院检察长；1995年2月至2003年1月任郑州市上街区人民检察院检察长；2003年1月至2007年1月任郑州市上街区人大常委会副主任；2007年1月任郑州市上街区正县级干部、人大常委会党组副书记。

高自廷

男，1952年6月出生，汉族，河南沈丘人，1970年12月参加工作，1974年6月加入中国共产党，大学学历。

1970年12月至1975年3月任炮兵602团五连战士；1975年3月至1979年2月任炮兵602团五连排长；1979年2月至1980年2月任炮兵73师政治部组织科干事；1980年2月至1983年5月任炮兵73师政治部组织科正连干事；1983年5月至1988年6月任乌鲁木齐军区政治部副营级干事（其间：1985年9月至1987年7月在新疆大学俄语专业〔脱产〕学习）；1988年6月至1990年12月任新疆军区吉木乃会谈会晤站副站长；1990年12月至1999年11月任新疆军区吉木乃会谈会晤站助理翻译；1999年11月至1992年12月任新疆军区吉木乃会谈会晤站站长；1992年12月至1995年12月任新疆军区吉木乃会谈会晤站翻译；1995年12月至1999年1月任新疆军区吉木乃会谈会晤站站长（其间：1994年1月至1996年12月外派莫斯科工作）；1999年1月至2009年7月任郑州市上街区人大常委会副主任、党组成员（其间：2000年9月至2002年12月在河南省委党校函授本科法律专业学习）；2009年7月任郑州市上街区正县级干部、人大常委会党组副书记。

钟　明

男，1953年10月出生，汉族，山东乳山人，1969年11月参加工作，1971年12月加入中国共产党，大学学历。

1969年11月至1973年9月任武汉军区司令部战士；1973年9月至1976年11月在武汉大学哲学系学习；1976年11月至1977年7月任武汉军区司令部办公室秘书；1977年7月至1978年10月任54军162师484团副政治指导员；1978年10月至1984年11月任武汉军区司令部办公室秘书；1984年11月至1985年10月任武汉军区综合档案馆副馆长；1985年10月至1986年6月任郑州市上街区人武部副政委；1986年6月至2000年10月任郑州市上街区委常委、人武部政委；2000年10月至2004年7月任郑州市直属机关工委副书记；2004年7月至2004年11月任郑州市直属机关工委副书记、调研员；2004年11月任郑州市上街区人大常委会副主任（正县级）、党组成员。

邢艳丽

女，1954年8月出生，汉族，河南舞阳人，1973年6月参加工作，大学学历。

1973年6月至1976年9月下乡在河南省舞阳县青年农场；1976年9月至1979年9月在河南省医科大学学习；1979年9月至1985年7月任河南省舞阳县城关镇医院医师、舞阳县公疗医院医师；1985年7月至1994年6月任郑州市上街区人民医院医师、主治医师、内科副主任；1994年6月至1998年2月任郑州市上街区人民医院副院长；1998年2月至2002年2月任郑州市上街区人大常委会副主任、上街区人民医院副院长；2002年2月至2005年1月任郑州市上街区人大常委会副主任、上街区人民医院院长；2005年1月至2006年11月任郑州市上街区人大常委会副主任、卫生防疫站保健中心主任；2006年11月至2007年3月任郑州市上街区人大常委会副主任、疾病预防控制中心主任；2007年3月任郑州市上街区人大常委会副主任。

李华道

男，1957年5月出生，汉族，河南信阳人，1973年12月参加工作，1979年10月加入中国共产党，大学学历。

1973年12月至1976年12月任河南省信阳市浉河乡民办教师；1976年12月至1981年8月任河南省军区后勤部战士、教导队学员；1981年8月至1999年10月任河南省军区后勤部综合仓库书记、政治处干事、装备仓库副教导员；1999年10月至1995年6月任河南省军区后勤部政治处干事；1995年6月至1999年10月任河南省军区后勤生产管理处助理员（副团级）；1999年10月至2003年6月任河南省临颍县人武部政委（正团级）；2003年6月至2003年9月任郑州市上街区人武部政委；2003年9月至2004年11月任郑州市上街区委常委、人武部政委；2004年11月至2007年1月任郑州市上街区人民政府副区长；2007年1月任郑州市上街区人大常委会副主任、党组成员。

陈　炜

男，1958年10月出生，汉族，河南荥阳人，1976年9月参加工作，1984年7月加入中国共产党，大学学历。

1976年9月至1984年8月在河南省荥阳市二十里铺税务所工作；1984年8月至1986年8月在河南广播电视大学党政干部专修班学习；1986年8月至1987年3月在郑州市上街区税务局工作；1987年3月至1987年10月任郑州市上街区税务局副科级协理员；1987年10月至1993年4月任郑州市上街区税务局副局长；1993年4月至2002年1月任郑州市上街区财政局局长、党组书记（其间：1993年9月至1995年6月在郑州大学经济管理专业学习；1998年9月至1998年12月在郑州市委党校中青一班学习）；2002年1月至2007年1月任郑州市上街区总工会主席；2007年1月任郑州市上街区人大常委会副主任、党组成员。

袁春明

男，1962年3月出生，汉族，河南平舆人，1979年12月参加工作，1984年6月加入中国共产党，本科学历。

1979年12月至1980年7月任54军坦克团2营6连战士；1980年7月至1981年9月任步兵第162师坦克团1营2连排长；1981年9月至1983年7月在蚌埠坦克学校学习；1983年7月至1986年5月任步兵第162师坦克团1营3连排长；1986年5月至1987年8月任步兵第162师坦克团1营3连副指导员；1987年8月至1990年9月任步兵第162师坦克团1营3连指导员；1990年9月至1994年2月

任步兵第162师坦克团3营副教导员；1994年2月至1998年2月任步兵第162师坦克团2营教导员；1998年2月至1999年2月任郑州市管城回族区人武部军事科正营职参谋；1999年2月至2000年1月任郑州市二七区人武部政工科科长；2000年1月至2004年1月任郑州市管城回族区人武部副部长；2004年1月至2005年9月任郑州市上街区人武部政委；2005年9月至2009年3月任郑州市上街区委常委、人武部政委；2009年3月至2010年1月转业待分配；2010年1月任郑州市上街区人大常委会副主任、党组成员。

王家伦

男，1957年6月出生，汉族，河南中牟人，1979年11月参加工作，1985年8月加入中国共产党，大专学历。

1979年11月至1980年10月在河南省中牟县仓砦乡工作；1980年10月至1981年8月任河南省中牟县农业局团总支书记；1981年8月至1984年6月在河南省中牟县农委工作；1984年6月至1985年3月任河南省中牟县政府办农业科科长；1985年3月至1988年9月任河南省中牟县农业经济委员会科长、副主任（其间：1985年9月至1988年7月在河南省委党校政治管理专业学习；1987年9月至1987年12月在郑州市委党校第三期中青强化班学习）；1988年9月至1992年9月任河南省中牟县八岗乡党委书记（其间：1988年10月至1991年12月在河南农业大学经济管理专业学习）；1992年9月至1994年4月任河南省中牟县三官庙乡党委书记（其间：1993年11月至1994年1月在郑州市委党校第十三期中青班学习）；1994年4月至1995年2月任河南省中牟县人民法院党组副书记、副院长；1995年2月至2003年1月任河南省新密市人民法院党组书记、院长；2003年1月至2010年1月任郑州市上街区人民法院院长、党组书记；2010年1月任郑州市上街区人大常委会副主任、党组成员。

赵风军

男，1961年11月出生，汉族，河南内黄人，1979年12月参加工作，1984年4月加入中国共产党，大学学历。

1979年12月至1982年7月任河南省军区后勤部战士；1982年7月至1985年5月任南疆军区后勤部助理员；1985年5月至2001年3月任河南省军区后勤部助理员；2001年3月至2003年1月任河南省太康县人武部部长；2003年1月至2004年3月任郑州市上街区人武部部长；2004年3月至2005年11月任郑州市上街区委常委、人武部部长；2005年11月任郑州市上街区人民政府副区长、党组成员。

赵　敏

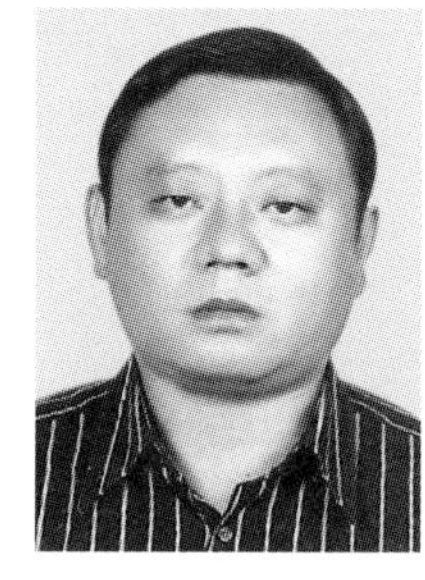

男，1964年3月出生，汉族，河南郑州人，1986年7月参加工作，1986年6月加入中国共产党，数学学士。

1982年9月至1986年7月在信阳师范学院数学专业学习；1986年7月至1991年8月任郑州市第四十一中学教师、教导处副主任；1991年8月至1994年5月任中共郑州市上街区委组织部干事；1994年5月至1996年1月任郑州市上街区文教局副局长、纪委书记、监察室主任；1996年1月至1997年9月任郑州市上街区教文体委副主任、纪委书记、监察室主任；1997年9月至2000年9月任郑州市上街区教文体委党委副书记、主任；2000年9月至2002年2月任郑州市上街区教文体委主任、党委书记（其间：1999年8月至2001年8月在西南师范大学教育学原理专业研究生班学习；2000年9月至2000年12月在郑州市二十三期中青班学习）；2002年2月至2004年12月任郑州市上街区教文体局局长、党委副书记；2004年12月至2007年1月任郑州市上街区人民政府党组成员、办公室主任；2007年1月至2007年3月任郑州市上街区人民政府副区长、党组成员、办公室

主任；2007年3月任郑州市上街区人民政府副区长、党组成员。

郝国防

男，1968年12月出生，汉族，山西文水人，1990年7月参加工作，硕士研究生。

1986年9月至1990年7月在北京航空航天大学学习；1990年7月至1992年8月任山东省青岛市航空部前哨精密机械公司技术员；1992年9月至1995年6月任中科院过程工程研究所研究生；1995年6月至1997年7月任中科院过程工程研究所研究实验员；1997年7月至1998年7月任日本国立冈山大学化工系客员研究员；1998年7月至1999年12月任中科院化工冶金所金辛合科贸公司技术开发人员；2000年12月至2008年6月任中科院过程工程研究所研发部助理研究员；2008年6月任上街区人民政府科技副区长。

朱选伟

男，1973年10月出生，汉族，河南原阳人，1996年7月参加工作，1995年4月加入中国共产党，博士。

1992年9月至1996年7月在河南职业技术师范学院农学系学习；1996年7月至1998年9月在河南职业技术师范学院校办产业处工作；1998年月9月至2001年9月在河南农业大学农学院植物系学习；2001年9月至2004年7月在中国科学院植物研究所生态学专业学习，获博士学位；2004年7月至2008年12月任郑州市林业局副局长、党组成员；2008年12月至2009年2月任郑州市上街区人民政府副区长；2009年2月任中共郑州市上街区人民政府副区长、党组成员。

徐　勇

男，1973年9月出生，汉族，河南南阳人，2000年4月参加工作，1998年6月加入中国共产党，硕士研究生。

1992年9月至1996年9月在河南大学地理专业学习；1996年9月至1999年7月在河南大学区域经济研究专业学习，获经济学硕士学位；1999年7月至2002年9月在郑州市青少年宫工作；2002年9月至2004年12月任郑州市委办公厅第二秘书处科员、副主任科员；2004年12月至2005年2月任郑州市委办公厅第四秘书处主任科员；2005年2月至2008年9月任郑州市人大常委会办公厅人事处副处长；2008年9月至2009年3月任郑州市人大常委会办公厅人事处处长（副县级）；2009年3月任郑州市上街区人民政府副区长、党组成员。

杜惠斌

男，1965年4月出生，汉族，河南郑州人，1988年8月参加工作，1988年1月加入中国共产党，大学学历。

1984年9月至1988年7月在中国人民公安大学公安管理专业学习；1988年8月至1995年4月任郑州市公安局办公室民警；1995年4月至1998年11月任郑州市公安局办公室副主任；1998年11月至2002年3月任郑州市公安局警令部副主任；2002年3月至2002年10月任郑州市公安局政治部副主任兼人事处处长；2002年10月至2005年7月任郑州市公安局政治部副主任兼人事处处长（副处级）；2005年7月至2008年2月任郑州市公安局警令部主任；2008年2月至2008年11月任郑州市上街区公安局局长、党委书记（副县级）；2008年11月至2010年12月任郑州市上街区政府党组成员、区长助理、公安局局长、党委书记、副县级侦查员；2010年12月任郑州市上街区政府党组成员、公安局局长、党委书记、副县级侦查员。

赵全来

男，1965年12月出生，汉

族，河南巩义人，1989年9月参加工作，1995年4月加入中国共产党，在职研究生。

1985年9月至1989年7月在武汉大学历史系中国史专业学习；1989年7月至1989年9月毕业待分配；1989年9月至1995年6月任郑州市上街区政府办公室科员；1995年6月至1999年4月任郑州市上街区政府法制局局长；1999年4月至2002年2月任郑州市上街区民政局副局长、党组成员；2002年2月至2007年1月任中共郑州市上街区矿山街道党工委书记（其间：2000年9月至2002年7月在首都经贸大学经济法专业研究生班学习；2004年5月至2004年8月市委组织部外派杭州挂职锻炼）；2007年5月至2008年11月任郑州市上街区副县级干部、矿山街道党工委书记；2008年11月至2010年12月任郑州市上街区区政府党组成员、区长助理（副县级）；2010年12月任郑州市上街区副县级干部、区政府党组成员。

张富永

男，1970年4月出生，汉族，河南郑州人，1989年8月参加工作，1992年10月加入中国共产党，本科学历。

1986年9月至1989年7月在郑州师范学校学习；1989年8月至1990年9月任郑州市上街区安阳路小学教师；1990年9月至1994年7月任郑州市上街区人大办科员；1994年7月至1997年9月任中共郑州市上街区组织部干事（其间：1991年9月至1994年7月在河南省委党校经济管理专业大专班学习）；1997年9月至2002年2月任中共郑州市上街区委党史办副主任（其间：1999年8月至2001年12月在中央党校法律专业本科班学习）；2002年2月至2003年3月任中共郑州市上街区济源路街道党工委副书记、主任；2003年3月至2008年10月任郑州市上街区济源路街道党工委书记（其间：2005年3月至2005年6月在郑州市三十二期中青班学习）；2008年10月至2008年11月任郑州市上街区副县级干部、区济源路街道党工委书记；2008年11月至2009年5月任郑州市上街区副县级干部、区政府党组成员、区长助理、区济源路街道党工委书记；2009年5月至2010年12月任郑州市上街区副县级干部、区政府区长助理、党组成员；2010年12月任郑州市上街区副县级干部、区政府党组成员。

武家寅

男，1962年10月出生，汉族，河南郑州人，1982年8月参加工作，1986年5月加入中国共产党，大专学历。

1979年10月至1982年7月

在百泉农业专科学校植保系植物保护专业学习；1982年8月至1987年4月任洛阳市白马寺镇农技站技术员；1987年4月至1992年7月任洛阳市瀍河回族乡农技站助理农艺师、站长；1992年7月至1995年6月任郑州市上街区园艺场农艺师、副场长；1995年6月至1997年9月任郑州市上街区聂寨乡副乡长；1997年9月至1998年3月任郑州市上街区聂寨乡党委副书记；1998年3月至2002年2月任中共郑州市上街区济源路街道党工委副书记、主任；2002年2月至2007年1月任郑州市上街区建设局局长、党委副书记（其间：2000年9月至2002年7月在首都经贸大学经济法专业研究生班学习；2002年3月至2002年6月在郑州市二十六期中青班学习）；2007年1月至2010年2月任郑州市上街区政协副主席、党组成员；2010年2月任郑州市上街区政协副主席、党组副书记。

郭志昭

男，1952年5月出生，汉族，河南巩义人，1970年12月参加工作，1972年6月加入中国共产党，大专学历。

1970年12月至1976年9月

任空航空兵137团机械员、机械师、副指导员；1976年9月至1980年8月任空军航46师政治部组织科干事、保卫干事；1980年8月至1981年3月任空航138团机务一中队指导员；1981年3月至1986年12月任空航46师修理厂副教导员；1986年12月至1988年5月任郑州市上街区劳动人事局待业职工管理所秘书；1988年5月至1988年11月任郑州市上街区人才交流中心主任；1988年11月至1990年6月任郑州市上街区劳动就业局局长；1990年6月至1994年10月任郑州市上街区工业局局长（其间：1991年9月至1994年7月在河南省委党校经管专业学习）；1994年10月至1996年1月任中共郑州市上街区委统战部副部长、台办主任；1996年1月至1997年3月任中共郑州市上街区委统战部部长；1997年3月至1997年11月任郑州市上街区政协副主席、统战部长；1997年11月至2010年1月任郑州市上街区政协副主席、党组副书记；2010年1月任郑州市上街区政协党组副书记、正县级干部。

徐凤言

男，1951年1月出生，汉族，河南兰考人，1969年2月参加工作，1971年7月加入中国共产党，大专学历。

1969年2月至1973年6月任空军徐州站战士；1973年6月至1974年12月任空军徐州场站警卫连排长；1974年12月至1976年10月任济南空军12师35团司令部参谋；1976年10月至1979年4月任济南空军司令部作战处参谋；1979年4月至1981年6月任济南空军干部教导队教员；1981年6月至1984年12月任济南空军干部教导队军事教研室副主任；1984年12月至1986年6月任济南空军干部教导队军事教研室主任；1986年6月至1987年8月任郑州市上街区人武部军事科参谋；1987年8月至1993年9月任郑州市上街区人武部军事科科长（其间：1988年9月至1991年5月在河南省委党校学习）；1993年9月至1993年12月任郑州市上街区人武部副部长；1993年12月至1996年4月任河南省中牟县人武部部长；1996年4月至1999年12月任郑州市上街区人武部部长；1999年12月至2007年1月任郑州市上街区人民政府副区长；2007年1月任郑州市上街区正县级干部、政协党组副书记。

黄国民

男，1953年8月出生，汉族，湖北孝感人，1971年7月参加工作，1976年8月加入中国共产党，大学学历。

1971年7月至1974年12月在武汉钢铁公司工作；1974年12月至1977年6月任炮兵第607团1营3连战士；1977年6月至1986年9月任炮兵第607团排长、副连长、连长、副营长、副参谋长；1986年9月至1989年12月在炮兵指挥学院军事指挥专业学习（其间：1986年9月至1989年12月在中国人民解放军炮兵指挥学院高炮军事指挥专业学习）；1989年12月至1996年10月任54集团军高炮旅副参谋长、参谋长；1996年10月至1997年9月任郑州市上街区人大常委会城建委主任（其间：1994年8月至1996年12月在中央党校经济管理专业本科班学习）；1997年9月至1998年3月任郑州市上街区市政管理局党组书记、局长、创建办主任；1998年3月至2001年3月任郑州市上街区委办公室主任；2001年3月至2008年11月任郑州市上街区政协副主席、党组成员；2008年11月任郑州市上街区副县级干部、党组副书记。

卢裕华

女，1954年4月出生，汉族，山东五莲人，1970年11月参加工作，1981年11月加入中国共产党，大专学历。

1970年11月至1977年5月下乡在郑州市上街区“五七”青年农场知青；1977年5月至1978年10月任郑州铝厂职工

（担任知青农场后勤处长）；1978年10月至1982年8月任共青团郑州市上街区委干事；1982年8月至1985年9月任共青团郑州市上街区委书记；1985年9月至1987年6月在郑州市委党校学习；1987年7月至1995年6月任郑州市上街区计生委主任（其间：1993年10月至1994年1月在郑州市委党校中青年干部培训；1993年9月至1996年7月在河南财经学院财务会计专业学习）；1995年6月至1998年3月任郑州市上街区纪委常委、副书记；1998年3月至1999年4月任郑州市上街区委组织部副部长、机关工委书记；1999年4月至2000年10月任郑州市上街区委组织部常务副部长、机关工委书记；2000年10月至2002年2月任郑州市上街区委组织部常务副部长、区直属机关工委书记、区人劳局局长、党组书记、编办主任；2002年2月至2003年3月任郑州市上街区委组织部常务副部长、区人劳和社保局局长、党组书记、编办主任；2003年3月任郑州市上街区政协副主席、党组成员。

薛景霞

女，1965年8月出生，汉族，河南郑州人，1986年7月参加工作，大学学历。

1983年9月至1986年7月在河南广播电视大学经济系学习；1986年7月至1989年9月在郑州市上街区鸿泰商场工作；1989年9月至1990年10月任郑州市上街区有色合金厂车间主任兼装饰工程部经理；1990年10月至1997年4月任郑州市上街区康利达装饰工程有限公司董事长兼总经理；1997年4月至1998年1月任郑州康利达装饰工程公司经理；1998年1月至1999年7月任郑州市上街区盛誉宾馆总经理；1999年7月至2001年9月任郑州市河南康利达科技发展有限公司董事长；2001年9月至2002年8月任河南康利达家庭装潢有限公司董事长；2002年8月至2002年9月任北京崇学宾馆有限公司董事长；2002年9月至2003年1月任郑州康利达广告有限公司董事长；2003年1月任郑州市上街区政协副主席、区工商联会长。

李新廷

男，1963年10月出生，汉族，河南巩义人，1982年8月参加工作，本科学历。

1980年9月至1982年7月在河南省开封地区师范学校英语专业学习；1982年8月至1985年6月任巩义市小关高中教师；1985年6月至1989年12月任巩义市米河高中教师；1989年12月至1991年6月任巩义市政府办公室科员；1991年6月至1994年6月任郑州市上街区政府办科员；1994年6月至1996年1月任郑州市上街区台办副主任；1996年1月至1998年3月任郑州市上街区济源路街道办事处副主任（其间：1994年9月至1996年12月在河南省委党校经济管理专业本科班学习）；1998年3月至2002年2月任郑州市上街区政府办公室副主任、侨办主任（其间：1999年9月至2001年7月在河南大学管理与文秘专业研究生课程班学习）；2002年2月至2003年3月任郑州市上街区侨办主任；2003年3月至2004年12月任郑州市上街区济源路街道办事处主任；2004年12月至2007年1月任郑州市上街区新安路街道办事处主任（其间：2005年9月至2005年12月在郑州市委组织部第三十三期中青班学习）；2007年1月任郑州市上街区政协副主席。

梁红松

男，1958年12月出生，汉族，河南登封人，1976年10月参加工作，1985年12月加入中国共产党，大专学历。

1976年10月至1984年5月任开封地区新中煤矿工人、办事员、财务科会计、团委干事（其间：1983年10月任团委负责人、企业科级）；1984年5月至1987年6月任郑州市新中煤矿财务科副科长（其间：1987年4月至1987年6月郑州市委第二期优秀中青年干部强化培训班学习）；

1987年6月至1988年9月任郑州市新中煤矿企业管理科科长；1988年9月至1992年4月任郑州市新中煤矿财务科科长（其间：1988年9月至1991年9月在河南农业广播电视学校经营管理专业中专班学习）；1992年4月至1992年7月任郑州市新中煤矿总会计师、财务科科长（其间：1992年6月在郑州大学行政管理专业大专班毕业）；1992年7月至1993年3月任郑州市上街区体改委科员；1993年3月至1998年3月任郑州市上街区财政局副局长（其间：1993年9月至1995年12月在河南省委党校经济管理专业本科班学习）；1998年3月至2001年4月任郑州市上街区轻研基地党委书记、纪委书记、监察室主任；2001年4月至2002年2月任郑州市上街区经贸委党委书记；2002年2月至2007年8月任郑州市上街区建设局副局长、党委委员、交通局局长（其间：2004年9月至2004年12月在郑州市委组织部第三十一期中青班学习）；2007年8月至2008年11月任郑州市上街区财政局局长、党组书记；2008年11月至2009年5月任郑州市上街区政协副主席、党组成员、财政局局长、党组书记；2009年5月任郑州市上街区政协副主席、党组成员。

吕现州

男，1967年11月出生，汉族，河南中牟人，1986年8月参加工作，1993年5月加入中国共产党，本科学历。

1983年8月至1986年7月在开封第二师范学校普师专业学习；1986年8月至1987年5月任郑州市上街区教研室教研员；1987年5月至1994年5月任郑州市上街区文教局科员；1994年5月至1997年9月任郑州市上街区政协办公室副主任（其间：1989年9月至1992年7月在河南省委党校经济管理专业大专班学习；1993年9月至1995年12月在河南省委党校经济管理专业本科班学习）；1997年9月至1998年3月任郑州市上街区政协办公室主任；1998年3月至2002年2月任中共郑州市上街区委组织部副部长、党史办主任；2002年2月至2002年8月任中共郑州市上街区委组织部副部长、区直属机关党工委书记；2002年8月至2007年1月任中共郑州市上街区委组织部常务副部长、区直属机关党工委书记（其间：2003年3月至2003年6月在郑州市二十八期中青班学习；2006年9月参加第三期中青年干部出国培训班）；2007年1月至2009年2月任中共郑州市上街区委群工部部长（副县级）；2009年2月至2010年1月任郑州市上街区副县级干部、区政府党组成员、区长助理；2010年1月任郑州市上街区政协副主席、党组成员。

岳　斌

男，1966年3月出生，汉族，河南巩义人，1990年9月参加工作，1993年11月加入中国共产党，经济学学士。

1986年9月至1990年7月在河南财经学院统计专业学习；1990年7月至1990年9月毕业待分配；1990年9月至1991年4月任郑州市上街区计统局科员；1991年4月至1993年3月任郑州市上街区供销社回收公司经理；1993年3月至1996年1月任郑州市上街区统计局副局长；1996年1月至1998年3月任郑州市上街区计统物价局副局长、纪检组长、监察室主任；1998年3月至2002年2月任郑州市上街区计统物价局副局长、纪检组长、监察室主任、目标办主任（其间：1999年9月至2001年7月在河南大学管理与文秘专业研究生班学习）；2002年2月至2004年12月任郑州市上街区商贸管理办公室党委副书记、主任（其间：2003年3月至2003年6月在郑州市第二十八期中青班学习；2005年8月至2005年10月参加郑州市委组织部外派汕头挂职锻炼）；2004年12月至2007年3月任郑州市上街区商务局局长、党组副书记；2007年3月至2007年8月任郑州市上街区人民政府党组成员、办公室主任；2007年8月至2008年10月任郑州市上街区城市管理行政执法局局长；2008年10月至2010年1月任郑州市上街区副县级干部、区城市管理行政执法局局长；2010年1月任郑州市上街区政协副主席、党组成员。

王金河

男，1954年10月出生，汉族，河南荥阳人，1978年11月参加工作，1983年9月加入中国共产党，大学学历。

1975年9月至1978年8月在开封师院学习；1978年8月至1984年6月任河南省建材厂子弟学校教师、副校长；1984年6月至1986年8月任河南省建材厂党委宣传部副部长；1986年8月至1987年6月任河南省建材厂党委办公室主任、党委委员；1987年6月至1990年6月任郑州市水泥厂厂长、支部书记；1990年6月至1993年3月任郑州市上街区工业局副局长；1993年3月至1994年6月任郑州市上街区招商办主任（其间：1993年9月至1995年12月在河南省委党校经济管理专业学习）；1994年6月至1996年1月任郑州市上街区外经委主任；1996年1月至1997年9月任郑州市上街区经贸委主任、党委副书记；1997年9月至2001年4月任郑州市上街区招商局局长、经研基地管委会主任兼党委书记、区长助理；（其间：2000年9月至2000年12月在郑州市委党校第二十三期中青班学习）；2001年4月至2002年1月任郑州市上街区招商局局长；2002年1月至2010年1月任郑州市上街区政协副主席、党组成员；2010年1月任郑州市上街区政协党组成员、正县级干部。

奚　亮

女，1948年12月出生，汉族，上海浦东人，1969年7月参加工作，大专学历。

1969年7月至1972年10月下乡在罗山城郊公社，1972年10月至1977年6月在郑州市上街区饮食服务商店工作；1977年6月至1989年9月在郑州市五十六中学任教（其间：1987年5月至1990年6月在厦门大学经济管理专业学习）；1989年9月至1992年12月在郑州市上街区侨联工作；1992年12月至1996年10月任郑州市上街区侨联副主席、政府办副主任兼侨办副主任；1996年10月至1997年11月任郑州市上街区四届侨联主席、政府办副主任；1997年11月至2002年10月任郑州市上街区人民政府副区长；2002年10月至2007年1月任郑州市上街区政协副主席；2007年1月任郑州市上街区副县级干部。

彭连城

男，1964年10月出生，汉族，河南西平人，1986年7月参加工作，1985年11月加入中国共产党，本科学历。

1982年9月至1986年7月

在西南政法学院法律系法律专业学习，获学士学位；1986年7月至1987年3月任郑州市中级人民法院干部；1987年3月至1988年7月任郑州市中级人民法院书记员；1988年7月至1993年12月任郑州市中级人民法院助理审判员；1993年12月至1995年3月任郑州市中级人民法院审判员；1995年3月至1998年11月任郑州市中级人民法院副科级审判员；1998年11月至1999年6月任郑州市中级人民法院正科级审判员；1999年6月至2002年4月任郑州市中级人民法院民二庭副庭长、正科级审判员；2002年4月至2003年3月任郑州市中级人民法院审判委员会委员、审判监督庭庭长、正科级审判员；2003年3月至2007年4月任郑州市中级人民法院审判委员会委员、审判监督庭庭长、副县级审判员；2007年4月至2010年1月任郑州市中级人民法院审判委员会委员、民一庭庭长、副县级审判员；2010年1月任中共郑州市上街区人民法院院长、党组书记。

程振胜

男，1961年1月出生，汉族，河南长垣人，1983年7月参加工作，1987年6月加入中国共产党，研究生。

1979年9月至1983年7月在郑州大学学习；1983年7月至

1985年6月在河南会计学校助教；1985年6月至1995年4月任河南财税专科学校历史教研室主任；1995年4月至1997年4月任郑州市人民检察院书记员；1997年4月至1997年12月任郑州市人民检察院助理检察员（正科级）（其间：1997年9月至2000年7月在郑州大学法学专业学习）；1997年12月至1999年8月任郑州市人民检察院干部教育培训处处长；1999年8月至2000年4月任郑州市人民检察院干部教育培训处处长、检察员（其间：1999年8月至2001年12月在中共中央党校法律专业学习）；2000年4月至2003年1月任郑州市人民检察院干部教育培训处处长、副县级检察员（其间：2000年6月至2002年9月在中国社会科学院研究生院法学系刑法专业学习；2001年2月至2002年2月在河南省检察院挂职）；2003年1月任郑州市上街区人民检察院检察长、党组书记。

袁家伟

男，1957年10月出生，汉族，安徽合肥人，1981年9月参加工作，1988年2月加入中国共产党，大专学历。

1979年7月至1981年7月在贵定师范学校中师专业学习；1981年7月至1981年9月毕业待分配；1981年9月至1985年4月任贵州独山县教育局科员；1985年5月至1985年12月任郑州市上街区文教局科员；1986年1月至1989年9月任中共郑州市上街区委宣传部干事；1989年9月至1991年6月任中共郑州市上街区委宣传部副部长；（其间：1987年7月至1990年7月在省委党校党政管理专业大专班学习）；1991年6月至1993年4月任中共郑州市上街区委宣传部副部长、文指办主任；1993年4月至1996年1月任郑州市上街区文教局局长；1996年1月至1998年3月任中共郑州市上街区委统战部副部长、台办主任；1998年3月至1999年4月任中共郑州市上街区委办副主任、创建办主任；1999年4月至2000年9月任郑州市上街区市政管理局局长、创建办主任；2000年9月至2002年2月任郑州市上街区市政管理局局长；（其间：1999年9月至2001年7月在河南大学管理与文秘专业研究生班学习）；2002年2月至2002年5月任郑州市上街区市政管理局局长、党组书记；2002年5月至2006年11月任郑州市上街区市政管理局局长、党组书记、创建办主任（其间：2002年3月至2002年6月在郑州市第二十六期中青班学习）；2006年11月至2007年1月任郑州市上街区市政管理局局长、党组书记；2007年1月任郑州市上街区总工会主席。

王继正

男，1974年12月出生，汉族，河南荥阳人，1992年7月参加工作，1996年10月加入中国共产党，本科学历。

1989年9月至1992年7月在郑州地质学校财务会计专业学习；1992年7月至1993年10月任河南省地矿厅探矿三队会计员；1993年10月至1997年10月任荥阳市审计局办公室主任、会计（其间：1995年6月在郑州大学行政管理专业本科班自考毕业）；1997年10月至2000年12月任中共荥阳市委组织部干事；2000年12月至2003年3月任荥阳市峡窝镇副镇长（其间：2001年6月至2003年5月在中国人民大学研究生院区域经济学专业研究生课程班学习）；2003年3月至2004年5月任荥阳市峡窝镇党委副书记；2004年5月至2004年12月任郑州市上街区峡窝镇党委副书记；2004年12月至2007年3月任中共郑州市上街区济源路街道党工委副书记、办事处主任；2007年3月至2008年12月任郑州市上街区建设局党委副书记、局长；2008年12月至2009年5月任中共郑州市上街区委群众工作部部长、建设局党委副书记、局长；2009年5月任中共郑州市上街区委群众工作部部长。

孙喜忠

男，1965年8月出生，汉族，河南郑州人，1989年9月参加工作，1994年12月加入中国共产党，本科学历。

1985年9月至1989年7月在河南农业大学农学系农学专业学习；1989年7月至1989年9月毕业待分配；1989年9月至1995年4月任郑州市上街区科协干事；1995年4月至1997年9月任郑州市上街区科协副主席；1997年9月至1998年3月任郑州市上街区科协主席；1998年3月至2002年2月任中共郑州市上街区新安西路街道党工委书记（其间：1999年9月至2001年7月在河南大学管理与文秘专业研究生班学习）；2002年2月至2007年1月任郑州市上街区工业路街道党工委副书记、办事处主任；2007年1月至2007年8月任郑州市上街区副县级干部、工业路街道党工委副书记、办事处主任；2007年8月至2008年11月任郑州市上街区副县级干部、阀门园区管委会主任；2008年11月至2010年3月任郑州市上街区副县级干部、阀门园区管委会党委书记；2010年3月任郑州市上街区副县级干部、服务业集聚区管委会主任。

朱书民

男，1962年8月出生，汉族，河南郑州人，1982年9月参加工作，1988年12月加入中国共产党，本科学历。

1980年9月至1982年9月在郑州市卫生学校护士专业学习；1982年9月至1985年9月任郑州市上街区人民医院科员；1985年9月至1988年12月任共青团郑州市上街区委干事；1988年12月至1990年9月任共青团郑州市上街区委副书记；1990年9月至1993年5月任共青团郑州市上街区委书记（其间：1988年9月至1991年5月在河南省委党校经济管理专业大专班学习）；1993年5月至1998年3月任中共郑州市上街区纪委副书记、监察局局长（其间：1993年9月至1995年12月在河南省委党校经济管理专业本科班学习）；1998年3月至2002年2月任郑州市上街区计生委主任、党组书记（其间：1999年9月至2001年6月在河南农业大学管理科学与工程专业研究生班学习）；2002年2月至2007年5月任中共郑州市上街区新安路街道工作委员会书记（其间：2005年3月至2005年6月在郑州市第三十二期中青班学习）；2007年5月至2008年11月任郑州市上街区副县级干部、新安路街道党工委书记；2008年11月至2010年3月任郑州市上街区副县级干部、区政府党组成员、区长助理；2010年3月任郑州市上街区副县级干部、城乡一体化办公室主任。

成　健

男，1963年7出生，汉族，河南长垣人，1984年7月参加工作，1985年12月加入中国共产党，法学硕士。

1982年10月至1984年7月在郑州市人民警察学校学习；1984年7月至1991年5月任郑州市人民警察学校教师；1991年5月至1992年6月任郑州市公安局金水分局大石桥派出所民警；1992年6月至1996年2月任郑州市人民警察学校教师；1996年2月至1996年12月任郑州市公安局管城分局刑侦大队民警；1996年12月至1998年3月任郑州市公安局管城分局刑侦大队副大队长；1998年3月至1999年6月任郑州市公安局管城分局东三马路派出所所长；1999年6月至2002年4月任郑州市公安局管城分局城东路派出所所长；2002年4月至2004年1月任郑州市公安局防暴警察支队副支队长；2004年1月至2005年9月任郑州市公安局中原分局副局长；2005年9月至2006年5月任郑州市公安局金水分局副局长；2006年5月至2007年6月任郑州市公安局金水分局党委副书记、副局长；2007年6月任郑州市上街区公安局党委副书记、政委、副县级侦查员。

吴新勇

男，1973年8月出生，汉族，河南新郑人，1998年8月参加工作，1997年5月加入中国共产党，在职研究生。

1994年9月至1998年7月在华北水利水电学院机械系 工艺与设备专业学习；1998年8月至2000年12月被省委组织部选派到荥阳市庙子乡工作，先后任乡团委书记、党政办主任；2000年12月至2002年3月任荥阳市刘河镇副镇长；2002年3月至2003年4月任荥阳市金寨乡党委副书记；2003年4月至2004年4月任共青团荥阳市委书记（其间：2001年9月至2004年6月在郑州大学行政管理专业研究生班学习，获管理学硕士学位）；2004年4月至2004年5月任荥阳市峡窝镇党委书记；2004年5月至2006年3月任中共郑州市上街区峡窝镇委员会书记（其间：2004年10月至2004年12月在河南省委党校选调生培训班学习；2006年3月至2006年6月在郑州市第三十四期中青班学习）；2006年3月至2008年11月任中共郑州市上街区峡窝镇委员会书记、人大主席团主席；2008年11月至2009年7月任中共郑州市上街区峡窝镇党委书记、阀门园区管委会党委副书记；2009年7月至2010年3月任郑州市上街区副县级干部、峡窝镇党委书记、阀门园区管委会党委副书记；2010年3月郑州市上街区副县级干部、城乡一体化办公室支部书记。

李春发

男，1966年3月出生，汉族，河南新郑人，1989年9月参加工作，1993年12月加入中国共产党，法学学士。

1985年9月至1989年7月在郑州大学政治系政治学专业学习；1989年7月至1989年9月毕业待分配；1989年9月至1993年5月任中共郑州市上街区委党校助理讲师；1993年5月至1995年8月任中共郑州市上街区委宣传部干事；1995年8月至1998年3月任中共郑州市上街区委办公室干事；1998年3月至1999年4月任中共郑州市上街区委办公室副主任；1999年4月至2003年3月任中共郑州市上街区委办公室副主任、机要局局长；2003年3月至2004年12月任郑州市上街区计生委主任、党组书记；2004年12月至2005年11月任郑州市上街区发展改革和统计局局长、党组副书记、园区办主任；2005年11月至2010年1月任郑州市上街区发展改革委员会主任、党组副书记（其间：2006年6月至2006年9月参加市委组织部赴烟台挂职锻炼）；2010年1月至2010年3月任郑州市上街区副县级干部、城市管理行政执法局局长；2010年3月任郑州市上街区副县级干部、工业集聚区管委会主任、党委副书记。

马松宝

男，1969年4月出生，汉族，河南巩义人，1988年8月参加工作，1993年12月加入中国共产党，本科学历。

1984年9月至1988年7月在荥阳师范学校普师专业学习；1988年8月至1990年2月任郑州市上街区朱寨小学教师；1990年2月至1992年10月任郑州市上街区文教局科员（其间：1990年9月至1993年7月在河南省委党校经济管理专业大专班学习）；1992年10月至1998年3月任郑州市上街区政府办科员、综合科科长（其间：1993年9月至1995年12月在河南省委党校经济管理专业本科班学习）；1998年3月至2002年2月任郑州市上街区政府办副主任（其间：2001年9月至2003年7月在云南大学国际金融贸易与税收专业研究生班学习）；2002年2月至2007年3月任郑州市上街区中心路街道党工委副书记、办事处主任；2007年3月至2008年11月任郑州市上街区中心路街道党工委常务副书记、人大工委主任；2008年11月至2010年3月任郑州市上街区中心路街道党工委书记；2010年3月至

2010 年 4 月任中共郑州市上街区委办公室常务副主任；2010 年 4 月任中共郑州市上街区委办公室常务副主任、副县级干部。

离任县处级领导

牛瑞华

男，1965 年 2 月出生，汉族，河南巩义人，1988 年 9 月参加工作，1988 年 4 月加入中国共产党，法学学士。

1984 年 9 月至 1988 年 6 月在郑州大学政治专业本科班学习；1988 年 9 月至 1990 年 4 月在郑州市邙山区委办公室工作；1990 年 4 月至 1995 年 8 月任共青团郑州市邙山区委副书记、书记；1995 年 8 月至 1997 年 7 月任郑州市邙山区花园口乡党委副书记；1997 年 7 月至 1999 年 2 月任郑州市邙山区古荥镇副书记、镇长；1999 年 2 月至 2001 年 3 月任郑州市邙山区古荥镇党委书记、镇人大主席团主席（其间：1999 年 9 月至 1999 年 12 月在郑州市委第二十一期中青年干部培训班学习；2000 年 9 月至 2000 年 12 月在郑州市优秀青年干部培训班学习）；2001 年 3 月至 2002 年 1 月任郑州市邙山区委办公室主任；2002 年 1 月至 2006 年 4 月任郑州市二七区人民政府副区长；2006 年 4 月至 2009 年 3 月任中共郑州市上街区委常委、副区长、政府党组成员；2009 年 3 月至 2010 年 11 月任中共郑州市上街区委常委、组织部长；2010 年 11 月调离上街区。

王玉红

女，1971 年 3 月出生，汉族，河南开封人，1987 年 7 月参加工作，1996 年 10 月加入中国共产党，本科学历。

1983 年 9 月至 1987 年 7 月在河南省体育运动学校学习；1987 年 7 月至 1996 年 1 月在郑州市二七区体委工作；1996 年 1 月至 1999 年 3 月任郑州市二七区团委副书记（其间：1992 年 9 月至 1995 年 7 月在河南医科大学临床学大专班学习；1996 年 9 月至 1999 年 1 月在中央党校函授学习）；1999 年 3 月至 2002 年 1 月任郑州市二七区团委书记（其间：1999 年 3 月至 2000 年 11 月在中南大学研究生班学习）；2002 年 1 月至 2004 年 6 月任郑州市二七区马寨镇党委副书记、镇长；2004 年 6 月至 2009 年 3 月任郑州市上街区人民政府副区长、党组成员；2009 年 3 月至 2010 年 11 月任中共郑州市上街区委常委、副区长、党组成员；2010 年 11 月调离上街区。

先进人物

杨红雷

男，1970 年 8 月出生，河南禹州市人，汉族，中共党员，

1987 年 5 月参加工作，中铝中国长城铝业公司电焊工。他刻苦学习，不懈钻研，苦练基本功，每天干两个人的工作量，每年比别人多用焊条三四吨，技能迅速提高。在国内首次引进德国氧化铝管道化溶出生产线焊接时，采取自创的科学焊法，完成了焊接，赢得德国专家赞叹。迅速从只有初中文化的学徒工成长为电焊高级技师和长城铝焊接培训中心实操指导教师，创造了国内有色同行业管道焊接最高记录。他不仅自己 22 年如一日勤学苦练，利用业余时间通过了中南大学机电专业的专科学历教育，而且培养了一批批的焊接技术骨干，成为企业有名的焊接专家。在自主研发水硬铝石项目中，他带领公关小组经历 30 多个昼夜的钻研和反复实验，终于找到合适的管材，设备开工率迅速由 40% 提升到了 96%. 这一创新为公司多挣了 2000 多万元，该项目还获得了国家科技进步二等奖。近年来，他连续研发出高温钻孔止裂法、二次线圈消磁法、交叉立体工位焊接法等 10 余项技术成果，成功破解了压力容器碱脆裂缝、高磁场施焊等多项国内铝行业焊接技术难题，先后开展了 20 多项技术攻关，为公司创造了可观的经济效益。杨红雷先后荣获中铝郑州企业“十大杰出青年”、“十佳知识型工人”、郑州市技术能手、河南省百名技术英杰、有色行业技术能手、全国有色行业

技能大赛冠军、全国技术能手和全国五一劳动奖章，并享受国务院特殊津贴，2009年、2010年分别获得全国劳动模范荣誉称号。

（马　骁）

李跃平

女，1958年8月出生，汉族，河南平顶山人，1993年6月加入中国共产党。中国铝业股份有限公司郑州研究院教授级高级工程师。2010年荣获全国五一巾帼标兵岗称号。

她近年来先后获得国家级标准创新贡献奖三等奖一项；省部级科学技术进步一等奖一项；省部级科学技术进步二等奖四项；省部级科学技术进步三等奖六项；参加工作以来多次被评为研究院先进工作者；2005年被国家标准化管理委员会授予从事标准化工作20年以上工作者荣誉称号；2007年荣获郑州市五一巾帼奖和郑州市五一劳动奖章；2010年荣获全国五一巾帼标兵岗称号。

她主持和参加起草的国家分析方法标准13项，发布并实施的国家分析方法标准12项，正在起草的国家分析方法标准1项，起草行业标准4项现已发布实施。在国家级、省部级刊物及全国性分析学术会议上发表论文20余篇，其中3篇被收录到美国化学文摘。参加编写中国铝业股份有限公司《技术标准汇编》及《皮江法炼镁》分析检测指南，参加编写《轻金属冶金分析》丛书，该书已由化学工业出版社出版发行。开发应用大型分析仪器5台，提出合理化建议3项，提出发明专利5项，3项授权，2项受理。在完成标准起草和科研项目的同时，还承担国家和中铝公司轻金属产品的质量监督抽查，年均完成近10套国家级光谱标准样品的定值，近年来指导硕士研究生及本科生从事科学研究和分析标准的制定，严传身教，以身作则，在导师带徒活动中作出了很大的贡献，使年轻人尽快掌握分析技能，很好的完成各项科研任务。

（涂　键）

李　瑛

女，汉族，1961年9月出生，辽宁营口人，中国铝业郑州研究院工会主席。2010年，获得河南省五一劳动奖章。

她担任郑州轻金属研究院工会主席期间，积极响应全国总工会的号召，每年组织各二级单位开展“安康杯”竞赛活动，全院共8000多人次参加竞赛活动。组织全院各工会分会人员参加省、市总工会举办的各类劳动保护培训班；受训人数达500多人次。组织全院各工会分会开展一系列丰富多彩的竞赛活动。一是在全院组织开展安全生产漫画创作活动，院职工创作的18幅作品获得中铝公司安全漫画比赛优秀奖。二是围绕宣传学习《安全生产法》等法律法规，组织全院职工参加全国总工会、国家安全生产监督管理局组织的“安全生产知识竞赛”答卷活动。四是开展“十个一”活动。参赛企业纷纷开展“查一条事故隐患或一起违章行为”、“看一场安全生产录像片”、“忆一起事故教训”等“十个一”活动。让职工在活动中吸取事故教训，增强一份安全意识。五是在全院各二级单位开展“一法三卡”推广应用工作。通过对生产过程中危险源和职业危害性性质确认、等级评价、防控要求进行列表制卡，向广大职工警示告知，最终达到群防群治的积极效果。六是她积极参加全院安全生产大检查，提出对事故隐患的整改和事故调查处理意见，代表和维护职工的合法权益，促进全院的安全生产。

（涂　键）

郑州市五一劳动奖章获得者

李　进	女	上街区卫生局120急救中心副主任科员
李　立	男	济源路街道党工委书记

续表

李金宝	男	济源路街道办事处主任
马国联	男	上街人民医院大夫
宋景亮	男	上街区审计局职工
宋鹏伟	男	郑州华中建筑机械有限公司总经理
王　兢	男	上街区城市管理执法局局长
王百峰	女	工业路街道办事处主任
王文东	男	河南黑马实业有限公司工人

（区工会）

上街区专业技术人员

【概况】 截止2010年底，区属企事业单位共有各类专业技术人员1626人，其中，正高级1人，副高级222人，中级936人，初级467人。

副高级以上专业技术人员

表22

姓　名	性别	出生年月	籍贯	单位	岗位类型	职称	职称级别
刘春源	女	1965年3月	河南博爱	上街区人民医院	卫生	主任医师	正高级
方山林	男	1950年7月	河南荥阳	上街实验小学	中小学教师	中学高级教师	副高级
柴有成	男	1963年3月	河南荥阳	上街实验小学	中小学教师	中学高级教师	副高级
李玲花	女	1967年4月	河南新郑市	上街实验小学	中小学教师	中学高级教师	副高级
张秀兰	女	1955年8月	河南荥阳	上街区新建小学	中小学教师	中学高级教师	副高级
程学军	男	1957年6月	山东泰安	上街中心路小学	中小学教师	中学高级教师	副高级
徐俊华	男	1955年5月	上海南汇	上街中心路小学	中小学教师	中学高级教师	副高级
马红霞	女	1965年7月	河南巩义	郑州第二外国语学校	中小学教师	中学高级教师	副高级
边太蕊	女	1972年9月	河南方城	郑州第二外国语学校	中小学教师	中学高级教师	副高级
何淑仙	女	1965年10月	河南荥阳	郑州第二外国语学校	中小学教师	中学高级教师	副高级
刘翠凌	女	1965年4月	河南荥阳	郑州第二外国语学校	中小学教师	中学高级教师	副高级
孙广兴	男	1965年10月	河南荥阳	郑州第二外国语学校	中小学教师	中学高级教师	副高级
张选民	男	1962年11月	河南扶沟	郑州第二外国语学校	中小学教师	中学高级教师	副高级
杨天和	男	1963年8月	河南驻马店	郑州第二外国语学校	中小学教师	中学高级教师	副高级
曹祥兴	男	1968年10月	河南南阳	郑州第二外国语学校	中小学教师	中学高级教师	副高级
张　欣	女	1966年10月	河南方城	郑州第二外国语学校	中小学教师	中学高级教师	副高级

续表1

姓　名	性别	出生年月	籍贯	单位	岗位类型	职称	职称级别
田中禾	男	1968年6月	河南方城	郑州第二外国语学校	中小学教师	中学高级教师	副高级
王国法	男	1966年11月	河南扶沟	郑州第二外国语学校	中小学教师	中学高级教师	副高级
禹云亭	男	1970年4月	河南荥阳	郑州第二外国语学校	中小学教师	中学高级教师	副高级
李谦信	男	1968年1月	河南滑县	郑州第二外国语学校	中小学教师	中学高级教师	副高级
王树强	男	1969年10月	河南扶沟	郑州第二外国语学校	中小学教师	中学高级教师	副高级
戎法堂	男	1967年9月	河南尉氏	郑州第二外国语学校	中小学教师	中学高级教师	副高级
乔天喜	男	1964年12月	河南巩义	郑州第二外国语学校	中小学教师	中学高级教师	副高级
于永建	男	1965年10月	河南滑县	郑州第二外国语学校	中小学教师	中学高级教师	副高级
田庆梅	女	1967年12月	河南滑县	郑州第二外国语学校	中小学教师	中学高级教师	副高级
王　博	男	1966年1月	河南沈丘	郑州第二外国语学校	中小学教师	中学高级教师	副高级
焦建群	男	1969年11月	河南荥阳	郑州第二外国语学校	中小学教师	中学高级教师	副高级
李　莉	女	1973年3月	河南荥阳	郑州第二外国语学校	中小学教师	中学高级教师	副高级
曹红卫	男	1967年11月	河南巩义	郑州第二外国语学校	中小学教师	中学高级教师	副高级
李喜学	男	1952年10月	河南荥阳	郑州第二外国语学校	中小学教师	中学高级教师	副高级
史继贤	男	1960年8月	河南荥阳	郑州第二外国语学校	中小学教师	中学高级教师	副高级
岳卫东	男	1969年7月	山东单县	郑州第二外国语学校	中小学教师	中学高级教师	副高级
孙树立	男	1968年7月	河南巩义	郑州第二外国语学校	中小学教师	中学高级教师	副高级
李冬玲	女	1963年10月	河南郑州	郑州第二外国语学校	中小学教师	中学高级教师	副高级
徐占峰	男	1967年3月	河南杞县	郑州第二外国语学校	中小学教师	中学高级教师	副高级
郑长青	男	1970年3月	河南荥阳	郑州第二外国语学校	中小学教师	中学高级教师	副高级
张花英	女	1968年12月	河南巩义	郑州第二外国语学校	中小学教师	中学高级教师	副高级
宋　玮	女	1970年6月	河北冀县	郑州第二外国语学校	中小学教师	中学高级教师	副高级
史高峰	女	1971年10月	河南南阳	郑州第二外国语学校	中小学教师	中学高级教师	副高级
崔　屹	男	1964年10月	河南辉县	郑州第二外国语学校	中小学教师	中学高级教师	副高级
王克昌	男	1967年10月	山东淄博	郑州第二外国语学校	中小学教师	中学高级教师	副高级
贾均成	男	1955年10月	北京通州区	郑州第二外国语学校	中小学教师	中学高级教师	副高级
施海英	女	1966年2月	河北枣强	郑州第二外国语学校	中小学教师	中学高级教师	副高级
殷玉杰	女	1956年12月	山东荣城	郑州第二外国语学校	中小学教师	中学高级教师	副高级
王金安	男	1956年11月	河南荥阳	郑州第二外国语学校	中小学教师	中学高级教师	副高级
张继州	男	1959年1月	河南郑州	郑州第二外国语学校	中小学教师	中学高级教师	副高级
魏虎林	男	1968年4月	河南荥阳	郑州第二外国语学校	中小学教师	中学高级教师	副高级
杨岐超	男	1952年6月	河南内乡	郑州第二外国语学校	中小学教师	中学高级教师	副高级
吴　丽	女	1961年8月	河南西平	郑州第二外国语学校	中小学教师	中学高级教师	副高级
陆瑞麟	男	1962年8月	广西桂林	郑州第二外国语学校	中小学教师	中学高级教师	副高级
王洪典	男	1963年12月	河南兰考	郑州第二外国语学校	中小学教师	中学高级教师	副高级

续表 2

姓　名	性别	出生年月	籍贯	单位	岗位类型	职称	职称级别
苌志红	女	1969 年 2 月	河南荥阳	郑州第二外国语学校	中小学教师	中学高级教师	副高级
席风华	女	1967 年 3 月	河南荥阳	郑州第二外国语学校	中小学教师	中学高级教师	副高级
贾延洲	男	1968 年 9 月	河南荥阳	郑州第二外国语学校	中小学教师	中学高级教师	副高级
朱　峰	女	1968 年 7 月	山东淄博	郑州第二外国语学校	中小学教师	中学高级教师	副高级
季陈光	男	1957 年 11 月	江苏镇江	郑州第二外国语学校	中小学教师	中学高级教师	副高级
张银玲	女	1966 年 3 月	河南巩义	郑州第二外国语学校	中小学教师	中学高级教师	副高级
常国江	男	1967 年 3 月	河南荥阳	郑州第二外国语学校	中小学教师	中学高级教师	副高级
施翠凤	女	1968 年 2 月	安徽天长	郑州第二外国语学校	中小学教师	中学高级教师	副高级
刘培伟	男	1968 年 11 月	山东烟台	郑州第二外国语学校	中小学教师	中学高级教师	副高级
曹宁宇	男	1962 年 12 月	河南新郑	郑州第二外国语学校	中小学教师	中学高级教师	副高级
贾韶文	男	1968 年 7 月	河南荥阳	郑州第二外国语学校	中小学教师	中学高级教师	副高级
马红武	男	1957 年 10 月	河南巩义	郑州第二外国语学校	中小学教师	中学高级教师	副高级
许乃迎	男	1966 年 11 月	河南荥阳	上街区武庄小学	中小学教师	中学高级教师	副高级
田建军	男	1966 年 10 月	河南荥阳	上街实验高中	中小学教师	中学高级教师	副高级
李振生	男	1952 年 5 月	郑州上街区	上街实验高中	中小学教师	中学高级教师	副高级
宋长栓	男	1967 年 11 月	河南荥阳	上街实验高中	中小学教师	中学高级教师	副高级
陈宝红	男	1969 年 1 月	河南荥阳	上街实验高中	中小学教师	中学高级教师	副高级
王慧敏	女	1965 年 10 月	河南荥阳	上街实验高中	中小学教师	中学高级教师	副高级
王铁柱	男	1965 年 1 月	郑州上街区	上街实验高中	中小学教师	中学高级教师	副高级
刘松枝	女	1969 年 6 月	河南新密	上街实验高中	中小学教师	中学高级教师	副高级
周天才	男	1969 年 7 月	郑州上街区	上街实验高中	中小学教师	中学高级教师	副高级
代向阳	女	1967 年 2 月	河南荥阳	上街实验高中	中小学教师	中学高级教师	副高级
杨秋芬	女	1968 年 10 月	河南荥阳	上街实验高中	中小学教师	中学高级教师	副高级
张爱华	女	1965 年 8 月	河南荥阳	上街实验高中	中小学教师	中学高级教师	副高级
杨保亮	男	1966 年 2 月	河南荥阳	上街实验高中	中小学教师	中学高级教师	副高级
张朝臣	男	1965 年 7 月	河南荥阳	上街实验高中	中小学教师	中学高级教师	副高级
王留兴	男	1964 年 12 月	河南驻马店	上街实验高中	中小学教师	中学高级教师	副高级
张永庆	男	1970 年 11 月	河南荥阳	上街实验高中	中小学教师	中学高级教师	副高级
张绪佳	男	1964 年 12 月	湖南浏阳	上街实验高中	中小学教师	中学高级教师	副高级
王淑霞	女	1969 年 6 月	河南巩义	上街实验高中	中专教师	高级讲师	副高级
魏德标	男	1960 年 2 月	河南荥阳	上街实验初中	中小学教师	中学高级教师	副高级
程艳平	女	1968 年 6 月	河南荥阳	上街实验初中	中小学教师	中学高级教师	副高级
周自变	女	1961 年 11 月	河南荥阳	上街实验初中	中小学教师	中学高级教师	副高级
方好国	男	1962 年 6 月	河南荥阳	上街实验初中	中小学教师	中学高级教师	副高级
马春红	女	1966 年 8 月	河南荥阳	上街实验初中	中小学教师	中学高级教师	副高级

续表3

姓　名	性别	出生年月	籍贯	单位	岗位类型	职称	职称级别
王春娥	女	1963年3月	河南荥阳	上街实验初中	中小学教师	中学高级教师	副高级
方雪琴	女	1970年2月	河南荥阳	上街实验初中	中小学教师	中学高级教师	副高级
苏银萍	女	1966年2月	河南荥阳	上街实验初中	中小学教师	中学高级教师	副高级
方丽娜	女	1968年1月	河南荥阳	上街实验初中	中小学教师	中学高级教师	副高级
陈智华	女	1966年12月	河南荥阳	上街实验初中	中小学教师	中学高级教师	副高级
沈培元	男	1971年2月	河南开封	上街实验初中	中小学教师	中学高级教师	副高级
何艳丽	女	1970年10月	河南荥阳	上街实验初中	中小学教师	中学高级教师	副高级
蔡宏伟	女	1966年9月	河南荥阳	上街实验初中	中小学教师	中学高级教师	副高级
赵桂珍	女	1959年5月	河南荥阳	上街实验初中	中小学教师	中学高级教师	副高级
马文进	男	1969年3月	河南荥阳	上街实验初中	中小学教师	中学高级教师	副高级
冯长玉	男	1968年12月	河南荥阳	上街实验初中	中小学教师	中学高级教师	副高级
吴秋红	女	1968年9月	河南荥阳	上街实验初中	中小学教师	中学高级教师	副高级
徐东莉	女	1969年8月	河南荥阳	上街实验初中	中小学教师	中学高级教师	副高级
杨　霞	女	1971年9月	河南荥阳	上街实验初中	中小学教师	中学高级教师	副高级
时银福	男	1972年2月	河南荥阳	上街实验初中	中小学教师	中学高级教师	副高级
张国营	男	1964年2月	河南荥阳	上街实验初中	中小学教师	中学高级教师	副高级
张建庄	男	1955年12月	河南荥阳	上街区中小学劳动实践基地	中专、技校教师	高级讲师	副高级
王英才	男	1957年10月	河南荥阳	上街区中小学劳动实践基地	中专、技校教师	高级讲师	副高级
马建平	女	1969年8月	河南荥阳	上街区中小学劳动实践基地	中小学教师	中学高级教师	副高级
李芳	女	1970年6月	江苏南京	上街区中小学劳动实践基地	中小学教师	中学高级教师	副高级
林全乡	男	1963年1月	河南新安	上街区中小学劳动实践基地	中小学教师	中学高级教师	副高级
贾福林	男	1960年3月	河南荥阳	上街区教科研中心	中小学教师	中学高级教师	副高级
吴金焕	女	1967年2月	河南荥阳	上街区教科研中心	中小学教师	中学高级教师	副高级
胡晓东	男	1965年8月	河南信阳	上街区教科研中心	中小学教师	中学高级教师	副高级
周东升	男	1969年6月	河南荥阳	上街区教科研中心	中小学教师	中学高级教师	副高级
谢昌如	女	1956年8月	上海	上街区教科研中心	中小学教师	中学高级教师	副高级
魏荣慧	女	1967年6月	河南荥阳	上街区教科研中心	中小学教师	中学高级教师	副高级
许松坡	男	1966年11月	河南荥阳	上街区教科研中心	中小学教师	中学高级教师	副高级
李松英	女	1961年11月	河南荥阳	上街区教科研中心	中小学教师	中学高级教师	副高级
李国钦	男	1967年10月	河南荥阳	上街区教科研中心	中小学教师	中学高级教师	副高级
王新华	女	1968年10月	河南荥阳	上街区教科研中心	中小学教师	中学高级教师	副高级
吴月平	男	1958年2月	河南荥阳	上街区教科研中心	中小学教师	中学高级教师	副高级
刘兴洲	男	1959年5月	河南巩义	上街区教科研中心	中小学教师	中学高级教师	副高级
刘光明	男	1963年7月	河南南阳	上街区教科研中心	技校教师	高级讲师	副高级
杨　扬	女	1968年5月	山东烟台	上街区教科研中心	技校教师	高级讲师	副高级

续表4

姓　名	性别	出生年月	籍贯	单位	岗位类型	职称	职称级别
张玉玺	男	1951 年 8 月	山西交口	上街区文化馆	群众文化	副研究官员	副高级
赵天保	男	1956 年 8 月	吉林省吉林市	郑州市第一〇〇中学	中小学教师	中学高级教师	副高级
喻有仁	男	1960 年 3 月	湖北武汉	郑州市第一〇〇中学	中小学教师	中学高级教师	副高级
冯名勤	男	1966 年 1 月	河南获嘉	郑州市第一〇〇中学	中小学教师	中学高级教师	副高级
孙红波	女	1961 年 5 月	河南郑州	郑州市第一〇〇中学	中小学教师	中学高级教师	副高级
田启明	男	1958 年 5 月	河南荥阳	郑州市第一〇〇中学	中小学教师	中学高级教师	副高级
吴丽君	女	1970 年 3 月	河南荥阳	郑州市第一〇〇中学	中小学教师	中学高级教师	副高级
冷　慧	女	1968 年 2 月	河南杞县	郑州市第一〇〇中学	中小学教师	中学高级教师	副高级
安建敏	女	1966 年 10 月	河南郑州	郑州市第一〇〇中学	技校教师	高级讲师	副高级
胡晓红	女	1963 年 5 月	河南洛阳	郑州市第一〇〇中学	中小学教师	中学高级教师	副高级
时海军	男	1954 年 6 月	河南郑州	郑州市第一〇〇中学	中小学教师	中学高级教师	副高级
边慧萍	女	1966 年 9 月	河南漯河	郑州市第一〇〇中学	中小学教师	中学高级教师	副高级
李培兰	女	1959 年 10 月	河南荥阳	郑州市第一〇〇中学	中小学教师	中学高级教师	副高级
袁蔚茵	女	1966 年 7 月	河南荥阳	郑州市第一〇〇中学	中小学教师	中学高级教师	副高级
王连福	男	1961 年 2 月	辽宁铁岭	郑州市第一〇〇中学	中小学教师	中学高级教师	副高级
仇卫民	男	1970 年 4 月	河南开封	郑州市第一〇〇中学	中小学教师	中学高级教师	副高级
张丽萍	女	1967 年 6 月	河北景县	郑州市第一〇〇中学	技校教师	高级讲师	副高级
张　玲	女	1963 年 11 月	广东省阳江市	郑州市第一〇〇中学	中小学教师	中学高级教师	副高级
陈丹萍	女	1965 年 10 月	河南郑州	郑州市第一〇〇中学	中小学教师	中学高级教师	副高级
申义德	男	1960 年 3 月	河南郑州	郑州市第一〇〇中学	中小学教师	中学高级教师	副高级
禹璐霞	女	1968 年 5 月	河南荥阳	郑州市第一〇〇中学	中小学教师	中学高级教师	副高级
赵莉敏	女	1969 年 5 月	河南荥阳	郑州市第一〇〇中学	中小学教师	中学高级教师	副高级
戚润华	女	1969 年 12 月	河南荥阳	郑州市第一〇〇中学	中小学教师	中学高级教师	副高级
郭玉兰	女	1963 年 11 月	山东省东明县	郑州市第一〇〇中学	技校教师	高级讲师	副高级
张自强	男	1958 年 5 月	山东平度	郑州市第一〇〇中学	中小学教师	中学高级教师	副高级
刘超峰	男	1966 年 7 月	河南尉氏	郑州市第一〇〇中学	中小学教师	中学高级教师	副高级
许培玲	女	1969 年 10 月	河南荥阳	郑州市第一〇〇中学	中小学教师	中学高级教师	副高级
赵丽英	女	1970 年 3 月	山东肥城	郑州市第一〇〇中学	中小学教师	中学高级教师	副高级
海　洋	女	1970 年 8 月	河南沈丘	郑州市第一〇〇中学	中小学教师	中学高级教师	副高级
陈咏华	女	1971 年 8 月	河南南阳	郑州市第一〇〇中学	中小学教师	中学高级教师	副高级
吴清臣	男	1971 年 2 月	河南巩义	郑州市第一〇〇中学	中小学教师	中学高级教师	副高级
张荣璞	男	1966 年 7 月	河南荥阳	郑州市第一〇〇中学	中小学教师	中学高级教师	副高级
杨易木	女	1961 年 9 月	黑龙江汤原县	上街区外国语小学	中小学教师	中学高级教师	副高级
张伟红	女	1966 年 8 月	河南荥阳	上街区外国语小学	中专教师	高级讲师	副高级
韩增敏	男	1958 年 3 月	河南郑州	郑州第二外国语初级中学	中小学教师	中学高级教师	副高级

续表 5

姓　名	性别	出生年月	籍贯	单位	岗位类型	职称	职称级别
李梅荣	女	1971 年 9 月	河南荥阳	郑州第二外国语初级中学	中小学教师	中学高级教师	副高级
董凤梅	女	1964 年 3 月	河南浚县	郑州第二外国语初级中学	中小学教师	中学高级教师	副高级
侯明勤	男	1964 年 3 月	河南荥阳	郑州第二外国语初级中学	中小学教师	中学高级教师	副高级
李恩良	男	1965 年 11 月	河南浚县	郑州第二外国语初级中学	中小学教师	中学高级教师	副高级
王保庄	男	1953 年 12 月	河南郑州	郑州第二外国语初级中学	中小学教师	中学高级教师	副高级
陈莲珍	女	1964 年 5 月	河南荥阳	郑州第二外国语初级中学	中小学教师	中学高级教师	副高级
张遂霞	女	1965 年 8 月	河南郑州	郑州第二外国语初级中学	中小学教师	中学高级教师	副高级
张爱琴	女	1963 年 4 月	河南荥阳	郑州第二外国语初级中学	中小学教师	中学高级教师	副高级
安松森	男	1968 年 6 月	河南郑州	郑州第二外国语初级中学	中小学教师	中学高级教师	副高级
刘朝阳	男	1967 年 3 月	河南巩义	郑州第二外国语初级中学	中小学教师	中学高级教师	副高级
吴文俊	女	1971 年 6 月	河南巩义	郑州第二外国语初级中学	中小学教师	中学高级教师	副高级
王　兰	女	1961 年 8 月	河南巩义	郑州第二外国语初级中学	中小学教师	中学高级教师	副高级
王　莉	女	1969 年 6 月	河南荥阳	郑州第二外国语初级中学	中小学教师	中学高级教师	副高级
赵衍庆	男	1970 年 7 月	山东肥城	郑州第二外国语初级中学	中小学教师	中学高级教师	副高级
王丽燕	女	1967 年 10 月	河南巩义	郑州第二外国语初级中学	中小学教师	中学高级教师	副高级
王瑞玲	女	1968 年 3 月	河南荥阳	郑州第二外国语初级中学	中小学教师	中学高级教师	副高级
乔松莉	女	1971 年 9 月	河南荥阳	郑州第二外国语初级中学	中小学教师	中学高级教师	副高级
赖家华	女	1955 年 8 月	江西赣县	郑州第二外国语初级中学	中小学教师	中学高级教师	副高级
刘志成	男	1953 年 4 月	河南郑州	郑州第二外国语初级中学	中小学教师	中学高级教师	副高级
史信功	男	1965 年 6 月	河南宜阳	郑州第二外国语初级中学	中小学教师	中学高级教师	副高级
王海中	男	1966 年 11 月	河南沈丘	郑州第二外国语初级中学	中小学教师	中学高级教师	副高级
赵秋香	女	1966 年 9 月	河南荥阳	郑州第二外国语初级中学	中小学教师	中学高级教师	副高级
韦向阳	男	1968 年 6 月	河南荥阳	郑州第二外国语初级中学	中小学教师	中学高级教师	副高级
吴进兴	男	1970 年 9 月	河南荥阳	郑州第二外国语初级中学	中小学教师	中学高级教师	副高级
和艳玲	女	1973 年 7 月	河南荥阳	郑州第二外国语初级中学	中小学教师	中学高级教师	副高级
卢义德	男	1967 年 11 月	河南郾城	郑州市科技工贸学校	中小学教师	中学高级教师	副高级
朱遂宪	男	1963 年 1 月	河南新密	郑州市科技工贸学校	中小学教师	中学高级教师	副高级
王建国	男	1957 年 6 月	河北邢台	郑州市科技工贸学校	中小学教师	中学高级教师	副高级
尹俊岭	男	1964 年 2 月	河南郑州	郑州市科技工贸学校	中小学教师	中学高级教师	副高级
朱培华	女	1957 年 2 月	河南南召	郑州市科技工贸学校	中小学教师	中学高级教师	副高级
李　靖	女	1962 年 3 月	黑龙江巴颜	郑州市科技工贸学校	中小学教师	中学高级教师	副高级
时秋珍	女	1957 年 3 月	河南郑州	郑州市科技工贸学校	中小学教师	中学高级教师	副高级
兰银花	女	1968 年 10 月	河南荥阳	上街区人民医院	卫生	副主任医师	副高级
何延兴	男	1960 年 8 月	河南荥阳	上街区人民医院	卫生	副主任医师	副高级
窦志兴	男	1965 年 11 月	河南巩义	上街区人民医院	卫生	副主任医师	副高级

续表 6

姓　名	性别	出生年月	籍贯	单位	岗位类型	职称	职称级别
杨赞英	女	1955 年 5 月	河南灵宝	上街区人民医院	卫生	副主任医师	副高级
雒荣昌	男	1963 年 3 月	河南巩义	上街区人民医院	卫生	副主任医师	副高级
秦季平	女	1968 年 10 月	河南巩义	上街区人民医院	卫生	副主任中医师	副高级
赵芬荣	女	1956 年 9 月	河南荥阳	上街区人民医院	卫生	副主任护师	副高级
李惠君	女	1967 年 2 月	河南郑州	上街区中医院	卫生	副主任医师	副高级
张文辉	男	1971 年 2 月	河南巩义	上街区朱寨小学	中小学教师	中学高级教师	副高级
耿国莹	女	1968 年 8 月	河南荥阳	上街区新建小学	中小学教师	中学高级教师	副高级
张文周	男	1973 年 7 月	河南巩义	郑州第二外国语学校	工程技术人员	中学高级教师	副高级
龙梅玲	女	1969 年 11 月	河南新密	郑州第二外国语学校	中小学教师	中学高级教师	副高级
马伟民	男	1971 年 3 月	河南荥阳	郑州第二外国语学校	中小学教师	中学高级教师	副高级
邢　伟	男	1975 年 5 月	甘肃平凉	郑州第二外国语学校	中小学教师	中学高级教师	副高级
潘喜定	男	1956 年 4 月	郑州上街	郑州第二外国语学校	中小学教师	中学高级教师	副高级
高　超	男	1972 年 9 月	开封市开封县	上街实验高中	中小学教师	中学高级教师	副高级
贾红丽	女	1972 年 2 月	河南荥阳	上街实验高中	中小学教师	中学高级教师	副高级
李　永	男	1973 年 2 月	河南开封	上街实验高中	中小学教师	中学高级教师	副高级
张兰凤	女	1956 年 10 月	荥阳县高山乡	上街实验初中	中小学教师	中学高级教师	副高级
时海萍	女	1968 年 9 月	郑州上街区	上街实验初中	中小学教师	中学高级教师	副高级
戚志红	女	1968 年 1 月	郑州上街区	上街实验初中	中小学教师	中学高级教师	副高级
吴淑君	女	1969 年 4 月	荥阳县高山乡	上街实验初中	中小学教师	中学高级教师	副高级
王福来	男	1963 年 1 月	郑州上街区	上街实验初中	中小学教师	中学高级教师	副高级
季喜山	男	1967 年 7 月	郑州上街区	上街实验初中	中小学教师	中学高级教师	副高级
李松林	男	1956 年 11 月	郑州上街区	上街实验初中	中小学教师	中学高级教师	副高级
白敏霞	女	1966 年 5 月	河南巩义	上街实验初中	中小学教师	中学高级教师	副高级
戚秋芬	女	1962 年 11 月	河南郑州	上街区幼儿园	中小学教师	中学高级教师	副高级
张雪峰	男	1974 年 10 月	河南信阳	郑州市第一〇〇中学	中小学教师	中学高级教师	副高级
陈智霞	女	1969 年 10 月	河南荥阳	郑州市第一〇〇中学	中小学教师	中学高级教师	副高级
付花萍	女	1972 年 8 月	河南荥阳	郑州市第一〇〇中学	中小学教师	中学高级教师	副高级
禹永丽	女	1972 年 12 月	河南荥阳	郑州第二外国语初级中学	中小学教师	中学高级教师	副高级
张　穷	男	1972 年 5 月	河南信阳	郑州第二外国语初级中学	中小学教师	中学高级教师	副高级
付艳丽	女	1975 年 5 月	河南荥阳	郑州第二外国语初级中学	中小学教师	中学高级教师	副高级
刘煜华	女	1975 年 2 月	河南荥阳	郑州第二外国语初级中学	中小学教师	中学高级教师	副高级
陈莲珍	女	1964 年 5 月	河南荥阳	郑州第二外国语初级中学	中小学教师	中学高级教师	副高级
孙月巧	女	1970 年 3 月	河南巩义	郑州第二外国语初级中学	中小学教师	中学高级教师	副高级
刘春晓	女	1975 年 4 月	河南洛阳	郑州第二外国语初级中学	中小学教师	中学高级教师	副高级
张松山	男	1956 年 3 月	河南巩义	上街区人民医院	卫生	副主任医师	副高级

续表 7

姓　名	性别	出生年月	籍贯	单位	岗位类型	职称	职称级别
温　勇	女	1972 年 5 月	河南南阳	上街区人民医院	卫生	副主任医师	副高级
李新宇	女	1971 年 10 月	河南荥阳	郑州第二外国语初级中学	中小学教师	中学高级教师	副高级

（王二奎）

荣　誉

先进集体名录

【国家级先进集体】

上街区全国先进集体

表 23

被授予单位	被授予称号	授予单位
区中心路街道	全国妇联基层组织建设示范社区	中华全国妇女联合会
中铝股份有限公司郑州研究院电解炭素研究所	中央企业“红旗班组”称号	国务院国有资产监督管理委员会

【省级先进集体】

上街区省级先进集体

表 24

被授予单位	获奖称号	授予单位
上街区	中原平安杯	省委、省政府
区国税局	省级文明单位	中共河南省委员会
区工业路街道	省级文明单位	省委、省政府
区济源路街道	省级文明单位	省委、省政府
区地税局	省级文明单位	省委、省政府
区机关事务管理局	省级文明单位	省委、省政府
区济源路街道	省级安全生产工作先进单位	省委、省政府
区济源路街道	省级先进基层党组织	省委、省政府
区济源路街道	省级妇联组织建设示范街道	省委、省政府
区济源路街道	省级园林单位	省委、省政府
中铝股份有限公司郑州研究院	河南省五一劳动奖章	省总工会

续表

被授予单位	获奖称号	授予单位
中铝股份有限公司郑州研究院	河南省“五好”基层党组织	省委、省政府
中铝股份有限公司郑州研究院	无效应低电压项目获河南省“百项优秀技术成果”奖	省科技厅、省总工会
上街区地方税务局新安路地税所	全省地税系统依法治税工作先进单位	省地税局
区地税局	档案管理省标一级	省档案局
上街区	河南省和谐社区建设示范城区	省民政厅
区济源路街道	河南省和谐社区建设示范街道	省民政厅
峡窝镇观沟社区	河南省和谐社区建设示范社区	省民政厅
中心路街道盛世社区	河南省和谐社区建设示范社区	省民政厅
区工业路街道	河南省第一次污染源普查先进单位	省环保厅统计局农业厅
区新安路街道	2009 年度河南省乡镇（街道）共青团工作先进单位	共青团河南省委
区地税局、区财政局、区质监局	2009 年度河南省优质服务窗口	河南省优化经济发展环境工作领导小组
区汽车站	省级卫生先进单位（2010－2012）	河南省爱国卫生运动委员会
区计划生育委员会	2009 年度全省人口计生系统政风行风建设工作先进单位	省人口计划生育委员会
区文化广电新闻出版局	河南省非物质文化遗产普查工作先进集体	河南省文化厅
区峡窝镇人民政府	全省农村改厕工作先进单位	河南省爱国卫生运动委员会
区峡窝镇人民政府	2009 年度群众满意基层站站所评创先进单位	省人民政府纠风办、省人口和计划生育委员会
区总工会	2010 年度全省职工健身活动月优秀组织单位	河南省总工会
上街区	2008－2009 年度全省计划生育优质服务先进县（市、区）	河南省人口和计划生育工作领导小组
区住建局	2009 年度新型墙材专项基金征管工作先进单位	河南省住房和城乡建设厅
朝阳街社区	全省“五好”社区党组织	省委组织部
区工业路街道街道	全省“五好”基层党组织	省委组织部
区中心路办事处	全省“五好”街道党工委	省委组织部
区地方志办公室	河南省 2010 年度修志工作先进单位	河南省地方史志办公室

【郑州市委、市政府、军分区表彰的先进集体】

上街区被郑州市委、市政府、军分区表彰的先进集体

表 25

被授予单位	被授予称号
区济源街道	平安建设先进工作单位

续表

被授予单位	被授予称号
区新安路	民兵基层建设先进单位
朝阳街社区	“五好”社区党组织
中铝股份有限公司郑州研究院研究院工会沁阳厂分会	“女职工工作”先进单位
中铝股份有限公司郑州研究院	“五好”基层党组织
区城市管理执法局	环卫双竞赛活动先进单位
区城市管理执法局	建筑垃圾管理先进单位
区工业路办事处	五好基层党组织
区委宣传部	2009年度郑州交通治理工作先进单位
区精神文明建设指导委员会办公室	2009年度郑州市交通治理工作先进单位
区公安局	2009年度郑州市人民满意的十佳政法单位
区公安局	2009年度郑州市十佳政法单位
区人事劳动局和社会保障局	2009年度郑州市城镇居民基本医疗保险工作先进单位
区人事劳动局和社会保障局	2009年度城乡就业工作先进单位
上街区	2009年度城市社区和农村安全工作先进单位
区矿山街道办事处	2009年度郑州市平安建设先进工作
区峡窝镇人民政府	2009年度郑州市全民健身活动先进单位
区峡窝镇人民政府	2009年度郑州市信访工作先进乡（镇）
区峡窝镇人民政府	国土绿化模范乡镇（办事处）
区峡窝镇人民政府	2009年度人口和计划生育先进单位
区国土资源局	郑州市园林单位
区国土资源局	市级文明单位
区城市管理执法局	2010年度郑州市环卫双竞赛活动先进单位
区城市管理执法局	郑州市建筑垃圾管理先进单位
区新安路街道办事处武装部	2010年度民兵预备役工作先进单位
区人武部	2010年度预备役军官管理先进单位
区济源路办事处	2009年度郑州市思想政治工作先进单位
区纪委、监察局	2009年度优化经济发展环境工作先进集体
区新安路办事处武装部	2010年民兵基层建设先进单位
上街区经济委员会	2009年度郑州市企业服务年活动新进单位
区药监局	2010～2013年度市级文明单位

【郑州五一劳动奖状获得单位】 郑州鸿雁通讯器材有限公司 郑州市上街区城市管理执法局

【上街区委、区政府表彰的先进集体】

2010 年度反腐倡廉建设工作先进单位名单

区委办公室　人大办公室
政府办公室　政协办公室
纪委　组织部
法院　人口与计划生育委员会
财政局　农业农村工作委员会
国土资源局　人力资源和社会保障局
文化广电新闻出版局　城市管理执法局
国税局　地税局
济源路街道办事处　中心路街道办事处

2010 年度实施“两加快一维护”战略综合服务先进单位

工业集聚区管委会　服务业集聚区管委会
城乡一体化办公室　峡窝镇
工业路街道办事处　公安局

2010 年度实施“两加快一维护”战略单项工作先进单位

区委督查室　区政府督查室
发展和改革委员会　信访局
国土资源局　农业农村工作委员会
政府金融办公室　工业和信息化局
商务局

2010 年度绩效目标管理先进单位

教育体育局　财政局
国税局　总工会
人力资源和社会保障局　人口和计划生育委员会
文化广电新闻出版局　城市管理执法局
住房和城乡规划建设局　地税局
食品药品监督管理局

2010 年统战工作先进单位

区委办　　政府办公室

财政局　　教育体育局

济源路街道办事处　　新安路街道办事处

2010 年民族团结进步先进单位

政法委　　民族宗教局

公安局　　卫生局

人力资源和社会保障局　　峡窝镇

2010 年服务非公有制经济发展先进单位

国土资源局　　工商联

投资促进服务中心　　科技局

工业聚集区管委会　　服务业聚集区管委会

2010 年新经济组织、新社会组织先进单位

河南亚星置业集团有限公司

郑州长城特种水泥有限公司

河南四方汇泽房地产开发有限公司

郑州市华中建机有限公司

郑州市郑蝶阀门有限公司

河南华泰特种电缆有限公司

林肯电气合力（郑州）焊材有限公司

郑州海王微粉有限公司

河南上蝶阀门股份有限公司

郑州市裕丰耐火材料有限公司

郑州欧亚空气炮有限公司

郑州市少林特种玻璃有限公司

河南晶鑫实业有限公司

河南康利达集团有限公司

郑州市上街区女企业家商会

河南致诚联合会计师事务所

郑州市上街区 148 法律服务所

2010 年度招商引资工作先进单位

投资促进服务中心
工业集聚区管委会
济源路街道办事处

2010 年度服务招商引资工作先进单位

服务业集聚区管委会
发展和改革委员会
财政局
工业和信息化局
环境保护局
峡窝镇
中心路街道办事处
工业路街道办事处

2010 年度信访工作红旗单位

峡窝镇
济源路街道办事处
人力资源和社会保障局

2010 年度信访工作先进单位

新安路街道办事处
矿山街道办事处
信访局
教育体育局
工业和信息化局
民政局
财政局
国土资源局
住房和城乡规划建设局
交通运输局
城市管理执法局
环境保护局
农业农村工作委员会
商务局
文化广电新闻出版局
卫生局

2010 年度信访工作“四无”先进单位

发展改革委员会
安监局
计生委
审计局
团委
工业集聚区管委会

2010 年度信访工作治理非正常上访先进单位

维稳办
公安局
司法局
检察院
法院

2010年度上街区平安建设工作记功单位

政法委　　济源路街道办事处　　峡窝镇

2010年度上街区平安建设工作先进镇（办）

新安路街道办事处　　中心路街道办事处

2010年度上街区平安建设工作先进单位

环境保护局　　信访局

民政局　　教育体育局

工业和信息化局　　人力资源和社会保障局

文化广电新闻出版局　　财政局

团委　　检察院

2010年度上街区平安建设工作先进社区（村）

济源路街道办事处东方社区
济源路街道办事处商业街社区
新安路街道办事处朝阳街社区
新安路街道办事处昌盛街社区
中心路街道办事处聂寨村
中心路街道办事处如意街社区
工业路街道办事处东柏社村
矿山街道办事处工人村社区
峡窝镇郊段村
峡窝镇石咀村

2010年度区级文明单位名单

上街区民政局
郑州市邮政储蓄银行上街区支行
上街工商分局峡窝工商所
上街区土地储备中心
上街区地产公司
上街区中小学劳动技术实践基地
河南晶鑫实业有限公司

2010年度区级文明社区名单

新安路街道办事处新安西路社区
中心路街道办事处桃源社区

峡窝镇晨光社区

2010 年度区级文明村名单

峡窝镇北峡窝村
峡窝镇西马固村

2010 年度精神文明建设先进单位名单

商务局
教育体育局
文化广电新闻出版局
城市管理执法局
科技局
人力资源和社会保障局
财政局
老干部局
党校
环保局
峡窝镇
中心路街道办事处
济源路街道办事处
中国长城铝业公司
团委

2010 年度军（警）民共建活动先进单位名单

人武部
检察院
法院
工商局
地税局
人防办
新安路街道办事处
矿山街道办事处
公安局交巡警大队
中铝河南分公司

2010 年度六项文明和谐创评活动先进单位名单

区委办
区政府办
宣传部
区机关事务管理局
司法局
交通运输局
爱卫办
卫生局
工业路街道办事处
公安局交巡警大队

2010 年度思想政治工作先进单位

纪委
组织部
宣传部
统战部

教育体育局
财政局
住房和城乡规划建设局
峡窝镇党委
济源路街道党工委
中心路街道党工委

2010 年度新闻外宣工作先进单位

区委办公室
区政府办公室
组织部
财政局
人力资源和社会保障局
地税局
文化广电新闻出版局
工商局
济源路街道办事处
中心路街道办事处

2010 年度先进基层武装部

峡窝镇武装部
中心路街道武装部
中国长城铝业公司武装部

2010 年度军事训练先进单位

济源路街道武装部
工业路街道武装部

2010 年度全民国防教育先进单位

新安路街道武装部
矿山街道武装部
文化广电新闻出版局
教育体育局
中铝河南分公司氧化铝厂武装部
郑州市郑蝶阀门有限公司
河南上蝶阀门股份有限公司

2010 年度人才工作先进单位

发展和改革委员会
教育体育局

科学技术局

工业和信息化局

工商业联合会（商会）

郑州市郑蝶阀门有限公司

2010 年度法律援助工作先进单位

峡窝镇司法所

中心路街道办事处司法所

“148“法律服务所

峡窝法律服务所

2010 年度人大代表建议、政协委员提案办理工作先进单位

城市管理执法局

公安局

文化广电新闻出版局

财政局

环境保护局

教体局

民政局

人力资源和社会保障局

发展和改革委员会

济源路街道办事处

2010 政府决策研究先进单位

工业集聚区管理委员会

商务局

工业和信息化局

中心路街道办事处

发展和改革委员会

科学技术局

新安路街道办事处

工业路街道办事处

2010 年度上街区安全生产工作先进单位

济源路街道办事处

住房和城乡规划建设局

安全生产监督管理局

2010 年度十大文明和谐家庭名录

王建华家庭　王景立家庭　许花兰家庭　克东海家庭　张元成家庭

杨晓彤家庭　罗德荣家庭　倪长灵家庭　郭长海家庭　戴桂范家庭

先进个人名录

【省级以上先进个人名录】

上街区省级以上先进个人

表26

姓　名	获奖称号	授予单位
黄　卿	平安建设工作成绩突出	省委、省政府
戴春枝	平安建设工作成绩突出	省委、省政府
翟国防	平安建设工作成绩突出	省委、省政府
赵风军	平安建设工作成绩突出	省委、省政府
张宝成	平安建设工作二等功	省委、省政府
邱仕麟	河南省优秀共产党员	省委、省政府
李跃平	全国“五一巾帼”标兵	中华全国总工会
邱仕麟	“中央企业先进个人”	中国有色金属工业协会
仓向辉	“中央企业优团干”	中央企业团工委
张树朝	中国铝业公司“十大先进员工”	中铝公司
陈湘清	中国铝业公司“十大杰出青年”	中铝公司
陈兴华	中国铝业公司“十大技术能手”	中铝公司
邱仕麟	中国铝业“十大科技能手”	中铝公司
邱仕麟	中铝公司标杆共产党员	中铝公司
李　瑛	河南省“五一”劳动奖章	省总工会
何玉宾	全市交通系统先进工作者	省交通厅
王成军	全市交通系统先进工作者	省交通厅
吴建伟	全省道路运输先进工作者	省交通厅
吴建伟	郑州市海事工作先进个人	省交通厅
姚德欣	河南省和谐社区建设先进个人	省民政厅
李旺兴	河南省第八批优秀专家	省政府
朱昌伟	河南省地方史志系统先进工作者	河南省地方史志编纂委员会

【郑州市委、市政府、军分区表彰的先进个人】

上街区被郑州市委、市政府、军分区表彰的先进个人

表27

姓　名	获奖称号
高建军	郑州市第二届优秀中国特色社会主义建设者

续表

姓　名	获奖称号
马淑云	郑州市第二届优秀中国特色社会主义建设者
宋鹏伟	郑州市第二届优秀中国特色社会主义建设者
张会敏	郑州市第二届优秀中国特色社会主义建设者
周增华	郑州市第二届优秀中国特色社会主义建设者
何世尊	郑州市第二届优秀中国特色社会主义建设者
侯聪敏	2009 年度优秀共产党员
马　丽	2009 年度郑州市城镇居民基本医疗保险工作先进个人
宋继兵	2009 年度城乡就业工作先进个人
郑育民	2009 年度城乡就业工作先进个人
史瑞娟	2010 年度信访评估先进个人
魏从鹏	郑州市 2009 年度企业服务活动先进个人
薛耀伟	郑州市 2009 年度企业服务活动先进个人
李建波	郑州市 2009 年度企业服务活动先进个人

【上街区委、区政府表彰的先进个人】

上街区第四届十大杰出青年

于万勇　中铝矿业有限公司小关矿闭路电视管理员

王志萍　上街区外国语小学教导处主任

冯瑞萍　上街区中心路街道办事处盛世社区党支部书记、主任

江发兵　上街区人民法院监察室主任

孙　欣　上街区水星家纺床上用品店经理

张秋霞　上街区百信美苑经理

张景倚　郑州市裕丰耐火材料有限公司副总经理

柴建中　郑州市恒安机械有限公司总经理

郭永恒　中国铝业股份有限公司郑州研究院高级工程师

潘　磊　上街区工业路街道办事处东柏社村主任助理、郑州市鑫农农机专业合作社理事长

上街区第四届十大优秀青年

王小翠　上街区中心路小学教师

石贤福　上街区工业聚集区管委会团委书记

许琪新　上街区财政局行财社保科科长

李　超　郑州市胜大商贸有限公司经理

时　珂　上街区疾病预防控制中心工作人员

张　磊　上街区利兴阀门产业园有限公司工人

张晓君　上街区济源路街道金华社区负责人

周士强　郑州欧亚空气炮有限公司总经理

周志立　上街区新安路街道办事处党政办公室主任

梁幸甫 上街区公安分局峡窝镇派出所副所长

2010 年度实施“两加快一维护”战略综合服务先进个人

秦清宇 房玉雯 李 超 张东辉 杨晓东 杨文斌 平相乾 冯 娜 牛大林 张 辉
张元恒 张海建 张 峰 吴瑞玲 马少华 张 琳 郭 瑞 石贤福 吴建伟 李建波
楚玉钦 李怀超 张富贵 樊宝菊 刘 敏 郝 斌 朱 笛 马玉兰 姜 浩 曹 敏

2010 年统战工作先进个人

张华雯 王淑勤 杨悦丹 赵鲜平 高慧英 虎 君 许东明 牛晓纯 申建晨 刘迎凤
孙冬梅 苗春雨 张 晓 李笑迎 白志健 胡延军 宋慧娜 朱全中 王 雪 王 滑
韩 敏 王冬梅 王玲慧

2010 年度招商引资工作先进个人

张军强 郭 瑞 邢金聚 时俊峰 张 峰 张洪波 张 威 罗志刚 王秀莉 薛振杰
韩中秋 赵向阳 牛志甫 吴留柱 张华君 朱志刚 张 正 陈 鹏 王青峰 牛飞宇

2010 年度优秀企业家名单

董光辉 乔桂玲 殷玉芳 屈文超 高国安 刘明刚 房斌杰 吴有威 赵双喜 余万仓
李有权 时双双 倪建中 王战喜 时万庆 邓子阳

2010 年特别贡献企业家

葛生斗

2010 年度信访工作先进个人

时寒晶 陈 莲 周 蕊 吴慧洁 虎新伟 张 轩 冯素娟 杨文学 张秋红 陈艳艳
韩 锋 王 岩 王贤明 郭玉侠 赵 斌 耿金诺 付 刚 王龙新 程钰栋 宋 洋
丁志高 何玉宾 王洪伟 申瑞峰 时新君 张莉娟 卢 伟 王婷婷 李道战 丁定一
赵宝军 李 宁 安鹏飞 李延西 宋火山 邢文静 李智俊 宋 博 刘秋東 徐进伟
王卫光 焦建国 李巨锋

2010 年度上街区平安建设工作记功人员

楚玉钦 李怀超 张俊超 马利伟 张金山

2010 年度上街区平安建设工作十佳政法干警

鲍剑凡 周 海 耿传征 孙银涛 朱 蕾 彭军强 孙 方 周晓勇 魏 源 倪源君

2010 年度上街区平安建设工作十佳巡防队员

刘建敏 朱智钦 马梓瑄 时 飞 蔡太山 李志辉 张鹏飞 赵斌妍 杨玉国 雷霆钧

2010 年度上街区平安建设工作十佳民调员

郑 丽 黄玉霞 杨建伟 杨俊玲 白拥华 苏爱丽 董金凤 赵若玉 王晓菊 魏文志

2010年度上街区平安建设工作十佳治安志愿者

高秀英　袁凤娥　邢秀荣　张玉光　张富城　赵海潮　王国辉　丁晓东　何同玉　王宗洲

2010年度上街区平安建设工作平安创建十佳社区（村）干部

时　淼　张津利　张秋红　朱玉辉　任全中　冯瑞萍　王凤霞　魏东涛　陈宏明　王立勇

2010年度上街区平安建设工作平安建设先进个人

马　蕾　李智俊　丁振江　李　秋　苏建华　王琳宝　陈智永　张建辉　李卫军　王宏伟
虎　君　李道战　何玉宾　张会有　郭　华　王鹤建　马瑞甫　高　飞　王光献　张　乾

2010年度精神文明建设先进个人名单

刘　敏　张伟锋　马秋霞　张建辉　王贤明　张建莉　杨月凤　王玉洁　柴俊钊　罗宝善
刘玉贞　何乃玲　何国亮　史玉晓　牛大林　周　斌　张丰奎　宋可彩　李　浩　王　治
李立营　许东明　张　伟　李军志　耿永胜　张建伟　张金红　李巨峰　王俊伟　冯　珂
智泽斌　梅　翔　孙淑静　郑淑红　张晓君

2010年度思想政治工作先进个人名单

苏建华　赵　鹏　贾建国　刘新华　周子夏　李　立　张立宏　何爱琴　张彦君　周　斌
任　鹰　张金红　许东明　耿永胜　李艳萍

2010年度新闻外宣工作先进个人

凡运涛　克东海　李永红　黄　毅　李艳萍　禹建杰　牛晓纯　张　瑜　冯　英　吴铭灿

2010年度优秀专武干部

陶　宏　黄玉鹏　张军强　梁文洲

2010年度优秀民兵干部

王　峥　李　浩　王建中　邓广顺　王子强　王建斌　张太福　李攀科　李　勇　袁玉喜

2010年度法律援助工作先进个人名单

王宪彬　苗富贵　张建洲　张家绪　刘志标　冯小杰　崔　芳　张莉敏　郑　丽　白　洁
赵若玉　王淑霞　崔保玉　何同玉　王晓菊　白拥华　王海燕　魏太和　李改香

2010年度人大代表建议、政协委员提案办理工作先进个人

王洪伟　刘贺荣　刘　品　贾　冰　安鹏飞　白小杰　李广全　赵　艳　牛玉凤　许　晨
肖朝霞　姜　浩

2010年政府决策研究先进个人

王立新　贾双智　高　歌　刘　超　张建伟　刘红召　梅　馨　陈英涛　侯平松　马琳亚
王　溪　田一杉

2010 年度优秀教师

秦清华　王明丽　王树强　杨爱珍　韩永志　汪剑中　吴玉仙　吴占国　李爱民　雷震宇
岳淑兰　王成芬　谢昌茹　王长安　王卫东

2010 年度优秀教育工作者

吴进兴　薛喜军　安合群　吉聚真　赵建国

参加济南军区“联合－210”演习训练先进个人

雷金草　杨永杰　魏　雷　岳龙飞　袁克亚　倪　骥　陈　峰

参加济南军区“联合－210”演习训练管理先进个人

雷凯建　王洋楷　时继东　雷京胜　杨　阳　朱晓凡

2010 年度上街区安全生产工作先进个人

张志永　邓志超　罗志红　杜建鹏　王志超　韩宝东　马建伟　程晓霞　申　飞　王　哲
王　义

（各单位）

由古龙泉到马固村

西马固村古代叫做龙泉，因村北面有半亩大的泉源而得名（《水经》云：平地出水渭之龙泉）。

据传，该村很早以前就有人居住，村子也一直以龙泉为名。龙泉后来逐渐干涸，人们便称这里为古龙泉了。随着时间的推移，又有一些人家来此定居，并给村子起了新名，名曰“马固”。为什么起马固这个名字？这与这里的战略位置不无关联。此处北临官道，西北距著名军事关隘虎牢关仅有六七公里，东驰宋都汴梁（后周先宋为都）不过百余公里，西至宋陵也只有三十多公里，朝廷祭祖必经此地，因此战略位置十分重要。据传，后周宋初时，这里都有重兵驻扎，圈养很多军马，圈养有“禁固”之意，因此，古龙泉即被马固替代。

另据传，在该村西南有一座山叫马头山，山上住着一个仙，叫马头仙；村西南有四道岭，岭下是几条沟，其中一条沟上面是一条大道，大道邻沟的一面地势低，行人骑马打此路过，稍不小心就连人带马跌入沟中，人们称这条沟为跌马沟。后来，骑马者路过，都要带上香火，快到这里时就将其点燃，祭拜马头仙，嘴里还不停地祷告：马固，马固。祈求马稳固平安通过这里，马固即因此而得名。

后来，在马固东边约一公里的地方也渐渐形成一个小村落，也随该村叫马固。为了便于区分，久之人们便将原来的马固叫西马固，东边的马固便是东马固了。

相传，西马固村的形成已经很久，一说是最早的马固人住在村西的窑洞中，一说是住在村东南的野沟荒洞中。但据西马固王氏族谱记载，北宋初期的王姓人、西京作坊副使王谏之子王士安开始在马固村定居，从王氏祖谱还知，当时和王姓人家一起居住的还有高、胡、周、韩等姓人家，但他们是前人的后代还是后来迁入的，尚无法考证。这些姓氏的人家，经过几个朝代的更替，有的消失了，有的生存下来并发展壮大，从而形成今天以王姓人家占 90% 以上的马固村。

附　　录

重要文件索引

2010年中共上街区委重要文件索引

文　题	文号	日　期
关于进一步加快产业集聚区建设加快城乡一体化进程维护社会大局和谐稳定的意见	上发1号	2010年1月6日
区委常委会2009年工作报告	上发2号	2010年1月6日
关于进一步加强招商引资工作的意见	上发3号	2010年3月12日
关于印发2010年区委工作要点的通知	上发4号	2010年3月18日
关于做好迎接国家卫生城市复审工作的意见	上发5号	2010年4月2日
关于在全区基层党组织和共产党员中深入开展创先争优活动的实施意见	上发6号	2010年5月21日
关于积极推进农村土地大流转工作的意见	上发7号	2010年6月2日
关于加快新型农村社区（中心村）建设的意见	上发8号	2010年6月2日
关于2010年优化经济发展环境工作的意见	上发9号	2010年6月29日
关于认真学习贯彻党的十七届五中全会精神的通知	上发10号	2010年10月29日
关于表彰2009年度绩效目标管理先进单位及嘉奖人员的决定	上文14号	2010年2月26日
关于成立实施“两加快一维护”战略领导组的通知	上文15号	2010年2月26日
关于表彰2009年度反腐倡廉建设工作先进单位的决定	上文19号	2010年3月11日
关于表彰2010年度统战工作先进单位和先进个人的决定	上文20号	2010年3月11日
关于表彰2009年度思想政治工作先进单位和先进个人的决定	上文21号	2010年3月11日
关于命名表彰2009年度区级文明单位、区级文明社区、区级文明村、精神文明建设先进单位、先进个人暨军（警）民共建活动先进单位的决定	上文22号	2010年3月11日
关于表彰2009年度信访工作红旗单位、先进单位、“四无”先进单位、治理非正常上访先进单位和先进个人的决定	上文23号	2010年3月11日
关于表彰2009年度上街区平安建设工作先进镇办、先进单位、先进社区（村）、进步奖单位、特别奖单位和先进个人的决定	上文24号	2010年3月11日
关于成立上街区招商引资工作领导小组的通知	上文25号	2010年3月12日
关于印发《上街区招商引资优惠办法》的通知	上文26号	2010年3月12日

续表 1

文 题	文号	日 期
关于成立上街区招商项目评审委员会的通知	上文 27 号	2010 年 3 月 12 日
关于成立上街区招商引资奖励认定委员会的通知	上文 28 号	2010 年 3 月 12 日
关于表彰 2009 年度招商引资工作先进单位、先进个人、服务招商引资工作先进单位和争取上级经济发展资金工作先进单位的决定	上文 29 号	2010 年 3 月 12 日
关于成立上街区优秀企业家评选奖励认定工作领导小组的通知	上文 30 号	2010 年 3 月 12 日
关于表彰奖励上街区 2009 年度优秀企业家和特别贡献企业家的决定	上文 31 号	2010 年 3 月 12 日
关于机构改革中党组织设置的通知	上文 32 号	2010 年 3 月 8 日
关于上街区科技孵化园上街区装备制造业基地上街区铝工业园名称申请变更的请示	上文 41 号	2010 年 3 月 25 日
关于表彰 2009 年度“三农”工作先进集体和先进个人的决定	上文 43 号	2010 年 4 月 22 日
关于表彰 2009 年度上街区共青团工作先进单位和先进个人的决定	上文 45 号	2010 年 4 月 27 日
关于命名表彰上街区"第四届十大杰出（优秀）青年"的决定	上文 46 号	2010 年 4 月 28 日
关于成立上街区对外开放工作领导小组成员的通知	上文 47 号	2010 年 5 月 12 日
关于成立上街区创先争优活动领导小组的通知	上文 49 号	2010 年 5 月 21 日
关于印发《全力推动“两加快一维护”战略开展争创六个一争当′六个标兵活动的实施方案》的通知	上文 50 号	2010 年 5 月 21 日
关于统筹城乡党建资源开展“五联三创”活动的意见	上文 53 号	2010 年 5 月 26 日
关于印发《上街区“提高出生人口素质提高家庭发展能力”工程实施方案》的通知	上文 54 号	2010 年 5 月 27 日
关于表彰 2009 年度人口和计划生育工作先进单位和先进个人的决定	上文 55 号	2010 年 5 月 27 日
关于成立上街区深入推进社会矛盾化解社会管理创新公正廉洁执法领导小组的通知	上文 56 号	2010 年 5 月 26 日
关于印发《上街区推进城乡一体化实施方案（2010—2015）》的通知	上文 57 号	2010 年 6 月 2 日
关于表彰 2009 年度先进基层党组织优秀共产党员优秀党务工作者社区党建先进单位“十佳”社区共建在职党员和“十佳”社区共建社区党员的决定	上文 60 号	2010 年 6 月 24 日
关于表彰 2009 年度优化经济发展环境工作先进集体的决定	上文 61 号	2010 年 6 月 29 日
关于调整上街区防汛抗旱指挥部领导成员的通知	上文 75 号	2010 年 7 月 19 日
关于成立上街区集中清理涉法涉诉信访积案活动领导小组和案件评查活动领导小组的通知	上文 90 号	2010 年 8 月 25 日
关于区委常委专题民主生活会准备情况的报告	上文 91 号	2010 年 9 月 17 日
关于印发《督查工作追究问责办法》的通知	上文 92 号	2010 年 9 月 21 日
关于调整区反恐怖工作协调小组成员的通知	上文 94 号	2010 年 9 月 30 日
关于做好秋季农作物秸秆禁烧和综合利用工作的紧急通知	上文 96 号	2010 年 10 月 11 日
关于成立区秸秆禁烧专项监督检查工作领导小组的通知	上文 97 号	2010 年 10 月 11 日
关于成立上街区北农贸批发市场升级改造工作领导小组的通知	上文 101 号	2010 年 11 月 3 日
关于支持中铝郑州研究院召开第十八届国际学术会议“ICSOBA2010”相关事宜的请示	上文 103 号	2010 年 11 月 10 日

续表2

文　题	文号	日　期
关于调整区社会治安综合治理委员会成员的通知	上文106号	2010年12月6日
关于调整区平安建设工作领导小组成员的通知	上文107号	2010年12月6日

（淡晓蕊）

2010年中共上街区委办公室重要文件索引

文　题	文号	日　期
关于做好春节期间走访慰问离退休老干部工作的通知	上办1号	2010年1月15日
关于成立上街区郑上快速通道建设工程指挥部的通知	上办2号	2010年1月16日
关于印发《关于郑州市上街区土地整合利用实施方案》的通知	上办4号	2010年1月6日
关于建立“两加快一维护”战略推进机制的通知	上办6号	2010年2月26日
关于印发《2010年“两加快一维护”战略重点项目和重点工程》的通知	上办7号	2010年2月26日
关于转发《2010年全区宣传思想文化工作要点》的通知	上办8号	2010年3月11日
关于转发《2010年全区统战工作要点》的通知	上办9号	2010年3月11日
关于印发《上街区招商引资大项目推进机制办法》等文件的通知	上办10号	2010年3月12日
关于印发《上街区加强招商引资工作实施方案》的通知	上办11号	2010年3月12日
关于印发《上街区优秀企业家评选奖励办法》的通知	上办12号	2010年3月12日
关于做好上街年鉴2010编纂工作的通知	上办14号	2010年4月12日
关于印发《上街区2010年企业服务行动计划》的通知	上办15号	2010年4月22日
关于开展“工业项目推进年”活动的实施方案	上办16号	2010年4月22日
关于印发《上街区城乡一体化推进指挥部2010年工作推进方案》的通知	上办17号	2010年4月23日
转发《中共上街区委维护稳定工作领导小组关于加强维护稳定信息工作的规定》的通知	上办18号	2010年4月26日
关于调整上街区规划委员会的通知	上办19号	2010年5月13日
关于印发《郑州市上街区执纪执法机关案件移交制度》的通知	上办20号	2010年5月14日
关于印发《关于推进学习型党组织建设的实施意见》的通知	上办21号	2010年5月24日
关于印发《区委中心组2010年度理论学习专题安排》的通知	上办22号	2010年5月24日
关于印发《上街区“五联三创”活动实施方案》的通知	上办23号	2010年5月25日
关于表彰2009年度党委系统信息工作先进单位优秀单位和先进工作者的决定	上办24号	2010年5月25日
关于深入开展关爱女孩行动综合治理出生人口性别比偏高问题的实施意见	上办26号	2010年5月27日
关于实施人口和计划生育工作综合改革的意见	上办27号	2010年5月27日
关于印发《2010年全区党风廉政建设责任制工作意见》的通知	上办28号	2010年6月1日
关于印发《上街区农村集体建设用地流转试点工作方案》的通知	上办29号	2010年6月2日
关于印发《上街区农村农用土地流转试点工作方案》的通知	上办30号	2010年6月2日
关于对“两加快一维护”战略重点工程和项目实施督查考核的通知	上办31号	2010年6月17日

续表 1

文　题	文号	日　期
关于印发《上街区“两加快一维护”战略重点工程和项目督查考核方案》的通知	上办 32 号	2010 年 6 月 18 日
关于印发《上街区办公室系统开展“四提升三满意”活动实施方案》的通知	上办 34 号	2010 年 6 月 29 日
关于成立上街区创建省级文明城区工作领导小组的通知	上办 35 号	2010 年 7 月 8 日
关于印发《上街区创建省级文明城区活动实施方案》的通知	上办 36 号	2010 年 7 月 8 日
关于印发《上街区惩治和预防腐败体系建设 2010 年工作要点》的通知	上办 37 号	2010 年 7 月 19 日
关于加强汛期值班工作的紧急通知	上办 38 号	2010 年 7 月 19 日
转发《中共郑州市委关于认真学习贯彻胡锦涛总书记在河南考察工作时重要讲话精神的通知》的通知	上办 39 号	2010 年 7 月 19 日
关于印发《进一步深化领导干部读书竞赛活动实施方案》的通知	上办 41 号	2010 年 7 月 26 日
关于进一步健全推进重点项目重点企业和联审联批机制的通知	上办 42 号	2010 年 7 月 27 日
关于印发《郑州市上街区市容环境卫生综合整治迎接国家复审阶段工作方案》的通知	上办 43 号	2010 年 8 月 12 日
关于成立人民调解行政调解司法调解相互衔接配合的社会矛盾纠纷调解工作领导小组的通知	上办 47 号	2010 年 8 月 12 日
关于印发《郑州市上街区公务员岗位练兵活动实施方案》的通知	上办 48 号	2010 年 8 月 17 日
关于印发《2010 年度上街区党风廉政建设工作任务分解表》和《2010 年度上街区区级主要领导干部党风廉政建设职责》的通知	上办 49 号	2010 年 8 月 16 日
关于启用中国共产党郑州市上街区委员会和中国共产党郑州市上街区委员会办公室等 2 枚新印章和作废旧印章的通知	上办 50 号	2010 年 8 月 16 日
关于印发《上街区人防工程建设领域整顿规范活动实施方案》的通知	上办 51 号	2010 年 8 月 23 日
关于对区城市管理执法局在迎接国家卫生城市复审工作中行动迟缓工作不力的通报	上办 52 号	2010 年 8 月 26 日
关于印发《重大项目推进联席会事项确定程序及督办流程》的通知	上办 54 号	2010 年 9 月 3 日
关于开好 2010 年度县处级党员领导干部民主生活会的安排意见	上办 55 号	2010 年 9 月 15 日
关于进一步加强重大事项报告工作的通知	上办 56 号	2010 年 9 月 19 日
关于表彰上街区办公室系统开展"四提升三满意"活动先进单位和先进个人的决定	上办 57 号	2010 年 9 月 26 日
关于印发《郑州市上街区机构编制委员会办公室主要职责内设机构和人员编制规定》的通知	上办 58 号	2010 年 9 月 26 日
关于印发《2010“郑州慈善日”活动方案》的通知	上办 59 号	2010 年 9 月 26 日
关于印发《上街区秸秆禁烧工作追究问责办法》的通知	上办 60 号	2010 年 10 月 11 日
关于印发《上街区加强社会建设创新社会管理工作任务分解实施方案》的通知	上办 61 号	2010 年 10 月 12 日
关于印发《郑州市上街区农村村容村貌路容路貌专项综合整治行动工作方案》的通知	上办 63 号	2010 年 10 月 27 日
关于进一步加强农村村容村貌路容路貌专项综合整治行动督导工作的通知	上办 72 号	2010 年 11 月 4 日
关于成立区重大不稳定问题专项工作组的通知	上办 73 号	2010 年 11 月 4 日
关于印发《上街区反腐倡廉建设工作检查考核实施办法（试行）》的通知	上办 74 号	2010 年 11 月 4 日

续表2

文　题	文号	日　期
关于成立上街区企业首席服务官工作领导小组的通知	上办75号	2010年11月17日
关于印发《上街区企业首席服务官工作暂行办法》的通知	上办76号	2010年11月17日
关于成立郑州铁路技师学院建设项目工作领导小组的通知	上办84号	2010年12月7日
关于在全区开展安全生产“大检查大整治大督查”活动的通知	上办87号	2010年12月9日
关于建立完善反映问题解决问题长效机制的通知	上办91号	2010年12月13日
关于进一步加强和规范紧急信息报送工作的意见	上办92号	2010年12月15日
关于深入开展不稳定因素排查工作的通知	上办93号	2010年12月15日
关于印发《上街区峡窝镇郊段村、寨沟村、左照村新型社区建设工作方案》的通知	上办94号	2010年12月20日
印发《关于集中开展劝阻违法行为活动的实施方案》的通知	上办95号	2010年12月24日
关于建立和完善行政执法机关文明执法领导责任制有关问题的通知	上办96号	2010年12月28日
关于印发《上街区全面推进企业工资集体协商工作实施方案》的通知	上办97号	12010年2月29日
关于在全区机关公务人员中开展走访慰问帮扶困难群众活动的通知	上办98号	2010年12月29日
关于印发《督查事项到期（黄橙红）预警办法》的通知	上办99号	2010年12月29日
关于做好2011年元旦、春节期间有关工作的通知	上办100号	2010年12月31日

（淡晓蕊）

2010年上街区人大常委会重要文件索引

文　题	文号	成文时间
关于彭连城同志任职的提请报告	上人常〔2010〕1号	2010年1月15日
关于接受高自廷同志辞去区人大常委会副主任，李立、李超两位同志辞去区人大常委会委员，王家伦同志辞去区人民法院院长职务的决定	上人常〔2010〕2号	2010年1月15日
关于彭连城同志任职的决定	上人常〔2010〕3号	2010年1月15日
关于调整区十一届人大常委会领导分工的通知	上人常〔2010〕4号	2010年3月2日
关于杨保山同志免职的提请报告	上人常〔2010〕5号	2010年3月29日
关于免去杨保山同志职务的通知	上人常〔2010〕6号	2010年3月30日
关于林虎等同志职务任免的通知	上人常〔2010〕7号	2010年3月30日
关于闫振东等同志职务任免的通知	上人常〔2010〕8号	2010年3月30日
关于任命人民陪审员的通知	上人常〔2010〕9号	2010年3月30日
关于张玉红、任伯森同志任职的提请报告	上人常〔2010〕10号	2010年7月23日
关于张玉红、任伯森同志任职的通知	上人常〔2010〕11号	2010年7月26日
关于戴宾、朱蕾同志职务任免的通知	上人常〔2010〕12号	2010年7月26日
关于批准2009年度财政决算的决议	上人常〔2010〕13号	2010年7月27日
关于王素梅、王玉红二位同志职务任免的通知	上人常〔2010〕14号	2010年12月9日
关于补选上街区十一届人大出缺代表的实施意见	上人常〔2010〕15号	2010年12月17日

（曹　锐）

2010年上街区人民政府重要文件索引

文 题	文号	成文时间
郑州市上街区人民政府关于印发上街区组织开展“十二五”规划编制工作的意见	上政〔2010〕3号	2010年5月6日
区政府关于印发郑州市上街区全面推进依法行政五年规划（2009～2013）的通知	上政〔2010〕4号	2010年8月24日
区政府关于印发上街区畜禽养殖禁养区和限养区划定方案的通知	上政〔2010〕6号	2010年11月30日
区政府关于调整上街区质量兴区领导小组的通知	上政文〔2010〕4号	2010年1月7日
区政府关于深化质量兴区战略工作的意见	上政文〔2010〕5号	2010年1月7日
区政府关于印发郑州市上街区集中受理审理行政复议案件暂行规定的通知	上政文〔2010〕6号	2010年1月11日
区政府关于印发安全上街2010年行动方案的通知	上政文〔2010〕17号	2010年3月1日
区政府关于认真做好2009年度土地卫片执法检查工作的通知	上政文〔2010〕18号	2010年3月4日
区政府关于表彰2009年度上街区环保工作先进单位和先进个人的决定	上政文〔2010〕28号	2010年3月31日
郑州市上街区人民政府关于成立郑州市上街区“十二五”国民经济与社会发展规划编制工作领导小组的通知	上政文〔2010〕29号	2010年4月22日
郑州市上街区人民政府关于推行重点外来投资项目无偿代理制的通知	上政文〔2010〕30号	2010年4月26日
区政府关于成立郑州市上街区人民政府行政复议委员会的通知	上政文〔2010〕32号	2010年5月13日
区政府关于印发郑州市上街区2010年依法行政工作要点的通知	上政文〔2010〕33号	2010年5月13日
区政府关于废止部分规范性文件的通知	上政文〔2010〕37号	2010年5月24日
关于成立上街区国家新型农村养老保险工作领导小组的通知	上政文〔2010〕39号	2010年6月9日
关于印发上街区文明交通行动计划实施方案的通知	上政文〔2010〕41号	2010年6月9日
区政府关于成立上街区打击和处置非法集资工作领导小组的通知	上政文〔2010〕57号	2010年8月4日
区政府关于2010年度节能工作目标责任分解的通知	上政文〔2010〕71号	2010年8月24日
区政府关于印发上街区国土资源节约集约模范区创建活动实施方案的通知	上政文〔2010〕76号	2010年9月8日
区政府关于表彰2010年度优秀教师和优秀教育工作者的决定	上政文〔2010〕77号	2010年9月10日
区政府关于加快标准化厂房区建设的意见	上政文〔2010〕78号	2010年9月14日
区政府关于成立上街区水利普查领导小组的通知	上政文〔2010〕82号	2010年9月28日
区政府关于对全区2010年节能减排预警调控目标分解的通知	上政文〔2010〕84号	2010年10月11日
区政府关于印发上街区规范涉企行政事业性收费和推行一费制改革工作实施方案的通知	上政文〔2010〕85号	2010年10月11日
区政府关于成立上街区电子监察建设工作领导小组的通知	上政文〔2010〕86号	2010年10月11日
区政府关于建立上街区农村金融创新工作联席会议制度的通知	上政文〔2010〕89号	2010年10月14日
区人民政府关于开展消防和安全生产大检查的紧急通知	上政文〔2010〕100号	2010年11月17日
区政府关于表彰参加济南军区“联合—210”演习训练先进个人和管理先进个人的决定	上政文〔2010〕101号	2010年11月18日
区政府关于贯彻郑政文〔2010〕246号文件的意见	上政文〔2010〕104号	2010年11月24日
区政府关于成立上街区劳动人事争议仲裁委员会的通知	上政文〔2010〕105号	2010年11月24日

续表

文　题	文号	成文时间
区政府关于成立上街区被征地农民就业培训和社会保障工作领导小组的通知	上政文〔2010〕106号	2010年11月24日
区政府关于废止部分规范性文件的通知	上政文〔2010〕115号	2010年12月2日

（赵　娟）

省级以上党报有关上街文章存目

报刊名称	时　间	作　者	标　题	版面
农民日报	2010年3月31日	穆文涛	上街区“加减乘除”法培训农民工	要闻版
河南日报	2010年7月16日	徐建勋　冯刘克　穆文涛	上街区推进产业集聚区统筹城乡发展	头版头题
河南日报	2010年7月16日	刘俊礼　穆文涛	上街区群众有了保护伞	头版
郑州日报	2010年3月17日	刘俊礼　穆文涛	上街区加快低碳产业集聚区建设	头版
郑州日报	2010年3月29日	刘俊礼　穆文涛	上街区工业增加值增速全市居首	头版
郑州日报	2010年7月3日	刘俊礼　穆文涛　李永红	上街区千人下基层查问题解纠纷	头版
郑州日报	2010年11月16日	刘俊礼　穆文涛	上街区创新求变亮点频现	头版
郑州日报	2010年12月5日	刘俊礼　穆文涛	上街区文明城区创建亮点多	头版头题

（房婉春）

便民服务信息

【公交线路走向及站点设置】

公交401路

世纪广场—中心路—金华路—济源路—淮阳路—六冶小学—九冶家属院—公园北门—公园东门—登封路新建街—登封路淮阳路—汝南路许昌路—雕像—广东门—九冶—昆仑路（往返）。

首班：夏季7：20，冬季7：20;末班：夏季17：30，冬季17：30

公交402路

金滩市场—桑园—小村—工业路—淮阳路新安路—六冶小学—九冶家属院—公园东门—登封路新建街—中心路汝南路—汝南路许昌路—长铝医院—北峡窝村—峡窝镇—南峡窝村—310国道—观沟—方顶（往返）。

首班：夏季6：20，冬季6：30;末班：夏季19：00，冬季18：00

公交403路

西林子新村—310国道—公交公司—玉发大道—外语小学—康乐小区—淮阳路许昌路—中心路淮阳路—汽车站—登封路济源路—丹尼斯—二外初中—雕像—北市场—新乡路—肖洼—东柏社—火车站—武庄—西柏社—老上街村—石化路口—胡固村—前白杨—邢村—草庙（往返）。

首班：夏季6：20，冬季6：30;末班：夏季19：00，冬季18：00

公交405路西线

二外高中—六冶小学—九冶家属院—公园北门—公园东门—登封路新建街—中心路汝南路—一〇〇中学—洛宁路中心路—许昌路洛宁路—马固村—丹江路—石咀—冯沟—屈村—邢村（往返）。

首班：夏季6：20，冬季6：30;末班：夏季19：00，冬季18：00

公交405路南线

公园北门—公园东门—登封路新建街—登封路许昌路—外语小学—鸿泰花园—富丽花园—玉发大道—公交公司—310国道—柏庙村—北周村—大庙（往返）。

首班：夏季6：20，冬季6：30;末班：夏季19：00，冬季18：00

公交木楼专线

汽车站南门—汽车站—登封路济源路—丹尼斯—雕像—新安路—北市场—新乡路—淮阳路新乡路—安阳路—朱寨—小村—金滩市场—蒋头—洼子—木楼（往返）。

首班：夏季6：20，冬季7：00;末班：夏季19：00，冬季18：00

（姚建华）

【便民电话】

抢险电话

供水抢修　0371—68936958
供电抢修　0371—68936777
供气抢修　0371—68932147

紧急电话

火警电话　119
报警电话　110　0371—68932110
急救中心　120
交通事故　122

医院电话

上街人民医院　0371—68923852
中国长城铝业公司总医院　0371—68921120
上街区中医院　0371—68922028
峡窝镇卫生院　0371—68133689
妇幼保健所　0371—68111335
疾病预防控制中心　0371—68923814

售票电话

上街长途汽车站售票电话：0371—68114600

（地志办）

统计资料

2010年上街区主要综合指标

指标名称	计量单位	2010年	2009年	说明	同比增长±%
1. 行政区域土地面积	平方公里	61.73	61.73		——
2. 建成区面积	平方公里	26.66	26.66		——
3. 村委会个数	个	30	30		——
4. 居委会个数	个	24	22		9.1
5. 年末总人口（户籍）	人	115454	115616	公安部门资料	-0.1
其中：男性	人	57611	57802	公安部门资料	-0.3
女性	人	57843	57814	公安部门资料	0.1
6. 年末总户数（户籍）	户	38463	38184	公安部门资料	0.7
7. 年末总人口（常住）	人	132591	122991	2010年数据为第六次全国人口普查年末总人口，2009年为3%人口抽样调查数据	——
其中：男性	人	65774	69865	2010年数据为第六次全国人口普查快速汇总数据，2009年为3%人口抽样调查数据	——
女性	人	66817	53126		——

续表1

指标名称	计量单位	2010年	2009年	说明	同比增长±%
8. 年末总户数（常住）	户	51580	40466		——
9. 出生率	‰	7.17	8.2		下降1.03个千分点
10. 死亡率	‰	5.14	3.76		增长1.38个千分点
11. 人口自然增长率	‰	2.03	4.4		下降2.37个千分点
12. 城镇化率	%	89.1	91.8	2010年依据第六次全国人口普查市局反馈数，2009年依据3%人口抽样调查数据	——
13. 地区生产总值	万元	894617	724467	2010年年报资料	16.3
其中：第一产业	万元	5361	4670		1.7
第二产业	万元	709576	557336		18.5
工业	万元	638157	493855		19.6
建筑业	万元	71419	63481		7.4
第三产业	万元	179680	162461		7.6
14. 三产之间比例	%	0.6∶79.3∶20.1	0.7∶76.9∶22.4		——
15. 人均国内生产总值	元/人	70006	59119		18.4
16. 人均地方财政收入	元/人	6230	5331		16.9
17. 单位GDP能耗	吨标准煤/万元	2.848	2.928		-2.7
18. 单位GDP能耗降低率	%	-2.73	-10.47		——
19. 年末耕地面积	公顷	2000	2000		——
20. 农林牧渔业总产值	万元	9824	8719		12.7
21. 粮食产量	吨	15500	16064		-3.5
其中：夏粮	吨	7260	7845		-7.5
单产	公斤/亩	484	327		48.0
秋粮	吨	8240	8219		0.3
单产	公斤/亩	549	357		53.8
22. 畜禽总产量					
猪肉产量	吨	393	382		2.9
羊肉产量	吨	1	2		-50.0
禽肉产量	吨	192	178		7.9
奶类产量	吨	625	592		5.6
禽蛋产量	吨	4202	4156		1.1
23. 水果产量	吨	2127	2166		-1.8
24. 蔬菜产量	吨	4549	4424		2.8

续表 2

指标名称	计量单位	2010 年	2009 年	说明	同比增长 ± %
25. 工业总产值	万元	1882631	1622390		16.0
其中：规模以上工业	万元	1825650	1568428		16.4
26. 工业企业增加值	万元	638157	493855		19.6
其中：规模以上工业	万元	624000	477133		20.0
27. 规模以上工业企业产品销售收入	万元	1852396	1690911		21.7
28. 规模以上工业企业利润总额	万元	-3739	-75900		扭亏 60628
29. 规模以上工业企业综合能源消费量	吨标准煤	1585794	1412915		11.8
30. 万元工业增加值能耗	吨标准煤/万元	3.303	3.545		-6.8
31. 万元工业增加值能耗降低率	%	-6.83	-16.58		——
32. 全社会固定资产投资	万元	573471	449070		27.6
城镇以上固定资产投资	万元	562799	439020		30.1
33. 社会消费品零售总额	万元	270360	228538		18.3
批发业销售总额	万元	100911	98001		3.0
零售业销售总额	万元	130256	105162		23.9
住宿业营业额	万元	2343	2166		8.2
餐饮业营业额	万元	36850	23208		58.8
34. 全部从业人员数	人	30164	33219		-9.2
其中：在岗职工人数	人	30151	32249		-6.5
35. 全部从业人员劳动报酬	万元	93401	106632		-12.4
其中：职工工资总额	万元	93311	106502		-12.4
36. 在岗职工年平均工资	元	30948	33025		-6.3
37. 城镇居民人均可支配收入	元	22216	19996		11.1
38. 城市居民人均居住建筑面积	平方米	29.9	29.8		0.3
39. 农民人均纯收入	元	10157	8826		15.1
40. 农村居民人均居住建筑面积	平方米	66.84	66.04		1.2
主要综合指标					
指标名称	计量单位	2010	2009 年	说明	同比增长 ± %
41. 全口径财政收入	万元	141922	110710	财政局资料	28.2
其中：中央级财政收入	万元	56058	40778		21.9
省级财政收入	万元	1284	1121		14.5
市级财政收入	万元	4965	3487		42.4
地方财政收入	万元	79615	65324		21.9
42. 地方财政支出	万元	91482	80230		14.0
43. 一般预算收入	万元	58502	54036		8.3

续表3

指标名称	计量单位	2010年	2009年	说明	同比增长±%
44. 全部税收收入	万元	107026	92986	国税、地税资料	15.1
其中：国税	万元	68795	57257		20.2
地税	万元	38231	35729		7.0
45. 金融机构年末各项存款余额	万元	694324	700182	人行资料	-0.8
其中：城乡居民储蓄存款余额	万元	480036	459173		4.5
46. 金融机构年末各项贷款余额	万元	148241	96157		54.2
47. 邮电业务总量（2000年不变价格）	万元	10579	9878	邮政局、联通、移动资料	7.1
48. 本地固定电话用户	户	49112	48798		0.6
49. 移动电话用户期末数	万户	1.2	1.1		9.1
50. 互联网用户期末数	户	24534	22491		9.1
51. 幼儿园数	所	24	24	不包括托儿所	0.0
52. 学龄儿童入学率	%	100	100		0.0
53. 小学专任教师数	人	573	572		0.2
54. 小学学校数	所	13	13		0.0
55. 小学在校学生数	人	8915	9008		-1.0
56. 普通中学专任教师数	人	521	534		-2.4
57. 普通中学学校数	所	5	5	包括初中、高中	0.0
58. 初中在校学生数	人	2838	3844		-26.2
59. 高中在校学生数	人	2619	3214		-18.5
60. 医院、卫生院（室）数	个	96	99	全社会、包括私营、个体	-3.0
61. 医院、卫生院床位数	张	663	668	全社会	-0.7
62. 医院、卫生院技术人员	人	857	885	全社会	-3.2

2010年上街区人口及其变动情况

	年末总户数（户）	年末总人口（人）							
		合计	合计中：非农业人口	性别		年龄			
				男	女	18岁以下	18~35岁	35~60岁	60岁以上
合计	38463	115454	72399	57611	57843	18054	28760	49676	18964
济源路街道办事处	11557	32246	30486	16283	15963	4855	7289	14966	5163
中心路街道办事处	9271	24852	22088	12585	12267	4174	5898	11090	3690
新安路街道办事处	4587	12511	11549	6445	6066	1713	2543	5612	2643
工业路街道办事处	1712	5737	2082	2711	3026	837	1690	2187	1023
矿山办事处	998	2368	2368	1237	1131	292	437	1214	425
峡窝镇政府	10338	37740	3826	18350	19390	6183	10903	14607	6047

续表

本年度人口变动（人）									
出生			死亡			迁入		迁出	
合计	男	女	合计	男	女	省内迁入	省外迁入	迁往省内	迁往省外
942	483	459	1089	588	501	677	281	89	441
242	117	125	159	109	50	299	98	37	165
185	105	80	116	76	40	151	82	23	143
86	44	42	86	52	34	52	28	8	74
54	23	31	27	19	8	60	25	6	5
10	4	6	17	9	8	13	0	1	21
365	190	175	684	323	361	102	48	14	33

2010 年上街区农业主要产品生产情况

单位名称		上街	峡窝镇	工业路
农作物总播种面积		3301	2851	450
一、粮食作物	播种面积	3009	2582	427
	总产量	15500	13710	1790
1. 夏收粮食	播种面积	1415	1159	256
	总产量	7260	6249	1011
2. 秋收粮食	播种面积	1593	1423	171
	总产量	8240	7461	779
（一）谷物合计	播种面积	2958	2541	417
	总产量	15232	13505	1726
2. 小麦	播种面积	1415	1159	256
	1011	总产量	7260	6249
3. 玉米	播种面积	1496	1340	156
	总产量	7873	7245	628
4. 谷子	播种面积	47	42	5
	总产量	98	11	87
（二）豆类合计	播种面积	22	18	4
	总产量	40	26	14
1. 大豆	播种面积	12	10	2
	总产量	15	5	10
2. 绿豆	播种面积	10	8	2
	总产量	24	21	4

续表

单位名称		上街	峡窝镇	工业路
（三）红薯（折粮）	播种面积	29	23	6
	总产量	229	179	50
二、油料合计	播种面积	207	199	8
	总产量	268	201	68
1. 花生	播种面积	93	89	4
	总产量	185	153	32
2. 油菜子	播种面积	60	58	2
	总产量	25	21	4
3. 芝麻	播种面积	54	52	2
	总产量	59	27	32
三、棉花	播种面积			
	总产量			
八、蔬菜（含菜用瓜）	播种面积	85	70	15
	总产量	4549	4076	473

2010 年全部工业总产出、总产值、增加值（一）

综合单位：

项目	企业单位数（个）	工业总产出（万元）	工业总产值（万元）	工业总产值指数
一、全部工业总计	582	1924725	1864161	116.04
二、规模以上工业总计	94	1866930	1807180	116.4
三、规模以下工业企业总计	158	27939	27125	106
四、城乡个体合作工业	330	29856	29856	105.50

2010 年全部工业总产出、总产值、增加值（二）

项目	工业增加值（万元）	工业增加值指数	增加值率	从业人数
一、全部工业总计	638113	119.64	0.3423	31966
二、规模以上工业总计	624000	120.0	0.3453	27667
三、规模以下工业企业总计	6718	105.7	0.2477	2805
四、城乡个体工业	7395	105.50	0.2477	1494

填表说明：

1. 本表工业总产值、增加值数据为 2010 年最终认定数。工业总产出为工业总产值加规模以上工业财务状况年报中应交增值税之和。
2. 规模以下工业企业的工业总产出等于工业总产值乘以 1.03 得出；城乡个体的工业总产出用工业总产值代替。
3. 工业增加值率为增加值与总产值之比。

2010 年工业企业能源购进、消费与库存

能源名称	计量单位	工业生产消费量	能源加工转换产出									加工转换投入合计	回收利用
				火力发电	供热	原煤入洗	炼焦	炼油及煤制油	制气	天然气液化	加工煤制品		
原煤	吨	1241149.06	1013054.00	405772.00	607282.00								
其中：1. 无烟煤	吨	27624.00											
2. 炼焦烟煤	吨												
3. 一般烟煤	吨	1213525.06	1013054.00	405772.00	607282.00								
4. 褐煤	吨												
洗精煤	吨												
其他洗煤	吨												
煤制品	吨												
焦炭	吨	13037.00											
其他焦化产品	吨												
焦炉煤气	万立方米												
高炉煤气	万立方米												
转炉煤气	万立方米												
发生炉煤气	万立方米												
天然气（气态）	万立方米	22344.00											
液化天然气（液态）	吨												
煤层气（煤田）	万立方米												
原油	吨												
汽油	吨	265.34											
煤油	吨												
柴油	吨	1355.75											
燃料油	吨	86895.00	1496.00	613.00	883.00								
液化石油气	吨												
炼厂干气	吨												
石脑油	吨												
润滑油	吨												
石蜡	吨												
溶剂油	吨												
石油焦	吨	125253.00											
石油沥青	吨												
其他石油制品	吨	36.67											
热力	百万千焦	9503612.00										10085584.00	

续表

能源名称	计量单位	工业生产消费量	能源加工转换产出	火力发电	供热	原煤入洗	炼焦	炼油及煤制油	制气	天然气液化	加工煤制品	加工转换投入合计	回收利用
电力	万千瓦时	95019.75										91656.40	
煤矸石用于燃料	吨												
城市垃圾用于燃料	吨												
生物质废料用于燃料	吨												
余热余压	百万千焦	62987.50	62987.50	62987.50									62987.50
其他工业废料用于燃料	吨												
其他燃料	吨标准煤												
能源合计	吨标准煤	1935526.02	791344.84	318274.36	473070.47							456564.13	2147.87

补充资料：上年同期综合能源消费量（吨标准煤）1421696.81；上年同期工业总产值（千元）14296599.3
上年同期工业生产的电力消费（万千瓦时）106354.07；上年同期电力产出（万千瓦时）62587.8
上年同期非工业生产消费（吨标准煤）22634.75；上年同期电力消费合计（万千瓦时）107175.07
本期综合能源消费量（吨标准煤）1585793.93；本期工业总产值（千元）18256501

2010年上街区社会消费品零售总额

指标名称	合计		
	2010年累计	上年同期	增幅%
	270360	228537	18.3
1. 批发业	100911	98001	3
限额以上企业（单位）	0	0	
其中：大个体			
限额以下企业（单位）	100069	97630	2.5
个体户	842	371	127.1
2. 零售业	130256	105162	23.9
限额以上企业（单位）	40324	34511	16.8
其中：大个体	16758	13679	22.5
限额以下企业（单位）	15776	15189	3.9
个体户	74156	55462	33.7
3. 住宿业	2343	2166	8.2
限额以上企业（单位）	692	638	8.5
其中：大个体	0	0	

续表

指标名称	合计		
	2010 年累计	上年同期	增幅%
限额以下企业（单位）	0	0	
个体户	1651	1528	8
4. 餐饮业	36850	23208	58.8
限额以上企业（单位）	8831	7576	16.6
其中：大个体	2620	2237	17.1
限额以下企业（单位）	3223	2972	8.4
个体户	24796	12660	95.9

2010 年上街区普通中学基本情况（一）

	毕业生数		招生数		在校生数		教职工数	
	高中	初中	高中	初中	高中	初中	计	专任教师
合计	1308	1246	793	1361	2619	3947	673	521
完全中学								
高级中学	1308		793		2619		300	213
初级中学		1246		1361		3947	373	308
九年一贯制学校								
其他学校附设中学班								
城市	1308	678	793	797	2619	2225	531	387
完全中学								
高级中学	1308		193		2619		300	213
初级中学		678		797		2225	231	174
九年一贯制学校								
其他学校附设中学班								
县镇		568		564		1722	142	134
完全中学								
高级中学								
初级中学		568		564		1722	142	134
九年一贯制学校								
其他学校附设中学班								

2010 年上街区普通中学基本情况（二）

	学校占地面积（平方米）	校舍建筑面积（平方米）					图书（册）	固定资产总值（万元）	
		计	教学及辅助用房	行政办公用房	生活用房	其他用房		计	其中：仪器设备总值
合计	20498	112787	42703	13095	49862	7127	267481	5622.7	258.00
完全中学									
高级中学	87802	52550	15032	3635	28654	5229	100000	2486.00	80.00
初级中学	117296	60237	27671	9460	21208	1898	167481	4996.07	216.00
九年一贯制学校									
其他学校附设中学班									
城市	135664	85213	33446	8837	37701	5229	208181	5554.70	228.00
完全中学									
高级中学	87802	52550	15032	3635	28654	5229	100000	2486.00	80.00
初级中学	47862	32663	18414	5202	9047		108181	3068.07	148.00
九年一贯制学校									
其他学校附设中学班									
县镇	69334	27574	9257	4258	12161	1898	59300	68.00	30.00
完全中学									
高级中学									
初级中学	69334	27574	9257	4258	12161	1898	59300	68.00	30.00
九年一贯制学校									
其他学校附设中学班									

2010 年上街区小学学龄人口入学及在校生情况（城市）

	校内外学龄人口		在校学龄人口		招生数		在校学生数							
	计	其中女	计	其中女	计	其中爱国学前教育	计	其中女	一年级	二年级	三年级	四年级	五年级	六年级
合计	6722	3237	6723	3237	1170	1170	7210	3436	1170	1124	1178	1237	1243	1258
5 岁及以下					67	67	67	34	67					
6 岁	1018	475	1019	475	932	932	1019	475	932	87				
7 岁	1092	523	1092	523	142	142	1092	523	142	885	65			
8 岁	1146	545	1146	545	23	23	1146	545	23	136	915	72		
9 岁	1145	574	1145	574	6	6	1145	574	6	11	172	881	73	2

续表

	校内外学龄人口		在校学龄人口		招生数		在校学生数							
	计	其中女	计	其中女	计	其中爱国学前教育	计	其中女	一年级	二年级	三年级	四年级	五年级	六年级
10 岁	1087	527	1087	527			1087	527		3	16	237	752	79
11 岁	1234	593	1234	593			1234	593		1	8	39	297	889
12 岁							331	132		1		5	97	228
13 岁							72	25			2	3	16	51
14 岁							13	7					6	7
15 岁及以上							4	1					2	2
其中：女	3237		3237		528	528	3436		528	547	562	609	592	598
少数民族					13	13	73	32	13	11	8	17	15	9
寄宿生														

2010 年上街区小学学龄人口入学及在校生情况（农村）

	校内外学龄人口		在校学龄人口		招生数		在校学生数							
	计	其中女	计	其中女	计	其中爱过学前教育	计	其中女	一年级	二年级	三年级	四年级	五年级	六年级
合计	1700	793	1700	793	228	1798	838	228	244	306	350	329	341	
5 岁及以下					11	11	11	5	11					
6 岁	213	103	213	103	189	189	213	103	189	24				
7 岁	244	117	244	117	27	27	244	117	27	187	30			
8 岁	300	145	300	145	1	1	300	145	1	29	235	35		
9 岁	283	130	283	130			283	130		3	36	230	14	
10 岁	345	158	345	158			345	158		1	3	75	243	23
11 岁	315	140	315	140			315	140			2	7	64	242
12 岁							73	33				3	3	67
13 岁							10	5					3	7
14 岁							3	1					1	2
15 岁及以上							1	1					1	
其中：女	793		793		97	97	838		97	113	134	169	165	160

续表

	校内外学龄人口		在校学龄人口		招生数		在校学生数							
	计	其中女	计	其中女	计	其中受过学前教育	计	其中女	一年级	二年级	三年级	四年级	五年级	六年级
少数民族					3	3	12	5	3	2	1	3	2	1
寄宿生					174	174	1512	704	174	196	270	314	278	280

2010 年上街区小学学龄人口入学及在校生情况（总计）

单位：人

	编号	校内外学龄人口数		在校学龄人口数		招生数		在校学生数							
		计	其中女	计	其中女	计	其中受过学前教育	计	其中女	一年级	二年级	三年级	四年级	五年级	六年级
甲	乙	1	2	3	4	5	6	7	8	9	10	11	12	13	14
合计	01	8471	4005	8471	4005	1567	1567	8915	4214	1567	1346	1374	1497	1582	1549
5 岁及以下	02	0	0	0	0	115	115	115	48	115	0	0	0	0	0
6 岁	03	1337	634	1337	634	1271	1271	1337	634	1271	66	0	0	0	0
7 岁	04	1314	596	1314	596	153	153	1314	596	153	1047	114	0	0	0
8 岁	05	1370	653	1370	653	23	23	1370	653	23	196	1049	102	0	0
9 岁	06	1488	695	1488	695	3	3	1488	695	3	28	190	1149	118	0
10 岁	07	1580	750	1580	750	2	2	1580	750	2	8	14	215	1127	214
11 岁	08	1382	677	1382	677	0	0	1382	677	0	1	5	24	281	1071
12 岁	09	0	0	0	0	0	0	261	134	0	0	1	6	43	211
13 岁	10	0	0	0	0	0	0	52	22	0	0	0	1	11	40
14 岁	11	0	0	0	0	0	0	14	5	0	0	1	0	2	11
15 岁及以上	12	0	0	0	0	0	0	2	0	0	0	0	0	0	2
其中：女	13	4005	0	4005	0	695	695	4214	0	695	616	661	710	782	750
少数民族	14	0	0	0	0	16	16	92	40	16	15	15	9	18	19
寄宿生	15	0	0	0	0	205	205	1428	673	205	175	197	266	309	276

2010 年上街区城镇居民家庭基本情况

项目名称	计量单位	附加单位	总计
调查户数	户		80
家庭基本情况			
一、住房情况			
1. 家庭居住人口	人	户	2.96
2. 现住房总建筑面积	平方米	人	29.89
3. 房屋产权（合计）	–		
租赁公房	–	%	10
租赁私房	–	%	
原有私房	–	%	1.25
房改私房	–	%	51.25
商品房	–	%	37.5
其他	–	%	
4. 住宅建筑式样（合计）	–		
单栋住宅	–	%	
四居室	–	%	1.25
三居室	–	%	47.5
二居室	–	%	46.25
一居室	–	%	5
普通楼房	–	%	
平房及其他	–	%	
5. 建筑年份	–	户	21.11
6. 装修状况（合计）	–		
有装修	–	%	46.25
未装修	–	%	53.75
（1）如果装修过最近一次装修年份	年	户	4.93
（2）如果装修过最近一次装修花费	元	户	9500
7. 现有住房按市场价估计值	元	户	112537.5
8. 租赁房房租	元	户	75
⑴租赁公房房租	元	户	75
⑵租赁私房房租	元	户	
9. 现住房房租折算	元	户	9170.4
10. 购房时间	年	户	12.08
11. 购房总金额	元	户	48956.39
购房实际支出金额	元	户	48581.39

续表1

项目名称	计量单位	附加单位	总计
12. 饮水情况（合计）	–		
自来水	–	%	95
矿泉水	–	%	1.25
纯净水	–	%	3.75
井、河水	–	%	
其他	–	%	
13. 用水情况（合计）	–		
独用自来水	–	%	100
公用自来水	–	%	
井、河水	–	%	
其他	–	%	
14. 卫生设备（合计）	–		
无卫生设备	–	%	
有厕所浴室	–	%	86.25
有厕所无浴室	–	%	13.75
公用	–	%	
15. 取暖设备（合计）	–		
无取暖设备	–	%	
空调设备	–	%	26.25
暖气	–	%	51.25
其他	–	%	22.5
16. 炊用燃料使用情况（合计）	–		
煤炭	–	%	1.25
罐装液化石油气	–	%	76.25
管道液化石油气	–	%	
管道煤气	–	%	22.5
管道天然气	–	%	
柴油	–	%	
其他燃料	–	%	
17. 除了现住房，还有几处其他住房	套	户	0.26
（1）出租房	套	户	0.13
其中：建筑面积	平方米	户	11.01
（2）偶尔居住房	套	户	0.14
其中：建筑面积	平方米	户	12.21

续表2

项目名称	计量单位	附加单位	总计
(3) 其他用途房	套	户	
其中：建筑面积	平方米	户	
二、人口就业情况（按月平均）	户		
(一) 家庭人口数	人	户	2.96
1. 有收入者人数	人	户	2.27
(1) 就业人口数	人	户	1.33
①国有经济单位职工人数	人	户	0.81
②城镇集体经济单位职工人数	人	户	0.06
③其他经济类型单位职工人数	人	户	0.11
④城镇个体或私营企业主人数	人	户	0.26
⑤城镇个体或私营企业被雇人数	人	户	0.03
⑥离退休再就业人数	人	户	
⑦其他就业人数	人	户	0.05
(2) 离退休人数	人	户	0.78
(3) 其他有收入者人数	人	户	0.17
2. 无收入者人数	人	户	0.69
(二) 在外就学人数	人	户	0.1
(三) 非家庭人口在家用餐	人次	户	0.64
(四) 家庭人口在外用餐	人次	户	3.68
三、耐用消费品			
1. 摩托车	辆	百户	50
2. 助力车	辆	百户	31.25
3. 家用汽车	辆	百户	11.25
4. 洗衣机	台	百户	100
5. 电冰箱	台	百户	102.5
6. 彩色电视机	台	百户	122.5
7. 家用电脑	台	百户	66.25
8. 组合音响	套	百户	12.5
9. 摄像机	架	百户	8.75
10. 照相机	架	百户	41.25
11. 钢琴	架	百户	2.5
12. 其他中高档乐器	件	百户	5
13. 微波炉	台	百户	51.25
14. 空调器	台	百户	120

续表3

项目名称	计量单位	附加单位	总计
15. 淋浴热水器	台	百户	90
16. 消毒碗柜	台	百户	13.75
17. 洗碗机	台	百户	1.25
18. 健身器材	套	百户	7.5
19. 固定电话	部	百户	73.75
20. 移动电话	部	百户	170
四、信息化调查（每百户）			
1. 接入互联网的移动电话	部	百户	35
2. 接入有线电视网络的电视机	台	百户	92.5
3. 接入互联网的计算机	台	百户	42.5

2010年上街区农村住户调查年报表（全年）

指标名称	单位	代码	上街区
农村住户家庭基本情况	--	1	
一、调查户数	户	2	0.32
（一）调查户从业类型（按总收入比重计算）	*	3	1.07
1. 农业户	户	4	
2. 农业兼业户	户	5	0.01
3. 非农业兼业户	户	6	0.17
4. 非农业户	户	7	0.14
（二）调查户从业类型（按从业劳动力比重计算）	*	8	1.17
1. 农业户	户	9	0.01
2. 农业兼业户	户	10	
3. 非农业兼业户	户	11	0.06
4. 非农业户	户	12	0.24
（三）户别	*	13	1.43
1. 个体工商户	户	14	0.03
2. 干部户	户	15	
3. 个体工商和干部户	户	16	0.01
4. 五保户	户	17	
5. 其他户	户	18	0.27
（四）家庭结构	*	19	0.93
1. 单身或夫妇	户	20	0.07
2. 夫妇与一个孩子	户	21	0.05

续表 1

指标名称	单位	代码	上街区
3. 夫妇与两个孩子	户	22	0.12
4. 夫妇与三个以上孩子	户	23	0.02
5. 单亲与孩子	户	24	
6. 三代同堂	户	25	0.05
7. 其他	户	26	
（五）是否参加专业性合作经济组织	*	27	0.60
1. 参加的户数	户	28	0.03
2. 未参加的户数	户	29	0.28
（六）是否参加新型农村合作医疗	*	30	0.32
1. 参加的户数	户	31	0.32
2. 未参加的户数	户	32	
（七）是否领取最低生活保障	*	33	0.62
1. 领取的户数	户	34	0.01
2. 未领取的户数	户	35	0.31
二、期末生产性固定资产拥有情况	--	40	
（一）生产性固定资产原值	元	41	4494.74
1. 农业	元	42	63.16
其中：房屋及建筑物	元	43	
役畜	元	44	
大中型铁木农具	元	45	10.53
农业机械	元	46	52.63
2. 林业	元	47	
其中：房屋及建筑物	元	48	
役畜	元	49	
大中型铁木农具	元	50	
林业机械	元	51	
3. 牧业	元	52	
其中：房屋及建筑物	元	53	
产品畜	元	54	
大中型铁木农具	元	55	
牧业机械	元	56	
4. 渔业	元	57	
其中：房屋及建筑物	元	58	
大中型铁木农具	元	59	
渔业机械	元	60	

续表2

指标名称	单位	代码	上街区
5. 采矿业	元	61	
6. 制造业	元	62	
其中：房屋及建筑物	元	63	
生产设备	元	64	
7. 电力煤气与水的生产及供应	元	65	
8. 建筑业	元	66	1578.95
9. 交通运输业、仓储和邮政业	元	67	1642.11
10. 批发和零售贸易业	元	68	294.74
11. 住宿和餐饮业	元	69	
12. 居民服务与其他服务业	元	70	915.79
13. 教育	元	71	
14. 卫生、社会保障和福利业	元	72	
15. 文化、体育和娱乐业	元	73	
16. 其他	元	74	
（二）主要生产性固定资产数量	--	80	
1. 房屋及建筑物	平方米	81	
2. 汽车	辆	82	0.02
3. 大中型拖拉机	台	83	
4. 小型和手扶拖拉机	台	84	0.01
5. 动力三轮车	辆	85	0.01
6. 机动脱粒机	台	86	
7. 收割机	台	87	
8. 农用动力机械	台	88	0.01
9. 胶轮大车	架	89	0.01
10. 水泵	台	90	0.01
11. 役畜	头	91	
12. 产品畜	头	92	
三、期末主要耐用消费品拥有情况	--	95	
01. 洗衣机	台	96	0.33
02. 电冰箱	台	97	0.29
03. 空调机	台	98	0.29
04. 抽油烟机	台	99	0.08
05. 吸尘器	台	100	0.02
06. 微波炉	台	101	0.05
07. 热水器	台	102	0.18

续表3

指标名称	单位	代码	上街区
其中：太阳能热水器	台	103	0.14
08. 自行车	辆	104	0.53
其中：电动自行车	辆	105	0.28
09. 摩托车	台	106	0.32
10. 汽车（生活用）	台	107	0.07
11. 固定电话机	部	108	0.17
12. 移动电话	部	109	0.75
其中：接入互联网的	部	110	0.05
13. 彩色电视机	台	111	0.40
其中：接入有线电视网的	台	112	0.18
14. 黑白电视机	台	113	
其中：接入有线电视网的	台	114	
15. 摄像机	台	115	
16. 影碟机	台	116	0.22
17. 照相机	架	117	0.05
18. 家用计算机	台	118	0.16
其中：接入互联网的	台	119	0.12
19. 中高档乐器	件	120	0.01
四、期内住户固定资产投资完成额	元	127	445.95
其中：住宅投资完成额	元	128	95.63
五、通过互联网购买商品和服务的总额	元	129	
农村住户居住情况	－－	130	
一、期末拥有住房情况	－－	131	
（一）期末拥有住房面积	平方米	132	66.84
其中：出租住房面积	平方米	133	
（二）期末拥有住房价值	元	134	27357.89
二、期末居住住房情况	－－	135	
（一）居住住房性质	－－	136	0.32
1. 自有	户	137	0.32
2. 租住	户	138	
3. 其他	户	139	
（二）居住住房面积	平方米	140	66.84
（三）居住住房价值	元	141	27357.89
（四）居住住房类型	－－	142	
1. 楼房面积	平方米	143	26.11

续表4

指标名称	单位	代码	上街区
2. 砖瓦平房面积	平方米	144	40.74
3. 其他	平方米	145	
（五）居住住房结构	－－	146	
1. 钢筋混泥土结构面积	平方米	147	66.32
2. 砖木结构面积	平方米	148	0.53
3. 其他	平方米	149	
三、期内新建（购）住房情况	－－	150	
（一）新建（购）住房面积	平方米	151	
新建住房面积	平方米	152	
新购住房面积	平方米	153	
（二）新建（购）住房价值	元	154	
新建住房价值	元	155	
新购住房价值	元	156	
（三）新建（购）住房类型	－－	157	
1. 楼房面积	平方米	158	
2. 砖瓦平房面积	平方米	159	
3. 其他	平方米	160	
（四）新建（购）住房结构	－－	161	
1. 钢筋混泥土结构面积	平方米	162	
2. 砖木结构面积	平方米	163	
3. 其他	平方米	164	
（五）期内新建（购）住房资金来源	－－	165	
1. 自筹	元	166	
2. 银行、信用社贷款	元	167	
3. 其他	元	168	
四、居住条件	－－	169	
（一）住房卫生设备使用情况	*	170	0.53
1. 使用水冲式厕所的户数	户	171	0.11
2. 使用旱厕的户数	户	172	0.21
3. 无厕所的户数	户	173	
（二）取暖设备使用情况	*	174	1.14
#1. 使用空调的户数	户	175	0.06
2. 使用暖气的户数	户	176	
3. 使用火炕的户数	户	177	
4. 使用其他暖设备的户数	户	178	0.19

续表 5

指标名称	单位	代码	上街区
（三）炊事使用的主要能源	*	179	0.85
#1. 使用沼气的户数	户	180	0.01
2. 使用其他燃气的户数	户	181	0.21
3. 使用燃油的户数	户	182	
4. 使用电的户数	户	183	0.07
5. 使用太阳能的户数	户	184	
6. 使用煤炭的户数	户	185	0.02
7. 使用柴草的户数	户	186	
（四）饮用水来源情况	*	187	0.43
1. 饮用自来水的户数	户	188	0.20
2. 饮用深井水的户数	户	189	0.12
3. 饮用浅井水的户数	户	190	
4. 饮用江河湖泊水的户数	户	191	
5. 饮用塘水的户数	户	192	
6. 饮用其他水源的户数	户	193	
（五）住宅外道路路面状况	*	194	0.34
1. 水泥或柏油路面的户数	户	195	0.31
2. 沙石或石板等硬质路面的户数	户	196	
3. 其他路面的户数	户	197	0.01
五、附：期内新建（购）房屋户数	户	198	
农业生产结构及生产技术应用情况	*	200	
一、土地经营情况	*	201	
（一）期初实际经营土地面积	亩	202	0.91
1. 耕地	亩	203	0.91
其中：有效灌溉面积	亩	204	0.85
2. 山地	亩	205	
3. 园地	亩	206	
4. 牧草地	亩	207	
5. 养殖水面	亩	208	
（二）期内增加的经营土地面积	亩	209	
1. 耕地	亩	210	
其中：有效灌溉面积	亩	211	
2. 山地	亩	212	
3. 园地	亩	213	
4. 牧草地	亩	214	

续表6

指标名称	单位	代码	上街区
5. 养殖水面	亩	215	
（三）期内经营土地增加的原因	*	216	
1. 新开垦	*	217	
2. 转包	*	218	
3. 村内进行土地调整	*	219	
4. 其他	*	220	
（四）期内减少的经营土地面积	亩	221	
1. 耕地	亩	222	
其中：有效灌溉面积	亩	223	
2. 山地	亩	224	
3. 园地	亩	225	
4. 牧草地	亩	226	
5. 养殖水面	亩	227	
（五）期内经营土地减少的原因	*	228	
1. 建设占用（征地）	*	229	
2. 转包	*	230	
3. 村内进行土地调整	*	231	
4. 退耕还林	*	232	
5. 其他	*	233	
（六）期末实际经营的土地面积	亩	234	0.91
1. 耕地	亩	235	0.91
其中：有效灌溉面积	亩	236	0.85
2. 山地	亩	237	
3. 园地	亩	238	
4. 牧草地	亩	239	
5. 养殖水面	亩	240	
二、土地种植情况	*	250	
（一）粮食播种面积	亩	251	1.10
其中：1. 小麦播种面积	亩	252	0.81
2. 水稻播种面积	亩	253	
3. 玉米播种面积	亩	254	0.26
4. 豆类播种面积	亩	255	
5. 薯类播种面积	亩	256	
（二）经济作物播种面积	亩	257	0.03
1. 棉花播种面积	亩	258	

续表 7

指标名称	单位	代码	上街区
2. 油料播种面积	亩	259	0.03
3. 麻类播种面积	亩	260	
4. 糖料播种面积	亩	261	
5. 烟草播种面积	亩	262	
6. 蔬菜播种面积	亩	263	
7. 瓜类播种面积	亩	264	
8. 酱用西红柿播种面积	亩	265	
9. 打瓜播种面积	亩	266	
三、农业生产技术应用情况	--	280	
(一) 机耕面积	亩	290	0.91
(二) 抛秧面积	亩	291	
(三) 机播面积	亩	292	0.91
(四) 机收面积	亩	293	0.91
(五) 机电灌溉面积	亩	294	0.67
(六) 薄膜覆盖面积	亩	295	
(七) 温室面积	亩	296	
农村住户当年生产经营情况	--	330	
一、农业	--	331	757.88
(一) 谷物产量	公斤	332	488.41
1. 小麦	公斤	333	346.38
2. 稻谷	公斤	336	
3. 玉米	公斤	339	138.87
4. 高粱	公斤	342	
5. 谷子	公斤	343	
6. 青稞	公斤	344	
7. 其他谷物	公斤	345	3.16
(二) 薯类产量	公斤	347	
1. 红薯产量	公斤	348	
2. 马铃薯产量	公斤	349	
3. 其他薯类产量	公斤	350	
(三) 豆类产量	公斤	351	
1. 大豆产量	公斤	352	
2. 其他豆类产量	公斤	353	
(四) 棉花产量	公斤	354	
(五) 油料产量	公斤	355	6.32

续表8

指标名称	单位	代码	上街区
1. 花生产量	公斤	356	6.32
2. 芝麻产量	公斤	357	
3. 油菜子产量	公斤	358	
4. 葵花子产量	公斤	359	
5. 其他产量	公斤	360	
（六）麻类产量	公斤	361	
（七）糖料产量	公斤	362	
1. 甘蔗产量	公斤	363	
2. 甜菜产量	公斤	364	
3. 其他糖料产量	公斤	365	
（八）烟草产量	公斤	366	
（九）蔬菜产量	公斤	367	
1. 鲜菜	公斤	368	
2. 干菜	公斤	369	
3. 鲜菌	公斤	370	
4. 干菌	公斤	371	
（十）花卉、园艺	－－	378	
1. 鲜切花产量	枝	379	
2. 盆栽植物产量	盆	380	
3. 绿化苗木产量	株	381	
4. 人工草坪、草皮产量	平方米	382	
5. 种子、种苗产量	任选	383	
6. 其他产量	任选	384	
（十一）瓜果类产量	公斤	385	
1. 西瓜产量	公斤	386	
2. 甜瓜产量	公斤	387	
3. 白兰瓜产量	公斤	388	
4. 草莓产量	公斤	389	
5. 其他产量	公斤	390	
（十二）园林水果产量	公斤	391	263.16
1. 苹果产量	公斤	392	63.16
2. 梨产量	公斤	393	157.89
3. 柑橘类产量	公斤	394	
4. 香蕉产量	公斤	395	
5. 菠萝产量	公斤	396	

续表 9

指标名称	单位	代码	上街区
6. 荔枝产量	公斤	397	
7. 龙眼产量	公斤	398	
8. 葡萄产量	公斤	399	
9. 桃产量	公斤	400	42.11
10. 杏产量	公斤	401	
11. 枣产量	公斤	402	
12. 柿子产量	公斤	403	
13. 椰子产量	个	404	
14. 其他产量	任选	405	
（十三）茶叶和其他饮料	- -	406	
1. 茶叶产量	公斤	407	
2. 其他饮料产量	任选	408	
（十四）香料产量	公斤	409	
（十五）中药材（人工种植）产量	公斤	410	
（十六）其他种植业产品	- -	411	
1. 青饲料产量	公斤	412	
2. 牧草产量	公斤	413	
3. 绿肥产量	公斤	414	
4. 其他产量	任选	415	
（十七）野生植物采集	- -	416	
1. 野菜产量	公斤	417	
2. 虫草产量	公斤	418	
3. 其他	任选	419	
（十八）农作物副产品产量	公斤	420	
（十九）用农产品加工手工业产品	- -	421	
1. 酒产量	公斤	422	
2. 酥油产量	公斤	423	
3. 其他	任选	424	
（二十）专用农产品	- -	425	
1. 酱用西红柿产量	公斤	426	
2. 打瓜产量	公斤	427	
3. 其他	任选	428	
二、林业	- -	440	3.16
（一）采集的林产品	- -	441	3.16
1. 天然林和人工林地采集的果实	- -	442	3.16

续表10

指标名称	单位	代码	上街区
（1）板栗产量	公斤	443	
（2）核桃产量	公斤	444	
（3）松子产量	公斤	445	
（4）花椒产量	公斤	446	3.16
（5）油桐子产量	公斤	447	
（6）油茶子产量	公斤	448	
（7）其他	任选	449	
2. 野生植物、果实	－－	450	
（1）柴	公担	451	
（2）草	公担	452	
（3）野生菌类产量	公斤	453	
（4）野果产量	公斤	454	
（5）中药材（野生）产量	公斤	455	
（6）其他	任选	456	
（二）竹木采伐量	－－	457	
1. 竹	根	458	
2. 木材	立方米	459	
（三）育种、育苗	－－	460	
1. 林木种子产量	公斤	461	
2. 树苗	株	462	
（四）林业副产品	任选	463	
（五）用林产品加工手工业产品	任选	464	
三、牧业	－－	480	
（一）畜禽肉产量（出售、自宰）	公斤	481	
1. 畜肉产量	公斤	482	
（1）肉猪头数	头	483	
肉猪肉产量	公斤	484	
（2）菜羊只数	只	485	
菜羊肉产量	公斤	486	
（3）肉牛头数	头	487	
肉牛肉产量	公斤	488	
（4）其他牲畜头数	头	489	
其他牲畜肉产量	公斤	490	
2. 家禽肉产量	公斤	491	
（1）鸡只数	只	492	

续表 11

指标名称	单位	代码	上街区
鸡的肉产量	公斤	493	
（2）鸭只数	只	494	
鸭的肉产量	公斤	495	
（3）鹅只数	只	496	
鹅的肉产量	公斤	497	
（4）其他家禽只数	只	498	
其他家禽的肉产量	公斤	499	
（二）蛋类产量	公斤	500	
1. 鸡蛋产量	公斤	501	
2. 鸭蛋产量	公斤	502	
3. 种蛋产量	公斤	503	
4. 其他蛋产量	公斤	504	
（三）皮产量	张	505	
1. 猪皮产量	张	506	
2. 牛皮产量	张	507	
3. 羊皮产量	张	508	
4. 其他皮产量	张	509	
（四）毛、绒产量	公斤	510	
1. 羊毛产量	公斤	511	
2. 羊绒产量	公斤	512	
3. 兔毛、绒产量	公斤	513	
4. 其他毛、绒产量	公斤	514	
（五）奶类产量	公斤	515	
1. 牛奶产量	公斤	516	
2. 羊奶产量	公斤	517	
3. 其他奶产量	公斤	518	
（六）仔、幼、育肥畜、禽产品	--	519	
1. 仔猪头数	头	520	
2. 架子猪头数	头	521	
3. 羊羔只数	只	522	
4. 育肥周转羊只数	只	523	
5. 牛犊只数	只	524	
6. 育肥周转牛只数	只	525	
7. 仔、幼鸡只数	只	526	
8. 仔、幼鸭只数	只	527	

续表 12

指标名称	单位	代码	上街区
9. 仔、幼鹅只数	只	528	
10. 仔、幼兔只数	只	529	
11. 其他小动物只数	只	530	
（七）其他牧业产品	*	531	
1. 小动物	*	532	
（1）兔只数	只	533	
兔肉产量	公斤	534	
（2）鸟类只数（包括鸽子）	只	535	
（3）家养动物只数（猫．狗等）	只	536	
家养动物肉产量	公斤	537	
（4）珍贵动物只数（鹿．貂等）	只	538	
珍贵动物肉产量	公斤	539	
（5）其他	任选	540	
2. 虫类	*	541	
（1）青蛙肉产量	公斤	542	
（2）其他	任选	543	
3. 家畜产品	*	544	
（1）蚕茧产量	公斤	545	
（2）蜂蜜、蜂蜡产量	公斤	546	
（3）麝香产量	克	547	
（4）鹿茸产量	克	548	
（5）其他	任选	549	
（八）狩猎和捕捉野生动物	任选	550	
（九）牧业副产品产量	任选	551	
（十）用牧产品加工手工业产品	任选	552	
四、渔业	*	570	
（一）海水产品	*	571	
（1）鱼类产量	公斤	572	
（2）虾类产量	公斤	573	
（3）蟹类产量	公斤	574	
（4）贝类产量	公斤	575	
（5）藻类产量	公斤	576	
（6）种苗	任选	577	
（7）其他海水产品产量	公斤	578	
（二）淡水产品	*	579	

续表 13

指标名称	单位	代码	上街区
（1）鱼类产量	公斤	580	
（2）虾类产量	公斤	581	
（3）蟹类产量	公斤	582	
（4）贝类产量	公斤	583	
（5）种苗	任选	584	
（6）其他淡水产品产量	公斤	585	
（三）渔业副产品产量	任选	586	
（四）用渔产品加工手工业产品	任选	587	
五、采掘业、工业产品	*	588	
1. 金子	克	589	
2. 煤	吨	590	
3. 其他采掘产品产量	*	591	
4. 工业产品产量	*	592	
六、建筑业产品产量	*	593	
七、其他家庭经营产品	任选	594	
农村住户总收入与总支出	*	600	
一．总收入	元	601	11161.01
（一）工资性收入	元	602	7121.83
1. 在非企业组织中劳动得到收入	元	603	696.47
（1）乡村干部收入	元	604	147.37
（2）乡村教师收入	元	605	442.58
（3）行政事业单位等职工收入	元	606	106.53
2. 在本乡地域内劳动得到收入	元	607	6425.36
（1）在企业中劳动得到收入	元	608	4310.05
（2）在国家投资基建项目得到收入	元	611	
（3）提供其他劳务收入	元	612	2115.31
3. 外出从业得到收入	元	613	
（1）在乡外县内从业得到收入	元	614	
（2）在县外省内从业得到收入	元	615	
（3）在省外国内从业得到收入	元	616	
（4）在国外从业得到收入	元	617	
（二）家庭经营收入	元	625	2670.76
1. 第一产业收入	元	626	1356.03
（1）农业收入	元	627	1271.82
A. 农产品收入	元	628	1271.58

续表 14

指标名称	单位	代码	上街区
①粮食收入	元	629	803.11
②棉花收入	元	630	
③油料收入	元	631	24.00
④麻类收入	元	632	
⑤糖料收入	元	633	
⑥烟草收入	元	634	
⑦蔬菜收入	元	635	
⑧花卉园艺收入	元	636	
⑨瓜果收入	元	637	
⑩园林收入	元	638	444.00
⑾茶叶和其他饮料收入	元	639	
⑿香料收入	元	640	
⒀中药材收入	元	641	
⒁其他种植业产品收入	元	642	
⒂野生植物采集收入	元	643	
⒃农作物副产品收入	元	644	
⒄用农产品加工手工业产品收入	元	645	0.46
⒅专用农产品收入	元	646	
B. 农业服务性收入	元	647	0.24
（2）林业收入	元	655	31.58
A. 林业产品收入	元	656	21.05
①采集林产品收入	元	657	21.05
②竹木采伐收入	元	658	
③育种、育苗收入	元	659	
④林业副产品收入	元	660	
⑤用林产品加工手工业产品收入	元	661	
B. 林业服务性收入	元	662	10.53
（3）牧业收入	元	680	52.63
A. 牧业产品收入	元	681	
①成龄家畜收入	元	682	
其中：猪收入	元	683	
菜羊收入	元	684	
肉牛收入	元	685	
②成龄家禽收入	元	686	
③蛋类收入	元	687	

续表15

指标名称	单位	代码	上街区
④皮收入	元	688	
⑤毛、绒收入	元	689	
⑥奶类收入	元	690	
⑦仔、幼畜、禽产品收入	元	691	
⑧育肥畜收入	元	692	
⑨其他牧业产品收入	元	693	
⑩狩猎和捕捉野生动物收入	元	694	
⑪牧业副产品收入	元	695	
⑫牧业加工手工业收入	元	696	
B. 牧业服务性收入	元	697	52.63
（4）渔业收入	元	700	
A. 渔业产品收入	元	701	
①海水产品收入	元	702	
②淡水产品收入	元	703	
③渔业副产品收入	元	704	
④渔业加工手工业产品收入	元	705	
B. 渔业服务性收入	元	706	
2. 第二产业收入	元	710	257.89
（1）工业收入	元	711	
A. 工业产品收入	元	712	
其中：①金子收入	元	713	
②煤收入	元	714	
B. 工业服务性收入	元	715	
（2）建筑业收入	元	716	257.89
①建筑业产品收入	元	717	
②建筑业服务性收入	元	718	257.89
3. 第三产业收入	元	719	1056.84
（1）其他产品收入	元	720	
（2）第三产业服务性收入	元	721	1056.84
①交通．运输．邮电业收入	元	722	475.79
②批零贸易业．饮食业收入	元	723	423.16
③社会服务业收入	元	724	102.11
④文教卫生业收入	元	725	13.68
⑤其他行业收入	元	726	42.11
（三）财产性收入	元	735	681.23

续表16

指标名称	单位	代码	上街区
1. 利息	元	736	
2. 集体分配股息和红利	元	737	110.53
3. 其他股息和红利	元	738	5.26
4. 租金（包括农业机械）	元	739	
5. 出让无形资产净收入	元	740	
6. 储蓄性保险投资收入	元	741	
7. 土地征用补偿收入	元	742	489.60
8. 转让承包土地经营权收入	元	743	38.95
9. 其他投资收益	元	744	52.63
10. 其他	元	745	-15.74
(四）转移性收入	元	746	687.18
其中：1. 家庭非常住人口寄回和带回收入	元	747	52.63
2. 城市亲友赠送收入	元	748	52.63
3. 农村亲友赠送收入	元	749	
4. 退耕还林还草补贴收入	元	750	39.92
#粮食收入	元	751	
5. 粮食直接补贴收入	元	752	61.63
二．总支出	元	760	7206.45
(一）家庭经营费用支出	元	761	700.94
1. 第一产业生产费用支出	元	762	378.87
(1）农业生产费用支出	元	763	322.64
A. 农业生产资料支出	元	764	193.65
①种子、种苗支出	元	765	42.66
②饲料支出	元	766	
③其他生产资料支出	元	767	150.99
B. 农业服务性支出	元	768	128.99
①农业生产雇工工资支出	元	769	82.40
②其他生产服务支出	元	770	46.59
(2）林业生产费用支出	元	771	24.34
A. 林业生产资料支出	元	772	21.71
①饲料支出	元	773	21.05
②其他生产资料支出	元	774	0.65
B. 林业服务性支出	元	775	2.63
①林业生产雇工工资支出	元	776	2.63
②其他生产服务支出	元	777	

续表 17

指标名称	单位	代码	上街区
（3）牧业生产费用支出	元	778	31.89
A. 牧业生产资料支出	元	779	31.89
①饲料支出	元	780	31.58
②其他生产资料支出	元	781	0.32
B. 牧业服务性支出	元	782	
①牧业生产雇工工资支出	元	783	
②其他生产服务支出	元	784	
（4）渔业生产费用支出	元	785	
A. 渔业生产资料支出	元	786	
①饲料支出	元	787	
②其他生产资料支出	元	788	
B. 渔业服务性支出	元	789	
①渔业生产雇工工资支出	元	790	
②其他生产服务支出	元	791	
2. 第二产业生产费用支出	元	792	
（1）工业生产费用支出	元	793	
A. 工业生产资料支出	元	794	
其中：原料支出	元	795	
燃料支出	元	796	
B. 工业服务性支出	元	797	
①工业生产雇工工资支出	元	798	
②其他生产服务支出	元	799	
（2）建筑业生产费用支出	元	800	
A. 建筑业生产资料支出	元	801	
其中：原料支出	元	802	
燃料支出	元	803	
B. 建筑业服务性支出	元	804	
①建筑业生产雇工工资支出	元	805	
②其他生产服务支出	元	806	
3. 第三产业生产费用支出	元	807	322.07
（1）交通运输邮电业生产费用支出	元	808	109.42
A. 交通运输邮电业生产资料支出	元	809	28.11
其中：燃料支出	元	810	28.11
B. 交通运输邮电业服务性支出	元	811	81.32
①交通运输邮电业生产雇工工资支出	元	812	

续表18

指标名称	单位	代码	上街区
②其他生产服务支出	元	813	81.32
（2）批零贸易餐饮业生产费用支出	元	814	155.81
A. 批零贸易餐饮业生产资料支出	元	815	74.74
其中：原料支出	元	816	31.58
燃料支出	元	817	1.05
B. 批零贸易餐饮业服务性支出	元	818	81.07
①批零贸易餐饮业生产雇工工资支出	元	819	
②其他生产服务支出	元	820	81.07
（3）社会服务业生产费用支出	元	821	9.47
A. 社会服务业生产资料支出	元	822	9.47
其中：原料支出	元	823	2.11
燃料支出	元	824	7.37
B. 社会服务业服务性支出	元	825	
①社会服务业生产雇工工资支出	元	826	
②其他生产服务支出	元	827	
（4）文教卫生业生产费用支出	元	828	7.37
A. 文教卫生业生产资料支出	元	829	7.37
其中：原料支出	元	830	1.05
燃料支出	元	831	6.32
B. 文教卫生业服务性支出	元	832	
①文教卫生业生产雇工工资支出	元	833	
②其他生产服务支出	元	834	
（5）其他行业生产费用支出	元	835	40.00
A. 其他行业生产资料支出	元	836	40.00
其中：原料支出	元	837	
燃料支出	元	838	40.00
B. 其他行业服务性支出	元	839	
①其他行业生产雇工工资支出	元	840	
②其他生产服务支出	元	841	
（二）购置生产性固定资产支出	元	850	32.74
（三）建．造生产性固定资产雇工支出	元	851	121.79
（二）税费支出	元	852	3.47
1. 第一产业税	元	853	
2. 第二产业税	元	854	
（1）工业生产纳税	元	855	

续表 19

指标名称	单位	代码	上街区
（2）建筑业生产纳税	元	856	
3. 第三产业生产纳税	元	857	
4. 其他各种收费	元	858	3.47
其中："一事一议"筹资	元	859	
（五）生活消费支出	元	890	6039.97
其中：服务性支出	元	891	2355.41
1. 食品消费支出	元	892	1442.74
A. 食品消费品支出	元	893	1249.10
（1）谷物	元	894	218.33
（2）薯类	元	895	1.51
（3）豆类	元	896	7.90
（4）食用油	元	897	55.00
（5）蔬菜及制品	元	898	176.08
（6）肉．禽．蛋．奶及制品	元	899	295.39
（7）水产品及制品	元	900	23.01
（8）烟．酒	元	901	245.76
（9）茶叶．饮料	元	902	38.84
（10）其他类食品	元	903	187.29
B. 食品消费服务性支出	元	904	193.64
（1）在外饮食	元	905	186.84
（2）食品加工费	元	906	1.92
（3）其他服务性支出	元	907	4.88
2. 衣着消费支出	元	908	448.44
A. 衣着消费品支出	元	909	448.17
（1）服装	元	910	355.89
（2）服装材料	元	911	
（3）鞋类	元	912	84.66
（4）其他	元	913	7.61
B. 衣着消费服务性支出	元	914	0.27
（1）衣着加工费	元	915	0.07
（2）其他服务性支出	元	916	0.20
3. 居住消费支出	元	917	662.50
A. 居住消费品支出	元	918	167.46
（1）建筑生活用房材料	元	919	68.84
（2）维修生活用房材料	元	920	26.79

续表20

指标名称	单位	代码	上街区
（3）装修生活用房材料	元	921	
（4）生活用房	元	922	
（5）生活用燃料	元	923	71.83
B. 居住消费服务性支出	元	924	495.03
（1）建筑．维修生活用房雇工工资	元	925	195.79
（2）房租	元	926	9.53
（3）生活用水	元	927	2.40
（4）生活用电	元	928	203.60
（5）清洁费．卫生费	元	929	2.58
（6）其他服务性支出	元	930	81.14
4. 家庭设备．用品消费支出	元	931	301.78
A. 家庭设备用品消费品支出	元	932	289.76
（1）日用品	元	933	50.26
（2）床上用品	元	934	6.62
（3）室内装饰品	元	935	0.53
（4）家俱类	元	936	63.63
（5）机电设备	元	937	168.73
B. 家庭设备用品服务性消费支出	元	938	12.02
（1）家庭设备修理费	元	939	3.84
（2）日杂用品加工修理费	元	940	
（3）家政服务费	元	941	1.26
（4）其他服务性支出	元	942	6.91
5. 交通和通信消费支出	元	943	1428.81
A. 交通和通讯用品支出	元	944	1103.31
（1）交通工具	元	945	868.95
（2）交通工具用燃料	元	946	139.54
（3）交通工具用零配件	元	947	11.60
（4）通信工具	元	948	81.02
（5）通信工具用零配件	元	949	2.21
B. 交通和通讯服务消费支出	元	950	325.50
（1）交通消费服务支出	元	951	106.82
①交通客运费	元	952	23.19
②生活物品货运费	元	953	
③交通工具修理费	元	954	32.95
④其他（过路过桥费等）服务性支出	元	955	50.68

续表21

指标名称	单位	代码	上街区
（2）通讯消费服务支出	元	956	218.68
①邮寄费	元	957	
②通信费	元	958	213.98
③通信工具修理费	元	959	4.69
④其他	元	960	
6. 文化教育．娱乐消费支出	元	961	1242.06
A. 文化教育．娱乐用品消费支出	元	962	344.08
（1）文教．娱乐用机电消费品	元	963	303.16
（2）书．报．杂志	元	964	20.31
（3）纸张．文具	元	965	2.09
（4）音像制品	元	966	
（5）电脑软件	元	967	
（6）体育用品	元	968	
（7）计算机零配件及耗材	元	969	
（8）鲜花	元	970	
（9）娱乐用品	元	971	16.62
（10）其他用品	元	972	1.90
B. 教育服务消费支出	元	973	839.39
（1）托儿费	元	974	
（2）幼儿园赞助费	元	975	
（3）学杂费	元	976	337.84
（4）入学赞助费	元	977	
（5）私立学校就读费	元	978	
（6）成人培训费	元	979	
（7）教育设备修理费	元	980	
（8）其他服务性支出	元	981	501.55
C. 文化．体育．娱乐服务消费支出	元	982	58.58
（1）旅游	元	983	28.74
（2）休闲娱乐费	元	984	27.37
（3）文化．体育．娱乐用品修理费	元	985	
（4）其他服务性支出	元	986	2.47
7. 医疗保健消费支出	元	987	391.30
A. 医疗保健用品	元	988	64.70
（1）医疗卫生用品	元	989	60.08
①药品	元	990	59.95

续表 22

指标名称	单位	代码	上街区
②医疗卫生器械	元	991	
③其他医疗卫生用品	元	992	0.13
（2）保健用品	元	993	4.62
①药品类保健品	元	994	0.43
②保健器材	元	995	4.19
B. 医疗保健服务消费支出	元	996	326.61
（1）医疗费	元	997	324.08
（2）医疗设备修理费	元	998	
（3）保健费	元	999	2.53
（4）保健设备修理费	元	1000	
（5）其他服务性支出	元	1001	
8. 其他商品和服务消费支出	元	1002	122.34
A. 其他商品支出	元	1003	17.98
（1）首饰	元	1004	
（2）手表	元	1005	
（3）化妆品	元	1006	7.38
（4）迷信．宗教用品	元	1007	0.60
（5）其他	元	1008	9.99
B. 其他消费服务支出	元	1009	104.37
（1）旅馆住宿费	元	1010	
（2）美容美发	元	1011	9.71
（3）殡殓费	元	1012	
（4）生活消费借贷利息	元	1013	
（5）其他服务性支出	元	1014	94.66
（六）财产性支出	元	1025	
1. 宅基地有偿使用费	元	1026	
2. 承包其他农户转让费	元	1027	
3. 其他	元	1028	
（七）转移性支出	元	1029	307.54
其中：1. 寄给带给家庭非常人口	元	1030	2.53
2. 赠送农村亲友	元	1031	31.41
3. 赠送城市亲友	元	1032	40.59
农村住户纯收入来源	*	1040	
一、全年纯收入	元	1041	10156.94
（一）工资性收入	元	1042	7121.83

续表23

指标名称	单位	代码	上街区
1. 在非企业组织中劳动得到收入	元	1043	696.47
（1）乡村干部收入	元	1044	147.37
（2）乡村教师收入	元	1045	442.58
（3）行政事业单位等职工收入	元	1046	106.53
2. 在本乡地域内劳动得到收入	元	1047	6425.36
（1）在企业中劳动得到收入	元	1048	4310.05
（2）在国家投资基建项目得到收入	元	1051	
（3）提供其他劳务收入	元	1052	2115.31
3. 外出从业得到收入	元	1053	
（1）在乡外县内从业得到收入	元	1054	
（2）在县外省内从业得到收入	元	1055	
（3）在省外国内从业得到收入	元	1056	
（4）在国外从业得到收入	元	1057	
（二）家庭经营纯收入	元	1070	1666.70
1. 第一产业纯收入	元	1071	969.47
（1）农业收入	元	1072	941.54
（2）林业收入	元	1073	7.24
（3）牧业收入	元	1074	20.69
（4）渔业收入	元	1075	
2. 非农产业纯收入	元	1076	697.22
A. 第二产业纯收入	元	1077	152.63
（1）工业收入	元	1078	
（2）建筑业收入	元	1079	152.63
B. 第三产业纯收入	元	1080	544.59
（1）交通．运输．邮电业收入	元	1081	256.89
（2）批零贸易业．饮食业收入	元	1082	247.70
（3）社会服务业收入	元	1083	31.58
（4）文教卫生业收入	元	1084	6.32
（5）其他行业收入	元	1085	2.11
（三）财产性纯收入	元	1086	681.23
1. 利息	元	1087	
2. 集体分配股息和红利	元	1088	110.53
3. 其他股息和红利	元	1089	5.26
4. 租金（包括农业机械）	元	1090	
5. 出让无形资产净收入	元	1091	

续表24

指标名称	单位	代码	上街区
6. 储蓄性保险投资收入	元	1092	
7. 土地征用补偿收入	元	1093	489.60
8. 转让承包土地经营权收入	元	1094	38.95
9. 其他投资收益	元	1095	52.63
10. 其他	元	1096	-15.74
（四）转移性纯收入	元	1097	687.18
1. 家庭非常住人口寄回和带回	元	1098	52.63
2. 城市亲友赠送	元	1099	52.63
3. 离退休金．养老金	元	1100	7.16
4. 城市亲友支付赡养费	元	1101	33.68
5. 农村亲友支付赡养费	元	1102	25.26
6. 救济金	元	1103	
7. 抚恤金	元	1104	
8. 灾款	元	1105	
9. 报销医疗费	元	1106	18.11
10. 退税	元	1107	
11. 退耕还林还草补贴	元	1108	39.92
12. 无偿扶贫或扶持款	元	1109	11.42
13. 得到赔款	元	1110	7.84
14. 其他	元	1111	438.52
其中：粮食直接补贴收入	元	1112	61.63
购置和更新大型农机具补贴收入	元	1113	0.53
良种补贴收入（粮食种植）	元	1114	35.11
二、全年现金纯收入	元	1115	9375.65
三、全年实物纯收入	元	1116	781.29
四、直接计算的全年纯收入	元	1117	10156.94
其中：家庭经营纯收入	元	1118	1666.70
其中：一产业纯收入	元	1119	674.03
农村住户可支配收入来源结构	*	1120	
全年可支配收入	元	1121	9849.40
一．工资性收入	元	1122	7121.83
1. 在非企业组织中劳动得到收入	元	1123	696.47
（1）乡村干部收入	元	1124	147.37
（2）乡村教师收入	元	1125	442.58
（3）行政事业单位等职工收入	元	1126	106.53

续表 25

指标名称	单位	代码	上街区
2. 在本乡地域内劳动得到收入	元	1127	6425. 36
（1）在企业中劳动得到收入	元	1128	4310. 05
（2）在国家投资基建项目得到收入	元	1131	
（3）提供其他劳务收入	元	1132	2115. 31
3. 外出从业得到收入	元	1133	
（1）在乡外县内从业得到收入	元	1134	
（2）在县外省内从业得到收入	元	1135	
（3）在省外国内从业得到收入	元	1136	
（4）在国外从业得到收入	元	1137	
二. 家庭经营收入	元	1138	1666. 70
1. 第一产业收入	元	1139	969. 47
（1）农业收入	元	1140	941. 54
（2）林业收入	元	1141	7. 24
（3）牧业收入	元	1142	20. 69
（4）渔业收入	元	1143	
2. 非农产业收入	元	1144	697. 22
A. 第二产业收入	元	1145	152. 63
（1）工业收入	元	1146	
（2）建筑业收入	元	1147	152. 63
B. 第三产业收入	元	1148	544. 59
（1）交通. 运输. 邮电业收入	元	1149	256. 89
（2）批零贸易业. 饮食业收入	元	1150	247. 70
（3）社会服务业收入	元	1151	31. 58
（4）文教卫生业收入	元	1152	6. 32
（5）其他行业收入	元	1153	2. 11
三. 财产性收入	元	1154	681. 23
四. 转移性收入	元	1155	379. 65
农村住户现金收支情况	*	1209	
一. 期内现金收入	元	1210	10229. 89
(一) 工资性收入	元	1211	7121. 83
1. 在非企业组织中劳动得到收入	元	1212	696. 47
（1）乡村干部收入	元	1213	147. 37
（2）乡村教师收入	元	1214	442. 58
（3）行政事业单位等职工收入	元	1215	106. 53
2. 在本乡地域内劳动得到收入	元	1216	6425. 36

续表 26

指标名称	单位	代码	上街区
（1）在企业中劳动得到收入	元	1217	4310.05
（2）在国家投资基建项目得到收入	元	1220	
（3）提供其他劳务收入	元	1221	2115.31
3. 外出从业得到收入	元	1222	
（1）在乡外县内从业得到收入	元	1223	
（2）在县外省内从业得到收入	元	1224	
（3）在省外国内从业得到收入	元	1225	
（4）在国外从业得到收入	元	1226	
（二）家庭经营现金收入	元	1240	1650.87
1. 第一产业现金收入	元	1241	336.14
（1）农业现金收入	元	1242	252.68
①出售农产品收入	元	1243	252.44
②农业服务性收入	元	1244	0.24
a. 经营水利灌溉系统收入	元	1245	
b. 农产品初加工收入	元	1246	
c. 提供机械和操作人收入	元	1247	
d. 其他服务收入	元	1248	0.24
（2）林业现金收入	元	1249	12.63
①出售林业产品收入	元	1250	2.11
②林业服务性收入	元	1251	10.53
（3）牧业现金收入	元	1252	70.82
①出售牧业产品收入	元	1253	18.19
②牧业服务性收入	元	1254	52.63
（4）渔业现金收入	元	1255	
①出售渔业产品收入	元	1256	
②渔业服务性收入	元	1257	
2. 第二产业现金收入	元	1258	257.89
（1）工业收入	元	1259	
①出售工业产品收入	元	1260	
②工业服务性收入	元	1261	
（2）建筑业收入	元	1262	257.89
①出售建筑业产品收入	元	1263	
②建筑业服务性收入	元	1264	257.89
3. 第三产业现金收入	元	1265	1056.84
①出售其他产品收入	元	1266	

续表 27

指标名称	单位	代码	上街区
②第三产业服务性现金收入	元	1267	1056.84
a. 交通．运输．邮电业收入	元	1268	475.79
b. 批零贸易业．饮食业收入	元	1269	423.16
c. 社会服务业收入	元	1270	102.11
d. 文教卫生业收入	元	1271	13.68
e. 其他行业收入	元	1272	42.11
（三）财产性收入	元	1290	770.00
1. 利息	元	1291	
2. 集体分配股息和红利	元	1292	110.53
3. 其他股息和红利	元	1293	5.26
4. 租金（包括农业机械）	元	1294	
5. 出让无形资产净收入	元	1295	
6. 储蓄性保险投资收入	元	1296	
7. 土地征用补偿收入	元	1297	489.60
8. 转让承包土地经营权收入	元	1298	38.95
9. 其他投资收益	元	1299	52.63
10. 其他	元	1300	73.03
（四）转移性收入	元	1301	687.18
1. 家庭非常住人口寄回和带回	元	1302	52.63
2. 城市亲友赠送	元	1303	52.63
3. 农村亲友赠送	元	1304	
4. 离退休金．养老金	元	1305	7.16
5. 城市亲友支付赡养费	元	1306	33.68
6. 农村亲友支付赡养费	元	1307	25.26
7. 救济金	元	1308	
8. 抚恤金	元	1309	
9. 救灾款	元	1310	
10. 报销医疗费	元	1311	18.11
11. 退税	元	1312	
12. 退耕还林还草补贴	元	1313	39.92
13. 无偿扶贫或扶持款	元	1314	11.42
14. 得到赔款	元	1315	7.84
15. 其他	元	1316	438.52
其中：粮食直接补贴收入	元	1317	61.63
购置和更新大型农机具补贴收入	元	1318	0.53

续表28

指标名称	单位	代码	上街区
良种补贴收入（粮食种植）	元	1319	35.11
二. 非收入现金所得	元	1320	947.42
（一）非借贷性现金所得	元	1321	813.23
1. 保险赔款	元	1322	
2. 出售财物	元	1323	1.13
3. 出售役畜．产品畜	元	1324	
4. 彩票中奖所得	元	1325	
5. 调查补贴	元	1326	1.05
6. 一次性工伤补贴	元	1327	
7. 婚．丧．嫁．娶礼金	元	1328	809.16
8. 其他（包括赌博所得）	元	1329	1.89
（二）借贷性现金所得	元	1330	134.19
1. 银行．信用社贷款	元	1331	
2. 借入款	元	1332	33.68
3. 收回借出款	元	1333	15.79
4. 取回存款	元	1334	68.42
5. 兑换债券（本金）	元	1335	
6. 出售股票、基金	元	1336	
7. 兑换其他有价证券（本金）	元	1337	
8. 收回其他投资款	元	1338	
9. 其他	元	1339	16.29
三. 期内现金支出	元	1350	6977.58
（一）生产费用支出	元	1351	855.47
1. 家庭经营费用支出	元	1352	700.94
（1）第一产业生产费用支出	元	1353	378.87
①农业生产费用支出	元	1354	322.64
a. 购买农业生产资料	元	1355	193.65
b. 农业生产雇工工资	元	1356	82.40
c. 其他生产服务支出	元	1357	46.59
其中：借．贷款利息	元	1358	
排灌费	元	1359	22.99
机耕费	元	1360	23.60
修理费	元	1361	
电费	元	1362	
②林业生产费用支出	元	1363	24.34

续表29

指标名称	单位	代码	上街区
a. 购买林业生产资料	元	1364	21.71
b. 林业生产雇工工资	元	1365	2.63
c. 其他生产服务支出	元	1366	
其中：借．贷款利息	元	1367	
修理费	元	1368	
电费	元	1369	
③牧业生产费用支出	元	1370	31.89
a. 购买牧业生产资料	元	1371	31.89
b. 牧业生产雇工工资	元	1372	
c. 其他生产服务支出	元	1373	
其中：借．贷款利息	元	1374	
畜．禽防疫	元	1375	
修理费	元	1376	
电费	元	1377	
④渔业生产费用支出	元	1378	
a. 购买渔业生产资料	元	1379	
b. 渔业生产雇工工资	元	1380	
c. 其他生产服务支出	元	1381	
其中：借．贷款利息	元	1382	
修理费	元	1383	
电费	元	1384	
（2）第二产业生产费用支出	元	1385	
①工业生产费用支出	元	1386	
a. 购买工业生产资料	元	1387	
b. 工业生产雇工工资	元	1388	
c. 其他生产服务支出	元	1389	
其中：借．贷款利息	元	1390	
修理费	元	1391	
电费	元	1392	
②建筑业生产费用支出	元	1393	
a. 购买建筑业生产资料	元	1394	
b. 建筑业生产雇工工资	元	1395	
c. 其他生产服务支出	元	1396	
其中：借．贷款利息	元	1397	
修理费	元	1398	

续表30

指标名称	单位	代码	上街区
电费	元	1399	
（3）第三产业生产费用支出	元	1400	322.07
①交通运输邮电业生产费用支出	元	1401	109.42
a. 购买交通运输邮电业生产资料	元	1402	28.11
b. 交通运输邮电业生产雇工工资	元	1403	
c. 其他生产服务支出	元	1404	81.32
其中：借．贷款利息	元	1405	
修理费	元	1406	
电费	元	1407	
②批零贸易餐饮业生产费用支出	元	1408	155.81
a. 购买批零贸易餐饮业生产资料	元	1409	74.74
b. 批零贸易餐饮业生产雇工工资	元	1410	
c. 其他生产服务支出	元	1411	81.07
其中：借．贷款利息	元	1412	
电费	元	1413	24.97
③社会服务业生产费用支出	元	1414	9.47
a. 购买社会服务业生产资料	元	1415	9.47
b. 社会服务业生产雇工工资	元	1416	
c. 其他生产服务支出	元	1417	
其中：借．贷款利息	元	1418	
电费	元	1419	
④文教卫生业生产费用支出	元	1420	7.37
a. 购买文教卫生业生产资料	元	1421	7.37
b. 文教卫生业生产雇工工资	元	1422	
c. 其他生产服务支出	元	1423	
其中：借．贷款利息	元	1424	
电费	元	1425	
⑤其他行业生产费用支出	元	1426	40.00
a. 购买其他行业生产资料	元	1427	40.00
b. 其他行业生产雇工工资	元	1428	
c. 其他生产服务支出	元	1429	
其中：借．贷款利息	元	1430	
电费	元	1431	
2. 购置生产性固定资产支出	元	1450	32.74
（1）购置建筑生产用建筑物材料	元	1451	32.74

续表 31

指标名称	单位	代码	上街区
（2）购买生产用房	元	1452	
（3）购买役畜．产品畜	元	1453	
（4）购买农林牧渔业机械	元	1454	
（5）购买工业机械	元	1455	
（6）购买运输机械	元	1456	
（7）购买其他生产性固定资产	元	1457	
3. 建．造生产性固定资产雇工支出	元	1458	121.79
（二）税费支出	元	1465	3.47
1. 第一产业税	元	1466	
2. 第二产业税	元	1467	
（1）工业生产纳税	元	1468	
（2）建筑业生产纳税	元	1469	
3. 第三产业生产纳税	元	1470	
4. 其他各种收费	元	1471	3.47
其中：“一事一议”筹资	元	1472	
（三）生活消费支出	元	1500	5814.64
其中：服务性支出	元	1501	2355.41
1. 食品消费支出	元	1502	1217.40
a. 购买食品支出	元	1503	1023.77
（1）谷物	元	1504	33.69
（2）薯类	元	1505	1.15
（3）豆类	元	1506	7.90
（4）食用油	元	1507	55.00
（5）蔬菜及制品	元	1508	176.08
（6）肉．禽．蛋．奶及制品	元	1509	255.05
（7）水产品及制品	元	1510	23.01
（8）烟．酒	元	1511	245.76
（9）茶叶．饮料	元	1512	38.84
（10）其他类食品	元	1513	187.29
b. 食品消费服务性支出	元	1514	193.64
（1）在外饮食	元	1515	186.84
（2）食品加工费	元	1516	1.92
（3）其他服务	元	1517	4.88
2. 衣着	元	1525	448.44
a. 购买衣着支出	元	1526	448.17

续表 32

指标名称	单位	代码	上街区
（1）服装	元	1527	355.89
（2）服装材料	元	1528	
（3）鞋类	元	1529	84.66
（4）其他	元	1530	7.61
b. 衣着消费服务性支出	元	1531	0.27
（1）衣着加工费	元	1532	0.07
（2）其他服务	元	1533	0.20
3. 居住	元	1540	662.50
a. 购买居住消费品支出	元	1541	167.46
（1）购买建筑生活用房材料	元	1542	68.84
（2）购买维修生活用房材料	元	1543	26.79
（3）购买装修生活用房材料	元	1544	
（4）购买生活用房	元	1545	
（5）购买生活用燃料	元	1546	71.83
b. 居住消费服务性支出	元	1547	495.03
（1）建筑．维修生活用房雇工工资	元	1548	195.79
（2）房租	元	1549	9.53
（3）生活用水	元	1550	2.40
（4）生活用电	元	1551	203.60
（5）清洁费．卫生费	元	1552	2.58
（6）其他	元	1553	81.14
4. 家庭设备．用品及服务	元	1560	301.78
a. 购买家庭设备．用品支出	元	1561	289.76
（1）日用品	元	1562	50.26
（2）床上用品	元	1563	6.62
（3）室内装饰品	元	1564	0.53
（4）家具类	元	1565	63.63
（5）机电设备	元	1566	168.73
b. 家庭设备服务消费支出	元	1567	12.02
（1）家庭设备修理费	元	1568	3.84
（2）日杂用品加工修理费	元	1569	
（3）家政服务费	元	1570	1.26
（4）其他	元	1571	6.91
5. 交通和通信	元	1580	1428.81
a. 购买交通和通信用品支出	元	1581	1103.31

续表 33

指标名称	单位	代码	上街区
（1）交通工具	元	1582	868.95
（2）交通工具用燃料	元	1583	139.54
（3）交通工具用零配件	元	1584	11.60
（4）通信工具	元	1585	81.02
（5）通信工具用零配件	元	1586	2.21
b. 交通和通信服务消费支出	元	1587	325.50
（1）交通服务支出	元	1588	106.82
①交通客运费	元	1589	23.19
②生活物品货运费	元	1590	
③交通工具修理费	元	1591	32.95
④其他（过路过桥费等）	元	1592	50.68
（2）通信服务支出	元	1593	218.68
①邮寄费	元	1594	
②通信费	元	1595	213.98
③通信工具修理费	元	1596	4.69
④其他	元	1597	
6. 文化教育．娱乐用品及服务	元	1600	1242.06
a. 购买文化教育．娱乐用品	元	1601	344.08
（1）文教．娱乐用机电消费品	元	1602	303.16
（2）书．报．杂志	元	1603	20.31
（3）纸张．文具	元	1604	2.09
（4）音像制品	元	1605	
（5）电脑软件	元	1606	
（6）体育用品	元	1607	
（7）计算机零配件及耗材	元	1608	
（8）鲜花	元	1609	
（9）娱乐用品	元	1610	16.62
（10）其他用品	元	1611	1.90
b. 教育服务消费	元	1612	839.39
（1）托儿费	元	1613	
（2）幼儿园赞助费	元	1614	
（3）学杂费	元	1615	337.84
（4）入学赞助费	元	1616	
（5）私立学校就读费	元	1617	
（6）成人培训费	元	1618	

续表 34

指标名称	单位	代码	上街区
（7）教育设备修理费	元	1619	
（8）其他	元	1620	501.55
c. 文化．体育．娱乐服务消费	元	1621	58.58
（1）旅游	元	1622	28.74
（2）休闲娱乐费	元	1623	27.37
（3）文化．体育．娱乐用品修理费	元	1624	
（4）其他	元	1625	2.47
#上互联网费用	元	1626	2.32
7. 医疗保健	元	1630	391.30
a. 购买医疗保健用品	元	1631	64.70
（1）购买医疗卫生用品	元	1632	60.08
①药品	元	1633	59.95
②医疗卫生器械	元	1634	
③其他医疗卫生用品	元	1635	0.13
（2）保健用品	元	1636	4.62
①药品类保健品	元	1637	0.43
②保健器材	元	1638	4.19
b. 医疗保健服务消费支出	元	1639	326.61
（1）医疗费	元	1640	324.08
（2）医疗设备修理费	元	1641	
（3）保健费	元	1642	2.53
（4）保健设备修理费	元	1643	
（5）其他	元	1644	
8. 其他商品和服务	元	1650	122.34
a. 购买其他商品支出	元	1651	17.98
（1）首饰	元	1652	
（2）手表	元	1653	
（3）化妆品	元	1654	7.38
（4）迷信．宗教用品	元	1655	0.60
（5）其他	元	1656	9.99
b. 其他消费服务支出	元	1657	104.37
（1）旅馆住宿费	元	1658	
（2）美容美发	元	1659	9.71
（3）殡殓费	元	1660	
（4）生活消费借贷利息	元	1661	

续表35

指标名称	单位	代码	上街区
（5）其他服务	元	1662	94.66
（四）财产性支出	元	1670	
1. 宅基地有偿使用费	元	1671	
2. 承包其他农户转让	元	1672	
3. 其他	元	1673	
（五）转移性支出	元	1674	304.00
1. 寄给带给家庭非常人口现金	元	1675	2.53
2. 赠送农村亲友	元	1676	27.87
3. 赠送城市亲友	元	1677	40.59
4. 缴纳医疗保险	元	1678	12.32
5. 缴纳社会保障基金	元	1679	40.63
6. 购买非储蓄性保险	元	1680	74.26
7. 赡养费	元	1681	15.79
8. 其他直接税	元	1682	
9. 捐赠	元	1683	
10. 罚款．赔款	元	1684	
11. 其他	元	1685	90.01
四．非消费性支出	元	1690	1224.92
（一）非借贷性支出	元	1691	1039.53
1. 购买彩票	元	1692	
2. 婚．丧．嫁．娶支出	元	1693	1011.83
3. 缴纳党费．团费	元	1694	1.79
4. 迷信．宗教活动捐赠	元	1695	
5. 其他	元	1696	25.92
（二）储蓄．借贷性支出	元	1697	185.39
1. 归还银行．信用社	元	1698	27.49
2. 借出款	元	1699	157.89
3. 归还借款	元	1700	
4. 存款	元	1701	
5. 购债券	元	1702	
6. 购买储蓄性保险	元	1703	
7. 购买股票、基金	元	1704	
8. 其他	元	1705	
五．期末金融资产余额	元	1710	3727.41
1. 手存现金	元	1711	569.52

续表 36

指标名称	单位	代码	上街区
2. 存款余额	元	1712	3157.89
3. 债券价值款	元	1713	
4. 股票价值金	元	1714	
5. 其他金融资产价值其他	元	1715	
六、期末债务余额	元	1716	
1. 银行．信用社贷款	元	1717	
2. 个人借（欠）款	元	1719	
3. 其他	元	1720	
出售产品情况	元	1730	272.74
一．农业	元	1731	252.44
（一）谷物数量	公斤	1732	87.37
金额	元	1733	167.40
1. 出售小麦数量	公斤	1734	77.37
出售小麦金额	元	1735	148.45
2. 出售稻谷数量	公斤	1740	
出售稻谷金额	元	1741	
3. 出售玉米数量	公斤	1746	10.00
出售玉米金额	元	1747	18.95
4. 出售高粱数量	公斤	1752	
出售高粱金额	元	1753	
5. 出售谷子数量	公斤	1754	
出售谷子金额	元	1755	
6. 出售青稞数量	公斤	1756	
出售青稞金额	元	1757	
7. 出售其他谷物数量	公斤	1758	
出售其他谷物金额	元	1759	
（二）出售薯类数量	公斤	1770	0.06
出售薯类金额	元	1771	0.21
其中：出售红薯数量	公斤	1772	0.06
出售红薯金额	元	1773	0.21
出售马铃薯数量	公斤	1774	
出售马铃薯金额	元	1775	
（三）出售豆类数量	公斤	1776	
出售豆类金额	元	1777	
其中：出售大豆数量	公斤	1778	

续表 37

指标名称	单位	代码	上街区
出售大豆金额	元	1779	
（四）出售棉花数量	公斤	1780	
出售棉花金额	元	1781	
（五）出售油料数量	公斤	1790	
出售油料金额	元	1791	
其中：1. 出售花生数量	公斤	1792	
出售花生金额	元	1793	
2. 出售芝麻数量	公斤	1794	
出售芝麻金额	元	1795	
3. 出售油菜子数量	公斤	1796	
出售油菜子金额	元	1797	
4. 出售葵花子数量	公斤	1798	
出售葵花子金额	元	1799	
（六）出售麻类数量	公斤	1810	
出售麻类金额	元	1811	
（七）出售糖料数量	公斤	1812	0.05
出售糖料金额	元	1813	0.16
其中：1. 出售甘蔗数量	公斤	1814	
出售甘蔗金额	元	1815	
2. 出售甜菜数量	公斤	1816	
出售甜菜金额	元	1817	
（八）出售烟草数量	公斤	1818	
出售烟草金额	元	1819	
（九）出售蔬菜数量	公斤	1820	
出售蔬菜金额	元	1821	
1. 出售鲜菜数量	公斤	1822	
出售鲜菜金额	元	1823	
2. 出售干菜数量	公斤	1824	
出售干菜金额	元	1825	
3. 出售鲜菌数量	公斤	1836	
出售鲜菌金额	元	1837	
4. 出售干菌数量	公斤	1838	
出售干菌金额	元	1839	
（十）出售花卉．园艺金额	元	1850	
其中：1. 出售鲜切花数量	枝	1851	

续表38

指标名称	单位	代码	上街区
出售鲜切花金额	元	1852	
2. 出售盆栽植物数量	盆	1853	
出售盆栽植物金额	元	1854	
3. 出售绿化苗木数量	株	1855	
出售绿化苗木金额	元	1856	
4. 出售人工草坪．草皮数量	平方米	1857	
出售人工草坪．草皮金额	元	1858	
（十一）出售瓜类数量	公斤	1859	
出售瓜类金额	元	1860	
其中：1. 出售西瓜数量	公斤	1861	
出售西瓜金额	元	1862	
2. 出售甜瓜数量	公斤	1863	
出售甜瓜金额	元	1864	
3. 出售白兰瓜数量	公斤	1865	
出售白兰瓜金额	元	1866	
4. 出售草莓数量	公斤	1867	
出售草莓金额	元	1868	
（十二）出售园林水果数量	公斤	1869	21.05
出售园林水果金额	元	1870	84.21
其中：1. 出售苹果数量	公斤	1871	
出售苹果金额	元	1872	
2. 出售梨数量	公斤	1873	21.05
出售梨金额	元	1874	84.21
3. 出售柑橘类数量	公斤	1875	
出售柑橘类金额	元	1876	
4. 出售香蕉数量	公斤	1877	
出售香蕉金额	元	1878	
5. 出售菠萝数量	公斤	1879	
出售菠萝金额	元	1880	
6. 出售荔枝数量	公斤	1881	
出售荔枝金额	元	1882	
7. 出售龙眼数量	公斤	1883	
出售龙眼金额	元	1884	
8. 出售葡萄数量	公斤	1885	
出售葡萄金额	元	1886	

续表 39

指标名称	单位	代码	上街区
9. 出售桃数量	公斤	1887	
出售桃金额	元	1888	
10. 出售杏数量	公斤	1889	
出售杏金额	元	1890	
11. 出售枣数量	公斤	1891	
出售枣金额	元	1892	
12. 出售柿子数量	公斤	1893	
出售柿子金额	元	1894	
13. 出售椰子数量	个	1895	
出售椰子金额	元	1896	
（十三）出售茶叶和其他饮料金额	元	1910	
其中：出售茶叶数量	公斤	1911	
出售茶叶金额	元	1912	
（十四）出售香料数量	公斤	1913	
出售香料金额	元	1914	
（十五）出售中药材数量	公斤	1915	
出售中药材金额	元	1916	
（十六）出售其他种植业产品金额	元	1917	
其中：1. 青饲料数量	公斤	1918	
青饲料金额	元	1919	
2. 牧草数量	公斤	1920	
牧草金额	元	1921	
3. 绿肥数量	公斤	1922	
绿肥金额	元	1923	
（十七）出售采集野生植物金额	元	1924	
其中：1. 野菜数量	公斤	1925	
野菜金额	元	1926	
2. 虫草数量	公斤	1927	
虫草金额	元	1928	
（十八）出售农作物副产品数量	公斤	1929	
出售农作物副产品金额	元	1930	
（十九）出售手工业产品金额	元	1931	0. 46
其中：1. 酒	公斤	1932	0. 23
金额	元	1933	0. 46
2. 酥油数量	公斤	1934	

续表 40

指标名称	单位	代码	上街区
金额	元	1935	
（二十）出售专用农产品金额	元	1936	
其中：1. 酱用西红柿	公斤	1937	
金额	元	1938	
2. 打瓜数量	公斤	1939	
金额	元	1940	
二. 林业	元	1960	2.11
（一）出售采集林产品金额	元	1961	2.11
1. 出售天然林和人工林地采集果实	元	1962	2.11
其中：（1）出售板栗数量	公斤	1963	
出售板栗金额	元	1964	
（2）出售核桃数量	公斤	1965	
出售核桃金额	元	1966	
（3）出售松子数量	公斤	1967	
出售松子金额	元	1968	
（4）出售花椒数量	公斤	1969	1.05
出售花椒金额	元	1970	2.11
（5）出售油桐子数量	公斤	1971	
出售油桐子金额	元	1972	
（6）出售油茶子数量	公斤	1973	
出售油茶子金额	元	1974	
2. 出售采集野生植物和果实金额	元	1975	
其中：（1）柴数量	公担	1976	
柴金额	元	1977	
（2）草数量	公担	1978	
草金额	元	1979	
（3）野生菌类数量	公斤	1980	
野生菌类金额	元	1981	
（4）野果数量	公斤	1982	
野果金额	元	1983	
（5）中药材数量	公斤	1984	
中药材金额	元	1985	
（二）出售竹木金额	元	1986	
1. 竹数量	根	1987	
竹金额	元	1988	

续表41

指标名称	单位	代码	上街区
2. 木材数量	立方米	1989	
木材金额	元	1990	
（三）出售育种．育苗金额	元	1991	
1. 林木种子数量	公斤	1992	
林木种子金额	元	1993	
2. 育苗数量	株	1994	
育苗金额	元	1995	
（四）出售林业副产品金额	元	1996	
（五）出售林业手工业产品金额	元	1997	
三．牧业	元	2010	18.19
（一）出售肉猪及猪肉总重量	公斤	2011	10.53
出售肉猪及猪肉总金额	元	2012	10.53
1. 出售肉猪的头数	头	2013	
出售肉猪的毛重	公斤	2014	
出售肉猪的金额	元	2015	
2. 出售自宰猪的头数	头	2016	0.01
出售自宰猪肉的数量	公斤	2017	10.53
出售自宰猪肉的金额	元	2018	10.53
（二）出售菜羊及羊肉总重量	公斤	2019	
出售菜羊及羊肉总金额	元	2020	
1. 出售菜羊的头数	只	2021	
出售菜羊的毛重	公斤	2022	
出售菜羊的金额	元	2023	
2. 出售自宰菜羊的只数	只	2024	
出售自宰羊肉的数量	公斤	2025	
出售自宰羊肉的金额	元	2026	
（三）出售肉牛及牛肉总重量	公斤	2027	
出售肉牛及牛肉总金额	元	2028	
1. 出售肉牛的头数	头	2029	
出售肉牛的毛重	公斤	2030	
出售肉牛的金额	元	2031	
2. 出售自宰牛的头数	头	2032	
出售自宰牛肉的数量	公斤	2033	
出售自宰牛肉的金额	元	2034	
（四）出售其他活家畜及自宰畜头数	头	2035	

续表 42

指标名称	单位	代码	上街区
出售其他活家畜及自宰畜肉重量	公斤	2036	
出售其他活家畜及自宰畜肉金额	元	2037	
（五）出售家禽总重量	公斤	2040	0.53
出售家禽总金额	元	2041	5.77
其中：1. 出售活鸡的只数	只	2042	0.19
出售活鸡的毛重	公斤	2043	0.53
出售活鸡的金额	元	2044	5.77
2. 出售自宰鸡的只数	只	2045	
出售自宰鸡肉的数量	公斤	2046	
出售自宰鸡肉的金额	元	2047	
3. 出售活鸭的只数	只	2048	
出售活鸭的毛重	公斤	2049	
出售活鸭的金额	元	2050	
4. 出售自宰鸭的只数	只	2051	
出售自宰鸭肉的数量	公斤	2052	
出售自宰鸭肉的金额	元	2053	
5. 出售活鹅的只数	只	2054	
出售活鹅的毛重	公斤	2055	
出售活鹅的金额	元	2056	
6. 出售自宰鹅的只数	只	2057	
出售自宰鹅肉的数量	公斤	2058	
出售自宰鹅肉的金额	元	2059	
（六）出售蛋类的数量	公斤	2069	0.26
出售蛋类的金额	元	2070	1.89
其中：1. 出售鸡蛋数量	公斤	2071	0.26
出售鸡蛋金额	元	2072	1.89
2. 出售鸭蛋数量	公斤	2073	
出售鸭蛋金额	元	2074	
3. 出售种蛋数量	公斤	2075	
出售种蛋金额	元	2076	
（七）出售畜皮数量	张	2077	
出售畜皮金额	元	2078	
其中：1. 猪皮数量	张	2079	
猪皮金额	元	2080	
2. 牛皮数量	张	2081	

续表43

指标名称	单位	代码	上街区
牛皮金额	元	2082	
3. 羊皮数量	张	2083	
羊皮金额	元	2084	
（八）出售毛．绒数量	公斤	2085	
出售毛．绒金额	元	2086	
其中：1. 羊毛数量	公斤	2087	
羊毛金额	元	2088	
2. 羊绒数量	公斤	2089	
羊绒金额	元	2090	
3. 兔毛．绒数量	公斤	2091	
兔毛．绒金额	元	2092	
（九）出售奶类数量	公斤	2093	
出售奶类金额	元	2094	
其中：1. 牛奶数量	公斤	2095	
牛奶金额	元	2096	
2. 羊奶数量	公斤	2097	
羊奶金额	元	2098	
（十）出售仔．幼．育肥畜禽和小动物	元	2099	
其中：1. 仔猪数量	只	2100	
仔猪金额	元	2101	
2. 架子猪数量	只	2102	
架子猪金额	元	2103	
3. 羊羔数量	只	2104	
羊羔金额	元	2105	
4. 育肥周转羊数量	只	2106	
育肥周转羊金额	元	2107	
5. 牛犊数量	只	2108	
牛犊金额	元	2109	
6. 育肥周转牛数量	只	2110	
育肥周转牛金额	元	2111	
7. 仔．幼鸡数量	只	2112	
仔．幼鸡金额	元	2113	
8. 仔．幼鸭数量	只	2114	
仔．幼鸭金额	元	2115	
9. 仔．幼鹅数量	只	2116	

续表44

指标名称	单位	代码	上街区
仔．幼鹅金额	元	2117	
10. 仔．幼兔数量	只	2118	
仔．幼兔金额	元	2119	
（十一）出售其他牧业产品金额	元	2130	
1. 出售小动物（包括自宰）金额	元	2131	
其中：①出售兔的只数	只	2132	
出售兔毛重	公斤	2133	
出售兔金额	元	2134	
②出售鸟类数量	只	2135	
出售鸟类金额	元	2136	
③出售家养动物数量	只	2137	
出售家养动物毛重	公斤	2138	
出售家养动物金额	元	2139	
④出售珍贵动物只数	只	2140	
出售珍贵动物毛重	公斤	2141	
出售珍贵动物金额	元	2142	
2. 出售虫类金额	元	2143	
其中：青蛙数量	公斤	2144	
青蛙金额	元	2145	
3. 出售其他畜产品金额	元	2146	
其中：①蚕茧数量	公斤	2147	
蚕茧金额	元	2148	
②蜂蜜．蜂蜡数量	公斤	2149	
蜂蜜．蜂蜡金额	元	2150	
③麝香数量	克	2151	
麝香金额	元	2152	
④鹿茸数量	克	2153	
鹿茸金额	元	2154	
（十二）出售狩猎和捕捉野生动物	元	2155	
（十三）出售牧业副产品金额	元	2156	
（十四）出售牧业手工业产品金额	元	2157	
四．渔业	元	2159	
（一）出售水产品金额	元	2160	
其中：1. 鱼类数量	公斤	2161	
鱼类金额	元	2162	

续表 45

指标名称	单位	代码	上街区
2. 虾类数量	公斤	2163	
虾类金额	元	2164	
3. 蟹类数量	公斤	2165	
蟹类金额	元	2166	
4. 贝类数量	公斤	2167	
贝类金额	元	2168	
5. 藻类数量	公斤	2169	
藻类金额	元	2170	
a. 出售海水产品金额	元	2171	
其中：1. 鱼类数量	公斤	2172	
鱼类金额	元	2173	
2. 虾类数量	公斤	2174	
虾类金额	元	2175	
3. 蟹类数量	公斤	2176	
蟹类金额	元	2177	
4. 贝类数量	公斤	2178	
贝类金额	元	2179	
5. 藻类数量	公斤	2180	
藻类金额	元	2181	
b. 出售淡水产品金额	元	2182	
其中：1. 鱼类数量	公斤	2183	
鱼类金额	元	2184	
2. 虾类数量	公斤	2185	
虾类金额	元	2186	
3. 蟹类数量	公斤	2187	
蟹类金额	元	2188	
4. 贝类数量	公斤	2189	
贝类金额	元	2190	
（二）出售渔业副产品金额	元	2191	
（三）出售渔业手工业产品金额	元	2192	
购买商品情况	元	2210	3898. 90
一. 购买生活消费品情况	元	2211	3459. 23
（一）食品类	元	2212	1023. 77
1. 购买谷物数量	公斤	2213	12. 75
购买谷物金额	元	2214	33. 69

续表46

指标名称	单位	代码	上街区
其中：（1）购买小麦	公斤	2215	
金额	元	2216	
（2）购买面粉	公斤	2217	3. 47
金额	元	2218	6. 18
（3）购买稻谷	公斤	2219	
金额	元	2220	
（4）购买大米	公斤	2221	4. 38
金额	元	2222	10. 51
（5）购买玉米	公斤	2223	
金额	元	2224	
（6）购买玉米面	公斤	2225	
金额	元	2226	
（7）购买高粱	公斤	2227	
金额	元	2228	
（8）购买谷子	公斤	2229	
金额	元	2230	
2. 购买薯类	公斤	2231	0. 12
金额	元	2232	1. 15
其中：①购买红薯	公斤	2233	0. 04
金额	元	2234	0. 29
②购买马铃薯	公斤	2235	0. 07
金额	元	2236	0. 75
3. 购买豆类	公斤	2237	2. 08
金额	元	2238	7. 90
其中：购买大豆	公斤	2239	0. 36
金额	元	2240	1. 72
4. 购买食用油	公斤	2250	5. 67
金额	元	2251	55. 00
其中：①购买植物油	公斤	2252	5. 67
金额	元	2253	55. 00
②购买动物油	公斤	2254	
金额	元	2255	
5. 购买蔬菜及制品金额	元	2256	176. 08
（1）购买蔬菜	公斤	2257	52. 79
金额	元	2258	174. 26

续表 47

指标名称	单位	代码	上街区
①购买鲜菜	公斤	2259	51.20
金额	元	2260	166.90
②购买干菜	公斤	2261	1.48
金额	元	2262	6.72
③菜制品	公斤	2263	0.11
金额	元	2264	0.64
(2) 购买菌类	公斤	2265	0.36
金额	元	2266	1.82
①购买鲜菌	公斤	2267	0.36
金额	元	2268	1.82
②购买干菌	公斤	2269	
金额	元	2270	
③菌制品	公斤	2271	
金额	元	2272	
6. 购买肉．禽．蛋．奶及其制品金额	元	2290	255.05
(1) 购买猪肉	公斤	2291	6.69
金额	元	2292	120.83
(2) 购买牛肉	公斤	2293	0.49
金额	元	2294	12.66
(3) 购买羊肉	公斤	2295	0.51
金额	元	2296	12.38
(4) 购买鸡	公斤	2297	0.34
金额	元	2298	4.78
(5) 购买鸭	公斤	2299	
金额	元	2300	
(6) 购买鹅	公斤	2301	
金额	元	2302	
(7) 购买牲畜下水	公斤	2303	
金额	元	2304	
(8) 购买禽下水	公斤	2305	0.02
金额	元	2306	0.04
(9) 购买鲜鸡蛋	公斤	2307	6.65
金额	元	2308	44.31
(10) 购买鲜鸭蛋	公斤	2309	
金额	元	2310	

续表48

指标名称	单位	代码	上街区
（11）购买鲜奶	公斤	2311	2.19
金额	元	2312	7.48
（12）购买酥油	公斤	2313	
金额	元	2314	
7. 购买水产品及制品金额	元	2320	23.01
其中：（1）购买海水鱼类	公斤	2321	1.15
金额	元	2322	17.32
（2）购买海水虾类	公斤	2323	
金额	元	2324	
（3）购买海水贝类	公斤	2325	
金额	元	2326	
（4）购买海水蟹类	公斤	2327	0.01
金额	元	2328	0.04
（5）购买海水藻类	公斤	2329	0.03
金额	元	2330	0.22
（6）购买淡水鱼类	公斤	2331	0.32
金额	元	2332	4.37
（7）购买淡水虾类	公斤	2333	
金额	元	2334	
（8）购买淡水贝类	公斤	2335	
金额	元	2336	
（9）购买淡蟹	公斤	2337	
金额	元	2338	
8. 购买烟．酒金额	元	2350	245.76
其中：（1）购买卷烟	盒	2351	24.00
金额	元	2352	196.67
（2）购买烟丝．烟叶	公斤	2353	
金额	元	2354	
（3）购买啤酒	公斤	2355	1.61
金额	元	2356	4.37
（4）购买白酒	公斤	2357	1.86
金额	元	2358	41.76
（5）购买果酒	公斤	2359	0.07
金额	元	2360	1.38
9. 购买茶叶．饮料金额	元	2361	38.84

续表 49

指标名称	单位	代码	上街区
其中：(1) 购买茶叶	公斤	2362	0.02
金额	元	2363	1.26
(2) 购买冷饮金额	元	2364	0.28
(3) 购买碳酸类饮料金额	元	2365	29.91
(4) 购买果汁类饮料金额	元	2366	4.48
(5) 购买瓶（桶）装水金额	元	2367	0.21
10. 购买其他种类食品金额	元	2368	187.29
其中：(1) 购买豆制品	元	2369	10.17
(2) 购买调味	元	2370	20.75
(3) 购买食糖	公斤	2371	1.02
金额	元	2372	6.67
(4) 购买西瓜	公斤	2373	9.67
金额	元	2374	14.59
(5) 购买其他果用瓜	公斤	2375	
金额	元	2376	
(6) 购买水果	公斤	2377	7.68
金额	元	2378	37.19
(7) 购买坚果．果仁及制品	元	2379	7.81
(8) 购买糖果	元	2380	1.35
(9) 购买糕点	元	2381	5.28
(10) 购买营养滋补品	元	2382	8.93
（二）衣着类	元	2390	448.17
其中：1. 购买服装	件	2391	3.00
金额	元	2392	355.89
2. 购买鞋类	双	2393	1.14
金额	元	2394	84.66
（三）居住类	元	2410	167.46
1. 购买建筑生活用房材料支出	元	2411	68.84
其中：①购买水泥	公斤	2412	6.32
金额	元	2413	2.95
②购买木材	立方米	2414	
金额	元	2415	
③购买钢材	公斤	2416	
金额	元	2417	
④购买水泥预制件	件	2418	

续表 50

指标名称	单位	代码	上街区
金额	元	2419	
⑤购买玻璃	平方米	2420	
金额	元	2421	
⑥购买砖	块	2422	
金额	元	2423	
⑦购买瓦	块	2424	
金额	元	2425	
⑧购买沙石	立方米	2426	0.26
金额	元	2427	1.79
2. 购买生活用房支出	元	2428	
其中：①购买砖木结构房屋间数	间	2429	
面积	平方米	2430	
金额	元	2431	
②购买钢筋混凝土房屋间数	间	2432	
面积	平方米	2433	
金额	元	2434	
③购买其他结构房屋间数	间	2435	
面积	平方米	2436	
金额	元	2437	
3. 购买生活用燃料	元	2438	71.83
其中：①购买柴	公担	2439	
金额	元	2440	
②购买草	公担	2441	
金额	元	2442	
③购买煤	公斤	2443	31.05
金额	元	2444	20.58
④液化气	元	2445	50.99
#a. 天然气	立方米	2446	1.43
金额	元	2447	2.76
b. 煤气	立方米	2448	0.42
金额	元	2449	0.84
c. 液化石油气	公斤	2450	7.51
金额	元	2451	47.39
4. 购买生活用水	吨	2456	2.08
金额	元	2457	2.40

续表51

指标名称	单位	代码	上街区
5. 购买生活用电	度	2458	347.95
金额	元	2459	203.60
(四) 家用设备和日用品	*	2460	289.76
其中：1. 购买洗涤及卫生用品	元	2461	31.12
2. 购买厨具．餐具．茶具	元	2462	10.98
3. 购买家具及做家具材料	元	2463	63.63
4. 购买洗衣机	台	2464	
金额	元	2465	
5. 购买缝纫机	台	2466	
金额	元	2467	
6. 购买电风扇	台	2468	
金额	元	2469	
7. 购买电冰箱	台	2470	0.01
金额	元	2471	23.16
8. 购买空调机	台	2472	0.03
金额	元	2473	78.95
9. 购买吸尘器	台	2474	
金额	元	2475	
10. 购买抽油烟机	台	2476	
金额	元	2477	
11. 购买热水器	台	2478	0.04
金额	元	2479	43.26
12. 购买微波炉	台	2480	
金额	元	2481	
13. 购买电饭锅	个	2482	
金额	元	2483	
14. 购买燃气炉具	套	2484	0.01
金额	元	2485	4.84
(五) 交通．通信工具和用品	*	2590	1103.31
其中：1. 购买自行车	辆	2591	
金额	元	2592	
2. 购买电动自行车	辆	2593	31.66
金额	元	2594	237.37
3. 购买摩托车	辆	2595	
金额	元	2596	

续表 52

指标名称	单位	代码	上街区
4. 购买汽车（生活用）	辆	2597	0.01
金额	元	2598	631.58
5. 购买电话	部	2599	0.01
金额	元	2600	0.76
6. 购买手机	部	2601	0.12
金额	元	2602	80.26
其中：购买燃料	元	2610	139.54
1. 购买汽油	升	2611	22.52
金额	元	2612	137.61
2. 购买柴油	升	2613	
金额	元	2614	
（六）文化．教育．体育．娱乐用品	*	2620	344.08
其中：1. 购买收录机	台	2621	
金额	元	2622	
2. 购买组合音响	台	2623	
金额	元	2624	
3. 购买电子游戏机	台	2625	
金额	元	2626	
4. 购买黑白电视机	台	2627	
金额	元	2628	
5. 购买彩色电视机	台	2629	0.01
金额	元	2630	13.68
6. 购买录放像机	台	2631	
金额	元	2632	
7. 购买影碟机	台	2633	
金额	元	2634	
8. 购买摄像机	台	2635	
金额	元	2636	
9. 购买照相机	只	2637	0.03
金额	元	2638	106.00
10. 购买家用计算机（电脑）	台	2639	0.04
金额	元	2640	182.11
11. 购买家用计算机外部设备	元	2641	
12. 购买中高档乐器	元	2642	
13. 购买体育健身器材	元	2643	

续表53

指标名称	单位	代码	上街区
14. 购买观赏盆栽植物	盆	2644	0.02
金额	元	2645	0.19
15. 购买宠物	只	2646	
金额	元	2647	
（七）医疗卫生．保健用品	元	2660	64.70
其中：1. 购买药品	元	2661	59.95
2. 购买医疗卫生器械	元	2662	
3. 购买药品类保健品	元	2663	0.43
4. 购买保健器材	元	2664	4.19
（八）其他杂项商品	元	2665	17.98
其中：1. 购买首饰	元	2666	
2. 购买手表	只	2667	
金额	元	2668	
3. 购买化妆品	元	2669	7.38
4. 购买迷信．宗教用品	元	2670	0.60
二．购买生产资料	元	2690	406.93
（一）购买农业用种子、种苗	公斤	2691	15.50
金额	元	2692	42.66
1. 购买小麦种子	公斤	2693	11.43
金额	元	2694	26.04
2. 购买稻谷种子	公斤	2695	
金额	元	2696	
3. 购买玉米种子	公斤	2697	1.00
金额	元	2698	7.42
4. 购买其他粮食种子	公斤	2699	0.18
金额	元	2700	0.41
5. 购买其他种子、种苗	公斤	2701	2.89
金额	元	2702	8.79
（二）购买农业用饲料	公斤	2703	
金额	元	2704	
1. 购买小麦饲料	公斤	2705	
金额	元	2706	
2. 购买稻谷饲料	公斤	2707	
金额	元	2708	
3. 购买玉米饲料	公斤	2709	

续表54

指标名称	单位	代码	上街区
金额	元	2710	
4. 购买其他生产饲料	公斤	2711	
金额	元	2712	
（三）购买农业用其他生产资料	元	2713	150.99
其中：1. 购买化肥	公斤	2714	44.84
金额	元	2715	87.92
2. 购买微量元素肥	克	2716	
金额	元	2717	
3. 购买饼肥	公斤	2718	21.05
金额	元	2719	18.95
4. 购买农药	元	2720	22.47
5. 购买薄膜	公斤	2721	
金额	元	2722	
6. 购买燃料	－－	2723	
金额	元	2724	
#（1）购买汽油	升	2725	
金额	元	2726	
（2）购买柴油	升	2727	
金额	元	2728	
（四）购买林业用饲料	公斤	2740	31.58
金额	元	2741	21.05
1. 购买小麦饲料	公斤	2742	31.58
金额	元	2743	21.05
2. 购买稻谷饲料	公斤	2744	
金额	元	2745	
3. 购买玉米饲料	公斤	2746	
金额	元	2747	
4. 购买其他生产饲料	公斤	2748	
金额	元	2749	
（五）购买林业用其他生产资料	元	2750	0.65
其中：1. 购买树种	公斤	2751	
金额	元	2752	
2. 购买树苗	株	2753	0.08
金额	元	2754	0.65
3. 购买化肥	公斤	2755	

续表 55

指标名称	单位	代码	上街区
金额	元	2756	
4. 购买微量元素肥	克	2757	
金额	元	2758	
5. 购买农药	元	2759	
6. 购买燃料	－－	2760	
金额	元	2761	
#（1）购买汽油	升	2762	
金额	元	2763	
（2）购买柴油	升	2764	
金额	元	2765	
（六）购买牧业用饲料	公斤	2780	15.79
金额	元	2781	31.58
1. 购买小麦	公斤	2782	15.79
金额	元	2783	31.58
2. 购买稻谷	公斤	2784	
金额	元	2785	
3. 购买玉米	公斤	2786	
金额	元	2787	
4. 购买其他生产饲料	公斤	2788	
金额	元	2789	
（七）购买牧业用其他生产资料	元	2790	0.32
其中：1. 购买仔．幼畜	头	2791	0.21
金额	元	2792	0.32
2. 购买育肥周转畜	头	2793	
金额	元	2794	
3. 仔．幼禽	元	2795	
4. 仔．幼小动物	元	2796	
5. 购买种蛋	公斤	2797	
金额	元	2798	
6. 兽药	元	2799	
7. 燃料	元	2800	
#（1）购买汽油	升	2801	
金额	元	2802	
（2）购买柴油	升	2803	
金额	元	2804	

续表56

指标名称	单位	代码	上街区
（八）购买渔业用生产饲料	公斤	2820	
金额	元	2821	
1. 购买小麦饲料	公斤	2822	
金额	元	2823	
2. 购买稻谷饲料	公斤	2824	
金额	元	2825	
3. 购买玉米饲料	公斤	2826	
金额	元	2827	
4. 购买其他生产饲料	公斤	2828	
金额	元	2829	
（九）购买渔业用生产资料	元	2830	
其中：1. 购买种苗	元	2831	
2. 购买渔用药	元	2832	
3. 购买燃料	元	2833	
#（1）购买汽油	升	2834	
金额	元	2835	
（2）购买柴油	升	2836	
金额	元	2837	
（十）购买工业生产用原料	元	2850	
（十一）购买工业用燃料	公斤	2851	
金额	元	2852	
#（1）购买汽油	升	2853	
金额	元	2854	
（2）购买柴油	升	2855	
金额	元	2856	
（十二）购买建筑业生产用原料	元	2857	
（十三）购买建筑业生产用燃料	公斤	2858	
金额	元	2859	
#（1）购买汽油	升	2860	
金额	元	2861	
（2）购买柴油	升	2862	
金额	元	2863	
（十四）购买交通运输业邮电业燃料	公斤	2864	4.68
金额	元	2865	28.11
#（1）购买汽油	升	2866	4.68

续表 57

指标名称	单位	代码	上街区
金额	元	2867	28.11
（2）购买柴油	升	2868	
金额	元	2869	
（十五）购买批零贸易业用原料	元	2870	31.58
（十六）购买批零贸易业用燃料	公斤	2871	0.21
金额	元	2872	1.05
#（1）购买汽油	升	2873	0.21
金额	元	2874	1.05
（2）购买柴油	升	2875	
金额	元	2876	
（十七）购买社会服务业用原料	元	2877	2.11
（十八）购买社会服务业用燃料	公斤	2878	0.74
金额	元	2879	7.37
#（1）购买汽油	升	2880	0.74
金额	元	2881	7.37
（2）购买柴油	升	2882	
金额	元	2883	
（十九）购买文教卫生业用原料	元	2884	1.05
（二十）购买文教卫生业用燃料	公斤	2885	0.63
金额	元	2886	6.32
#（1）购买汽油	升	2887	0.63
金额	元	2888	6.32
（2）购买柴油	升	2889	
金额	元	2890	
（二十一）购买其他行业用原料	元	2891	
（二十二）购买其他行业用燃料	公斤	2892	4.00
金额	元	2893	40.00
#（1）购买汽油	升	2894	4.00
金额	元	2895	40.00
（2）购买柴油	升	2896	
金额	元	2897	
三．购买生产用电	度	2900	24.53
金额	元	2901	24.97
①农业生产用电	度	2902	
金额	元	2903	

续表 58

指标名称	单位	代码	上街区
②林业生产用电	度	2904	
金额	元	2905	
③牧业生产用电	度	2906	
金额	元	2907	
④渔业生产用电	度	2908	
金额	元	2909	
⑤工业生产用电	度	2910	
金额	元	2911	
⑥建筑业生产用电	度	2912	
金额	元	2913	
⑦交通运输邮电业生产用电	度	2914	
金额	元	2915	
⑧批零贸易业生产用电	度	2916	24.53
金额	元	2917	24.97
⑨社会服务业生产用电	度	2918	
金额	元	2919	
⑩文教卫生业生产用电	度	2920	
金额	元	2921	
⑾其他行业生产用电	度	2922	
金额	元	2923	
四．购买生产性固定资产情况	元	2930	32.74
（一）购买建筑生产用建筑物材料	元	2931	32.74
其中：1. 购买水泥	公斤	2932	
金额	元	2933	
2. 购买木材	立方米	2934	
金额	元	2935	
3. 购买钢材	公斤	2936	
金额	元	2937	
4. 购买水泥预制件	件	2938	0.11
金额	元	2939	2.11
5. 购买玻璃	平方米	2940	
金额	元	2941	
6. 购买砖瓦	块	2942	115.79
金额	元	2943	23.26
7. 购买沙石	立方米	2944	0.16

续表59

指标名称	单位	代码	上街区
金额	元	2945	7.37
（二）购买生产用房间数	间	2946	
面积	平方米	2947	
金额	元	2948	
（三）购买役畜	头	2949	
金额	元	2950	
（四）购买产品畜	头	2951	
金额	元	2952	
（五）购买农林牧渔业机械支出	元	2953	
其中：1. 购买大中型铁木家具	元	2954	
2. 购买小型拖拉机	台	2955	
金额	元	2956	
3. 购买大中型拖拉机	台	2957	
金额	元	2958	
4. 购买机动脱粒机	台	2959	
金额	元	2960	
5. 购买收割机	台	2961	
金额	元	2962	
6. 购买动力机	台	2963	
金额	元	2964	
7. 购买胶轮大车	辆	2965	
金额	元	2966	
8. 购买水泵	台	2967	
金额	元	2968	
9. 购买风力发电机	台	2969	
金额	元	2970	
（六）购买工业机械支出	元	2971	
（七）购买运输机械支出	元	2972	
其中：1. 购买大中型拖拉机	辆	2973	
金额	元	2974	
2. 购买小型拖拉机	辆	2975	
金额	元	2976	
3. 购买汽车	辆	2977	
金额	元	2978	
4. 购买胶轮大车	辆	2979	

续表 60

指标名称	单位	代码	上街区
金额	元	2980	
5. 购买机动船	艘	2981	
金额	元	2982	
农村住户固定资产投资情况	*	3000	
一、本年新增固定资产原值	元	3001	419. 16
二、本年固定资产投资完成额	元	3002	419. 16
（一）按投资来源分	*	3003	
1. 国家资金	元	3004	
2. 国内贷款	元	3005	
3. 利用外资	元	3006	
4. 自筹资金	元	3007	419. 16
5. 其他资金	元	3008	
（二）按投资构成分	*	3009	419. 16
1. 建筑工程	元	3010	297. 37
其中：水利	元	3011	
房屋	元	3012	297. 37
其中：住宅	元	3013	264. 63
2. 安装工程	元	3014	121. 79
3. 设备工器具购置	元	3015	
其中：生产设备	元	3016	
4. 其他	元	3017	
（三）按投资方向分	*	3018	419. 16
1. 第一产业	元	3019	
2. 第二产业	元	3020	
（1）采掘业	元	3021	
（2）制造业	元	3022	
（3）电力煤气及水的生产和供应业	元	3023	
（4）建筑业	元	3024	
3. 第三产业	元	3025	419. 16
（1）交通运输．仓储和邮政业	元	3026	
（2）信息传输．计算机服务和软件业	元	3027	
（3）批发和零售业	元	3028	
（4）住宿和餐饮业	元	3029	
（5）金融业	元	3030	
（6）房地产业	元	3031	297. 37

续表 61

指标名称	单位	代码	上街区
(7) 租赁和商务服务业	元	3032	
(8) 科学研究．技术服务和地质勘探业	元	3033	
(9) 水利环境和公共设施管理业	元	3034	
(10) 居民服务和其他服务业	元	3035	
(11) 教育	元	3036	
(12) 卫生．社会保障和社会福利业	元	3037	
(13) 文化．体育和娱乐业	元	3038	
(14) 公共管理和社会组织	元	3039	
(15) 国际组织	元	3040	
(四) 按具体投资项目分	*	3041	419.16
1. 房屋	元	3042	297.37
其中：住宅	元	3043	264.63
2. 道路	元	3044	
3. 桥梁	元	3045	
4. 设备	元	3046	
5. 水利	元	3047	
6. 其他	元	3048	121.79
三、本年施工房屋面积	平米	3049	
其中：住宅	平米	3050	
其中：当年新开工	平米	3051	
四、本年竣工房屋面积	平米	3052	
其中：住宅	平米	3053	
五、本年施工房屋投资完成额	元	3054	
其中：住宅	元	3055	
六、本年竣工房屋投资完成额	元	3056	
其中：住宅	元	3057	
七、调查村户数	户	3061	21.84
调查村常住人口	人	3062	79.85
八、调查户数	户	3063	0.32
调查户常住人口	人	3064	1.00
农村住户食品消费情况	*	3100	
一、粮食消费量	公斤	3101	127.25
(一) 谷物消费量	公斤	3102	124.96
1. 小麦	公斤	3103	108.39
2. 稻谷	公斤	3104	4.38

续表62

指标名称	单位	代码	上街区
3. 玉米	公斤	3105	7.29
4. 高粱	公斤	3106	
5. 谷子	公斤	3107	
6. 青稞	公斤	3108	
7. 其他谷物	公斤	3109	4.91
（二）薯类消费量	公斤	3110	0.21
1. 红薯	公斤	3111	0.13
2. 马铃薯	公斤	3112	0.07
3. 其他薯类	公斤	3113	0.01
（三）豆类消费量	公斤	3114	2.08
1. 大豆	公斤	3115	0.36
2. 其他豆类	公斤	3116	1.72
二．油脂类消费量	公斤	3117	6.41
1. 植物油	公斤	3118	6.41
2. 动物油	公斤	3124	
三．烟叶消费量	公斤	3125	
四．豆制品	公斤	3126	2.79
五．蔬菜及菜制品消费量	公斤	3130	53.15
1. 鲜菜	公斤	3131	51.20
2. 干菜	公斤	3132	1.48
3. 菜制品	公斤	3133	0.11
4. 鲜菌	公斤	3134	0.36
5. 干菌	公斤	3135	
6. 菌制品	公斤	3136	
六．瓜类	公斤	3183	9.67
1. 西瓜	公斤	3184	9.67
2. 其他瓜果	公斤	3188	
七．水果类	公斤	3189	7.73
八．消费茶叶	公斤	3204	0.02
九．坚果消费量	公斤	3206	1.12
十．肉禽及其制品	公斤	3214	12.29
□1. 猪肉	公斤	3215	9.99
□2. 牛肉	公斤	3216	0.49
□3. 羊肉	公斤	3217	0.51
□4. 家禽	公斤	3218	0.34

续表63

指标名称	单位	代码	上街区
□5. 其他肉禽及制品	公斤	3219	0.96
十一. 蛋类及蛋制品	公斤	3220	7.14
十二. 奶和奶制品	公斤	3221	8.28
十三. 水产品	公斤	3222	1.62
1. 鱼类	公斤	3223	1.46
2. 虾、贝、蟹类	公斤	3224	0.01
3. 藻类	公斤	3225	0.03
4. 其他	公斤	3226	0.13
十四. 食糖	公斤	3250	1.02
十五、酒	公斤	3251	3.61
其中：1. 白酒	公斤	3252	1.86
2. 啤酒	公斤	3253	1.61
3. 果酒	公斤	3254	0.07
农村住户粮食收支平衡表	*	3300	
一、期初粮食结存	公斤	3301	
二、期内粮食收入合计	公斤	3320	563.34
（一）家庭经营生产粮食	公斤	3321	488.41
1. 谷物	公斤	3322	488.41
（1）小麦	公斤	3323	346.38
（2）水稻	公斤	3324	
（3）玉米	公斤	3325	138.87
（4）高粱	公斤	3326	
（5）谷子	公斤	3327	
（6）其他	公斤	3328	3.16
2. 薯类	公斤	3329	
（1）红薯	公斤	3330	
（2）马铃薯	公斤	3331	
（3）其他薯类	公斤	3332	
3. 豆类	公斤	3333	
（1）大豆	公斤	3334	
（2）其他豆类	公斤	3335	
（二）购入粮食	公斤	3336	74.93
1. 谷物	公斤	3337	72.73
（1）小麦	公斤	3338	62.27
（2）水稻	公斤	3339	4.38

续表64

指标名称	单位	代码	上街区
（3）玉米	公斤	3340	1.00
（4）高粱	公斤	3341	
（5）谷子	公斤	3342	
（6）其他	公斤	3343	5.08
2. 薯类	公斤	3344	0.12
（1）红薯	公斤	3345	0.04
（2）马铃薯	公斤	3346	0.07
（3）其他薯类	公斤	3347	0.01
3. 豆类	公斤	3348	2.08
（1）大豆	公斤	3349	0.36
（2）其他豆类	公斤	3350	1.72
（三）借入粮食	公斤	3351	
（四）收回借出粮	公斤	3352	
（五）其他粮食收入	公斤	3353	
三、期内粮食支出合计	公斤	3370	274.66
（一）主食用粮	公斤	3371	127.25
1. 谷物	公斤	3372	124.96
（1）小麦	公斤	3373	108.39
（2）水稻	公斤	3374	4.38
（3）玉米	公斤	3375	7.29
（4）高粱	公斤	3376	
（5）谷子	公斤	3377	
（6）其他	公斤	3378	4.91
2. 薯类	公斤	3379	0.21
（1）红薯	公斤	3380	0.13
（2）马铃薯	公斤	3381	0.07
（3）其他薯类	公斤	3382	0.01
3. 豆类	公斤	3383	2.08
（1）大豆	公斤	3384	0.36
（2）其他豆类	公斤	3385	1.72
（二）其他生活用粮	公斤	3386	
（三）出售粮食	公斤	3387	87.43
1. 谷物	公斤	3388	87.37
（1）小麦	公斤	3389	77.37
（2）水稻	公斤	3390	

续表65

指标名称	单位	代码	上街区
（3）玉米	公斤	3391	10.00
（4）高粱	公斤	3392	
（5）谷子	公斤	3393	
（6）其他	公斤	3394	
2. 薯类	公斤	3395	0.06
（1）红薯	公斤	3396	0.06
（2）马铃薯	公斤	3397	
（3）其他薯类	公斤	3398	
3. 豆类	公斤	3399	
（1）大豆	公斤	3400	
（2）其他豆类	公斤	3401	
（四）种子用粮食	公斤	3402	12.61
1. 小麦	公斤	3404	11.43
2. 水稻	公斤	3405	
3. 玉米	公斤	3406	1.00
4. 其他	公斤	3409	0.18
（五）饲料用粮食	公斤	3417	47.37
1. 小麦	公斤	3419	47.37
2. 水稻	公斤	3420	
3. 玉米	公斤	3421	
4. 其他	公斤	3424	
（六）借出粮食	公斤	3432	
（七）归还借粮	公斤	3433	
（八）其他粮食支出	公斤	3434	
四、期末粮食结存滚存计算数	公斤	3450	288.68
五、期末粮食结存实际调查数	公斤	3451	154.58
（一）谷物	公斤	3452	154.58
1. 小麦	公斤	3453	154.58
2. 水稻	公斤	3454	
3. 玉米	公斤	3455	
4. 高粱	公斤	3456	
5. 谷子	公斤	3457	
6. 其他	公斤	3458	
（二）薯类	公斤	3459	
1. 红薯	公斤	3460	

续表66

指标名称	单位	代码	上街区
2. 马铃薯	公斤	3461	
3. 其他薯类	公斤	3462	
（三）豆类	公斤	3463	
1. 大豆	公斤	3464	
2. 其他豆类	公斤	3465	
八、上年的有关粮食收支数据	－－	3480	
1. 期末粮食结存滚存数	公斤	3481	
2. 期末粮食结存调查数	公斤	3482	
农村住户调查户所在村基本情况	－－	3550	
一、调查村个数	个	3552	0.05
（一）地势	*	3553	0.63
1. 平原村个数	个	3554	
2. 丘陵村个数	个	3555	0.05
3. 山区村个数	个	3556	
（二）是否老区村	*	3557	0.63
1. 老区村个数	个	3558	
2. 非老区村个数	个	3559	0.05
（三）是否郊区村	*	3560	0.63
1. 郊区村个数	个	3561	
2. 非郊区村个数	个	3562	0.05
（四）是否少数民族村	*	3563	0.63
1. 少数民族村个数	个	3564	
2. 非少数民族村个数	个	3565	0.05
二、基本情况	－－	3566	
1. 乡村户数	户	3567	21.84
2. 乡村总人口	人	3568	79.85
3. 乡村总劳动力	人	3569	39.22
其中：男劳动力	人	3570	21.27
三、调查村土地资源	－－	3580	
1. 年末实有	亩	3589	53.02
2. 有效灌溉面积	亩	3592	38.42
3. 园地面积	亩	3593	4.74
4. 林地面积	亩	3594	9.84
5. 牧草地面积	亩	3595	
6. 养殖水面面积	亩	3596	

续表 67

指标名称	单位	代码	上街区
四、社会发展	- -	3620	
（一）通公路情况	*	3621	0. 32
1. 通公路的村个数	个	3622	0. 05
2. 未通公路的村个数	个	3623	
（二）通电话情况	*	3624	0. 32
1. 通电话的村个数	个	3625	0. 05
2. 未通电话的村个数	个	3626	
（三）通电情况	*	3627	0. 32
1. 通电的村个数	个	3628	0. 05
2. 未通电的村个数	个	3629	
（四）接收电视节目情况	*	3630	0. 32
1. 能接收电视节目的村个数	个	3631	0. 05
2. 不能接收电视节目的村个数	个	3632	
（五）距最近县城的距离	- -	3633	0. 82
1. 2 公里以下的村个数	个	3634	
2. 2 ~5 公里的村个数	个	3635	0. 04
3. 5 ~10 公里的村个数	个	3636	
4. 10 ~20 公里的村个数	个	3637	
5. 20 公里以上的村个数	个	3638	0. 01
（六）距最近乡镇政府所在地距离	- -	3639	0. 63
1. 2 公里以下的村个数	个	3640	0. 01
2. 2 ~5 公里的村个数	个	3641	0. 03
3. 5 ~10 公里的村个数	个	3642	0. 01
4. 10 ~20 公里的村个数	个	3643	
5. 20 公里以上的村个数	个	3644	
（七）距最近小学的距离	- -	3645	0. 57
1. 2 公里以下的村个数	个	3646	0. 02
2. 2 ~5 公里的村个数	个	3647	0. 02
3. 5 ~10 公里的村个数	个	3648	0. 01
4. 10 ~20 公里的村个数	个	3649	
5. 20 公里以上的村个数	个	3650	
（八）距最近初中的距离	- -	3651	0. 44
1. 2 公里以下的村个数	个	3652	0. 04
2. 2 ~5 公里的村个数	个	3653	
3. 5 ~10 公里的村个数	个	3654	0. 01

续表 68

指标名称	单位	代码	上街区
4. 10～20 公里的村个数	个	3655	
5. 20 公里以上的村个数	个	3656	
（九）距最近车站（码头）的距离	－－	3657	0. 76
1. 2 公里以下的村个数	个	3658	0. 01
2. 2～5 公里的村个数	个	3659	0. 02
3. 5～10 公里的村个数	个	3660	0. 01
4. 10～20 公里的村个数	个	3661	0. 01
5. 20 公里以上的村个数	个	3662	
（十）距最近卫生站（所）的距离	－－	3663	0. 51
1. 2 公里以下的村个数	个	3664	0. 03
2. 2～5 公里的村个数	个	3665	0. 01
3. 5～10 公里的村个数	个	3666	0. 01
4. 10～20 公里的村个数	个	3667	
5. 20 公里以上的村个数	个	3668	
（十一）距最近邮电所的距离	－－	3669	0. 69
1. 2 公里以下的村个数	个	3670	
2. 2～5 公里的村个数	个	3671	0. 04
3. 5～10 公里的村个数	个	3672	0. 01
4. 10～20 公里的村个数	个	3673	
5. 20 公里以上的村个数	个	3674	
五、农村社会保障情况	*	3680	
1. 参加农村最低生活保障的户数	户	3681	1. 07
参加农村最低生活保障的人数	人	3682	1. 92
2. 参加农村新型合作医疗的户数	户	3683	20. 69
参加农村新型合作医疗的人数	人	3684	75. 83
附记. 1. 购买生产资料综合补贴（四. 转移性收入）	元	3733	
2. 领取最低生活保障费（四. 转移性收入）	元	3734	
3. 婚. 丧. 嫁. 娶宴请支出	元	3735	400. 63
4. 外出务工成本	元	3736	
中介费	元	3737	
职业介绍费	元	3738	
培训费	元	3739	
交通费	元	3740	
办证费	元	3741	
其他费用	元	3742	

续表 69

指标名称	单位	代码	上街区
农业政策补贴收入	元	3749	97.26
调查户人口与劳动力情况	*	3750	
一. 农村住户人口状况	*	3751	
（一）家庭常住人口	人	3755	95.00
其中：在家居住6个月以上的人口	人	3756	0.95
其中：16岁以上非在校人口	人	3757	0.83
（二）常住人口与户主关系	*	3758	
1. 户主	人	3759	0.32
2. 配偶	人	3760	0.31
3. 子女	人	3761	0.29
4. 孙子女	人	3762	0.04
5. 父母	人	3763	0.04
6. 祖父母	人	3764	
7. 兄弟姐妹	人	3765	
8. 其他亲属	人	3766	
9. 非亲属	人	3767	
（三）家庭常住人口年龄状况	*	3768	
1.6岁及以下	人	3769	0.03
2.7~15岁	人	3770	0.08
3.16~18岁	人	3771	0.02
4.19~22岁	人	3772	0.06
5.23~25岁	人	3773	0.03
6.26~30岁	人	3774	0.05
7.31~40岁	人	3775	0.14
8.41~50岁	人	3776	0.22
9.51~60岁	人	3777	0.21
10.60岁以上	人	3778	0.15
（四）在校学生人数	人	3779	0.14
其中：7~15岁以下在校学生人数	人	3780	0.08
1. 小学一年级	人	3781	
2. 小学二年级	人	3782	
3. 小学三年级	人	3783	0.02
4. 小学四年级	人	3784	0.03
5. 小学五年级	人	3785	
6. 小学六年级	人	3786	

续表70

指标名称	单位	代码	上街区
7. 初中一年级	人	3787	0.01
8. 初中二年级	人	3788	0.02
9. 初中三年级	人	3789	
（五）7～15岁非在校学生人数	人	3790	
1. 小学辍学	人	3791	
2. 初中辍学	人	3792	
（六）享受农村最低生活保障的人数	人	3793	
（七）参加农村养老保险的人数	人	3794	0.36
参加城镇养老保险的人数	人	3795	0.01
参加商业养老保险的人数	人	3796	0.01
（八）参加农村新型合作医疗的人数	人	3797	0.98
参加商业医疗保险的人数	人	3798	
参加城镇医疗保险的人数	人	3799	
二．农村住户劳动力素质状况	*	3800	
（一）整半劳动力数	人	3801	0.73
其中：男劳动力人数	人	3802	0.37
其中：整劳动力	人	3803	0.41
（二）与户主关系	*	3804	
1. 户主	人	3805	0.31
2. 配偶	人	3806	0.25
3. 子女	人	3807	0.17
4. 孙子女	人	3808	
5. 父母	人	3809	
6. 祖父母	人	3810	
7. 兄弟姐妹	人	3811	
8. 其他亲属	人	3812	
9. 非亲属	人	3813	
（三）年龄结构	－－	3814	
1.16～20岁	人	3815	0.01
2.21～25岁	人	3816	0.05
3.26～30岁	人	3817	0.05
4.31～35岁	人	3818	0.07
5.36～40岁	人	3819	0.06
6.41～45岁	人	3820	0.09
7.46～50岁	人	3821	0.13

续表 71

指标名称	单位	代码	上街区
8. 50 岁以上	人	3822	0. 25
（四）劳动力文化程度	－－	3823	
1. 不识字或识字很少	人	3824	
2. 小学程度	人	3825	0. 03
3. 初中程度	人	3826	0. 42
4. 高中程度	人	3827	0. 17
5. 中专	人	3828	0. 01
6. 大专及以上	人	3829	0. 09
（五）劳动力接受培训情况	*	3830	0. 09
1. 受过专业培训的人数	人	3831	0. 14
参加培训方式	*	3832	
a. 政府组织	*	3833	0. 11
b. 企业组织	*	3834	0. 01
c. 自发参加	*	3835	0. 02
2. 未受过专业培训的人数	人	3836	0. 59
（1）未参加培训的原因	*	3837	
a. 不需要	*	3838	0. 09
b. 本地没有劳动技能培训	*	3839	
c. 培训的内容不需要	*	3840	
d. 交不起培训费	*	3841	
e. 没时间	*	3842	
f. 其他	*	3843	0. 49
（2）愿意接受培训的人数	*	3844	0. 37
（六）享受农村最低生活保障的人数	人	3845	
（七）参加农村养老保险的人数	人	3846	0. 27
参加城镇养老保险的人数	人	3847	0. 01
参加商业养老保险的人数	人	3848	0. 01
（八）参加农村新型合作医疗的人数	人	3849	0. 72
参加商业医疗保险的人数	人	3850	
参加城镇医疗保险的人数	人	3851	
农村住户劳动力就业情况	*	3860	
一. 就业劳动力人数	人	3861	0. 73
其中：男劳动力人数	人	3862	0. 37
整劳动力人数	人	3863	0. 41
受专业培训的人数	人	3864	0. 14

续表 72

指标名称	单位	代码	上街区
（一）与户主关系	*	3870	
1. 户主	人	3871	0.31
2. 配偶	人	3872	0.25
3. 子女	人	3873	0.17
4. 孙子女	人	3874	
5. 父母	人	3875	
6. 祖父母	人	3876	
7. 兄弟姐妹	人	3877	
8. 其他亲属	人	3878	
9. 非亲属	人	3879	
（二）年龄结构	--	3880	
1. 16～20 岁	人	3881	0.01
2. 21～25 岁	人	3882	0.05
3. 26～30 岁	人	3883	0.05
4. 31～35 岁	人	3884	0.07
5. 36～40 岁	人	3885	0.06
6. 41～45 岁	人	3886	0.09
7. 46～50 岁	人	3887	0.13
8. 50 岁以上	人	3888	0.25
（三）文化程度	--	3889	
1. 不识字或识字很少	人	3890	
2. 小学程度	人	3891	0.03
3. 初中程度	人	3892	0.42
4. 高中程度	人	3893	0.17
5. 中专	人	3894	0.01
6. 大专及以上	人	3895	0.09
（四）就业地点	--	3896	
1. 乡内	人	3897	0.73
2. 县内乡外	人	3898	
3. 省内县外	人	3899	
4. 国内省外	人	3900	
5. 国外	人	3901	
（五）行业分布	*	3902	
1. 一产业就业劳动力	人	3903	0.08
（1）农业	人	3904	0.08

续表 73

指标名称	单位	代码	上街区
（2）林业	人	3905	
（3）牧业	人	3906	
（4）渔业	人	3907	
2. 非农产业就业劳动力	人	3908	0.64
A. 二产业就业劳动力	人	3909	0.15
（1）采矿业	人	3910	
（2）制造业	人	3911	0.14
（3）电力煤气及水的生产供应业	人	3912	0.01
（4）建筑业	人	3913	
B. 三产业就业劳动力	人	3914	0.49
（1）交通运输仓储及邮电通讯业	人	3915	0.02
（2）批发和零售贸易	人	3916	0.05
（3）住宿和餐饮业	人	3917	0.01
（4）居民服务和其他服务业	人	3918	0.11
（5）教育	人	3919	0.02
（6）卫生．社会保障和社会福利业	人	3920	0.01
（7）文化．体育和娱乐业	人	3921	
（8）其他	人	3922	0.27
（六）年内从事各种行业时间	月	3923	6.95
1. 从事农业的时间	月	3924	0.86
2. 从事非农产业的时间	月	3925	6.08
（七）本地企业职工人数	人	3926	0.12
1. 与雇主签定劳动合同的人数	*	3928	0.07
2. 参加工伤保险的人数	人	3929	0.04
（八）参加农村养老保险的人数	人	3930	0.27
参加城镇养老保险的人数	人	3931	0.01
参加商业养老保险的人数	人	3932	0.01
（九）参加农村新型合作医疗的人数	人	3933	0.72
参加商业医疗保险的人数	人	3934	
参加城镇医疗保险的人数	人	3935	
（十）享受农村最低生活保障的人数	人	3936	
二．在一产业就业的劳动力	人	3951	0.08
其中：男劳动力人数	人	3952	0.02
整劳动力人数	人	3953	0.03
受专业培训的人数	人	3954	

续表 74

指标名称	单位	代码	上街区
（一）与户主关系	*	3960	
1. 户主	人	3961	0.02
2. 配偶	人	3962	0.06
3. 子女	人	3963	
4. 孙子女	人	3964	
5. 父母	人	3965	
6. 祖父母	人	3966	
7. 兄弟姐妹	人	3967	
8. 其他亲属	人	3968	
9. 非亲属	人	3969	
（二）年龄结构	--	3970	
1. 16~20 岁	人	3971	
2. 21~25 岁	人	3972	
3. 26~30 岁	人	3973	
4. 31~35 岁	人	3974	0.01
5. 36~40 岁	人	3975	
6. 41~45 岁	人	3976	
7. 46~50 岁	人	3977	0.05
8. 50 岁以上	人	3978	0.02
（三）文化程度	--	3979	
1. 不识字或识字很少	人	3980	
2. 小学程度	人	3981	0.01
3. 初中程度	人	3982	0.03
4. 高中程度	人	3983	0.04
5. 中专	人	3984	
6. 大专及以上	人	3985	
（四）就业地点	--	3986	
1. 乡内	人	3987	0.08
2. 县内乡外	人	3988	
3. 省内县外	人	3989	
4. 国内省外	人	3990	
5. 国外	人	3991	
（五）行业分布	*	3992	
1. 一产业就业劳动力	人	3993	0.08
（1）农业	人	3994	0.08

续表75

指标名称	单位	代码	上街区
（2）林业	人	3995	
（3）牧业	人	3996	
（4）渔业	人	3997	
2. 非农产业就业劳动力	人	3998	
A. 二产业就业劳动力	人	3999	
（1）采矿业	人	4000	
（2）制造业	人	4001	
（3）电力煤气及水的生产供应业	人	4002	
（4）建筑业	人	4003	
B. 三产业就业劳动力	人	4004	
（1）交通运输仓储及邮电通讯业	人	4005	
（2）批发和零售贸易	人	4006	
（3）住宿和餐饮业	人	4007	
（4）居民服务和其他服务业	人	4008	
（5）教育	人	4009	
（6）卫生．社会保障和社会福利业	人	4010	
（7）文化．体育和娱乐业	人	4011	
（8）其他	人	4012	
（六）年内从事各种行业时间	月	4013	0.43
1. 从事农业的时间	月	4014	0.34
2. 从事非农产业的时间	月	4015	0.09
（七）本地企业职工人数	人	4016	
1. 与雇主签定劳动合同的人数	*	4018	
2. 参加工伤保险的人数	人	4019	
（八）参加农村养老保险的人数	人	4020	0.03
参加城镇养老保险的人数	人	4021	
参加商业养老保险的人数	人	4022	
（九）参加农村新型合作医疗的人数	人	4023	0.08
参加商业医疗保险的人数	人	4024	
参加城镇医疗保险的人数	人	4025	
（十）享受农村最低生活保障的人数	人	4026	
三．在二产业就业的劳动力	人	4041	0.15
其中：男劳动力人数	人	4042	0.08
整劳动力人数	人	4043	0.14
受专业培训的人数	人	4044	0.03

续表 76

指标名称	单位	代码	上街区
（一）与户主关系	*	4050	
1. 户主	人	4051	0.06
2. 配偶	人	4052	0.04
3. 子女	人	4053	0.04
4. 孙子女	人	4054	
5. 父母	人	4055	
6. 祖父母	人	4056	
7. 兄弟姐妹	人	4057	
8. 其他亲属	人	4058	
9. 非亲属	人	4059	
（二）年龄结构	－－	4060	
1.16～20岁	人	4061	
2.21～25岁	人	4062	0.02
3.26～30岁	人	4063	0.01
4.31～35岁	人	4064	0.03
5.36～40岁	人	4065	0.05
6.41～45岁	人	4066	0.01
7.46～50岁	人	4067	0.01
8.50岁以上	人	4068	0.01
（三）文化程度	－－	4069	
1. 不识字或识字很少	人	4070	
2. 小学程度	人	4071	
3. 初中程度	人	4072	0.11
4. 高中程度	人	4073	0.02
5. 中专	人	4074	0.01
6. 大专及以上	人	4075	0.01
（四）就业地点	－－	4076	
1. 乡内	人	4077	0.15
2. 县内乡外	人	4078	
3. 省内县外	人	4079	
4. 国内省外	人	4080	
5. 国外	人	4081	
（五）行业分布	*	4082	
1. 一产业就业劳动力	人	4083	
（1）农业	人	4084	

续表 77

指标名称	单位	代码	上街区
（2）林业	人	4085	
（3）牧业	人	4086	
（4）渔业	人	4087	
2. 非农产业就业劳动力	人	4088	0.15
A. 二产业就业劳动力	人	4089	0.15
（1）采矿业	人	4090	
（2）制造业	人	4091	0.14
（3）电力煤气及水的生产供应业	人	4092	0.01
（4）建筑业	人	4093	
B. 三产业就业劳动力	人	4094	
（1）交通运输仓储及邮电通信业	人	4095	
（2）批发和零售贸易	人	4096	
（3）住宿和餐饮业	人	4097	
（4）居民服务和其他服务业	人	4098	
（5）教育	人	4099	
（6）卫生．社会保障和社会福利业	人	4100	
（7）文化．体育和娱乐业	人	4101	
（8）其他	人	4102	
（六）年内从事各种行业时间	月	4103	1.55
1. 从事农业的时间	月	4104	0.13
2. 从事非农产业的时间	月	4105	1.42
（七）本地企业职工人数	人	4106	0.08
1. 与雇主签订劳动合同的人数	*	4108	0.05
2. 参加工伤保险的人数	人	4109	0.03
（八）参加农村养老保险的人数	人	4110	0.08
参加城镇养老保险的人数	人	4111	
参加商业养老保险的人数	人	4112	
（九）参加农村新型合作医疗的人数	人	4113	0.15
参加商业医疗保险的人数	人	4114	
参加城镇医疗保险的人数	人	4115	
（十）享受农村最低生活保障的人数	人	4116	
四．在三产业就业的劳动力	人	4131	0.49
其中：男劳动力人数	人	4132	0.26
整劳动力人数	人	4133	0.24
受专业培训的人数	人	4134	0.11

续表 78

指标名称	单位	代码	上街区
（一）与户主关系	*	4140	
1. 户主	人	4141	0.22
2. 配偶	人	4142	0.15
3. 子女	人	4143	0.13
4. 孙子女	人	4144	
5. 父母	人	4145	
6. 祖父母	人	4146	
7. 兄弟姐妹	人	4147	
8. 其他亲属	人	4148	
9. 非亲属	人	4149	
（二）年龄结构	--	4150	
1. 16～20 岁	人	4151	0.01
2. 21～25 岁	人	4152	0.03
3. 26～30 岁	人	4153	0.04
4. 31～35 岁	人	4154	0.03
5. 36～40 岁	人	4155	0.01
6. 41～45 岁	人	4156	0.08
7. 46～50 岁	人	4157	0.06
8. 50 岁以上	人	4158	0.22
（三）文化程度	--	4159	
1. 不识字或识字很少	人	4160	
2. 小学程度	人	4161	0.02
3. 初中程度	人	4162	0.28
4. 高中程度	人	4163	0.11
5. 中专	人	4164	
6. 大专及以上	人	4165	0.08
（四）就业地点	--	4166	
1. 乡内	人	4167	0.49
2. 县内乡外	人	4168	
3. 省内县外	人	4169	
4. 国内省外	人	4170	
5. 国外	人	4171	
（五）行业分布	*	4172	
1. 一产业就业劳动力	人	4173	
（1）农业	人	4174	

续表 79

指标名称	单位	代码	上街区
（2）林业	人	4175	
（3）牧业	人	4176	
（4）渔业	人	4177	
2. 非农产业就业劳动力	人	4178	0. 49
A. 二产业就业劳动力	人	4179	
（1）采矿业	人	4180	
（2）制造业	人	4181	
（3）电力煤气及水的生产供应业	人	4182	
（4）建筑业	人	4183	
B. 三产业就业劳动力	人	4184	0. 49
（1）交通运输仓储及邮电通信业	人	4185	0. 02
（2）批发和零售贸易	人	4186	0. 05
（3）住宿和餐饮业	人	4187	0. 01
（4）居民服务和其他服务业	人	4188	0. 11
（5）教育	人	4189	0. 02
（6）卫生．社会保障和社会福利业	人	4190	0. 01
（7）文化．体育和娱乐业	人	4191	
（8）其他	人	4192	0. 27
（六）年内从事各种行业时间	月	4193	4. 97
1. 从事农业的时间	月	4194	0. 40
2. 从事非农产业的时间	月	4195	4. 57
（七）本地企业职工人数	人	4196	0. 03
1. 与雇主签订劳动合同的人数	*	4198	0. 02
2. 参加工伤保险的人数	人	4199	0. 01
（八）参加农村养老保险的人数	人	4200	0. 16
参加城镇养老保险的人数	人	4201	0. 01
参加商业养老保险的人数	人	4202	0. 01
（九）参加农村新型合作医疗的人数	人	4203	0. 48
参加商业医疗保险的人数	人	4204	
参加城镇医疗保险的人数	人	4205	
（十）享受农村最低生活保障的人数	人	4206	
农村住户劳动力外出务工情况	*	4250	
一．外出就业的劳动力人数	人	4251	
其中：男劳动力人数	人	4252	
整劳动力人数	人	4253	

续表 80

指标名称	单位	代码	上街区
受过专业培训的人数	人	4254	
首次外出的人数	人	4255	
(一）与户主关系	*	4260	
1. 户主	人	4261	
2. 配偶	人	4262	
3. 子女	人	4263	
4. 孙子女	人	4264	
5. 父母	人	4265	
6. 祖父母	人	4266	
7. 兄弟姐妹	人	4267	
8. 其他亲属	人	4268	
9. 非亲属	人	4269	
(二）年龄结构	*	4270	
1. 16~20 岁	人	4271	
2. 21~25 岁	人	4272	
3. 26~30 岁	人	4273	
4. 31~35 岁	人	4274	
5. 36~40 岁	人	4275	
6. 41~45 岁	人	4276	
7. 46~50 岁	人	4277	
8. 50 岁以上	人	4278	
(三）文化程度	*	4279	
1. 不识字或识字很少	人	4280	
2. 小学	人	4281	
3. 初中	人	4282	
4. 高中	人	4283	
5. 中专	人	4284	
6. 大专及以上	人	4285	
(四）外出方式	*	4286	
#1. 政府（单位）组织外出人数	人	4287	
2. 中介组织介绍	人	4288	
3. 亲属介绍外出人数	人	4289	
(五）外出地区	*	4290	
1. 东部地区	人	4291	
2. 中部地区	人	4292	

续表 81

指标名称	单位	代码	上街区
3. 西部地区	人	4293	
4. 其他地区	人	4294	
（六）外出地区类型	*	4295	
1. 直辖市	人	4296	
2. 省会城市	人	4297	
3. 地区级城市	人	4298	
4. 县级市	人	4299	
5. 建制镇	人	4300	
6. 其他地区	人	4301	
（七）与雇主签订劳动合同的人数	人	4302	
（八）参加工伤保险的人数	*	4303	
（九）外出务工时间	月	4304	
（十）外出劳动力从业时间情况	*	4305	
1. 外出劳动力中从业累计 1 个月以下的人数	人	4306	
2. 外出劳动力中从业累计 1 ~ 3 个月人数	人	4307	
3. 外出劳动力中从业累计 3 ~ 6 个月人数	人	4308	
4. 外出劳动力中从业累计 6 个月以上的人数	人	4309	
（十一）外出从事的行业	*	4310	
1. 一产业就业劳动力	人	4311	
（1）农业	人	4312	
（2）林业	人	4313	
（3）牧业	人	4314	
（4）渔业	人	4315	
2. 非农产业就业劳动力	人	4316	
A. 二产业就业劳动力	人	4317	
（1）采矿业	人	4318	
（2）制造业	人	4319	
（3）电力煤气及水的生产供应业	人	4320	
（4）建筑业	人	4321	
B. 三产业就业劳动力	人	4322	
（1）交通运输仓储及邮电通信业	人	4323	
（2）批发和零售贸易	人	4324	
（3）住宿和餐饮业	人	4325	
（4）居民服务和其他服务业	人	4326	
（5）教育	人	4327	

续表 82

指标名称	单位	代码	上街区
（6）卫生．社会保障和社会福利业	人	4328	
（7）文化．体育和娱乐业	人	4329	
（8）其他	人	4330	
（十二）在外务工总收入	元	4331	
其中：寄回带回现金	元	4332	
1. 外出务工分地区收入情况	*	4333	
（1）在东部地区的收入	元	4334	
（2）在中部地区的收入	元	4335	
（3）在西部地区的收入	元	4336	
（4）在其他地区的收入	元	4337	
2. 外出务工分地区类型收入情况	*	4338	
（1）在直辖市得到的收入	元	4339	
（2）在省会城市得到的收入	元	4340	
（3）在地区级城市得到的收入	元	4341	
（4）在县级市得到的收入	元	4342	
（5）在建制镇得到的收入	元	4343	
（6）在其他地区得到的收入	元	4344	
（十三）雇主拖欠工资的人数	人	4345	
（十四）雇主拖欠的工资额	元	4346	
（十五）外出从业的生产性费用支出	元	4347	
1. 旅费支出	元	4348	
2. 办理各种手续支出	元	4349	
（十六）在外务工生活消费总支出	元	4350	
其中：食品	元	4351	
衣着	元	4352	
居住	元	4353	
交通通信	元	4354	
医疗保健	元	4355	
（十七）本年度外出目的	*	4356	
1. 打工的人数	人	4357	
2. 经商的人数	人	4358	
3. 其他的人数	人	4359	
（十八）参加农村养老保险的人数	人	4360	
参加城镇养老保险的人数	人	4361	
参加商业养老保险的人数	人	4362	

续表 83

指标名称	单位	代码	上街区
（十九）参加农村新型合作医疗的人数	人	4363	
参加商业医疗保险的人数	人	4364	
参加城镇医疗保险的人数	人	4365	
（二十）享受农村最低生活保障的人数	人	4366	
二．外出到省外的劳动力人数	人	4371	
其中：男劳动力人数	人	4372	
整劳动力人数	人	4373	
受过专业培训的人数	人	4374	
首次外出的人数	人	4375	
（一）与户主关系	*	4380	
1. 户主	人	4381	
2. 配偶	人	4382	
3. 子女	人	4383	
4. 孙子女	人	4384	
5. 父母	人	4385	
6. 祖父母	人	4386	
7. 兄弟姐妹	人	4387	
8. 其他亲属	人	4388	
9. 非亲属	人	4389	
（二）年龄结构	*	4390	
1. 16～20 岁	人	4391	
2. 21～25 岁	人	4392	
3. 26～30 岁	人	4393	
4. 31～35 岁	人	4394	
5. 36～40 岁	人	4395	
6. 41～45 岁	人	4396	
7. 46～50 岁	人	4397	
8. 50 岁以上	人	4398	
（三）文化程度	*	4399	
1. 不识字或识字很少	人	4400	
2. 小学	人	4401	
3. 初中	人	4402	
4. 高中	人	4403	
5. 中专	人	4404	
6. 大专及以上	人	4405	

续表84

指标名称	单位	代码	上街区
（四）外出方式	*	4406	
#1. 政府（单位）组织外出人数	人	4407	
2. 中介组织介绍	人	4408	
3. 亲属介绍外出人数	人	4409	
（五）外出地区	*	4410	
1. 东部地区	人	4411	
2. 中部地区	人	4412	
3. 西部地区	人	4413	
4. 其他地区	人	4414	
（六）外出地区类型	*	4415	
1. 直辖市	人	4416	
2. 省会城市	人	4417	
3. 地区级城市	人	4418	
4. 县级市	人	4419	
5. 建制镇	人	4420	
6. 其他地区	人	4421	
（七）与雇主签订劳动合同的人数	人	4422	
（八）参加工伤保险的人数	*	4423	
（九）外出务工时间	月	4424	
（十）外出劳动力从业时间情况	*	4425	
1. 外出劳动力中从业累计1个月以下的人数	人	4426	
2. 外出劳动力中从业累计1～3个月人数	人	4427	
3. 外出劳动力中从业累计3～6个月人数	人	4428	
4. 外出劳动力中从业累计6个月以上的人数	人	4429	
（十一）外出从事的行业	*	4430	
1. 一产业就业劳动力	人	4431	
（1）农业	人	4432	
（2）林业	人	4433	
（3）牧业	人	4434	
（4）渔业	人	4435	
2. 非农产业就业劳动力	人	4436	
A. 二产业就业劳动力	人	4437	
（1）采矿业	人	4438	
（2）制造业	人	4439	
（3）电力煤气及水的生产供应业	人	4440	

续表 85

指标名称	单位	代码	上街区
（4）建筑业	人	4441	
B. 三产业就业劳动力	人	4442	
（1）交通运输仓储及邮电通信业	人	4443	
（2）批发和零售贸易	人	4444	
（3）住宿和餐饮业	人	4445	
（4）居民服务和其他服务业	人	4446	
（5）教育	人	4447	
（6）卫生．社会保障和社会福利业	人	4448	
（7）文化．体育和娱乐业	人	4449	
（8）其他	人	4450	
（十二）在外务工总收入	元	4451	
其中：寄回带回现金	元	4452	
1. 外出务工分地区收入情况	*	4453	
（1）在东部地区的收入	元	4454	
（2）在中部地区的收入	元	4455	
（3）在西部地区的收入	元	4456	
（4）在其他地区的收入	元	4457	
2. 外出务工分地区类型收入情况	*	4458	
（1）在直辖市得到的收入	元	4459	
（2）在省会城市得到的收入	元	4460	
（3）在地区级城市得到的收入	元	4461	
（4）在县级市得到的收入	元	4462	
（5）在建制镇得到的收入	元	4463	
（6）在其他地区得到的收入	元	4464	
（十三）雇主拖欠工资的人数	人	4465	
（十四）雇主拖欠的工资额	元	4466	
（十五）外出从业的生产性费用支出	元	4467	
1. 旅费支出	元	4468	
2. 办理各种手续支出	元	4469	
（十六）在外务工生活消费总支出	元	4470	
其中：食品	元	4471	
衣着	元	4472	
居住	元	4473	
交通通信	元	4474	
医疗保健	元	4475	

续表 86

指标名称	单位	代码	上街区
（十七）本年度外出目的	*	4476	
1. 打工的人数	人	4477	
2. 经商的人数	人	4478	
3. 其他的人数	人	4479	
（十八）参加农村养老保险的人数	人	4480	
参加城镇养老保险的人数	人	4481	
参加商业养老保险的人数	人	4482	
（十九）参加农村新型合作医疗的人数	人	4483	
参加商业医疗保险的人数	人	4484	
参加城镇医疗保险的人数	人	4485	
（二十）享受农村最低生活保障的人数	人	4486	
三. 外出在省内的劳动力人数	人	4491	
其中：男劳动力人数	人	4492	
整劳动力人数	人	4493	
受过专业培训的人数	人	4494	
首次外出的人数	人	4495	
（一）与户主关系	*	4500	
1. 户主	人	4501	
2. 配偶	人	4502	
3. 子女	人	4503	
4. 孙子女	人	4504	
5. 父母	人	4505	
6. 祖父母	人	4506	
7. 兄弟姐妹	人	4507	
8. 其他亲属	人	4508	
9. 非亲属	人	4509	
（二）年龄结构	*	4510	
1. 16 ~ 20 岁	人	4511	
2. 21 ~ 25 岁	人	4512	
3. 26 ~ 30 岁	人	4513	
4. 31 ~ 35 岁	人	4514	
5. 36 ~ 40 岁	人	4515	
6. 41 ~ 45 岁	人	4516	
7. 46 ~ 50 岁	人	4517	
8. 50 岁以上	人	4518	

续表 87

指标名称	单位	代码	上街区
（三）文化程度	*	4519	
1. 不识字或识字很少	人	4520	
2. 小学	人	4521	
3. 初中	人	4522	
4. 高中	人	4523	
5. 中专	人	4524	
6. 大专及以上	人	4525	
（四）外出方式	*	4526	
#1. 政府（单位）组织外出人数	人	4527	
2. 中介组织介绍	人	4528	
3. 亲属介绍外出人数	人	4529	
（五）外出地区	*	4530	
1. 东部地区	人	4531	
2. 中部地区	人	4532	
3. 西部地区	人	4533	
4. 其他地区	人	4534	
（六）外出地区类型	*	4535	
1. 直辖市	人	4536	
2. 省会城市	人	4537	
3. 地区级城市	人	4538	
4. 县级市	人	4539	
5. 建制镇	人	4540	
6. 其他地区	人	4541	
（七）与雇主签定劳动合同的人数	人	4542	
（八）参加工伤保险的人数	*	4543	
（九）外出务工时间	月	4544	
（十）外出劳动力从业时间情况	*	4545	
1. 外出劳动力中从业累计 1 个月以下的人数	人	4546	
2. 外出劳动力中从业累计 1－3 个月人数	人	4547	
3. 外出劳动力中从业累计 3－6 个月人数	人	4548	
4. 外出劳动力中从业累计 6 个月以上的人数	人	4549	
（十一）外出从事的行业	*	4550	
1. 一产业就业劳动力	人	4551	
（1）农业	人	4552	
（2）林业	人	4553	

续表 88

指标名称	单位	代码	上街区
（3）牧业	人	4554	
（4）渔业	人	4555	
2. 非农产业就业劳动力	人	4556	
A. 二产业就业劳动力	人	4557	
（1）采矿业	人	4558	
（2）制造业	人	4559	
（3）电力煤气及水的生产供应业	人	4560	
（4）建筑业	人	4561	
B. 三产业就业劳动力	人	4562	
（1）交通运输仓储及邮电通信业	人	4563	
（2）批发和零售贸易	人	4564	
（3）住宿和餐饮业	人	4565	
（4）居民服务和其他服务业	人	4566	
（5）教育	人	4567	
（6）卫生．社会保障和社会福利业	人	4568	
（7）文化．体育和娱乐业	人	4569	
（8）其他	人	4570	
（十二）在外务工总收入	元	4571	
其中：寄回带回现金	元	4572	
1. 外出务工分地区收入情况	*	4573	
（1）在东部地区的收入	元	4574	
（2）在中部地区的收入	元	4575	
（3）在西部地区的收入	元	4576	
（4）在其他地区的收入	元	4577	
2. 外出务工分地区类型收入情况	*	4578	
（1）在直辖市得到的收入	元	4579	
（2）在省会城市得到的收入	元	4580	
（3）在地区级城市得到的收入	元	4581	
（4）在县级市得到的收入	元	4582	
（5）在建制镇得到的收入	元	4583	
（6）在其他地区得到的收入	元	4584	
（十三）雇主拖欠工资的人数	人	4585	
（十四）雇主拖欠的工资额	元	4586	
（十五）外出从业的生产性费用支出	元	4587	
1. 旅费支出	元	4588	

续表 89

指标名称	单位	代码	上街区
2. 办理各种手续支出	元	4589	
（十六）在外务工生活消费总支出	元	4590	
其中：食品	元	4591	
衣着	元	4592	
居住	元	4593	
交通通信	元	4594	
医疗保健	元	4595	
（十七）本年度外出目的	*	4596	
1. 打工的人数	人	4597	
2. 经商的人数	人	4598	
3. 其他的人数	人	4599	
（十八）参加农村养老保险的人数	人	4600	
参加城镇养老保险的人数	人	4601	
参加商业养老保险的人数	人	4602	
（十九）参加农村新型合作医疗的人数	人	4603	
参加商业医疗保险的人数	人	4604	
参加城镇医疗保险的人数	人	4605	
（二十）享受农村最低生活保障的人数	人	4606	
农村住户外出劳动力返回情况	*	4620	
（一）当年返回劳动力人数	人	4621	
（二）返回劳动力的文化程度	*	4622	
1. 不识字或识字很少	人	4623	
2. 小学	人	4624	
3. 初中	人	4625	
4. 高中	人	4626	
5. 中专	人	4627	
6. 大专及以上	人	4628	
（三）上年外出地区	*	4629	
1. 由东部地区返回	人	4630	
2. 由中部地区返回	人	4631	
3. 由西部地区返回	人	4632	
4. 由其他地区返回	人	4633	
（四）上年外出地区的类型	*	4634	
1. 由直辖市返回	人	4635	
2. 由省会城市返回	人	4636	

续表90

指标名称	单位	代码	上街区
3. 由地区级城市返回	人	4637	
4. 由县级市返回	人	4638	
5. 由建制镇返回	人	4639	
6. 由其他地区返回	人	4640	
（五）返回原因	*	4641	
1. 找不到工作	人	4642	
2. 要不到工资	人	4643	
3. 缺乏安全感	人	4644	
4. 生活不习惯	人	4645	
5. 疾病或伤残	人	4646	
6. 回家结婚、生育	人	4647	
7. 家中缺乏劳动力	人	4648	
8. 其他	人	4649	
（六）上年外出从事的行业	*	4660	
1. 一产业就业劳动力	人	4661	
（1）农业	人	4662	
（2）林业	人	4663	
（3）牧业	人	4664	
（4）渔业	人	4665	
2. 非农产业就业劳动力	人	4666	
A. 二产业就业劳动力	人	4667	
（1）采矿业	人	4668	
（2）制造业	人	4669	
（3）电力煤气及水的生产供应业	人	4670	
（4）建筑业	人	4671	
B. 三产业就业劳动力	人	4672	
（1）交通运输仓储及邮电通信业	人	4673	
（2）批发和零售贸易	人	4674	
（3）住宿和餐饮业	人	4675	
（4）居民服务和其他服务业	人	4676	
（5）教育	人	4677	
（6）卫生．社会保障和社会福利业	人	4678	
（7）文化．体育和娱乐业	人	4679	
（8）其他	人	4680	
（七）参加农村养老保险的人数	人	4681	

续表 91

指标名称	单位	代码	上街区
参加城镇养老保险的人数	人	4682	
参加商业养老保险的人数	人	4683	
（八）参加农村新型合作医疗的人数	人	4684	
参加商业医疗保险的人数	人	4685	
参加城镇医疗保险的人数	人	4686	
（九）享受农村最低生活保障的人数	人	4687	
农村住户劳动力转移情况	*	4700	
一. 转移劳动力人数	人	4701	0. 59
其中：男劳动力人数	*	4702	0. 33
整劳动力人数	人	4703	0. 38
受过专业培训的人数	人	4704	0. 14
（一）与户主关系	*	4710	
1. 户主	人	4711	0. 26
2. 配偶	人	4712	0. 16
3. 子女	人	4713	0. 17
4. 孙子女	人	4714	
5. 父母	人	4715	
6. 祖父母	人	4716	
7. 兄弟姐妹	人	4717	
8. 其他亲属	人	4718	
9. 非亲属	人	4719	
（二）年龄结构	*	4720	
1. 16－20 岁	人	4721	0. 01
2. 21－25 岁	人	4722	0. 05
3. 26－30 岁	人	4723	0. 05
4. 31－35 岁	人	4724	0. 06
5. 36－40 岁	人	4725	0. 06
6. 41－45 岁	人	4726	0. 09
7. 46－50 岁	人	4727	0. 07
8. 50 岁以上	人	4728	0. 18
（三）文化程度	*	4729	
1. 不识字或识字很少	人	4730	
2. 小学	人	4731	
3. 初中	人	4732	0. 36
4. 高中	人	4733	0. 13

续表 92

指标名称	单位	代码	上街区
5. 中专	人	4734	0.01
6. 大专及以上	人	4735	0.09
（四）与雇主签定劳动合同的人数	人	4736	0.08
（五）参加工伤保险的人数	*	4737	0.05
（六）行业分布情况	*	4738	
1. 一产业就业劳动力	人	4739	
（1）农业	人	4740	
（2）林业	人	4741	
（3）牧业	人	4742	
（4）渔业	人	4743	
2. 非农产业就业劳动力	人	4744	0.59
A. 二产业就业劳动力	人	4745	0.15
（1）采矿业	人	4746	
（2）制造业	人	4747	0.14
（3）电力煤气及水的生产供应业	人	4748	0.01
（4）建筑业	人	4749	
B. 三产业就业劳动力	人	4750	0.44
（1）交通运输仓储及邮电通信业	人	4751	0.02
（2）批发和零售贸易	人	4752	0.05
（3）住宿和餐饮业	人	4753	0.01
（4）居民服务和其他服务业	人	4754	0.11
（5）教育	人	4755	0.02
（6）卫生．社会保障和社会福利业	人	4756	0.01
（7）文化．体育和娱乐业	人	4757	
（8）其他	人	4758	0.22
（七）参加农村养老保险的人数	人	4759	0.24
参加城镇养老保险的人数	人	4760	0.01
参加商业养老保险的人数	人	4761	0.01
（八）参加农村新型合作医疗的人数	人	4762	0.58
参加商业医疗保险的人数	人	4763	
参加城镇医疗保险的人数	人	4764	
（九）雇主拖欠工资的人数	人	4765	
雇主拖欠的工资额	元	4766	
（十）享受农村最低生活保障的人数	人	4767	
二．行业转移人数	人	4771	0.59

续表 93

指标名称	单位	代码	上街区
其中：男劳动力人数	*	4772	0.33
整劳动力人数	人	4773	0.38
受过专业培训的人数	人	4774	0.14
（一）与户主关系	*	4780	
1. 户主	人	4781	0.26
2. 配偶	人	4782	0.16
3. 子女	人	4783	0.17
4. 孙子女	人	4784	
5. 父母	人	4785	
6. 祖父母	人	4786	
7. 兄弟姐妹	人	4787	
8. 其他亲属	人	4788	
9. 非亲属	人	4789	
（二）年龄结构	*	4790	
1. 16～20 岁	人	4791	0.01
2. 21～25 岁	人	4792	0.05
3. 26～30 岁	人	4793	0.05
4. 31～35 岁	人	4794	0.06
5. 36～40 岁	人	4795	0.06
6. 41～45 岁	人	4796	0.09
7. 46～50 岁	人	4797	0.07
8. 50 岁以上	人	4798	0.18
（三）文化程度	*	4799	
1. 不识字或识字很少	人	4800	
2. 小学	人	4801	
3. 初中	人	4802	0.36
4. 高中	人	4803	0.13
5. 中专	人	4804	0.01
6. 大专及以上	人	4805	0.09
（四）与雇主签订劳动合同的人数	人	4806	0.08
（五）参加工伤保险的人数	*	4807	0.05
（六）行业分布情况	*	4808	
1. 一产业就业劳动力	人	4809	
（1）农业	人	4810	
（2）林业	人	4811	

续表 94

指标名称	单位	代码	上街区
（3）牧业	人	4812	
（4）渔业	人	4813	
2. 非农产业就业劳动力	人	4814	0. 59
1. 转移到二产业就业劳动力	人	4815	0. 15
（1）采矿业	人	4816	
（2）制造业	人	4817	0. 14
（3）电力煤气及水的生产供应业	人	4818	0. 01
（4）建筑业	人	4819	
2. 转移到三产业就业劳动力	人	4820	0. 44
（1）交通运输仓储及邮电通讯业	人	4821	0. 02
（2）批发和零售贸易业	人	4822	0. 05
（3）住宿和餐饮业	人	4823	0. 01
（4）居民服务和其他服务业	人	4824	0. 11
（5）教育	人	4825	0. 02
（6）卫生．社会保障和社会福利业	人	4826	0. 01
（7）文化．体育和娱乐业	人	4827	
（8）其他	人	4828	0. 22
（七）参加农村养老保险的人数	人	4829	0. 24
参加城镇养老保险的人数	人	4830	0. 01
参加商业养老保险的人数	人	4831	0. 01
（八）参加农村新型合作医疗的人数	人	4832	0. 58
参加商业医疗保险的人数	人	4833	
参加城镇医疗保险的人数	人	4834	
（九）雇主拖欠工资的人数	人	4835	
雇主拖欠的工资额	元	4836	
（十）享受农村最低生活保障的人数	人	4837	
三．地域转移人数	人	4841	
其中：男劳动力人数	*	4842	
整劳动力人数	人	4843	
受过专业培训的人数	人	4844	
首次外出人数	人	4845	
（一）与户主关系	*	4850	
1. 户主	人	4851	
2. 配偶	人	4852	
3. 子女	人	4853	

续表 95

指标名称	单位	代码	上街区
4. 孙子女	人	4854	
5. 父母	人	4855	
6. 祖父母	人	4856	
7. 兄弟姐妹	人	4857	
8. 其他亲属	人	4858	
9. 非亲属	人	4859	
（二）年龄结构	*	4860	
1. 16 ~ 20 岁	人	4861	
2. 21 ~ 25 岁	人	4862	
3. 26 ~ 30 岁	人	4863	
4. 31 ~ 35 岁	人	4864	
5. 36 ~ 40 岁	人	4865	
6. 41 ~ 45 岁	人	4866	
7. 46 ~ 50 岁	人	4867	
8. 50 岁以上	人	4868	
（三）文化程度	*	4869	
1. 不识字或识字很少	人	4870	
2. 小学	人	4871	
3. 初中	人	4872	
4. 高中	人	4873	
5. 中专	人	4874	
6. 大专及以上	人	4875	
（四）与雇主签订劳动合同的人数	人	4876	
（五）参加工伤保险的人数	*	4877	
（六）行业分布情况	*	4878	
1. 一产业就业劳动力	人	4879	
（1）农业	人	4880	
（2）林业	人	4881	
（3）牧业	人	4882	
（4）渔业	人	4883	
2. 非农产业就业劳动力	人	4884	
A. 二产业就业劳动力	人	4885	
（1）采矿业	人	4886	
（2）制造业	人	4887	
（3）电力煤气及水的生产供应业	人	4888	

续表96

指标名称	单位	代码	上街区
（4）建筑业	人	4889	
B. 三产业就业劳动力	人	4890	
（1）交通运输仓储及邮电通信业	人	4891	
（2）批发和零售贸易	人	4892	
（3）住宿和餐饮业	人	4893	
（4）居民服务和其他服务业	人	4894	
（5）教育	人	4895	
（6）卫生．社会保障和社会福利业	人	4896	
（7）文化．体育和娱乐业	人	4897	
（8）其他	人	4898	
（七）转移地区	*	4899	
1. 转向东部地区	人	4900	
2. 转向中部地区	人	4901	
3. 转向西部地区	人	4902	
4. 转向其他地区	人	4903	
（八）转移地区类型	*	4904	
1. 转向直辖市	人	4905	
2. 转向省会城市	人	4906	
3. 转向地区级城市	人	4907	
4. 转向县级市	人	4908	
5. 转向建制镇	人	4909	
6. 转向其他地区	人	4910	
（九）外出方式	*	4911	
#1. 政府（单位）组织外出人数	人	4912	
2. 中介组织介绍	人	4913	
3. 亲属介绍外出人数	人	4914	
（十）在外务工总收入	元	4915	
其中：寄回带回现金	元	4916	
1. 外出务工分地区收入情况	*	4917	
（1）在东部地区的收入	元	4918	
（2）在中部地区的收入	元	4919	
（3）在西部地区的收入	元	4920	
（4）在其他地区的收入	元	4921	
2. 外出务工分地区类型收入情况	*	4922	
（1）在直辖市得到的收入	元	4923	

续表 97

指标名称	单位	代码	上街区
（2）在省会城市得到的收入	元	4924	
（3）在地区级城市得到的收入	元	4925	
（4）在县级市得到的收入	元	4926	
（5）在建制镇得到的收入	元	4927	
（6）在其他地区得到的收入	元	4928	
（十一）雇主拖欠工资的人数	人	4929	
（十二）雇主拖欠的工资额	元	4930	
（十三）外出从业的生产性费用支出	元	4931	
1. 旅费支出	元	4932	
2. 办理各种手续支出	元	4933	
（十四）在外务工生活消费总支出	元	4934	
其中：食品	元	4935	
衣着	元	4936	
居住	元	4937	
交通通信	元	4938	
医疗保健	元	4939	
（十五）本年度外出目的	*	4940	
1. 打工的人数	人	4941	
2. 经商的人数	人	4942	
3. 其他的人数	人	4943	
（十六）参加农村养老保险的人数	人	4944	
参加城镇养老保险的人数	人	4945	
参加商业养老保险的人数	人	4946	
（十七）参加农村新型合作医疗的人数	人	4947	
参加商业医疗保险的人数	人	4948	
参加城镇医疗保险的人数	人	4949	
（十八）享受农村最低生活保障的人数	人	4950	
四. 跨省转移人数	人	4951	
其中：男劳动力人数	*	4952	
整劳动力人数	人	4953	
受过专业培训的人数	人	4954	
首次外出人数	人	4955	
（一）与户主关系	*	4960	
1. 户主	人	4961	
2. 配偶	人	4962	

续表98

指标名称	单位	代码	上街区
3. 子女	人	4963	
4. 孙子女	人	4964	
5. 父母	人	4965	
6. 祖父母	人	4966	
7. 兄弟姐妹	人	4967	
8. 其他亲属	人	4968	
9. 非亲属	人	4969	
（二）年龄结构	*	4970	
1. 16～20岁	人	4971	
2. 21～25岁	人	4972	
3. 26～30岁	人	4973	
4. 31～35岁	人	4974	
5. 36～40岁	人	4975	
6. 41～45岁	人	4976	
7. 46～50岁	人	4977	
8. 50岁以上	人	4978	
（三）文化程度	*	4979	
1. 不识字或识字很少	人	4980	
2. 小学	人	4981	
3. 初中	人	4982	
4. 高中	人	4983	
5. 中专	人	4984	
6. 大专及以上	人	4985	
（四）与雇主签订劳动合同的人数	人	4986	
（五）参加工伤保险的人数	*	4987	
（六）行业分布情况	*	4988	
1. 一产业就业劳动力	人	4989	
（1）农业	人	4990	
（2）林业	人	4991	
（3）牧业	人	4992	
（4）渔业	人	4993	
2. 非农产业就业劳动力	人	4994	
A. 二产业就业劳动力	人	4995	
（1）采矿业	人	4996	
（2）制造业	人	4997	

续表 99

指标名称	单位	代码	上街区
（3）电力煤气及水的生产供应业	人	4998	
（4）建筑业	人	4999	
B. 三产业就业劳动力	人	5000	
（1）交通运输仓储及邮电通信业	人	5001	
（2）批发和零售贸易	人	5002	
（3）住宿和餐饮业	人	5003	
（4）居民服务和其他服务业	人	5004	
（5）教育	人	5005	
（6）卫生．社会保障和社会福利业	人	5006	
（7）文化．体育和娱乐业	人	5007	
（8）其他	人	5008	
（七）转移地区	*	5009	
1. 转向东部地区	人	5010	
2. 转向中部地区	人	5011	
3. 转向西部地区	人	5012	
4. 转向其他地区	人	5013	
（八）转移地区类型	*	5014	
1. 转向直辖市	人	5015	
2. 转向省会城市	人	5016	
3. 转向地区级城市	人	5017	
4. 转向县级市	人	5018	
5. 转向建制镇	人	5019	
6. 转向其他地区	人	5020	
（九）外出方式	*	5021	
#1. 政府（单位）组织外出人数	人	5022	
2. 中介组织介绍	人	5023	
3. 亲属介绍外出人数	人	5024	
（十）在外务工总收入	元	5025	
其中：寄回带回现金	元	5026	
1. 外出务工分地区收入情况	*	5027	
（1）在东部地区的收入	元	5028	
（2）在中部地区的收入	元	5029	
（3）在西部地区的收入	元	5030	
（4）在其他地区的收入	元	5031	
2. 外出务工分地区类型收入情况	*	5032	

续表 100

指标名称	单位	代码	上街区
（1）在直辖市得到的收入	元	5033	
（2）在省会城市得到的收入	元	5034	
（3）在地区级城市得到的收入	元	5035	
（4）在县级市得到的收入	元	5036	
（5）在建制镇得到的收入	元	5037	
（6）在其他地区得到的收入	元	5038	
（十一）雇主拖欠工资的人数	人	5039	
（十二）雇主拖欠的工资额	元	5040	
（十三）外出从业的生产性费用支出	元	5041	
1. 旅费支出	元	5042	
2. 办理各种手续支出	元	5043	
（十四）在外务工生活消费总支出	元	5044	
其中：食品	元	5045	
衣着	元	5046	
居住	元	5047	
交通通信	元	5048	
医疗保健	元	5049	
（十五）本年度外出目的	*	5050	
1. 打工的人数	人	5051	
2. 经商的人数	人	5052	
3. 其他的人数	人	5053	
（十六）参加农村养老保险的人数	人	5054	
参加城镇养老保险的人数	人	5055	
参加商业养老保险的人数	人	5056	
（十七）参加农村新型合作医疗的人数	人	5057	
参加商业医疗保险的人数	人	5058	
参加城镇医疗保险的人数	人	5059	
（十八）享受农村最低生活保障的人数	人	5060	
五．省内地域转移的人数	*	5061	
其中：男劳动力人数	*	5062	
整劳动力人数	人	5063	
受过专业培训的人数	人	5064	
首次外出人数	人	5065	
（一）与户主关系	*	5070	
1. 户主	人	5071	

续表 101

指标名称	单位	代码	上街区
2. 配偶	人	5072	
3. 子女	人	5073	
4. 孙子女	人	5074	
5. 父母	人	5075	
6. 祖父母	人	5076	
7. 兄弟姐妹	人	5077	
8. 其他亲属	人	5078	
9. 非亲属	人	5079	
（二）年龄结构	*	5080	
1. 16～20 岁	人	5081	
2. 21～25 岁	人	5082	
3. 26～30 岁	人	5083	
4. 31～35 岁	人	5084	
5. 36～40 岁	人	5085	
6. 41～45 岁	人	5086	
7. 46～50 岁	人	5087	
8. 50 岁以上	人	5088	
（三）文化程度	*	5089	
1. 不识字或识字很少	人	5090	
2. 小学	人	5091	
3. 初中	人	5092	
4. 高中	人	5093	
5. 中专	人	5094	
6. 大专及以上	人	5095	
（四）与雇主签订劳动合同的人数	人	5096	
（五）参加工伤保险的人数	*	5097	
（六）行业分布情况	*	5098	
1. 一产业就业劳动力	人	5099	
（1）农业	人	5100	
（2）林业	人	5101	
（3）牧业	人	5102	
（4）渔业	人	5103	
2. 非农产业就业劳动力	人	5104	
A. 二产业就业劳动力	人	5105	
（1）采矿业	人	5106	

续表 102

指标名称	单位	代码	上街区
（2）制造业	人	5107	
（3）电力煤气及水的生产供应业	人	5108	
（4）建筑业	人	5109	
B. 三产业就业劳动力	人	5110	
（1）交通运输仓储及邮电通信业	人	5111	
（2）批发和零售贸易	人	5112	
（3）住宿和餐饮业	人	5113	
（4）居民服务和其他服务业	人	5114	
（5）教育	人	5115	
（6）卫生．社会保障和社会福利业	人	5116	
（7）文化．体育和娱乐业	人	5117	
（8）其他	人	5118	
（七）转移地区	*	5119	
1. 转向东部地区	人	5120	
2. 转向中部地区	人	5121	
3. 转向西部地区	人	5122	
4. 转向其他地区	人	5123	
（八）转移地区类型	*	5124	
1. 转向直辖市	人	5125	
2. 转向省会城市	人	5126	
3. 转向地区级城市	人	5127	
4. 转向县级市	人	5128	
5. 转向建制镇	人	5129	
6. 转向其他地区	人	5130	
（九）外出方式	*	5131	
#1. 政府（单位）组织外出人数	人	5132	
2. 中介组织介绍	人	5133	
3. 亲属介绍外出人数	人	5134	
（十）在外务工总收入	元	5135	
其中：寄回带回现金	元	5136	
1. 外出务工分地区收入情况	*	5137	
（1）在东部地区的收入	元	5138	
（2）在中部地区的收入	元	5139	
（3）在西部地区的收入	元	5140	
（4）在其他地区的收入	元	5141	

续表103

指标名称	单位	代码	上街区
2. 外出务工分地区类型收入情况	*	5142	
（1）在直辖市得到的收入	元	5143	
（2）在省会城市得到的收入	元	5144	
（3）在地区级城市得到的收入	元	5145	
（4）在县级市得到的收入	元	5146	
（5）在建制镇得到的收入	元	5147	
（6）在其他地区得到的收入	元	5148	
（十一）雇主拖欠工资的人数	人	5149	
（十二）雇主拖欠的工资额	元	5150	
（十三）外出从业的生产性费用支出	元	5151	
1. 旅费支出	元	5152	
2. 办理各种手续支出	元	5153	
（十四）在外务工生活消费总支出	元	5154	
其中：食品	元	5155	
衣着	元	5156	
居住	元	5157	
交通通信	元	5158	
医疗保健	元	5159	
（十五）本年度外出目的	*	5160	
1. 打工的人数	人	5161	
2. 经商的人数	人	5162	
3. 其他的人数	人	5163	
（十六）参加农村养老保险的人数	人	5164	
参加城镇养老保险的人数	人	5165	
参加商业养老保险的人数	人	5166	
（十七）参加农村新型合作医疗的人数	人	5167	
参加商业医疗保险的人数	人	5168	
参加城镇医疗保险的人数	人	5169	
是否上年调查户	*	5301	0. 32
上年县码	*	5302	129507. 16
上年点码	*	5303	0. 95
上年户码	*	5304	1. 11
农村小康监测相关指标	*	5400	
一、6岁及6岁以上人口的文化程度	*	5401	
6岁及6岁以上人口数	人	5402	0. 97
受教育年限	年	5403	9. 36
二、农村养老保险（覆盖）情况	*	5410	

续表104

指标名称	单位	代码	上街区
1. 超过劳动年龄的人数	人	5411	0.26
其中：参加养老保险的人数	人	5412	
2. 60岁及以上人口数	人	5413	0.19
其中：参加养老保险的人数	人	5414	
三、主要耐用消费品普及情况	*	5420	
1. 拥有洗衣机的户数	户	5421	0.31
2. 拥有电冰箱的户数	户	5422	0.29
3. 拥有空调机的户数	户	5423	0.21
4. 拥有抽油烟机的户数	户	5424	0.08
5. 拥有吸尘器的户数	户	5425	0.02
6. 拥有微波炉的户数	户	5426	0.05
7. 拥有热水器的户数	户	5427	0.15
#拥有太阳能热水器的户数	户	5428	0.14
8. 拥有自行车的户数	户	5429	0.25
#拥有电动自行车的户数	户	5430	0.24
9. 拥有摩托车的户数	户	5431	0.28
10. 拥有汽车（生活用）的户数	户	5432	0.07
11. 拥有电话机的户数	户	5433	0.17
12. 拥有移动电话的户数	户	5434	0.32
#接入互联网的	户	5435	0.05
13. 拥有电视机的户数	户	5436	0.32
#接入有线电视网的	户	5437	0.13
（1）拥有彩色电视机的户数	户	5438	0.32
#接入有线电视网的	户	5439	0.13
（2）拥有黑白电视机的户数	户	5440	
#接入有线电视网的	户	5441	
14. 拥有摄像机的户数	户	5442	
15. 拥有影碟机的户数	户	5443	0.22
16. 拥有照相机的户数	户	5444	0.05
17. 拥有家用计算机的户数	户	5445	0.15
#接入互联网的	户	5446	0.12
18. 拥有中高档乐器的户数	户	5447	0.01
四、住房质量指数	*	5460	
1. 期末拥有住房面积不小于25平米的户数	户	5461	0.29
2. 期末拥有住房面积小于25平米的户数	户	5462	0.02
3. 住钢混结构住房的户数	户	5463	0.32
4. 住砖木结构住房的户数	户	5464	0.01

2010 年上街区卫生机构、床位、人员数

项目名称	2010 年数量	项目名称	2010 年数量
机构个数（个）	96	药师（士）	51
床位数（张）	663	技师（士）	47
人员数（人）	1009	检验师	33
卫生技术人员小计	842	其他技术人员	64
执业（助理）医师	40	管理人员	67
执业医师	293	工勤技能人员	82
注册护士	289		

2010 年上街区县级及以上医疗机构人员数

项目名称	2010 年	项目名称	2010 年
编制人数	627	中药师（士）	10
职工人数	555	检验技师	21
卫生技术人员	430	影像技师	8
执业医师	169	其他卫生技术人员	23
其中：中医类别	17	其中：见习医师	22
执业助理医师	7	内：中医	0
其中：中医类别	3	其他技术人员	3
注册护士	171	管理人员	52
其中：助产士	13	工勤技能人员	70
药师（士）	31	离退休人员	571
其中：西药师（士）	21	其中：年内退休人员	5

2010 年上街区农村村级卫生组织情况

项目名称	数量	项目名称	数量
行政村数（个）	23	村或群众集体办（个）	21
其中：实行合作医疗和医疗保险的村数（个）	23	乡村医生总数（人）	58
村卫生室总数（个）	21		

2010 年上街区地区生产总值

计量单位：万元

	代码	本年现价增加值	以上年为 100 的缩减指数	本年可比价增加值	上年现价增加值	上年可比价增加值	以上年为 100 的速度（%）
甲	乙	1	2	3	4	5	6
地区收入总值	01	894617		787815	724467	677663	116.3
一、地区生产总值	02	894617		787815	724467	677663	116.3
第一产业	03	5361		4887	4670	4804	101.7

续表1

	代码	本年现价增加值	以上年为100的缩减指数	本年可比价增加值	上年现价增加值	上年可比价增加值	以上年为100的速度（%）
甲	乙	1	2	3	4	5	6
农林牧渔业	04	5361		4887	4670	4804	101.7
农业	05	2915	1.0770	2784	2648	2724	102.2
林业	06	254	1.2810	204	195	201	101.5
畜牧业	07	2192	1.1870	1899	1827	1879	101.1
渔业	08						
农林牧渔服务业	09						
第二产业	10	709576		638869	557336	538927	118.5
工业	11	638157		588209	493855	491779	119.6
采掘业	12	82992	1.2100	66666	61835	60102	110.9
制造业	13	554398	1.0641	520862	431114	430998	120.9
电力、燃气及水的生产和供应业	14	767	0.8450	681	906	680	100.2
建筑业	15	71419		50660	63481	47148	107.4
房屋和土木工程建筑业	16	60832	1.0490	43069	54071	40159	107.2
建筑安装业	17	6346	1.0400	4532	5641	4190	108.2
建筑装饰业	18	4200	1.0300	3029	3732	2772	109.3
其他建筑业	19	41	1.0000	30	37	27	111.1
第三产业	20	179680		144059	162461	133932	107.6
交通运输、仓储和邮政业	21	24490		18611	21696	16582	112.2
铁路运输业	22	10955	1.0028	7414	10362	7032	105.4
道路运输业	23	8895	1.0240	6963	7389	5923	117.6
城市公共交通业	24	536	1.0300	379	438	319	118.7
水上运输业	25						
航空运输业	26	150	1.2600	83	95	66	125.2
管道运输业	27						
装卸搬运和其他运输服务业	28	2890	1.0190	2729	2528	2433	112.2
仓储业	29	2	1.2800	2	1	1	200.0
邮政业	30	1062	0.9321	1041	883	807	129.0
信息传输、计算机服务和软件业	31	7902		7150	7544	6789	105.3
电信和其他信息传输服务业	32	7799	0.9940	7065	7450	6708	105.3
计算机服务业	33	91	1.0169	77	86	74	104.5
软件业	34	12	1.3500	8	8	7	109.6
批发和零售业	35	30323		25979	27003	23990	108.3
批发业	36	20056	1.0370	17182	17860	15867	108.3
零售业	37	10267	1.0370	8797	9143	8123	108.3
住宿和餐饮业	38	25379		14341	23589	13964	102.7

续表2

	代码	本年现价增加值	以上年为100的缩减指数	本年可比价增加值	上年现价增加值	上年可比价增加值	以上年为100的速度（%）
甲	乙	1	2	3	4	5	6
住宿业	39	1031	1. 1000	825	806	710	116. 3
餐饮业	40	24348	1. 0480	13516	22783	13254	102. 0
金融业	41	18905		17238	19096	18144	95. 0
银行业	42	12035	1. 0350	10989	13880	13117	83. 8
证券业	43	4409	1. 0600	3951	3259	3096	127. 6
保险业	44	1467	1. 0690	1897	1155	1596	118. 8
其他金融活动	45	994	1. 0350	401	802	335	119. 7
房地产业	46	25338		18120	20537	15605	116. 1
房地产开发经营业	47	17575	1. 1000	12746	13155	10494	121. 5
物业管理业	48	173	1. 0020	143	157	130	110. 2
房地产中介服务业	49	71	1. 0190	59	65	56	106. 3
其他房地产活动	50	34	1. 0190	28	31	26	109. 4
居民自有住房服务业	51	7485	1. 0001	5144	7129	4900	105. 0
租赁和商务服务业	52	3069		2755	2125	2103	131. 0
租赁业	53	63	1. 2500	47	44	41	114. 6
商务服务业	54	3006	1. 1000	2708	2081	2062	131. 3
科学研究、技术服务和地质勘察业	55	4445		3580	3152	2936	121. 9
研究与试验发展	56	2893	1. 2069	2232	1892	1762	126. 7
专业技术服务	57	1514	1. 0870	1304	1208	1131	115. 3
科技交流和推广服务业	58	38	0. 7200	44	52	43	102. 3
地质勘察业	59						
水利、环境和公共设施管理业	60	873		678	709	613	110. 6
水利管理业	61						
环境管理业	62	224	1. 1500	179	182	167	107. 2
公共设施管理业	63	649	1. 1000	499	527	446	111. 9
居民服务和其他服务业	64	9267		7217	8297	6594	109. 4
居民服务业	65	1817	1. 0190	1471	1878	1550	94. 9
其他服务业	66	7450	1. 0190	5746	6419	5045	113. 9
教育	67	11458		10575	11277	10522	100. 5
教育	68	11458	1. 0110	10575	11277	10522	100. 5
卫生、社会保障和社会福利业	69	2286		2017	1784	1732	116. 5
卫生	70	2266	1. 1000	2001	1769	1718	116. 5
社会保障业	71	20	1. 1500	16	15	14	114. 3
社会福利业	72						

续表3

	代码	本年现价增加值	以上年为100的缩减指数	本年可比价增加值	上年现价增加值	上年可比价增加值	以上年为100的速度（%）
甲	乙	1	2	3	4	5	6
文化、体育和娱乐业	73	980		953	1122	1098	86.8
新闻出版业	74	32	1.0060	31	45	44	71.3
广播、电视、电影和音像业	75	1	1.0060				
文化艺术业	76	88	1.0060	85	89	86	98.8
体育	77						
娱乐业	78	859	1.0060	837	988	968	86.4
公共管理和社会组织	79	14965		14845	14530	13260	112.0
公共管理和社会组织	80	14965	0.9200	14845	14530	13260	112.0

2010年按当年价格计算的地区生产总值项目比重

计量单位：万元

	绝对额		构成（以地区生产总值为100）	
	本年	上年	本年	上年
地区收入总值	894617	724467	100.0	100.0
一、地区生产总值	894617	724467	100.0	100.0
第一产业	5361	4670	0.6	0.6
农林牧渔业	5361	4670	0.6	0.6
农业	2915	2648	0.3	0.4
林业	254	195	0.0	0.0
畜牧业	2192	1827	0.2	0.3
渔业				
农林牧渔服务业				
第二产业	709576	557336	79.3	76.9
工业	638157	493855	71.3	68.2
采掘业	82992	61835	9.3	8.5
制造业	554398	431114	62.0	59.5
电力、燃气及水的生产和供应业	767	906	0.1	0.1
建筑业	71419	63481	8.0	8.8
房屋和土木工程建筑业	60832	54071	6.8	7.5
建筑安装业	6346	5641	0.7	0.8
建筑装饰业	4200	3732	0.5	0.5
其他建筑业	41	37	0.0	0.0
第三产业	179680	162461	20.1	22.4
交通运输、仓储和邮政业	24490	21696	2.7	3.0

续表 1

	绝对额		构成（以地区生产总值为100）	
	本年	上年	本年	上年
铁路运输业	10955	10362	1.2	1.4
道路运输业	8895	7389	1.0	1.0
城市公共交通业	536	438	0.1	0.1
水上运输业				
航空运输业	150	95	0.0	0.0
管道运输业				
装卸搬运和其他运输服务业	2890	2528	0.3	0.3
仓储业	2	1	0.0	0.0
邮政业	1062	883	0.1	0.1
信息传输、计算机服务和软件业	7902	7544	0.9	1.0
电信和其他信息传输服务业	7799	7450	0.9	1.0
计算机服务业	91	86	0.0	0.0
软件业	12	8	0.0	0.0
批发和零售业	30323	27003	3.4	3.7
批发业	20056	17860	2.2	2.5
零售业	10267	9143	1.1	1.3
住宿和餐饮业	25379	23589	2.8	3.3
住宿业	1031	806	0.1	0.1
餐饮业	24348	22783	2.7	3.1
金融业	18905	19096	2.1	2.6
银行业	12035	13880	1.3	1.9
证券业	4409	3259	0.5	0.4
保险业	1467	1155	0.2	0.2
其他金融活动	994	802	0.1	0.1
房地产业	25338	20537	2.8	2.8
房地产开发经营业	17575	13155	2.0	1.8
物业管理业	173	157	0.0	0.0
房地产中介服务业	71	65	0.0	0.0
其他房地产活动	34	31	0.0	0.0
居民自有住房服务业	7485	7129	0.8	1.0
租赁和商务服务业	3069	2125	0.3	0.3
租赁业	63	44	0.0	0.0
商务服务业	3006	2081	0.3	0.3
科学研究、技术服务和地质勘察业	4445	3152	0.5	0.4
研究与试验发展	2893	1892	0.3	0.3
专业技术服务	1514	1208	0.2	0.2

续表2

	绝对额		构成（以地区生产总值为100）	
	本年	上年	本年	上年
科技交流和推广服务业	38	52	0.0	0.0
地质勘察业				
水利、环境和公共设施管理业	873	709	0.1	0.1
水利管理业				
环境管理业	224	182	0.0	0.0
公共设施管理业	649	527	0.1	0.1
居民服务和其他服务业	9267	8297	1.0	1.1
居民服务业	1817	1878	0.2	0.3
其他服务业	7450	6419	0.8	0.9
教育	11458	11277	1.3	1.6
教育	11458	11277	1.3	1.6
卫生、社会保障和社会福利业	2286	1784	0.3	0.2
卫生	2266	1769	0.3	0.2
社会保障业	20	15	0.0	0.0
社会福利业				
文化、体育和娱乐业	980	1122	0.1	0.2
新闻出版业	32	45	0.0	0.0
广播、电视、电影和音像业	1		0.0	
文化艺术业	88	89	0.0	0.0
体育				
娱乐业	859	988	0.1	0.1
公共管理和社会组织	14965	14530	1.7	2.0
公共管理和社会组织	14965	14530	1.7	2.0

2010年上街区城镇以上固定资产投资完成情况

计量单位：万元

指标名称	总计
投资总额	562799
按控股情况分	
国有控股	113553
集体控股	45819
港澳台控股	
外商控股	24020
私人及其他控股	379407
按资金来源分	

续表

指标名称	总计
国家预算内资金	156
国内贷款	12577
债券	0
利用外资	3000
自筹资金	535271
其他资金	-2548
按隶属关系分	
中央	59387
地方	503412
按构成分	
建筑安装工程	476486
设备工器具购置	50734
其他费用	35579
按建设性质分	
新建	366955
扩建	15682
改建	57175
本年新增固定资产	384999
房屋施工面积	
施工面积	940098
#住宅	740986
竣工面积	427643
#住宅	346507

2010年上街区分行业城镇固定资产投资完成情况

计量单位：万元

指标名称	本年完成投资	建筑工程	安装工程	设备工器具购置	其他费用	新建	扩建	改建
总计	562799	467063	9423	50734	35579	366955	15682	57175
工业	319746	267281	5738	38024	8703	280450	8050	30661
采矿业	5900	5750	0	100	50	4700		1200
有色金属矿采选业	5900	5750	0	100	50	4700		1200
制造业	282368	247765	1115	24935	8553	255907	8050	17826
饮料制造业	850	400	0	450	0		850	
印刷品和记录媒介的复制	2000	2000	0	0	0	2000		
化学原料及化学制品制造业	24020	24020	0	0	0	24020		
橡胶制品业	8000	6050	0	1950	0	8000		

续表

指标名称	本年完成投资	建筑工程	安装工程	设备工器具购置	其他费用	新建	扩建	改建
塑料制品业	3600	3600	0	0	0	3600		
非金属矿物制品业	93562	76290	1050	10970	5252	84062	500	9000
有色金属冶炼及压延加工业	29526	25175	0	3400	951	24850	900	3776
金属制品业	6200	5900	0	300	0	5800	400	
通用设备制造业	38125	31930	50	5095	1050	33825	3500	800
专业设备制造业	15035	12500	0	2035	500	10700		3750
交通运输设备制造业	12450	12150	0	0	300	12450		
电气机械及器材制造业	48500	47700	0	300	500	46600	1900	
通信设备、计算机及其他电子设备制造业	500	50	15	435	0			500
电力、燃气及水的生产和供应业	31478	13766	4623	12989	100	19843		11635
电力、热力的生产和供应业	27378	10966	4373	12039	0	15743		11635
水的生产和供应业	4100	2800	250	950	100	4100		
交通运输、仓储和邮政业	2450	2450	0	0	0	2450		
城市公共交通业	1050	1050	0	0	0	1050		
批发和零售业	11200	10900	0	0	300	4700	6500	
批发业	4700	4700	0	0	0	4700		
住宿和餐饮业	11325	2500	3065	5660	100	11325		
住宿业	5960	2500	925	2435	100	5960		
房地产业	129782	106456	300	1800	21226	7000		3500
水利、环境和公共设施管理业	73476	68526	20	430	4500	50530	532	22414
公共设施管理业	73476	68526	20	430	4500	50530	532	22414
居民服务业和其他服务业	900	200	0	700	0	400		
居民服务业	900	200	0	700	0	400		
教育	5850	5150	0	0	700	5850		
卫生、社会保障和社会福利业	600	600	0	0	0		600	
文化、体育和娱乐业	4300	2450	300	1500	50	3700		600
公共管理和社会组织	3170	550	0	2620	0	550		
国家机构	2000	0	0	2000	0			

2010 年上街区按行业和注册类型分城镇投资

计量单位：万元

指标名称	本年完成投资	中央	地方	内资	港澳台	外商投资	国有控股	集体控股	私人控股	港澳台控股	外商控股	其他控股
总计	562799	59387	503412	538779		24020	113553	45819	343198		24020	36209

续表 1

指标名称	本年完成投资	中央	地方	内资	港澳台	外商投资	国有控股	集体控股	私人控股	港澳台控股	外商控股	其他控股
工业	319746	59387	260359	295726		24020	62937	34699	198090		24020	
采矿业	5900	1700	4200	5900			1700		4200			
有色金属矿采选业	5900	1700	4200	5900			1700		4200			
制造业	282368	51808	230560	258348		24020	52358	12100	193890		24020	
饮料制造业	850		850	850					850			
印刷品和记录媒介的复制	2000		2000	2000					2000			
化学原料及化学制品制造业	24020		24020			24020					24020	
橡胶制品业	8000		8000	8000					8000			
塑料制品业	3600		3600	3600				3600				
非金属矿物制品业	93562	35732	57830	93562			35732		57830			
有色金属冶炼及压延加工业	29526	16076	13450	29526			16626		12900			
金属制品业	6200		6200	6200					6200			
通用设备制造业	38125		38125	38125					38125			
专业设备制造业	15035		15035	15035					15035			
交通运输设备制造业	12450		12450	12450				8500	3950			
电气机械及器材制造业	48500		48500	48500					48500			
通信设备、计算机及其他电子设备制造业	500		500	500					500			
电力、燃气及水的生产和供应业	31478	5879	25599	31478			8879	22599				
电力、热力的生产和供应业	27378	5879	21499	27378			8879	18499				
水的生产和供应业	4100		4100	4100				4100				
交通运输、仓储和邮政业	2450		2450	2450			1050		1400			
城市公共交通业	1050		1050	1050			1050					
批发和零售业	11200		11200	11200				4700	6500			
批发业	4700		4700	4700				4700				
住宿和餐饮业	11325		11325	11325					11325			
住宿业	5960		5960	5960					5960			
房地产业	129782		129782	129782			9700	4000	79873			36209
水利、环境和公共设施管理业	73476		73476	73476			34416		39060			

续表2

指标名称	本年完成投资	中央	地方	内资	港澳台	外商投资	国有控股	集体控股	私人控股	港澳台控股	外商控股	其他控股
公共设施管理业	73476		73476	73476			34416		39060			
居民服务业和其他服务业	900		900	900					900			
居民服务业	900		900	900					900			
教育	5850		5850	5850			2850		3000			
卫生、社会保障和社会福利业	600		600	600			600					
文化、体育和娱乐业	4300		4300	4300				1800	2500			
公共管理和社会组织	3170		3170	3170			2000	620	550			
国家机构	2000		2000	2000			2000					

重竞技中心2010年比赛成绩统计情况

序号	比赛项目	姓名	性别	职务	比赛级别（公斤）	比赛名称	比赛时间	比赛地点	比赛成绩	名次	备注
1	女子柔道	井　方	女	运动员	52	2010年全国女子柔道锦标赛	3. 27～29	山西		5	
2	女子柔道	吴玉荷	女	运动员	63	2010年全国青年女子柔道锦标赛	6. 24～27	广州		5	
3	女子柔道	朱亚君	女	运动员	63	2010年全国青年女子柔道锦标赛	6. 24～27	广州		5	
4	女子柔道	郭桂芳	女	运动员	70	2010年全国青年女子柔道锦标赛	6. 24～27	广州		5	
5	女子柔道	王小燕	女	运动员	78	2010年全国青年女子柔道锦标赛	6. 24～27	广州		2	
6	女子柔道	孙寒珏	女	运动员	无差	2010年全国青年女子柔道锦标赛	6. 24～27	广州		5	
7.	女子柔道	井　方	女	运动员	52	2010年全国女子柔道冠军赛	7. 23～25	天津		5	
8	女子柔道	张思洁	女	运动员	70	2010年全国女子柔道冠军赛	7. 23～25	天津		2	
9	女子柔道	李英翘	女	运动员	63	全国大学生柔道锦标赛	8. 10～12	北京		3	
10	女子柔道	孙寒珏	女	运动员	+78	全国大学生柔道锦标赛	8. 10～12	北京		3	
16	男子柔道	宋颖政	男	运动员	无差别级	2010年全国男子柔道锦标赛	3. 17～19	北京		7	
17	男子柔道	刘　爽	男	运动员	无差别级	2010年全国青年男子柔道锦标赛	6. 24～27	广州		5	
18	男子柔道	黄良令	男	运动员	90	2010年全国青年男子柔道锦标赛	6. 24～27	广州		7	
24	男子自由跤	乌云毕力阁	男	运动员	74	2010年全国男子自由跤锦标赛	4. 13～15	海南		2	
25	男子自由跤	周胜银	男	运动员	66	2010年全国男子自由跤锦标赛	4. 13～15	海南		3	
26	男子自由跤	闪成德	男	运动员	66	2010年全国男子自由跤锦标赛	4. 13～15	海南		7	
27	男子自由跤	姜伟寿	男	运动员	96	2010年全国男子自由跤锦标赛	4. 13～15	海南		7	
28	男子自由跤	闪成德	男	运动员	66	亚洲国际式摔跤锦标赛	5月	印度		5	
29	男子自由跤	买买提热	男	运动员	54	2010年全国青年男自由跤锦标赛	6. 23～26	赤峰		5	
30	男子自由跤	王顺风	男	运动员	84	2010年全国青年男自由跤锦标赛	6. 23～26	赤峰		5	
31	男子自由跤	周胜银	男	运动员	66	2010年全国男子自由式冠军赛	10. 20～23	许昌		1	
32	男子自由跤	乌云毕立阁	男	运动员	74	2010年全国男子自由式冠军赛	10. 20～23	许昌		1	
33	男子自由跤	姜伟寿	男	运动员	96	2010年全国男子自由式冠军赛	10. 20～23	许昌		7	

续表1

序号	比赛项目	姓名	性别	职务	比赛级别（公斤）	比赛名称	比赛时间	比赛地点	比赛成绩	名次	备注
34	男子自由跤	闪成德	男	运动员	66	十六届亚运会	11. 17	广东		8	
41	女子自由跤	席铁男	女	运动员	72	2010 年全国女子自由跤锦标赛	4. 6 ~ 9	山西		7	
42	女子自由跤	李　娟	女	运动员	63	2010 年全国女子自由跤锦标赛	4. 6 ~ 9	山西		7	
43	女子自由跤	任灿灿	女	运动员	63	2010 年全国青年女自由跤锦标赛	6. 16 ~ 19	赤峰		7	
44	女子自由跤	席铁男	女	运动员	72	2010 年全国女子自由跤冠军赛	10. 13 ~ 16	河南		7	
50	男子古典跤	江　涛	男	运动员	120	2010 年全国男子古典跤锦标赛	4. 20 ~ 23	黑龙江		5	
51	男子古典跤	雪恒瑞	男	运动员	96	2010 年全国男子古典跤锦标赛	4. 20 ~ 23	黑龙江		7	
52	男子古典跤	李冰冰	男	运动员	96	全国青年古典跤锦标赛	6. 30 ~ 7. 2	潍坊		2	
53	男子古典跤	赵海军	男	运动员	84	全国青年古典跤锦标赛	6. 30 ~ 7. 2	潍坊		3	
54	男子古典跤	雪恒瑞	男	运动员	96	全国青年古典跤锦标赛	6. 30 ~ 7. 2	潍坊		7	
55	男子古典跤	赵海军	男	运动员	84	2010 年全国男子古典跤冠军赛	11. 3 ~ 6	海南		5	
56	男子古典跤	雪恒瑞	男	运动员	96	2010 年全国男子古典跤冠军赛	11. 3 ~ 6	海南		3	
57	男子古典跤	佘向奎	男	运动员	96	2010 年全国男子古典跤冠军赛	11. 3 ~ 6	海南		7	
63	男子跆拳道	尹智猛	男	运动员	87	2010 年全国跆拳道锦标赛	4. 22 ~ 24	广东		1	
64	男子跆拳道	程　龙	男	运动员	80	2010 年全国跆拳道锦标赛	4. 22 ~ 24	广东		3	
65	男子跆拳道	王　睿	男	运动员	87	2010 年全国跆拳道锦标赛	4. 22 ~ 24	广东		5	
66	男子跆拳道	尹智猛	男	运动员	87	十六届亚运会	11. 17	广东		3	
67	男子跆拳道	林　丰	男	运动员	45	2010 年全国跆拳道青年锦标赛	8. 6 ~ 9	福州		3	
68	男子跆拳道	王俊楠	男	运动员	51	2010 年全国跆拳道青年锦标赛	8. 6 ~ 9	福州		3	
69	男子跆拳道	刘　瑞	男	运动员	78	2010 年全国跆拳道青年锦标赛	8. 6 ~ 9	福州		5	
70	男子跆拳道	懂壮壮	男	运动员	73	2010 年全国跆拳道青年锦标赛	8. 6 ~ 9	福州		5	
71	男子跆拳道	陈　浩	男	运动员	59	2010 年全国跆拳道青年锦标赛	8. 6 ~ 9	福州		5	
72	男子跆拳道	李守恒	男	运动员	+78	2010 年全国跆拳道青年锦标赛	8. 6 ~ 9	福州		5	
73	男子跆拳道	王　睿	男	运动员	87	2010 年全国跆拳道冠军赛	12. 5 ~ 8	江西		5	
74	男子跆拳道	尹智猛	男	运动员	团体	跆拳道世界杯	8. 17 ~ 20	乌鲁木齐		5	
75	男子跆拳道	尹智猛	男	运动员	87	亚洲跆拳道锦标赛	5. 21 ~ 23	哈萨克斯坦		3	
82	女子跆拳道	郭耘菲	女	运动员	73	2010 年全国跆拳道锦标赛	4. 22 ~ 24	广东		1	
83	女子跆拳道	张　强	女	运动员	46	2010 年全国跆拳道锦标赛	4. 22 ~ 24	广东		2	
84	女子跆拳道	王　玮	女	运动员	62	2010 年全国跆拳道锦标赛	4. 22 ~ 24	广东		5	
85	女子跆拳道	郭耘菲	女	运动员	67	十六届亚运会	11. 17	广东		1	
86	女子跆拳道	张冰洁	女	运动员	55	2010 年全国跆拳道青年锦标赛	8. 6 ~ 9	福州		5	
87	女子跆拳道	王　玮	女	运动员	62	2010 年全国跆拳道冠军赛	12. 5 ~ 8	江西		5	
88	女子跆拳道	郭耘菲	女	运动员	73	2010 年全国跆拳道冠军赛	12. 5 ~ 8	江西		5	
89	女子跆拳道	张　强	女	运动员	团体	跆拳道世界杯	8. 17 ~ 20	乌鲁木齐		2	
90	女子跆拳道	郭耘菲	女	运动员	团体	跆拳道世界杯	8. 17 ~ 20	乌鲁木齐		2	
96	女子拳击	陈好好	女	运动员	54	2010 年全国女子拳击锦标赛	4. 16 ~ 20	浙江		5	

续表2

序号	比赛项目	姓名	性别	职务	比赛级别（公斤）	比赛名称	比赛时间	比赛地点	比赛成绩	名次	备注
97	女子拳击	李　佳	女	运动员	51	2010年全国女子拳击锦标赛	4.16~20	浙江		5	
98	女子拳击	张　悦	女	运动员	+81	2010年全国女子拳击锦标赛	4.16~20	浙江		5	
99	女子拳击	陈好好	女	运动员	54	2010年全国女子拳击冠军赛	12.8~14	重庆		5	
100	女子拳击	李　佳	女	运动员	51	2010年全国女子拳击冠军赛	12.8~14	重庆		5	
101	女子拳击	张　悦	女	运动员	+81	2010年全国女子拳击冠军赛	12.8~14	重庆		5	
102	女子拳击	杨勤勤	女	运动员	64	2010年全国女子拳击冠军赛	12.8~14	重庆		1	
108	男子拳击	程　茂	男	运动员	54	2010年全国男子拳击锦标赛	3.17~23	海南		3	
109	男子拳击	张红亮	男	运动员	57	2010年全国男子拳击锦标赛	3.17~23	海南		5	
110	男子拳击	焦学智	男	运动员	81	2010年全国男子拳击锦标赛	3.17~23	海南		3	
111	男子拳击	张志磊	男	运动员	+91	2010年全国男子拳击锦标赛	3.17~23	海南		1	
112	男子拳击	高　军	男	运动员	+91	2010年全国男子拳击锦标赛	3.17~23	海南		5	
113	男子拳击	田　硕	男	运动员	+91	2010年全国青年男子拳击锦标赛	6.21~27	许昌		1	
114	男子拳击	高　翔	男	运动员	64	2010年全国青年男子拳击锦标赛	6.21~27	许昌		3	
115	男子拳击	陈留飞	男	运动员	91	2010年全国青年男子拳击锦标赛	6.21~27	许昌		3	
116	男子拳击	徐　程	男	运动员	75	2010年全国青年男子拳击锦标赛	6.21~27	许昌		5	
117	男子拳击	王立迅	男	运动员	56	2010年全国青年男子拳击锦标赛	6.21~27	许昌		5	
118	男子拳击	张志磊	男	运动员	+91	十六届亚运会	11.25	广东		1	
119	男子拳击	张志磊	男	运动员	+91	国际拳击公开赛	4月	贵州		1	
120	男子拳击	张志磊	男	运动员	+91	中国拳击联赛	7月			拳王	
121	男子拳击	张志磊	男	运动员	+91	世界武术搏击大会	9月	海口		1	
122	男子拳击	张志磊	男	运动员	+91	中美对抗赛	10月	纽约		1	
123	男子拳击	张红亮	男	运动员	56	2010年全国冠军赛	12.20~24	鹤壁		1	
124	男子拳击	田　硕	男	运动员	+91	2010年全国冠军赛	12.20~24	鹤壁		5	
125	男子拳击	高　军	男	运动员	+91	2010年全国冠军赛	12.20~24	鹤壁		5	
132	男子举重	刘伟煌	男	运动员	69	2010年全国男子举重锦标赛	4.25~28	河南	322	总成绩2	
133	男子举重	刘伟煌	男	运动员	69	2010年全国男子举重锦标赛	4.25~28	河南	146	抓举5	
134	男子举重	刘伟煌	男	运动员	69	2010年全国男子举重锦标赛	4.25~28	河南	176	挺举3	
135	男子举重	钟启航	男	运动员	62	2010年全国男子举重锦标赛	4.25~28	河南	298	总成绩8	
136	男子举重	钟启航	男	运动员	62	2010年全国男子举重锦标赛	4.25~28	河南	168	挺举6	
137	男子举重	张　珂	男	运动员	85	2010年全国男子举重锦标赛	4.25~28	河南	335	总成绩8	
138	男子举重	张　珂	男	运动员	85	2010年全国男子举重锦标赛	4.25~28	河南	155	抓举4	
139	男子举重	常学闯	男	运动员	77	2010年全国男子举重冠军赛	10.23~26	北京	150	抓举4	
140	男子举重	常学闯	男	运动员	77	2010年全国男子举重冠军赛	10.23~26	北京	187	挺举3	
141	男子举重	常学闯	男	运动员	77	2010年全国男子举重冠军赛	10.23~26	北京	337	总成绩3	
142	男子举重	刘伟煌	男	运动员	69	2010年全国男子举重冠军赛	10.23~26	北京	147	抓举4	
143	男子举重	刘伟煌	男	运动员	69	2010年全国男子举重冠军赛	10.23~26	北京	186	挺举3	

续表 3

序号	比赛项目	姓名	性别	职务	比赛级别（公斤）	比赛名称	比赛时间	比赛地点	比赛成绩	名次	备注
144	男子举重	刘伟煌	男	运动员	69	2010 年全国男子举重冠军赛	10.23～26	北京	333	总成绩 2	
145	男子举重	钟启航	男	运动员	62	2010 年全国男子举重冠军赛	10.23～26	北京	162	挺举 8	
146	男子举重	钟启航	男	运动员	62	2010 年全国男子举重冠军赛	10.23～26	北京	295	总成绩 7	
153	女子举重	龙丁玲	女	运动员	58	2010 年全国女子举重锦标赛	5.4～7	江苏	96	抓举 5	
154	女子举重	龙丁玲	女	运动员	58	2010 年全国女子举重锦标赛	5.4～7	江苏	213k	总成绩 8	
155	女子举重	王　颖	女	运动员	75	2010 年全国女子举重冠军赛	10.16～19	安徽	101	抓举 8	
156	女子举重	贺云华	女	运动员	48	2010 年全国女子举重冠军赛	10.16～19	安徽	84	抓举 3	
157	女子举重	贺云华	女	运动员	48	2010 年全国女子举重冠军赛	10.16～19	安徽	109	挺举 4	
158	女子举重	贺云华	女	运动员	48	2010 年全国女子举重冠军赛	10.16～19	安徽	193	总成绩 3	
159	女子举重	龙丁玲	女	运动员	58	2010 年全国女子举重冠军赛	10.16～19	安徽	98	抓举 4	
160	女子举重	龙丁玲	女	运动员	58	2010 年全国女子举重冠军赛	10.16～19	安徽	115	挺举 8	
161	女子举重	黄雪花	女	运动员	48	2010 年全国女子举重冠军赛	10.16～19	安徽	74	抓举 6	青年组
162	女子举重	黄雪花	女	运动员	48	2010 年全国女子举重冠军赛	10.16～19	安徽	96	挺举 6	青年组
163	女子举重	黄雪花	女	运动员	48	2010 年全国女子举重冠军赛	10.16～19	安徽	170	总成绩 6	青年组
164	女子举重	李　琳	女	运动员	69	2010 年全国女子举重冠军赛	10.16～19	安徽	92	抓举 3	青年组
165	女子举重	李　琳	女	运动员	69	2010 年全国女子举重冠军赛	10.16～19	安徽	120	挺举 3	青年组
166	女子举重	李　琳	女	运动员	69	2010 年全国女子举重冠军赛	10.16～19	安徽	212	总成绩 3	青年组
167	女子举重	李雪英	女	运动员	58	十六届亚运会	11.15	广东	238kg	总成绩 1	

重竞技中心 2010 年国际比赛成绩统计情况

序号	比赛项目	姓名	性别	职务	比赛级别（公斤）	比赛名称	比赛时间	比赛地点	名次	比赛成绩	备注
1	男子自由跤	闪成德	男	运动员	66	十六届亚运会	11.17	广东	7		
2	男子自由跤	闪成德	男	运动员	66	亚洲国际式摔跤锦标赛	5 月	印度	5		
3	男子跆拳道	尹智猛	男	运动员	87	十六届亚运会	11.17	广东	3		
4	女子跆拳道	郭耘菲	女	运动员	67	十六届亚运会	11.17	广东	1		
5	男子拳击	张志磊	男	运动员	+91	十六届亚运会	11.25	广东	1		
6	女子举重	李雪英	女	运动员	58	第十六届亚运会	11.15	广东	1	238 公斤	
7	男子拳击	张志磊	男	运动员	+91	国际拳击公开赛	4 月	贵州	1		
8	男子拳击	张志磊	男	运动员	+91	中国拳击联赛	7 月		拳王		
9	男子拳击	张志磊	男	运动员	+91	世界武术搏击大会	9 月	海口	1		
10	男子拳击	张志磊	男	运动员	+91	中美对抗赛	10 月	纽约	1		
11	女子跆拳道	张　强	女	运动员	团体	跆拳道世界杯	8.17～20	乌鲁木齐	2		
12	女子跆拳道	郭耘菲	女	运动员	团体	跆拳道世界杯	8.17～20	乌鲁木齐	2		
13	男子跆拳道	尹智猛	男	运动员	团体	跆拳道世界杯	8.17～20	乌鲁木齐	5		
14	男子跆拳道	尹智猛	男	运动员	87	亚洲跆拳道锦标赛	5.21～23	哈萨克斯坦	3		

地方志工作条例

中华人民共和国国务院令

第 467 号

现公布《地方志工作条例》，自公布之日起施行。

总　理　温家宝

二〇〇六年五月十八日

《地方志工作条例》

为了继承和发扬中华民族优秀文化传统，全面、客观、系统地编纂地方志，科学、合理地开发利用地方志，发挥地方志在促进经济社会发展中的作用，制定本条例。

第二条　中华人民共和国境内地方志的组织编纂、管理、开发利用工作，适用本条例。

第三条　本条例所称地方志，包括地方志书、地方综合年鉴。

地方志书，是指全面系统地记述本行政区域自然、政治、经济、文化和社会的历史与现状的资料性文献。

地方综合年鉴，是指系统记述本行政区域自然、政治、经济、文化、社会等方面情况的年度资料性文献。

地方志分为：省（自治区、直辖市）编纂的地方志，设区的市（自治州）编纂的地方志，县（自治县、不设区的市、市辖区）编纂的地方志。

第四条　县级以上地方人民政府应当加强对本行政区域地方志工作的领导。地方志工作所需经费列入本级财政预算。

第五条　国家地方志工作指导机构统筹规划、组织协调、督促指导全国地方志工作。

县级以上地方人民政府负责地方志工作的机构主管本行政区域的地方志工作，履行下列职责：

（一）组织、指导、督促和检查地方志工作；

（二）拟定地方志工作规划和编纂方案；

（三）组织编纂地方志书、地方综合年鉴；

（四）搜集、保存地方志文献和资料，组织整理旧志，推动方志理论研究；

（五）组织开发利用地方志资源。

第六条　编纂地方志应当做到存真求实，确保质量，全面、客观地记述本行政区域自然、政治、经济、文化和社会的历史与现状。

第七条　省、自治区、直辖市人民政府制定本行政区域地方志编纂的总体工作规划（以下简称规划），并报国家地方志工作指导机构备案。

第八条　以县级以上行政区域名称冠名的地方志书、地方综合年鉴，分别由本级人民政府负责地方志工作的机构按照规划组织编纂，其他组织和个人不得编纂。

第九条　编纂地方志应当吸收有关方面的专家、学者参加。地方志编纂人员实行专兼职相结合，专职编纂人员应当具备相应的专业知识。

第十条　地方志书每二十年左右编修一次。每一轮地方志书编修工作完成后，负责地方志工作的机构在编纂地方综合年鉴、搜集资料以及向社会提供咨询服务的同时，启动新一轮地方志书的续修工作。

第十一条　县级以上地方人民政府负责地方志工作的机构可以向机关、社会团体、企业事业单位、其他组织以及个人征集有关地方志资料，有关单位和个人应当提供支持。负责地方志工作

的机构可以对有关资料进行查阅、摘抄、复制，但涉及国家秘密、商业秘密和个人隐私以及不符合档案开放条件的除外。

地方志资料所有人或者持有人提供有关资料，可以获得适当报酬。地方志资料所有人或者持有人不得故意提供虚假资料。

第十二条　以县级以上行政区域名称冠名、列入规划的地方志书经审查验收，方可以公开出版。

对地方志书进行审查验收，应当组织有关保密、档案、历史、法律、经济、军事等方面的专家参加，重点审查地方志书的内容是否符合宪法和保密、档案等法律、法规的规定，是否全面、客观地反映本行政区域自然、政治、经济、文化和社会的历史与现状。

对地方志书进行审查验收的主体、程序等由省、自治区、直辖市人民政府规定。

第十三条　以县级以上行政区域名称冠名的地方综合年鉴，经本级人民政府或者其确定的部门批准，方可以公开出版。

第十四条　地方志应当在出版后三个月内报送上级人民政府负责地方志工作的机构备案。

在地方志编纂过程中收集到的文字资料、图表、照片、音像资料、实物等以及形成的地方志文稿，由本级人民政府负责地方志工作的机构指定专职人员集中统一管理，妥善保存，不得损毁；修志工作完成后，应当依法移交本级国家档案馆或者方志馆保存、管理，个人不得据为己有或者出租、出让、转借。

第十五条　以县级以上行政区域名称冠名的地方志书、地方综合年鉴为职务作品，依照《中华人民共和国著作权法》第十六条第二款的规定，其著作权由组织编纂的负责地方志工作的机构享有，参与编纂的人员享有署名权。

第十六条　地方志工作应当为地方经济社会的全面发展服务。县级以上地方人民政府负责地方志工作的机构应当积极开拓社会用志途径，可以通过建设资料库、网站等方式，加强地方志工作的信息化建设。公民、法人和其他组织可以利用上述资料库、网站查阅、摘抄地方志。

第十七条　县级以上地方人民政府对在地方志工作中作出突出成绩和贡献的单位、个人，给予表彰和奖励。

第十八条　违反本条例规定，擅自编纂出版以县级以上行政区域名称冠名的地方志书、地方综合年鉴的，由县级以上地方人民政府负责地方志工作的机构提请本级人民政府出版行政部门依法查处。

第十九条　违反本条例规定，未经审查验收、批准将地方志文稿交付出版，或者地方志存在违反宪法、法律、法规规定内容的，由上级人民政府或者本级人民政府责令采取相应措施予以纠正，并视情节追究有关单位和个人的责任；构成犯罪的，依法追究刑事责任。

第二十条　负责地方志工作的机构的工作人员违反本条例第十四条第二款规定的，由其所在单位责令改正，依法给予处分。

第二十一条　编纂地方志涉及军事内容的，还应当遵守中央军委关于军事志编纂的有关规定。

国务院部门志书的编纂，参照本条例的相关规定执行。

第二十二条　本条例自公布之日起施行。

河南省地方志工作规定

河南省人民政府令

第 140 号

《河南省地方志工作规定》已经 2011 年 4 月 28 日省政府第 85 次常务会议通过，现予公布，自 2011 年 7 月 1 日起施行。

省　长　郭庚茂

二〇一一年五月十二日

《河南省地方志工作规定》

第一条　为规范地方志的编纂、管理和开发利用，发挥地方志在服务、促进经济社会发展中的作用，根据国务院《地方志工作条例》，结合本省实际，制定本规定。

第二条　本省行政区域内地方志的组织编纂、管理和开发利用工作适用本规定。

第三条　本规定所称地方志，是指省、省辖市、县（市、区）编纂的地方志书、地方综合年鉴。

地方志书，是指全面系统记述本行政区域自然、政治、经济、文化和社会的历史与现状的资料性文献。

地方综合年鉴，是指系统记述本行政区域自然、政治、经济、文化和社会等方面情况的年度资料性文献。

第四条　县级以上人民政府应当加强对地方志工作的领导，健全工作机构，保障工作条件，将地方志工作纳入国民经济和社会发展规划，所需经费列入本级财政预算。

第五条　县级以上地方史志编纂委员会负责本行政区域地方志工作的统筹规划、组织协调、督促指导。

地方史志编纂委员会办公室设在本级人民政府地方志工作机构，承担地方史志编纂委员会的日常工作。

第六条　县级以上人民政府地方志工作机构在本级地方史志编纂委员会的领导下，主管本行政区域的地方志工作，履行下列职责：

（一）贯彻执行有关地方志工作的法律、法规、规章和相关政策，制定有关地方志编纂的业务规程；

（二）组织、指导、督促和检查地方志工作；

（三）拟定本行政区域地方志工作规划和编纂方案；

（四）组织编纂本行政区域地方志书、地方综合年鉴，依照规定组织专家对已编纂成稿的地方志进行审查验收；

（五）搜集、保存、整理地方志文献和资料，组织整理旧志，开展地方志学术研究、交流和宣传；

（六）组织开发利用地方志资源；

（七）培训地方志工作人员；

（八）完成本级人民政府和上级人民政府地方志工作机构交办的其他事项。

第七条　省人民政府地方志工作机构负责拟定本省地方志编纂总体工作规划，报省人民政府批准后组织实施，并报国家地方志工作指导机构备案。

省辖市、县（市、区）人民政府地方志工作机构应当根据省地方志编纂总体工作规划，拟定本行政区域地方志编纂工作规划，经本级人民政府批准后组织实施，并报上一级人民政府地方志工作机构备案。

第八条　地方志书每二十年左右编纂一次；地方综合年鉴每年编纂一次。

以县级以上行政区域名称冠名的地方志书、地方综合年鉴，应当由本级人民政府地方志工作机构按照地方志编纂工作规划组织编纂，其他组织和个人不得编纂。

第九条　按照地方志编纂工作规划承担编纂任务的机关、事业单位、国有企业、社会团体和其他组织（以下简称单位），应当将地方志工作列入年度工作计划，明确负责编纂工作的机构和人员，保障工作条件。

承担编纂任务的单位，应当在规定的时间内按照要求完成地方志初稿编纂或者资料报送任务，并对所编纂的地方志初稿的质量或者所提供资料的真实性和准确性负责。

地方志工作机构应当对承担编纂任务的单位加强业务指导和督查。

第十条　地方志的编纂内容和过程应当公开。

地方志的编纂内容涉及有争议的重要事项的，地方志工作机构应当征求有关专家、学者或者单位的意见，并向本级人民政府和上一级人民政府地方志工作机构报告。

第十一条　县级以上人民政府地方志工作机构应当建立地方志资料征集制度，通过查阅、摘抄、复制、购买等方式收集地方志资料，有关单位和个人应当提供支持。涉及国家秘密、商业秘密和个人隐私以及不符合档案开放条件的，按照国家和本省有关规定执行。

机关、事业单位、国有企业和社会团体应当无偿向地方志工作机构提供地方志资料。私营企

业和个人可以自愿向地方志工作机构无偿提供其拥有的地方志资料，地方志工作机构征用私营企业和个人拥有的地方志资料的，应当支付适当报酬。

第十二条　地方志编纂人员实行专兼职相结合，专职编纂人员应当接受专业培训，具备相应的专业知识。

编纂地方志应当吸收有关方面专家、学者参加，可以聘请适合从事地方志编纂的人员参加编纂。

地方志编纂人员应当恪尽职守、客观公正、忠于史实。任何单位和个人不得要求编纂人员在地方志中作虚假记述。

第十三条　以县级以上行政区域名称冠名、列入地方志编纂工作规划的地方志书，应当按照以下规定进行审查验收，经审查验收合格后方可公开出版：（一）以省行政区域名称冠名的地方志书报省地方史志编纂委员会审查验收；（二）以省辖市行政区域名称冠名的地方志书，经本级人民政府地方志工作机构评审后，报省人民政府地方志工作机构审查验收；（三）以县（市、区）行政区域名称冠名的地方志书，经本级人民政府地方志工作机构评审后，报上一级人民政府地方志工作机构审查验收。对地方志书进行审查验收时，应当组织保密、档案、历史、法律、民族、社会、经济、军事等有关方面的专家参加。

第十四条　以县级以上行政区域名称冠名的地方综合年鉴，经本级人民政府或者其地方志工作机构批准后方可公开出版。

第十五条　已通过审查验收的地方志书和经批准的地方综合年鉴，未经原审查验收或者批准的机关同意不得擅自修改。

第十六条　地方志书、地方综合年鉴应当在出版后三个月内报送上级人民政府地方志工作机构备案，并向本级和上级方志馆无偿提供馆藏书。

以电子出版物形式出版的地方志书、地方综合年鉴，按照前款规定办理。

第十七条　县级以上人民政府应当加强地方志工作的基础设施建设和信息化建设，逐步建设方志馆、地方志资料库和地方志网站。

县级以上人民政府地方志工作机构应当积极开拓社会用志途径，加强对地方志资料的整理、保存和开发利用，为社会各界利用地方志文献资料创造便利条件。

第十八条　鼓励公民、法人或者其他组织向地方志工作机构捐赠地方志资料。

对具有收藏价值的地方志文献资料，地方志工作机构可以向捐赠者颁发收藏纪念证书。

第十九条　对在地方志工作中做出突出成绩和贡献的单位和个人，县级以上人民政府应当按照有关规定给予表彰和奖励。

地方志成果可以依照有关规定参加国家和省优秀社会科学成果评奖。

第二十条　承担编纂任务的单位违反本规定，有下列行为之一的，由县级以上地方史志编纂委员会予以通报批评，并由县级以上人民政府地方志工作机构督促其限期改正：（一）未能在规定时间内完成地方志初稿编纂任务的；（二）无故不报送或者拖延报送地方志资料的；（三）故意提供虚假地方志资料的。

第二十一条　地方志工作机构及其工作人员违反本规定，有下列行为之一的，由有关主管部门对直接负责的主管人员和其他直接责任人员依法给予行政处分：（一）故意在地方志编纂中加入虚假资料的；（二）地方志书经审查验收后或者地方综合年鉴经批准后，未经同意删增或者修改其内容的。

第二十二条　部门志、行业志、乡（镇）志、街道志的编纂，参照本规定执行，县级以上人民政府地方志工作机构应当给予业务指导。

第二十三条　本办法自2011年7月1日起施行。

图书在版编目(CIP)数据

上街年鉴.2011/上街区地方史志办公室编.—郑州:中州古籍出版社,2012.1
ISBN 978-7-5348-3774-6

Ⅰ.①上… Ⅱ.①上… Ⅲ.①区(城市)—郑州市—2011—年鉴 Ⅳ.①Z526.11

中国版本图书馆 CIP 数据核字(2012)第 003059 号

责任编辑: 王小方
责任校对: 朱昌伟
出 版 社: 中州古籍出版社
(地址:郑州市经五路 66 号 邮政编码:450002)
发行单位: 新华书店
承印单位: 郑州方志印务有限公司 0371-67811485

开　　本:	889mm×1194mm 1/16	**印　　张:**	27.5
字　　数:	800 千字	**印　　数:**	1—1000 册
版　　次:	2012 年 1 月第 1 版	**印　　次:**	2012 年 1 月第 1 次印刷

定 价:180.00 元